Karl Kautsky, Eduard Bernstein, Carl Hugo Lindemann

Die Vorläufer des neuen Sozialismus

Karl Kautsky, Eduard Bernstein, Carl Hugo Lindemann

Die Vorläufer des neuen Sozialismus

ISBN/EAN: 9783743604261

Hergestellt in Europa, USA, Kanada, Australien, Japan

Cover: Foto ©Suzi / pixelio.de

Manufactured and distributed by brebook publishing software (www.brebook.com)

Karl Kautsky, Eduard Bernstein, Carl Hugo Lindemann

Die Vorläufer des neuen Sozialismus

Die Geschichte des Sozialismus in Einzeldarstellungen

von

E. Bernstein, C. Hugo, K. Kautsky, P. Lafargue,
Franz Mehring, G. Plechanow

Erster Band, zweiter Theil

Stuttgart
Verlag von J. H. W. Dietz
1895

Die

Vorläufer des Neueren Sozialismus

Erster Band, zweiter Theil

Von Thomas More bis zum Vorabend der französischen Revolution

IV. Abschnitt: Die beiden ersten großen Utopisten.
Thomas More. Von K. Kautsky. Thomas Campanella. Von P. Lafargue.

V. Abschnitt: Kommunistische und demokratisch-sozialistische Strömungen während der englischen Revolution des 17. Jahrhunderts. Von Ed. Bernstein.

VI. Abschnitt: Die Niederlassungen der Jesuiten in Paraguay. Von P. Lafargue.

VII. Abschnitt: Der Sozialismus in Frankreich im 17. und 18. Jahrhundert. Von C. Hugo.

Anhang:

Die religiösen kommunistischen Gemeinden in Nordamerika.
Von C. Hugo.

Stuttgart
Verlag von J. H. W. Dietz
1895

Inhalt.

Sechster Abschnitt.

Die Niederlassungen der Jesuiten in Paraguay.

Siebenter Abschnitt.

Der Sozialismus in Frankreich im 17. und 18. Jahrhundert. Theil I.

Anhang.

Von Thomas More bis zum Vorabend der französischen Revolution

Von Thomas More bis zur französischen Revolution

Vierter Abschnitt.

Die beiden ersten grossen Utopisten.

Erstes Kapitel.

Thomas More.

I. Englands ökonomische Situation im Beginn des 16. Jahrhunderts.

Wir haben England zu Ende des 14. Jahrhunderts verlassen, nach dem Bauernaufstand von 1381, der zwar nicht den Sieg der Bauern gebracht hatte, aber auch keine solche Niederlage derselben, welche die Feudalherren in Stand gesetzt hätte, ihnen das alte Joch wieder aufzuerlegen. Die Leibeigenschaft ging von da an in England rasch ihrem Ende entgegen, damit aber auch die alte feudale Landwirthschaft.

Zwei Momente sind es, welche die Revolutionirung der englischen Landwirthschaft im 15. und 16. Jahrhundert kennzeichnen: das Aufkommen des kapitalistischen Pächters und die Zunahme der Weidewirthschaft.

Für die Grundherren wurde es eine zu große Last, ihre Güter selbst zu bewirthschaften, sobald sie der Arbeitskräfte dienstpflichtiger Bauern verlustig gingen und auf Lohnarbeiter angewiesen waren. Sie zogen es vor, ihre Güter zu verpachten; entweder sie zu zerstückeln und kleinen Pächtern zu überlassen, die sie selbst bebauten, oder sie ungetheilt kapitalkräftigen Unternehmern zu übergeben, welche das nöthige Geld und die nöthige Geschäftskenntniß besaßen, den Betrieb so profitabel als möglich zu gestalten. Hand in Hand damit ging eine andere Entwickelung. Wir haben bereits mehrfach Gelegenheit gehabt, auf die Wichtigkeit der englischen Schafzucht hinzuweisen, welche die beste Wolle in Europa lieferte. Je mehr sich die Tuchfabrikation allenthalben entwickelte und je besser die Mittel des Verkehrs, namentlich des Seeverkehrs wurden, desto mehr dehnte sich der Markt für die englische Wolle aus. Zu Ende des 15. Jahrhunderts ging diese bereits bis nach Italien und Schweden.*) Die Wollenpreise stiegen und damit wuchs das Bestreben nach Ausdehnung der Schafzucht. Dies wurde noch

*) Man ersieht dies unter Anderem aus zwei Handelsverträgen, die Heinrich VII. 1490 mit Dänemark und Florenz abschloß. Crail, The history of british commerce, I., S. 203, 204.

vermehrt durch das Aufkommen der Lohnarbeit an Stelle der Dienstpflicht des hörigen Bauern. Arbeitskräfte heranzuziehen und zu fesseln, war die Losung der alten, feudalen Landwirthschaft gewesen. Die der neuen, kapitalistischen Landwirthschaft lautete: Sparen, an Arbeitskräften sparen, Arbeiter überflüssig machen, wo nur möglich. Dazu war die Schafzucht, welche die Weidewirthschaft bedingte, höchst geeignet.

Mit der Ausdehnung der kapitalistischen Betriebsform und des Marktes für Wolle wuchs aber auch die Gier der Grundherren nach Land ins Maßlose; nicht mehr nach Land mit Leuten, sondern nach Weideland, nach menschenleerem Land.

Diese Gier entwickelte sich um so leichter, als gerade um diese Zeit der alte Adel fast ganz in dem furchtbaren Bürgerkrieg der weißen und rothen Rose unterging, der zum Theil wohl auch in der Revolutionirung der englischen Landwirthschaft seinen Grund hatte (vgl. S. 189). „Der neue Adel war ein Kind seiner Zeit, für welche Geld die Macht aller Mächte."*) Keine feudalen Ueberlieferungen und Schrullen beengten seinen Geschäftsgeist. Wo er die Macht dazu hatte, und die fehlte ihm selten, stahl er seinen Bauern ihr Gemeindeland, ruinirte sie dadurch, ja er vertrieb sie schließlich direkt, um ihr Ackerland zur Viehweide umzugestalten. Man schätzt die Zahl der Bauernwirthschaften, die unter Heinrich VIII. eingingen, auf 50000. Mit den Bauern gingen aber auch nicht wenige kleine Landstädte zu Grunde, die zum großen Theil von der bäuerlichen Kundschaft gelebt hatten.

Die Folge von alledem war ein kolossales Anschwellen des Proletariats. Wie auf dem europäischen Festlande nahm auch in England seit dem Ende des 15. Jahrhunderts das „goldene Zeitalter" der Bauernschaft, damit aber auch der arbeitenden Klassen überhaupt, sein Ende. Aber während auf dem Festland die Herabdrückung der Bauernschaft sich in erster Linie in der Vermehrung ihrer Lasten äußerte, und die Zunahme der landlosen Leute eine Erscheinung von sekundärer Bedeutung war, trat sie in England vor Allem in der Vermehrung des Proletariats zu Tage.

Nirgends war zu Beginn des 16. Jahrhunderts die Frage der Massenarmuth eine so dringende wie in England. Und sie beschäftigte und erschreckte Alle, die daraus nicht direkten Nutzen zogen. Denn noch war die Besitzlosigkeit der Massen nicht zur Grundlage des Nationalreichthums geworden, noch gab es keine kapitalistische Großindustrie, die großer Proletariermassen benöthigte, und auch die kapitalistische Kolonialpolitik, die bald für Englands wirthschaftlichen Aufschwung so wichtig werden sollte und die unmöglich war ohne eine große Anzahl verzweifelter, von der Scholle losgelöster Existenzen, lag noch in den Windeln. Die Gesellschaft war in keiner Weise auf die Armuth der Massen eingerichtet, und in allen Klassen herrschte das Bestreben, ihr abzuhelfen.

Die Versuche in dieser Richtung waren der verschiedensten Art. Die beiden

---

*) Marx, Kapital, I., 2. Aufl., S. 747.

Gegenpole waren der ketzerische Kommunismus und die Blutgesetzgebung. Daß der erstere aus den geschilderten Verhältnissen Nahrung zog, daß die Lollhardie wieder auflebte und auch die Ideen der Wiedertäufer Anklang fanden, ist leicht begreiflich. Aber zu einer historischen Bedeutung gelangten sie zu More's Zeit in England nicht. Es fehlte an großen, tiefgehenden Konflikten der herrschenden Klassen untereinander, die den Kommunisten erlaubt hätten, in die historische Entwickelung offen einzugreifen. Dazu kam es nicht unter den Königen aus dem Hause Tudor, sondern erst im folgenden Jahrhundert, als die Stuarts den englischen Thron bestiegen. Das Vorhandensein der Kommunisten that sich nur kund in ihrem Martyrium. Namentlich in den späteren Jahren der Regierung Heinrich VIII. häuften sich die Erlasse gegen die Wiedertäufer und die Hinrichtungen solcher Ketzer. 1535 und in den folgenden Jahren sind auffallend viel Holländer darunter.*)

Aber nicht nur der Kommunismus wurde mit blutiger Hand niedergehalten. Es genügte, arbeitslos zu sein, um dem Henker zu verfallen. Die „Blutgesetzgebung wider Vagabundage"**) nahm zu Ende des 15. Jahrhunderts in England ihren Anfang.

Sie begann unter Heinrich VII., der 1485—1509 regierte und die Dynastie der Tudors begründete. Aber besonders ausgebildet wurde sie unter seinem Sohne Heinrich VIII. (1509—1547). Dieser bestimmte z. B. 1530: „Alte, arbeitsunfähige Bettler erhalten eine Bettellizenz. Dagegen Auspeitschung und Einsperrung für handfeste Vagabunden. Sie sollen an einen Karren hinten angebunden und gegeißelt werden, bis das Blut von ihrem Körper strömt, dann einen Eid schwören, zu ihrem Geburtsplatz oder dort hin, wo sie die letzten drei Jahre gewohnt, zurückzukehren und ‚sich an die Arbeit zu setzen.' Welche grausame Ironie! 1536 wird das vorige Statut wiederholt, aber durch neue Zusätze verschärft. Bei zweiter Ertappung auf Vagabundage soll die Auspeitschung wiederholt und das halbe Ohr abgeschnitten, beim dritten Rückfall aber der Betroffene als schwerer Verbrecher und Feind des Gemeinwesens hingerichtet werden." (Marx.)

Und wie wenig das Regime Heinrich VIII. mit sich spaßen ließ, sieht man daraus, daß unter ihm „72000 große und kleine Diebe" hingerichtet wurden, wie ein Chronist jener Zeit berichtet.

Zwischen diesen beiden Extremen, der Erklärung der Besitz- und Arbeitslosigkeit für ein todeswürdiges Verbrechen und der Sehnsucht nach Wiederbelebung des urchristlichen Kommunismus, bewegen sich alle damaligen Versuche, Bestrebungen, Vorschläge und Wünsche zur Lösung des sozialen Problems. Nur

*) Th. Crosby, The history of the English Baptists, London 1738, I., S. 33, 39.

**) Marx, Kapital, I., 2. Aufl., S. 764. „Die Väter der jetzigen Arbeiterklasse," sagt Marx weiter, „wurden zunächst gezüchtigt für die ihnen angethane Verwandlung in Vagabunden und Paupers. Die Gesetzgebung behandelte sie als ‚freiwillige' Verbrecher und unterstellte, daß es von ihrem guten Willen abhänge, in den nicht mehr existirenden alten Verhältnissen fortzuarbeiten."

ein einziger Mann — einzig in jeder Beziehung — war kühn und weitsehend genug, über die Schranken des allgemeinen Denkens seiner Zeit hinauszuschreiten und als Lösung auf einen neuen Kommunismus hinzuweisen, der grundverschieden war von dem urchristlichen und dem ketzerischen, der nicht die Rückkehr zu den Zuständen der Vergangenheit bedeutete, sondern den Fortschritt zu einem neuen Gesellschaftszustand, welcher alle Kulturelemente in sich aufnahm, die das Zeitalter der Renaissance und der Reformation erzeugt hatte. Dieser Mann, der als der Erste ein Bild dieses neuen, unerhörten Kommunismus, des modernen Kommunismus, entwarf, war Thomas More.

II. More's Biographen.

Die Mehrzahl der Biographien, die über Thomas More bisher geschrieben worden, leiden an einem anderen Fehler als dem, der den zeitgenössischen Darstellungen der Münzer'schen und Münsterschen Bewegungen anhaftet. Sind diese einseitig nur Anklageschriften, mit der Feder des Staatsanwaltes, nicht des Historikers geschrieben, so sind die Biographien More's, namentlich die aus den früheren Jahrhunderten, nur höchst einseitige Verherrlichungsschriften. Es haftet ihnen etwas Weihrauchduft an, „nicht der Duft des Weihrauchs, den die dankbare Nachwelt Männern spendet, die ihrer Ansicht nach die menschliche Entwickelung besonders gefördert haben, sondern des Weihrauchs, mit dem die katholische Kirche ihren Heiligen opfert, um die Sinne der Gläubigen zu benebeln."*)

More ist nämlich als katholischer Märtyrer gestorben. Die katholische Kirche hat aber seit der Reformation keinen solchen Ueberfluß an großen Denkern und Charakteren aufzuweisen, daß sie hätte müde werden können, zu ihrem eigenen Ruhme immer und immer wieder den Ruhm More's zu singen. Jedoch bei Weitem nicht Alles, was More gethan, war rühmlich im Sinne der katholischen Kirche, eine objektive, allseitige Darstellung seines Wirkens konnte daher ihren Zwecken nicht entsprechen. Und so sind seine Biographien recht einseitig ausgefallen.

Am unbefangensten ist noch die älteste seiner Biographien, die von seinem Schwiegersohn William Roper herrührt (wahrscheinlich aus dem Jahre 1557**). Roper hatte sechzehn Jahre in More's Haus gewohnt, er ist eine ehrliche Haut, einfach und nüchtern, und wir dürfen seiner Darstellung vollstes Vertrauen schenken. Aber Roper war viel zu beschränkt, More's Bedeutung zu erfassen und die dafür charakteristischen Thatsachen mitzutheilen. Besäßen wir nur Roper's Biographie, dann wüßten wir zum Beispiel nicht einmal, daß More die „Utopia" geschrieben.

Intellektuell wird Roper überragt von dem nächsten Biographen More's, Thomas Stapleton, einem englischen katholischen Geistlichen, der im Exil,

*) Kautsky, Thomas More, S. 102.

**) „The Life of Sir Thomas More, written by his son in law William Roper."

in Douai, eine Biographie More's schrieb, die 1588 erschien.*) Er ergänzt Roper, indem er auf die literarische Thätigkeit More's näher eingeht, und ist besonders dadurch nützlich, daß er ein reiches Material gesammelt und veröffentlicht hat, namentlich aus Briefen More's und seiner Zeitgenossen. Aber sein Werk ist kein Geschichtsbuch, sondern ein Erbauungsbuch, nicht eine historische Entwickelung wird uns gegeben, sondern ein Sammelsurium von Anekdoten, Legenden und Wundergeschichten.

Und diesen Charakter tragen alle katholischen Biographien More's bis auf unsere Tage, soweit wir Einsicht in sie genommen haben. Als Ausnahme ist zu erwähnen die jüngste Schrift über More, des Reverend T. E. Bridgett „Life and Writings of Sir Thomas More" (London 1891), die wohl den katholischen Standpunkt sehr stark zur Geltung bringt und dem Humanisten und gar Sozialisten More in keiner Weise gerecht wird, aber doch mit dem Apparat der modernen Wissenschaft arbeitet und von Abgeschmacktheiten sich fern hält. Von einer unbefangenen historischen Darstellung ist jedoch auch bei dieser wissenschaftlichen Leistung des modernen Katholizismus keine Rede. Sie macht More zu einem ebenso engherzigen Katholiken, wie der Verfasser selbst ist.

Erhabener über konfessionelle Beschränktheit als Bridgett sind zwei andere Biographen aus unserem Jahrhundert, die noch zu nennen sind, Rudhart und Seebohm.**) Rudhart's Arbeit ist gewissenhaft, fleißig und ehrlich, aber unbedeutend und kleinlich. Seebohm behandelt nur das Wirken More's als Humanist bis zum Jahre 1519. Er ist kühner, aber auch phantastischer als Rudhart und gefällt sich in gewagten Hypothesen.

Und er ebensowenig als irgend ein anderer der erwähnten Biographen More's hat etwas mit der „Utopia" anzufangen gewußt. Da keiner dieser Herren auch nur die mindeste Ahnung vom Sozialismus hatte, konnten sie unmöglich die Bedeutung dieser Schrift für die Entwickelung der sozialistischen Ideenwelt erfassen; und ebenso wenig konnte es ihnen in den Sinn kommen, zu untersuchen, in welchem Zusammenhang die „Utopia" mit dem sozialen Milieu steht, in dem sie entstand.

Der Schreiber vorliegender Seiten hat den Versuch gemacht, diese Aufgaben zu lösen in seiner bereits erwähnten Schrift „Thomas More und seine Utopie."

*) „Tres Thomae seu res gestae St. Thomae Apostolis, S. Thomae Archiepiscopi Cantuarensis et Martyris, Thomae Mori, Angliae quondam cancellarii. Autore Thoma Stapletono." Wir haben die Kölner Ausgabe von 1612 benutzt.

**) G. Th. Rudhart, Thomas Morus, Nürnberg 1829. F. Seebohm, Oxford Reformers, London, 2. Aufl., 1869.

III. More's Lebenslauf.

Thomas More wurde am 7. Februar 1478 geboren als Sohn eines Richters am Oberhofgericht (Kings Bench) in London. Nachdem er an der St. Anthonyschule Lateinisch gelernt und einige Zeit im Haushalt des Erzbischofs, späteren Kardinals Morton, eines bedeutenden Staatsmannes, zugebracht hatte, kam er an die hohe Schule nach Oxford (1492). Dort hatten schon die humanistischen Studien Eingang gefunden und der junge More wandte sich mit Feuereifer den neuen Wissenschaften zu. Die Eindrücke, die er damals empfing, sind für sein ganzes Leben bestimmend gewesen. Wohl nahm ihn sein Vater wider seinen Willen von der Universität und zwang ihn, eine Rechtsschule in London zu besuchen. Aber wenn auch Thomas sich fügte und schließlich (1501) Rechtsanwalt wurde, seiner ersten Liebe, der klassischen Philosophie und Kunst, ist er stets treu geblieben, und er erlangte den Ruf eines hervorragenden Gelehrten und die Freundschaft der bedeutendsten unter den Humanisten, namentlich die ihres Hauptes in den germanischen Ländern, des Erasmus von Rotterdam, den er 1498 kennen lernte.

Diese hohe humanistische Bildung ist ein sehr wesentliches Moment, das More von den anderen Sozialisten seiner Zeit unterscheidet. Wohl gab es auch unter diesen Männer, die humanistische Studien gemacht hatten — wir erinnern an Grebel, Manz, Denck, Hubmeier —, aber die theologische Bildung überwog doch bei Weitem bei ihnen. Eine so hohe philosophische Bildung wie More hat Keiner von ihnen besessen.

Eine Zeit lang scheint übrigens More selbst in den Bannkreis des christlichen Kommunismus — wenn auch nicht des ketzerischen — gerathen zu sein. In diesem Sinne wenigstens fassen wir es auf, daß er 1501—1504 in der Nähe eines Karthäuserklosters lebte, an dessen religiösen Uebungen theilnahm und selbst Mönch werden wollte. „Er hegte auch das ernstliche Verlangen, ein Franziskanermönch zu werden," berichtet Stapleton, „um Gott in einem Zustand der Vollkommenheit zu dienen; aber als er fand, daß die Geistlichen in England ihre frühere Strenge und Begeisterung eingebüßt hatten, gab er sein Vorhaben auf." Nach Erasmus trug dazu auch der Umstand bei, daß er das Keuschheitsgelübde sehr ernst nahm, aber zur Erkenntniß kam, er könne es nicht halten.

Er wandte sich wieder dem Leben zu, und 1505 heirathete er Jane Colet, die Tochter eines Landedelmanns. Als diese 1510 starb, nachdem sie ihm vier Kinder geschenkt, nahm er Alice Middleton zur zweiten Frau.

Die Sorge für eine Familie brachte die Arbeit für den Erwerb bei ihm in den Vordergrund, und der klassisch gebildete Gelehrte und fromme Schwärmer zeigte sich nun als höchst praktischer Geschäftsmann. Er gewann einen großen Ruf als Anwalt und wurde einer der Vertrauensmänner der Londoner Kaufleute. Die Kapitalisten sahen in dem Sozialisten den besten Vertreter ihrer Interessen.

Sicher ist diese enge Verbindung mit den Kapitalisten Londons nicht ohne Bedeutung für More's sozialistische Ansichten gewesen. Die Kaufleute waren damals die Klasse, die den ökonomischen Fortschritt repräsentirte. Und gerade in London standen die Kaufleute auf einer besonders hohen Stufe. Zu More's Zeit begannen sich schon die Wirkungen der bereits früher erwähnten Veränderungen der Handelswege nach dem Orient bemerkbar zu machen. Der ökonomische Schwerpunkt Europas glitt von der Küste des Mittelmeeres an die Küsten des Atlantischen Ozeans und seiner Ausläufer. Und England, wenn auch noch weit entfernt davon, das Meer zu beherrschen, begann bereits an dem Welthandel Antheil zu nehmen. Lag es doch an der befahrensten Handelsstraße jener Zeit, der Straße von Calais, welche die beiden weitaus wichtigsten Zentralpunkte des damaligen europäischen Welthandels, Lissabon und Antwerpen, miteinander verband. Neben diesen beiden Städten und Paris wurde London zur Weltstadt.

Dank alledem bekam More eine ökonomische Einsicht, wie nur Wenige seiner Zeit. Diese Einsicht erhob sich bei ihm über den beschränkten privatwirthschaftlichen Standpunkt des Kaufmanns und wurde eine nationalökonomische, das ganze wirthschaftliche Leben der Nation umfassende, vermöge seiner tiefen philosophischen Bildung und — seiner politischen Thätigkeit.

Denn auch an der Staatsverwaltung nahm der unermüdliche Mann regen Antheil. Bereits 1504 war er ins Parlament gewählt worden — leider wird nicht berichtet, von welchem Wahlkreis; und er übte dort sofort, trotz seiner Jugend, bedeutenden Einfluß. Seinem Auftreten war es, nach Roper, zuzuschreiben, daß das Parlament eine Steuer ablehnte, deren Auflegung der König, Heinrich VII., verlangte. Heinrich war wüthend, daß ein „bartloser Junge“ ihn um eine bedeutende Einnahme gebracht hatte, und da die Immunität der Parlamentsmitglieder damals keineswegs feststand, gerieth More in ernstliche Gefahr. Er mußte sich vom öffentlichen Leben zurückziehen, ja er verließ sogar England für einige Zeit und besuchte die Niederlande und Frankreich, wodurch er seinen Horizont jedenfalls ungemein erweiterte und seinen Blick für soziale Verhältnisse schärfte. Er dachte sogar daran, aus seinem Vaterlande auszuwandern, da er sich vor der Rache des Königs nicht sicher fühlte. Aber dessen Tod (1509) brachte eine völlige Aenderung der Situation herbei. Mit der Thronbesteigung des neuen Monarchen, Heinrich VIII., begann natürlich auch ein „neuer Kurs.“ More wurde nun nicht nur nicht mehr bedroht, sondern als Vertrauensmann der Londoner Bürgerschaft mit wichtigen Aemtern betraut. 1510 wurde er Untersheriff (eine Art Zivilrichter) von London, und als 1515 eine Gesandtschaft nach Flandern zur Abschließung eines Handelsvertrages mit den Niederlanden ging, war More als Vertreter der Londoner Kaufleute einer der Gesandten. Sechs Monate blieb er damals in den Niederlanden. Die Verhandlungen boten ihm mehr Muße, als in London seine Anwaltspraxis und sein Richteramt. Er benutzte sie, um die „Utopia“ zu schreiben, die Schilderung eines Idealstaates, dem alle Mißstände der bestehenden Staaten fremd waren, eine Frucht der Vereinigung philosophischer mit ökonomischer und politischer

Bildung. Politische Bildung war damals keineswegs so verbreitet wie jetzt. Die große Mehrheit der Bevölkerung hatte nur für lokale Angelegenheiten dauerndes Interesse, und sie entbehrte der Mittel, in die staatlichen Angelegenheiten Einsicht zu erlangen. Die Entwickelung der Anfänge des modernen Staates geht überall Hand in Hand mit der Monopolisirung der Politik und der politischen Bildung durch die „Spitzen der Gesellschaft.“

So selten politische Bildung damals war, noch seltener war ihre Vereinigung mit ökonomischer Einsicht, mit Geschäftskenntniß und mit philosophischer Bildung. Die Gelehrten waren zu jener Zeit, wie heute, meist Schulmeister ohne jede praktische Erfahrung — namentlich in den germanischen Ländern. Und die Staatsmänner, die sich in der Regel aus der Aristokratie und der Geistlichkeit rekrutirten, ermangelten ebenfalls meist eben so sehr eines tieferen Verständnisses für ökonomische Fragen, wie einer umfassenden philosophischen Bildung. Auch in der Beziehung hat sich seit dem 16. Jahrhundert nicht viel geändert.

Aber so selten die Vereinigung aller der genannten Eigenschaften in einem Manne war, geradezu einzig wurde diese Vereinigung bei More dadurch, daß sie sich mit Charaktereigenthümlichkeiten paarte, die eigentlich im Widerspruch zu jeder dieser Eigenschaften standen. Oekonomische Einsicht in das Wesen des Kapitalismus, soweit er damals entwickelt war, konnte nicht durch theoretische Studien erworben werden, denn eine ökonomische Theorie gab es noch nicht. Man erwarb sie nur, wie More, in der Praxis, diese aber entwickelte in jener Zeit naturgemäß Habgier und Selbstsucht. Die Bedingungen der Erwerbung politischer Bildung wieder führten damals, wo die nächste Zukunft dem Fürstenthum gehörte, wo der Boden für eine wirksame staatliche Demokratie noch nicht vorhanden war, zur Servilität und Charakterlosigkeit nach oben, zu Brutalität und Rücksichtslosigkeit nach unten. Und die Gelehrten, die vom Volk nichts zu erwarten hatten, die wohl wußten, daß die Sache der arbeitenden Klassen für absehbare Zeit hoffnungslos sei, die — als Gelehrte — nur von der Gunst der Mächtigen und Reichen lebten, sie vereinigten in sich nur zu leicht die Korruption durch den Handel mit der durch die Politik.

Die ketzerischen Kommunisten wußten wohl, warum sie nicht nur den Handel, sondern auch die Gelehrsamkeit und zumeist auch die Politik verabscheuten. Alles das verdarb damals den Charakter.

Ein Phänomen bildet More, der auf allen diesen Gebieten Hervorragendes leistete, der wohl erkannte, daß dem Absolutismus und dem Kapitalismus die nächste Zukunft gehöre, der ihnen seine Dienste widmete und dabei doch einfach und selbstlos blieb, unerschrocken und steifnackig nach oben, und voll der liebevollsten Hingebung für die Ausgebeuteten und Unterdrückten. Darin stand er einzig da, das hat ihn aufs Schaffot geführt, aber auch seine Unsterblichkeit begründet.

Nur ein so einziger Mann konnte zu Beginn des 16. Jahrhunderts ein Werk schreiben wie die „Utopia.“ Aber eben deswegen mußte sie auch unverstanden bleiben, bis die Bedingungen gegeben waren, welche weitere Kreise für den Ideengang eines höheren Sozialismus, als des christlichen, empfänglich machten.

Sie blieb unverstanden, aber nicht unbeachtet und auch nicht ohne Wirkung. Denn More leitete die Schilderung seines Idealstaates mit einer Kritik der bestehenden politischen und ökonomischen Verhältnisse seiner Zeit ein, die an Schärfe und Eindringlichkeit bis an die äußerste Grenze dessen ging, was ein anerkannter Politiker damals sagen konnte, ohne seinen Kopf zu riskiren.*) Viele der politischen und sozialen Kritiker Englands im 16. Jahrhundert und auch noch später sind durch diese Ausführungen beeinflußt worden,**) und selbst ins Volk drang die More'sche Kritik.

Schon unmittelbar nach ihrem Erscheinen erregte die „Utopia“ allgemeines Aufsehen in den Kreisen der Gelehrten und der Politiker. Der ersten Auflage, die 1516 zu Löwen erschien, folgte bald, 1518, die zweite, in Basel bei Froben gedruckt, 1520 in Paris die dritte, und daran reihte sich eine endlose Reihe von Neuausgaben und Uebersetzungen bis auf den heutigen Tag.

Die rasche Aufeinanderfolge der ersten Auflagen zeigt bereits, welchen Eindruck die „Utopia“ hervorrief. Sie stellte More mit einem Schlage in die erste Reihe der Politiker Englands. Aber dort durfte zu Heinrich VIII. Zeit Niemand ungestraft stehen, der nicht dem König ergeben war und ihm diente. Am allerwenigsten ein Mann, hinter dem die mächtige Kaufmannschaft des mächtigen London stand. Schon vor dem Erscheinen der „Utopia“ war More aufgefordert worden, in den Dienst des Königs zu treten. Er hatte abgelehnt aus Gründen, die er in der genannten Schrift auseinandersetzt. Jetzt, nach deren Veröffentlichung, bot Heinrich Alles auf, den hervorragenden Politiker in seine Dienste zu ziehen, jetzt war es aber auch für More zu gefährlich geworden, noch einmal eine abschlägige Antwort zu geben, die ihn zu einem Oppositionsmann gestempelt hätte, der beseitigt werden mußte. Man vergesse nicht, daß unter Heinrich VIII. das englische Königthum am mächtigsten und selbstherrlichsten war.***)

1518 wurde More ein Beamter des königlichen Hofs, zunächst „Master of Requests,“ Referent über einlaufende Gesuche. Bald darauf erfolgte seine Erhebung in den Ritterstand und er bekleidete von da an die verschiedensten ersten Stellen im Staate — heute würde man sagen „Ministerien.“ Diese politische Thätigkeit bot ihm mannigfache Gelegenheit, Gutes in einzelnen Fällen zu wirken,

---

*) More's Kritik der herrschenden Politik wurde, wie Seebohm bemerkt, fast um dieselbe Zeit geschrieben, in der Machiavelli diese Politik in ein System brachte. Machiavelli's „Fürst“ erschien ein Jahr vor der „Utopia.“

**) So beruft sich 1682 Sir William Petty in seinem Essay „of the Growth of the City of London“ auf More's Utopia, wo im ersten Theil gezeigt sei, daß „es gegen die Natur ist, daß jemand Leben, Gliedmaßen oder Freiheit (als Dieb) für eine erbärmliche Existenz riskirt, da wo mäßige Arbeit ihm eine bessere verschafft.“ Und 1824 hält Robert Southey seine „Colloquies on Society“ mit dem Schatten More's.

***) Die Gründe dieser Erscheinung hat der Schreiber Dieses ausführlich auseinandergesetzt in seinem „Thomas More,“ S. 157 ff. Ihre Wiederholung würde uns hier zu weit führen.

aber an eine Politik im Sinne seiner „Utopia“ oder überhaupt an eine selbständige Politik konnte More nicht denken. Er zeigte sich als kluger, ehrlicher und gewissenhafter Geschäftsminister. Zu einer höheren Thätigkeit fand er keine Gelegenheit. Aber war es ihm auch versagt, eine selbständige Politik zu treiben, so wurde er doch nie ein unselbständiger Höfling. Er scheute sich nicht, selbst dem König den Gehorsam zu verweigern, wenn dieser etwas von ihm forderte, das seiner Ueberzeugung zuwiderlief.

Dadurch wurde More ein Märtyrer des Katholizismus.

Er stand der Reformation, wie anfangs auch Heinrich VIII., feindlich gegenüber, nicht aus religiösen Gründen, denn er hat sich vielfach über katholische Einrichtungen und Dogmen ebenso frei und kritisch geäußert, wie nur irgend ein Lutheraner oder Zwinglianer; ja er hat in seiner „Utopia“ das Bild einer Idealreligion entworfen, das sich über die Schranken nicht nur des Katholizismus, sondern des Christenthums überhaupt erhebt. Er proklamirte darin den Grundsatz religiöser Toleranz und er hat ihn später auch geübt, er hat sogar Lutheraner in sein Haus aufgenommen und unterstützt.

Aber als Politiker hatte er kein Interesse an der Losreißung Englands vom Papstthum. Seit der Wiclifitischen Bewegung und der großen Kirchenspaltung war England vom Papstthum thatsächlich unabhängig geworden; es hing von den Machthabern Englands, König und Parlament, ab, ob und inwieweit der Papst aus der englischen Kirche Nutzen ziehen und sie beeinflussen durfte. Zu einer gewaltsamen Losreißung wie in Deutschland war in England zu Beginn des 16. Jahrhunderts nicht der mindeste Grund vorhanden.

Hatte More als englischer Politiker keinen Grund, eine solche zu wünschen, so mußte sie ihm als Humanisten und Monarchisten höchst zuwider sein. So sehr er das Volk liebte, so unangenehm war ihm jede Volksbewegung. Er konnte sich nicht vorstellen, daß eine gedeihliche und wirksame Staatsveränderung anders als durch einen Fürsten vollbracht werden könne, und er hatte darin von seinem Standpunkte aus damals vollkommen Recht. Die Lutheranische Bewegung trat aber anfangs als eine revolutionäre Volksbewegung auf, und sie verlor diesen Charakter erst nach einem furchtbaren Aderlaß am Volk, der More noch tiefer empörte, als die Volksbewegung selbst. Er wünschte für England weder das Eine noch das Andere und trat daher dem Lutheranismus, der auch in England auftauchte, entschieden entgegen. Ebenso sehr natürlich auch den anderen, demokratischen Formen der Reformationsbewegung. Doch gehen uns diese im jetzigen Zusammenhang nichts an. Wir handeln hier nur von More's Verhältniß zur Reformation Heinrich VIII. und dessen Staatskirche.

Wie More, war auch Heinrich VIII. der deutschen Reformation feindlich gesinnt. Aber diese zeigte bald Seiten, die dem englischen König sehr sympathisch wurden: sie erlaubte den deutschen Fürsten, das Vermögen der Kirche zu konfisziren. Seit dem Beginn der zwanziger Jahre war Heinrich in beständiger Geldnoth, da begann ihm das deutsche Beispiel sehr wohl zu gefallen. Die deutschen

Reformatoren warfen aber auch die überkommenen ehelichen Verhältnisse über den Haufen, erklärten Ehescheidung, ja manche sogar Vielweiberei für erlaubt. Das behagte dem wollüstigen Heinrich, paßte aber auch in seine Politik.

Er hatte zur Bekräftigung eines Bündnisses mit Spanien Katharina von Aragonien geheirathet. Seitdem aber Karl V. die Niederlande, Spanien und die deutsche Kaiserkrone in seiner Hand vereinigt hatte, war die spanische Macht für England bedrohlich geworden. Zur Abwehr der spanischen Uebermacht neigte England sich fortan zu Frankreich. Mit der Allianz war auch die Ehe mit der alten Katharina überflüssig geworden. Heinrich verlangte vom Papst, er solle ihn von seiner Gattin scheiden. Aber so gern dieser gefällig gewesen wäre, er war in Abhängigkeit von Karl V., und der wollte von der Depossedirung der spanischen Prinzessin nichts wissen.

Diese Angelegenheit zeigte Heinrich fühlbar, daß der Papst nicht sein willenloses Werkzeug, und daß die Kirche als Herrschaftsmittel ihm nicht so völlig zu Willen sei, wie seinen reformirten Kollegen in Deutschland.

Das gab den Anstoß zur Loslösung Englands von der katholischen Kirche; Heinrich machte sich selbst zum Papst der englischen Kirche und wirthschaftete fortan mit ihr und in ihr nach Belieben. „Nirgends trat die Kirchenspaltung so offen, so schamlos als bloßes Ergebniß der Wollust, des Größenwahns und der Habsucht des Absolutismus auf, wie in England.“

Hofadel und Hofpfaffenthum machten die Veränderung natürlich gehorsamst mit. Im Volke dagegen blieb die Reformation Heinrich VIII. höchst unbeliebt. So weit sie der kirchlichen Ausbeutung ein Ende machte, geschah es nur, um eine viel schlimmere Art der Ausbeutung an deren Stelle zu setzen. Die Kirche war jener Grundbesitzer in England, der noch am wenigsten von den neu aufgekommenen Formen kapitalistischer Wirthschaft ergriffen, der den Besitzlosen gegenüber noch am freigebigsten war (vgl. S. 38). Jetzt wurde der ganze ungeheuere Grundbesitz, zuerst der Klöster, dann der Gilden konfiszirt und an habgierige Günstlinge und nicht minder habgierige Spekulanten verschleudert. Dem Staatsschatz nützte diese Konfiskation garnichts, sie wurde aber ein mächtiges Mittel, das Hauptübel, an dem England krankte, das Massenproletariat, ungeheuer anschwellen zu lassen.

Das englische Volk, weit entfernt, für diese Art Reformation Sympathien zu empfinden, wurde immer erbitterter über sie. Schließlich, nach Heinrich VIII. Tod und einer kurzen Zwischenregierung, welche die Raubwirthschaft noch fortgesetzt hatte, erhob es sich, stürzte die protestantische Kamarilla und setzte die katholische Maria, die Tochter der verstoßenen Katharina, auf den Thron.

Erst unter ihr wurde die Reformation populär, denn unter ihr entwickelte sich ein schroffer Gegensatz zwischen England und Spanien, da dieses dem Aufschwung des britischen Handels im Wege stand. Dieser Gegensatz wurde ein nationaler, damit aber wurde auch der Gegensatz zu dem römischen Papst, dem Werkzeug des Landesfeindes, ein volksthümlicher. „Aus diesem Gegensatz erwuchs der populäre Protestantismus der Elisabeth; erst durch ihn wurde die Reformation in England eine **nationale That**, die unter Heinrich VIII. vom ökonomischen Standpunkt aus ein bloßer Diebstahl eines verschuldeten Fürsten und einiger ebenfalls verschuldeten Wüstlinge und habgierigen Spekulanten gewesen ist."

More hat diese Entwickelung nicht erlebt, er starb in ihren Anfängen, aber wir haben sie mitgetheilt, weil durch sie More's Verhalten gegenüber der Reformation Heinrich VIII. am verständlichsten wird. Nichts irriger, als aus diesem Verhalten zu schließen, More sei ein Fanatiker für katholische Dogmen gewesen. Was ihn drängte, der Reformation in England entgegenzutreten, war nicht borniirter Katholizismus, sondern Unbeugsamkeit des Charakters und Liebe zum Volk. **Dafür** ist er den Märtyrertod gestorben.

1529 war More zum Lordkanzler (Reichskanzler) geworden, der erste Nichtgeistliche in dieser Stellung, der nicht aus dem hohen Adel stammte. Schon hatte die Ehescheidungsangelegenheit begonnen und More hatte kein Hehl daraus gemacht, daß er des Königs Vorgehen nicht billige. Wenn dieser glaubte, ihn durch seine Beförderung zu gewinnen, täuschte er sich. More versuchte in dem Kampfe zwischen Heinrich und dem Papst neutral zu bleiben, aber schließlich erkannte er, daß ein weiteres Verbleiben im Amt unvereinbar sei mit seiner Ehre. Am 11. Februar 1531 hatte der englische Klerus Heinrich als das Haupt der Kirche anerkannt, ein Jahr darauf legte More seine Stellung nieder. Das hieß aber in jener Situation in den Augen des Königs nichts Anderes als Rebellion und Hochverrath, und Heinrich ruhte denn auch nicht eher, als bis es ihm gelang, durch elende Richter die Komödie eines Hochverrathsprozesses gegen seinen gewesenen Kanzler inszeniren zu lassen, die, dank einem gedungenen Zeugen, mit der Verurtheilung des Angeklagten zu einem qualvollen Tode endete.

Der milde König begnadigte ihn zur Enthauptung.

Unerschrocken und heiter starb der erste große Utopist, am 6. Juli 1535, auf dem Blutgerüst, wenige Tage nachdem die erste Diktatur des revolutionären kommunistischen Proletariats in ihrem Blute erstickt worden war (in Münster).

Der aufkeimende moderne Sozialismus hatte die Bluttaufe empfangen.

IV. Die „Utopia."

More hat zahlreiche Schriften hinterlassen, poetische, historische, philosophische, politische, auch theologische. Uns interessirt nur eine, sein „goldenes Büchlein über die beste Verfassung des Gemeinwesens und über die neue Insel Utopia."*)

*) „De optimo reipublicae statu deque nova insula Utopia libellus vere aureus." Wir haben die Baseler Ausgabe von 1518 benutzt. — Das Wort Utopia ist gebildet aus den griechischen Worten ou (U) = nicht, und Topos, der Ort. Gewöhnlich übersetzt man Utopia mit „Nirgendheim." „Unland" scheint mir richtiger (vgl. meinen Thomas More, S. 131).

Wie in Plato's Werk über den Staat werden auch in der „Utopia" die Ansichten des Verfassers in der Form eines Gesprächs entwickelt. Dies macht die Darstellung nicht nur lebendiger und eindrucksvoller, sondern erlaubt ihr auch größere Freiheit und Kühnheit. Denn die scharfe Kritik der bestehenden Zustände und das Lob des Kommunismus werden nicht als Anschauungen More's vorgetragen; dieser giebt sich in der Schrift vielmehr als Anhänger des Bestehenden. Seine wirklichen Ansichten legt er einer erfundenen Persönlichkeit, Raphael Hythlodäus, in den Mund.

Um zur Darstellung seines Idealstaates zu gelangen, geht More von der Wirklichkeit aus, die er unmerklich in Dichtung übergehen läßt. Er beginnt mit der Erzählung seiner Gesandtschaft nach Flandern, 1515. Eine Pause in den Verhandlungen benutzte er, nach Antwerpen zu gehen. Eines Tages begegnete er dort auf der Straße seinem Freunde Peter Giles mit einem Fremden, der einem Seemann glich. Es war Raphael Hythlodäus, ein Portugiese, der Amerigo Vespucci bei seinen Entdeckungszügen nach Amerika begleitet hatte, wohin seit der geglückten Fahrt des Christoph Columbus (1492) so viele Abenteurer strömten. Raphael trennte sich von seinen Genossen an der Küste Brasiliens und gelangte in neue, noch unerforschte Gegenden, darunter auch die Insel Utopien, wo er fünf Jahre blieb. Von dort kam er nach Indien und war nun auf einem portugiesischen Schiff heimgekehrt.

More interessirt sich für den weitgereisten Mann und lädt ihn mit Giles in sein Haus. Dort wird das Gespräch fortgesetzt. More wundert sich, daß Raphael seine ausgedehnten Kenntnisse nicht im Dienste eines Fürsten verwerthe. Dies giebt den Anlaß zu jener Kritik der politischen und ökonomischen Zustände der damaligen Zeit, auf die wir schon hingewiesen. Sie ist viel zu umfangreich, als daß wir sie wiedergeben könnten.

Aber, erhebt sich nach der Kritik die Frage, wie all dem Elend, allen diesen Mißständen abhelfen?

„Es scheint mir zweifellos, lieber More," erklärt Hythlodäus, „um offen zu sprechen, daß, wo das Privateigenthum herrscht, wo Geld der Maßstab Aller für Alles, es schwer, ja fast unmöglich ist, daß das Gemeinwesen gerecht verwaltet werde und gedeihe. Es sei denn, daß man es für Gerechtigkeit hielte, wenn alles Gute den Schlechten zufällt, oder für Gedeihen, wenn einigen Wenigen Alles gehört, welche Wenige sich aber auch nicht behaglich fühlen, indeß der Rest ein wahrhaft elendes Dasein führt.

„Wie viel weiser und erhabener erscheinen mir dagegen die Einrichtungen der Utopier, bei denen mit wenigen Gesetzen Alles so wohl verwaltet ist, daß das Verdienst gebührend geehrt wird, und wo jeder Mensch im Ueberfluß lebt, trotzdem Keiner mehr hat als der Andere. Man vergleiche damit andere Nationen, die ununterbrochen neue Gesetze fabriziren und doch nie gute Gesetze haben, wo jeder Mensch sich einbildet, zu Eigen zu besitzen, was er erworben, und wo doch die unzähligen Gesetze, die tagaus tagein erlassen werden, nicht im Stande sind,

Jedermann sicher zu stellen, daß er sein Eigenthum erwerbe oder erhalte, oder genau von dem des Anderen unterscheide, wie man deutlich aus den vielen Prozessen ersieht, von denen täglich neue entstehen und keiner endet. Wenn ich alles Das überlege, dann muß ich Plato Recht widerfahren lassen und wundere mich nicht darüber, daß er für Völker keine Gesetze machen wollte, welche die Gütergemeinschaft zurückwiesen. Dieser Weise erkannte, daß der einzige Weg zum Heil des Gemeinwesens in der wirthschaftlichen Gleichheit Aller bestehe, was meines Erachtens nicht möglich ist, wo Jeder seine Güter als Privateigenthum besitzt. Denn wo Jeder unter gewissen Vorwänden und Rechtstiteln so viel zusammenscharren darf, als er kann, da fällt der ganze Reichthum einigen Wenigen anheim, und der Masse der Uebrigen bleiben Noth und Entbehrungen. Und das Schicksal Jener wie Dieser ist meist gleich unverdient, da die Reichen in der Regel habgierig, betrügerisch und nichtsnutzig sind, die Armen dagegen bescheiden, schlicht und durch ihre Arbeit nützlicher für das Gemeinwesen als für sich selbst.

„Ich bin daher fest überzeugt, daß weder eine gleiche und gerechte Vertheilung der Güter noch Wohlstand für Alle möglich sind, ehe nicht das Privateigenthum verbannt ist. So lange es besteht, werden die Lasten und die Kümmernisse der Armuth das Loos der meisten und der besten Menschen sein. Ich gebe zu, daß es andere Mittel als das Gemeineigenthum giebt, diesen Zustand zu lindern, nicht aber ihn zu beseitigen. Man kann durch Gesetze bestimmen, daß kein Mensch mehr als ein gewisses Maß von Grundeigenthum und Geld besitzen soll, daß weder der König eine zu große Macht haben, noch das Volk zu übermüthig sein soll, daß Aemter nicht auf Schleichwegen oder durch Bestechungen und Kauf erlangt werden und kein Prunk mit ihrer Bekleidung verbunden sei: da alles das entweder Ursache wird, das verausgabte Geld wieder aus dem Volk herauszuschinden, oder die Aemter den Reichsten zufallen läßt, anstatt den Fähigsten. Durch dergleichen Gesetze können die Uebel in Staat und Gesellschaft etwas gelindert werden, etwa wie ein unheilbarer Kranker durch sorgfältige Pflege noch eine Zeit lang aufrecht erhalten werden kann. Aber an eine völlige Gesundung und Kräftigung ist nicht zu denken, so lange Jeder Herr seines Eigenthums ist. Ja, gerade indem Ihr durch solche Gesetze einen Theil des Gesellschaftskörpers bessert, verschlimmert Ihr das Geschwür an einem anderen Theil; indem Ihr dem Einen helft, schädigt Ihr dadurch einen Anderen, denn Ihr könnt dem Einen nur geben, was Ihr einem Anderen genommen.

„Ich bin der gegentheiligen Meinung," erwidert More — das heißt der More der „Utopia," der als Eugen Richter des 16. Jahrhunderts verkleidete More, nicht der wirkliche, denn dessen Ansichten werden von Raphael ausgesprochen. „Ich glaube, die Menschen werden unter der Gütergemeinschaft sich niemals wohl befinden. Wie kann ein Ueberfluß von Gütern herrschen, wenn Jeder suchen wird, sich der Arbeit zu entziehen? Niemand wird durch die Aussicht auf Gewinn zur Arbeit angespornt werden, und die Möglichkeit, sich auf die Arbeit Anderer zu verlassen, muß Trägheit erzeugen. Und wenn nun Mangel unter ihnen einreißt und Niemand durch das Gesetz in dem Besitz dessen geschützt wird, was er erworben, muß da nicht beständig Aufruhr und Blutvergießen unter ihnen wüthen? Jede Achtung vor den Behörden muß ja schwinden, und ich kann mir überhaupt nicht vorstellen, welche Rolle diese spielen werden, wenn alle Menschen gleich sind."

„Ich wundere mich nicht über diese Ansichten," erwiderte Raphael, „denn Du stellst Dir ein solches Gemeinwesen entweder garnicht oder falsch vor. Wärst Du mit mir in Utopien gewesen und hättest Du die dortigen Sitten und Gesetze kennen gelernt, wie ich that, der ich dort über fünf Jahre lebte und das Land nie verlassen hätte, wenn mich nicht der Wunsch getrieben, es hier bekannt zu machen: Du würdest zugeben, daß Du nie eine besser eingerichtete Gesellschaft gesehen."

Damit ist der Anknüpfungspunkt gegeben, um zur Darstellung der More'schen Idealgesellschaft überzugehen.

Sehen wir nun diese näher an.

„Die Insel Utopia," berichtet Raphael, „zählt vierundzwanzig große und prächtige Städte, alle in Sprache, Sitten, Einrichtungen und Gesetzen einander gleich. Sie sind alle in derselben Weise angelegt und gebaut, soweit dies die Verschiedenheit der Oertlichkeiten zuläßt.

„Auf dem flachen Lande haben sie allenthalben gut gelegene, mit Ackerbaugeräthschaften wohl versehene Häuser. Diese werden von den Bürgern bewohnt, die abwechselnd aufs Land ziehen. Keine landwirthschaftliche Familie zählt weniger als vierzig Mitglieder — Männer und Frauen — und zwei zum Hof gehörige (ascripticii) Knechte. Die Vorsteher der Familie sind ein Hausvater und eine Hausmutter, gewiegte und erfahrene Menschen, und an der Spitze von je dreißig Familien steht ein Phylarch (oder Syphogrant).

„Aus jeder dieser Familien kehren jährlich zwanzig Personen in die Stadt zurück, nachdem sie zwei Jahre auf dem Lande zugebracht, und werden durch zwanzig Andere aus der Stadt ersetzt, die von Denen im Landbau unterrichtet werden, die bereits ein Jahr auf dem Lande gewohnt haben und daher die Landwirthschaft verstehen. Die Neugekommenen haben das nächste Jahr Andere zu belehren. Diese Einrichtung hat man getroffen, weil man fürchtete, es könnte einmal Mangel an Lebensmitteln eintreten, wenn alle Landbebauer gleichzeitig unerfahrene Neulinge wären. Der Wechsel der Bebauer wurde eingeführt, damit Niemand gegen seinen Willen gezwungen sei, allzulange die mühselige und harte Landarbeit zu verrichten. Aber gar Manche finden am Landleben solches Gefallen, daß sie sich einen längeren Aufenthalt auf dem Lande erwirken.

„Die Landbewohner bestellen die Felder, besorgen das Vieh und hauen Holz, das sie nach der Stadt zu Lande oder zu Wasser führen, wie es am gelegensten. Sie brüten die Hühnereier künstlich mittelst Brutapparaten aus u. s. w.

„Obgleich sie genau erforscht haben, wie viele Lebensmittel die Stadt sammt ihrem Gebiet erheischt, so säen sie doch mehr Korn und ziehen mehr Vieh, als sie bedürfen, und theilen den Ueberschuß ihren Nachbarn mit.

„Was immer die Landbewohner brauchen, was man in Feld und Wald nicht findet, das holen sie sich aus der Stadt, wo es ihnen die Obrigkeiten gern und ohne Gegengabe ausfolgen; denn jeden Monat, an einem Feiertag, gehen Viele von ihnen in die Stadt. Naht die Erntezeit, dann zeigen die Phylarchen der Ackerbaufamilien den städtischen Obrigkeiten an, wie vieler Arbeiter aus der Stadt sie bedürfen. Diese Schaar zieht am festgesetzten Tag aufs Land, und mit ihrer Hülfe wird fast die ganze Ernte an einem einzigen Tag eingebracht, wenn das Wetter günstig ist.

„Ackerbau ist die Beschäftigung, der sich alle Utopier hingeben, Männer wie Weiber, und die sie alle verstehen. Von Jugend auf werden sie darin unterrichtet. Theilweise in den Schulen durch Unterricht, theilweise durch Uebung auf den Feldern in der Nähe der Stadt, wo ihnen die Landarbeit wie ein Spiel beigebracht wird; sie werden dadurch nicht nur der Arbeit kundig, sondern auch körperlich gekräftigt.

„Neben der Landwirthschaft, die, wie gesagt, von ihnen Allen betrieben wird, erlernt Jeder von ihnen noch ein Handwerk als seine besondere Beschäftigung. Das ist meist entweder Verarbeitung von Wolle oder Flachs oder Maurerei, die Kunst des Schmiedes oder des Zimmermannes. Die anderen Beschäftigungen sind nicht der Rede werth.

„Denn die Kleider sind auf der ganzen Insel nach demselben Schnitt, abgesehen davon, daß die Kleidung der Männer verschieden ist von der der Frauen, die der Verheiratheten von der der Unverheiratheten. Und dieser Schnitt bleibt stets derselbe, passend und angenehm für das Auge, den Bewegungen und Wendungen des Körpers nicht hinderlich, gleich geeignet für die Kälte wie für die Hitze. Diese Kleider verfertigt jede Familie für sich selbst. Aber von den anderen Gewerben hat Jeder eines zu erlernen, und zwar nicht nur die Männer, sondern auch die Frauen. Letztere, als die schwächeren, werden zu leichteren Arbeiten verwendet, meist zur Verarbeitung von Wolle und Flachs. Die mühsameren Gewerbe liegen den Männern ob.

„Meist wird Jeder im Handwerk seines Vaters unterrichtet, denn dazu ist man in der Regel von Natur aus geneigt. Zieht aber Jemand ein anderes Gewerbe vor, dann wird er in eine Familie aufgenommen, die dasselbe betreibt. Nicht nur der Vater, sondern auch die Obrigkeit sorgt dafür, daß er zu einem braven und rechtschaffenen Hausvater kommt.

„Hat Jemand bereits ein Handwerk erlernt, so darf er sich trotzdem auch später noch zu einem anderen wenden, wenn er darnach verlangt. Versteht er beide, dann mag er betreiben, welches er will, es sei denn, daß die Stadt des einen mehr bedarf, als des anderen.

„Die vornehmste und fast einzige Aufgabe der Syphogranten (Phylarchen) besteht darin, darauf zu achten, daß Niemand müßig geht und Jeder sein Handwerk mit gebührendem Eifer betreibt. Damit ist aber nicht gemeint, daß die Utopier von früh Morgens bis spät Abends in unaufhörlicher Arbeit sich zu schinden haben, gleich Lastthieren. Denn das ist schlechter als die elendeste Sklaverei. Und doch ist es fast überall das Loos der Arbeiter, ausgenommen in Utopien. Dort aber werden Tag und Nacht in 24 Stunden getheilt und nur sechs davon sind zur Arbeit bestimmt: Drei Vormittags, worauf sie speisen gehen; und nach der Mahlzeit haben sie eine Rast von zwei Stunden, worauf sie wieder drei Stunden arbeiten und sich dann zum Abendbrot begeben. Ungefähr um acht Uhr Abends gehen sie zu Bett (indem sie mit ein Uhr die erste Stunde nach Mittag bezeichnen) und widmen dem Schlaf acht Stunden. Alle die Zeit, die nicht von Arbeiten, Schlafen und Essen in Anspruch genommen ist, verwendet Jeder nach seinem Belieben. . . . Um sich aber keine falschen Vorstellungen zu machen, muß man Eines ins Auge fassen — denn wenn man hört, daß sie blos sechs Stunden auf die Arbeit verwenden, könnte man vielleicht zur Ansicht kommen, daß Mangel an nothwendigen Dingen die Folge davon sein wird. Aber im Gegentheil. Diese kurze Arbeitszeit ist nicht nur genügend, sondern mehr als genug, um einen Ueberfluß an allen Sachen zu erzeugen, die des Lebens Nothdurft oder Annehmlichkeit erfordert."

Zum Beweis dafür weist Raphael darauf hin, daß in Utopien keine Verschwendung von Arbeit herrscht, wie in der bestehenden Gesellschaft, da alle Arbeit zweckmäßig eingerichtet und wohl geregelt ist, nicht planlos und unsolid vor sich geht. Dazu kommt noch, daß in Utopien die Masse von Müssiggängern und von Arbeitern in überflüssigen Gewerben unbekannt ist, die einen so großen Theil der europäischen Gesellschaften ausmachen.

In Utopien herrscht allgemeine Arbeitspflicht. Befreit von der Arbeit sind nur die Leiter des Gemeinwesens, „die sich aber der Arbeit doch nicht entziehen, um die Anderen durch ihr Beispiel zur Arbeit zu ermuntern, trotzdem sie gesetzlich davon befreit sind. Dieselbe Befreiung von der Arbeit genießen Diejenigen, die auf Empfehlung der Priester und nach geheimer Wahl durch die Syphogranten vom Volk Erlaubniß bekommen haben, sich ausschließlich und ständig dem Studium zu widmen. Erfüllt ein solcher aber nicht die in ihn gesetzten Erwartungen, dann wird er wieder unter die Handwerker versetzt. Oft kommt aber auch das Gegentheil vor, daß ein Handwerker seine freie Zeit so eifrig auf das Studium verwendet und solche Fortschritte darin macht, daß er von der Handarbeit befreit und unter die Gelehrten versetzt wird." Aus diesen werden die höheren Beamten genommen.

„Da sie Alle nützlich beschäftigt sind und jedes Gewerbe nur weniger Arbeiter bedarf, kommt es öfter vor, daß sie an Allem Ueberfluß haben. Dann werden zahllose Schaaren aus der Stadt geführt, um die Straßen auszubessern. Oft aber, wenn auch diese Arbeit nicht nothwendig ist, wird die Zahl der Arbeitsstunden durch einen Erlaß herabgesetzt."

Die Landleute produziren für sich und für die Städter. Diese wieder arbeiten im Handwerk für Stadt und Land. Aber neben dieser Regelung der Produktion für jede Stadt mit ihrem Landgebiet kennt More, und das ist höchst bemerkenswerth, auch eine Regelung der Produktion für die g e s a m m t e N a t i o n.

„Jede Stadt sendet jährlich nach Amaurotum (der Hauptstadt) als Abgeordnete drei ihrer weisesten Greise, die gemeinsamen Angelegenheiten der Insel zu besorgen. Es wird untersucht, an welchen Dingen und wo Ueberfluß oder Mangel herrscht, und dem Mangel der Einen durch den Ueberfluß der Anderen abgeholfen. Und das geschieht ohne irgend welche Entschädigung, indem die Städte, die von ihrem Ueberfluß an andere abgeben, ohne von diesen etwas zu verlangen, dafür von anderen empfangen, was sie brauchen, ohne eine Gegenleistung dafür zu geben. So ist die ganze Insel gleichsam eine Familie."

Geld ist in Utopien unbekannt.

Dies sind die wichtigsten Eigenthümlichkeiten der Produktion bei den Utopiern. Auf andere, wie zum Beispiel die Besorgung schmutziger Arbeiten durch Zwangsarbeiter, theils Sträflinge, theils Lohnarbeiter aus den Nachbarländern — eine naheliegende Einrichtung, so lange die Maschine nicht diese Arbeiten übernimmt —, sowie auf den Waarenhandel mit dem Ausland näher einzugehen, würde zu weit führen.

Wie gestalten sich nun in dieser Produktionsweise Familie und Ehe?

Auf die ländlichen Familien ist schon hingewiesen worden.

„Jede Stadt besteht aus Familien, die so weit als möglich aus Verwandten zusammengesetzt sind. Denn die Frau zieht, sobald sie im gesetzlichen Alter geheirathet hat, in das Haus ihres Gatten. Die männlichen Kinder aber und deren männliche Nachkommen bleiben in ihrer Familie, an deren Spitze der Aelteste steht. Ist dieser vor Alter kindisch, dann tritt der Nächstälteste an seine Stelle. Damit aber die vorgeschriebene Anzahl der Bürger weder zu- noch abnehme, ist es bestimmt, daß keine Familie, deren es 6000 in jeder Stadt giebt (neben denen auf dem Lande), weniger als zehn und mehr als sechzehn Erwachsene haben soll; die Zahl der Kinder ist nicht festgesetzt. Dieser Maßstab wird mit Leichtigkeit innegehalten, indem man die überschüssigen Mitglieder der übergroßen Familien unter die zu kleinen Familien versetzt."

Einer etwa drohenden Uebervölkerung wird durch Gründung von Kolonien vorgebeugt.

„Der Aelteste ist, wie schon gesagt, das Oberhaupt jeder Familie. Die Frauen dienen den Männern, die Kinder den Eltern, die Jüngeren überhaupt den Aelteren.

„Jede Stadt ist in vier gleiche Theile getheilt. In der Mitte jedes Stadtviertels ist ein Marktplatz mit allen Arten von Gütern. Dorthin werden die Arbeitserzeugnisse jeder Familie in gewisse Häuser gebracht und in diesen jede besondere Gattung für sich aufgespeichert. Von dort holt jeder Familienvater oder jeder Vorsteher einer Haushaltung, was immer er und die Seinen brauchen, und nimmt es mit sich ohne Geld und überhaupt ohne jede Gegengabe. Denn warum sollte man ihm etwas verweigern? An allen Dingen ist Ueberfluß, und man hat keinen Grund, zu befürchten, daß Jemand mehr fordert als er braucht. Warum sollte man annehmen, daß Jemand über seine Bedürfnisse hinaus fordern wird, wenn er sicher ist, nie Mangel zu leiden? Sicherlich werden Habsucht und Raubgier bei allen lebenden Wesen nur durch ihre Furcht vor Mangel hervorgerufen, beim Menschen auch noch durch Stolz, da er es für etwas besonders Großartiges hält, andere Menschen durch ein verschwenderisches und eitles Prunken mit allen möglichen Dingen zu überragen. Zu solchen Lastern ist bei den Utopiern keine Gelegenheit."

Neben diesen Marktplätzen stehen die Lebensmittelmärkte, auf die das Vieh bereits geschlachtet und gereinigt gebracht wird. Die Schlachtung findet außerhalb der Stadt am Fluß statt, damit diese von Unrath und Verwesungsgerüchen frei bleibe, die Krankheiten erzeugen.

„In jeder Straße stehen in bestimmten Entfernungen voneinander große Paläste, jeder mit einem bestimmten Namen bezeichnet. In diesen wohnen die Syphogranten (Vorsteher von je dreißig Familien). Und jedem dieser Paläste sind dreißig Familien zugetheilt, die zu beiden Seiten desselben wohnen. Die Küchenverwalter dieser Paläste kommen zu bestimmten Stunden auf den Markt, wo Jeder die nöthigen Lebensmittel holt, der Stärke der Familien entsprechend, die zu seinem Palast gehören. Das Erste und Beste aber kommt zu den Kranken in die Spitäler, die vor der Stadt liegen, und die so vorzüglich eingerichtet sind, daß fast jeder Kranke die Behandlung im Spital der zu Hause vorzieht.

„Zu bestimmten Stunden Mittags und Abends begiebt sich die ganze Syphograntie auf ein gegebenes Trompetenzeichen in ihren Palast, ausgenommen Diejenigen, die krank in den Hospitälern oder zu Hause darniederliegen. Niemandem ist es verboten, nachdem der Bedarf der Paläste befriedigt, vom Markte Lebensmittel heimzutragen, denn sie wissen, daß Niemand das ohne triftigen Grund thut. Es giebt Keinen, der freiwillig zu Hause speiste, da es nicht anständig und in der That höchst thöricht wäre, mühsam ein schlechtes Mahl zu Hause herzustellen, wenn ein gutes Mahl im nächsten Palast bereit ist.

„In diesen Palästen wird alle unangenehme, beschwerliche und schmutzige Arbeit von den Knechten verrichtet. Das Kochen und Herrichten der Speisen und die ganze Besorgung der Mahlzeit fällt jedoch den Frauen jeder Familie abwechselnd zu.

„Je nach ihrer Zahl sitzen sie an drei oder mehr Tischen. Die Männer sitzen nächst der Wand, die Frauen an der anderen Seite der Tafel, so daß, wenn Eine von einem plötzlichen Unwohlsein befallen wird, wie das bei schwangeren Frauen häufig, sie sich ohne Störung erheben und in die Ammenstube zurückziehen kann. Die Frauen mit Säuglingen sitzen nämlich in einer Stube, die für sie besonders bestimmt ist, und in der es nie an Feuer und reinem Wasser fehlt, und ebensowenig an Wiegen, so daß sie ihre Kinder niederlegen, aus den Windeln nehmen und diese trocknen, und die Kleinen mit Spiel ergötzen können.

„Jede Mutter säugt ihr eigenes Kind, außer wenn Tod oder Krankheit das unmöglich machen. Tritt das ein, dann besorgen die Frauen der Syphogranten rasch eine Amme, und das ist nicht schwer, da die dazu fähigen Frauen sich zu keinem Dienst so gern anbieten, als zu diesem. Denn dieser Beweis von Mitleid wird hoch gepriesen, und das gesäugte Kind erkennt auch später die Amme als Mutter an.

„Neben den Frauen mit Säuglingen befinden sich auch die Kinder unter fünf Jahren in der Ammenstube. Die älteren Knaben und Mädchen bis zum heirathsfähigen Alter bedienen entweder bei Tische oder, wenn sie zu jung dazu sind, sehen stehend und schweigend zu. Sie essen, was ihnen von den Tischen gereicht wird, und haben keine besonderen Essenszeiten. . . .

„So leben sie in den Städten. Auf dem Lande aber leben die Familien weit voneinander entfernt und speisen daher jede für sich, und sie leiden an nichts Mangel, denn von ihnen kommen ja alle Lebensmittel für die Bewohner der Städte."

So viel über den Haushalt der Utopier. Nun zu ihrer Ehe, die komischer Weise im Kapitel von der Knechtschaft abgehandelt wird: „Die Mädchen heirathen nicht vor dem 18., die Jünglinge nicht vor dem 22. Jahr. Wer vor der Ehe, Mann oder Weib, verbotener Lust gefröhnt, wird strenge bestraft und die Ehe ihm verboten, es sei denn, daß der Fürst Gnade für Recht ergehen läßt. Ein solcher Fehltritt gereicht aber auch dem Vorsteher und der Vorsteherin der Familie, in der er sich ereignete, zum schweren Vorwurf, denn man nimmt an, daß sie ihre Pflicht vernachlässigt haben. Sie bestrafen den Fehltritt deshalb so streng, weil man fürchtet, daß Wenige eine Verbindung eingehen würden, die sie für ihr ganzes Leben an eine Person fesselt und manche Lasten mit sich bringt, wenn nicht eine strenge Verhinderung aller unstäten Verbindungen stattfände.

„Bei der Wahl der Gatten befolgen sie ein Verfahren, das uns (Hythlodäus und seinen Genossen) lächerlich erschien, unter ihnen aber ernst und streng eingehalten wird. Vor Eingehung der Ehe zeigt eine ehrwürdige Matrone die Braut, sei sie Jungfrau oder Wittwe, nackt dem Bräutigam, und dann ein gesetzter Mann den Bräutigam nackt der Braut. Wir lachten darüber und verurtheilten es als anstößig. Sie dagegen wunderten sich über die Narrheit aller anderen Nationen. Wenn ein Mann ein Pferd kauft, sagen sie, wo es sich nur um ein bischen Geld handelt, so ist er so vorsichtig, es genau zu untersuchen und den Sattel und das Geschirr abzunehmen, um zu sehen, ob nicht etwa ein Geschwür darunter verborgen sei. Bei der Wahl einer Gattin aber, von der Glück oder Unglück des ganzen Lebens abhängt, gehen die Leute aufs Gerathewohl vor und binden sich an sie, ohne mehr von ihr gesehen zu haben, als eine Hand breit vom Gesicht. Nicht alle Männer sind so weise, eine Frau blos ihrer guten geistigen Eigenschaften wegen zu wählen, und selbst die Weisen halten dafür, daß ein schöner Körper die Reize des Geistes erhöht. Es ist unzweifelhaft, daß die Kleidung eine Häßlichkeit verbergen kann, die den Mann seinem Weibe entfremdet, wenn eine Trennung nicht mehr möglich ist. Entdeckt er den Fehler erst nach der Ehe, dann bleibt ihm nichts übrig, als sich geduldig ins Unvermeidliche zu fügen. Sie halten es daher für sehr vernünftig, einen solchen Betrug unmöglich zu machen.

„Das ist in Utopien um so gebotener, als es das einzige Land in jenem Himmelsstrich ist, in dem die Vielweiberei garnicht und die Ehescheidung nur im Falle des Ehebruchs oder unerträglicher schlechter Aufführung des einen Theils gestattet wird: in solchen Fällen löst der Senat die Ehe und giebt dem nichtschuldigen Theil das Recht, wieder zu heirathen. Der Schuldige ist ehrlos und darf keine zweite Ehe mehr eingehen. Keiner darf je sein Weib aus dem Grunde verstoßen, weil sie ein körperliches Leiden oder Gebrechen befallen; denn sie halten es einestheils für den Gipfel der Grausamkeit, Jemanden dann zu verlassen, wenn er des Trostes und der Hülfe am meisten bedarf, und andererseits glauben sie, daß die Möglichkeit einer solchen Trennung eine trübe Aussicht für das Alter biete, das so viele Krankheiten mit sich bringt, und das selbst eine Krankheit ist.

„Hin und wieder kommt es jedoch vor, daß Mann und Weib sich nicht vertragen können und andere Genossen finden, mit denen sie hoffen, glücklicher zu leben; dann trennen sie sich mit gegenseitiger Zustimmung und gehen neue Ehebündnisse ein, jedoch nicht ohne Erlaubniß des Senats; diese wird erst nach einer genauen Untersuchung der Angelegenheit durch die Senatoren und ihre Frauen gewährt. Und nicht allzu leicht, da sie glauben, daß zu große Leichtigkeit der Ehescheidung gerade nicht das Mittel sei, die Zuneigung der Gatten zueinander zu befestigen.

„Die Ehebrecher werden mit der härtesten Knechtschaft bestraft. Mitunter bewegt die Reue des schuldigen und die unerschütterliche Zuneigung des unschuldigen Gatten den Fürsten so sehr, daß er jenen begnadigt. Wer aber darnach wieder einen Ehebruch begeht, wird mit dem Tode bestraft."

Diesen Ausführungen sind nur noch einige Sätze hinzuzufügen, welche für die Stellung der Frau in Utopien charakteristisch sind: „Die Männer züchtigen ihre Frauen, die Eltern die Kinder, wenn nicht das Vergehen ein solches ist, das öffentliche Bestrafung verdient.

„Niemand wird gezwungen, wider seinen Willen in einen Krieg außerhalb der Landesgrenzen zu ziehen. Andererseits aber werden die Frauen, die ihre Gatten in den Krieg zu begleiten wünschen, daran nicht gehindert, sondern vielmehr dazu ermuntert und dafür gepriesen. Im Felde kämpfen sie an der Seite ihrer Gatten, umgeben von ihren Kindern und Verwandten, so daß diejenigen, die zusammenstehen, am meisten Ursache haben, einander gegenseitig zu helfen. Es gilt als große Schande für einen Gatten, ohne die Gattin, für den Sohn, ohne den Vater heimzukehren.

„Ihre Priester heirathen die durch ihre Eigenschaften hervorragendsten Frauen des Landes; die Frauen selbst sind keineswegs vom Priesterthum ausgeschlossen, werden indeß selten dazu erwählt, und dann nur ältere Wittwen."

Die Verfassung Utopiens ist die eines demokratischen Bundesstaates, in dem jede Stadt mit ihrem Gebiet einen besonderen Kanton darstellt.

„Je dreißig Familien*) wählen jährlich einen Beamten, der in ihrer alten Sprache Syphogrant hieß, jetzt aber Phylarch genannt wird. Ueber je zehn

---

*) Also jedenfalls Männer und Frauen.

Syphogranten mit den ihnen unterstehenden Familien steht ein anderer Beamter, ehemals Tranibor, jetzt Protophylarch betitelt. Alle Syphogranten, 200 an der Zahl, wählen, nachdem sie geschworen, dem Geeignetsten ihre Stimme geben zu wollen, in geheimer Abstimmung den Fürsten aus vier Kandidaten, die das Volk aufgestellt hat, indem jedes Stadtviertel einen auserwählt und dem Senat empfiehlt. Das Amt des Fürsten ist ein lebenslängliches, außer wenn er in den Verdacht geräth, nach der Alleinherrschaft zu streben. Die Traniboren werden jährlich gewählt, aber nicht ohne triftigen Grund gewechselt. Alle anderen Aemter sind nur jährlich. Die Traniboren versammeln sich mit dem Fürsten jeden dritten Tag, und wenn es sein muß, öfters, und berathen über die öffentlichen Angelegenheiten und über private Streitigkeiten, wie sie mitunter, wenn auch selten, vorkommen. Jeder Sitzung wohnen zwei Syphogranten bei, die jedes Mal wechseln. . . . Es ist bei Todesstrafe verboten, außer im Senat oder der Volksversammlung über öffentliche Angelegenheiten Beschlüsse zu fassen. Diese Bestimmung wurde, wie sie sagen, erlassen, damit nicht durch eine Verschwörung des Fürsten mit den Traniboren und durch Unterdrückung des Volkes die Verfassung umgestürzt werden könnte. Wenn es sich daher um Angelegenheiten von großer Wichtigkeit handelt, so müssen sie den Syphogranten vorgelegt werden, die sie den Familien ihrer Abtheilung mittheilen und mit ihnen besprechen, um dann deren Entscheidungen dem Senat mitzutheilen. Mitunter wird eine Angelegenheit der Abstimmung der ganzen Insel unterbreitet.“ . . .

„Jede Stadt sendet jährlich drei ihrer weisesten Greise nach Amaurotum (der Hauptstadt), um die gemeinsamen Angelegenheiten der Insel zu besorgen.“ Dieser Senat hat, wie wir wissen, die Aufgabe, eine Statistik des Bedarfs und Arbeitsertrages jeder Stadt aufzustellen und Ueberfluß und Mangel der einzelnen Gemeinden auszugleichen.

Was die Funktionen der einzelnen Beamten anbelangt, so wissen wir bereits, daß „die vornehmste und fast einzige Aufgabe der Syphogranten darin besteht, darauf zu achten, daß Niemand müßig gehe und Jeder sein Handwerk mit gebührendem Eifer betreibe.

„Wer allzu gierig nach einem Amt strebt,“ heißt es an einer anderen Stelle, „kann sicher sein, es nie zu erlangen. Sie leben friedlich zusammen, da die Beamten weder anmaßend, noch hart sind. Diese heißen Väter und sie handeln wie solche. Freiwillig werden ihnen Ehrenbezeugungen verliehen, von Keinem werden sie verlangt.“ Wie die anderen Beamten, werden auch die Priester vom Volk gewählt. Sie haben die Sitten der Bevölkerung zu überwachen und die Jugend zu erziehen. Die Religion ist Privatsache.

„Sie haben nur wenige Gesetze, denn bei ihren Einrichtungen bedürfen sie nicht vieler. Sie tadeln sehr die unendliche Menge von Gesetzbüchern und Kommentaren bei anderen Nationen, die doch nicht ausreichen.“

Ebenso einfach wie die inneren, sind die auswärtigen politischen Verhältnisse der Utopier. Verträge mit fremden Völkern schließen sie nicht ab, da sie wissen, daß solche nur so lange eingehalten werden, als der Vortheil es erheischt. Sie verlassen sich auf sich selbst und auf die ökonomische Abhängigkeit der Nachbarn von ihnen.

„Den Krieg verabscheuen sie als eine Bestialität, die doch bei keiner Bestie so häufig, wie beim Menschen. Entgegen den Sitten fast aller Nationen gilt ihnen nichts so unrühmlich, wie Kriegsruhm. Obgleich sie sich täglich in den Waffen üben, und zwar nicht nur die Männer, sondern auch die Frauen an gewissen Tagen, damit sie des Kriegswesens wohl kundig seien, wenn die Nothwendigkeit es erheischt, unternehmen sie trotzdem nie einen Krieg, außer zur Vertheidigung ihres eigenen Landes oder ihrer Freunde gegen einen ungerechten Angriff, oder zur Befreiung eines unterdrückten Volkes vom Joch der Tyrannei. . . . Für die gerechteste Ursache eines Krieges aber halten sie es, wenn Kaufleute einer befreundeten Nation in der Fremde unter irgend einem gesetzlichen Vorwand, durch schlechte Gesetze oder Verdrehung guter, unterdrückt und geprellt werden."

In dem letzten Satz guckt unserem guten More der Kaufmann recht sehr über die Schulter.

Wenn wir diesen Ausführungen noch einige Zitate hinzufügen, welche die Stellung der Wissenschaft in Utopien kennzeichnen, dann haben wir alle wesentlichen Eigenthümlichkeiten des More'schen Utopismus erschöpft. Die Gelehrten werden, wie wir gesehen haben, hochgeschätzt; sie sind von körperlicher Arbeit befreit. Aber die Beschäftigung mit der Wissenschaft ist kein Monopol der Gelehrten.

„Gewöhnlich werden am frühen Morgen öffentliche Vorlesungen abgehalten, zu deren Besuch nur Diejenigen verpflichtet sind, die besonders für die Wissenschaften bestimmt wurden. Aber es findet sich stets auch eine große Menge anderer Leute dabei ein, Männer und Frauen, der Eine bei diesen, der Andere bei jenen Vorlesungen, je nach der Neigung des Betreffenden."

„Das Ziel der Einrichtungen dieses Gemeinwesens," heißt es an anderer Stelle, „geht in erster Linie dahin, es allen Bürgern zu ermöglichen, jede Zeit, die nicht von den Bedürfnissen der Gemeinschaft in Anspruch genommen wird, der körperlichen Arbeit zu entziehen und der freien Thätigkeit und Entfaltung ihres Geistes zu widmen. Denn darin sehen sie die Glückseligkeit des Lebens."

* * *

„So habe ich Euch nun," schließt Hythlodäus seine Erzählung, „so getreulich ich konnte, die Verfassung dieses Gemeinwesens beschrieben, das meines Erachtens nicht nur das beste, sondern auch das einzige ist, das diesen Namen verdient. Anderswo spricht man freilich auch von einem Gemeinwohl, sorgt aber in Wirklichkeit nur für das eigene Wohl; in Utopien, wo es kein Sondereigenthum giebt, besorgt Jeder thatsächlich nur die Geschäfte des Gemeinwesens, und hier wie dort hat Jeder seine guten Gründe, warum er so verschieden handelt. Denn anderswo weiß Jedermann, daß er verhungern muß, wenn er nicht für sich selbst sorgt, möge das Gemeinwesen noch so blühend sein, so daß er gezwungen ist, sein Wohl dem der Gesammtheit vorzuziehen. In Utopien dagegen, wo Alles gemeinsam ist, weiß Jedermann, daß Niemand Mangel leiden kann, wenn man dafür sorgt, die öffentlichen Speicher zu füllen. Denn Alles wird bei ihnen gleich vertheilt, so daß Niemand arm ist; und obgleich Keiner etwas für sich besitzt, sind sie doch Alle reich. Kann es einen besseren Reichthum geben, als ein sorgloses und heiteres Leben? In Utopien braucht der Einzelne nicht für seine Existenz besorgt zu sein, er wird nicht von den endlosen Klagen der Gattin gequält, fürchtet nicht für die Zukunft des Sohnes, ihm bereitet die Mitgift der Tochter keinen Kummer. Er weiß nicht nur seine Existenz und sein Wohlleben gesichert, sondern auch das seiner Kinder, Enkel, Neffen, aller Nachkommen bis ins entfernteste Glied. Und man sorgt bei ihnen in gleicher Weise für die schwach und arbeitsunfähig Gewordenen wie für die noch Arbeitenden. Ich möchte den Mann sehen, der kühn genug wäre, dieser Gerechtigkeit das Recht anderer Völker gleichzusetzen. Gott straf mich, wenn ich bei den anderen eine Spur von Recht und Gerechtigkeit gefunden. Was ist das für eine Gerechtigkeit, wenn der Edelmann, der Goldschmied*) oder der Wucherer, kurz, Diejenigen, die nichts thun oder doch nichts Nützliches, bei ihrer Unthätigkeit oder überflüssigen Thätigkeit herrlich und in Freuden leben, indeß die Taglöhner, Kärrner, Schmiede, Zimmerleute und Ackersknechte, die härter arbeiten als Lastthiere, und deren Arbeit das Gemeinwesen nicht ein Jahr lang entbehren könnte, ein so erbärmliches Dasein sich erarbeiten und schlechter leben müssen als Lastthiere? Diese arbeiten nicht so lange, ihre Nahrung ist besser und nicht durch die Sorge für die Zukunft vergällt; der Arbeiter dagegen wird niedergedrückt durch die Trostlosigkeit seiner Arbeit und gemartert durch die Aussicht auf das Bettlerelend seines Alters. Sein Lohn ist ja so gering, daß er die Bedürfnisse des Tages nicht deckt, und es ist garnicht daran zu denken, daß der Mann etwas für seine alten Tage zurücklegt. Ist das nicht ein ungerechtes und undankbares Gemeinwesen, das die Edlen, wie sie sich nennen, und die Goldschmiede und Andere verschwenderisch beschenkt, die entweder müßig gehen oder von der Schmeichelei leben, oder der Thätigkeit für eitle Freuden; und das anderseits nicht die geringste Sorge trägt für arme Ackersleute, Kohlengräber, Taglöhner, Kärrner, Schmiede und Zimmerleute, ohne die es nicht bestehen könnte? Nachdem man sie ausgebeutet und ausgepreßt hat in der Kraft ihrer Jugend, überläßt man sie ihrem Schicksal, wenn Alter, Krankheit und Noth sie gebrochen haben und giebt sie als Belohnung für ihre treue Sorge und ihre so wichtigen Dienste dem Hungertode preis.

„Noch mehr: Die Reichen, nicht zufrieden, den Lohn der Armen durch unsaubere persönliche Kniffe herabzudrücken, erlassen noch Gesetze zu demselben Zweck. Was seit jeher Unrecht gewesen, der Undank gegen Die, die dem Gemeinwesen wohl gedient, das haben sie noch scheußlicher gestaltet, indem sie ihm Gesetzeskraft und damit den Namen der Gerechtigkeit verliehen.

---

*) Die Goldschmiede waren zu More's Zeiten auch Geldwechsler und Bankiers.

„Bei Gott, wenn ich das Alles überdenke, dann erscheint mir jeder der heutigen Staaten nichts als eine Verschwörung der Reichen, die unter dem Vorwand des Gemeinwohls ihren eigenen Vortheil verfolgen und mit allen Kniffen und Schlichen darnach trachten, sich den Besitz dessen zu sichern, was sie unrecht erworben haben, und die Arbeit der Armen für so wenig als möglich für sich zu erlangen und auszubeuten. Diese sauberen Bestimmungen erlassen die Reichen im Namen der Gesammtheit, also auch der Armen, und nennen sie Gesetze.

„Aber nachdem diese Elenden in ihrer unersättlichen Habgier unter sich allein Alles vertheilt haben, was für das ganze Volk ausreichen würde, fühlen sie sich selbst gar fern von jenem Glück, dessen sich die Utopier erfreuen. Bei diesen ist der Gebrauch und das Verlangen nach Geld beseitigt und damit eine berghohe Last von Sorgen vernichtet, eine der stärksten Wurzeln des Verbrechens ausgerissen. Wer weiß nicht, daß Betrug, Diebstahl, Raub, Zwist, Tumult, Aufruhr, Todtschlag, Meuchelmord, Vergiftung durch die Strenge des Gesetzes wohl gerächt aber nicht verhindert werden, indeß sie alle verschwinden würden, wenn das Geld verschwände? Dem Geld würden folgen die Besorgnisse, Beunruhigungen, Kümmernisse, Mühsale und schlaflosen Nächte der Menschen. Die Armuth selbst, die des Geldes so nothwendig zu bedürfen scheint, würde aufhören, sobald das Geld beseitigt würde."

V. Die Stellung der Utopia in der Geschichte des Sozialismus.

Wer die ebenso leidenschaftliche wie tief durchdachte Anklage gegen die bürgerliche Gesellschaft und die so machtvolle Verherrlichung des Kommunismus liest, mit der Raphael Hythlodäus seine Darstellung Utopiens endet, kann, wenn er auch sonst nichts von der More'schen Schrift gelesen hätte, nicht im Zweifel über ihren Charakter sein — so sollte man wenigstens meinen. Aber die bürgerliche Gelehrsamkeit scheint einmal dazu verurtheilt, unzurechnungsfähig zu werden, sobald sie dem Sozialismus gegenübertritt, und so erklären die Historiker, ultramontane wie liberale, mit Vorliebe die Utopia als „heitere Scherze einer heiteren Seele," „als das phantastische Gedankenspiel einer verrauschenden Stunde," oder als eine gelehrte Spielerei, als eine Variirung der platonischen Republik.

Wir bekommen ein anderes Bild, wenn wir zusehen, welche Rolle die Utopia in der Geschichte des sozialistischen Gedankens spielt.

Weit entfernt, eine Nachahmung des platonischen Kommunismus zu sein, ist der More'sche Kommunismus grundverschieden von ihm, und ebenso sehr vom christlichen Kommunismus. Nicht aus antiquarischer Bücherweisheit ist er entsprossen, sondern aus tiefer Einsicht in die Bedürfnisse und die Hülfsmittel seiner Zeit, und so verschieden das England Heinrich VIII. vom Athen des peloponnesischen Krieges und dem Reich der Cäsaren ist, ebenso verschieden ist der More'sche Kommunismus vom platonischen und urchristlichen.

Wohl hat er mit seinen Vorgängern Manches gemein, so zum Beispiel die hohe Stellung der Frau, die lebhaft an Plato erinnert, oder die gemeinsamen Mahlzeiten; aber in wesentlichen Punkten erhebt er sich über alle früheren Formen des Kommunismus.

Bis zur Utopia hatte man nur einen kommunalen oder genossenschaftlichen Kommunismus gekannt; der Kommunismus wird in der Idee wie in der Wirklichkeit beschränkt auf einzelne Gemeinden oder Korporationen. More war der Erste, der den Kommunismus dem neu aufgekommen modernen Staate anzupassen suchte, im Gegensatze nicht nur zu seinen Vorgängern, für welche dieser Staat noch nicht existirte, sondern auch zu seinen kommunistischen Zeitgenossen, den christlich-demokratischen Wiedertäufern. Er war der Erste, der die kühne Idee der Organisation der Produktion im Rahmen eines großen nationalen Staates faßte.

Hier haben wir aber auch schon ein zweites wesentliches Merkmal des More'schen Kommunismus berührt. Zu dessen Kennzeichnung müssen wir etwas weiter ausholen.

Die soziale Situation in England zu More's Zeit entsprach in vielen Punkten der Situation Italiens zur Zeit der Gracchen (vgl. S. 16 ff.). Aber in einem sehr wesentlichen Punkte unterschied sie sich von dieser. In Italien wurde die Bauernwirthschaft verdrängt durch ein ökonomisch tiefer stehendes Wirthschaftssystem, das der Sklavenwirthschaft. Man sah nur ein Heilmittel für die kranke Gesellschaft: die Neuschaffung einer Bauernschaft, die Rückkehr zum Gewesenen, nicht den Fortschritt zu einer höheren Produktionsweise. Aber das Lumpenproletariat wollte davon nichts wissen, es verlangte nach Brot und Spielen, nicht nach Arbeit und dem Besitz von Produktionsmitteln. Schließlich versank ein Theil der Gesellschaft in stumpfe Hoffnungslosigkeit, in einem anderen Theil bildeten sich Tendenzen nach einem Kommunismus der Genußmittel.

Anders im England des 16. Jahrhunderts. Nicht nur eine neue Staatsordnung wurde damals begründet, sondern auch eine neue, höhere Produktionsordnung, die nicht auf der Arbeit von Sklaven sich aufbaut, sondern auf der von Arbeitern, die frei sind in jeder Beziehung, vogelfrei, losgelöst von jedem Besitz, auch vom Haushalt des Besitzenden, dem der Sklave, der Handwerksgeselle, der Bauernknecht angehört. Derartige freie Besitzlose, Proletarier, in größerer Zahl hatte man bisher vorwiegend in der Form von parasitischen Lumpenproletariern gekannt. Die Zahl der arbeitenden Proletarier war verhältnißmäßig gering gewesen. Um die Wende des 15. zum 16. Jahrhundert begann sie anzuschwellen; neben den städtischen Taglöhnern und den Hausindustriellen, die von Kapitalisten (Kaufleuten) ausgebeutet wurden, bildete sich ein Bergwerksproletariat, das für die kapitalistischen Gewerken (Aktionäre) der Bergwerke schanzte; bildete sich endlich mancherorts, namentlich aber in England, ein Proletariat landwirthschaftlicher Lohnarbeiter, die ihre Arbeitskraft theils direkt dem Grundherrn, theils dem kapitalistischen Pächter verkauften.

Das Bedürfen dieser Art von Proletarier ist ganz anderer Art, als das des Lumpenproletariers. Der letztere verlangt nicht nach Arbeit, sondern nach Brot; versteigt er sich zur Idee des Kommunismus, dann ist dieser ein Kommunismus der Genußmittel. Der echte Lohnproletarier, der sich über das Niveau des Lumpenproletariers nicht nur ökonomisch, sondern auch moralisch erhoben hat, kommt zu Brot nur durch Arbeit. Sein erster Wunsch ist: Arbeit. In gewissem Sinne begegnet er sich darin mit den Wünschen des Kapitalisten. Dieser bedarf eines Proletariats, das nach Arbeit verlangt, nicht nach Almosen. Die Wohlthätigkeit ist ihm ein Gräuel, denn sie verringert die Zufuhr freier Arbeitskräfte auf den Arbeitsmarkt. Andererseits widerstreitet es seinem eigenen Interesse, die Arbeitskräfte verhungern zu lassen, die er gerade nicht braucht. Er kann sie später vielleicht verwenden, und ihre Anwesenheit übt stets einen Druck auf die Löhne. Können die Arbeitslosen sich nicht selbst erhalten, sollen sie nicht von der Wohlthätigkeit unterstützt werden, dann bleibt, um sie vor dem Hungertod zu bewahren, nichts übrig, als ihnen Arbeit in einer Form zu geben, die der kapitalistischen Ausbeutung nicht Abbruch thut.

Das Recht auf Arbeit wird unter Umständen zu einem Bedürfniß nicht nur des Lohnproletariats, sondern auch der Kapitalistenklasse.

Das Recht auf Arbeit im kapitalistischen Sinne fand seine erste praktische Verwirklichung in England durch das Armengesetz der Königin Elisabeth von 1601, welches bestimmte, daß die Gemeinden verpflichtet seien, den arbeitsfähigen Armen Arbeit zu verschaffen. Es war nicht das Recht auf lohnende, zweckmäßige, nützliche Arbeit, sondern das Recht auf sinnlose Abrackerung gegen erbärmliche Entschädigung; das Arbeitshaus (workhouse) wurde zu einem Hause der Qual, aus dem der Arbeiter jederzeit unter die Fuchtel des Kapitalisten sich zurücksehnte.

Lange, ehe die Gesetzgebung der Elisabeth die kapitalistische Fassung des Rechtes auf Arbeit formulirte, hatte More die Bedingung gefunden, unter der allein dies Recht auf Arbeit als Grundlage von Wohlstand im Sinne des arbeitenden Proletariats verwirklicht werden kann. Diese Bedingung ist das Gemeineigenthum an den Produktionsmitteln.

Dasselbe spielt in Utopien eine ganz andere Rolle, als bei den bisher betrachteten Formen des bewußten Kommunismus — vom urwüchsigen sehen wir ja in unserer ganzen Darstellung ab. Es bildet dort die Grundlage der Gesellschaft, während es bei den früheren Formen des bewußten Kommunismus, soweit es bei ihnen überhaupt vorkam, nur eine Neben- und Folge-Erscheinung des Kommunismus an Genußmitteln war.

Für More ist gerade diese letztere Art des Kommunismus von sekundärer Bedeutung; wohl kennt er die Gemeinsamkeit der Mahlzeiten, aber nur für die städtische Bevölkerung, und auch für diese sind sie nicht obligatorisch, wenn auch selbstverständlich. Im Uebrigen aber herrscht in Utopien der private Haushalt, und zwar in der dem Handwerk und dem Bauernthum entsprechenden Form — eine höhere technische Grundlage hatte die Gesellschaft zu More's Zeit noch nicht erreicht. Der Kommunismus Utopiens ist im Wesentlichen ein Kommunismus des Produzirens.

Dieser fundamentale Unterschied zwischen dem More'schen Kommunismus und dessen Vorgängern hat auch wesentliche Verschiedenheiten in ihren Verhältnissen zur Familie und Ehe zur Folge. Die More'sche Idealgesellschaft ist nicht, wie die platonische oder die der christlichen Kommunisten, der Familie und Einzelehe feindlich gesinnt und nur durch Inkonsequenz mit diesen Einrichtungen vereinbar. Andererseits aber steht das Gemeineigenthum an den Produktionsmitteln in Widerspruch zu jener Form der Familie und Ehe, in der der Haushaltungsvorstand der Herr über die Mitglieder seiner Familie ist; Herr über Weib und Kind ebenso wie über Sklaven und Knechte. Diese Herrschaft hat ihre ökonomischen Wurzeln in dem Privateigenthum, vor Allem dem an den Produktionsmitteln. Der Mann beherrscht die Familie als Besitzer ihrer Existenzbedingungen. Wo kein Privateigenthum an den Produktionsmitteln herrscht, besteht auch nicht die ökonomische Wurzel der patriarchalischen Zwangsfamilie und Zwangsehe; sie hört in der kapitalistischen Gesellschaft auf für das Proletariat, sie hört in einem kommunistischen Gemeinwesen auf für die ganze Gesellschaft. Die Frau wird ökonomisch unabhängig vom Mann, die Kinder von den Eltern. Die fortschreitende Reduzirung der Arbeiten für den privaten Haushalt durch die technische Entwickelung wirkt in gleicher Richtung.

Die Aufhebung des Privateigenthums an den Produktionsmitteln bedingt keineswegs die Aufhebung der Einzelehe und Einzelfamilie, wohl aber eine erhebliche Aenderung ihres Charakters. Die Bande, die Mann und Weib, Eltern und Kinder dann zusammenhalten, können verschiedenster Art sein, vor Allem dürften da wirksam sein die als Produkt einer langen Kulturentwickelung heute bereits ziemlich erstarkten Empfindungen der individuellen Geschlechtsliebe und der väterlichen Liebe, die keineswegs so natürlich ist, wie die mütterliche — aber Familie und Ehe hören auf, ökonomische Institute zu sein und auf der Herrschaft des Gatten und Vaters zu beruhen.

More ist, der ökonomischen Rückständigkeit seiner Zeit entsprechend, inkonsequent, wenn er die Zwangsehe und Zwangsfamilie mit Mannesherrschaft beibehält; aber er ist in seiner Art ebenso logisch und konsequent, wenn er Einzelehe und Familie beibehält, wie Plato es war, wenn er für sein ideales Gemeinwesen diese Einrichtungen verwarf.

Noch ein Punkt ist hier bemerkenswerth: More's Stellung zur Wissenschaft.

Der christlich-demokratische Kommunismus war, wie wir gesehen haben, der Gelehrsamkeit feind; gehörte sie doch zu den Herrschaftsmitteln seiner Zeit. Er entsproß nicht tiefer, wissenschaftlicher Einsicht, sondern dem instinktiven Bedürfniß und ebenso instinktiver Empörung der Besitzlosen und Ausgebeuteten und der mit ihnen Sympathisirenden. Dieser Kommunismus, der sich nur auf kleine Gemeinschaften erstreckte, bedurfte nicht der Wissenschaft, um erfaßt und durchgeführt zu werden; dazu genügte jene geschäftliche Erfahrung, die das Alltagsleben auch der unteren Klassen mit sich brachte.

In Utopien spielt die Wissenschaft eine große Rolle. Das ist selbstverständlich in dem Idealstaate eines Humanisten. Aber die hohe Stelle der Wissenschaft entspringt da nicht blos einer persönlichen Liebhaberei. Ein sozialistisches Gemeinwesen im Rahmen des nationalen Staats ist, selbst in der einfachen Form, die More ihm giebt, viel zu komplizirt, als daß seine Idee einem philosophisch ungeschulten Geiste hätte entspringen können. Nur ein Denker, der nicht blos die tiefste Einsicht in das gesammte ökonomische und politische Getriebe seiner Zeit besaß, sondern der auch seinen Gesichtskreis erweitert und von Vorurtheilen gereinigt hatte durch das Studium vergangener gesellschaftlicher Verhältnisse und ihrer geistigen Produkte, ein Denker, der seinen Geist an den höchsten und kühnsten Resultaten der antiken Philosophie geschärft hatte, so daß er gewohnt war, einen Gedanken bis in seine letzten Konsequenzen zu verfolgen und aus den Anfängen einer Tendenz deren letzte Ergebnisse zu erkennen, nur ein derartiger Denker war im Stande, zur Lösung der sozialen Probleme seiner Zeit ein kommunistisches Gemeinwesen, gleich dem utopischen, zu ersinnen.

Zum ersten Mal seit Plato tritt bei More wieder die Wissenschaft in den Dienst des Kommunismus. Sie, die dem christlich-demokratischen Kommunismus nur als Feindin sich zeigte, beginnt nun selbst die Grundlagen zu einer neueren, höheren Form des Kommunismus zu legen.

Aber bei Plato ist die Wissenschaft, gemäß dem aristokratischen Charakter seines Kommunismus, das Monopol der Aristokratie. Der More'sche Kommunismus ist demokratisch; nicht der drohende Zerfall der Aristokratie hat ihn erzeugt, sondern das Anschwellen des Massenproletariats. Sein Ziel ist die Aufhebung jeglicher Herrschaft und Ausbeutung, die Zugänglichkeit aller Genüsse für Alle. Die Wissenschaft darf weder Herrschaftsmittel bei ihm sein, noch ein nur Wenigen erreichbares Genußmittel. Er macht sie, als den höchsten aller Genüsse, Allen zugänglich.

Wohl war seine Zeit noch weit entfernt vom Maschinenwesen, aber ihm genügen bereits die Planmäßigkeit der Produktion und die gleiche Arbeitspflicht Aller, um die Zeit der gewerblichen Arbeit täglich für Jeden auf wenige Stunden zu reduziren, neben denen genügend Raum für wissenschaftliche Beschäftigungen bleibt.

Dieser Gedanke konnte den christlich-demokratischen Kommunisten nicht kommen. Sie hatten nicht nur kein Interesse an der Lösung, die er brachte, da sie zur Wissenschaft sich ablehnend verhielten, sie konnten auch garnicht daran denken, die Arbeitszeit in dem Maße zu verkürzen, wie es in Utopien geschieht. Denn sie bildeten nur kleine Gemeinden innerhalb der bestehenden Gesellschaft, welche weder deren Planlosigkeit noch deren Ausbeutung aufhoben. Wo sie geduldet wurden, wie in Mähren, geschah es gerade, weil sie so gute Ausbeutungsobjekte waren. Sie arbeiteten nicht blos für sich, sondern auch für ihre Herren, Grundherren und Landesherren, ihre Arbeitszeit unterschied sich daher nicht von der ihrer privat wirthschaftenden Genossen; der Kommunismus brachte ihnen größere wirthschaftliche Sicherheit, auch größeren Wohlstand, aber kaum geringere Arbeitslast.

Es wird vielmehr überall gerade die Emsigkeit der böhmischen Brüder, der mährischen Wiedertäufer, der Mennoniten u. s. w. hervorgehoben.*)

Betrachten wir alle diese Eigenthümlichkeiten der More'schen Utopie: Ausdehnung des Kommunismus auf das Gebiet eines großen nationalen Staates, Begründung des Gemeinwesens auf den Kommunismus der Produktion, Versöhnung des Kommunismus mit der Einzelehe und Familie, sowie, ohne Preisgabe des demokratischen Wesens, mit der Wissenschaft. Diese Punkte unterscheiden den More'schen Kommunismus von allen vorhergehenden Formen des bewußten Kommunismus, wir finden sie dafür mehr oder weniger ausgeprägt, wenn auch nicht immer alle vereinigt in den Formen des seitherigen Kommunismus, die irgend welche Bedeutung erlangt haben.

Mit der „Utopia“ More's beginnt der moderne Sozialismus.

Wohl klebt ihr in Einzelheiten noch manche Rückständigkeit ihrer Zeit an. Wenn sie z. B. die Frau höher stellt, als im Allgemeinen das 16. Jahrhundert that, wenn sie ihr z. B. den Zugang zur Wissenschaft eröffnet, so läßt sie doch die Unterordnung der Frau unter den Mann bestehen. Sie fesselt auch Jeden an ein bestimmtes Handwerk, allerdings mit Ausnahmen, sie kennt sogar Zwangsarbeiter.

Andererseits sind viele der späteren sozialistischen Systeme, namentlich neuere, mit viel reicheren, mannigfaltigeren und kunstvolleren Einrichtungen ausgestattet. Aber so viel prächtiger und moderner auch diese sozialen Gebäude sein mögen, ihre Grundlagen sind dieselben, wie die der Utopia. Darüber ist der Sozialismus bis in die erste Hälfte unseres Jahrhunderts nicht hinausgekommen. Ja manche der späteren Systeme weisen sogar Rückschritte auf, indem sie z. B. die staatliche Grundlage verlassen und den Sozialismus wieder auf kommunaler oder genossenschaftlicher Grundlage aufbauen wollen.

Noch in einem wesentlichen Punkt ist die Utopia vorbildlich geworden für den Sozialismus bis zu dem bezeichneten Zeitraum, in einem Punkt, der von ihr den Namen erhalten hat, im Utopismus.

Wir haben gesehen, daß More ein Gegner von Volksbewegungen war. Das gilt nicht blos für den Humanisten und Staatsmann, sondern auch für den Kommunisten. Kommunistische Volksbewegungen waren ihm verhaßt, auch die Bewegung der Wiedertäufer. So schrieb er an Johann Cochläus: „Deutschland bringt jetzt täglich mehr Ungeheuer hervor, als Afrika jemals that. Was kann ungeheuerlicher sein als die Wiedertäufer?“

Diese Abneigung gegen Volksbewegungen bildet eine Eigenthümlichkeit auch der meisten späteren Sozialisten bis in unser Jahrhundert hinein, selbst noch zu einer Zeit, als eine kraftvolle Arbeiterbewegung bereits begonnen hatte, sich zu entwickeln, wo die Sache der Demokratie keineswegs so hoffnungslos war als zu Beginn des 16. Jahrhunderts. Aber diese Sozialisten betrachteten die Gesellschaft

*) Die Arbeitszeit bei den mährischen Täufern dauerte von Sonnenaufgang bis Sonnenuntergang, mit einer Stunde Mittagspause. Loserth, Der Kommunismus der mährischen Wiedertäufer, S. 134.

nicht als einen Organismus, der sich entwickelt, sondern als ein Uhrwerk, das, einmal in bestimmter Form gegeben, immer in derselben Weise abläuft. Sie verglichen nicht das Proletariat ihrer Zeit mit dem vor fünfzig und hundert Jahren; sie sahen daher nicht, daß es vorwärts marschirt, daß es eine aufsteigende Klasse ist, daß ihm die Zukunft gehört. Sie verglichen das Proletariat mit den besitzenden Klassen ihrer Zeit und fanden diese jenem in allen Punkten so sehr überlegen, daß ihnen die selbständige Bewegung des Proletariats hoffnungslos erschien, daß nur aus den höheren Klassen die Macht kommen konnte, die den Sozialismus durchführte.

More läßt den Kommunismus in Utopien von einem erleuchteten Fürsten eingeführt werden; der aufgeklärte Despotismus gerieth später vielfach in Mißkredit, man erwartete mehr von der bürgerlichen Philanthropie, von erleuchteten Millionären oder gar von Zauberformeln, deren Anwendung ohne Weiteres die neue Gesellschaft bringen sollte. Der Klassenkampf des Proletariats blieb unbeliebt, er erschien nicht nur hoffnungslos, er störte auch die Kreise der Sozialisten, da er die bürgerlichen Philanthropen abstieß, die für den Sozialismus gewonnen werden sollten.

Hand in Hand mit der Anschauung des Utopismus, die Arbeiterklasse sei unfähig, sich selbst zu befreien, geht eine andere Eigenthümlichkeit desselben, der Drang nach detaillirter Ausmalung der Zukunftsgesellschaft. Das war ganz unvermeidlich. Der Utopismus rechnet nicht auf den Enthusiasmus Jener, die nichts zu verlieren haben als ihre Ketten, sondern auf den Enthusiasmus und die Menschenfreundlichkeit Jener, denen es in der bestehenden Gesellschaft ganz wohl geht, die für sich an ihr nicht viel auszusetzen haben. Die Menschenfreundlichkeit zu erwecken, dazu bedarf es einer sprechenden Darstellung des Elends, von dessen Ausdehnung die Mehrzahl der Wohlhabenden keine Idee hat, und einer scharfen Hervorhebung aller bestehenden Mißstände überhaupt. Diese Seite, die kritische, ist in der Regel die glänzendste und ergreifendste in den Werken der Utopisten. Aber sie genügt nicht, um die Menschenfreundlichkeit zu jenem Enthusiasmus zu erheben, der die nothwendige Vorbedingung zur Durchführung einer so großartigen Aufgabe ist, wie die Verwirklichung des Kommunismus. Dazu bedarf es des eingehenden Nachweises, daß die Idealgesellschaft auch des Schweißes der Edlen werth ist. Je plastischer und anschaulicher diese Gesellschaft vor die Augen der Menschenfreunde gezaubert wird, desto größer ihre propagandistische Wirkung in den Kreisen der Besitzenden.

Wir haben noch vor wenigen Jahren an dem Beispiel von Bellamy's „Looking backwards" erlebt, wie groß die Wirkung einer derartigen anschaulichen Schilderung sein kann — wie groß, aber auch wie wenig nachhaltig, wie kraftlos der Enthusiasmus ist, den der Utopismus erzeugt. Heute kümmert sich kein Mensch mehr um die Utopie des Amerikaners.

Neben der Rücksicht auf die propagandistische Wirkung ist es noch ein anderer Umstand, der den Utopisten zur Ausmalung des „Zukunftsstaates" drängt, und dieser Umstand ist der entscheidende dabei.

Das Bedürfniß nach dem Kommunismus ersteht überall, wo ein hoffnungsloses Massenproletariat sich bildet. Je nach dem Charakter dieses Proletariats, ob es Lumpenproletariat oder arbeitendes Proletariat ist, gestaltet sich auch der Charakter des seinen Bedürfnissen entsprechenden Kommunismus; er ist entweder ein Kommunismus der Genußmittel oder der Produktionsmittel. Aber das Auftreten des hoffnungslosen Massenproletariats und des Bedürfnisses nach Kommunismus fällt keineswegs zusammen mit dem Auftreten der Bedingungen zur Verwirklichung des Kommunismus.

So lange dieser nicht als das nothwendige Endergebniß einer absehbaren Entwickelung der Gesellschaft erscheint, giebt es nur einen denkbaren Weg, ihn durchzuführen: die Ausarbeitung eines möglichst umfassenden Planes der neuen Gesellschaftsordnung und die Gewinnung der nöthigen Mittel zu dessen Ausführung. Die Gesellschaft wird gedacht wie ein Gebäude, dessen Formen von dem Belieben des Architekten und Bauherrn abhängen, an dessen Aufbau man aber nicht schreiten kann, ehe die nöthigen Pläne und Berechnungen vollendet sind. Diese Auffassung ist das wesentliche Kennzeichen des Utopismus.

Derselbe wurde immer mehr und mehr erschüttert durch die thatsächliche ökonomische und politische Entwickelung der dreißiger und vierziger Jahre unseres Jahrhunderts; vollständig, konsequent und vollbewußt überwunden wurde er erst durch Marx und Engels, die mit dem kommunistischen Manifest 1847 eine neue Epoche des Sozialismus begründeten.

Dies näher auszuführen, ist hier nicht der Ort, das wird an anderer Stelle dieses Werkes geschehen. Worauf es uns hier ankam, das war, darauf hinzuweisen, daß bis zur Begründung des wissenschaftlichen Sozialismus durch Marx und Engels, also durch mehr als drei Jahrhunderte, der sozialistische Gedanke sich in den Bahnen bewegt hat, die Thomas More zuerst gewandelt ist.

Das Werk, das den bürgerlichen Geschichtschreibern als ein Scherz und eine Spielerei erscheint, ist ein Merkstein geworden in der Geschichte des menschlichen Denkens; es hat in der Geschichte des Sozialismus eine Epoche von mehreren hundert Jahren eingeleitet, es hat die Form des Sozialismus begründet, die unmittelbar derjenigen vorhergeht, in der er die Welt erobern wird.

Wenn man diese Leistung vergleicht mit der ökonomischen Rückständigkeit seiner Zeit und ihren geringen Hülfsmitteln sozialer Einsicht, dann begreift man erst völlig die Bedeutung des ersten modernen Sozialisten.

Thomas More ist nicht nur eine der liebenswürdigsten und selbstlosesten, eine der charaktervollsten und kühnsten, er ist auch eine der genialsten Gestalten in der Geschichte der Menschheit. K. Kautsky.

Zweites Kapitel.

Thomas Campanella.

I. Campanella's Lebenslauf.

Kehren wir aus dem Norden wieder für einen Moment nach Italien zurück, der Heimath Joachim's von Fiore, des heiligen Franz von Assisi und Dolcino's, und begeben wir uns nach der engeren Heimath des Ersteren, nach Calabrien, das, wie ganz Unteritalien, seit dem Ende des 15. Jahrhunderts unter dem harten Joche Spaniens seufzte.

Dort wurde der zweite der beiden ersten großen Utopisten geboren, Tommaso (Thomas) Campanella, am 5. September 1568. Sein Geburtsort ist der Ort Stilo in der heutigen Provinz Reggio.

Schon in der Kindheit machte er sich durch eine seltene frühzeitige Reife bemerkbar: im Alter von dreizehn Jahren konnte er über ein beliebiges ihm aufgegebenes Thema, gleichviel ob in Prosa oder in Versen, eine Rede aus dem Stegreif halten, und mit dieser im Mittelalter sehr geschätzten und sehr gepflegten Redegabe verband er eine leidenschaftliche Liebe für das Studium der Philosophie. Bereits damals vertiefte er sich in die Lektüre der „Summa" des heiligen Thomas von Aquino, die für seinen Beruf entscheidend werden sollte. Sein Vater, der ihn für das Richteramt bestimmt hatte, schickte ihn nach Neapel, damit er dort bei einem seiner Oheime, einem Professor der Rechte, die Rechtswissenschaft studire, aber der junge Tommaso, der den Unterricht eines im Kloster zu Stilo Philosophie lehrenden Mönches genossen hatte, trat im Alter von fünfzehn Jahren zu Cosenza in den geistlichen Orden der Dominikaner ein, den bereits Albertus Magnus, Thomas von Aquino und Savonarola berühmt gemacht hatten, und aus welchem die streitbarsten und unabhängigsten Mönche hervorgegangen sind.

Die Fähigkeit Campanella's, sich alle Wissenschaften anzueignen, sowie auch seine bemerkenswerthe rednerische Begabung, verursachten, daß er sich bald vor den Mönchen und vor seinen Lehrern hervorthat, die sich bestrebten, seinen Scharfsinn zu entwickeln und ihn zu gewinnen. Die Klöster waren damals noch immer, wie im Mittelalter, eine Zufluchtsstätte für lernbegierige Geister, sie setzten ihren Stolz darein, Gelehrte, Philosophen und Redner zu besitzen, und der Dominikanerorden war durch die Zahl der berühmten Männer, die aus ihm hervorgegangen, einer der berühmtesten. Aber gegen Ende des 16. Jahrhunderts begann die Gesellschaft Jesu, welche Ignaz von Loyola im Jahre 1537 zu dem Zweck gegründet hatte, die Ketzer zu bekämpfen und die Autorität des Papstes zu schützen, die anderen geistlichen Brüderschaften zu verdunkeln. Die Dominikaner, welche gegen diese bedrohliche Nebenbuhlerschaft ankämpften und ihr altes Ansehen wieder zu erobern suchten, hielten Campanella eifrig fest und begünstigten seinen

Wissenseifer, da sie hofften, in ihm einen Kämpfer zu erhalten, dessen Talente mithelfen würden, den Glanz ihrer Körperschaft wieder aufzufrischen.

Und sehr bald hatte Campanella Gelegenheit, sich hervorzuthun. Die Klöster bewahrten und unterhielten mit eifersüchtiger Sorgfalt die Liebhaberei scholastischer Diskussionen, sie forderten sich gegenseitig heraus, um in Redeturnieren, zu welchen das Publikum zugelassen wurde, ihre verschiedenen theologischen und philosophischen Lehrsätze zu verfechten. Der Professor der Philosophie zu San Giorgio, der von den Franziskanern in Cosenza eingeladen worden war, in einer öffentlichen Disputation die Meinungen seines Ordens zu vertreten, wurde im Augenblick der Abreise krank und bestimmte seinen Schüler Campanella zu seinem Stellvertreter. Als dieser zur anberaumten Versammlung erschien, erregte seine Jugend ziemliche Mißstimmung, denn man glaubte, daß der gelehrte Professor nur aus Geringschätzung an seiner Statt diesen unbärtigen Disputator geschickt habe. Als derselbe aber sprach, verwandelte sich die Mißstimmung in Bewunderung. Er führte seine Aufgabe so glänzend und mit solchem Scharfsinn durch, daß die Franziskaner selbst ihn als Sieger erklären mußten. „Das Genie des Telesins*) lebt in ihm wieder auf," sagten sie, wie Niceron berichtet.

Campanella begeisterte sich für diese Redekämpfe; zehn Jahre hindurch zog er in Italien von Stadt zu Stadt, um über theologische und philosophische Fragen, welche damals die Geister seiner Zeit beschäftigten, zu disputiren; überall errang er glänzende Erfolge, die ihn berauschten, die aber den Neid erregten und auf sein Haupt die Eifersucht und den Haß der anderen geistlichen Orden, namentlich der Gesellschaft Jesu, heraufbeschworen. Letzterer erklärte er geradezu den Krieg und forderte ihre Ausrottung, weil sie „die reine Lehre des Evangeliums fälsche, um sie dem Despotismus der Fürsten dienstbar zu machen." Die Entrüstung Aller aber zog er auf sich durch seine heftigen Angriffe gegen Aristoteles, dessen Ansehen in den Gelehrtenschulen kaum geringer war, als dasjenige der Bibel; er war erst wenig über zwanzig Jahre alt, als er sein erstes, gegen den Philosophen von Stagyra und dessen Vertheidiger Marta gerichtetes Buch**) veröffentlichte. Empfindlich kränkte er seine Widersacher durch die Geringschätzung, welche er für die Meinungen ihrer Lehrer und der früheren Philosophen bezeugte. Deshalb machten sich die Jesuiten die Erbitterung zu Nutze, welche er überall, wohin er kam, erregte, klagten ihn der Ketzerei und Zauberei an und erlangten vom Papst die Hemmung seiner rednerischen Laufbahn; er erhielt den Befehl, in das Kloster zu Stilo zurückzukehren, weil er, wie Pietro Gianonni mittheilt, in Rom Aergerniß erregt und Verwirrung angerichtet habe. Er gehorchte, und suchte sich in seiner Zurückgezogenheit durch wissenschaftliche Studien und Poesie zu trösten, er machte sich an eine Tragödie, die den Tod der Maria Stuart behandelte. So wie Giordano Bruno, der gleich ihm Dominikaner war, wäre er aus dem Kloster

*) Telesius, geb. 1508 zu Cosenza, ein italienischer Naturphilosoph. Es ist weiter unten von ihm noch ausführlicher die Rede.

**) Philosophia sensibus demonstrata. Neapel 1590.

geflüchtet, „diesem engen und düsteren Gefängniß, wo der Irrthum mich so lange in seinen Fesseln hielt," wie der ungestüme Apostel des neuen Gedankens sagte, hätte er nicht ein Gebiet gefunden, auf dem er auch in der Abgeschlossenheit seinen heißen Thatendrang befriedigen konnte.*)

Wir kommen jetzt zu dem Hauptereigniß im Leben Campanella's, worüber wir indeß nur unbestimmte Andeutungen besitzen; in seinen zahlreichen Schriften spricht er davon nicht, und auch seinen Freunden gegenüber scheint er, als seine lange, siebenundzwanzigjährige Gefangenschaft ihr Ende erreicht hatte, nicht mittheilsamer gewesen zu sein. Niceron, der ihn zu Paris kennen lernte, und der ihm in seinen „Memoiren zum Gedächtniß der Geschichte berühmter Männer" eine biographische Notiz widmet, geht hierüber hinweg. Und Naudaeus, mit dem Campanella eng verbunden war, sagt in seinen „Politischen Betrachtungen über die Staatsstreiche" ganz beiläufig, daß er versucht habe, sich zum König von Calabrien ausrufen zu lassen. Pietro Gianonni ist der Einzige, der in seiner „Bürgerlichen Geschichte des Königreichs Neapel" (Neapel 1723) mit Bestimmtheit von einer Verschwörung spricht, die Campanella zu dem Zweck, Calabrien vom spanischen Joch zu befreien, angestiftet habe; derselbe behauptet, die von ihm mitgetheilten Einzelheiten aus den seither verschwundenen Aktenstücken seines Prozesses geschöpft zu haben.

Er sagt: „Campanella war nahe daran, Calabrien umzustürzen, indem er dort neue Ideen verbreitete und republikanische Freiheitspläne entwarf. Er verstieg sich so weit, die Staaten reformiren, neue Gesetze, neue Systeme für die Regierung der Gesellschaft aufstellen zu wollen." Ohne Zweifel hatte Campanella schon damals den Gedanken seines „Sonnenstaats" (Civitas solis) erfaßt, den er erst später ausarbeiten und schreiben sollte, er suchte seinen politischen Aufstand auch zu einer sozialen Revolution zu machen, ähnlich wie viele Ketzer des Mittelalters ihrer Reform der Religion eine kommunistische Umgestaltung der Gesellschaft hinzufügten.

Campanella, der ebenso wie die hervorragendsten und positivsten Geister seiner Zeit, darunter die Päpste Paul V. und Urban VIII., Richelieu und selbst Bacon, an Astrologie glaubte, hatte aus den Gestirnen Zeichen herausgelesen, welche

---

*) Um zu begreifen, wie ein freier Geist wie Campanella im Kloster sich beengt fühlte, muß man das ironische Sonett Giordano Bruno's: „Zum Lobe der Dummheit" lesen. Es lautet:

„O heilige und selige Dummheit, heilige Unwissenheit und heilige Albernheit, gesegnete Frömmigkeit, die allein die Seelen mehr zufriedenstellt, als alle Forschungen des Verstandes dies vermocht haben würden;

„Kein beharrliches Nachtwachen, keine mühsame Arbeit, keine philosophische Betrachtung kann zu dem Himmel gelangen, wo du deine Wohnstätte aufgeschlagen hast.

„Ihr forschenden Geister, was nützt es euch, die Natur zu studiren und zu erforschen, ob die Gestirne aus Feuer, Erde oder Wasser geformt sind:

„Die heilige und selige Dummheit verachtet dies Alles, denn mit gefalteten Händen und auf den Knieen erwartet sie ihr Heil nur von Gott,

„Nichts betrübt sie, nichts beschäftigt sie, außer der Sorge um die ewige Ruhe, welche Gott nach dem Tode uns gnädig gewährt."

auf der Erde, und besonders im Königreich Neapel und in Calabrien Revolutionen weissagten. Er bewog die Mönche seines Klosters, seinen Glauben zu theilen, und beredete sie, die Gelegenheit zu benutzen, um das spanische Joch abzuschütteln und an die Stelle der Monarchie eine theokratische Republik zu setzen, aus welcher die Jesuiten, die man im Nothfall ausrotten würde, ausgeschlossen sein müßten. Er verkündigte, daß Gott ihn zu einem derartigen Unternehmen auserwählt habe; nach Angabe von Naudaeus behauptete er, ebenso wie Franz von Sales, häufige Unterredungen mit Gott zu haben, und ließ sich den Messias nennen. Großes mußte er geplant haben, und zwar durch Wort und Waffen; der Rede wußte er sich zu bedienen, um gegen die Tyrannei der Fürsten und Prälaten Freiheit zu predigen, und die Waffen der damals sehr zahlreichen Banditen und Verbannten gedachte er nutzbar zu machen, um das Werk der Rede zu vollenden. Er nahm sich vor, das Volk aufzuwiegeln, damit es die Thore der Gefängnisse zertrümmere und die Gefangenen befreie, deren Prozeßakten man verbrennen, und die man in die Insurrektion einreihen würde. Er rechnete auf die Unterstützung des Veziers Hassan Cicala, der die in den Gewässern von Guardavale vor Anker liegende türkische Flotte befehligte. Cicala war ein geborener Calabrese, aber er hatte sein Heimathland verlassen, um der spanischen Herrschaft zu entfliehen und war zum Islam übergetreten.

Verschiedene Umstände begünstigten Campanella's Vorhaben; in Calabrien befand sich eine Menge von Verbannten, und übermäßige Steuern lasteten auf dem Volk. Der Pater Dionys Ponzio von Nicastro nahm die Verbreitung des Aufstandes in der Provinz Catanzaro auf sich, er löste seine Aufgabe mit Eifer und Beredsamkeit, er sprach von Campanella wie von einem Gesandten Gottes, der berufen sei, die Freiheit zu gründen und „das Volk von den Mißhandlungen der Minister des Königs von Spanien zu befreien, denen das menschliche Blut um Geld feil wäre, und welche die Armen und Schwachen zerträten." Die Mönche dieses Landstrichs unterstützten ihn mit glühendem Eifer; allein in dem Kloster von Pizzoli waren ihrer fünfundzwanzig Beauftragte, die Verbannten anzuwerben, mehr als dreihundert Dominikaner, Augustiner und Franziskaner waren in die Bewegung verwickelt, im Augenblick des Losschlagens sollten zweihundert Prediger aufs Land ziehen, um die Empörung anzufachen, achtzehnhundert Verbannte waren kampfbereit, der Adel sollte die Bewegung unterstützen, und von den Zeugen wurden die Bischöfe von Nicastro, Gerace, Melito und Oppido als Theilnehmer des Komplotts genannt. Die Erhebung sollte gegen Ende des Jahres 1599 vor sich gehen, Alles war bereit, als zwei Verräther die Verschwörung enthüllten.

Graf Lemos, der Vizekönig von Neapel, schickte unter dem Vorgeben, die Küsten gegen die Türken zu beschützen, Truppen ab, welche sich der unversehens überfallenen Verschworenen bemächtigten und dieselben nach Neapel einschifften. Um ein Exempel zu statuiren, ließ der Vizekönig zwei Verschworene lebend auf der Galeere, welche sie transportirte, viertheilen und vier Andere an den Raaen aufhängen. Der Pater Dionys Ponzio wurde in der Verkleidung eines Laien verhaftet und getödtet, Campanella in einer Schäferhütte, wo ihn sein Vater verborgen hatte, in dem Augenblick entdeckt, wo es ihm nach Unterhandlungen, die einen ganzen Tag beansprucht hatten, gelungen war, einen Schiffer zu gewinnen, der ihn auf ein türkisches Schiff bringen sollte; er wurde im Kastell dell' Ovo zu Neapel eingesperrt, in demselben Jahr 1600, in welchem Giordano Bruno in Rom auf dem Scheiterhaufen verbrannt wurde.

Campanella hatte erwartet, das Volk werde sich auf den ersten Ruf erheben. Denn konnte es wohl anders sein? Er brachte ihm die Freiheit, er wollte es ins gelobte Land führen. Wie traurig sollte sein Erwachen aus diesem entzückenden Traum sein, als er sich allein, von Allen verlassen sah und mit einem Schiffer feilschen mußte, der ihm sein Boot zur Flucht verweigerte! Zweifellos zur Erinnerung an diese schmerzliche Enttäuschung schrieb er jenes so wahrhafte, jeder Illusion bare Sonett, worin sein tiefes Mitleid für das Volk durchbricht und worin er Gedanken und Gefühle zum Ausdruck bringt, welche die Revolutionäre aller Länder und aller Zeiten kennen gelernt haben.

Das Volk.*)

„Das Volk ist ein wandelbares, unverständiges Thier, welches seine Kraft nicht kennt und die schwersten Schläge und Lasten mit Geduld erträgt; es läßt sich leiten durch ein schwaches Kind, welches es mit einem einzigen Stoß zu Boden werfen könnte;

„Aber es fürchtet dasselbe und dient ihm in allen seinen Launen, es weiß nicht, wie sehr man es fürchtet, und daß seine Herren einen Zaubertrank bereiten, der es dumm macht.

„Unerhörtes Schauspiel! Das Volk schlägt und fesselt sich mit eigenen Händen, es kämpft und stirbt für einen einzigen aller der Carlini,**) die es dem Könige giebt.

„Alles, was zwischen Himmel und Erde sich befindet, gehört ihm, aber davon weiß es nichts, und wenn Jemand ihm sein Recht enthüllt, so steinigt und tödtet es ihn.“

Mit einem langen und schweren Märtyrerthum büßte Campanella seinen revolutionären Versuch und seine Angriffe auf die Gesellschaft Jesu. Denn es ist sehr wahrscheinlich, daß ohne den Haß der Jesuiten der Zorn der spanischen Regierung gegen einen leicht besiegten Verschwörer, den, obwohl der Ketzerei beschuldigt, doch die Päpste beschützten, nachgelassen haben würde.

---

*) Poesie filosofiche di Tommaso Campanella. In Italien zum ersten Mal veröffentlicht durch Gaspare Orelli, Lugano 1834.

**) Carlino war eine neapolitanische Scheidemünze. In einem den Schweizern, die als Söldlinge im Dienst der Könige standen, gewidmeten Sonett kommt Campanella auf den nämlichen Gedanken zurück:

„Wenn euch die Freiheit vom Himmel um so näher rückt, je höher eure Berge sind ihr Felsen der Alpen, warum verwendet jeder Tyrann die Arme eurer Söhne, um die anderen Völker in der Sklaverei zu halten?

„Für ein Stück Brot, ihr Schweizer, vergießt ihr euer Blut in Strömen ... Darum verachtet man eure Tapferkeit ... Alles gehört dem freien Mann. Man verweigert den Sklaven die Kleidung und Nahrung der Edelleute, sowie auch das weiße Kreuz. (Die Schweizer konnten keine Malteserritter werden.)

„O werdet wieder frei, vereinigt euch mit den Helden und nehmt den Königen wieder, was euch gehört und was man trotzdem euch so theuer verkauft.“

In der Vorrede zu seinem „Atheismus triumphatus"*) erzählt Campanella seine Leiden. „Ich bin in fünfzig verschiedenen Kerkern eingeschlossen gewesen und siebenmal der grausamsten Folterung unterzogen worden. Das letzte Mal dauerte diese Marter vierzig Stunden. Ich wurde gewürgt von straff angezogenen Stricken, die mir das Fleisch bis an die Knochen durchschnitten, und, die Hände auf dem Rücken gebunden, über einem spitzen Pfahl aufgehängt, daß mein Blut überströmte. Nach Verlauf von vierzig Stunden hielt man mich für todt und machte meinen Martern ein Ende; die Einen schmähten mich, und um meine Schmerzen zu steigern, schüttelten sie den Strick, an dem ich aufgehängt war, die Anderen lobten ganz leise meinen Muth. Nichts hat mich wankend machen, und man hat mir nicht ein einziges Wort**) entreißen können. Nach sechsmonatlicher Krankheit wunderbarer Weise geheilt, warf man mich in eine Grube. Fünfzehn Mal wurde ich vor Gericht gestellt. Das erste Mal wurde ich gefragt: Woher weißt Du, was Du nicht gelernt hast? Hast Du einen Dämon zu Deiner Verfügung? Ich gab zur Antwort: Um das zu lernen, was ich weiß, habe ich mehr Oel gebraucht, als Ihr Wein getrunken habt. . . . Man klagte mich an, das vor meiner Geburt erschienene Buch „De tribus Impostoribus"***) geschrieben zu haben, ein Anhänger der Lehre Demokrit's zu sein, . . . gegen die Kirche, sowohl hinsichtlich ihrer Lehre, als auch ihrer Verfassung verwerfliche Ansichten zu verbreiten und ein Ketzer zu sein. Endlich wurde ich nicht blos der Ketzerei, sondern auch der Rebellion angeklagt, weil ich gegen Aristoteles, welcher der Welt eine ewige, unveränderliche Dauer zuschreibt, behauptet habe, daß an Sonne, Mond und Sternen Zeichen sich fänden, welche Revolutionen des Weltalls ankündigten."

---

*) Der im Jahre 1631 veröffentlichte „Atheismus triumphatus" (besiegte Atheismus) wurde gegen Campanella ausgebeutet; man behauptete, daß er die Atheisten nur scheinbar bekämpfe, in Wirklichkeit aber ihnen helfe, daß er ihnen Beweisgründe liefere, an die sie niemals gedacht hätten und auf die er nur sehr schwach erwidere; einer seiner Gegner sagte, daß man die Schrift besser Atheismus triumphans (der siegende Atheismus) hätte betiteln sollen.

**) Campanella, der in allen seinen Schriften über die Begebenheiten, die seine Gefangenschaft herbeiführten, Stillschweigen beobachtet, spricht in seinem „Sonnenstaat" von den Martern, die er zu ertragen hatte. Stolz sagt er von sich: „Ein Philosoph konnte trotz der Martern, welche ihn seine Feinde vierzig Stunden lang haben aushalten lassen, nicht gezwungen werden, auch nur eine Silbe von dem zu enthüllen, was zu verschweigen er sich vorgenommen hatte."

Ein anderer Zeitgenosse, Rossi, der unter dem Pseudonym J. N. Erythraeus schrieb, erzählt in seiner „Pinacotheca imaginum illustrium" (1643—1648), Campanella sei fünfunddreißig Stunden lang einer so grausamen Tortur unterworfen worden, „daß, nachdem alle Venen und Arterien um seinen After herum gerissen waren, das aus den Wunden sich ergießende Blut nicht gestillt werden konnte, und daß er trotzdem diese Tortur mit größter Festigkeit aushielt und nicht ein einziges Mal ein eines Philosophen unwürdiges Wort sich entschlüpfen ließ."

***) Dieselbe Anschuldigung wurde gegen Postel erhoben, einen jener außerordentlichen, erleuchteten Schwärmer des 16. Jahrhunderts, mit dem Campanella in geistiger Hinsicht manchen Zug gemeinsam hat.

Volle 27 Jahre lang blieb er in den neapolitanischen Gefängnissen. In einem rührenden Gedicht fleht er Gott an, ihn zu erlösen:

„Möge aus Erbarmen die ewige Liebe von meinem Elend sich erweichen lassen, und möge die höchste Weisheit auf mich das Mitleid der göttlichen Allmacht herbeilenken; Du siehst, o mein Gott, ohne daß ich es Dir sage, die harte Marter meiner langen Pein. Schon zwölf Jahre leide ich und fühle Schmerz mit allen meinen Sinnen, meine Glieder sind siebenmal gemartert worden, die Unwissenden haben mich verwünscht und verhöhnt, das Sonnenlicht hat man mir entzogen, meine Muskeln sind zerrissen, meine Knochen sind gebrochen, mein Fleisch ist zerfetzt worden, ich schlafe auf hartem Boden, ich bin angekettet, mein Blut ist vergossen worden, ich bin den grausamsten Schrecknissen ausgesetzt worden, meine Nahrung ist ungenügend und verdorben. Ist das nicht hinreichend, o mein Gott! um mich hoffen zu lassen, daß Du mich in Schutz nehmen wirst?

„Die Mächtigen dieser Erde machen sich aus menschlichen Körpern einen Fußschemel und machen deren Seelen zu gefangenen Vögeln.... aus ihren Schmerzen und ihren Thränen ein Spiel für ihre ruchlose Wuth, aus ihren Gebeinen Griffe für die Marterwerkzeuge, mit denen sie uns peinigen, aus unseren zuckenden Gliedern Spione und falsche Zeugen, die verursachen, daß wir uns anklagen, auch wenn wir unschuldig sind.... Aber von Deinem erhabenen Richterstuhl siehst Du das besser wie ich, und wenn Deine vergewaltigte Gerechtigkeit und das Schauspiel meiner Martern nicht genügen sollten, Dich zu waffnen, dann, o Herr, möge wenigstens das allgemeine Elend Dich in Wallung bringen, denn Deine Vorsehung soll über uns wachen."

Als Gott für seine Klagen taub blieb, wandte er sich an die Sonne, die er, ebenso wie Telesio, für beseelt und für die Schöpferin aller niederen Dinge, der Pflanzen, Thiere ꝛc. hielt, während nur der Mensch aus den Händen Gottes hervorgegangen sei.

Hymne an die Frühlingssonne.

„Da mein Gebet noch nicht erhört ist, wende ich mich jetzt an Dich, o Phöbus!
„Ich sehe Dich im Zeichen des Widders strahlen und alle Dinge sich neu beleben;
„Du rufst alle Dahinsiechenden und im Sterben begriffenen Wesen ins Leben zurück;
„Erwecke aus Gnade auch mich wieder zum Leben, mich, der ich Dich über Alles liebe.

„Wie kannst Du in den feuchten und dunkeln Gefängnissen Den lassen, der Dich immer verherrlicht hat!

„Laß mich das Gefängniß verlassen zu derselben Zeit, wo das grüne Gras aus der Erde hervorsprießt.

„Du läßt den Saft in die Bäume steigen, Du verwandelst ihn in Blüthen, aus denen in der Folge Früchte werden....

„Du weckst aus ihrem langen Schlaf die Maulwürfe und die Dachse und Du verleihst Kraft und Bewegung dem geringsten Würmchen....

„O Sonne! Es haben sich Menschen gefunden, welche Dir Verstand und Leben absprechen und hierdurch Dich niedriger als die Insekten stellen.

„Von diesen habe ich geschrieben, daß sie Ketzer seien, daß sie gegen Dich sich undankbar und rebellisch erwiesen, und sie haben mich lebend begraben, weil ich Dich vertheidigt habe....

„Wenn ich unterliege, wer wird dann noch Dich schätzen und Dich nennen können einen lebendigen Tempel, das Standbild und ehrwürdige Antlitz des wahren Gottes, das höchste wohlthuende Licht der Welt, den Vater der Natur und glückseligen Gebieter der Gestirne, das Leben, die Seele und das Empfinden aller niederen Wesen.

„Erbarme Dich meiner, o mein Gott! Du fruchtbare Quelle alles Lichts, damit Dein Licht endlich leuchte über mir."

Aber die Folterqualen lähmten Campanella's stoischen Geist nicht: „er überstand und besiegte die Martern," sagt er. Da die Henker daran verzweifelten, ihm ein einziges Geständniß zu entreißen, überließen sie den Märtyrer der Einsamkeit einer endlosen Kerkerhaft. Er füllte diese aus mit seinen Träumen. In einem seiner Sonette sagt er:

„In Banden und doch frei, einsam, ohne einsam zu sein, seufzend und ergeben beschäme ich meine Feinde: in den Augen des gemeinen Volkes bin ich ein Narr, für die göttliche Einsicht ein Weiser.

„Unterdrückt auf der Erde, schwinge ich mich empor zum Himmel, mit gebeugtem Körper und heiterer Seele, und wenn das Gewicht des Unglücks mich in den Abgrund hinabdrückt, erheben mich die Flügel des Geistes weit über die Welt.

„. . . Auf meiner Stirn geprägt trage ich das Bild der Liebe zum Wahren, sicher, daß ich mit der Zeit dahin gelange, wo ich, ohne zu sprechen, stets verstanden werde."

Seine Gefangenschaft wurde etwas gemildert, als der Herzog von Ossuna zum Vizekönig des Königreichs Neapel ernannt wurde. Auch dieser hatte unter den Verfolgungen des spanischen Hofs zu leiden gehabt, er schloß Freundschaft mit dem calabresischen Verschwörer, dessen Genie er bewunderte, er besuchte ihn häufig und holte in Staatsangelegenheiten seinen Rath ein, er erlaubte ihm zu arbeiten, mit seinen Freunden zu korrespondiren und diese sogar in seinem Gefängniß zu empfangen. Aus der Tiefe seines Kerkers heraus füllte Campanella Europa mit seinem Ruhm. Päpste, Jakob I., König von England, und andere mächtige Persönlichkeiten zogen ihn zu Rathe wegen seiner astrologischen Kenntnisse, Gassendi und andere große Geister tauschten mit ihm brieflich Erörterungen über philosophische und wissenschaftliche Fragen aus; zwei deutsche Gelehrte, Tobias Adami und Kaspar Schoppe (Sciоppius), welcher Letztere der Hinrichtung Giordano Bruno's beigewohnt hatte, nahmen seine Manuskripte in Empfang, die in Deutschland gedruckt und auch in Frankreich, England und Italien verbreitet wurden.

Der Herzog von Ossuna zog sich den Haß der Jesuiten zu, weil er sich geweigert hatte, die Inquisition im Königreich Neapel einzuführen. Unterstützt durch mächtige Feinde, die er am Hofe von Madrid hinterlassen hatte, intriguirten sie, um ihn aus seiner Stellung zu verdrängen, in der er sich durch seine glänzenden Erfolge gegen die Venetianer und durch die Umsicht und Gerechtigkeit seiner Verwaltung ausgezeichnet hatte. Lieber als sich absetzen zu lassen, beschloß er, sich von Spanien unabhängig zu machen und sich zum König von Neapel und Calabrien ausrufen zu lassen. Es heißt, daß er hierbei von Campanella berathen und ermuthigt wurde, der in ihm das Werkzeug gefunden zu haben glaubte, um seine politische und soziale Revolution auszuführen. Einer der Mitschuldigen Ossuna's war Germino, der 37 Jahre später die Verschwörung Masaniello's leiten sollte; vielleicht stand Germino auch mit Campanella in Verbindung. Der Plan wurde verrathen, Ossuna durch den Kardinal Borgia ersetzt und in das Schloß von Almeira eingesperrt, wo er im Jahre 1621 starb. Die Gefangenschaft wurde wieder hart für Campanella.

Zwei Jahre nach dem Sturz Ossuna's starb zu Rom sein Beschützer, der Papst Paul V., welcher vergebens seine Begnadigung von Philipp III. erbeten hatte. Diese Todesnachricht versetzte Campanella in tiefe Verzweiflung. „Nur wenn ich aus dem Leben scheide, werde ich aus dem Gefängniß scheiden," rief er aus. Aber in Papst Urban VIII. fand er einen neuen Beschützer, der nach fünfjährigen Unterhandlungen, am 15. Mai 1626, seine Freilassung erwirkte, freilich nur unter dem Vorgeben, er wolle ihn als Ketzer durch das heilige Offizium zu Rom richten lassen. Doch kaum in der Stadt der Päpste angekommen, wurde er in Freiheit gesetzt. Der Haß der Jesuiten indeß verfolgte ihn auch hier. Sie wiegelten gegen ihn die Leidenschaften des Pöbels auf. „Es ist ein Skandal," sagten sie, „daß der Papst den Campanella frei herumlaufen läßt. Dieser gottlose und ketzerische Mensch ist ein Umstürzler und ein Feind der Kirche. Was entrüstet man sich über Luther und Calvin! Rom nährt an seinem Busen eine viel gefährlichere Schlange." „Niemals sah man wegen eines armen, schwachen Mönches so viel Wuth und Raserei," sagt ein zeitgenössischer Schriftsteller. Um dem durch die Jesuiten aufgestachelten Haß des Pöbels zu entrinnen, verließ Campanella in Verkleidung und im Staatswagen des französischen Gesandten Rom (1634). Er begab sich nach Marseille, wo er gastfreundlich von Peiresc aufgenommen wurde, einem Parlamentsrath von Aix, den Bayle wegen seiner intelligenten und liberalen Beschützung der Wissenschaft und der Gelehrten als „Generalanwalt der Literatur" bezeichnet hat. Einen Monat lang lebte er dort in einer Glückseligkeit, die er seit mehr als dreißig Jahren nicht genossen hatte. Durch Richelieu nach Paris berufen, mußte er diesen Ruhesitz wieder verlassen und weinte, als er sich von Peiresc verabschiedete. „Die grausamsten Martern," äußerte er dabei, „haben mir keine Thränen abpressen können, heute aber vergieße ich sie aus Rührung und Erkenntlichkeit."

Er wurde bei Hofe empfangen. Ludwig XIII. ging dem berühmten, durch Alter und Leiden gebrochenen Greise entgegen und küßte ihn auf beide Wangen. Eine Weissagung, die in Erfüllung ging, steigerte die hohe Achtung, die man für seine astrologischen Kenntnisse hegte. Niceron berichtet, daß Richelieu, beunruhigt wegen der Kinderlosigkeit Ludwig XIII., Campanella befragte, ob der Herzog von Orleans den Thron besteigen würde. Campanella erwiderte: „Imperium non gustabit in aeternum." (Er wird niemals zur Regierung gelangen.) Und wirklich wurde einige Zeit darnach die Königin von einem Knaben, dem späteren Ludwig XIV., entbunden, dem er das Horoskop stellte.

Richelieu fand Gefallen an Campanella wegen seines Hasses gegen die Spanier; als der Krieg zwischen Frankreich und Spanien ausbrach, wurde er in den Rath des Königs berufen, um in den Angelegenheiten Italiens seine Ansichten kundzugeben. Er zog sich in das Pariser Dominikanerkloster zurück, wo er, mit astrologischen, juristischen und philosophischen Studien beschäftigt, ruhig lebte.

Er hatte prophezeit, daß die am 1. Juni 1639 bevorstehende Sonnenfinsterniß ihm verhängnißvoll sein würde. Er wollte die Gefahr beschwören, von der er sich bedroht glaubte, indem er alle astrologischen Vorschriften ausführte, die er in seinem „Sonnenstaat" giebt, und die seine Sonnenbewohner anwenden, um sich vor den „verpesteten Ausdünstungen des Himmels" zu schützen. Er schloß sich in eine Kammer mit weiß getünchten Wänden ein, die mit wohlriechenden Essenzen besprengt und durch sieben weithinduftende Wachsfackeln erleuchtet war, und suchte seine Besorgnisse durch die Klänge musikalischer Instrumente und durch Gespräche mit den Mönchen, die ihn für wahnsinnig hielten, zu zerstreuen.

Campanella starb im Alter von 71 Jahren am 21. Mai 1639, zehn Tage vor dem für die Finsterniß angegebenen Zeitpunkt.

II. Campanella's Philosophie.

„Geboren ward ich, um drei große Uebel zu bekämpfen: Tyrannei, Sophistik und Heuchelei," sagt Campanella in einem Sonett. Sein ganzes Leben war in der That ein langer Kampf gegen die scholastische Philosophie und gegen Aristoteles, „den Tyrannen der Geister." Mit Telesio, Giordano Bruno und Bacon gehört er zu jener Phalanx kraftvoller, genialer Männer, die im Vordergrund der so verworrenen und aufgeregten, aber von schwärmerischer Aufwallung und Begeisterung getragenen Bewegung standen, welche damals die Wiedergeburt des menschlichen Geistes und seine Befreiung von der philosophischen und theologischen Dogmatik, sowie von den ebenso gehaltlosen wie spitzfindigen, ebenso endlosen wie unentwirrbaren Diskussionen der Scholastik anstrebte. Denn wenn diese Diskussionen das Gehirn durch die ermüdende Verstandesgymnastik, welcher sie es unterzogen, geschmeidig machten, und es jene wunderbaren Eigenschaften der Analyse und Kritik erreichen ließen, die im 17. Jahrhundert sich so glänzend offenbaren sollten, so entnervten sie es doch zugleich und machten es unempfindlich für die sinnlich wahrnehmbare Wirklichkeit. Die Gewohnheit, zu spintisiren und zu diskutiren, statt Beobachtung und Erfahrung anzuwenden, war zur zweiten Natur geworden, und es bedurfte der Jahrhunderte, um sich davon frei zu machen. Selbst im 17. Jahrhundert, als Harvey seine bewunderswerthe Entdeckung der Gesetze des Blutumlaufes ankündigte, welche Vésale, Servet und andere Anatomen nur dunkel geahnt hatten, setzte man dem handgreiflichen Beweise dieser Erscheinung die Autorität des Aristoteles, des Galenus, des Avicenna und philosophische Raisonnements, sowie nicht diskutirbare theologische Beweisgründe entgegen.*)

*) Die philosophischen Diskussionen waren dahin gelangt, an Kinderei die rednerischen Kraftübungen der Rhetoren aus der griechisch-lateinischen Verfallzeit zu übertreffen, welche zum Thema ihrer philosophischen Gespräche Gegenstände wie die Fliege, den Bart und dgl. wählten. Je unbedeutender der Gegenstand war, desto mehr bewies man sein Talent bei dessen Behandlung. In den mittelalterlichen Schulen diskutirte man ernsthaft die Frage, ob Adam einen Nabel gehabt habe, ob die Heiligen wieder mit Eingeweiden auferstehen würden, ob es im Paradies Exkremente gäbe rc. Rabelais machte sich weidlich über diese scholastischen Streitereien lustig, indem er zwei Trunkenbolde sich darüber zanken ließ, ob das Bedürfniß oder das Verlangen zu trinken sich

Für diese klägliche Disputirsucht wurde Aristoteles verantwortlich gemacht, weil er zu einer Zeit philosophirt hatte, wo die Wissenschaften kaum geboren und mehrere noch nicht einmal geahnt waren. Er besaß nicht hinreichendes Material, um das Weltall zu begreifen und zu erklären; da er jedoch erkannte, daß die Naturerscheinungen nothwendig durch bestimmte Gesetze gelenkt werden, suchte er diese a priori auf dem Wege der Deduktion zu entdecken, indem er von einigen Grundursachen ausging. Das gilt von allen Denkern des Alterthums. Die Pythagoräer zum Beispiel, deren mystische Zahlentheorien auf Campanella einen so unheilvollen Einfluß ausübten, betrachteten die Zahlen als die einzig beständigen und verständlichen Elemente und als innerliche Wesenheit der Dinge, sie sahen in ihnen nicht ein Mittel, um die Gesetze des Weltalls zu erklären, sondern die nothwendigen Grundlagen dieser Gesetze; wenn man die verborgenen Eigenschaften der Zahlen kannte, konnte man a priori die Gesetze der physischen und geistigen Welt entdecken.

Die Denker des Mittelalters hatten für ihre geistigen Schöpfungen nur ebenso unausgebildete Wissenschaften, und überdies befand sich die offizielle Leitung des Denkens unter Aufsicht der Kirche, welche die Welt, dieses sündhafte Jammerthal, verwarf und die Naturwissenschaft als ein Werk Satans verdammte; sie wurden daher durch noch mächtigere Einflüsse gedrängt, sich der gleichen Denkmethode zu bedienen. Sie bedurften nicht des Aristoteles, um die deduktive Methode anzuwenden und die Wissenschaft auf die Kunst des Argumentirens zu beschränken. Er lieferte ihnen allerdings die deduktive Logik, doch die Scholastiker waren Diejenigen, welche verkündigten, daß ein regelrechter, logischer Schluß der einzige Maßstab der Gewißheit sei. Uebrigens kannten sie seine Werke nur unvollkommen und unvollständig aus den Uebersetzungen und Kommentaren der Araber; erst nach der Eroberung Konstantinopels im Jahre 1453 durch Mahomet II. und infolge Auswanderung der byzantinischen Gelehrten kam das Studium der griechischen Texte zu Ehren; wenn man vordem in einem lateinischen Text einem griechischen Wort begegnete, ging man ohne Umschweif darüber hinweg mit der Erklärung: „Das ist griechisch, das liest man nicht.“ In den Schulen des 15. Jahrhunderts machte man von Rückübersetzungen aus dem Arabischen keinen Gebrauch mehr, die Professoren besaßen einige Handbücher der peripatetischen, das heißt aristotelischen Philosophie, welche sie ihren Schülern in die Hände gaben und die sie erläuterten; im 13. Jahrhundert hieß Grammatik, Arithmetik und Philosophie lehren: legere in philosophia.

---

zuerst offenbare. Sehr ernsthaft hatte man darüber disputirt, ob die Henne oder das Ei früher gewesen sei. Die erhabensten Geister verschmähten diese Art geistiger Beschäftigung nicht. Albertus Magnus und der heilige Thomas von Aquino haben die Fragen erörtert, warum Jesus Christus kein Hermaphrodit gewesen sei, und warum er nicht das weibliche Geschlecht gewählt habe. Dieser Gegenstand war von religiöser Bedeutung, denn die Bibel erzählt, daß Gott den Menschen, Mann und Weib, nach seinem Ebenbilde geschaffen habe; folglich war der Gott der Genesis ein Hermaphrodit, und Jesus mußte, um den Familiencharakter beizubehalten, dasselbe sein.

Das Buch und nicht die Wirklichkeit war der wirkliche Gegenstand des Studirens. Die scholastischen Philosophen lehrten nur die Auslegung des Aristoteles. Die Auslegung der peripatetischen Lehre war ihre einzige Beschäftigung, und dank der Auslegungskunst kam es dahin, daß selbst die einander am meisten entgegengesetzten Systeme unter dem Namen des Aristoteles empfohlen wurden: alle Professoren erhoben den Anspruch, seine gläubigen Schüler zu sein. Man fand Alles im Aristoteles, man ließ Alles von ihm ausgehen; nebst der heiligen Schrift galt er als Autorität. „Wozu immer die Autorität anrufen?" schrieb Bruno an den Rektor der Pariser Universität. „Wer soll zwischen Plato und Aristoteles entscheiden? Höchster Richter für das Wahre ist die augenscheinliche Gewißheit. Wenn uns die Gewißheit fehlt, wenn die Sinne und die Vernunft schweigen, dann müssen wir unser Urtheil zurückzuhalten und zu zweifeln wissen. Die Autorität ist nicht außer uns, sie ist in uns selbst, sie ist das Licht, welches in unseren Seelen funkelt, um unsere Gedanken zu erleuchten und zu leiten."

Der heilige Thomas von Aquino, der sich bemühte, die vollkommene Uebereinstimmung des katholischen Dogmas mit der peripatetischen Lehre zu beweisen, machte aus Aristoteles einen Pfeiler der Kirche. Dieser wurde der Sündenbock für die Sünden der Scholastik: Postel klagte seine Philosophie an, die Ursache aller Irrthümer und eine Quelle des Atheismus zu sein.*) Bacon bedauerte, daß man seine Werke nicht vernichtet habe. Joseph Martini dehnte das Anathema auf die Logik, die Grammatik und die Mechanik aus, die er unter die Künste der zweiten Rangordnung zu verweisen und von deren verderblicher Beihülfe er die Philosophie zu befreien vorschlug. „Weder die Logik, noch die Feinheiten der Dialektik stellen Theile der Philosophie dar," sagte er. Thomas More hegte ebensowenig Bewunderung für die Spitzfindigkeiten der Scholastik, seine Utopier „haben keine einzige der Regeln der Restriktion und Amplifikation und Supposition erfunden," sie ignorirten in gleicher Weise die Sophistik und die Dialektik.

Aber in Aristoteles und die scholastische Philosophie Bresche zu schießen, war ein schwieriges Unterfangen, denn es galt, ein neues System als Ersatz für dasjenige, welches man niederriß, darzubieten, und sobald man aus der Rolle eines Kritikers heraustrat, und sich nicht darauf beschränkte, blos anzudeuten, daß die Wirklichkeit nur aus der Wirklichkeit begriffen werden kann, fiel man unglücklicher Weise in die nämlichen Irrthümer, welche man bekämpfte, man war genöthigt, a priori eine allgemeine Philosophie zu improvisiren. Und das war überaus gefährlich, denn das hieß mit der Kirche anbinden, welche statt der Beweisgründe die Tortur und den Scheiterhaufen anwandte. Marx sagt in der Vorrede zum „Kapital": „Die englische Hochkirche verzeiht eher den Angriff auf 38 von ihren 39 Glaubensartikeln, als auf $^1/_{39}$ ihres Geldeinkommens," denn bei der Kritisirung dieser Dogmen beeinträchtigt man nicht die Einkünfte der anglikanischen Kirche. Anders dagegen verhielt es sich in jener Zeit, man griff

---

*) Eversio falsorum Aristotelis dogmatum, Paris 1542.

die katholische Kirche auf geistigem Gebiet nur an, um sie auf weltlichem zu expropriiren. Die Religionsreform war nur ein Mittel, um zu einer wirthschaftlichen Reform zu gelangen.

Telesio war einer der Ersten, der den Kampf gegen Aristoteles eröffnete. „Wir bewundern Telesio," sagte Bacon, „wir erkennen ihn an als einen Freund der Wahrheit und als den Ersten der neuen Männer (novorum hominum primus.")*) „Dieser Würger der peripatetischen Lehre," der dem Aristoteles vorwarf, daß er sich nur an die Vernunft und nicht an die Erfahrung wende, der die scholastische Philosophie mit Recht deswegen tadelte, daß sie die Wissenschaft nur in den Büchern und nicht in der Natur suche, und der das Studium der wirklichen Wesen, entia realia, und die „Anschauung der Dinge und ihrer Kräfte" empfahl, war genöthigt, die Elemente der Wärme und Kälte der Physik des Parmenides zu entlehnen; man konnte dem Aristoteles nur entrinnen, indem man die Lehren eines anderen Philosophen des Alterthums annahm. Er verwandelte diese Elemente in metaphysische, unkörperliche Wesenheiten, einerseits die Wärme, das himmlische Element, die Quelle der Bewegung und des Lebens, andererseits die Kälte, das irdische Element, die Ursache der Unbeweglichkeit und des Todes; er betrachtete das Weltall als das Ergebniß des Kampfes dieser beiden Elemente um die Herrschaft über die Materie, die Grundlage der Körper und das lediglich passive Element. Aus dem Kampf der Wärme und der Kälte, der Sonne und der Erde entsprossen die niederen Wesen, wie Campanella in seiner Hymne an die Frühlingssonne sagt; da es aber zu gefährlich war, Gott jeder Funktion bei der Schöpfung zu entsetzen, ließ er ihm die Bildung des Menschen.**) Trotz dieses nothwendigen Zugeständnisses wurde Telesio der Ketzerei angeklagt, und um sich in Vergessenheit zu bringen, verließ er Neapel, um in völliger Zurückgezogenheit in Cosenza zu leben, zu einer Zeit, als Campanella im dortigen Dominikanerkloster Philosophie studirte; diesem aber verboten seine Lehrer, obwohl sie zu einem Theil der Gedanken Telesio's sich bekannten, Letzteren zu besuchen, ohne Zweifel wegen der Gefahren, welche der Umgang mit einem Ketzer im Gefolge hatte.

Es gehörte der Muth Campanella's und Giordano Bruno's dazu, den Kampf gegen die herrschende Philosophie aufzunehmen und zu Ende zu führen. Nachdem Bruno sechs Jahre in den Bleikammern von Venedig und zwei Jahre in den Gefängnissen des Heiligen Offiziums in Rom zugebracht hatte, erwiderte er stolz den Inquisitoren, die von ihm verlangten, er solle sein Leben durch eine Abschwörung erkaufen: „Ihr scheut Euch mehr, mein Todesurtheil zu verkünden, als ich, dasselbe zu hören." Das Opfer seines Lebens hatte er längst gebracht;

*) Campanella widmet ihm ein Sonett, welches folgendermaßen beginnt: „Telesio, die Pfeile Deines Köchers haben den Schwarm der Sophisten vernichtet, Du hast den Tyrannen der Geister (Aristoteles) in wilde Flucht gejagt, Du hast die Wahrheit befreit."

**) De natura rerum juxta propria principia. 1565.

in einem Sonett, welches die Seelenkämpfe dieses unbeugsamen Helden des Gedankens schildert, sagt er:

„Seitdem ich meine Schwingen dem Verlangen nach Ruhm geöffnet habe, sehe ich immer mehr den Raum unter meinen Füßen, überlasse mich immer mehr dem schnellen Winde, der mich entführt, und verachte immer mehr die Welt, während ich zum Himmel emporsteige.

„ . . . Ich weiß, daß ich auf der Erde zerschellen werde, wie der Sohn des Dädalus, aber welches Leben wöge meinen Tod auf?

„Ich hör in den Lüften die Stimme meines eigenen Herzens, die mir zuruft: Wohin entführst Du mich, Verwegener? Ziehe Deine Schwingen wieder ein, denn allzu große Kühnheit bleibt selten ungestraft.

„Ich antworte darauf: Weshalb ein solches Ende fürchten! Laß uns beherzt die Wolken durchsteigen und befriedigt sterben, wenn der Himmel uns einen berühmten Tod bestimmt."

Telesio war der erste Lehrer, welcher der Seele Campanella's den Aufruhr einhauchte; dieser wies die Lehren der Bücher der Schule zurück, um seine Philosophie in der Natur zu suchen. In einem Sonett sagt er:

„Alle Bücher, welche die Welt in sich faßt, können meinen tiefen Wissensdrang kaum befriedigen. Wie viel habe ich davon verschlungen, und dennoch sterbe ich aus Mangel an Nahrung.

„Das Studium des Weltalls bietet mir kräftigere Nahrung, und dabei wird mein Hunger immer größer. Verlangend und suchend prüfe ich es nach allen Richtungen, und je mehr ich erkenne, desto weniger weiß ich."

Das ungestüme Temperament Campanella's führte ihn zur Uebertreibung: sein geringes Vertrauen zu den philosophischen Lehren der Handbücher der Scholastik ließ ihn den Glauben an die geschichtlichen Mittheilungen der Bücher verlieren; in seiner „Poetik" bekannte er, daß er an der Existenz Karl des Großen gezweifelt habe, weil er nur aus den Erzählungen der Geschichtswerke davon Kunde erhalten habe. „Bevor ich das glaubte, was ich in den Werken von Plato, Plinius, Galenus, der stoischen Schule und des Telesio gelesen hatte," sagt er in seiner Abhandlung „De libris propriis," „beschloß ich, diese Schriften mit dem großen Buch der Natur zu vergleichen und die Treue der Abschrift an der Urschrift zu prüfen." Ferner sagt er in einem Sonett:

„Die Welt ist das Buch, worin der ewige Verstand seine eigenen Gedanken niederschrieb, sie ist der lebende Tempel, welchen derselbe ganz mit lebenden Bildern schmückte, worin er seine Werke und sein Ebenbild zeichnete.

„ . . . Wir aber, deren Seelen an Bücher und an todte Tempel, schlechte Abschriften des lebenden Buchs gefesselt sind, wir ziehen jene diesem vor."

Die Natur zu studiren war das allgemeine Streben. „Die Philosophie ist in dem großen Buch der Natur geschrieben," verkündigte Galilei. Auch die romantische Literatur, zu welcher Rousseau im 18. Jahrhundert den Grund legte, offenbarte sich durch eine gleichartige Rückkehr zur Natur. Diese literarische Bewegung war ein Protest gegen das künstliche Leben der aristokratischen Gesellschaft, so wie jene philosophische Bewegung eine Auflehnung gegen die dogmatische Herrschaft der Kirche war.

Es galt, von dem Weltall und von der Schöpfung sich eine andere Vorstellung zu machen als diejenige, welche die christliche Religion lehrte.

Die Erde, dies Jammerthal des Katholizismus, wo der Teufel tausendfach seine Fallstricke legte, um das schwache Fleisch der Heiligen zu Fall zu bringen, erschien dem Bruno von strahlender Schönheit, das Leben schien ihm lieblich, die Natur in ihren unbedeutendsten Werken bewundernswerth, in ihrer Kraft erstaunlich. Telesio erklärte unerschrocken: „Die Welt ist das wahre Bildniß Gottes,“ mundum esse Dei veram statuam. „Die Natur ist der in den Dingen verkörperte Gott,“ natura est Deus in rebus, sagte Bruno. In gleicher Weise wie die Urmenschen, beseelte Campanella die ganze Natur. „Das Weltall ist ein großes und vollkommenes Thier,“ sagt er in einem Sonett, „eine nach seinem Ebenbilde gemeißelte Statue Gottes. . . . Wir dagegen, wir sind unvollkommene Wesen, ein bedauernswerthes Geschlecht, die wir im Innern der Welt leben und wohnen. Wir sind für die Erde, die ein großes Thier in einem noch viel größeren ist, das, was für unseren Körper die Würmer sind, die an ihm nagen.“

Indem Campanella die Ideen des Telesio wieder aufnimmt und vervollständigt, stattet er alle Körper und alle Wesen, selbst diejenigen, welche leblos und gefühllos erscheinen, mit einem den Bedürfnissen ihrer Erhaltung angepaßten Empfindungsvermögen aus. Die Gestirne, die Elemente, die Pflanzen leben nach seiner Meinung ein mit Empfindung begabtes Leben, die Leichname gleichfalls, denn der Tod ist nur relativ. Die Thiere sind mit Vernunft begabt und denken; er behauptet, daß sie sich durch eine Sprache zu verständigen vermöchten. Gott endlich lebt in allen Wesen und in allen Dingen des Weltalls, welches sein lebendes Abbild ist, mundum esse Dei vivam statuam.*) „Gott ist mit dem Weltall verbunden wie ein Künstler, der darin steht und es formt, wie eine Substanz, die es zusammenhält,“ sagte Bruno. Postel dachte, daß das Weltall durch eine allgemeine Seele, mens universi, belebt sei.

Der Stoff, die Materie, ist ewig. Sie kann in ihrer Gesammtheit weder verringert noch vermehrt werden, versicherte Telesio; sie muß sich verwandeln, dachte Postel, denn ihrer Natur nach könne sie nicht vernichtet werden, und sie müsse doch zur absoluten Ruhe gelangen. Bruno, das hellsehende Haupt dieser Denker, erkannte nur ein Grundelement an, die Materie, und nur eine Ursache, die bewegende Kraft; jedes Ding wurde gebildet aus Stoff und Kraft. Der Materialismus des Heraklit, des Zeno und der stoischen Schule lebte wieder auf.

Die philosophischen Theorien und die mystischen Ideen, welche in den Köpfen der Denker gährten, waren verbreitet worden durch die Werke der griechischen Philosophen, die, gedruckt und übersetzt, gelesen und eifrig studirt wurden, sowie durch die Kabbala, welche das 16. Jahrhundert enthusiasmirte.

* * *

---

*) De sensu rerum et magia libri IV. Pars mirabilis occultae philosophiae, ubi demonstratur, mundum esse Dei vivam statuam, Paris 1637. Das Werk ist dem Kardinal Richelieu gewidmet.

Als Campanella im Kloster der Dominikaner zu Cosenza Philosophie studirte, machte er die Bekanntschaft eines alten Rabbiners, der ihm die geheimen Wissenschaften, Astrologie, Magie und Alchemie, sowie die Anfangsgründe der Kabbala enthüllte. Diese geheimnißvolle Lehre, welche nur mündlich und unter dem Siegel der Verschwiegenheit einigen Schülern mitgetheilt wurde, war von mächtigem Einfluß auf die Denkart des Mittelalters. Pico von Mirandola, Cornelius Agrippa, Paracelsus, Robert Fludd, van Helmont und viele Andere wurden darin unterrichtet, und es ist wahrscheinlich, daß der heilige Thomas einen Theil seiner philosophischen Ideen daraus schöpfte; jedenfalls geschah es, um eine Schuld der Erkenntlichkeit abzutragen, wenn er sich zum Vertheidiger der Juden aufwarf, deren Verdienste um Wissenschaft, Philosophie und Handel er rühmte.

Die Kabbala war göttlichen Ursprungs, denn ihr erster Theil, der Sepher Jezira, das heißt das Buch der Schöpfung, wurde Adam durch einen Engel, dessen Namen man kennt, geoffenbart; es enthielt die ganze Weisheit. Reuchlin und die Kabbalisten versicherten, daß es alle Weisen des Alterthums inspirirt habe, namentlich die Pythagoräer, welche demselben die Seelenwanderung und ihre Zahlentheorien entlehnt hätten. Wahrscheinlicher ist jedoch, daß es ein Resumé der philosophischen Theorien ist, welche die fast überall in der alten Welt verbreiteten Juden sammelten, durch den israelitischen Geist umgestalteten und mit dem religiösen Mystizismus Aegyptens und Asiens versetzten. Die Kabbala bildet ein ganz außergewöhnliches und verworrenes Gemisch der höchsten philosophischen Ideen mit den Kindereien und phantastischen Träumen des Occultismus, sie lehrt durch die Kombinirung von Buchstaben, die einen Zahlenwerth haben, den unter dem buchstäblichen Sinn verborgenen mystischen Sinn der Bibel finden; sie offenbart die Kunst, die oberen Mächte auf die niedere Welt wirken zu lassen und übernatürliche Wirkungen hervorzubringen: Jesus Christus hatte seine Wunder mit Hülfe der Mysterien der Kabbala verrichtet.

Die Philosophen der Neuzeit, welche den Muth gehabt haben, diesen unauflöslichen Wirrwarr zu studiren, finden darin einen philosophischen Pantheismus, der zu den idealistischen Spekulationen gehört, indem er die Gesetze, welche die Erscheinungen der materiellen Welt regieren, ordo et connexio rerum, gleichsetzt und unterordnet den logischen Regeln, nach denen die Erscheinungen des Geistes sich miteinander verknüpfen, ordo et connexio idearum; die Entstehung des Weltalls erklärt er durch eine ununterbrochene Entwickelung des Seins, — Hegel würde sagen der Idee — und versichert, daß außerhalb des Seins und seiner verschiedenen Aeußerungen oder Emanationen, wie die Kabbala sich ausdrückt, nichts existirt.

Das virtuelle Sein heißt En Soph. So lange es unbegrenzt und unbestimmt bleibt, und bevor es die Welt geschaffen hat, oder was dasselbe bedeutet, bevor es irgend eine Form angenommen und seiner Unendlichkeit Maß und Ziel gesetzt hat, ist es Nichts, nihil, hebräisch ain. „Das Sein in sich ist nichts Bestimmtes, es ist sogar außerhalb Dessen, was in der menschlichen Sprache

Etwas genannt wird," sagt der Sohar, der zweite Theil der Kabbala. Das unbegrenzte Sein kennt sich selbst nicht, es ist, als ob es nicht vorhanden wäre, es ist das Nicht-Sein, es hat weder Weisheit, noch Macht, noch irgend eine andere Eigenschaft, denn eine Eigenschaft setzt einen Unterschied, und folglich eine Grenze voraus.

Das Sein, um von sich selbst Besitz zu ergreifen und aus seiner Unbestimmtheit herauszutreten, offenbart sich zuerst vor sich selbst als Gedanke und als Wort: als Gedanke durch die zehn Sephiroth, die zehn ersten Ziffern, die Symbole des Abstrakten; als Wort durch die 22 Buchstaben des hebräischen Alphabets, die Elemente der Sprache, welche zusammen mit den zehn Sephiroth die 32 Mittel und Wege der Weisheit bilden.

Die erste Emanation der Sephiroth, welche Krone oder Diadem genannt wird, ist das begrenzte, bestimmte Sein, im Gegensatz zum unbegrenzten, unbestimmten Sein. Sein Name in der Bibel bedeutet: Ich bin. Diese erste Offenbarung des Unbegrenzten ist die äußerste Konzentration, ihr Symbol ist der mathematische Punkt und der kleinste Buchstabe des hebräischen Alphabets, der Buchstabe Jod, der durch seine Form an den mathematischen Punkt erinnert und das Zeichen für die Zahl 10 ist. Diese Symbole besagen, daß das bestimmte Sein die erste Einheit, der Anfang und das Ende aller Dinge ist, denn der mathematische Punkt ist der Anfang der Linie, welche der Anfang der Flächen und dann der Körper ist, und die Zahl 10 ist das Ende der Ziffernreihe. Die Konzentration des bestimmten Seins ist so extrem, daß man an ihr keine Eigenschaft unterscheiden kann, auch wird sie in gleicher Weise das Nicht-Sein genannt: aus diesem Nicht-Sein und keineswegs aus dem Nichts ist die Welt erschaffen.

Aus dem Schooß dieser kleinen und wie das Atom untheilbaren Einheit gehen gleichzeitig zwei Sephiroth aus, die Weisheit, das männliche, und die Erkenntniß, das weibliche Prinzip, welche die Wissenschaft erzeugen; auf diese Weise gestaltet sich die erste untheilbare Dreieinigkeit. Aus der Erkenntniß gehen hervor die Gnade oder Macht und die Gerechtigkeit oder Hoheit, welche sich verbinden, um die Schönheit zu erzeugen, und die zweite Dreieinigkeit ist gebildet. Aus der Schönheit gehen hervor der Triumph und der Ruhm, welche die zehnte Sephirah erzeugen, in welcher sich alle Kräfte der anderen Sephiroth konzentriren, wie die Zahl 10 die neun ersten Ziffern in sich schließt; dieselbe hat als Symbol den Phallus.

Das Sein, nachdem es sich selbst erzeugt hat, schreitet in derselben Art zur Zeugung der anderen Wesen vor: es offenbart sich durch eine fortlaufende Reihe von Emanationen, von denen die Einen aus den Anderen sich ergeben, oder anders gesagt, durch eine Reihe abnehmender Daseinsformen, so wie Kräfte, die eine die andere erzeugen und in demselben Verhältniß immer schwächer werden, wie sie sich von ihrem Anfangspunkt entfernen.

Die materielle Schöpfung wiederholt die ideelle Schöpfung der Sephiroth: auf der einen Seite ist das räumlich unendlich weite und große Weltall, der

Makrokosmus, und auf der anderen das äußerst konzentrirte Gebilde, der Mensch, der Mikrokosmus, in dem die ganze Schöpfung zusammengefaßt ist: durch seine Seele nimmt er Theil an allen Eigenschaften des Seins, in seinem Körper wiederholt er Alles, was im Makrokosmus vorhanden ist. Paracelsus, der auf medizinischem Gebiet gegen Avicenna und die Lehre des Galenus kämpfte, und der aus der Kabbala seine Anregungen schöpfte, sagte: „Es giebt kein Glied des Menschen, welches nicht einem Element, einer Pflanze, einer Erkenntniß, einem Maß und einem Grund des Urbildes, des Archetypus, entspräche."

Der Expansionsbewegung des Seins, welche zur Schöpfung der Welt und des Menschen führte, wird umgekehrt eine Konzentrationsbewegung des Seins in sich selbst, das Endziel aller Dinge folgen.

Die Identifikation des Seins mit der Schöpfung verursacht, daß die Kabbala von der letzteren eine andere Ansicht hat als der Gnostizismus, die alexandrinische Philosophie und der Mystizismus der Hindus und der Christenlehre, welche die Erzeugung der Wesen als einen Verfall, die Welt als einen Fluch, das Leben als eine Strafe betrachten, woran die Menschen zweck- und grundlos durch böse Geister gefesselt sind. Der Kabbala gilt die Schöpfung vielmehr als eine Offenbarung der Güte und Größe des Seins, sie ist eine That der Liebe, ein Segen. Nichts ist absolut schlecht, nichts ist für immer verflucht, nicht einmal Satan. Die Hölle soll verschwinden und sich in einen Ort der Wonne verwandeln, dann wird das Leben ein immerwährendes Fest, ein Sabbath ohne Ende sein.

* * *

Die Metaphysik Campanella's trägt das Merkmal der Kabbala.

Das unbegrenzte Sein beginnt seine Laufbahn damit, daß es sich selbst erkennt, indem es die erste Sephirah: Ich bin, erzeugt. Campanella beginnt mit der Konstatirung: Was ich sicher weiß, ist, daß ich bin; Descartes würde sagen: Ich denke, also bin ich.*) Da die menschliche Seele an den Eigenschaften des Seins Theil nimmt, so hat er nur an sein Bewußtsein sich

*) Vico spottet geistreich über den „Dogmatismus des großen Denkers," welcher verlangt, daß „der in die Mysterien seiner Philosophie Eingeweihte sich nicht allein von den erlernten Glaubenssätzen, oder wie man sagt, von den Vorurtheilen, die er von Jugend auf mit den Sinnen aufgefaßt habe, sondern auch von allen Wahrheiten, welche die anderen Wissenschaften ihm gelehrt haben, reinigen solle," um als das Sein der Kabbala mit dem berühmten: Ich bin, beginnen zu können.

„Descartes," so fährt Vico fort, „läßt uns die erste Wahrheit in dem: Ich denke, also bin ich, erblicken. Aber der Sosius des Plautus wird durch Merkur, der seine Gestalt angenommen hatte, dahin gebracht, an seinem eigenen Dasein zu zweifeln, und seine Betrachtungen führen ihn in gleicher Weise dahin, folgender ersten Wahrheit beizustimmen: Fürwahr, wenn ich ihn ansehe, denkt Sosius, und in ihm meine Gestalt erkenne, so ist es, als ob ich mich in einem Spiegel besähe, er ist mir ganz ähnlich, derselbe Hut, dasselbe Kleid, Alles mir gleich, selbst Beine, Größe, Haare, Nase, Zähne, Lippen, Backen, Kinn, Bart, Hals, mit einem Wort Alles; und wenn der Rücken mit Narben bedeckt ist, so ist das die ähnlichste der Aehnlichkeiten; aber dennoch, wenn ich denke, so bin ich ganz sicher so, wie ich immer gewesen bin."

zu wenden, um diese zu finden. Nachdem er sein Dasein bejaht hat, stellt er fest, daß er kann, daß er weiß und daß er will. Diese drei Thätigkeiten sind die drei Fundamentaleigenschaften oder Primalitäten des Seins, und zwar die Kraft oder das Vermögen, potentia; das Wissen, sapientia; die Sympathie, amor. Die entgegengesetzten Eigenschaften, die Schwäche oder das Unvermögen, impotentia; das Nichtwissen, insipientia; die Antipathie, odium metaphysicum, gehören nicht zum Nichts, welches in sich nicht existiren kann, sondern zum Nicht-Sein, welches alle Dinge umgrenzt und mit ihnen verbunden ist. Dieses Nicht-Sein ist das unbegrenzte Sein der Kabbala. Alle erschaffenen Dinge, Menschen wie Thiere, Pflanzen und unbelebte Gegenstände nehmen in verschiedenen Graden an den drei Primalitäten Theil, welche nur das Sein in ihrer Vollständigkeit besitzt; dieses theilt dieselben allem Bestehenden mit, und alle Dinge bestehen nur, weil sie einen kleinen Theil der drei Primalitäten in sich schließen, einen kleinen Theil des Seins. Das Sein ist daher in Allem, es ist Alles, wie das Nicht-Sein um Alles herum ist.

Nachdem das Sein durch fortwährende Emanationen das Weltall erschaffen hat, muß es sich in sich selbst konzentriren und Alles absorbiren; so entdeckt auch Campanella, nachdem er das Prinzip und das Gesetz der Entwickelung der Welt aufgestellt hat, die Symptome ihrer Krankheit, ihres Alterns, ihres Todes; aber dieser Tod wird die Bedingung eines neuen Lebens sein. Alles muß geboren werden, sterben, um wieder geboren zu werden. Postel ging so weit, der Welt eine Dauer von sechstausend Jahren anzuweisen. Seine Art und Weise, die Welt als in aufsteigender Entwickelung begriffen aufzufassen, der eine andere abwärts führende Bewegung folgen müsse, brachte diesen wunderlichen Schwärmer, der noch mystischer war als Campanella, und dessen Gelehrsamkeit seine Zeit, die an Gelehrten Ueberfluß hatte, in Erstaunen setzte, dahin, eins der Gesetze der Geschichte zu entdecken, welches Hegel wieder entdecken sollte: alle Revolutionen und alle geschichtlichen Begebenheiten, sagte Postel, so unvernünftig, sich widersprechend, sinn- und ziellos sie auch erscheinen mögen, sind nicht unnütz, denn sie streben nach einem bestimmten Ziel, der Einheit des Menschengeschlechts, welche durch die Einheit der Religion herbeigeführt werden sollte. Eine einzige Thatsache indeß, gab er zu, ließ sich in den Rahmen dieser Entwickelung nicht einfügen, nämlich die Ausbreitung des Koran.

Wie das Sein in der Welt, entwickelt sich der menschliche Geist in der Erkenntniß der Welt. Campanella unternahm es, dieser Entwickelung durch eine Eintheilung der Wissenschaften die Richtung zu geben. Er ordnete sie nach ihrem Zweck (objet), während Bacon sie nach einem viel allgemeineren und mehr willkürlichen Gesichtspunkt ordnete, nach den verschiedenen geistigen Vermögen, die zu ihrer Bildung beitragen. Campanella theilte sie ein in göttliche Wissenschaften — Theologie, und in menschliche Wissenschaften — Mikrologie, und darüber stellt sich die Metaphysik, welche die jenen beiden Wissenschaftsklassen gemeinsamen Prinzipien umfaßt. Die Mikrologie theilt sich weiter ab in zwei große Zweige: die

Naturwissenschaft, welche fünf Spezialwissenschaften in sich faßt: die Medizin, die Geometrie, die Kosmographie, die Astronomie und die Astrologie, und die Moralwissenschaft, welche ebenfalls fünf Spezialwissenschaften enthält: die Ethik, die Politik, die Oekonomik, die Rhetorik und die Poetik. Unter die angewandten Wissenschaften versetzt er die Magie, welche er in natürliche, himmlische und teuflische Magie eintheilt.

Campanella glaubte, gleich der Mehrzahl seiner Zeitgenossen, steif und fest an die Astrologie: daß er dem Scheiterhaufen der Ketzer entronnen ist, und daß er unter den Päpsten, den Königen und ihren Ministern ergebene Freunde gefunden hat, die ihn gegen den Haß der Jesuiten und den Zorn der spanischen Regierung beschützt haben, das verdankt er einzig und allein seinem guten Ruf als Astrologe. Alle seine Werke sind mit astrologischen Abschweifungen besäet, und er hat ein Werk in sechs Büchern geschrieben, durch welches er den Aberglauben der Araber und Juden überwunden und die Wahrheit der Astrologie philosophisch nachgewiesen zu haben behauptet, indem er sich auf den heiligen Thomas und die Heilige Schrift stützt.

„Die Gestirne," sagt er, „üben Einfluß auf die Natur aus; so würden auch die Pflanzen nicht blühen können, wenn die Sonne sie nicht erwärmte. Die Wärme stammt aus dem Universum, das heißt dem Himmel, und darum sind wir bei allen unseren Handlungen dem Einfluß des Himmels unterworfen." Indem er diese Feststellung unleugbarer Thatsachen mit den Theorien der Kabbala verband, die aus dem Mikrokosmus — dem Menschen — einen Abriß und eine Wiederholung des Makrokosmus — des Weltalls — machen, stellte er Beziehungen zwischen den menschlichen Geschicken und dem Lauf der Gestirne her, welche letztere die Ursache des Uebels und die Sendboten Gottes sind. „Das Ende der Welt," sagte er, „wird durch Zeichen in der Sonne und den Sternen angekündigt werden." Postel behauptete, daß man „am Sternenhimmel in hebräischen Schriftzeichen durch die Anordnung der Gestirne Alles, was in der Natur ist, geschrieben findet." — Die 22 Buchstaben des hebräischen Alphabets bildeten, wie schon erwähnt, nach der Kabbala mit den zehn ersten Zahlen die 32 Wege der Weisheit.

—

III. Campanella's Politik.

Campanella glaubte ebenso wie Postel und andere Denker des 16. Jahrhunderts an die Einheit des Menschengeschlechts und dachte, daß sie sich verwirklichen würde, wenn man alle Völker des Weltalls unter ein und derselben Gewalt vereinigte: unwissentlich drückte er in philosophischer Weise das gebieterische wirthschaftliche Bedürfniß der kapitalistischen Bourgeoisie seiner Zeit aus. In der That konnte diese wirthschaftlich und politisch sich nur unter der Bedingung entwickeln, daß sie die Autonomie der Städte und Provinzen zerstörte, um auf deren

Ruinen die nationalen Einheiten zu errichten, die erst in unseren Tagen ihre Bildung beendigt haben, daß sie die lokalen und provinzialen Schranken niederriß, welche die freie Waarenzirkulation hemmten und sogar verhinderten, daß sie die lokalen und korporativen Privilegien abschaffte, welche der Einführung der Manufakturindustrie entgegenstanden, daß sie den Königen und Feudalherren, welche Münzen prägten und diese fälschten, Achtung vor dem Werth des Goldes und des Silbers beibrachte, und daß sie eine allgemeine Einheit für die Maße und Gewichte schuf, deren Veränderlichkeit von einer Lokalität zur anderen den Austausch erschwerte.

Die Juden, welche die Völker Asiens, Afrikas und Europas durch die Bande eines sehr ausgebreiteten Handels verknüpften, sollten die Ersten sein, welche in ihrer Philosophie dies wirthschaftliche Bedürfniß wiederspiegelten: ihr internationaler Handel zwang ihnen die Aufgabe der ideologischen Initiative auf. Der Pantheismus und die Seelenwanderung der Kabbala sind weiter nichts als metaphysische Ausdrücke für den Werth der Waaren und ihren Austausch. Der Werth ist ebenso wie das Sein, welches in jedem erschaffenen Dinge lebt, in allem Käuflichen und Verkäuflichen enthalten, jede Waare besitzt eine bestimmte Werthgröße, so wie jedes belebte oder unbelebte Ding in verschiedenen Abstufungen an den Eigenschaften des Seins Theil nimmt. Der Werth einer Waare wandert in eine andere, weil in einer Waare der Werth des Rohstoffs und eines Theiles der bei ihrer Erzeugung gebrauchten Werkzeuge wieder auflebt. Alle Waaren, wenn auch von noch so verschiedener Qualität, drücken die verschiedenen Quantitäten ihres Werthes im Geld aus, welches die Waare par excellence wird und die Einheit der Waaren verkörpert. Marx hat nachgewiesen, daß der kapitalistische Austausch mit Gelde anfängt, um wieder auf Geld auszulaufen, aber auf Geld mit einem Aufschlag: die Theosophie der Kabbala geht von der Einheit, der ersten Sephirah, aus, um mit der zehnten Sephirah zur zusammengesetzten Einheit zu führen, weil diese die Eigenschaften der neun vorhergehenden Sephiroths vereinigt.

Das Mittelalter hatte zwei politische Einheiten: die feudale Hierarchie, welche durch gegenseitige Pflichten und Rechte alle Glieder der Gesellschaft eines bestimmten Landes vom Leibeigenen bis zum Könige verband, und die katholische Hierarchie, welche in ihrem Rahmen nur eine beschränkte Anzahl Individuen umfaßte, die aber viel allgemeiner war und sich über alle Völker der Christenheit erstreckte. Diese beiden Einheiten geriethen in Kampf um die Herrschaft. Die Päpste und ihre Gelehrten griffen das Haupt der feudalen Organisation, das Königthum, an, welches Gregor VII. als „vom Teufel geboren und vom menschlichen Dünkel erfunden“ kennzeichnete. Ueber die Gewalten der Erde, die sämmtlich nur von kurzer Dauer und vergänglich seien, erhebt der heilige Thomas die geistliche Macht des Papstes, den er im Namen der Philosophie und des Evangeliums als Oberherrn der Völker und Könige und als Schiedsrichter ihrer Zwistigkeiten proklamirt.

Campanella, der Dominikanermönch, machte keinen Versuch, das Bedürfniß nach Einheit, welches die europäische Gesellschaft bewegte, durch die Organisation einer neuen politischen Ordnung zu befriedigen. Statt dessen lenkte er seine Blicke rückwärts und träumte von einer Wiederherstellung der von allen Seiten in Bresche geschossenen päpstlichen Autorität. So wie der heilige Thomas beweist er in seiner „Monarchia Messiae" im Namen der menschlichen und göttlichen Philosophie die Rechte des obersten Hohenpriesters auf die Herrschaft über die ganze Erde. Die Einheit der Religion solle die Einheit des Menschengeschlechts herbeiführen, dachte Postel; sie hatte drei Feinde zu bekämpfen, die Juden, die Mohamedaner und die Götzendiener, er gedachte, diese durch das Apostelamt und nur durch die Macht der Gründe zum Evangelium zu bekehren. Campanella, Angehöriger eines geistlichen Ordens, welcher hervorragende Inquisitoren geliefert hatte, schreckte nicht zurück vor der Anwendung von Gewalt, um die Protestanten und die Mohamedaner, welche die Herstellung der theokratischen Einheit verhinderten, aus der die Einheit des Menschengeschlechts sich ergeben sollte, zur Unterwerfung zu zwingen. Er feuerte die Herrscher an, die Ketzerei gewaltsam auszurotten, und rieth den Päpsten, gegen die Protestanten Truppen auszuheben.

Diese Vereinigung des Menschengeschlechts, die er von der päpstlichen Herrschaft verlangte, war, wie er glaubte, durch die Vermittelung seiner Todfeindin, der spanischen Monarchie, im Zuge sich zu verwirklichen. Er befand sich in den Gefängnissen des Königs von Spanien, als er seine berühmte Abhandlung „De monarchia hispanica" schrieb, welche sofort nach ihrem Erscheinen ins Deutsche und Englische übersetzt wurde. „Der Tag, wo diese Einheit des Menschengeschlechts sich verwirklichen wird, ist nicht fern," sagte er; „angekündigt und vorhergesagt ist er auf jeder Seite der Geschichte des 16. Jahrhunderts. Das ungeheuere Wachsthum der spanischen Monarchie ist das Werk Gottes, er hat das frömmste der Völker Europas gewählt und mit dem göttlichen Siegel gestempelt, um sich seiner für seine providentiellen Absichten zu bedienen, er hat ihm die Schlüssel der Neuen Welt gegeben, damit überall, wo die Sonne leuchtet, die Religion Jesu Christi ihre Feste und ihre Opfer habe. Der katholische König soll das ganze Weltall unter seinem Szepter vereinen, sein Titel ist kein leeres Wort mehr: das Kruzifix in der einen und den Degen in der anderen Hand soll er den Protestantismus und den Islamismus bekämpfen, bis er ihr Verschwinden vom Erdboden durchgesetzt haben wird, denn seine Mission besteht darin, den Triumph der Kirche dadurch herbeizuführen, daß er ihre Feinde zerschmettert und den Fuß auf ihren Nacken setzt; ein neuer Cyrus, soll er dieser neuen babylonischen Gefangenschaft ein Ende machen." Doch nicht der Triumph der Kirche war es, sondern der Triumph der kapitalistischen Bourgeoisie, den die Ereignisse vorbereiteten.

Diese religiöse und politische Einheit indeß, zu deren Durchführung Campanella ungescheut an die Gewalt appellirt, verlangte er nur, um der Zwietracht ein Ende zu machen und auf der Erde Friede und Glück zu begründen. Sein ganzes langes und schmerzhaftes Leben hindurch strebte seine Thätigkeit nur nach einem Ziel, der Einführung des Kommunismus. Noch jung, im Alter von 32 Jahren, predigte und organisirte er den Aufstand, um jenen zu verwirklichen; eingekerkert und gefoltert, aber immer unbesiegt, konspirirt er aus der Tiefe seines Gefängnisses mit dem Herzog von Ossuna und tröstet sich über sein Mißgeschick dadurch, daß er seine Utopie träumt.

Durch die Begeisterung für seine Idee hingerissen wie Fourier, der in Aachen einen Kongreß der Könige und Kapitalisten zusammenberufen wollte, um dieselben zur Annahme seines Phalansteriums zu bewegen, glaubte Campanella, daß die Beschreibung seiner philosophischen Republik die Völker der Erde bekehren würde. Er prophezeit deren nahe bevorstehende Einführung in einem Sonett.

„Wenn vor Zeiten das glückliche goldene Zeitalter geherrscht hat, warum soll es nicht abermals wiederkehren? Kehrt doch jedes Ding, das gewesen ist, zu seinem Ursprung zurück, nachdem es seinen Lauf beendet hat.

„. . . Wenn in Bezug auf das Nützliche, auf das zum Glück und zur Moral Dienliche, die Menschen Alles gemeinsam machten, so wie ich es sehe und lehre, so würde die Welt ein Paradies sein."

In einem anderen Sonett prophezeit er:

„Dann könnt Ihr beten und inbrünstig bitten, daß die Zeit kommen möge, wo der göttliche Wille auf Erden in Erfüllung gehen wird. . . .

„. . . Denn die Dichter werden ein Zeitalter sehen, welches alle anderen so übertreffen wird, wie das Gold alle anderen Metalle.

„Dann werden die Philosophen jene vollkommene, von ihnen beschriebene Republik sehen, die auf Erden noch nicht existirt hat."

Keine Enttäuschung konnte seinen tiefen und feurigen Glauben erschüttern. „Zur Schande der Gottlosen," sagt er in seiner theologischen Abhandlung „Atheismus triumphatus," „erwarte ich auf Erden ein Vorspiel des Paradieses, ein goldenes Zeitalter voller Glück, aus welchem die Zweifler ausgeschlossen sein werden, die des Glaubens ermangeln."

IV. Der Sonnenstaat.

„Der Sonnenstaat," die lateinisch verfaßte Utopie Campanella's, bildet einen Theil seiner „Philosophia realis," die in den Jahren 1620—1623 zu Frankfurt erschien und im Jahre 1637, zwei Jahre vor seinem Tode, in Paris neu aufgelegt wurde, sie findet sich am Schluß des dritten Theils, der Politik. Ohne auf die bibliographischen Einzelheiten näher einzugehen, ist es doch von Interesse, zu erwähnen, daß mitten in der Blüthezeit des utopischen Sozialismus, wie Engels diese Periode bezeichnet, zu Paris zwei französische Uebersetzungen der „Civitas Solis" erschienen, die eine im Jahre 1840, übersetzt von Villegardelle, und die andere im Jahre 1844, übersetzt von Jules Rosset und mit einer biographischen Einleitung aus der Feder der Frau Louise Colet versehen. Im Jahre 1885 hat Henry Morley in einem „Ideale Gemeinwesen" („Ideal commonwealths") betitelten Bande das „Leben des Lykurg“ von Plutarch, die „Utopia“ von Thomas More, die „Neue Atlantis“ von Bacon und den „Sonnenstaat“ von Campanella herausgegeben, den letzteren zum ersten Mal von Th. W. Halliday ins Englische übersetzt.*)

Die Utopie Campanella's ist eine der kühnsten, vollständigsten und schönsten Utopien, die je geschrieben worden sind; in der Organisation seiner „philosophischen Republik“ berücksichtigt er alle sozialen Beziehungen der Männer unter sich und zu den Frauen und Kindern, und er steigt bis zu den kleinsten Einzelheiten des Privatlebens herab. Er erörtert und löst mit der vollständigsten Freimüthigkeit die sozialen Probleme, welche seine Zeit aufstellte und welche noch jetzt das 19. Jahrhundert erregen.

Die „Utopia“ des Thomas More ist das Werk eines Staatsmannes; er kennt die Gesellschaft, die er geistig kritisirt und die er mitunter bitter verspottet. Er entrüstet sich über das barbarische Verfahren der Justiz und er empfindet großes Mitleid mit der schlimmen Lage der von ihren Stellen verjagten Bauern, die durch Schafheerden verdrängt und als Bettler in die Städte gehetzt, wegen des geringfügigsten Diebstahls ohne Gnade gehängt wurden; durch seine Beobachtungen war er zu der Erkenntniß gelangt, daß das Privateigenthum und das Geld die Ursache der Kämpfe, Laster und Leiden der menschlichen Gesellschaften seien.

Campanella hingegen kennt die Welt nicht; seit seiner Kindheit in dem kommunistischen Bereich eines Klosters lebend, giebt er sich dem kühnsten Fluge des metaphysischen Gedankens hin; noch jung, wird er in ein Gefängniß eingeschlossen und sieht die soziale Stellung des Menschen nur durch die Brille einer hochherzigen und feurigen Einbildungskraft, welche durch die Schriften der griechischen Denker und die Berichte der Reisenden genährt wurde, die von den seltsamen Sitten der unlängst in Asien und Amerika entdeckten barbarischen und wilden Völkerschaften erzählten. Er erbaut seinen Idealstaat ganz aus einem Stück, ohne irgend welches Hinderniß der Verwirklichung in Betracht zu ziehen, und er bietet ihn den Menschen in der festen Ueberzeugung dar, daß die Völker denselben nur kennen zu lernen brauchen, um ihn zu verwirklichen, während More Zweifel hegt, ob selbst die dringendsten Reformen, welche er seinem Reisenden bei der Rückkehr von Utopia in den Mund legt, durchgeführt würden.

Man mußte ein Idealist sein, wie es Campanella war, der die wirklichen Zustände der uns umgebenden Welt nicht kannte, um sich dermaßen zu täuschen, daß er glaubte nur nöthig zu haben, einen kommunistischen Staat zu erdenken, damit seine Verwirklichung unmittelbar möglich würde. Die Menschheit mußte

---

*) Aus dieser englischen Ausgabe sind, wie Herr Morley in der Vorrede mittheilt, „ein oder zwei Details, die sehr wohl entbehrt werden können,“ fortgelassen. Sie beziehen sich nämlich auf das anstößige Thema der geschlechtlichen Beziehungen, und Herr Morley war ängstlichst bemüht, alle von ihm herausgegebenen Schriften in dieser Hinsicht auf der Höhe der respektabelsten Respektabilität seiner Landleute zu halten. D. H.

dem Verhängniß gemäß die individualistische Phase durchmachen, welche ihr die wirthschaftlichen Erscheinungen aufdrängten, denen dann die Aufgabe zufällt, im Fortgang ihrer Entwickelung die individualistische Form, welche sie schufen, zu zerstören und eine neue kommunistische Form vorzubereiten. Ebenso wie der Individualismus aus dem Kommunismus hervorgewachsen ist, entspringt der Kommunismus aus dem Individualismus. Die Männer des Gedankens und der That unserer Zeit haben die Aufgabe, den Gang der Ereignisse zu studiren und zu erkennen, um denselben zu beschleunigen, nicht aber Utopien zu träumen, wie die Philister es wünschen: wenn diese Herren der Utopien bedürfen, um sich zu zerstreuen, so verweisen wir sie auf das geniale Werk Campanella's, dessen Lektüre nicht allzuviel von ihrer kostbaren Zeit beanspruchen wird.

Auch wir möchten am liebsten den ganzen „Sonnenstaat," der auf einer so kleinen Anzahl von Blättern so viele verschiedene Fragen erörtert, abdrucken, doch müssen wir uns auf eine einfache Uebersicht beschränken, die wir indeß möglichst vollständig machen wollen, damit der Leser eine richtige Idee von der Auffassung erhält, welche dieser Mönch des 16. Jahrhunderts sich von der Welt machte. Denn obwohl er im Jahre 1639 gestorben ist, so gehört Campanella doch durch die Kühnheit seines Charakters und den Mystizismus seines Geistes jenem Jahrhundert an.

* * *

Ein immerwährender Kriegszustand von Provinz zu Provinz, von Stadt zu Stadt und selbst von Dorf zu Dorf war das Leben des feudalen Mittelalters gewesen, aus dem man soeben herausgetreten war. Die Häuser der Städte und selbst die Klöster waren befestigte Plätze, die eine Belagerung aushalten konnten, alle Einwohner, Männer sowohl wie auch Frauen und Kinder, Weltliche und Geistliche waren häufig genöthigt, zu ihrer Vertheidigung, wenn nicht zum Angriff, die Waffen zu ergreifen. Man sorgte vor Allem dafür, gute Mauern zu haben, hinter denen man dem Feind Trotz bieten konnte.

Die Sonnenstadt, die auf einer in vier nebenbuhlerische Königreiche getheilten Insel liegt, ist eine Festung nach Art der Städte des Mittelalters, und auch Jerusalems, auf einem Hügel erbaut; sie ist umgeben von sieben mit Schießscharten versehenen und mit Kanonen und anderen Kriegsmaschinen armirten Umwallungen; um sie einzunehmen, hätte es sieben verschiedener Sturmangriffe bedurft. More trägt gleichfalls Sorge, Utopia durch Kunstbauten zu befestigen, welche dieselbe vom Festland isoliren, und die Trinkwasserzufuhr Amaurotums, der Hauptstadt von Utopien, vor jeder Gefährdung zu schützen.

Plato, der in einer See- und Handelsstadt lebte, deren Einwohner nach verschiedenen Ständen in Klassen abgetheilt waren, vertraut den Schutz seiner Republik einem Corps philosophischer und kommunistischer Krieger an, die er zynisch mit „mageren und wachsamen Hunden" vergleicht; allerdings ist für ihn der Hund ein philosophisches Thier, weil er seinen Herrn zu vertheidigen und die Feinde seines Herrn anzugreifen versteht; die anderen Staatsbürger beschäftigen sich mit Handel und Industrie, und für diese arbeitet er seine kommunistische Organisation nicht aus. Im Sonnenstaat dagegen müssen alle Einwohner ohne Unterschied des Alters oder des Geschlechts zu seiner Vertheidigung mitwirken. Alle sind Krieger. Die militärische Erziehung beginnt im Alter von zwölf Jahren, doch sind die Solarier, die Bürger des Sonnenstaates, ebenso wie die Kinder der feudalen Barone schon vorher an alle körperlichen Uebungen gewöhnt, von diesem Alter an indeß lehrt man sie „den Feind, die Pferde und die Elephanten anzugreifen,“ den Degen, die Lanze zu handhaben, den Bogen zu spannen und sich der Schleuder zu bedienen, aufs Pferd zu steigen und dasselbe ohne Zaum nach einer Methode zu lenken, „welche selbst die Tataren nicht kennen,“ anzugreifen und sich zurückzuziehen, die Schlachtordnung aufrecht zu halten, einem Freunde in Gefahr beizuspringen, kurz, man lehrt sie alle Kampfmanöver. „Die Erziehung macht die Frauen tauglich zum Kriege wie zu allen anderen Arbeiten; in diesem Punkt stimmen die Solarier mit Plato überein, wo ich Aehnliches gelesen habe . . . und hierin befinde ich mich in völligem Gegensatz zum Aristoteles.“ Der Krieg ist nicht allein eine Nothwendigkeit, sondern auch eine sittlich bildende Sache, er schützt die Bürger des Sonnenstaates vor der Verweichlichung. Campanella eignet sich hier die Denkweise der Barbaren an; Cäsar berichtet, daß die germanischen Stämme, obwohl seßhaft geworden und schon beim Ackerbau angelangt, dennoch fortfuhren, Kriegszüge zu unternehmen, um die kriegerischen Tugenden beizubehalten. Die Solarier entwickeln den kriegerischen Muth, sie sind im Punkt der Ehre so empfindlich, daß, „wenn sie auch Niemand beleidigen, sie doch ebensowenig irgend welche Beleidigung ertragen.“ Campanella, obwohl Mönch und obwohl die Organisation seines Staates das Merkmal seiner mönchischen Gewohnheiten trägt, ist kein Anhänger der christlichen Lehre, welche vorschreibt, die rechte Backe hinzuhalten, wenn man einen Schlag auf die linke empfangen hat; allerdings konnte diese für die ersten Christen und die meisten Sklaven und Freigelassenen gute Lehre den freien und gleichen Menschen seiner kommunistischen Gesellschaft nicht zusagen.

Die Solarier führen ebenso wie die Krieger Plato's ihre Kinder mit sich in den Kampf, „damit sie lernen, sich zu schlagen, gleichwie die jungen Löwen und Wölflein durch ihre Alten daran gewöhnt werden, die Beute zu erwürgen.“ Ihre militärisch ausgerüsteten Weiber begleiten sie ebenfalls, um sie zu unterstützen, anzufeuern und zu verbinden. Campanella erinnerte sich ohne Zweifel dessen, was Cäsar und Tacitus von den Barbaren erzählen, welche die römischen Legionäre damit aufzogen, daß sie ihre Frauen nicht bei sich hätten, um ihren Kämpfen beizuwohnen, sie anzufeuern, sie in den Kampf zurückzuführen, wenn sie wichen, und ihre Wunden zu behandeln; jedenfalls hat er zum Theil den römischen Schriftstellern die kriegerischen Sitten der Solarier entlehnt, denn er sagt, daß die Generäle seines Staates ihre Feldlager nach Art der Römer verschanzen, auch daß sie Denjenigen, der zuerst im Sturm die feindliche Mauer erstiegen hat, mit einem Kranz von grünen Blättern belohnen; ebenso läßt er, wohl in Erinnerung an die Turniere des Ritterthums, die Preise nur in Gegenwart der dem Helden zujauchzenden Frauen zuerkennen.

Die Solarierinnen üben sich ebenso wie die Amazonen und die Spartanerinnen in allen kriegerischen Verrichtungen unter der Leitung ihrer eigenen weiblichen Anführer: man lehrt sie vor Allem die Festungswerke vertheidigen, Steine und Brennstoffe schleudern 2c.; „Diejenige, welche im Geringsten Furcht zeigt, wird streng bestraft.“ Das Staatsgebiet wird innerhalb der Mauern wie auf dem flachen Lande immer bewacht, bei Nacht von den Männern und bei Tage von den Frauen. Wenn man sich der plumpen und albernen Beleidigungen der Frauen seitens des heiligen Hieronymus und der Kirchenväter erinnert, und wenn man jenes Konzils gedenkt, auf welchem ernsthaft darüber gestritten wurde, ob die Frau nicht den Thieren zuzuzählen sei, denen eine Seele versagt sei, und daß man mit nur einer Stimme Mehrheit anerkannte, daß sie eine solche besäße, so muß man füglich darüber erstaunen, daß Campanella sich von den durch die Religion geheiligten Vorurtheilen seiner Zeit freimachte und die Kühnheit hatte, der Frau dieselben Rechte und Pflichten wie dem Manne einzuräumen.*)

Die kriegstüchtige Bevölkerung des ganzen Sonnenstaates kommt einmal im Jahr zu einer allgemeinen Musterung und zu Kriegsübungen zusammen. Die Solarier, welche die richtige Logik der Wilden haben, entscheiden über den Krieg nur nach Einberufung eines großen Raths aller Einwohner der Republik im Alter von mehr als zwanzig Jahren; Alle müssen sich schlagen, folglich müssen auch Alle an diesen Berathungen theilnehmen.

Aber in diesem kriegerischen Staat, wo alle Einwohner ohne Unterschied des Geschlechts und Alters Soldaten sind, führt man keineswegs ein Lagerleben, wie in der Republik des Plato.

* * *

*) Der heilige Thomas von Aquino, der ebenso wie Campanella ein Dominikaner und etwas weniger plump und einfältig war wie die Kirchenväter, sagt doch: „Die Frau ist ein schnell wachsendes Unkraut, sie ist ein unvollkommener Mensch, homo imperfectus, dessen Körper nur deshalb schneller zur vollständigen Entwickelung gelangt, weil er von geringerem Werth ist und weil die Natur sich weniger mit ihm beschäftigt. . . . Die Frauen werden geboren, um ewig unter dem Joch ihres Herrn und Meisters gehalten zu werden, den die Natur durch die Ueberlegenheit, welche sie in jeder Hinsicht dem Mann übertragen, zur Herrschaft bestimmt hat.“

Campanella scheint durch die Meinung des heiligen Thomas beeinflußt gewesen zu sein, wenn er in seiner Canzone auf die Schönheit sagt: „Das Verhältniß und Ebenmaß der Glieder, die Kraft, die Behendigkeit, eine blühende Gesichtsfarbe, Grazie der Bewegungen und Geberden, das sind die Bedingungen einer vollkommenen Körperschönheit. Gott hat dem Manne eine größere Zahl dieser Eigenschaften verliehen als der Frau, darum ist er schöner und göttlicher und mehr geliebt als er liebt.“ Campanella muß wenig Gelegenheit gehabt haben, die Solarierinnen mit Muße zu betrachten, denn dann würde er gesehen haben, daß frei erzogene und an die nämlichen Uebungen wie die Männer gewöhnte Frauen ebensoviel natürliche Gaben besitzen wie jene. Die griechischen Bildhauer, die sich hierauf verstanden, gaben dem Apollo, dem Gott der Schönheit, weibliche Formen.

Campanella konnte nichts schreiben, was nicht das Gepräge seiner idealistischen und mystischen Philosophie und seiner astrologischen Vorurtheile trug, man kann keine getreue Darstellung seines Meisterwerkes geben, wenn man diese Seite unterdrückt, die seine so positiven und so wunderbar tiefen Ansichten entstellt. Wir müssen daher zunächst seine Astrologie behandeln, um dann freier auf seinen Kommunistenstaat einzugehen, müssen uns dabei aber auch erinnern, daß diese mystischen Ideen, die heute eines so kühnen und so gebildeten Geistes unwürdig erscheinen, von vielen bedeutenden Männern seiner Zeit getheilt wurden, denen sie durch uralte Ueberlieferungen überkommen waren. Denn da die Menschheit in ihren Anfängen sich keine positive Vorstellung von der Welt machen konnte, mußte sie die Einbildungskraft zur Hülfe nehmen, um thatsächliche Erfahrungen und Beobachtungen zu ersetzen, sie mußte die Himmelserscheinungen, die ihre Aufmerksamkeit erregten, nicht ihren wirklichen, materiellen Ursachen, sondern eingebildeten, ideellen Ursachen beimessen.

Die Kabbala hatte das Studium der mystischen Eigenschaften der Zahlen entwickelt, die zu allen Zeiten das Denken der Völker beschäftigt hatten, wahrscheinlich wegen der Schwierigkeiten, welche der menschliche Geist zu überwinden hatte, um zur Entdeckung der Grundzahlen und ihrer Kombinationen zu gelangen, und auch wegen der Dienste, welche ihnen das Zählen leistete. Die Denker, welche über die abstrakten Eigenschaften der Zahlen erstaunten, die sie in allen Dingen wiederfanden, wollten sie nach der Weise der Pythagoräer zu einer immanenten Ursache aller Dinge umbilden. Die modernen Deisten denken nicht anders, wenn sie das Dasein ihres Gottes durch den absoluten Charakter mathematischer Abstraktionen beweisen. Campanella, der an den verborgenen Werth der Zahlen glaubte, erwähnt im Sonnenstaat nur solche, die kabbalistisch sind.

Die Zahl 7 ist die erste, der man begegnet: das städtische Gebiet ist von 7 befestigten Wällen umgeben, im Tempel sind 7 goldene, ewig brennende Lampen vorhanden, welche die Namen der 7 Planeten tragen, die in dem Pythagoräischen System sich um die unbewegliche Erde drehen, wobei sie musikalische Töne und wunderbare Harmonien hervorbringen, welche die Solarier mit Hülfe von Instrumenten ihrer Erfindung zu hören vermögen. Die Sieben, welche für alle bis zu einem gewissen Kulturgrade gediehenen Völker eine mystische Zahl gewesen ist, hat auch die Christen sehr beschäftigt: die Apokalypse ist voll davon, Origines, der heilige Augustin, der heilige Hilarius und die berühmtesten Kirchenlehrer haben über die Vorzüge dieser Zahl, ebenso wie über diejenigen der Zahl 6 viel disputirt, auch findet man die Sieben in den Dogmen und den Zeremonien des Katholizismus, es giebt 7 Sakramente, 7 Todsünden ꝛc. Das Vielfache von 7 findet sich häufig im Sonnenstaat: die Priester, welche mit der Beobachtung des Himmels beauftragt sind, um die astrologischen Mysterien zu entdecken, sind 49, also 7×7 an Zahl; die Gelehrten, welche Wissenschaften und Künste lehren, sind 14, also 7×2 an Zahl ꝛc.

Die auf dem Dom des Tempels wehende Fahne der Solarier ist mit

36 Zeichen versehen; der oberste Befehlshaber des Staates muß, um gewählt zu werden, 36 Jahre überschritten haben, die Erziehung der Kinder beginnt mit 6 Jahren für die Künste und Wissenschaften und mit 12 Jahren für den Krieg ꝛc. Die Zahlen 36 und 12 aber sind das Vielfache von 6, und die Ziffer 6, die den dritten Buchstaben des Namens Jahve als Zeichen hat, ward von den Pythagoräern und Kabbalisten verehrt, weil sie eine Wiedervereinigung der Einheit, Zweiheit und Dreiheit ist: 1 und 2 und 3 macht 6, was diese Zahl zum Symbol aller Vollkommenheiten macht.

Die Zahl 3, die mystische Zahl par excellence — was man von den primitivsten Wilden weiß, beweist, daß es einer großen geistigen Anstrengung bedurfte, um dahin zu gelangen, sie zu erfassen — mußte bei den Solariern in hohem Ansehen stehen, und wirklich findet sich dieselbe überall: sie haben drei Befehlshaber, der Unterricht in den Wissenschaften wird durch kleine Verse, immer drei an Zahl, ertheilt, die an den Mauern der Stadt und des Tempels angeschrieben sind, mit drei Jahren beginnen die Kinder das Alphabet zu lernen ꝛc.

Die Solarier setzen volles Vertrauen in die Astrologie; sie haben Priester, die ausschließlich mit Erforschung der Gestirne beauftragt sind, und die Beobachtung des Himmels ermöglicht ihnen, die Zukunft zu prophezeien, die Kranken zu heilen, die Greise von 70 Jahren zu verjüngen ꝛc. In letzter Instanz sind es die Gestirne, von denen die Solarier regiert werden, sie befragen dieselben unter allen Umständen, selbst in den unbedeutendsten Sachen, wie zum Beispiel bei der Paarung der Pferde, der Wahl eines Handwerkes ꝛc.

Sie beten die Sonne, das Ebenbild Gottes, an, sie ist der Schöpfer alles Dessen, was hienieden lebt und webt; „sie ist der Vater und die Erde ist die Mutter." Die Sonne ist als Gott von allen Völkern anerkannt worden, und im Christenthum findet man zahlreiche Spuren ihres Kultus. Wenn Campanella hierin sich täuschte, so täuschte er sich wenigstens in zahlreicher Gesellschaft, und Diejenigen, die, um seine Utopie lächerlich zu machen, sich darin gefallen haben, seine astrologischen und mystischen Meinungen schulmeisterlich zu tadeln, haben einfach bewiesen, daß sie die Geschichte des menschlichen Geistes nicht kennen.

* * *

Der Sonnenstaat „ist weder eine Republik noch eine Monarchie," weil die weltliche und geistliche Macht des Staatsoberhauptes Hoh keiner Kontrole unterworfen und nicht erblich, sondern ein Wahlamt ist. Hoh ist eine Art von Papst: in der Kabbala heißt das reine Sein En Soph; zwischen seinem Namen und demjenigen des obersten Befehlshabers im Sonnenstaat herrscht eine gewisse Gleichartigkeit des Wortlautes, und vielleicht steckt dahinter ein verborgener Sinn von besonderer Bedeutung. Auf alle Fälle mußte Hoh, dessen Name Metaphysik bedeutet, die Kenntnisse und Tugenden der Solarier in ihrer Gesammtheit besitzen, wie das reine Sein vollzählig die Eigenschaften besaß, welche die Menschen nur in kleinen Theilen besitzen.

Das Wissen, dessen Besitz die Vorbedingung der Erwählung zum Hoh bildete, war encyklopädisch; er mußte die Geschichte aller Völker, ebenso ihre Sitten, Gewohnheiten und Religionsgebräuche kennen, ferner mußte er Mathematik, die abstrakten Wissenschaften, Physik und vor Allem Astrologie gründlich erforscht haben, und, was noch außerordentlicher für ein Wesen ist, welches die Metaphysik personifizirt, er mußte alle mechanischen Künste verstehen. Campanella ist der erste Denker, welcher die Handarbeit zu solcher Würde erhoben hat. Ebenso vorurtheilslos zeigte er sich in der Medizin. Die Aerzte und Chirurgen seiner Zeit hielten es unter ihrer Würde, Anatomie zu lernen, denn dies war ein Handwerk, gut genug nur für die Barbiere, selbst Paracelsus, der sonst gegen die ganze Arzneiwissenschaft seiner Zeit sich auflehnte, theilte diese Verachtung für die Anatomie. Campanella indeß, dieser mystische Mönch, dieser Träumer, der sein Leben fern von der Welt im Kloster und im Gefängniß zugebracht hatte, hatte eine so genaue Vorstellung von der Wichtigkeit der Anatomie, daß er berichtet, die Solarier studirten den menschlichen Organismus, indem sie die Leichname Hingerichteter sezirten.

Der Reisende, welcher die Wunder des Sonnenstaates erzählt, und der einsieht, daß man sich darüber wundern könnte, wie es möglich sei, bei einem Manne die vielfachen theoretischen und technischen Kenntnisse anzutreffen, deren es bedurfte, um zum Hoh gewählt zu werden, trägt Sorge, hinzuzufügen, daß die Solarier, für die „Aristoteles ein Logiker und kein Philosoph ist," den leeren Wortschwall der Scholastik mißachten, daß sie die Wissenschaften nicht durch Bücherlesen, sondern durch das Studium der Natur erlernen, daß ihre Stadt ein großes Museum ist, dessen Mauern mit geometrischen Zeichnungen, mit einer Himmelskarte, mit Abbildungen von Thieren und Pflanzen bedeckt sind, daß man unter jeder die Beschreibung in drei kleinen, leicht zu behaltenden Versen liest, und daß man, wenn es möglich ist, den Gegenstand der Abbildung, Pflanze oder Thier, neben dieser anbringt, um den Anschauungsunterricht zu vervollständigen. Selbst das Alphabet ist auf den Mauern derart gemalt, daß alle kleinen Kinder ihre Buchstaben beim Spielen in den Wandelgängen lernen. Dank dieser neuen Unterrichtsmethode erlangen die Solarier in einem Jahr die Kenntnisse, zu denen man in den Schulen Europas, „wo man nur sklavisch die Worte auswendig lernt," zehn Jahre gebraucht.

Drei gleichfalls wählbare Häupter regieren den Staat unter Oberaufsicht des Hoh, sie entsprechen den drei Fundamentaleigenschaften des reinen Seins, dessen Namen sie übrigens tragen: sie heißen Macht, Weisheit und Liebe. Macht beschäftigt sich mit dem Kriege und der Kriegskunst. Weisheit und ihre dreizehn Gelehrten, deren erster Astrolog heißt, tragen Sorge für die wissenschaftliche und technische Erziehung. Liebe führt Aufsicht über Alles, was die Erhaltung und Fortpflanzung der Einwohner betrifft. Sie paart Thiere und Menschen, um schöne Sprößlinge zu erhalten. Die Solarier, welche unsere Sitten und Gewohnheiten ganz genau kennen, „machen sich lustig über uns, die wir der Veredelung unserer Hunde- und Pferderassen so große Aufmerksamkeit schenken, während wir nicht daran denken, die menschliche Rasse zu vervollkommnen." Nichts wird dem Zufall überlassen: Liebe setzt den Zeitpunkt der Aussaat und der Ernte fest, wacht über die Zucht des Viehes, regelt die Zubereitung und Beschaffenheit der Nahrungsmittel, die Qualität der Kleider, die Erziehung der Kinder und die geschlechtlichen Beziehungen. Alles ist vorgesehen.

Diese drei Beisitzer des Hoh sind nicht allein im Besitz der Wissenschaften und Künste, die zum Bereich ihrer Funktionen gehören, sondern sie kennen auch die allen Künsten und Wissenschaften gemeinsamen Prinzipien.

Hoh und seine drei Beisitzer verwalten die Dinge und regieren die Menschen, deren „Lastern durch die Geschicklichkeit der Behörden vorgebeugt werden kann." Sie vertheilen die Belohnungen und verhängen die Züchtigungen. Die muthigen Krieger erhalten Kränze und werden vom Militärdienst auf einige Tage entbunden, während die Flüchtlinge zum Tode verurtheilt werden, wie bei den Germanen des Tacitus, wofern nicht das ganze Heer ihre Begnadigung verlangt; Derjenige, welcher einem Freunde oder Bundesgenossen nicht beigesprungen ist, muß Spießruthen laufen; der Soldat, welcher im Felde den Befehlen der Anführer nicht gehorcht, wird den wilden Thieren vorgeworfen.

Die bürgerlichen Vergehen und Verbrechen fallen unter die Gerichtsbarkeit der Zünfte; die Schuldigen werden durch die Meister ihrer respektiven Gewerbszünfte abgeurtheilt, welche Verbannung, Prügel, Tadel, Ausschließung von der gemeinschaftlichen Tafel und den Religionsfeierlichkeiten, sowie die Entziehung des Verkehrs mit den Frauen verhängen können. Das Recht der Wiedervergeltung beherrscht die ganze solarische Justiz, man büßt die Tödtung mit dem Tode, ein Auge mit dem Auge 2c. Gefängnisse aber giebt es nicht, und Alles wird ohne langes gerichtliches Verfahren entschieden; die Ankläger und Zeugen werden vernommen, und auf ihre Aussagen hin verkündigt die richterliche Behörde das Urtheil. Da in einem kommunistischen Staat freier und gleicher Menschen für einen Henker kein Platz ist, so wird das Urtheil vom Volk vollstreckt, welches den Verurtheilten steinigt, der Ankläger wirft den ersten Stein. Dies an die zwar gerechte, aber häufig grausame Rechtspflege der Barbaren erinnernde Verfahren wird durch folgende Einschränkung gemildert: Der Verurtheilte muß anerkennen, die Strafe verdient zu haben, sonst wird er nicht bestraft. Man büßt seine Fehler dadurch, daß man sie eingesteht, und wie in einem Kloster beichtet man sie hierarchisch, und wenn alle Beichten an Hoh gelangen, so beichtet er dieselben Gott und erbittet von ihm Verzeihung für die Sünden des ganzen Volkes. Er bietet ihm ein Menschenopfer dar, dies Opfer aber muß freiwillig sein. Alle Jahre fragt Hoh das versammelte Volk, wer als Sündenbock dienen und zum Heil seiner Mitbürger sich Gott zum Opfer bringen will; das Sühnopfer wird, statt zum Tode geführt zu werden, in einen Thurm eingesperrt, wo es gerade so viel Nahrung erhält, um nicht Hungers zu sterben, und nach zwanzig bis dreißig Tagen, wenn die Sünden getilgt sind, wird der Geopferte Priester und kehrt niemals unter Seinesgleichen zurück, er ist Gott geweiht. Man behält immer das Gepräge der Umgebung, in der man lebt, bei. Der in der Geschichte der heidnischen und barbarischen Sitten großgezogene und so verwegene Geist Campanella's blieb nichtsdestoweniger in mönchischen Gewohnheiten befangen. Sie verfolgten ihn; in seinen dem König von Spanien ertheilten Rathschlägen lenkt er fortwährend seine Aufmerksamkeit auf die Gemeinschaften der Mönche, er scheint darin einen ersten rohen Anfang jener kommunistischen Organisation zu sehen, die das Glück der Menschheit sichern soll.

* * *

Die Solarier denken, daß das Kind der Gesellschaft gehört. „Sie verweigern einem Mann das Recht, sein Kind zu besitzen und es zu erziehen, wie auch dasjenige, seiner Frau, seines Kindes und seines Hauses sich zu bedienen, als ob diese sein Eigenthum wären. Sie versichern, daß die Kinder zur Erhaltung der Gattung und nicht zum Vergnügen eines Einzelmenschen erzogen werden müssen, wie dies auch der heilige Thomas behauptet. Deshalb betreiben sie auch die Erziehung der Kinder vom Standpunkte des Interesses der Gemeinschaft und nicht des Individuums, sofern dieses nicht einen integrirenden Theil des Gemeinwesens ausmacht.“

Sie stellen die Sitten der Spartiaten wieder her. Sie beginnen die Erziehung der Kinder sozusagen vor ihrer Geburt, ja selbst vor ihrer Erzeugung. Die schönsten Frauen werden für die Fortpflanzung ausgewählt, und die zeugenden Paare werden nach philosophischen Regeln gewählt. Sie versichern, daß man bei ihnen nicht nöthig hat, zu den Listen seine Zuflucht zu nehmen, welche Plato den Behörden seiner Republik bei der Zutheilung der Frauen zu praktiziren räth, um nicht Eifersucht zu erregen, weil sie die Leidenschaft der Liebe, die durch Freundschaft ersetzt wird, nicht empfinden. Charles Fourier dachte in gleicher Weise, daß in seinem Phalansterium die Liebe nachlassen sollte, wenigstens Dasjenige, was die christlichen Völker Liebe nennen, denn zu Beginn der Menschheit und bis zum Mittelalter zeigte die Liebe einen anderen Charakter. Die Solarier behaupten, daß der Umstand, welcher die Entwickelung der ausschließlichen Liebe zu einer Frau verhindert, in der gleichmäßigen Schönheit aller ihrer Frauen besteht. Die körperlichen Uebungen, an die man sie von der Kindheit an gewöhnt, geben ihnen eine blühende Gesichtsfarbe und kräftige, zierliche und behende Gliedmaßen, und unter Schönheit verstehen sie die Kraft und das harmonische Verhältniß des Körpers. Sie lieben die natürliche und nicht die künstliche Frau; diejenige, welche versuchte, sich zu bemalen, zu schminken oder durch hohe Absätze größer zu machen, würde peinlich bestraft werden, aber sie haben niemals den Schmerz, eine so unbarmherzige Strafe zu verhängen, denn keine einzige ihrer Frauen denkt daran, zu solchen Kunstmitteln zu greifen, um sich zu verschönern, und wenn sie ein Verlangen darnach hätte, so würde sie nicht die Mittel haben, demselben Genüge zu leisten. Campanella, der für die Verliebten ein mitfühlendes Herz hat, fügt hinzu, daß, wenn trotzdem ein Einzelner von einer blinden und ausschließlichen Liebe für eine Frau heimgesucht ist, man dem Paar erlaubt, sich zu amüsiren, jedoch nicht zu zeugen, wenn die Rasse dadurch gefährdet wird. Diese geschlechtlichen Sitten als rechtmäßige Institutionen werden als Gipfel der Unsittlichkeit den Philistern beider Geschlechter erscheinen, welche die Liebe nur aus Romanen und Theaterstücken kennen, welche sich aus Interesse verheirathen und die Langeweile der ehelichen Liebe durch die Prostitution mildern; es scheint, daß Campanella an den Skandal gedacht hat, den er erregen werde, als er in seinem Sonett an Cupido schrieb:

„Seit dreitausend Jahren verehrt die Welt eine blinde Liebe, welche Flügel und einen Köcher hat, diese Liebe ist taub und schonungslos geworden;

„ . . . Sie ist geldgierig, sie hüllt sich in düstere Gewänder ein, sie ist nicht mehr ein nacktes, freimüthiges und ehrliches Kind, sondern ein verschmitzter Greis, der aufgehört hat, sich der Pfeile zu bedienen, seitdem man die Pistolen erfunden hat."

Alle Einwohner des Staates betrachten sich als Theile einer einzigen Familie, die gleichalterigen nennen sich Bruder und Schwester und bezeichnen Diejenigen, welche 22 Jahre älter sind als sie, als Vater und Mutter, und als Kind die, welche 22 Jahre jünger sind. Diese Theilung der Gesammtheit in Generationsgruppen, die Plato ebenfalls erwähnt, ist keineswegs einer Laune entsprungen, weil man sie bei den australischen Horden wiedergefunden hat, und wahrscheinlich hat der griechische Philosoph ebenso wie Campanella die Thatsache Berichten von Reisenden entnommen.

Die Solarische Frau lebt während ihrer Schwangerschaft unter Heldenstatuen, um sich durch die Vollkommenheit ihrer Formen zu begeistern, wie dies die Atheneriunen thaten. Man setzt ein solches Vertrauen auf diesen künstlerischen Einfluß, daß man die Zuchtthiere mit schönen Gemälden von Stieren, Pferden, Hunden und anderen Thieren umgiebt. Die Solarierinnen stillen, ebenso wie die Frauen der Wilden, ihre Kinder zwei Jahre lang und noch länger, wenn der Arzt es für nothwendig hält.

Man beginnt, den Kindern vom dritten Jahre ab die Buchstaben zu lehren, indem man sie in den Wandelgängen spielen läßt, wo die Alphabete an den Mauern angemalt sind, und vom sechsten Jahre an unterrichtet man sie in den Natur- und angewandten Wissenschaften; man läßt es sich angelegen sein, dem Unterricht den Charakter des Spiels zu geben. Ungeachtet ihrer geringen Achtung für Aristoteles wenden die Solarier doch die peripatetische Methode an, denn die Unterrichtsstunden werden auf Spaziergängen abgehalten, niemals länger als vier Stunden täglich und durch vier verschiedene Lehrer, um die Aufmerksamkeit der Kinder aufgeweckt zu halten. Sie lernen alle Wissenschaften, „denn Derjenige, der nur eine Wissenschaft kennt und seine Kenntnisse nur aus Büchern geschöpft hat, ist ein Unwissender und Tölpel."

Um die Praxis mit der Theorie zu verbinden, führen sie die Kinder in die freie Natur, um ihnen Mineralogie, Botanik, Ackerbau und Viehzucht zu lehren und sie an Strapazen zu gewöhnen und sie kräftig und gelenkig zu machen. Die Kinder gehen barhäuptig und barfüßig, baden sich in den Flüssen, Mädchen ebensowohl wie Knaben, und widmen sich der Jagd, um sich auf den Krieg vorzubereiten. Sie betreiben weder Würfelspiele, noch das Schach- oder irgend ein anderes sitzendes Spiel, alle ihre Spiele sind körperliche Uebungen. „Sie lassen die jungen Leute die Küchen, die Werkstätten der Schuhmacherei, der Metallverarbeitung, der Kunsttischlerei besuchen, um ihnen eine vollständige technologische Erziehung zu geben und ihnen eine Gelegenheit zu bieten, mit Sachkenntniß ihre Neigungen zu offenbaren.“ Jeder Solarier muß fähig sein, mehrere Handwerke, die nicht erblich sind, zu betreiben; schon Plato hatte gegen die Fesselung einer Familie während mehrerer aufeinander folgenden Generationen an ein bestimmtes Gewerbe, wie dies im Alterthum und auch im Mittelalter getrieben wurde, Einspruch erhoben.

Ein Solarier ist um so mehr geschätzt, je mehr verschiedene Gewerbe er kennt, auch „belustigen sie sich über uns, die wir unsere Arbeiter als gemein und als adelig Diejenigen betrachten, die nichts zu schaffen verstehen und doch gemächlich leben, da wir Sklaven haben, um unsere Begierden zu befriedigen und für unser Vergnügen zu sorgen; auf diese Weise bilden wir, wie in einer Lasterschule, die Faullenzer und Bösewichte, die der Gesellschaft Verderben bringen.“

Allen Kindern werden dieselben Mittel der Entwickelung zur Verfügung gestellt, und die Ungleichheiten, welche sich in ihren geistigen Fähigkeiten und ihren körperlichen Geschicklichkeiten herausstellen, entspringen nicht Unterschieden in der Erziehung, wie dies bei den Europäern der Fall ist, sondern natürlichen Verschiedenheiten. Die Solarier bestreben sich, Jedermann nach seinen geistigen und körperlichen Fähigkeiten nützlich zu verwenden: die unintelligenten werden insbesondere für die ländlichen Arbeiten bestimmt, die verstümmelten und mißgestalteten werden ebenfalls beschäftigt, die hinkenden als Aufseher, die blinden als Wollkämmer &c. „Es giebt kein körperliches Gebrechen außer dem höchsten Greisenalter, das verhindern könnte, der Gemeinschaft Dienste zu leisten.“

Jede Arbeit ist nützlich und edel, „ein Solarier kann sich nicht vorstellen, daß es entehrend sein soll, bei Tisch zu bedienen, die Speisen zuzubereiten oder das Land zu bearbeiten. Jede Arbeit nennen sie Uebung und behaupten, daß es ebenso ehrenhaft ist, eine nützliche Arbeit zu verrichten, als mit seinen Füßen zu gehen, mit seinen Augen zu sehen, mit seiner Stimme zu sprechen, kurz jede, gleichviel welche, natürliche Funktion auszuführen. . . . Auch beeifern sie sich, die ihnen zugewiesene Arbeit zu vollziehen und setzen ihren Stolz darein, sie gut zu machen. Die Produktion ist so gut geregelt, daß sie nicht nöthig haben, von jeder gesunden Person mehr als eine vierstündige Arbeit pro Tag zu verlangen: die übrige Zeit ist der Ruhe, dem Unterricht und dem Vergnügen gewidmet. Die mühsamsten und gefährlichsten Arbeiten werden als die ehrenvollsten betrachtet.

Die Landarbeit ist ein Fest: an bestimmten Tagen ziehen die Solarier, alle bewaffnet, in großen Schaaren, mit flatternden Fahnen und Musik an der

Spitze, zur Stadt hinaus, um zu arbeiten, zu säen und zu ernten. In Peru war, bevor die christlichen Barbaren aus Europa gekommen waren, das wunderbare kommunistische Reich der Inkas zu zerstören, ein Drittel der pflügbaren Ländereien der Sonne, ihrem Gott, vorbehalten, die daraus erzielten Ernten wurden nach Abzug dessen, was zur Erhaltung des Kultus diente, an die Familien vertheilt; diese Ländereien wurden von der ganzen festlich gekleideten Bevölkerung unter dem Gesange von Hymnen zu Ehren der Inkas bebaut. Campanella muß Berichte über dies merkwürdige, zu Anfang des 16. Jahrhunderts entdeckte Land gelesen haben, vielleicht haben sie ihm die Anregung zu manchen Einzelheiten und selbst zu dem Namen seines Staates gegeben. Verschiedene Umstände scheinen zu beweisen, daß er mit den Gewohnheiten und Sitten der Stämme dieser neuen Länder durchaus vertraut war; so zum Beispiel beseitigt der Wilde auf dem Felde, welches er besäen will, allen Unrath, der nach seiner Ansicht die Saat verderben würde; die Solarier verfahren ebenso. „Sie düngen niemals ihre Felder, denn sie glauben, daß die Frucht durch die Verwendung des Düngers beeinträchtigt wird, und daß derselbe nur dürftige und wenig labende Nahrung liefert, so wie die Frauen, die sich durch Schminke und Mangel an Uebung verschönern, nur schwächliche Kinder erzeugen.“

Die Solarier haben Maschinen, deren sie sich bei ihren landwirthschaftlichen Arbeiten bedienen, unter anderen einen Wagen mit Segeln, der dank einem Spiel der Räder selbst gegen den Wind sich vorwärts bewegt. Sie besitzen auch Schiffe, die, durch einen sinnreichen Mechanismus getrieben, ohne Segel und Ruder fahren.

* * *

Die Solarier leben gemeinsam, sie schlafen in großen Schlafsälen und essen in großen Speisesälen, die Männer auf der einen und die Frauen auf der anderen Seite, die Bedienung der Tafeln erfolgt durch junge Leute unter zwanzig Jahren. Die Mahlzeiten werden schweigend eingenommen, bald liest ein junger Mann mit lauter Stimme vor, bald singen andere und spielen Musikinstrumente. Aerzte regeln die Kost, je nach Alter und Jahreszeit; sie ist sehr mannigfaltig. Sie hatten daran gedacht, vegetarisch zu leben; sie haben aber die Nothwendigkeit eingesehen, den Gemüsen Fleisch hinzuzufügen. Die Zahl der Mahlzeiten wechselt mit dem Lebensalter; die Erwachsenen nehmen zwei, die Greise drei und die Kinder vier Mahlzeiten; mit zehn Jahren fangen diese an, mit Wasser verdünnten Wein zu trinken, die Greise trinken ihn ungemischt.

Sie sind von einer ängstlichen Reinlichkeit; in der That haben sie vollauf Zeit, ihren Körper zu pflegen, sie baden sich oft und erneuern häufig ihre Wäsche, die mit Wasser gewaschen wird, „welches durch mit Sand gefüllte Behälter filtrirt ist.“ Von wohlriechenden Essenzen machen sie umfangreichen Gebrauch; sie salben sich mit Oel und aromatischen Pflanzen und kauen alle Morgen Fenchel, Thymian und Petersilie, um ihren Athem angenehm duftend zu machen.

Männer und Frauen tragen die gleiche „für den Krieg geeignete" Tracht, mit dem einzigen Unterschied, daß die Tunika der Männer über dem Knie und diejenige der Frauen ein wenig unter demselben abschließt. Die Solarier führten die Gleichheit der Geschlechter ein, indem sie die Ungleichheit niederrissen, zu deren Aufrichtung durch die Differenzirung der Beschäftigung, der gesellschaftlichen und häuslichen Obliegenheiten, der Kleider, der Gewohnheiten und der Sitten man Jahrhunderte gebraucht hatte. Sie verabscheuen „ebenso wie den Dünger das Schwarze, die Lieblingsfarbe der Japaner;" alle Kleider, die sie im Innern des Staates tragen, sind weiß, und die, welche sie für das Ausland anlegen, roth.*) Die Kleidung ist aus Seide und Wolle. Marco Polo erzählt, daß die Tataren Chinas am ersten Tage ihres Jahres weiße Kleider als Zeichen des Glückes anlegten, das weiße Roß war das allegorische Emblem des Dominikanerordens, welchem Campanella angehörte, der verschiedene Einzelheiten den Berichten des venetianischen Abenteurers entnommen hat; der Bau seiner Stadt ähnelt demjenigen des kaiserlichen Palastes zu Cambaluc, der tatarische Name für Peking.

Das gemächliche, hygieinische, von körperlichen und geistigen Arbeiten und Vergnügungen erfüllte Leben, ohne Sorge für den nächsten Tag und ohne Unruhe irgend welcher Art, welches die Solarier führen, macht sie kräftig und gesund. Das einzige Uebel, welches sie häufig trifft, ist die Epilepsie, und in der That ist dies „die Krankheit hervorragender Männer, des Herakles, des Scotus, des Sokrates, des Kallimachus und des Mahomet;" sie heilen sie durch Gebete und geeignete gymnastische Uebungen. Ihre Heilkunst ist ebenso originell als einfach: sie schreibt hauptsächlich Bäder in Milch und Wein, Aufenthalt auf dem Lande, mäßige und allmälig sich steigernde Bewegung, Musik und Tanz vor. Vor den Solariern wuschen die Frauen Spartas ihre Neugeborenen in Wein, um sie kräftig zu machen, und Demokrit heilte, wie man erzählt, die Nierenkolik und die Gicht mit Flötentönen.

* * *

Dadurch, daß sie die Erziehung und den Unterhalt der Kinder der Gesellschaft aufbürden, verhindern die Solarier die Bildung besonderer Familien. Sie thun das zu dem Zweck, die Gütergemeinschaft aufrecht zu halten, „denn das Privateigenthum wird nur dadurch erlangt und vergrößert, daß jeder von uns für sich allein sein

---

*) Die Farbe der Kleider war für Campanella von Bedeutung, sie war ein Symbol. Er sagt in einem Versstück:

„Ein Trauerkleid ziemt sich für unser Jahrhundert. . . . Dies Jahrhundert schämt sich der lachenden Farben, denn es weint über sein Ende, über die Tyrannei, die es erfüllt, über die Fesseln, Schlingen, Bleikugeln, Fallen der blutdürstigen Helden und über die bekümmerten Seelen der Gerechten.

„. . . Diese Farbe ist auch das Sinnbild einer auf die Spitze getriebenen Thorheit, die uns blind, trübsinnig und boshaft macht.

„. . . Ich sehe eine Zeit voraus, wo man auf die weiße Tunika zurückkommen wird, wenn der höchste Wille uns aus diesem Schlamm gezogen haben wird."

Haus, sein Weib und seine Kinder besitzt.“ Auch „sind bei ihnen alle Dinge gemeinsam und werden Allen durch die Behörden zuertheilt. Die Künste, die Ehrenstellen, die Vergnügungen sind für Alle gemeinsam, und Alles ist so gut geregelt, daß Niemand für seinen persönlichen Gebrauch etwas an sich reißen kann.“ Obwohl sie den Gott der Katholiken nicht anbeten, lesen sie doch die Schriften der Kirchenväter und gefallen sich darin, deren Meinungen zur Unterstützung ihrer kommunistischen Sitten zu zitiren, sie erinnern daran, daß Tertullian berichtet, wie die ersten Christen Alles gemeinsam hatten, und daß der heilige Clemens „in Uebereinstimmung mit den Lehren der Apostel und Plato's dachte, daß man ebensogut die Gemeinschaft der Frauen, wie diejenige der Güter haben sollte.“

Die Solarier kennen auch die Einwände gegen den Kommunismus, welche seit dem griechisch-lateinischen Alterthum die Vertheidiger des Privateigenthums einander getreulich vererben; dieselben verursachen ihnen ein mitleidiges Lächeln. Dem Aristoteles, welcher Plato vorhält, daß in einer kommunistischen Gesellschaft Niemand werde arbeiten und alle Welt von der Arbeit Anderer werde leben wollen, wie dies in unseren Tagen die Kapitalisten und ihre Sykophanten thun, antworten sie damit, daß sie auf ihren Staat weisen, dem alle Einwohner mehr ergeben sind als jemals die Römer ihrem Vaterlande ergeben waren.

Der heilige Augustin behauptet, daß in einer kommunistischen Gesellschaft Freundschaft nicht existiren könne, weil die Freunde sich keine gegenseitigen Vortheile bieten könnten. Dieser Heilige, welcher die Sklaverei als eine göttliche Einrichtung betrachtete, wie Aristoteles sie sich als eine natürliche Ordnung vorstellte, hatte eine armselige Idee von der Freundschaft, die er nur auf dem Interesse beruhen ließ; diese Meinung ist die eines echten Christen. Polo Ondegardo, einer der von Seiner sehr katholischen Majestät nach Peru gesandten Rechtsgelehrten, welche die Interessen der Krone Spaniens gegenüber den wilden Zivilisatoren wahrnehmen sollten, die das Königreich der Inkas verheerten, schreibt, nachdem er festgestellt hatte, „daß es dort keinen armen und nothleidenden Indianer gab,“ dem Teufel die Erfindung dieser vorsorglichen kommunistischen Organisation zu, um das Herz der Kinder zu verhärten, da sie dieselben der Pflicht entledigt, ihre bejahrten und dürftigen Eltern zu unterstützen, und um die christliche Nächstenliebe auszurotten, da sie die Besitzenden der Aufgabe enthebt, den Armen Almosen zu verabreichen. Die Solarier haben eine viel höhere Werthschätzung der Freundschaft als der heilige Augustin, auch lassen sie dieselbe nicht auf dem Interesse beruhen, sondern auf den im Kriege getheilten Gefahren und den vereinigt genossenen Freuden an den Künsten, den wissenschaftlichen Forschungen und den Spielen, ebenso auf dem Mitleid, welches Gebrechen und Leiden einflößen.

Weit davon entfernt, zu glauben, daß das Interesse das Band sein soll, welches die Menschen vereinigt, trachten sie darnach, zu verhindern, daß Jemand von einem Anderen abhängt oder hieraus irgend welchen Nutzen ziehen kann. Alle Solarier empfangen vom Gemeinwesen Alles, was sie bedürfen, und die vertheilenden Behörden tragen Sorge, daß Niemand von ihnen über seine Bedürfnisse hinaus empfängt. Nichts von dem, was nothwendig ist, wird Jemandem verweigert. „Sie sind reich, weil ihnen nichts mangelt, und sie sind arm, weil sie nichts besitzen: folglich sind sie nicht Sklaven der Verhältnisse, sondern im Gegentheil, diese dienen ihnen."

Da sie kein Privateigenthum haben, bedürfen sie weder des Geldes noch des Handels, doch kaufen sie die Gegenstände, welche sie selbst nicht hervorbringen können, von anderen Nationen. „Da sie aber durch die lasterhaften Gewohnheiten der Kaufleute nicht verdorben werden wollen, so handeln sie mit diesen nur in den Häfen ihres Staates."

Die Gastfreundschaft indeß halten sie in hohen Ehren. „Sie sind höflich und gut gegen die Fremden, von denen sie besucht werden, sie unterhalten dieselben auf Staatskosten. Nachdem sie ihnen die Füße gewaschen haben, zeigen sie ihnen die Stadt, weisen ihnen im Rath und an der gemeinschaftlichen Tafel einen Ehrenplatz an und wählen Personen, die speziell mit dem Dienst der Gäste beauftragt werden. Wenn der Fremde Bürger ihrer Stadt zu werden wünscht, so adoptiren sie ihn, nachdem sie ihn einer zweimonatlichen Probe unterworfen haben, von der ein Monat auf einem Landgut und der andere in der Stadt zugebracht wird.

Der Sonnenstaat steht Jedermann offen und Campanella ladet alle Völker der Erde ein, in Gemeinschaft alles Das zu betreiben, was zur materiellen, geistigen und sittlichen Entwickelung der Menschen dient, um „das goldene Zeitalter neu zu beginnen."

Paul Lafargue.

Fünfter Abschnitt.

Kommunistische und demokratisch-sozialistische Strömungen während der englischen Revolution des 17. Jahrhunderts.

Erstes Kapitel.

Einleitendes.

England machte seine bürgerliche Revolution gegen den monarchischen Absolutismus ein und ein halbes Jahrhundert früher als Frankreich und unter Verhältnissen, die sich erheblich von denen der Epoche der großen französischen Revolution unterscheiden. Dennoch bieten Situation und Verlauf beider Erhebungen sehr wesentliche Analogien dar. In einem Aufsatz über die preußische Märzrevolution, veröffentlicht in der „Neuen Rheinischen Zeitung" vom Dezember 1848, zieht Karl Marx folgende Parallele mit Bezug auf die englische Revolution des 17. und die französische des 18. Jahrhunderts:

„1648 (das heißt in der Revolution, die in jenem Jahre in England die Partei der Independenten zur Herrschaft brachte, E. B.) war die Bourgeoisie mit dem modernen Adel gegen das Königthum, den Feudaladel und die herrschende Kirche verbunden. 1789 war die Bourgeoisie mit dem Volk verbunden gegen Königthum, Adel und herrschende Kirche.

„Die Revolution von 1789 hatte zum Vorbild (wenigstens in Europa) nur die Revolution von 1648, die Revolution von 1648 nur den Aufstand der Niederländer gegen Spanien. Beide Revolutionen waren nicht nur der Zeit, sondern auch dem Gehalte nach um ein Jahrhundert ihren Vorbildern voraus.

„In beiden Revolutionen war die Bourgeoisie die Klasse, die sich **wirklich** an der Spitze der Bewegung befand. Das Proletariat und die nicht der Bourgeoisie angehörenden Fraktionen des Bürgerthums hatten entweder noch keine von der Bourgeoisie getrennte Interessen oder sie bildeten noch keine **selbständig entwickelten** Klassen oder Klassenabtheilungen. Wo sie daher der Bourgeoisie entgegentraten, wie zum Beispiel 1793—1794 in Frankreich, kämpfen sie nur für die Interessen der Bourgeoisie, wenn auch nicht in der **Weise** der Bourgeoisie. Der ganze französische Terrorismus war nichts als eine plebejische Manier, mit den

Feinden der Bourgeoisie, dem Absolutismus, dem Feudalismus und dem Spießbürgerthum fertig zu werden.

„Die Revolutionen von 1648 und 1789 waren keine englischen und französischen Revolutionen, sie waren Revolutionen europäischen Stils. Sie waren nicht der Sieg einer bestimmten Klasse der Gesellschaft über die alte politische Ordnung; sie waren die Proklamation der politischen Ordnung für die neue europäische Gesellschaft. Die Bourgeoisie siegte in ihnen; aber der Sieg der Bourgeoisie war damals der Sieg einer neuen Gesellschaftsordnung, der Sieg des bürgerlichen Eigenthums über das feudale, der Nationalität über den Provinzialismus, der Konkurrenz über die Zunft, der Theilung über das Majorat, der Herrschaft des Eigenthümers des Bodens über die Beherrschung des Eigenthümers durch den Boden, der Aufklärung über den Aberglauben, der Familie über den Familiennamen, der Industrie über die heroische Faulheit, des bürgerlichen Rechts über die mittelalterlichen Privilegien." („Neue Rhein. Zeitung" vom 15. Dezember 1848.)

Natürlich ist in Bezug auf das zuletzt Gesagte der Zeitunterschied der beiden Revolutionen in Anrechnung zu bringen. Im Ganzen war England zur Zeit seiner Revolution in der allgemeinen Entwickelung gegen das Frankreich von 1789 eben um über hundert Jahre zurück und seine soziale Gliederung in wesentlichen Punkten eine andere. Doch war der Abstand nicht in allen Punkten gleicher Natur, nicht überall der Ausdruck weniger vorgeschrittener Entwickelung. England besaß nur noch einen Theil seines alteingesessenen Feudaladels, die Besitztitel der Masse seiner ländlichen Aristokraten waren neueren Datums, und seine Großgrundbesitzer wirthschafteten schon vorwiegend nach bürgerlichen Prinzipien. Es verfügte über eine zahlreiche freie Bauernschaft, und sein Bürgerthum stellte bereits eine bedeutende ökonomische Macht dar. Dieses letztere war freilich noch stark von zünftlerischen Elementen durchsetzt, seine Lebensgewohnheiten grobkörnig und sein geistiger Horizont ein ziemlich beschränkter, oder jedenfalls beschränkter als der der um den Hof sich gruppirenden Gesellschaft. Geistige Beschränktheit ist aber durchaus kein Hinderniß kräftigen Handelns, in der Einseitigkeit liegt oft das Geheimniß politischer Erfolge, und schließlich stand dem Bürgerthum und dem verbürgerlichten Grundbesitz des Englands des 17. Jahrhunderts auch ein Königthum gegenüber, das es zu keinem so glanzvollen Alleinregiment gebracht, wie das der Bourbonen unter Ludwig XIV.

Mehr über Englands soziale Verfassung am Vorabend seiner Revolution an anderer Stelle. Trotz aller in dieser Hinsicht bestehenden Verschiedenheiten zwischen ihm und Frankreich, trotz der Unterschiede in der politischen Verfassung beider Länder zu Beginn ihrer Revolutionen und trotz der verschiedenen Ausgangspunkte der letzteren, kann man die Parallele wie in Bezug auf das geschichtliche Resultat, so auch in Bezug auf den formellen Verlauf derselben verfolgen. Gleich der großen französischen Revolution treibt auch die englische, die von der offiziellen englischen Geschichtschreibung bisher im Gegensatz zur „glorreichen Revolution" der Whigs von 1688 als die „Rebellion“ bezeichnet wurde, sich aber immer mehr ihren gebührenden Titel erobert — treibt diese große Bewegung in ihrem Fortgange weit über die zu Anfang proklamirten Zwecke hinaus, führt auch sie, die ihre Inspirationen im Ganzen weniger aus der römischen und griechischen Literatur als aus dem Alten Testament nimmt, zur Enthauptung des sich ihr widersetzenden Gesalbten des Herrn, sieht sie ebenfalls verschiedene Parteien und die hinter denselben stehenden Gesellschaftsschichten nacheinander in den Vordergrund treten und je nachdem die führende oder — wo sie dazu nicht fähig sind — treibende Rolle übernehmen, und findet auch sie nach einer Epoche militärlicher Diktatur ihren zeitweiligen Abschluß in einer Restauration, die sich, ebenso wie die französische, für unfähig erweist, den Status vor Ausbruch der Erhebung wiederherzustellen, ihren schließlichen Abschluß aber in einem matten Abklatsch dieser Erhebung — die schon erwähnte Whig-Revolution von 1688 — der das „restaurirt,“ was der politische Ausgangspunkt jener gewesen. Sie hat in den Presbyterianern ihre Girondisten, in den Independenten ihre Jakobiner, bezw. Bergpartei, und in den Levellers ihre Hébertisten und Babouvisten. Cromwell war ihr Robespierre und Bonaparte in einer Person, und ihr Marat und Hébert in einer Person war John Lilburne, der Leveller.

Alle diese Vergleiche wollen, wie sich übrigens von selbst versteht, nur bedingt genommen sein. Wenn z. B. die Independenten die Presbyterianer an revolutionärer Energie weit übertrafen, so sind kirchlich gerade sie die Dezentralisten, während Jene die Zentralisation der calvinistischen Kirche verfochten. Die Leveller ihrerseits sind nur insofern den Hébertisten zu vergleichen, als sie diejenige Partei bilden, die, ohne selbst je an die Herrschaft zu kommen, in der Revolutionsbewegung das radikalste Element vertritt, und als dieser Radikalismus, trotz der kommunistischen Bestrebungen verschiedener Führer, fast nur in politischen Forderungen praktische Gestalt annimmt resp. offiziell ein politischer bleibt. Nur auf dem Höhepunkt ihrer Entfaltung zeitigt die Bewegung der Leveller in der Sekte oder Gruppe der „wahren Leveller“ eine wirklich kommunistische Abzweigung, die nicht nur einen ganz originellen Versuch kommunistischer Selbsthülfe unternommen, sondern uns auch einen bemerkenswerthen Entwurf eines vollständigen kommunistischen Reorganisationsplanes hinterlassen hat, der aber merkwürdiger Weise allen Geschichtschreibern der englischen Revolution entgangen zu sein scheint. Religiös unterscheidet sich die Mehrzahl der Leveller nur wenig von der Masse der Independenten, sie sind wie diese von Hause aus Puritaner, aber es geht durch ihre Bewegung ein Zug, der eine stärkere Rückwirkung der wiedertäuferischen Propaganda nicht verkennen läßt, und eine Minderheit ihrer Führer scheint sogar entschieden atheistisch-rationalistische Ideen vertreten zu haben. Wenn die Persönlichkeit, um welche die Bewegung der Leveller sich gruppirt, auch in Bezug auf geistige Bedeutung einem Marat erheblich nachsteht, so kann der „freigeborene John“ — „freeborn John,“ wie John Lilburne sich in seinen Pamphleten oft nennt — in Bezug auf kräftigen demokratischen Instinkt, Unerschrockenheit und rücksichtslose Schärfe in Verfechtung der plebejischen Interessen wohl als der ebenbürtige Vorläufer des „Ami du Peuple“ bezeichnet werden. Man könnte auch den „Père Duchesne“ nennen, aber Lilburne's Pamphlete tragen nie den outrirt vulgären Charakter der Auslassungen Hébert's.

Die bürgerliche Geschichtschreibung hat jedoch Lilburne lange Zeit um kein Haar besser behandelt als den Redakteur des „Père Duchesne.“ Ein Carlyle spricht von ihm stets nur als von einem Unheil stiftenden Lärmmacher, und selbst ein William Godwin hat in seiner Geschichte der englischen Republik Lilburne vielfach entschieden unrichtig beurtheilt, obwohl man gerade von dem Verfasser der „Politischen Gerechtigkeit“ größeres Verständniß für einen politischen Charakter wie Lilburne, dessen Ueberzeugungstreue und nicht gewöhnliche Begabung Godwin übrigens zugiebt, wohl hätte erwarten sollen.*) Immerhin schenkt Godwin wenigstens der Thätigkeit Lilburne's und der Leveller schon so viel Aufmerksamkeit, daß die Einwirkung derselben auf den Gang der politischen Kämpfe bis zur Proklamirung der Republik — des „Commonwealth“ — sich bei ihm annähernd erkennen läßt, und seit ihm ist von der Geschichtsforschung immer mehr Material über dieses Kapitel der Revolution ans Licht gezogen worden. Die eingehendste Behandlung hat dasselbe in dem jüngsten Geschichtswerk über jene Zeit, in Samuel Rawson Gardiner's trefflicher „History of the Great Civil War“ erfahren. Aber dieses ausgezeichnete Werk reicht nur bis zum Anfang des Jahres 1649**) und giebt daher noch kein abschließendes Bild der Bewegung. Auch ist dem Verfasser doch manches bedeutsame Merkmal derselben ganz entgangen — man findet bei ihm das Material zur Würdigung des Einflusses der Leveller, nicht die Würdigung selbst. Neuerdings hat der englische Sozialist H. H. Sparling, der die Levellerbewegung zum Gegenstand eingehenderer Studien gemacht hat, als erstes Resultat derselben eine Biographie John Lilburne's in dem Londoner Wochenblatt „Weekly Times and Echo“ erscheinen lassen, die uns bei dieser Arbeit von großem Nutzen gewesen ist. Sparling scheint indeß in den umgekehrten Fehler zu verfallen wie Carlyle: er idealisirt Lilburne und setzt den von diesem bekämpften

*) Aehnlich wie Godwin's Urtheil über Lilburne, nur drastischer, ist das des Milton-Biographen Masson: „Im Ganzen liebe ich ihn und freue mich, daß er der Geschichte Englands angehört, glaube aber, daß er ein Esel war.“ (Masson, Life of John Milton, IV., S. 120.) Masson vermuthet, daß Milton, der am 26. März 1649 vom Staatsrath den Auftrag erhielt, gegen Lilburne's Pamphlet „Englands neue Ketten“ eine Erwiderung zu schreiben, die Ausführung dieses Auftrages absichtlich so lange hinausschob, bis sie durch die Ereignisse überflüssig geworden war. Dies ist auch die Ansicht S. R. Gardiner's. „Er (Milton) mag wahrscheinlich zu viel Sympathie mit Lilburne's Befürwortung der persönlichen Freiheit empfunden haben, um Neigung zu verspüren, gegen ihn ins Feld zu ziehen.“ (History of the Commonwealth and the Protectorate, Bd. I, S. 41.) Mehr über Lilburne's Beurtheilung im 9. Kapitel.

**) Unmittelbar vor Abschluß vorliegender Arbeit ist noch der erste Band von Gardiner's „History of the Commonwealth and the Protectorate,“ der bis Ende 1651 reicht, erschienen und konnte an einigen Stellen noch benutzt werden.

Cromwell über Gebühr herab, sieht bei Lilburne nur Licht und in Cromwell nur den Streber oder gar schlechtweg den „großen Betrüger." Diese potenzirt subjektivistische Behandlung der Gegensätze beeinträchtigt den Werth seiner Arbeit nicht wenig, der sonst das nicht geringe Verdienst gebührt, eine der interessantesten Persönlichkeiten in der Geschichte der modernen Volksbewegungen der halben Vergessenheit resp. der Einsargung in wenig ins Volk dringenden Geschichtswerken entrissen zu haben. Eine zusammenhängende systematische Darstellung der ganzen Levellerbewegung und der gleichzeitig oder als Ausläufer derselben in England sich abspielenden Bewegungen für die Sache der unteren Volksklassen fehlte jedoch bisher. Das Material dafür ist ungemein zerstreut und zum Theil noch gänzlich ungehoben. Theilweise ist der Umstand daran schuld, daß sie sich meist in religiösem Gewande präsentiren; weltliche und Kirchen-Geschichtschreiber sehen sich dadurch verleitet, sie als bloße Auswüchse religiöser Reformbewegungen zu behandeln oder je nachdem zu denunziren. Selbst Sozialisten haben sich durch die religiöse Hülle abschrecken lassen, die betreffenden Bewegungen auf ihren Kern zu untersuchen. Sie vergaßen, daß dieselbe religiöse Form zu verschiedenen Zeiten sehr verschiedene Bedeutung hat. Uebrigens werden wir sehen, wie dünn in vielen Fällen diese Hülle war.

Zweites Kapitel.

England bis zur Mitte des 17. Jahrhunderts.

I. Oekonomische und soziale Entwickelung.

England war im 17. Jahrhundert noch in sehr hohem Grade Agrikulturland. Seine Bevölkerung wird um die Mitte desselben gegen fünf Millionen betragen haben, wovon mindestens drei Viertel auf das flache Land entfallen. Außer dem freilich schon mächtig emporgeblühten London waren seine Städte nicht übermäßig volkreich. Der sehr sorgfältige Beobachter Gregory King, der Ende des Jahrhunderts schrieb, nimmt für jene Epoche, unter Voraussetzung einer Gesammtbevölkerung von 5½ Millionen, folgende Vertheilung an:

London	530 000	Einwohner
Größere Städte und Marktflecken	870 000	„
Dörfer und Weiler	4 100 000	„
Insgesammt	5 500 000	Einwohner

Ein ähnliches Verhältniß zwischen London und dem übrigen Königreich findet sich in William Petty's 1687 erschienenen „Essays on Political Arithmetic." Petty berechnet die Bevölkerung von London mit Vororten auf 696 000, die von ganz England und Wales auf sieben Millionen. Um die Mitte des 17. Jahrhunderts hat nach ihm London etwa eine halbe Million Einwohner gezählt, und da er das London der Revolutionszeit gekannt hat, wird seine Schätzung nicht sehr fehl gehen. Neben London nannte Petty Bristol als „britisches Emporium“ und giebt dessen Bevölkerung auf 48 000 Köpfe an. In der That war Bristol im 17. Jahrhundert ein bedeutender Stapelplatz. Es unterhielt einen lebhaften Seehandel mit Spanien und Portugal und war der Mittelpunkt für die Wollmanufaktur des Südwestens von England. Mit Bristol rivalisirte Norwich, das Zentrum der Wollenmanufaktur der östlichen Grafschaften. Weiter seien von bedeutenden Städten genannt Southwark, südlich von London (dem es seither längst inkorporirt ist), Gloucester, Exeter, Coventry, Chester, Southampton, Hull, Newcastle am Tyne und York.

Die Industrie war im Ganzen noch wenig entwickelt, sie war in fast allen Zweigen bis dahin hinter der des Festlandes zurück gewesen. Noch bis ins 16. Jahrhundert wurden nur grobe Industrieprodukte in England selbst angefertigt, alle feineren Artikel bezog man aus dem Auslande. England produzirte die feinste Wolle, aber verarbeitete lange Zeit nur die gröberen Sorten selbst, die der feineren geschah im Auslande, hauptsächlich in Flandern. Dies änderte sich erst gründlich, als die Religionskriege und Verfolgungen in den Niederlanden Schaaren flüchtiger flämischer Weber nach England brachten. Mit ihrem Einzug erfolgte in der zweiten Hälfte des 16. Jahrhunderts der Aufschwung der englischen Wollenweberei, die ihren Sitz zunächst hauptsächlich in Norfolk und einigen benachbarten Grafschaften hatte und dann sich nach dem Westen ausdehnte, wo wir sie zu der von uns zu behandelnden Epoche schon stark ausgebreitet finden. Ebenso brachten protestantische Auswanderer aus den Niederlanden im 16. Jahrhundert die Verarbeitung der Baumwolle zu Geweben nach England; die ersten Plätze, wo diese neue Industrie sich festsetzte, waren Manchester und Bolton in der Grafschaft Lancashire.

Erst im 17. Jahrhundert beginnt, vom Zinn abgesehen, eine größere Verwerthung der Mineralschätze Englands, aber sie spielt zu unserer Zeit noch keine nennenswerthe Rolle. Der Werth der Steinkohle für die Eisenöfen ward eben erst erkannt, es dauerte noch Jahrzehnte, bis England sich für seinen Eisenbedarf vom Ausland emanzipirte. Noch im Jahre 1720 importirte es nach Macpherson (Annals of Commerce, III., S. 114) zwei Drittel seines Roheisenbedarfs — 20 000 von 30 000 Tons — vom Auslande.

Nach Gregory King's Berechnung lebten 1688 in England:

Von der Landwirthschaft	4 265 000	Personen
„ „ gewerblichen Industrie	240 000	„
Vom Handel	246 000	„

Bei dieser Berechnung ist natürlich die zu jener Zeit noch sehr bedeutende häusliche Industrie (die Produktion für den Hausbedarf) nicht berücksichtigt, und ebenso liegt ihr keine irgendwie genaue Spezifizirung der vielen Fälle, wo Gewerbebetrieb und Ackerbau noch zusammenfielen, zu Grunde; sie giebt also kein zuverlässiges Bild der Produktion überhaupt. Aber sie läßt doch erkennen, wie wenig, Alles in Allem, selbst zu Ende des 17. Jahrhunderts noch, die Industrie sich aus der elementaren Verbindung mit Haus- und Landwirthschaft differenzirt hatte, und ist insofern für die Beurtheilung der sozialen Bewegungen der Epoche von nicht unwesentlichem Interesse.

Die von der Landwirthschaft lebende Bevölkerung zerfiel in die Klasse der großen Adligen, der ländlichen Gentry, der kleinen Bauern und der Landtagelöhner, sowie der großen Masse der Armen („Paupers"). Der große Landadel, selbst soweit feudaler Herkunft, hatte sich bereits fast sämmtlicher feudalen Verpflichtungen entledigt und wirthschaftete als freier Herr des ihm vererbten Bodens, den er theils durch Verwalter bewirthen ließ, theils verpachtete. Die Landgentry bestand aus mittleren Grundbesitzern — Abkömmlinge von Aufkäufern der zerschlagenen Feudal- und Klostergüter, reichgewordene Pächter ꝛc. Die zahlreichen Kleinbauern waren theils Freisassen, theils kleine Pächter, und wenn die Ersteren unter den immer wieder sich erneuernden Landdiebereien der Großen, den Räubereien an Gemeindeland ꝛc., zu leiden hatten, so die Letzteren unter dem Hinauftreiben der Pachten von Seiten der geldhungrigen Landlords.

„Die Renten (Pachtsätze) des 17. Jahrhunderts, so gering sie uns erscheinen, fangen als Konkurrenz-Renten an, um sehr schnell sich in Hunger-Renten zu verwandeln, worunter ich solche Renten verstehe, welche dem Bebauer den knappen Lebensunterhalt lassen, so daß er weder zu sparen, noch Verbesserungen vorzunehmen vermag," schreibt der bekannte Wirthschaftshistoriker Thorold Rogers.*) „Es gab jedoch," fügt er hinzu, „in einigen Theilen Englands, besonders in den östlichen Grafschaften, im Westen und im Norden, eine Nebenindustrie von genügender Bedeutung, um den bäuerlichen Pächter gegen das Anwachsen der Pachtzinse verhältnißmäßig gleichgültig zu machen." Dies sei eben die Wollen- und die Leinen-Industrie gewesen, die in den meisten Bauernhäusern ganzer Distrikte ausgeübt wurde. „Mit der Wollenindustrie war dies in gewissen Theilen von Lancashire und Yorkshire fast, wenn nicht überhaupt noch innerhalb der Erinnerungen der lebenden Generation der Fall." (A. a. O.) Aber in Yorkshire und Lancashire spielte im 17. Jahrhundert die Wollenindustrie bei Weitem noch nicht die Rolle wie in den östlichen Grafschaften, diese letzteren sind es, wo wir zu jener Zeit den vom Landlord verhältnißmäßig unabhängigen Kleinpächter zu suchen haben.**)

*) Th. Rogers, The Economic Interpretation of History, London, Fischer Unwin, 1891, S. 174.

**) Es könnte auffallen, daß trotz der mit Ende des 15. Jahrhunderts beginnenden und sich durch das 16. Jahrhundert fortsetzenden Bewirthschaftung des Bodens durch kapitalistische Pächter, trotz den massenhaften Bauernaustreibungen behufs Umwandlung von Acker- in Weideland, England im 17. Jahrhundert doch noch über ein so großes Kontingent von Kleinbauern und Kleinpächtern verfügt haben soll. Indeß war der Verlauf der agrikolen Revolution kein ununterbrochener und kein ungehinderter. Unter Heinrich VII. und dessen Nachfolgern werden allerhand Gesetze erlassen, die auf Erhaltung einer kräftigen Bauernschaft berechnet sind, und wenn diese Gesetze sich auch gegenüber dem Landhunger der Großen in der Regel als Zwirnsfäden bewiesen, so verlangsamten sie doch hier und da den Prozeß. Wichtig jedoch ist ein anderer, von Marx im „Kapital" als Hauptgrund des Phänomens hervorgehobener Umstand.

Die Landarbeiter standen bereits unter dem Einfluß des famosen Arbeiterstatuts der Elisabeth, dessen Tendenz nach **Thorold Rogers** eine dreifache war: „1) Verbindungen unter den Arbeitern zu zerstören, 2) einen wirksamen Mechanismus der Kontrole zu schaffen, 3) durch Beschränkung des Rechts der Lehrlingschaft in der Industrie den Landarbeiter zum Bodensatz der Lohnarbeiterschaft zu machen, mit anderen Worten, das Angebot wirksam zu steigern." (A. a. O., S. 40.) Bekanntlich schrieb das Arbeiterstatut für die Industrie siebenjährige Lehrzeit vor, außerdem durften Kaufleute und Meister gewisser Berufe nur Söhne von Freisassen mit Grundeigenthum von bestimmtem Ertrage in die Lehre nehmen. Die Löhne der Landarbeiter und verschiedener Industriearbeiter wurden von den Friedensrichtern zu Ostern jedes Jahres festgesetzt, und die würdigen Dogberrys walteten ihres Amtes so gut, daß, wie Thorold Rogers, der viele Rechnungen, Lohnlisten 2c. durchgesehen hat, konstatirt, trotz angedrohter Strafen die wirklich gezahlten Löhne immer höher waren als die von den Richtern vorgeschriebenen. Von acht verschiedenen Kategorien von Arbeitern — fünf gelernte Handwerker und drei ungelernte oder Landarbeiter — hat Rogers für die Zeit von 1593 bis 1684 die richterlich vorgeschriebenen und die wirklich gezahlten Löhne verglichen und gefunden, daß der Durchschnitt der ersteren 5 Shilling 1 Penny die Woche, der der letzteren 6 Shilling 6 Pence die Woche, also beinahe **dreißig Prozent** höher war. „Der Lohnherr war weitherziger als der Richter." (S. 44.) Oft mag wohl auch die eiserne Nothwendigkeit zum Brechen des papiernen Gesetzes gezwungen haben.*)

Noch eine andere Thatsache aus der Zeit der praktischen Geltungskraft des Gesetzes — das im 18. Jahrhundert, weil überflüssig geworden, außer Anwendung kam — hebt Thorold Rogers hervor, und sie ist für unseren Gegenstand von besonderem Interesse. Während der **Republik**, dem „**Commonwealth**," sind die richterlichen Lohntaxen **höher** als vorher und nachher unter der Monarchie.

„England," schreibt Marx, „ist vorzugsweise bald Kornbauer, bald Viehzüchter, in Wechselperioden, und mit diesen Schwankungen, die bald nach mehr als halben Jahrhunderten zählen, bald nach wenigen Dezennien, schwankt der Umfang des bäuerlichen Betriebes." (Kapital, I. Bd., 2. Aufl., S. 779, 780.) Während der Religionskriege in den Niederlanden zum Beispiel stockte der Wollabsatz Englands dorthin und damit die Viehzucht. Andererseits breitete sich die Weberei als Hausindustrie auf dem Lande aus und verhinderte, wie oben gezeigt, den Ruin der sich ihr widmenden Kleinpächter durch die rentensteigernden Landlords. Der Weberei folgten später andere Zweige der Manufaktur.

*) W. **Cunningham** behauptet in seinem Werke „The Growth of English Industry and Commerce" (Cambridge 1890/92) Rogers gegenüber, daß unter Jakob I. das Statut dahin abgeändert worden sei, daß nur das Zahlen geringerer Löhne als der von den Friedensrichtern festgesetzten unter Strafe gestellt wurde, nicht aber das von höheren Löhnen. Somit könne es von da ab, soweit überhaupt beobachtet, kaum ungünstig auf die Arbeitslöhne gewirkt haben. Richtig ist, daß das Arbeiterstatut von 1604 nur von Strafen für Diejenigen spricht, die „nicht so viel" Lohn zahlen als vorgeschrieben. Aber in der Einleitung zum Gesetz steht nichts davon, daß diese andere Fassung einen anderen Grundsatz zum Ausdruck bringen solle, vielmehr wird als Zweck des Aktes lediglich die Ausdehnung des Gesetzes der Elisabeth auf Tuchmacher 2c. und die Aenderung der Bestimmungen über die Prozedur der Lohnfestsetzung

Sie bleiben 1651 nur um $4^1/_4$ Pence, 1655 nur um $2^1/_4$ Pence hinter den wirklich gezahlten Löhnen zurück. Kaum ist die Monarchie aber wieder hergestellt, so fallen die Richter in ihre alte Praxis zurück und setzen die Löhne bis zu 3 Shilling niedriger an als wirklich gezahlt wurde. „Die Puritaner waren vielleicht strenge Leute, aber sie hatten ein gewisses Pflichtgefühl. Die Kavaliere waren vielleicht höfliche Leute, sie scheinen aber keine andere Tugend gehabt zu haben als das, was sie Loyalität nannten. Ich glaube, wenn ich im 17. Jahrhundert Landmann gewesen wäre, so würde ich die Puritaner vorgezogen haben." (**Rogers**, a. a. O., S. 45.*)

Im Ganzen verboten es die Verhältnisse auf dem Lande, daß sich zwischen dem Kleinbauer und dem Landtagelöhner ein starker Klassengegensatz entwickeln konnte, diese Klassen standen sich in Lebensweise und bei der Arbeit viel zu nahe, um — wenn wir den Landstreicher gewordenen Landproletarier ausnehmen — andere als individuelle und gelegentliche Konflikte miteinander zu haben. Ein wirklicher, an vielen Orten sehr stark empfundener Klassengegensatz bestand nur zwischen Kleinbauern, Kleinpächtern und den sich mit ihnen solidarisirenden Landarbeitern einerseits und den großen Landherren andererseits, zumal da diese meist neueren Datums waren.

Aehnlich im **Handwerk** in Stadt und Land. Die Lohnfrage war so weit durch das Gesetz resp. die von demselben angeordneten Lohntaxen geregelt, daß sie nur Raum für individuelle Abmachungen ließ, und ebenso die Frage der Arbeitszeit. Es fehlte nicht völlig an Konflikten, es fiel aber keinem Gehilfen ein, die Existenzberechtigung der Meister als „Stand" auch nur für einen Moment in Frage zu stellen, noch sich mit Gehülfen eines anderen Gewerbes „solidarisch" zu fühlen. Außerdem war durch die lange Lehrzeit in den Hauptindustrien die Zahl der Gehülfen sehr eingeschränkt, worauf wir später noch zurückkommen werden.

---

bezeichnet. Der sonstige Inhalt ist summarische Wiedergabe der früheren Bestimmungen, und so wird von dem Schreiber das „nicht so viel" wahrscheinlich als gleichbedeutend mit „weniger oder mehr" gesetzt worden sein. Uebrigens fehlte da, wo die Gilden aufgelöst waren, diejenige Instanz, die es als ihre Aufgabe betrachtet hätte, Fälle, wo ein Meister nach freiwilliger Uebereinkunft mehr als den festgesetzten Lohn zahlte, zur Anzeige zu bringen; wo aber höhere Löhne durch Kombinationen erzwungen werden sollten, konnte man sich auf die viel härteren Bestimmungen gegen diese Letzteren berufen.

Der Lohn des Landarbeiters war nach Cunningham um die hier in Frage kommende Zeit in der Regel 6 Pence pro Tag im Sommer und 4 Pence im Winter. Daneben drei Mahlzeiten, bei denen Butter, Milch, Käse und Eier oder Speck nicht fehlen durften. Zieht man den Unterschied in der Kaufkraft des Geldes und der allgemeinen Lebenshaltung zwischen damals und jetzt in Betracht, so war darnach der Landarbeiter ökonomisch entschieden besser daran als heute.

*) „So lange die Republik währte, erhob sich die englische Volksmasse in allen Schichten aus der Degradation, wozu sie unter den Tudors gesunken war." (**Marx**, a. a. O., S. 780.) Warum das „gewisse" puritanische Pflichtgefühl, von dem Rogers spricht, plötzlich unter die Richter fuhr, erklärt der größere Einfluß, den der Kampf zwischen Königthum und Parlament der Arbeiterklasse verschaffte. Uebrigens beziehen sich Rogers' Zahlen nur auf eine verhältnißmäßig kleine Gruppe von ihm festgestellter Beispiele, die aber wohl als typisch gelten können.

Ein stärkerer Gegensatz bestand dagegen zwischen den Angehörigen der sich zu Stapelindustrien und zu Manufakturen entwickelnden Handwerksbetriebe und den mit ihren Erzeugnissen handelnden Kaufleuten. Schon im Jahre 1555 beschweren sich die Weber, daß „die reichen und wohlhabenden Tuchhändler sie auf viele Art bedrückten,“ indem dieselben auf ihren eigenen Webstühlen ungelernten Leuten Arbeit geben, Webstühle gegen Miethe ausleihen und „einige von ihnen auch viel weniger Lohn für Weben und Fertigstellung von Tuch zahlen, als sie in früheren Zeiten gethan.“ So die Einleitung zu einem unter der katholischen Maria erlassenen „Gesetz, betreffend die Weber,“ das, der zitirten Beschwerde nachkommend, die Zahl der Webstühle, die Jemand eignen durfte, auf zwei in den Städten und einen auf dem Lande beschränkt, sowie das Vermiethen von Webstühlen verbietet. Längere Zeit scheint auf diese Weise die Entwickelung der Manufaktur erfolgreich aufgehalten worden zu sein, schließlich aber erwies sich der „Zeitgeist“ stärker, und die lästige Vorschrift wurde auf jede Weise umgangen, wie die sich fortgesetzt wiederholenden Beschwerden von Meistern gegen Kaufleute beweisen; indeß ist bekannt, daß vexatorische Vorschriften dieser Art zur Folge hatten, daß im 18. Jahrhundert die großen technischen Revolutionen des Spinn- und Webeprozesses nicht in der alten Wollen-, sondern der relativ jungen Baumwollindustrie sich vollzogen. Für unsere Zeit haben wir festzuhalten, daß zwischen Webermeistern und Kaufleuten ein lebhaft empfundener Gegensatz besteht, ein wirklicher Klassengegensatz. Und so in anderen Gewerben, wo Kaufleute zwischen Produzent und Konsument bezw. den Markt sich drängten. Großen Haß erregten auch die von den in Finanznöthen befindlichen Regierungen an die Ersteren verkauften oder verpachteten Monopole, die für viele Gewerbe eine enorme Vertheuerung ihrer Rohmaterialien zur Folge hatten.

Dieser letztere Punkt bringt uns auf die politische Verfassung des Landes beim Regierungsantritt Karl's I.

II. Politische und religiöse Verhältnisse. Der Ket'sche Aufstand.

Wir müssen hier etwas zurückgreifen. Bis zu den Tudors war England ein Feudalstaat mit je nachdem schwächerer oder stärkerer Zentralgewalt gewesen. Der Adel hatte 1215 dem König Johann die „Magna Charta“ abgezwungen, die den Königen verbot, außer einigen wenigen regelmäßigen Gebühren irgend welche Abgaben ohne Zustimmung des Parlaments, den „Rath,“ der geistlichen und weltlichen Lords zu erheben. Fünfzig Jahre später, 1265, hatte Simon de Montfort, Graf von Leicester, um den Einfluß des Parlaments noch zu steigern, im Namen des von ihm gefangen genommenen Königs (Heinrich III.) eine Verfügung erlassen, daß für jede Grafschaft je zwei Ritter*) und für jede Stadt je

*) „Ritter“ sollte Jeder sein, der ein jährliches Netto-Einkommen von über 20 Pfd. Sterl. (nach heutigem Geldwerth natürlich bedeutend mehr) bezog.

zwei Bürger, von ihrer Stadt oder Grafschaft gewählt, zum Parlament hinzugezogen werden sollten, und diese Vertretung der „Gemeinen“ hatte sich später zu einem getrennt von den Lords berathenden Vertretungskörper ausgebildet, den die Könige gelegentlich gegen die Ersteren auszuspielen suchten, der aber seinerseits mit dem Wachsthum der Städte und der wachsenden Bedeutung des kleinen Landadels sich auch immer mehr Einfluß gegenüber den Königen oder deren Beamten und Rathgebern zu verschaffen wußte. Im Ganzen freilich war das Parlament lange nur eine Geldbewilligungsmaschine, die die Könige nur einberiefen, wenn sie Geld brauchten, und die sich gelegentlich für diese Bewilligung Konzessionen der einen oder anderen Art ausbedang. Da die Bezahlung der Tagegelder der Abgeordneten von den Grafschaften oder Städten, die dieselben entsendet, erlegt werden mußten, so kam es wiederholt vor, daß Städte um Enthebung von dem als eine Last empfundenen Recht der Vertretung petitionirten, und ebenso war das Wahlrecht selbst keineswegs ein gleichmäßig geschätztes Privilegium: in den Städten scheint es lange Zeit nur von den Vorstehern der städtischen Körperschaften ausgeübt worden zu sein, und in den Grafschaften oft nur von einer geringen Anzahl von Rittern und Freisassen aus der näheren Umgebung des Ortes, wo der Wahlakt, der öffentlich war, vorgenommen wurde. Es gab eben bis ins 16. Jahrhundert noch keine Parteien in den das Parlament betreffenden Fragen. Erst unter Heinrich VI. wird im Jahre 1430 das Stimmrecht in den Grafschaften auf die Besitzer eines Freigutes von mindestens vierzig Shilling Jahresertrag beschränkt, weil „die Wahlen der Grafschaftsritter neuerdings von großen, lärmenden und sich ungebührlich benehmenden Massen von Leuten der betreffenden Grafschaften gemacht wurden, von denen die Meisten Leute von geringem Einkommen und wenig Gewicht waren“ (Statute 8. Henry VI., Kap. 7, zitirt in Hallam's „The constitutional History of England“), was auf ein bereits ziemlich starkes Selbstbewußtsein der „Leute von geringem Einkommen“ schließen läßt. Unter demselben König setzt das Parlament das wichtige Recht durch, statt Petitionen um Gesetze, selbst Gesetzesentwürfe einzubringen, und unter Richard III. den Beschluß, daß der König keine Zwangsauflagen, Zwangsdarlehen und Zwangsgeschenke („Benevolences“) erheben dürfe.

Aber die Rosenkriege und die Kriege in Frankreich hatten den Adel so dezimirt und geschwächt, daß unter Richard's Nachfolger, dem „legitimen“ Heinrich Tudor, und mehr noch unter dessen Sohn, Heinrich VIII., das Parlament ein fast willenloses Werkzeug in der Hand des Königs wird. Benevolences (wörtlich: Liebesgaben) und andere Verpflichtungen aus der Feudalzeit werden stark in Anspruch genommen, „Anleihen“ des Königs wiederholt für verfallen erklärt, Verfügungen des Königs erhalten die Kraft von Gesetzesakten, neue Hochverrathsvergehen und ein besonderer Staatsgerichtshof für unbequeme Staatsverbrecher (das „Sternkammer“-Gericht) werden geschaffen, wozu unter Elisabeth noch die Errichtung eines 1583 für ständig erklärten Ausnahmegerichtshofs („High Commission Court“) gegen Diejenigen, welche die Oberhoheit des jeweiligen Inhabers der

Krone über die Kirche resp. die kirchlichen Angelegenheiten leugneten, hinzukommt. Diese Proklamirung der Oberhoheit des Königs über die Kirche war die Krone von Heinrich's VIII. „Reformation" gewesen, sie hatte erstens den Zweck, der Einmischung des Papstes in englische Staatsaffären ein Ende zu machen, zweitens aber, und das war, da der Einfluß des Papstes in England überhaupt nur noch ein sehr mäßiger gewesen, viel wichtiger: den Klerus in ein Werkzeug des königlichen Absolutismus zu verwandeln. Und drittens erfolgte nach der Oberhoheitserklärung die Zerstörung der Klöster und die Konfiskation der enormen Vermögen derselben, die der verschwenderische König in kürzester Zeit verwirthschaftete. Es ist begreiflich, daß diese Art Reformirung keineswegs den einstimmigen Beifall selbst Derjenigen hatte, die sonst Gegner der römischen Kirche waren, zumal Heinrich die meisten Dogmen und Riten der letzteren beibehielt. Katholiken wie aufrichtige Reformer waren gleich unbefriedigt. Wiederholt brachen Revolten aus, an denen sich namentlich das Landvolk stark betheiligte. Sie wurden unter Heinrich VIII. und dessen unmündigem Sohn Edward VI. erfolgreich niedergeschlagen, als aber der Letztere 1553 starb, brachte eine siegreiche Rebellion den Sturz der Fortsetzer der Reformation und die Thronbesteigung der katholischen Maria zu Wege.

Die größere Zahl dieser Aufstände fallen in die Zeit Edward VI., der 1547, noch unmündig, Heinrich auf den Thron gefolgt war, und an dessen Stelle zunächst sein Oheim, der Herzog von Somerset, als Protektor die Regierung führte. Im Juni 1549 erhoben sich die Bauern von Devonshire und verlangten die Rückkehr zum alten Glauben. Die Priester wurden gezwungen, die Messe lateinisch zu lesen, und schließlich marschirten die Rebellen gegen die Hauptstadt der Grafschaft, das reiche Exeter, und hielten es wochenlang belagert, bis sie durch ein vom Lord Russel geführtes und zum großen Theil aus fremden Söldnern bestehendes Heer aufgerieben wurden. War in diesem Aufstand mehr die religiöse Seite der Opposition zum Ausdruck gekommen, so nahm dagegen die im gleichen Monat erfolgende Rebellion des Landvolkes von Norfolk unter Robert Ket einen ausgesprochen politisch-sozialen, gegen die Landaristokratie gerichteten Charakter an. Ket war selbst ziemlich bemittelt,*) und die Motive, welche ihn an die Spitze des Aufstandes brachten, sind nicht ganz klar. Zweimal nahm er mit seinem Rebellenheer die Stadt Norwich, und in seinem Lager hielt er unter einer mächtigen Eiche offenes Gericht. Massenhaft strömte das Volk ihm zu. Aber die im Kriegshandwerk ungeübten Bauern und Arbeiter waren dem Kampf wider reguläre Truppen nicht gewachsen. Als es am 28. August 1549 zwischen den von Ket geführten Aufständischen und den Regierungstruppen unter John Dudley, Graf von Warwick, zur Schlacht im offenen Felde kam, erlitten die Ersteren eine hoffnungslose Niederlage, Ket und sein Bruder wurden gefangen genommen und nach einem formellen Prozeßverhör gehängt, in den aufständischen Distrikten ward mit der üblichen Brutalität die Ordnung wieder hergestellt.

*) Er stammte aus einem alten normannischen Geschlecht und gehörte zur Gentry. Unter Anderem betrieb er eine Gerberei.

Wie fast alle Erhebungen der ärmeren Klassen ist auch diese zunächst und auf lange Zeit ausschließlich in der Beleuchtung dargestellt worden, die ihr von ihren siegreichen Feinden zu Theil wurde. Ihr „klassischer“ Historiker, Alexander Nevil oder Nevylle — die Orthographie ist im 16. und noch im 17. Jahrhundert bekanntlich sehr unsicher — hat zur Hauptquelle die Schrift eines, nach seiner eigenen Darstellung, den Rebellen sehr verhaßten und vor ihnen sehr feige ins Versteck gekrochenen Bürgers von Norwich, Nicholas Sotherton, der natürlich ein Interesse daran hatte, Grau in Grau zu malen.*) Aber trotzdem seine Abhandlung Ket und den von diesem geführten rebellischen Landleuten durchaus feindlich ist, legt sie wider ihren Willen Zeugniß ab für die Mäßigkeit der von denselben erhobenen Forderungen und für die von ihnen bekundete Schonung von Menschenleben. Aehnlich die ebenfalls vorwiegend auf Sotherton's Darstellung gegründete Schilderung in Hollinshed's „Chronicles.“ Das Verdienst, das in Staatsakten, Lokal- und Privatchroniken verstreute Material über den Aufstand gesammelt und diesen in seinem wahren Lichte dargestellt zu haben, gebührt der 1859 in London erschienenen Studie „Ket's Rebellion in Norfolk“ von F. W. Russel. Nur ist sie ziemlich unübersichtlich gehalten und von spießbürgerlicher Auffassung beherrscht. Eine übersichtliche, wenn auch kühlere Darstellung der allgemeinen Züge der Erhebung und ihres Zusammenhanges mit den Zeitereignissen ist dagegen im 5. Band von J. A. Froude's „History of England from the Fall of Wolsey to the Defeat of the Spanish Armada“ gegeben.

Die mit der Durchführung der „Reformation“ in England verbundenen Bauernerhebungen sind für unser Thema so interessant, daß sie ein besonderes Kapitel rechtfertigten. Indeß müssen wir uns an der Hand des Ket'schen Aufstandes auf die Hervorhebung einiger wichtiger Einzelheiten beschränken.

Der nach Ket benannte Aufstand war, wie schon gesagt, keine vereinzelte Erscheinung. Es gährte überall unter dem Landvolk und dessen Freunden, und bald hier, bald dort zuckten die Flammen auf. So wird schon 1537, während im Norden (Yorkshire) sich das Volk für den katholischen Glauben erhebt, ein in Walsingham (Norfolk) geplanter Aufstand gegen die „Gentlemen“ vorzeitig entdeckt und die Führer der Verschworenen werden hingerichtet. Von einer Frau, Elisabeth Wood von Aylsham (Norfolk), wird bald darauf an den Staatsrath berichtet, daß sie gesagt habe: „Es war schade, daß diese Leute von Walsingham ausgefunden wurden, denn wir werden nie gute Zustände haben, als bis wir nach dem Lied zusammentreten:

‚Und mit Knütteln und Nägelschuh'n,
Wird die That gescheh'n,‘

denn wir haben nie gute Zeiten gehabt, seit dieser König (Heinrich VIII.) herrscht.“ Sie sei ein halsstarriges und widriges („ongracious“) Weib, heißt es im Bericht.

---

*) Die Schrift ist betitelt: „The commoyson (commotion = Aufruhr) in Norfolk.“ Der Titel von Nevylle's Schrift lautet: „De furoribus Norfolciensium Duce Ketto.“

Viel wilder und ominöser klingen die Worte, die 1540 von einem John Walker aus Griston berichtet werden.*) Indeß die großen Landräuber achteten diese Warnungen nicht. Sie verließen sich auf Heinrich's drakonische Maßregeln gegen alle Art Auflehnungen und fuhren fort, Bauern auszutreiben, die Renten zu steigern, Klostergut für lächerliche Preise anzueignen und Gemeindeland einzuhegen oder als Weide in Anspruch zu nehmen.

Somerset, der Vormund Edward's VI., welche Fehler er sonst hatte, scheint wirklich eine gewisse Sympathie mit den ärmeren Klassen empfunden zu haben, denn bald nach seiner Uebernahme des Protektorats wurden die harten Gesetze gegen die Lollharden zurückgenommen und dem Parlament ein Gesetz gegen die Einhegungen unterbreitet. Beide Häuser wollten jedoch von dem Letzteren nichts wissen und schoben seine Einbringung auf das Konto bloßer Popularitätshascherei. Später ward Somerset direkt beschuldigt, durch seine Nachsicht gegenüber dem Landvolk den Ket'schen Aufstand ermuthigt zu haben.**) Er hatte nämlich 1548 die Einsetzung einer Kommission angeordnet, welche die Rechtmäßigkeit aller von einem gewissen Termin ab erfolgten Einhegungen prüfen und, falls diese unerwiesen, deren Niederreißung verfügen solle, das Landvolk aber hatte, sobald es von dem Erlaß gehört, die Sache in seine eigene Hand genommen und angefangen, auf eigene Hand und in seiner Art die Einhegungen zu „revidiren." Da soll Somerset — im Mai 1549 — offen erklärt haben, ihm „gefalle das Vorgehen des Volkes sehr, die Habgier der Herren rechtfertige die Erhebung." (Froude, a. a. O., S. 168.) Natürlich schritt überall die öffentliche Gewalt ein, aber ohne

*) „Wenn drei oder vier gute Burschen, jeder mit einer Schelle, bei Nacht ausreiten würden und in jedem Flecken, durch den sie kommen, rufen: Nach Swaffham, nach Swaffham! (ein Flecken etwa sechs Meilen von Norwich), so würden am nächsten Morgen wenigstens zehntausend Mann versammelt sein, und dann sollte ein muthiger Bursch vortreten und sagen: Ihr Leute, wir sind nun hier versammelt und ihr wißt, wie alle die Herren gegen uns vorgehen und wie wenig Gunst sie uns erweisen; laßt uns jetzt in ihre Häuser ziehen, und dort werden wir Rüstzeug, Geld und Lebensmittel finden. Und welche von ihnen sich nicht uns zugesellen wollen, die laßt uns tödten — ja, selbst ihre Kinder in den Wiegen tödten, denn es wäre ein gut Ding, wenn es soviel Herren in Norfolk gäbe wie weiße Stiere" („for yt were a good thinge if ther were so many gentylmen in Norfolk as ther by whyt bulles").

**) Nevylle macht sich in der genannten Schrift zum Mundstück dieser Anklagen. „Der Lord-Protektor hatte zu jener Zeit wegen seines harten Vorgehens gegen seinen Bruder die Neigung des gemeinen Volkes eingebüßt, und um dieselbe wieder zu gewinnen, erließ er im Anfang Mai eine Proklamation, daß alle Personen, die Land eingehegt, das früher Gemeindeland gewesen, dasselbe vor einem bestimmten Tage wieder offenlegen sollten, bei Androhung einer gewissen Strafe für Nichtbefolgung des Erlasses. Dies ermuthigte die gemeinen Leute in vielen Theilen des Reiches so sehr, daß sie die in der Proklamation festgesetzte Zeit garnicht erst abwarteten, sondern sich in aufrührerischer Weise versammelten, Pfähle ausrissen, Wälle niederlegten, Gräben ausfüllten und so alles neuerlich eingehegte Land offen legten, wie es ehedem gewesen." (S. 1 der 1750 in Norwich publizirten englischen Ausgabe.) Daß das „gemeine Volk" sich um das Schicksal von Somerset's ehrgeizigem Bruder Seymour gekümmert haben soll, ist eine sehr zu bezweifelnde Behauptung.

rechte Energie, während andererseits die Kommission auf dem Papier zu bleiben schien. Infolgedessen fanden im Laufe des Sommers 1549 allerhand geheime Zusammenkünfte von Landleuten statt, auf denen erbitterte Reden gegen die Großen geführt wurden. Nevylle schmückt sie etwas rhetorisch aus, der Inhalt wird aber nicht viel anders gewesen sein als er berichtet.

Hier eine Probe jener Reden: „Wir können so großes und grausames Unrecht nicht länger ertragen, noch können wir, ohne uns zu rühren, die Anmaßungen des Adels und der Gentry uns gefallen lassen. Lieber wollen wir die Waffen ergreifen und Himmel und Erde in Bewegung versetzen, als solche Ungeheuerlichkeiten erdulden. Sintemalen die Natur dieselben Früchte für uns hervorbringt wie für Jene, und uns auch eine Seele und einen Leib gegeben, möchten wir wissen, ob dies Alles ist, was wir von ihr zu erwarten haben. Blickt auf Jene und schaut auf uns. Haben wir nicht Alle dieselbe Gestalt? Werden wir nicht Alle in derselben Weise geboren? Warum soll denn ihre Lebensweise, ihr Loos so völlig verschieden sein von unserem? Wir sehen klar, daß die Dinge bis zum Aeußersten getrieben worden sind, und sind entschlossen, das Aeußerste zu versuchen. Wir wollen die Zäune und Hecken niederreißen, die Gräben ausfüllen, die Gemeindeländer offen legen und alle Einhegungen, die sie ebenso schändlich wie gemein und gefühllos aufgerichtet haben, sammt und sonders dem Erdboden gleichmachen („level to the ground")." Vorher hatte es geheißen: „Sie haben uns das Blut aus den Adern und das Mark aus den Knochen gesogen; die Gemeindeländer, die uns unsere Vorväter zum Gebrauch für uns und unsere Familien hinterlassen, sind uns genommen, das Land, das in der Erinnerung unserer Väter offen war, ist jetzt mit Hecken und Gräben umgeben, und die Weidegründe sind eingehegt, so daß Niemand sie betreten kann." (Russel, Life of Ket, S. 23, 24.)

Anfang Juli 1549 kam es zum offenen Aufstand. Ein Fest in Ket's Wohnort Wymondham zu Ehren von Thomas a Becket, das viel Landleute zusammenbrachte, ward dazu benutzt, neue Anhänger zu gewinnen resp. das Signal zum Aufstand zu geben. Man zog nach dem Gut eines verhaßten Landlords in der Umgebung und riß dort die Einhegungen nieder. Der Edle, der einen Groll auf Ket hatte, bot, als er sah, daß Widerstand fruchtlos war, den Leuten Geld, wenn sie auch bei Ket die Einhegungen niederreißen wollten. Natürlich waren dieselben dazu bereit, als sie aber zu Ket kamen, und auf seine Frage nach ihrem Begehr, antworteten, sie wollten bei ihm, wie überall, die Einhegungen niederreißen, soll er ihnen geantwortet haben, das sei recht, und weit entfernt, ihnen Widerstand zu leisten, werde er vielmehr zuerst Hand anlegen. Aber um ihre Sache zu gutem Ende zu führen, müßten sie sich organisiren und einen Führer wählen, und wenn sie wollten, sei er bereit, sich an ihre Spitze zu stellen. Nach kurzer Berathung nahmen sie sein Angebot an, und der energische, sehr begabte und zweifellos ehrliche Mann that nun, unterstützt durch seinen Bruder William, sein Bestes, die ungeordneten Massen in ein kampf- und widerstandsfähiges Rebellenheer zu verwandeln. Auf einem Hügel vor Norwich — „Mousehold Hill" — schlug er sein Lager auf, das bald über zehntausend Leute zählte und noch jeden Tag zunahm. Unter einer mächtigen Eiche, die er die Reform-Eiche nannte, hielt er Rath und Gericht. Er verfügte, welche Einhegungen niedergerissen werden sollten, ließ Vorladungen „in des Königs Namen" ergehen, Requisitionen vornehmen 2c. 2c. Ferner setzte er eine Petition an die Regierung auf, in der er die Beschwerden und Forderungen des Landvolks aufzählte, und die er vom Mayor von Norwich und dessen Vorgänger mitunterzeichnen ließ.

Diese Forderungen sind im Ganzen sehr gemäßigt und enthalten nichts von Kommunismus. Außer gegen Einhegungen von Gemeindeland, richten sie sich gegen eine Reihe feudaler Mißbräuche, Aufschraubung der Pachtsätze 2c. Die letzteren sollten durch Gesetz auf die Höhe reduzirt werden, die sie im ersten Regierungsjahr Heinrich's VII. hatten. Bemerkenswerth ist die Forderung, daß den Priestern verboten werden solle, Land anzukaufen, weil sie die damals erhobene Anklage widerlegt, die Erhebung sei von den Priestern angezettelt worden.*) Ket scheint im Ganzen die Religion als Privatsache gelten gelassen zu haben. Er sorgte für Geistliche, die im Lager Gottesdienst hielten, es durften aber außer ihnen auch Andere predigen, von welchem Rechte zum Beispiel auch ein gewisser Mathew Parker Gebrauch machte, der es später zum Erzbischof von Canterbury gebracht hat. Ebenso durften von der Reform-Eiche aus alle möglichen Leute, Freunde und Gegner der Erhebung, die Massen anreden.

Zu den Ersteren zählten auch verschiedene angesehene Bürger von Norwich, von denen allerdings die meisten später sich als sehr zweideutige oder direkt falsche Freunde erwiesen. So namentlich der Mitunterzeichner von Ket's Petition, T. Aldrich. Volle Sympathie mit den Aufständischen bezeugten und bethätigten dagegen die Kleinhandwerker und Arbeiter von Norwich. Sie vereitelten verschiedentlich Maßnahmen der Bürgerschaft gegen die Rebellen und leisteten bei Zusammenstößen diesen allerhand wichtigen Vorschub.**)

*) Diese Anklage unterstützt der katholische Geschichtschreiber Lingard insofern, als er den Aufstand als — gleich dem von Devonshire — auf Wiederherstellung der alten (katholischen) Kirche gerichtet hinstellt. Daß der Geldgier der neuen Landlords die relative Nachsicht der Klosterverwaltungen gegenübergestellt wurde, ist richtig, im Uebrigen aber treten in dem Aufstand die Einflüsse lollhardischer und wiedertäuferischer Lehren viel mehr in den Vordergrund als katholische Sympathien. „Schaut gut zu, ob ihr Gesetz oder Religion im Lande habt," schreibt das Staatsrathsmitglied Sir William Paget unterm 7. Juli an Somerset, „und ich fürchte, ihr werdet keines von beiden finden. Der Kultus der alten Religion ist durch Gesetz verboten, und der der neuen hat noch in eilf Zwölfteln des Reichs nicht in den Gemüthern Wurzel gefaßt, was immer die Leute äußerlich thun mögen, um denen zu gefallen, in deren Händen sie die Gewalt sehen." Paget, einer der berüchtigsten Kirchengutschlucker, drängte unter Verweisung auf das Beispiel des deutschen Bauernkrieges auf schnelles Vorgehen gegen die Rebellen.

**) Die Bürgerschaft entschuldigte später ihre zeitweilige Nachgiebigkeit gegenüber den Rebellen mit dem Hinweis auf die Zwangslage, in welche die dezidirte Haltung der ärmeren Klassen in der Stadt sie versetzt habe. (Ausführliches darüber in Blomefield, History of Norfolk.)

Auf die Einzelheiten der Kämpfe, die siegreiche Zurückschlagung des ersten, unter dem Earl of Northampton gegen die Rebellen entsandten Heeres ꝛc., kann hier nicht eingegangen werden. Den ersten an ihn entsandten Herold des Protektors, der bei gutwilliger Unterwerfung Prüfung der Beschwerden und die Gnade des Königs gegenüber dem Verstoß gegen die Autorität des Gesetzes versprach, hatte Ket mit der Erklärung zurückgewiesen, die Könige pflegten verworfene Leute zu begnadigen, nicht unschuldige und gerechte Leute. Sie (die Bauern und ihre Führer) hätten keine Strafe verdient. Er wollte nicht eher die Waffen strecken, als bis bestimmte Zugeständnisse gemacht worden, denn er wußte wohl, wie wenig auf allgemeine Versprechungen zu geben. Aber selbst wenn Somerset darauf hätte eingehen wollen, hätten es die hinter und neben ihm stehenden Großen nicht zugegeben. Von allen Seiten ward auf energische Unterdrückung des Aufstandes gedrungen. Und schließlich wurde demselben auch, wie oben schon angegeben, am 26. August mit Waffengewalt ein Ende gemacht. Deutsche Landsknechte, bedauern wir sagen zu müssen, führten die Niederlage der Rebellen herbei. Ket soll sich im letzten Moment feige gezeigt haben, indeß darf man es ihm wohl verzeihen, daß er floh, als er sah, daß die Schlacht verloren war. Er scheint die Ueberlegenheit von Warwick's Truppen schon vorher erkannt zu haben und bereit gewesen zu sein, nach Warwick's Vorschlag mit diesem zu unterhandeln, als einer jener in der Weltgeschichte so häufigen widrigen Zwischenfälle dies vereitelte.

Er hatte als „Volksrichter" eine für jene Zeit unerhörte Milde an den Tag gelegt. So viel über Gewaltakte in Ket's Lager geschrien wurde, keiner der Ankläger nennt auch nur den Namen eines Einzigen, der als Gefangener oder Geisel von Ket's Leuten getödtet worden wäre. Alle Gefangenen und Geiseln, deren Namen genannt sind, kehrten unversehrt heim. Ket aber und sein Bruder William wurden als Rebellen und Hochverräther schimpflich und grausam gehängt. Am 7. Dezember — Somerset war inzwischen gestürzt und in den Tower gebracht worden — ward Ket, nachdem er einige Tage vorher auf einem Karren von London, wo er prozessirt worden, nach Norwich gebracht war, am Thurm jener Stadt hoch aufgehängt, „bis der Körper von selbst herabfallen werde." Im Volk aber behielt man sein Andenken trotzdem werth. Immer wieder werden Aeußerungen dieser Art an den Staatsrath gemeldet.*)

Warwick blieb noch vierzehn Tage nach der Entscheidungsschlacht in Norwich und hielt über die gefangenen Bauern Standgericht. So gewaltthätig er war, war

---

*) Ket's Nachkommen scheinen seiner nicht unwerth gewesen zu sein. Sein Sohn bringt eine Verschwörung gegen die aus Holland eingewanderten Flüchtlinge zu Fall, einer seiner Enkel — Francis Ket, Master of Arts — erleidet 1588 als „Ketzer" den Feuertod, und als im nächsten Jahrhundert das Quäkerthum — damals eine radikale Bewegung — in Wymondham Boden faßt, wird Westwode Chapel, das Eigenthum der Familie Ket, das Meeting-House der „Freunde."

er doch den Landlords nicht blutgierig genug. Immer mehr Opfer*) verlangte ihre Rachsucht, bis schließlich Warwick ihnen sagte, die Herren sollten doch bedenken, daß wenn das Abmurksen so weiter ginge, sie schließlich würden den Pflug selbst zu führen haben, und diesem Argument unterwarfen sie sich endlich. Es sind Gegner — Feinde der Rebellen, die so von den guten Bürgern berichten. Das siegreiche Ausbeuterthum sieht sich in allen Ländern merkwürdig ähnlich. Ueberall dieselbe Bestialität.

Somerset wurde am 22. Januar 1552 enthauptet, Warwick, der ihm als Lord-Protektor gefolgt war, und sich zum Herzog von Northumberland hatte ernennen lassen, endete schon im darauffolgenden Jahre ebenfalls auf dem Schaffot, nachdem die Menge die katholische Maria auf den Thron gehoben. Indeß zeigte der Verlauf, den die Regierung dieser nahm, daß es nicht kirchlich-katholische Reaktionspolitik war, was die Masse der Bevölkerung gewollt hatte. Die unter ihr erfolgenden blutigen Maßregeln gegen alle nichtkatholischen Ketzer hatten vielmehr nur die Wirkung, die verschiedenen Strömungen protestantischen Charakters wieder einander näher zu führen, so daß nach ihrem schon 1558 erfolgten Tode die katholische Sache so unpopulär war, wie sie 1553 populär gewesen.

Unter Elisabeth (1558—1603) wurde das Werk der Reformation wieder aufgenommen und formell zum Abschluß gebracht, nicht ohne von Neuem Rebellionen hervorzurufen. Sie wurden jedoch mit blutiger Grausamkeit niedergedrückt und der katholische Widerstand endgültig gebrochen, dafür formirte sich aber immer mehr der protestantische Widerstand, die Opposition der „Puritaner“ gegen die neue Staatskirche.

Wer waren die Puritaner? („Purits“ oder „Puritans,“ von pure = rein.) Der Name bezeichnet nicht eine bestimmte kirchliche Sekte, er bezeichnet eine ganze religiös-soziale Strömung. Er ist zunächst ein Sammelname für alle Diejenigen, denen die Reformation in Bezug auf die Reinigung der Kirche von römischen Gebräuchen und römischen Einrichtungen nicht weit genug ging, weiterhin aber für Diejenigen, die zugleich mit der Reinigung der Religion eine solche der Sitten, des sozialen Körpers, verbanden, und schließlich deckt er später auch eine politische Strömung, den Widerstand gegen den Absolutismus in Staat und Kirche. Er ist nicht die Bewegung einer einzelnen Klasse, er hat seine Anhänger im hohen und niederen Adel, in der Geistlichkeit, im Bürgerthum und bei Handwerkern und Bauern. Als Sitten- oder soziale Bewegung entsprach er dem Geist einer Zeit, wo das Erwerbsleben unter dem Einfluß des steigenden Weltverkehrs unsicherer, die Sucht, und je nachdem die Nothwendigkeit, Geld, das Tauschmittel par excellence, aufzuhäufen, zu „sparen,“ immer allgemeiner wurde. Die Signatur der Wirthschaft für den Selbstbedarf ist: Heute Mangel, morgen Ueberfluß. Der erstere wird als unvermeidlich, als „Naturgesetz“ so gut oder schlecht es geht, ertragen,

*) Denen die Gedärme aus dem Leibe gerissen und vor den brechenden Augen verbrannt wurden.

der zweite mit ausgelassener Freude genossen. Mit der Ausbreitung des Handels und des Geldverkehrs aber ändert sich dies. Der Ueberfluß, der nicht am Ort verzehrt wird, kann anderwärts verwerthet, zu Geld gemacht werden, und Geld rostet nicht. Mehr genießen als nothwendig, genießen, was man zu Geld machen und als Geld aufheben kann, erscheint nun als Unrecht, als Sünde. Sparsamkeit, Enthaltsamkeit wird nunmehr eine soziale Tugend. Die christliche Asketik war von den Lollhardenpriestern als Rückkehr zum Urchristenthum gepredigt worden, dessen asketische Lehren die Reaktion gewesen waren gegen die wahnsinnige Ueppigkeit der verkommenen römischen Aristokratie. Die Bauern und Handwerker hatten die mehr oder weniger kommunistischen Predigten der Lollharden, die in Joh. Wiclif zeitweilig einen einflußreichen Anfeuerer und Vertheidiger hatten,*) gierig aufgenommen, weil sie ihrer Erbitterung und ihrem Interessenkampf wider die Großen in Staat und Kirche entsprachen, aber vom Kommunismus selbst waren sie ebensoweit entfernt wie ihre Gegner. „Der Lollharde," schreibt Thorold Rogers, „war zweifellos wie der Puritaner von zwei Jahrhundert später sauertöpfisch, zurückhaltend, starrköpfig, steif. Aber er sparte Geld, und dies um so mehr, als er keines für Priester oder Mönch, Bettelmönch oder Ablaßkrämer ausgeben mochte." (A. a. O., S. 79 und 80.) Daß das Lollhardenthum, auf dessen Aufkommen wir hier nicht näher einzugehen haben,**) in England nie ausstarb, daß es vor allen Dingen in den östlichen Provinzen unter den Webern eine ständige Heimath besaß, wird von allen Geschichtschreibern anerkannt. Man muß aber nicht glauben, daß es den Webern und Kleinbauern, die das Lollhardenevangelium hochhielten, die ganze Zeit über besonders schlecht ging. Im Gegentheil, im 15. und 16. Jahrhundert gehört Norfolk, wo die Bewegung am stärksten, wie verschiedene Steuerrollen beweisen, zu den reichsten Grafschaften Englands, trotzdem es von der Natur durchaus nicht sehr gut ausgestattet ist. Th. Rogers, der dies feststellt,

*) Wiclif's Schrift: „De dominio civili" enthält sehr kommunistisch lautende Ausführungen über das Eigenthum. Desgleichen seine Schrift: „De dominio divino." In der „English Historical Review" (Bd. VI., S. 762 ff.) wird als sie charakterisirend bezeichnet „ihr eingewurzelter Kommunismus und ihr Antagonismus gegen jede Gesellschaft." Das heißt aber die Sache sehr schief ausdrücken. Wenn zum Beispiel Wiclif in Uebereinstimmung mit seinem Vorgänger, dem Erzbischof Richard Fitz-Ralph von Armagh (von dessen Abhandlung über die Armuth Christi der Neuausgabe des zitirten Wiclif'schen Buches vier Theile beigegeben sind), das Eigenthum aus der Sünde entspringen läßt, so zielen diese und gleichartige Ausführungen praktisch nur auf das Eigenthum der Klöster und des ausbeutenden Klerus. Aehnlich mit seinen Ausführungen, daß das Herrschaftsrecht durch Sünde verwirkt wird. Ueber Wiclif's kirchliche und politische Stellung vergleiche das fünfte Kapitel vom dritten Abschnitt des ersten Theiles dieses Buches (S. 179 ff.), welches Kapitel uns bei Abfassung dieser Arbeit noch nicht vorlag. Bemerkenswerth ist, daß das seinerzeit im Wiener Staatsarchiv aufgefundene Exemplar der letztgenannten Schrift Wiclif's eine von ketzerischen Böhmen angefertigte Abschrift ist, deren einzelne Theile sämmtlich aus notorischen Lollhardennestern datirt sind. Ihre Echtheit verbürgen die zeitgenössischen Gegenschriften.

**) Der Gegenstand ist von Karl Kautsky in dem schon erwähnten Kapitel (vgl. die vorhergehende Note) auf S. 183 ff. dargestellt.

schreibt den Sparsinn der Bevölkerung den Predigten der geheim agitirenden Lollhardenpriester zu, indeß ist wohl richtiger anzunehmen, daß umgekehrt das Sparevangelium bei ihr Anklang fand, weil es ihrer ganzen Situation entsprach.*) In den Küstendistrikten, wo Handel und Verkehr mit dem Ausland am stärksten war, mußte der Geldbesitz am höchsten geschätzt werden, der Erwerbssinn am stärksten zum Ausdruck kommen, und so wurde der vermeintliche „Kommunist“ — Schatzbildner, womit natürlich nicht gesagt sein soll, daß jeder Bauer oder Weber, der Lollharde wurde, es zum Kapitalisten gebracht hätte. Wir haben es hier nur mit der Tendenz zu thun. Die Tendenz dieser Klassen konnte nur eine bürgerliche sein, so sehr sie von einem kommunistischen Gottesreich träumen mochten, und so sehr sie den Kern, die Elite der arbeitenden Klasse ihrer Zeit, bildeten. Mit entsprechender Modifikation gilt auch in Bezug auf sie das Wort des „Kommunistischen Manifestes“: „Die ersten Versuche des Proletariats in einer Zeit allgemeiner Aufregung, in der Periode des Umsturzes der feudalen Gesellschaft direkt sein eigenes Klasseninteresse durchzusetzen, scheiterten nothwendig an der unentwickelten Gestalt des Proletariats selbst, wie an dem Mangel der materiellen Bedingungen seiner Befreiung, die eben erst das Produkt der bürgerlichen Epoche sind. Die revolutionäre Literatur, welche diese ersten Bewegungen des Proletariats begleitet, ist dem Inhalt nach nothwendig reaktionär. Sie lehrt einen allgemeinen Asketismus und eine rohe Gleichmacherei.“ (Karl Marx und Friedrich Engels, Manifest der kommunistischen Partei, III. Abschnitt, § 3.)

Das Lollhardenthum war, wie ein englischer Schriftsteller sich ausdrückt, „die Kindheit des Puritanerthums“ gewesen. (W. F. Collier, The History of England, S. 282.) Zur allgemeineren Annahme seiner asketischen Doktrin trugen die Umstände und Methoden der englischen Reformation nicht wenig bei. Was nicht römisch war, aber zugleich auch dem zentralistisch-absolutistischen Regiment in Staat und Kirche widerstrebte, mußte nach allen gewaltsamen Niederdrückungen bewaffneter Aufstände schließlich zur inneren religiösen Vertiefung, zur moralischen Selbstzucht seine Zuflucht nehmen, und dies traf auch für Angehörige von Klassen zu, deren sozialen Verhältnissen die Askese sonst nicht entsprach. Indeß wurde dieselbe auch durchaus nicht von allen Klassen in gleicher Weise geübt, überhaupt nicht als Hungerevangelium aufgefaßt. Sie bezog sich nur auf Verwerfung gewisser Vergnügungen, vor Allem der Entheiligung des Sabbaths, der Aeußerlichkeit des Gottesdienstes &c. Mit Begierde nahm man das calvinistische Evangelium auf, das verschiedene der vor den Verfolgungen der katholischen Maria ins Exil Geflüchteten nach dem Tod derselben und flüchtige Holländer während der Regierung der Elisabeth ins Land brachten. Es bot mit seinen Lehren von der „Gnadenwahl,“

*) Vgl. damit die Ausführungen K. Kautsky's, a. a. O., S. 236. Die Parallelität dieser und anderer Stellen, wo der Verfasser der vorliegenden Arbeit auf Erscheinungen Bezug zu nehmen hatte, die schon von Kautsky im ersten Theil dieses Buches erörtert sind, mit dortigen Ausführungen erklärt sich aus der Gleichartigkeit der von uns beobachteten Methode der Geschichtsbetrachtung.

wonach jeder Erleuchtete ein auserwählter, der Seligkeit sicherer Streiter Gottes war, von der Vorherbestimmung, von der Vertretung des Laienelements in der Kirche dem Widerstandsgeist der Unzufriedenen kräftige Nahrung.*) Neben ihm her lief in den plebejischen Volksklassen (Handwerker, Arbeiter ꝛc.) die, wie es scheint, nie abreißende wiedertäuferische Propaganda. 1575 ward zum Beispiel in Aldgate, damals Vorort Londons, eine geheime Verbindung von Wiedertäufern entdeckt, 1580 eine Verbindung von Anhängern der den Wiedertäufern verwandten und ebenfalls von Holland her propagirten Sekte der Familisten.

Unter Elisabeth freilich konnten der Puritanismus und die ihm verwandten Sekten nur im Stillen werben, ihre Regierung war zu stark, zu erfolgreich, und man kann auch sagen, zu intelligent, um eine so allgemeine Unzufriedenheit zu erzeugen, als nöthig war, die Bevölkerung in Massen unter das Banner Jener zu schaaren. Dagegen erfolgt noch unter ihrer Regierung die Ablösung der Sekte der „Separatisten" oder — nach ihrem ersten Vertreter, dem Geistlichen und Lehrer Robert Browne — Brownisten von der Masse der Calvinisten. Während diese Letzteren eine staatlich zentralisirte oder organisirte Kirche wollten, in der das Laienelement durch gewählte Vertreter — „Aelteste" resp. Presbyter — in den Gemeinden und den Kirchenversammlungen (Synoden) zur Geltung kommen sollte, weshalb sie auch speziell den Namen Presbyterianer erhielten, traten Browne und noch entschiedener seine Nachfolger für volle Unabhängigkeit jeder Gemeinschaft (Kongregation) von Gottseligen („godly") ein. Es untersteht keinem Zweifel, daß Browne, der ein Jahr unter holländischen Flüchtlingen in Norfolk und später längere Zeit in Holland selbst gelebt, von Wiedertäufern beeinflußt war, und

*) Der Calvinismus (von Jean Calvin oder Cauvin, einem sehr charakterfesten und begabten Franzosen, der von 1509 bis 1564 lebte und, mit kurzer Unterbrechung, von 1536 bis zu seinem Tode in Genf wirkte) ist von allen sogenannten Reformationskirchen diejenige, die am meisten den Tendenzen und Bedürfnissen des erstarkten städtischen Bürgerthums und des bürgerlichen Grundbesitzes entsprach. Die Kirche ist bei Calvin dem Staat nebengeordnet, aber in der Kirche ist das Laienelement stark vertreten, und die strenge Kirchenzucht wird von der Klasse ausgeübt, die jene Laienvertretung stellt. Das aber war nach Lage der Dinge und sollte nach Calvin sein in Stadt und Land die breite Masse der Besitzenden. In ihrer Heimath, Genf, ward die calvinische Verfassung durchgeführt von dem republikanisch — gegen Piemont — gesinnten Flügel der städtischen Aristokratie, mit äußerster Entschiedenheit gegen Alles, was sich ihr von rechts und links gegenüberstellte, während sich dagegen in Deutschland und England der fürstliche Absolutismus der antirömischen Bewegung bemächtigt hatte oder dabei war, ihre Früchte sich anzueignen. Wo jene Klassen stark genug waren, diesem Prozeß Widerstand zu leisten, blickten sie daher bald nach Genf, als dem Musterstaat wahrer Wiederherstellung der Religion. So bürgert sich der Calvinismus schnell in den Niederlanden ein, wo die Gegnerschaft gegen die spanische Herrschaft die bürgerliche Aristokratie mit den großen Adelsgeschlechtern verband, so breitet er sich unter ähnlichen Bedingungen, nur daß das Bürgerthum weniger entwickelt war, in Böhmen und Ungarn aus, so schaaren sich die protestantischen Industriellen und Grundbesitzer Frankreichs unter sein Banner, und so gewann er auch die Herzen der englischen Protestanten. Calvin's politisches Glaubensbekenntniß schloß den fürstlichen Absolutismus und die plebejische Demokratie aus, innerhalb dieser Extreme ließ es jedoch dem Kompromiß Spielraum, weshalb sich auch immer noch recht verschiedene Schattirungen des

der „Brownismus" war wahrscheinlich von Anfang an stark mit politisch demokratischen Tendenzen durchsetzt,*) jedenfalls entwickelte sich aus ihm die Religion auch der politisch radikaleren Elemente, die sich als kirchliche Partei, eben mit Rücksicht auf die geforderte Unabhängigkeit jeder Gemeinde, Independenten nannten, bis der Name zugleich auch eine politische Parteibezeichnung wurde. Die Sekte begann mit der Propagirung der Rückkehr zum Urchristenthum, zur Herstellung des Reiches Christi auf Erden; jede Gemeinde erkennt nur einen Oberen an, Christus, der ihre Herzen erfüllt und heiligt, und dessen geistiger Einfluß allein genügt, die Eintracht der Gemeinden der „Heiligen" zu sichern,

---

Calvinismus bilden, bezw. so lange sie in der Opposition waren, friedlich unter einer Fahne kämpfen konnten.

Ueber die Bedeutung des calvinischen, bezw. von Calvin mit besonderer Konsequenz betonten Dogmas von der Gnadenwahl für die bürgerliche Klasse der Epoche schreibt Fr. Engels: „Sein Dogma war den kühnsten der damaligen Bürger angepaßt. Seine Gnadenwahl war der religiöse Ausdruck der Thatsache, daß in der Handelswelt der Konkurrenz Erfolg oder Bankerott nicht abhängt von der Thätigkeit oder dem Geschick des Einzelnen, sondern von Umständen, die von ihm unabhängig sind. ‚So liegt es nicht an Jemandes Wollen oder Laufen, sondern am Erbarmen' überlegener, aber unbekannter ökonomischer Mächte. Und dies war ganz besonders wahr zu einer Zeit ökonomischer Umwälzung, wo alle alten Handelswege und Handelszentren durch neue verdrängt, wo Amerika und Indien der Welt eröffnet wurden, und wo selbst die altehrwürdigsten ökonomischen Glaubensartikel — die Werthe des Goldes und Silbers — ins Wanken und Krachen geriethen. Dazu war Calvin's Kirchenverfassung durchweg demokratisch und republikanisch; wo aber das Reich Gottes republikanisirt war, konnten da die Reiche dieser Welt Königen, Bischöfen und Feudalherren unterthan bleiben? Wurde das deutsche Lutherthum ein gefügiges Werkzeug in den Händen deutscher Kleinfürsten, so gründete der Calvinismus eine Republik in Holland und starke republikanische Parteien in England und namentlich in Schottland.

„Im Calvinismus fand die zweite große Erhebung des Bürgerthums ihre Kampftheorie fertig vor. Diese Erhebung fand statt in England. Das Bürgerthum der Städte setzte sie in Gang, und die Mittelbauern (yeomanry) der Landdistrikte erkämpften den Sieg. Es ist sonderbar genug: in allen den drei großen bürgerlichen Revolutionen liefern die Bauern die Armee zum Schlagen, und die Bauern sind gerade die Klasse, die nach erfochtenem Sieg durch die ökonomischen Folgen dieses Sieges am sichersten ruinirt wird. Hundert Jahre nach Cromwell war die Yeomanry Englands so gut wie verschwunden. Jedenfalls aber war es nur durch die Einmischung dieser Yeomanry und des plebejischen Elements der Städte möglich, daß der Streit bis auf die letzte Entscheidung durchgekämpft wurde und Karl I. aufs Schaffot kam. Damit selbst nur diejenigen Siegesfrüchte vom Bürgerthum eingeheimst wurden, die damals erntereif waren, war es nöthig, daß die Revolution bedeutend über das Ziel hinaus geführt wurde — ganz wie 1793 in Frankreich und 1848 in Deutschland. Es scheint dies in der That eins der Entwickelungsgesetze der bürgerlichen Gesellschaft zu sein." (Fr. Engels, Ueber historischen Materialismus, „Neue Zeit," Jahrgang 1892/93, I. Bd., S. 43, 44.)

*) Browne, der sehr leidenschaftlich war, durfte sich rühmen, die Bekanntschaft von 32 Gefängnissen gemacht zu haben, einige davon so dunkel, daß er in ihnen am Mittag seine Hand nicht sehen konnte. Nur seiner Verwandtschaft mit verschiedenen Großen (darunter der mächtige Schatzkanzler Burleigh) hat er es zu verdanken, daß es ihm nicht schlimmer ging. Die Fortsetzer seiner Propaganda und Ausbauer der Doktrin, Barrowe, Greenwood 2c., starben den Märtyrertod, er selbst aber schloß am Ende seiner Laufbahn seinen Frieden mit der Staatskirche.

jeden äußeren Zwang — die organisirte Kirchenzucht der Calvinisten — überflüssig macht. Sie verwirft die Priesterkaste und vor Allem jedes Prälatenthum. „Die andere Sekte oder besser Klique (faction)," heißt es in der Schrift des Independenten Barrowe: „Eine kurze Enthüllung der falschen Kirche," mit Bezug auf die presbyterianischen Calvinisten, „diese Reformer geben dem Volk ein wenig Freiheit, um ihm den Mund zu süßen und es glauben zu machen, daß es seine Geistlichen selbst wähle; aber selbst bei dieser angeblichen Wahl täuschen und beschwindeln sie es, indem sie ihm nichts als blos den dunstigen, windigen Namen der Wahl lassen und den Leuten vorschreiben, irgend einem Universitätsschreiber, einem jener Kollegienvögel ihrer eigenen Brutanstalt, die Stimme zu geben; andernfalls eine Synode ihnen in den Nacken fährt und die Wahl, welche immer es sei, für ungültig erklärt." (Zitirt in Benjamin Hanbury, Historical Memorials relating to the Independents, London 1839.) Wer aus diesen Sätzen eine Ideenverwandtschaft mit dem Anarchismus unserer Tage heraushört, geht nicht sehr fehl; die ganze Literatur der ersten Independenten hat einen anarchistischen Zug, und in einer Schrift aus dem Jahre 1622: „Der Weg zum Frieden," vom Bischof Hall von Exeter, werden sie sogar „diese anarchistische Faktion independenter Gemeinden" genannt. Aber ihr „Anarchismus" bezieht sich vorerst nur auf die Religion und gilt auch nur für die Bekenner des christlichen Evangeliums. Während in der Staatskirche die Kirche ein Organ des Staates, und je nachdem dessen Werkzeug ist, während im Presbyterianismus der Staat je nachdem Werkzeug der Kirche, das ausführende Organ der aus Laien und Priestern zusammengesetzten kirchlichen Synode sein soll, ist das Independententhum der Vorläufer der Doktrin von der Trennung von Staat und Kirche, die Proklamation der zunächst auf die Bekenner des Christenthums beschränkten Forderung der Autonomie der Gemeinden in religiösen Dingen.

Unter Jakob I., der 1603 Elisabeth auf den Thron von England folgte, erhält die oppositionelle Strömung in Staat und Kirche reichliche Nahrung. Gegenüber dem Sohn der Maria Stuart, der mehr Schotte als Engländer war, erhob das Parlament gleich von Anfang an das Haupt, und Jakob hatte wohl Machtmittel genug, dessen Beschlüsse zeitweise zu ignoriren, aber nicht genug, seine Stimme zu ersticken und die Ausbreitung des ihm so widerwärtigen Puritanismus, der in Schottland bereits obenauf war und dem König dort bitter zu schaffen gemacht, in England zu verhindern. Schon im ersten Parlament, das er einberief, saßen viele Puritaner, und obwohl dasselbe, wie bis dahin üblich, dem König auf Lebenszeit die Einnahme aus den Zöllen (Tonnage and poundage) bewilligte, ging es, bevor es sich auf irgend welche weitere zum Unterhalt des Königs erforderten Bewilligungen einließ, dazu über, das Recht, die Mandate und Wahlen seiner Mitglieder zu prüfen, entgegen bestimmten Maßnahmen des Königs, für sich zu reklamiren. Von da ab rissen die Konflikte zwischen König und Parlament nicht ab, und wenn auch das letztere nicht seinerseits zu gewaltsamem Widerstand gegen des Königs ungesetzliche Maßnahmen schritt, so ließ es sich doch weder durch Drohungen noch durch Verhaftung seiner Wortführer einschüchtern. Wiederholt erhob es energischen Protest gegen die Verletzung seiner Rechte, und einer der berühmtesten dieser Proteste erbitterte den König so, daß er — Dezember 1621 — das Blatt, auf dem derselbe niedergeschrieben, eigenhändig aus dem Protokollbuch des Hauses der Gemeinen herausriß. Dann verfügte er die Auflösung des Parlaments und ließ verschiedene Mitglieder desselben einstecken, darunter John Pym, Vertreter für Tavistock, den späteren Leiter des Widerstandes gegen Karl I. Ein anderes Mitglied der damaligen Opposition war Thomas Wentworth, Vertreter der Grafschaft York, nachmals als Lord Strafford erster Staatsrath Karl's I. und bestimmt, für den Sohn Jakob's auf dem Schaffot zu enden.

Jakob hatte sich auf alle Weise Geld zu verschaffen gesucht: durch Zwangsanleihen, durch Handel mit Titel und Würden, durch Verkauf von Monopolen. Das letzte Parlament, das er einberief, als 1624 Krieg mit Spanien ausbrach, bewilligte zwar die Mittel der Kriegsführung, setzte aber zugleich die Erklärung durch, daß die Monopole ungesetzlich seien, und erhob ferner gegen Jakob's Schatzsekretär, den Grafen Middlesex, Anklage wegen Bestechung, die auch zur Verurtheilung desselben führte. 1625 starb Jakob und hinterließ seinem Sohn Karl das Reich in nichts weniger als erquicklicher Verfassung.

III. Die Utopie des Staatskanzlers Bacon.

Ein Jahr nach Jakob starb auch dessen ehemaliger Staatskanzler Francis Bacon, Baron von Verulam und Viscount of St. Albans. Bacon war 1621 auf Antrag des Parlaments wegen Bestechung und Korruption unter Anklage gestellt und zu hoher Geldbuße, sowie Gefängniß „nach des Königs Belieben" verurtheilt, aber vom König nach zweitägiger Haft begnadigt worden. Seiner Aemter enthoben, widmete sich der berühmte Essayist der Schriftstellerei und wissenschaftlichen Experimenten. Unter seinen nachgelassenen Schriften befindet sich das in lateinischer Sprache abgefaßte Fragment einer Utopie: Die „Nova Atlantis." Obwohl dieselbe mit dem Sozialismus wenig zu thun hat, ist es doch interessant, zu sehen, welches hundert Jahre nach dem Erscheinen der „Utopia" das gesellschaftliche Ideal dieses aufgeklärten Philosophen aus den Reihen der besitzenden Klassen war.

Der Titel der Schrift knüpft an die mythenhafte „Atlantis" der Alten an, von der Plato im Timäus spricht, und wie die Sage von dem großen Kontinent jenseits der Säulen des Herkules fast an ein frühes Wissen von der Existenz Amerikas glauben macht, so ist Bacon's „Neue Atlantis" als eine Hindeutung auf die Existenz des australischen Festlandes gedeutet worden. Indeß stimmt die Beschreibung schlecht; das Vorhandensein eines Kontinents zwischen Afrika und Südamerika überhaupt wurde aber zu Bacon's Zeit auch sonst schon vermuthet.

Die „Neue Atlantis“ ist, soweit Bacon sie ausgearbeitet, mehr eine Utopie der Wissenschaftspflege und Technik als eine soziale Utopie. In ersterer Hinsicht ist sie insofern nicht ohne Interesse, als sie die technologischen Spekulationen eines auf der Höhe des Wissens seiner Zeit stehenden Denkers darbietet, jedoch sind die Spekulationen selbst natürlich heute veraltet. Was aber die Gesellschafts- und Sittenutopie anbetrifft, so läßt das, was sich in der „Neuen Atlantis“ in dieser Hinsicht vorfindet, es als wenig bedauerlich erscheinen, daß wir das Werk nur fragmentarisch besitzen. Trotz wiederholter Zuhülfenahme des Wunderbaren und Außergewöhnlichen ist die Erzählung erschrecklich prosaisch, Kleinigkeitskrämerei, während die Utopie selbst nie über die allernächste Wirklichkeit sich erhebt, nie den kühnen Schwung der More'schen nimmt. Die Gesellschaft auf „Bensalem,“ wie die „Neue Atlantis“ von ihren Einwohnern genannt wird, ist, soweit erkennbar, in der Struktur wenig von der europäischen des 17. Jahrhunderts unterschieden; es giebt Eigenthum, Eigenthumsunterschiede, Klassen, Priester, eine Beamtenhierarchie und einen König, der furchtbar weise, aber, wie es scheint, absoluter Herrscher ist. Das einzig Auszeichnende ist ein sich stark mit industriellen Experimenten abgebender Gelehrtenorden. Das Institut des letzteren, „König Salomon's Haus“ genannt, ist die Herberge und Kultivationsstätte alles nützlichen Wissens, und einer der „Väter“ des Ordens liefert in der Aufzählung der Einrichtungen, Vorrichtungen und Erfindungen des Hauses eben die Wissenschaftsutopie Bacon's. Der Orden wird von Manchen als ein Vorbild der aufkommenden Freimaurerei aufgefaßt, doch ist er so skizzenhaft geschildert, daß er auch alles mögliche Andere darstellen kann. Der Name Salomo zielt auf Jakob I., der von seinen Schmeichlern mit dem jüdischen König verglichen wurde.

Ein Familienfest, dem der Erzähler der „Neuen Atlantis“ beiwohnt, zeigt die Familie auf gleicher Grundlage aufgebaut wie in England zu Bacon's Zeit, nur etwas patriarchalisch idealisirt, und weiter erfahren wir, daß auf Bensalem strenge Einehe herrscht und höchste Keuschheit. Ehen, die ohne Einwilligung der Eltern geschlossen worden, werden zwar nicht für ungültig erklärt, aber die Kinder aus solchen Ehen erhalten nicht über ein Drittel vom Erbe ihrer Eltern! Sehr erbaulich für die Bourgeoisrespektabilität der Epoche. Zur Beruhigung dieser wird More rektifizirt: „Ich habe in einem Buch Eines der Euren von einem erdichteten Gemeinwesen gelesen,“ erzählt dem Berichterstatter ein Jude — auf Bensalem herrscht religiöse Toleranz —, „wo dem zu verheirathenden Paar vor Eingehen der Ehe erlaubt wird, einander nackend zu sehen. Dies widerstrebt ihnen (den Bewohnern der Atlantis), denn sie halten es für einen Hohn, nach so intimer Kenntnißnahme einen Korb zu geben. Vielmehr haben sie gegenüber den vielen verborgenen Leibesgebrechen bei Männern und Frauen ein zivilisirteres Verfahren“ („a more civil way,“ heißt es in der Original-Ausgabe). Je ein Freund resp. Verwandter des Einen der Heirathslustigen darf die andere Partei nackt baden sehen. Welcher Fortschritt gegenüber dem Barbaren More.

Von besserem Stoff sind Bacon's Bemerkungen über die Prostitution, obwohl seine Mittel gegen dieselbe: Absolutes Verbot und strenge Einehe, nur die Impotenz des bürgerlichen Moralisirers kennzeichnen. Einige Sätze, die ein Licht auf die Sitten der Epoche werfen, mögen hier eine Stelle finden:

„Wisse daher, daß es bei ihnen keine Bordelle giebt, noch andere lüberliche Häuser, noch Huren oder dergleichen. Ja, mit Abscheu wundern sie sich über euch in Europa, daß ihr solche Dinge erlaubt. Sie sagen, ihr habt die Ehe außer Amt getrieben, denn die Ehe ist als Mittel gegen ungesetzliche Fleischeslust eingesetzt, und die natürliche Fleischeslust erscheint als ein Sporn der Eheschließung. Wenn aber die Männer ein Mittel zur Hand haben, das ihren korrupten Neigungen mehr entspricht, so ist die Ehe geradezu ausgetrieben. Und deshalb sieht man bei euch unendlich viele Männer, die nicht heirathen, sondern lieber als Einzelstehende ein ausgelassenes und unreines Leben führen, als sich ins Joch der Ehe zu begeben, und viele, die heirathen, heirathen spät, wenn die Blüthe und Kraft ihrer Jahre dahin ist (Bacon selbst hatte erst mit fünfundvierzig Jahren geheirathet). Und wenn sie heirathen, was ist ihnen die Ehe Anderes als ein bloßes Geschäft, mittelst dessen sie sich Konnektionen, Vermögen oder Ansehen zu verschaffen suchen, verbunden mit einem beinahe phlegmatischen Wunsch nach Nachkommenschaft, im Gegensatz zur aufrichtigen ehelichen Verbindung von Mann und Weib, wie dieselbe ursprünglich eingesetzt worden? ... Das Herumtreiben an diesen lüberlichen Orten oder in Hurenvierteln wird (in Europa) bei Ehemännern ebensowenig bestraft wie bei Junggesellen. Und die entartete Gewohnheit der Abwechslung, sowie das Ergötzen an den Umarmungen der Huren (wo die Sünde zur Kunst wird) macht die Ehe zu einem langweiligen Ding, zu einer Art Zwang oder Besteuerung. Sie hören, daß ihr diese Dinge damit vertheidigt, daß sie größere Uebel verhinderten, wie Ehebruch, Entjungferung junger Mädchen, unnatürliche Lüste und dergleichen. Aber sie sagen, das sei alberne Weisheit und nennen es Lot's Opfer, der, um seine Gäste vor Insulten zu schützen, seine Töchter preisgab. Ja, sie sagen weiter, es sei dabei wenig gewonnen, denn dieselben Laster und Gelüste bleiben doch bestehen und machen sich breit, da unerlaubte Lust wie ein Hochofen ist, wo, wenn ihr die Flammen sammt und sonders erstickt, das Feuer aufhört, sobald ihr aber nur ein wenig Wind zuläßt, es alsbald rast. Was Mannsliebe betrifft, so haben sie nicht den geringsten Anflug davon, und doch giebt es in der ganzen übrigen Welt nicht so aufrichtige und unverbrüchliche Freundschaften als wie bei ihnen.... Ihr landläufiges Wort ist, daß, wer unkeusch ist, nicht sich selbst achten kann, und sie sagen, daß die Selbstachtung des Menschen nächst der Religion der Hauptzügel aller Laster ist. ..."

Die Religion spielt in der „Nova Atlantis" des eifrigen Befürworters der realistisch-induktiven Forschungsmethode Bacon eine viel größere, viel aufdringlichere Rolle als in der Utopia des Katholiken More. Nicht durch Menschen, sondern durch ein fabelhaftes Wunder sind die Bewohner von Bensalem in den Besitz des Evangeliums gelangt. Dieses Vordrängen der Religion bei Bacon ist aber selbst kein Wunder; es ist das natürliche Produkt einer Zeit, wo das kirchliche Leben aufgehört hatte, etwas Selbstverständliches zu sein, vielmehr anfing, Sache der bloßen Konvention, des guten Tons der guten Gesellschaft zu werden. Bacon's Utopie ist eben rein bürgerlich, der fromme Wunsch eines durch und durch bürgerlich denkenden Ideologen. Fein gesäubert von verschiedenen häßlichen Flecken, die ihre Gegenwart entstellten, im Uebrigen aber das möglichst unveränderte Konterfei der zur Zeit des Verfassers bestehenden Gesellschaft. Nur kein Umsturztraum, nur keine unpraktischen Vorschläge, ist ihr Motto.

Blos in einem Punkt schwelgt die Phantasie Bacon's ins Ungemessene: der Reichthum der Neuen Atlantis, die Fülle ihrer Genußmittel ist enorm. Im Hause Salomon's philosophirt man nicht ins Blaue: man experimentirt, man berechnet, man produzirt. Es ist, und auch darin entspricht sie den Tendenzen der hellsten Köpfe des Bürgerthums der Epoche, eine Produktionsutopie, aber — ohne wesentliche Veränderung der Produktionsweise und der Vertheilung. „Der Zweck unserer Stiftung ist die Erkenntniß der Ursachen und geheimen Triebkräfte der Dinge und die Erweiterung der Grenzen des Reichs der Menschheit behufs Ausführung aller Möglichkeiten," beginnt die Beschreibung von Salomon's Haus. Im Zeitalter der Entdeckungen ist Bacon der Herold des Zeitalters der Erfindungen. An sich keine geringe Leistung, aber der Horizont ist verengt, der unmittelbare Nutzen wird das Leitmotiv. Daher die erstaunliche Ideenarmuth in Bezug auf Alles, was die Organisation der Gesellschaft als Ganzes betrifft. Bacon's „Utopie" zeigt die Stärke an, die die bürgerliche Denkweise zu seiner Zeit bereits erlangt hatte, sie ist ein „Ideal" bürgerlicher Beschränktheit.

Drittes Kapitel.

Die ersten Regierungsjahre Karl's I. John Lilburne's Jugend und erste Verfolgungen.

Es fällt nicht in den Rahmen dieser Arbeit, die Vorgeschichte und den Verlauf der englischen Revolution genauer zu beschreiben. Jede Bewegung ist jedoch nur zu verstehen, wenn sie im Zusammenhang mit den begleitenden Zeitereignissen vorgeführt, ihr Zusammenhang mit und ihr Herauswachsen aus denselben untersucht wird. Deshalb, und weil die Geschichte der englischen Revolution überhaupt in deutschen Arbeiterkreisen wenig bekannt ist, halten wir es für angebracht, wenigstens die mit unserem Gegenstand in engerer Verbindung stehenden Seiten derselben hier abrißweise darzustellen. Ferner wird, da die Bewegung der Leveller den Mittelpunkt der radikaleren Strömungen in der Revolution bildet, diese Bewegung selbst aber, wie wir schon in der Einleitung hervorgehoben, um die Person John Lilburne's sich gruppirt, unsere Darstellung zunächst enger an die Biographie dieses eigenartigen Mannes anschließen, zumal in Lilburne's persönlichen Schicksalen sich bis zu einer gewissen Epoche die Hauptphasen der Revolution überhaupt wiederspiegeln.

John Lilburne wurde um das Jahr 1615 (nach Anderen 1617) in Greenwich bei London geboren. Sein Vater, Richard Lilburne, gehörte der englischen Gentry an, jener vorwiegend aus wohlhabenden, nichtfeudalen Grundbesitzern bestehenden Klasse, die im Haus der Gemeinen bereits den Ton angab. Man erzählt von ihm, daß er der Letzte gewesen sei, der in England öffentlich einen Prozeß durch einen Zweikampf entschieden habe, und von ihm mag John denn auch die Kampfnatur geerbt haben. Der Stammsitz der Familie war in Durham (Nord-England), und dort und in dem benachbarten Newcastle verlebte auch Lilburne seine Knabenzeit. Er war ein jüngerer Sohn*) und mußte sich daher nach absolvirter Schulzeit einer Brot-Carrière zuwenden. Im Jahre 1630 trat er in London bei einem Großkaufmann der City, dem Leinwandhändler Thomas Hewson, als Lehrling ein.

Die Situation war bereits eine sehr schwüle. Karl I. war als Persönlichkeit nicht so abstoßend wie sein Vater, dem sein Gelehrsamkeitsdünkel vielleicht noch mehr Feinde machte als seine Trunksucht und seine widerlichen Manieren. Aber er verstand es fast mehr noch als dieser, die Masse der Nation gegen sich aufzubringen. Er war nicht unbegabt, aber es fehlte ihm an Festigkeit des Charakters, welchen Mangel er durch eigensinniges, hochfahrendes Gebahren zur unrechten Zeit nur noch verschlimmerte. Zum Verhängniß wurde ihm ferner seine Frau, Henriette von Frankreich, die als Schwester Ludwig's XIII. in noch absolutistischeren Ideen als Karl aufgewachsen war und seine entsprechenden Neigungen nur noch verstärkte. Schon daß er, um ihre Hand zu erhalten, Duldung der Katholiken in England versprochen hatte und Richelieu gegen die Hugenotten unterstützte, brachte vom Anfang seiner Regierung an viele bisher königlich gesinnte Leute gegen ihn auf.**) Man befürchtete eine katholische Reaktion, und das erste Parlament, das Karl im Sommer 1625 zusammenberief, zeigte bereits Konfliktsstimmung. Statt ihm die Tonnen- und Pfund-Zölle auf Lebenszeit zuzusprechen, erklärte es, sie zunächst nur auf ein Jahr bewilligen zu wollen, und forderte Erledigung der verschiedenen Beschwerden gegen Maßregeln der Freunde und Rathgeber des Königs. Es wurde aufgelöst, und Karl borgte sich zunächst das ihm fehlende Geld. Anfang 1626 berief er ein neues Parlament ein, wobei er sein Glück dadurch zu verbessern suchte, daß er einigen der oppositionellsten Persönlichkeiten, um ihre Wiederwahl unmöglich zu machen, das Sheriffamt übertragen, anderen resp. den

*) Sein älterer Bruder, Robert Lilburne, bekleidete während des Bürgerkrieges eine höhere Offiziersstelle in Cromwell's Musterarmee, und gehörte dem außerordentlichen Staatsgerichtshof an, der über Karl I. das Todesurtheil fällte. Ein jüngerer Bruder John's, Henry Lilburne, gehörte ebenfalls dem Parlamentsheer an und ward auf Cromwell's Empfehlung (1648) Gouverneur von Tynemouth Castle, fiel aber, als der Bruch zwischen Parlament und Heer sich zuspitzte, von der Partei des letzteren ab und wurde, als er sich anschickte, die Veste den 1648 Karl I. zu Hülfe eilenden schottischen Presbyterianern auszuliefern, von seinen eigenen Soldaten im Kampfe getödtet.

**) Um dieser Ehe willen und infolge ihrer wurde auch die Sache der Protestanten in Deutschland, soweit es an England lag, während der Regierungszeit Karl's I. – zur Zeit des dreißigjährigen Krieges! — preisgegeben, was viele englische Protestanten doppelt erbitterte.

betreffenden Grafschaften gar keine Einberufung zugehen ließ. Indeß das Mittel verfing nicht. Die oppositionelle Stimmung war so stark, daß das neue Parlament, kaum daß es zusammen war, Kommissionen zur Feststellung der Privilegien des Parlaments, der Religionsangelegenheiten und der Zustände im Lande einsetzte. Seine zweite Maßregel war, Anklage gegen des Königs Rathgeber und ersten Minister, den Herzog von Buckingham, zu erheben. Wüthend ließ der König die beiden Antragsteller verhaften, als aber das Parlament erklärte, es werde so lange die Arbeit einstellen, bis es seine Mitglieder wieder habe, ließ sie Karl wieder frei, ohne indeß dadurch den Verzicht auf die Anklage zu erreichen. So ward auch dieses Parlament aufgelöst, und Karl nahm seine Zuflucht zu ungesetzlicher Erhebung der Zölle und zum Ausschreiben einer Zwangsanleihe im großen Stil, der nachzukommen von allen Kanzeln der Staatskirche herab als Pflicht der Christenmenschen erklärt wurde.

Indeß der Einfluß der Staatskirche auf die zahlungsfähige Bevölkerung wurde mit jedem Tage geringer. Die reichen Kaufleute der City waren fast alle Puritaner, desgleichen eine große Zahl der niederen Landadeligen und der bürgerlichen Grundbesitzer, ja, immer mehr Mitglieder der hohen Aristokratie kehrten der Staatskirche den Rücken. Karl hatte es verstanden, es nicht nur mit den Gemeinen, sondern auch mit den Lords zu verderben. Der Schwerpunkt lag übrigens damals schon in dem „Unterhause," das an repräsentirtem Reichthum das Haus der Peers weit hinter sich ließ. Nach Hume wurde im Jahre 1628 das vom Haus der Gemeinen vertretene Eigenthum auf mehr als den dreifachen Betrag des vom Haus der Peers vertretenen berechnet.*) Die numerische Stärke der Puritaner soll damals größer gewesen sein als die der extremen Staatskirchler, der gemäßigten Staatskirchler und der Katholiken zusammengenommen.

Nach zwei Jahren verfassungswidriger Eintreibung von Steuern, Einkerkerung von Steuerverweigerern und Belästigung der Gegner des Königs mit Einquartierungen, sah sich Karl, dem seine auswärtigen Unternehmungen fehlgeschlagen, vor die Nothwendigkeit gestellt, 1628 ein drittes Parlament einzuberufen. Dieses zwang dem in dringenden Geldnöthen befindlichen König die Zustimmung zur berühmten „Forderung der Rechte" („Petition of Rights") ab, wonach: 1) kein freier Bürger zur Erlegung irgend welcher Geschenke, Anleihen, Liebesgaben oder Steuern, die nicht die Zustimmung des Parlaments erhalten, angehalten, 2) kein freier Bürger entgegen dem Gesetz verhaftet oder in Haft gehalten, 3) Soldaten und Seesoldaten nicht zwangsweise in Privathäuser einquartiert, 4) keine kriegsgerichtlichen Kommissionen mehr errichtet werden sollten.

Erst nach erhaltener Unterschrift bewilligte das Parlament Karl die Mittel zur Fortsetzung des sich noch immer hinziehenden Krieges mit Spanien, worauf es vertagt wurde. Karl legte indeß seine nur nach allen möglichen Winkelzügen

*) Das Haus der Peers war unter Karl I. zusammengesetzt aus 97 weltlichen und 26 geistlichen „Lords," das der Gemeinen aus 90 Grafschaftsvertretern, 4 Vertretern von Universitäten und etwas über 400 Vertretern von Städten und Burgflecken.

ertheilte Unterschrift anders aus, als sie vom Parlament aufgefaßt worden, und fing von Neuem an, Zölle, die das Parlament nicht bewilligt, eintreiben und die Verweigerer derselben verhaften zu lassen. Er hatte einen der bisherigen Führer der Opposition, den sehr begabten und energischen Wentworth, für sich gewonnen, und ein nicht minder energischer Kleriker, der Bischof Laud, hatte sein Ohr für alle Fragen, die die Kirche betrafen. Laud war als Gönner von Geistlichen, die den Katholiken günstig waren, und als Freund eines katholisirenden Ritus bekannt. Seine Ernennung wurde in den Kreisen der Puritaner als eine neue Herausforderung aufgefaßt, und als im Januar 1629 das Parlament wieder zusammentrat, ging der Kampf zwischen diesem und dem König sofort von Neuem los. Ein Schauer von Anklagen regnete auf dessen Regierung herab. Dem Verlangen des Königs, es solle sich vertagen, wurde offener Widerstand entgegengesetzt und der vom König eingeschüchterte „Sprecher" des Hauses mit Gewalt gezwungen, die Beschwerden anzuhören. Der König löste darauf das Parlament auf, ließ die neun Haupttheilnehmer an dem „rebellischen" Vorgehen verhaften, und trotz ihrer Berufung auf ihre Privilegien als Mitglieder des Parlaments, unter Anwendung niedriger Advokatenmanöver, von Richtern des Kingsbench-Gerichtshofes zu Einkerkerung bis zur Unterwerfung und Zahlung hoher Geldstrafen verurtheilen. Die höchste Strafe wurde dem „Rädelsführer," Sir John Elliot, auferlegt und derselbe in den Tower geworfen, wo er, da er sich zu keiner auch nur formellen Unterwerfung bewegen ließ, 1632 den Leiden der schweren Kerkerhaft erlag.

Nach Auflösung dieses Parlaments, dem unter Anderen auch ein junger, zum Puritanismus übergetretener Bürger und Grundbesitzer aus Huntingdon und Verwandter des Oppositionsführers John Hampden — nämlich Oliver Cromwell — angehört hatte, folgten elf Jahre absoluten Willkürregiments. Neben Bischof Laud bildeten Wentworth und andere Ueberläufer das Ministerium des Königs, nachdem dessen bisheriger Intimus, Buckingham, unter dem Messer des trotzigen Felton gefallen war. Ungesetzliche Steuern wurden eingetrieben, ungesetzlich Monopole verpachtet, ungesetzliche und grausame Verfolgungen eingeleitet, ungesetzliche Konfiskationen vorgenommen. Wentworth ging zuerst nach York, um als Vorsitzender des „Raths für den Norden" den eine drohende Haltung einnehmenden Puritanern der nördlichen Grafschaften die rebellischen Gelüste „gründlich" — so, „thorough," unterschrieb er seine Briefe — auszutreiben, indeß erreichte er mit allen Verfolgungen nur so viel, daß es nicht sofort zum bewaffneten Aufstand kam. Die Puritaner beschränkten sich dort und überall bis auf Weiteres auf den gesetzlichen Widerstand. Sie sammelten behufs Aussendung von Reisepredigern und Anstellung von ständigen Predigern in ärmeren Distrikten Propagandafonds, zu denen namentlich die City von London reichlich beisteuerte, und wenn auch Laud diese Fonds oder Stiftungsgelder konfisziren ließ, so scheint die Propaganda darum doch nicht eingeschlafen zu sein. Die ungesetzlichen Auflagen und andere, sachlich oft nicht ungerechtfertigten, aber, weil ungesetzlich und in offenbarer Feindseligkeit gegen ihre Widersacher unternommen, als ungerecht betrachteten fiskalischen Maßregeln der Regierung trieben immer mehr Leute ins Lager der kirchlichen und politischen Opposition. Dies gilt unter Anderem von dem sogenannten „Schiffsgeld,“ einer Abgabe behufs Bestreitung angeblicher Ausgaben zur Vertheidigung der Küsten, die Karl erst den an der See gelegenen, dann aber (1635), entgegen allem bisherigen Gebrauch, auch den Grafschaften des Binnenlandes auflegte. Servile Richter erklärten den Akt für legal, weil der König überhaupt kein Unrecht thun könne, und John Hampden, der das Schiffsgeld verweigerte, wurde verurtheilt. Die Masse der Bevölkerung ließ es zwar darauf nicht ankommen, trieb aber in ihrer Art passiven Widerstand, und die Eintreibung des Schiffsgeldes ging mit so viel Schwierigkeiten vor sich, daß die Unkosten die Einnahmen vollständig aufwogen.

Sehr viel Erregung riefen die kirchlichen Neuerungen des 1633 zum Erzbischof von Canterbury und damit zum Primat der Staatskirche ernannten Laud hervor, die den Ritus der Staatskirche immer mehr dem der römischen Kirche annäherten. Man darf nicht vergessen, daß es die Zeit war, wo in Deutschland der dreißigjährige Krieg wüthete, und eine päpstliche Reaktion in England für die Protestanten in ganz Europa verhängnißvoll werden konnte. Eine Presse im heutigen Sinne gab es noch nicht — 1640 kamen die ersten Nachrichten-Blättchen heraus —, dafür machte sich die Opposition in Pamphleten Luft, die größtentheils in Holland gedruckt wurden, wo die Calvinisten am Ruder waren und das für deren englische Glaubensbrüder jetzt die Stätte goldener Freiheit war.

Die Verfolgungen, die von den Bischöfen ausgingen und die sich meist gegen Geistliche richteten, waren noch grausamer, als die rein politischen Verfolgungen. Die Zeit der Ketzerverbrennungen war vorüber, aber das Sternkammergericht oder der Staatskommissionsgerichtshof verurtheilten dafür zu Peitschenhieben, Nasenaufschlitzen, Ohrenabschneiden und dergleichen brutalen Leibesstrafen. Dazu wurden so unerschwingliche Geldbußen auferlegt, daß die Verurtheilten fast nie in der Lage waren, sie zu erlegen und daher auch weiterhin in der Hand ihrer Verfolger blieben.

Dies die allgemeine Situation zur Zeit der Lehrlingschaft Lilburne's. Der Lehrherr des nachmaligen Levellers war ein großer Puritaner vor dem Herrn, und Lilburne, der, wie er später in einem seiner Pamphlete sich ausdrückte, schon in Newcastle in Gesellschaft von „Männern von Licht und Einfluß“ verkehrt und in London in den ersten Jahren seine freie Zeit mit Lesen von religiösen und Geschichtswerken zugebracht hatte, nahm noch als Lehrling thätigen Antheil an der religiös-politischen Agitation. Es war das an sich nichts Ungewöhnliches, die Lehrlinge spielten in jenen Tagen überhaupt keine geringe Rolle im öffentlichen Leben Londons. Die Geschichte berichtet von verschiedenen politischen Demonstrationen der Lehrlinge, die durchaus ernsthaft genommen wurden, während die Gesellen oder Arbeiter sich als solche garnicht politisch bemerkbar machen. Und das ist begreiflich genug. Speziell die Lehrlinge der wohllöblichen Kaufmannschaft Londons waren Söhne von „Gentlemen“ und im Gebrauch der Waffen nicht ungeübt. Dazu bewirkte die siebenjährige Lehrzeit, daß noch junge Leute von zwanzig Jahren und darüber Lehrlinge waren, im Handelsgewerbe und auch im Handwerk. Im Arbeiterstatut Eduard's VI. von 1547 wird z. B. vorgeschrieben, daß Jedermann das Recht habe, die Kinder von Vagabunden wegzunehmen und als Lehrlinge einzustellen, die Jungen bis zum vierundzwanzigsten Jahr. Und wenn es im Statut der Elisabeth von 1563 heißt, daß mindestens auf je drei Lehrlinge ein Gehülfe gehalten werden solle, so darf man wohl vermuthen, daß in der Praxis das Verhältniß nicht selten überschritten wurde. Somit können die Gehülfen schon der Zahl nach im Handwerk keine große Rolle gespielt haben, was auch weiterhin dadurch bestätigt wird, daß die sonst so präzise englische Sprache kein Wort entwickelt hat, das dem deutschen Begriff des „Gesellen" völlig entspricht. Was nicht „**Master**" oder „**Apprentice**" ist, ist „**Journeyman**," und dieses Wort entspricht mehr unserem deutschen Tagelöhner oder Arbeiter schlechtweg. Wer ausgelernt hatte, suchte sich möglichst bald selbständig niederzulassen, und Diejenigen, denen dies nicht gelang, scheinen sich oft bei öffentlichen Demonstrationen zu den „Lehrlingen" gehalten zu haben.

Lilburne war ungefähr zwanzig Jahre alt, als er, wie gesagt, noch Lehrling, im Jahre 1636 sich durch Organisation der Verbreitung verbotener und eingeschmuggelter religiös-politischer Pamphlete so kompromittirt hatte, daß er gezwungen war, sich für eine Zeit nach Holland zu begeben, um nicht den Häschern der Bischöfe in die Hände zu fallen. Während er fort war, wurde an den Verfassern einiger dieser Schriften, dem Arzt Dr. J. Bastwick, mit dem Lilburne befreundet war, dem Advokaten W. Prynne und dem Geistlichen H. Burton, auf Betreiben des allmächtigen Erzbischofs Laud die grausame Strafe des Ohrabschneidens oder vielmehr Ohrabsägens vollzogen. Prynne wurden außerdem die Buchstaben S. L. (für **Seditious Libeller** = Verfasser aufrührerischer Schmähschriften) auf die Wangen gebrannt, und alle Drei hatten Peitschenhiebe zu erdulden, am Pranger zu stehen und wurden dann in entlegene Gefängnisse abgeführt. Die Prynne auferlegte Geldstrafe betrug 20 000 Pfund, nach heutigem Geldwerth über eine halbe Million Mark.*)

Natürlich blieb Lilburne im „freien" Holland nicht unthätig, und als er im Dezember 1637 nach England zurückkehrte, in dem Glauben, daß man ihn

---

*) Sein ursprüngliches Vergehen bestand in der Abfassung eines dickleibigen, heute unlesbaren Buches gegen das Theater, betitelt: „Histriomastix" (Des Schauspielers Geißel), worin er bewies, daß Theateraufführungen „sündhafte, heidnische, lüderliche, gottlose Schauspiele" seien. Er hatte zu dem Buch von dem Kaplan des Vorgänger Laud's, des Erzbischofs Abott, die Druckerlaubniß erhalten, da es aber gerade kurz vor einer Aufführung in Somerset House herauskam, an der die Königin mitwirkte, und Prynne sich längst durch sein scharfes Auftreten verhaßt gemacht hatte, wurde es trotzdem zum Anlaß einer kriminellen Verfolgung genommen, die schon vor der obigen Prozedur grausame Strafen über Prynne herbeiführte. Eine in der Gefängnißhaft verfaßte Broschüre „Neuigkeiten aus Ipswich" (News from Ipswich), in der er die Bischöfe der Staatskirche mit dem ungebeugten Muth des Fanatikers als reißende Wölfe bezeichnete, bot die Möglichkeit, ihn vor die Sternkammer zu bringen.

inzwischen vergessen habe, wurde er, kaum angelangt, durch den Verrath des wahrscheinlich erkauften Dieners eines seiner Freunde, des schon im Gefängniß sitzenden Dekateurs J. Wharton, in eine Falle gelockt und verhaftet. Nach Lilburne's eigener Darstellung war der betreffende Angeber bei der Verbreitung strafbarer Schriften abgefaßt und durch Zusicherung von Straflosigkeit zur Spitzelei breitgeschlagen worden — eine Methode, die noch im 19. Jahrhundert des Herrn ihre Liebhaber findet.

Lilburne's Verhalten in diesem seinem ersten Prozeß ist typisch für die Art, wie er alle seine Prozesse durchfocht. Er war das Ideal eines Kämpfers ums Recht. Die Anklage lautete, daß er in der holländischen Stadt Delft verschiedene „schändliche" — das heißt oppositionelle — Flugschriften habe drucken lassen und dieselben alsdann auf dem Schmuggelwege nach England befördert habe. Nach mehrwöchentlicher Untersuchungshaft vor den Anwalt der Sternkammer resp. den Ankläger derselben gebracht, bestritt Lilburne energisch, daß die verschiedenen Handlungen, die die Anklage ihm vorwarf, richtig dargestellt seien, und verweigerte konsequent jede weitere Auskunft, weil er weder den Beruf in sich fühle, noch die Verpflichtung anerkenne, sein eigener Ankläger zu sein. Selbstverständlich mußte er ins Gefängniß zurückwandern. Zehn bis zwölf Tage später sollte er im Amtsgebäude der Sternkammer einem erneuten Verhör unterworfen werden, legte aber nur noch größere Entschlossenheit, sich kein Haar breit seines Rechtes abdrängen zu lassen, an den Tag. Er weigerte sich entschieden, diejenigen Formalitäten zu erfüllen, durch die er die Prozedur der Sternkammer als legal anerkannt hätte, und ließ sich weder durch Zureden noch durch Drohungen dazu bewegen, den vorgeschriebenen Eid abzulegen, der ihn verpflichtet hätte, sich selbst anzuklagen. So mußte er wieder ins Gefängniß zurück, um fünf Wochen später, am 9. Februar 1638, vor die Schranken des hochmächtigen Gerichtshofes selbst gestellt zu werden. Mit demselben Resultat. Auch die Drohungen des Grafen von Dorset und die spöttischen Bemerkungen des Erzbischofs Laud brachten ihn nicht dazu, seine grundsätzliche Haltung aufzugeben. Nachdem er drei Tage „wegen Ungehorsam gegenüber dem Gerichtshof" in engem Gewahrsam gehalten worden, wurde er am 12. Februar gemeinsam mit Wharton, der ebenfalls jede Aussage verweigerte, dazu verurtheilt, je 500 Pfund Sterling Geldbuße zu zahlen und so lange im Fleet-Gefängniß zu verbleiben, bis sie bereit seien, sich den Anordnungen des Gerichtshofes zu unterwerfen. Um aber zugleich Andere vor Nachahmung ihres störrischen Verhaltens zu warnen, wurde weiter bestimmt, daß Lilburne öffentlich durchgepeitscht und gemeinsam mit dem bejahrten Wharton an den Pranger gestellt werden solle.

Diese Strafe wurde am 18. April mit aller Härte an Beiden vollzogen. Den ganzen Weg von der Fleet-Brücke — wo jetzt Ludgate-Circus ist — bis Westminster sauste die dreisträhnige Peitsche auf den entblößten Rücken Lilburne's herab, aber trotzdem er, am Ziel angekommen, einer Ohnmacht nahe war, hatte er auf die Frage, ob er bereit sei, das Falsche seines Vorgehens einzugestehen und sich so wenigstens das — bekanntlich auch mit physischen Qualen verbundene

Stehen am Pranger zu ersparen, nur die Antwort: er scheue für die gute Sache, die er vertrete, auch diese Steigerung seiner Schmerzen nicht. Mit gebeugtem Rücken, weil die Kopföffnung zu niedrig für ihn war, aber, ungeachtet der infolgedessen erhöhten Schmerzen, mit ungebeugtem Geiste hielt er auch die Strafe des Prangers aus, warf drei ihm heimlich zugesteckte Exemplare einer der inkriminirten „Schandschriften“ des schon genannten Dr. Bastwick unter die Menge, legte derselben die Ungesetzlichkeit des gegen ihn eingeschlagenen Verfahrens dar und kennzeichnete die Grausamkeit der Bischöfe in so beredten Worten, daß der dabeistehende Beamte es für nöthig hielt, ihn obendrein knebeln zu lassen. So stand er noch anderthalb Stunden stumm da, mit brennendem Rücken, den bloßen Kopf den glühenden Strahlen der Mittagssonne ausgesetzt. Als aber die Zeit vorüber war, war sein erstes Wort: „Ich bin mehr als Sieger, dank Ihm, der mich lieb hat.“ Zur Strafe für diese trotzigen Worte verfügte die Sternkammer, daß er mit Ketten an Händen und Füßen in dem „für die niedrigsten und gemeinsten Verbrecher“ bestimmten Theil des Gefängnisses in strenger Einzelhaft gehalten werden und keinem seiner Freunde erlaubt werden solle, ihn mit Geldmitteln zu versehen. Dies wurde auch buchstäblich befolgt, selbst der Wundarzt wurde nach einem einmaligen Besuch nicht mehr zu ihm gelassen, und es kostete viele Beschwerden und Bestechungen, bis ihm nur gestattet wurde, statt der für ihn zu engen eisernen Hand- und Fußschellen auf seine eigenen Kosten etwas weitere anfertigen zu lassen. In der unsäglich schmutzigen und stinkenden Zelle litt er lange Zeit so große Schmerzen, daß er wiederholt dem Tode nahe zu sein glaubte, aber wenn er sich auch schließlich soweit herbeiließ, ein Gesuch an den Staatsrath um etwas bessere Behandlung aufzusetzen, verzichtete er doch sofort auf die Beförderung dieses Gesuchs, als ihm erklärt wurde, dieselbe könne nur erfolgen, wenn er sich zum Widerruf bereit erkläre. So lange man ihm nicht beweise, daß er Unrecht habe, gab er zurück, werde er dies unter keinen Umständen thun, obwohl er lieber nach Tyburn oder Smithfield ginge — das heißt, Rad und Galgen erleiden würde — als noch länger die Qualen des Gefängnisses zu erdulden. Indeß mußte er sie noch über zwei Jahre ertragen und würde sie noch länger haben erdulden müssen oder, wie Andere, im Kerker den Tod gefunden haben, wenn nicht ihm und vielen Leidensgenossen der im Winter 1640/41 eingetretene politische Umschwung endlich Erlösung gebracht hätte.

Hier sei noch erwähnt, daß die Gewaltmaßregeln gegen die Sektirer auch die Auswanderung vieler Weber aus Norfolk, Suffolk und Yorkshire zur Folge hatten. Ein Theil derselben ging nach den Niederlanden, wo man sie mit offenen Armen aufnahm, wie umgekehrt hundert Jahre früher England die Flüchtlinge aus Holland, vielleicht die Großväter und Urgroßväter der jetzt ihm den Rücken Kehrenden, aufgenommen. Andere versuchten in den aufkommenden Kolonien Nordamerikas ihr Heil. Doch blieben immer noch genug Leute zurück, die die alten Traditionen hochhielten.

Viertes Kapitel.

Parlament und Königthum. Presbyterianer und Independenten. Die staatsgefährlichen Sekten. Volk und Parlament.

„Im Hochland fiel der erste Schuß.“ Karl I. und Laud hatten versucht, die bischöfliche Verfassung und die neue katholisirende Liturgie der englischen Staatskirche auch in Schottland einzuführen, wo seit 1592 die presbyterianische Kirche anerkannte Staatskirche gewesen war. Sie glaubten, die Widerstandskraft der Schotten durch schrittweises und zugleich schroffes Vorgehen überwinden zu können, sollten sich aber schwer enttäuscht sehen. Schon 1637 brach die offene Rebellion aus, eine Art provisorischer Regierung, in der die vier Klassen: Adel, Gentry, Bürgerthum, Geistlichkeit ihre Vertretung hatten, wurde gebildet, und ein großer Volksbund, der nationale „Covenant“ proklamirt und allgemein beschworen. Nicht gleich in der Lage, ihm mit Waffengewalt entgegentreten zu können, mußte sich Karl zu Verhandlungen bequemen, die sich längere Zeit hinzogen. Oder vielmehr, die er so lange als möglich hinzog, die aber den in ihrer religiösen Ueberzeugung unbeugsamen Schotten nur Gelegenheit gaben, Karl zu beweisen, daß sie zu sehr seine Landsleute waren, als daß sie sich durch seine Taktik, bald zu drohen und bald zu schmeicheln, bald alles Mögliche zu versprechen, um hinterher Alles zurückzunehmen, hinters Licht führen ließen.*) Im Sommer 1639 kam es in Berwick, an der schottisch-englischen Grenze, wohin die Covenanter Karl, der mit etlichen Regimentern in Schottland einrücken wollte, bewaffnet entgegengezogen waren, zu einem vorübergehenden Friedensschluß. Aber da Karl keine Lust hatte, die dort gemachten Zugeständnisse zu halten, blieb ihm nichts übrig, als ein ordentliches, leistungsfähiges Heer zusammenzuziehen, und dazu brauchte er mehr Geld, als seine Zwangsauflagen und sonstigen Finanzkünste ihm einbrachten. Auf den Rath seines Vertrauten Strafford — wie der in den Grafenstand erhobene Wentworth jetzt hieß, der Irland mit List und Gewalt unterjocht gehalten und dort ein gefügiges Parlament oder Pseudoparlament zusammengebracht hatte —, auf den Rath dieses skrupellosen Gewaltmenschen berief er im Frühjahr 1640 nach elfjähriger unkonstitutioneller Regierung wieder ein englisches Parlament ein. Dasselbe trat am 13. April 1640 in London zusammen. Statt aber, wie der König wollte, ihm zunächst die Mittel zur Bekämpfung der an den Landesgrenzen — noch waren Schottland und England getrennte Reiche — stehenden schottischen Rebellen zu bewilligen, erklärte es, erst einmal die Gesetzlichkeit der in den verflossenen elf Jahren von Karl's Regierung

*) Wie Recht sie hatten, zeigen die erhaltenen Briefe Karl's an seinen Statthalter Hamilton. „Eure Hauptaufgabe ist es, Zeit zu gewinnen, damit sie (die Covenanter) Gelegenheit haben, dumme Streiche zu begehen, bis ich soweit bin, sie zu unterdrücken,“ heißt es in einem dieser Briefe.

vorgenommenen fiskalischen Maßregeln und politischen Verfolgungen untersuchen zu wollen. Wüthend schritt Karl darauf von Neuem zur Auflösung. Am 5. Mai schickte er das Parlament wieder heim und versuchte, angestachelt von Strafford, der da meinte, die City werde schon zur Räson kommen, wenn erst ein paar Aldermen gehängt worden wären, noch einmal das Mittel gewaltsamer Geldeintreibungen. Aber dieselben machten mehr böses Blut als sie Geld einbrachten, die Haltung der Bevölkerung Londons und der Provinzen wurde immer drohender, es kam zu Tumulten, die den König veranlaßten, seine ihrer Entbindung entgegensehende Frau nach Greenwich zu übersiedeln, und schließlich überschritten die Schotten, die längst mit den Führern der Opposition in England im Einverständniß waren, mit einem starken Heer die Grenze. Dem immer mehr bedrängten König half jetzt Alles nichts, er mußte einen großen Schritt rückwärts machen und aufs Neue ein englisches Parlament einberufen. Die den Schotten entgegengeschickten Truppen hatten versagt, sie hatten in dem kurzen Feldzug, den sie einen „Krieg der Bischöfe" nannten, mehr Kampflust gegen diese und ihre eigenen Offiziere als gegen die Schotten an den Tag gelegt, waren beim ersten Treffen mit den Letzteren nach den ersten Schüssen davongelaufen, und die vier nördlichen Grafschaften wurden ohne Mühe von den Schotten besetzt.

Nachdem noch ein Versuch Karl's, die Lords gegen die Gemeinen auszuspielen, mißglückt, wurden im Herbst 1640 die Wahlen für das neue Parlament ausgeschrieben. Wie leicht begreiflich, fielen dieselben noch ungünstiger für den König aus als alle früheren. Die Opposition hatte das Agitiren während der Zeit der Verfolgungen gründlich gelernt. Nicht zwei Mitglieder im neuen Haus standen unbedingt auf des Königs Seite, dafür aber waren dessen entschiedene Gegner um so zahlreicher. Die Führer der Opposition waren entschlossen, die prekäre Lage, in die Karl sich versetzt, für die Sicherstellung der Rechte des Parlaments sich gehörig zu Nutze zu machen. Diese trotzigen Calvinisten hielten sich mehr an das Alte Testament und die Lehren des Buches Samuelis und der Propheten über das Monarchenthum als an das „Gebet dem Kaiser, was des Kaisers ist" des Neuen Testaments. Sie waren unpatriotisch genug, die Schotten so lange unbehelligt in den von denselben besetzten Grafschaften zu lassen, bis sie selbst ihre Rechnung mit dem König ins Reine gebracht — ja, es heißt, daß John Hampden, der gefeierte Mann des „gesetzlichen Widerstandes," selbst die Führer der Schotten zum Einfall ins Land aufgefordert habe. Volkssänger feierten die Schotten als Retter des englischen Volkes, und kein Zweifel, daß Niemand etwas Ungehöriges dabei fand, im Nothfall auch noch weiter mit den Schotten gegen den König zu kooperiren. Uebrigens zeigten die weiteren Ereignisse, daß man nur Recht hatte, die Schotten als Reserve im Land zu halten. Verschwörungen royalistischer Truppenführer gegen das Parlament rissen nicht ab, und Karl selbst wartete ebenfalls mit Schmerzen auf den Moment, über die Vertreter seines geliebten Volkes mit Gewalt herzufallen.

Einstweilen mußte er freilich Zugeständniß über Zugeständniß bewilligen. Er mußte seinen Freund und Rathgeber Strafford opfern, der vom Parlament als Hochverräther prozessirt, verurtheilt*) und am 12. Mai 1641 geköpft wurde, er mußte zusehen, wie Erzbischof Laud ebenfalls als Hochverräther unter Anklage gestellt und bis zur Aburtheilung — die Verurtheilung und Hinrichtung erfolgten erst im Winter 1644/1645 — in den Tower geworfen wurde. Er mußte seine Zustimmung zu einem Gesetz geben, wonach spätestens drei Jahre nach Auflösung eines Parlaments ein neues zu wählen war, und zwar auch wenn der König die Einberufung zu verfügen unterlassen; ferner zu einem Gesetz, daß kein Parlament ohne eigene Zustimmung vertagt oder aufgelöst werden dürfe, und zu Gesetzen, welche den Sternkammergerichtshof, den kirchlichen Staatsgerichtshof aufhoben, und dem Staatsrath des Königs (dem „Privy Council") das Recht der Verfügung von Verhaftungen und der Fällung richterlicher Erkenntnisse entzogen. Erst nachdem alles dies geschehen, erfolgte im August 1641 die Auflösung der schottischen Armee, und der König schickte sich an, nach Schottland zu gehen, um mit dem dortigen Parlament zu verhandeln; da man ihm aber nicht traute, sondern die Anzettelung neuer Intriguen fürchtete, ging John Hampden mit ihm, um ihm auf die Finger zu sehen. Für die Zwischenzeit vertagte sich das Parlament, um erst Ende Oktober wieder sein Werk aufzunehmen resp. den Rest seiner Abrechnung mit dem König und den Bischöfen zu erledigen. Eine Bill, die Bischöfe aus dem Hause der Lords auszuschließen, und eine zweite, das ganze Bischofthum abzuschaffen, waren bereits im Parlament eingebracht und zur Verlesung gekommen.

Natürlich hatte das Parlament auch die Opfer der königlichen und bischöflichen Verfolgungen nicht vergessen. Zu seinen ersten Akten hatte es vielmehr gehört, Prynne, Bastwick, Burton, Lilburne und Andere auf freien Fuß zu setzen. Mit feierlichem Glockengeläute hielten dieselben in London ihren Einzug, „und das Volk bestreute ihren Weg mit Blumen." (Barclay, „The Inner Life of Religious Societies.") Die Petition Lilburne's um Genugthuung für das erlittene Unrecht hatte Oliver Cromwell in die Hand genommen, und die Rede Cromwell's zur Unterstützung derselben war die erste, die der nachmalige Diktator in diesem Parlament hielt. Am 3. Mai 1641 nahm Lilburne bereits an einer großen Demonstration der Londoner Bevölkerung Theil, auf der stürmisch gegen den Widerstand protestirt wurde, den die Lords und der König der Prozedur gegen Strafford entgegensetzten, und wird Tags darauf für sein Auftreten bei dieser Gelegenheit vor die Lords geladen, die Sache indeß, wie schließlich der Widerstand der Lords und des König selbst, fallen gelassen. Dagegen verfügt

*) Formell übrigens keineswegs „von Rechtswegen," denn Pym, der die Anklage gegen ihn führte, mußte sich zu seinem Leidwesen überzeugen, daß das Gesetz nur Hochverrath gegen den König kannte, aber keinen gegen das Volk oder das Land. Trotzdem ist es lächerlich, wenn der aufgeklärte Hume und nach ihm Andere Strafford's Hinrichtung als eine größere Ungeheuerlichkeit wie alle von Strafford selbst begangenen Gewaltakte hinstellen. Ein Gewalthaber, der das Gesetz mit Füßen tritt, steht außerhalb des Gesetzes.

am nämlichen Tage das Parlament auf Antrag des Berichterstatters Cromwell, die Lilburne von der Sternkammer seinerzeit auferlegte Strafe sei „ungesetzlich gewesen und gegen die verbrieften Rechte der Staatsbürger, zudem blutgierig, schändlich, grausam, barbarisch und tyrannisch,“ Lilburne sei für die ihm ungesetzlicherweise zugefügten Leiden und Verluste zu entschädigen. Die Festsetzung der Entschädigungssumme war Sache des Gerichtshofs der Lords, und es dauerte fast fünf Jahre, bis dieser — im März 1646 — über die Höhe des Lilburne zukommenden Betrages entschied. Von der zuerkannten Summe aber — zweitausend Pfund Sterling — hat Lilburne kaum den dritten Theil erhalten, und auch das erst sehr viel später. Vorerst etablirte er sich, um seinen Unterhalt zu gewinnen, als Brauer, doch waren die Zeiten zu bewegt, als daß er lange seinem Geschäft sollte vorstehen können.

Im Oktober 1641 trat das Parlament wieder zusammen, in keiner rosigen Stimmung, denn die Nachrichten aus Schottland erzählten von nichts als Intriguen Karl's, der in der That durch Bestechungen, Schürung persönlicher Rivalitäten und ähnliche Mittel Verwirrung in die Reihen der Covenanter gebracht und seinen eigenen Einfluß sehr gestärkt hatte, und ferner beschuldigt worden war, an einem Mordanschlag gegen einige Führer der Schotten betheiligt gewesen zu sein. Man wollte ähnlichen Manövern in England vorbeugen, und einer der ersten Akte, die nun vorgenommen wurden, war die Zusammenstellung eines großen Beschwerdestücks — der „Grand Remonstrance“ — das in 206 Paragraphen alle verfassungswidrigen Maßregeln seit Karl's Regierungsantritt aufzählte und Bürgschaften gegen Wiederholung derselben verlangte. Gegen eine Minorität solcher Abgeordneten, die nicht schnell genug mit dem König Frieden schließen konnten, ward die Remonstranz angenommen und nach ihrer Einhändigung an den König in vielen Abzügen im Lande verbreitet. Ferner wurde die Aktion gegen die Bischöfe fortgesetzt, die ihrerseits alle in ihrer Abwesenheit vom Haus der Lords beschlossenen Gesetze für verfassungswidrig erklärten. Große Demonstrationen der Bevölkerung gegen dieselben fanden statt. Als auf einer von den Lehrlingen veranstalteten derartigen Demonstration Soldaten des Königs und Anhänger des Hofes über die Theilnehmer herfielen, rücken diese Tags darauf — am 28. Dezember 1641 — bewaffnet gegen Westminster vor, und bei dem sich entspinnenden Handgemenge sollen zum ersten Mal die von da ab typischen Losungsworte: „Rundköpfe“ — für die Volkspartei, und „Kavaliere“ — für die Königlichen, gefallen sein. In den Reihen der Ersteren hatte auch Lilburne — längst kein „Lehrling“ mehr — gekämpft und eine sehr schmerzhafte Wunde davongetragen.

Wieder versuchte der König einen Staatsstreich. Es war ihm nicht gelungen, den Führer der Opposition, Pym — „König“ Pym, dessen Haus das Standquartier der Opposition war — durch Anbieten des Schatzkanzlerpostens zu sich herüberzuziehen, und so ließ er ihn, John Hampden und noch andere Mitglieder des Hauses der Gemeinen, sowie ein Mitglied des Hauses der Lords, den Lord

Kimbolton — später Lord Manchester — am 3. Januar 1642 als Hochverräther unter Anklage stellen.*) Aber der Versuch, sie durch einen Ueberfall in Haft zu bringen, mißlang; als der König am 4. Januar mit Soldaten ins Parlament drang, um sich ihrer mit Gewalt zu bemächtigen, fand er die schon gewarnten Vögel ausgeflogen. Und trotzdem man ihn noch ehrerbietig anhörte, tönten ihm beim Verlassen des Hauses die protestirenden Rufe „Privilegium! Privilegium!“ nach. Eine Proklamation, die die Schließung der Häfen anordnete, um das Entkommen der Fünf ins Ausland zu verhindern, steigerte die Erregung in London zur Fieberhitze. Die Bürgerschaft nahm wie ein Mann für das Parlament Partei, das, um sicherer zu sein, in die City übersiedelt war. Drohende Rufe ertönten dem König auf seinen Ausfahrten ins Ohr, und ein Zettel mit den ominösen Worten „In deine Zelte zurück, Israel,“ womit einst die Rebellion gegen Rehabeam eingeleitet worden, ward dem Sohn des „britischen Salomon“ von einem Eisenhändler in die Karosse geschleudert. Bewaffnete Matrosen und Seesoldaten, Lehrlinge ꝛc. stellten sich in Masse dem Parlament als Schutzgarde zur Verfügung. Karl fühlte, daß dieses in der Hauptstadt sicherer war als er, und verließ dieselbe am 10. Januar, um sie erst sieben Jahre später als Gefangener wiederzusehen.

Nun wurde mit jedem Tage es klarer, daß der Konflikt draußen auf dem Schlachtfelde ausgefochten werden mußte. Die Königin setzte mit den Kronjuwelen nach dem Festland über, dieselben dort zu verpfänden und sonst leihweise Geld aufzutreiben, während der König, der sein Domizil wiederholt wechselte, überall im Lande Truppen anwerben ließ. Die Parlamentspartei ihrerseits sammelte gleichfalls Gelder und warb ein Heer an, das unter das Oberkommando des Grafen Essex gestellt wurde; das Kommando der Reiterei erhielt der Graf Bedford. Unter ihm befehligte Cromwell als Hauptmann eine Schwadron (60) Reiter. Auch Lilburne stellte sich sofort dem Parlament für den Kriegsdienst zur Verfügung und erhielt, da er als „Gentleman“ die Waffe zu führen verstand, eine untere Kommandostelle in einem Infanterieregiment. Die Flotte ging sammt und sonders zum Parlament über, und London hielt seine Miliz in Bereitschaft.

Ueber dem Werbegeschäft und Verhandlungen aller Art ging das Frühjahr und der Sommer hin, im Herbst aber kam es zum Schlagen. Das erste ernsthafte Treffen zwischen den aus geübten Kriegern bestehenden Truppen des Königs und dem Volksheer fiel für das letztere ungünstig aus, aber schon beim zweiten, den Kämpfen um Brentford bei London (13. bis 15. November 1642) gelingt es dem letzteren, den Angriff der „Kavaliere“ in heißer Gegenwehr abzuschlagen und den König zu nöthigen, sich mit seinen Getreuen nach Oxford zurückzuziehen.

*) Hier war, umgekehrt wie in Strafford's Fall, das formelle Recht in sehr wesentlichen Punkten auf Seiten der Anklage. So z. B. wenn es im Punkte 4 hieß, daß die Angeschuldigten „eine ausländische Macht verrätherisch eingeladen und ermuntert haben, in seiner Majestät Königreich England einzudringen.“ Das war gegenüber den Schotten, damals noch Ausländer, geschehen. Aber die Frage des Hochverraths war durch die Ereignisse schon längst außerhalb der juristischen Sphäre gerückt.

Lilburne, der sich schon an dem vorerwähnten unglücklichen Treffen bei Edgehill bewährt und eine Wunde davongetragen hatte, zeichnete sich auch in Brentford durch große Bravour aus, wurde aber niedergeschlagen und von den Königlichen als Gefangener mitgeschleppt. In Oxford wurde ihm der Prozeß gemacht und er als Hochverräther zum Tode verurtheilt. Aber die Drohung des Parlaments, im Fall der Exekution auch die gefangenen Kavaliere zu erschießen, rettete ihm das Leben, nur blieb er fast ein Jahr in Gefangenschaft und hatte über sehr schlechte Behandlung zu klagen. Erst im September 1643 ward er im Austausch gegen gefangene Royalisten freigegeben, nachdem das Parlament dem König, der Lilburne's Hinrichtung angeordnet, die Drohung hatte zugehen lassen, es werde dessen Tod doppelt und dreifach rächen. Eine ihm angebotene Staatsanstellung mit tausend Pfund Gehalt ausschlagend, schloß sich Lilburne der inzwischen organisirten Armee der östlichen Grafschaften an und erhielt auf Empfehlung Cromwell's, der sich um ihre Organisation hauptsächlich verdient gemacht, das Patent als Major der Reiterei.

Cromwell hatte am Treffen bei Edgehill mit Auszeichnung theilgenommen, nach der, wie schon erwähnt, ungünstig ausgegangenen Schlacht aber seinem Vetter Hampden gesagt, mit einem zum großen Theil aus alten Küfergesellen und städtischen Lehrburschen*) zusammengesetzten Heer werde man nie gegen eine „Armee aus Männern von Ehre" aufkommen, dazu brauche man Leute, die ein noch höheres Prinzip verträten, „Männer von Religion." Der Winter 1642/43 ward denn auch zu Reorganisationsversuchen benutzt. Es wurden Vereine assoziirter Grafschaften gebildet, die in ihrem Distrikt die Werbung und Einübung geeigneter Truppen besorgen sollten; aber nur die Assoziation der östlichen Grafschaft (Norfolk, Suffolk, Essex ꝛc.), deren „Seele" Cromwell war, erwies sich von Bestand. Die Heimath des Lollhardenthums stellte die Kerntruppen des Parlamentsheeres, die späteren „Eisenseiten" (Ironsides) Cromwell's.**)

Dieser Heeresabtheilung gehörte nun auch Lilburne an, und er zeichnete sich bei verschiedenen Gelegenheiten derart aus, daß er im Mai 1644 zum Oberstlieutenant der vom Lord Manchester befehligten Dragoner ernannt ward. Anfang Juni desselben Jahres erhält er im Treffen bei Wakefield einen Schuß durch den Arm, nimmt aber schon am 2. Juli wieder an einem großen Treffen Theil, der berühmten siegreichen Schlacht bei Marston Moor.

---

*) Welche Letzteren sich übrigens in verschiedenen späteren Treffen sehr brav hielten, so unter Anderem im Treffen bei Newbury, 20. September 1643, wo der tapfere Widerstand, den sie den Reitern Karl's I., meist kriegserprobte Wallonen, leisteten, den Sieg der Königlichen vereitelte.

**) Die Zunahme des sektirerischen Elements in der Armee hatte unter Anderem zur Folge, daß die presbyterianischen Feldkapläne sich von ihr zurückzogen und an ihrer Stelle Laien, die die Inspiration in sich fühlten, das Predigen übernahmen, so daß auf diese Weise die Armee selbst wiederum zur Pflanzschule des Sektirerthums und von Sektirerpredigern wurde. Vgl. Neal, History of the Puritans, II., S. 356.

Wie im Parlament selbst, so kam auch im Parlamentsheer um diese Zeit der bis dahin latente Gegensatz zwischen Presbyterianern und Independenten stärker zum Ausdruck. Die zu den Ersteren haltenden Generäle fingen aus verschiedenen Gründen an, den Krieg lau zu führen, unter Anderem, weil sie doch immer einen Kompromiß mit dem König im Auge hatten. Manchester verzettelte den am 27. Oktober 1644 im zweiten Treffen bei Newbury erfochtenen Vortheil in so offenkundiger Weise, daß der immer mehr zu militärischer Bedeutung gelangte Cromwell erbittert nach London reiste und ihn im Parlament des Verraths beschuldigte, wobei er sich hauptsächlich auf das Zeugniß Lilburne's berief. Aber statt die Verurtheilung Manchesters zu betreiben, begnügte sich Cromwell, ihn aus der Armee herauszudrängen. Er setzte durch seine Freunde die sogenannte Selbstverleugnungsbill durch, auf Grund deren kein Mitglied der Häuser des Parlaments zugleich eine Führerstelle in der Armee bekleiden durfte. Daraufhin legten Essex, Manchester ꝛc. in der That ihre Stellungen nieder, für Cromwell selbst aber wurde eine Ausnahme gemacht; trotzdem er Mitglied des Parlaments war, wurde er für eine bestimmte Zeitdauer, deren Schlußtermin aber immer wieder verlängert wurde, zum Generallieutenant der neu organisirten („New Model"-) Armee ernannt, mit dem tapferen Th. Fairfax als kommandirendem General. Man konnte ihn gegen den zu einem neuen Schlag ausholenden König schwer entbehren.

Lilburne sah in alledem nur krumme Wege, die ihm, dem Fanatiker des Rechts, besonders verhaßt waren, und Cromwell erschien ihm als bloßer Stellenjäger, der sich seiner (Lilburne's) blos bedient hatte, um einen unbequemen Vorgesetzten loszuwerden. Er lehnte es daher ab, in der neuen „Muster"-Armee, aus der alle unzuverlässigen Elemente ausgemerzt wurden,*) Stellung anzunehmen, und trat wieder ins bürgerliche Leben zurück, um zunächst die Sache der religiösen Freiheit gegen die Presbyterianer mit der Feder zu vertreten.

Wie fast alle politisch radikaleren Elemente, hatte er sich in der Zwischenzeit von diesen ab- und den Independenten zugewendet. Für die Presbyterianer gab es keine religiöse Freiheit außer der Freiheit ihrer Religion. Duldung anderer Sekten war ihnen die ärgste Ketzerei, das „oberste Mittel des Teufels," und namentlich die Schotten, mit denen das Parlament am 25. September 1643, zu einer Zeit, wo der König es arg bedrängte, einen feierlichen Gegenseitigkeits-Bund geschlossen hatte — „the Solemn League and Covenant" —, und die darauf mit 21 000 Mann zu Hülfe gekommen waren, betrachteten die religiöse Freiheit als „Seelenmord." Unter Cromwell's Briefen befindet sich einer vom 10. März 1643, gerichtet an einen bereits im englischen Heer dienenden Schotten,

*) Das heißt alle nach der royalistischen Seite hin schwachen Geister, und was sich als blos abenteuerndes Gesindel herausgestellt. Die die maßgebenden Vertreter der Armee an Radikalismus übertreffenden Elemente galten vor der Hand noch nicht als unzuverlässig, bildeten vielmehr eine Zierde dieser Armee, deren musterhafte Aufführung im Feld und im Quartier selbst ihre Gegner nicht umhin konnten offen anzuerkennen.

den Generalmajor Crawford, wo Cromwell sich lebhaft für einen von Crawford suspendirten Offizier ins Zeug wirft. Es heißt da unter Anderem:

„Aber, der Mann ‚ist ein Wiedertäufer.‘ Seid Ihr dessen sicher? Zugegeben, er sei es, soll das ihn unfähig machen, dem Gemeinwesen zu dienen? . . . Herr, der Staat fragt, wenn er Leute auswählt, ihm zu dienen, nicht nach ihren Meinungen; wenn sie gewillt sind, ihm redlich zu dienen — so genügt das.“ (Carlyle, „Cromwell's Letters and Speeches,“ Brief Nr. 15.)

Heute klingt das fast wie ein Gemeinplatz, obwohl es noch lange nicht allgemein Platz hat, damals galt es als so unerhört, daß der Brief vom Lord Manchester als eine Waffe wider Cromwell verwendet wurde, um diesen beim Parlament, in dem die Presbyterianer noch die Mehrheit hatten, als Förderer des Sektenthums anzuklagen. Und richtig ist, daß es in Cromwell's Heer massenhaft Sektirer gab, und zwar aller Schattirungen, von Ultrabibelgläubigen bis zu fast atheistischen Rationalisten. Sie gehörten zur Elite desselben, waren das tapferste, aufopferndste, demokratischste, und daher auch gerade das Element, das später dem Diktator Cromwell am schwersten zu schaffen machen sollte, wo denn auch Cromwell den revolutionären Sektirern gegenüber andere Seiten aufzog. Zur Zeit aber stützten sie Cromwell und Cromwell sie.

Dem Parlament fehlte es nicht an gutem Willen, wohl aber an der Kraft, ihnen den Garaus zu machen, deshalb blieben auch die Ermahnungen, welche das schottische Parlament an das englische richtete, dem Gräuel in der Armee zu steuern, ohne praktischen Effekt.*) Cromwell seinerseits tritt in seinen Briefen vom Schlachtfeld immer wieder für die Sektirer unter seinen Soldaten ein. „Herr, sie sind zuverlässig; ich bitte Euch im Namen Gottes, sie nicht zu entmuthigen,“ schreibt er nach der Schlacht von Naseby, in der Karl total aufs Haupt geschlagen wurde, an den Sprecher des Parlaments; und an denselben nach der Erstürmung von Bristol: „Presbyterianer, Independenten, alle haben hier den gleichen Geist in Glauben und Gebet, denselben Gruß und Gegengruß, sie vertragen sich hier, sie haben keine unterscheidenden Namen. Schade, daß es anderswo anders ist.“ (Briefe vom 14. Juni und 14. September 1645.)

Aber es war „anderswo anders.“ Nicht in der Lage, in dem Grade von Verfolgten zu Verfolgern zu werden, wie ihre Doktrin es ihnen zum Gebot machte, thaten die Presbyterianer in London ihr Möglichstes, von der Kanzel herab und in Pamphleten ihre Bannflüche gegen die Sektirer loszulassen, und in der seit 1643 in Westminster tagenden „Großen Versammlung von Gottes-

*) In einer Adresse des schottischen Parlaments an das englische vom Jahre 1645 heißt es z. B.: „Das Parlament dieses Königreiches ist überzeugt, daß die Frömmigkeit und die Weisheit der ehrenwerthen Häuser nimmer die Duldung von irgend welchen Sekten oder Schismen zugeben wird, die gegen unseren feierlichen Bund und Vertrag ist.“ Mitgetheilt von W. H. Lecky aus Neal's History of the Puritans, II., S. 211—222.

gelehrten,"*) die über eine gemeinsame, einheitliche Kirchenverfassung für Schottland und England berathen sollte, und in der die Presbyterianer das große Uebergewicht hatten, ertönten nicht minder leidenschaftliche Verdonnerungen der „abscheulichen, verdammenswürdigen Lehre von der Gewissensfreiheit."

„Die Toleranz würde aus diesem Königreich ein Chaos, ein Babel, ein zweites Amsterdam, ein Sodom, ein Egypten, ein Babylon machen," heißt es in einem Sendschreiben der Versammlung an das Parlament. „Wie die Erbsünde die Ursünde ist, die den Samen und den Laich aller Sünden in sich trägt, so trägt die Toleranz alle Irrthümer und alle Uebel in ihrem Schooß . . . Unser Inneres empört sich und wir könnten uns in unseren Thränen ertränken, wenn wir daran denken, in wie langer und harter Arbeit dieses Königreich viele Jahre dafür gewirkt hat, die gesegnete Frucht einer reinen und gründlichen Reformirung zu Stande zu bringen; und nun am Ende, nach all diesen Mühen, Leiden und Erwartungen, ist die wahrhafte und gründliche Reformirung in Gefahr, durch eine gesetzlose Toleranz, die vor ihr verwirklicht zu werden strebt, in der Geburt erstickt zu werden."

Es wäre grundfalsch, aus diesen Worten nichts als die Stimme beschränkter religiöser Fanatiker herauszuhören. Aus ihnen spricht auch die Stimme des besitzenden Bürgerthums — die City-Kaufmannschaft war in ihrer Mehrheit presbyterianisch —, dieselbe Stimme, die heute spricht: Die Religion muß dem Volke erhalten werden. In einer Zeit, wo die radikalsten sozialen Theorien sich vorwiegend in religiösem Gewande präsentirten, konnte natürlich das im Interesse der bestehenden Ordnung Erhaltenswerthe nicht „die Religion" schlechtweg, sondern nur eine bestimmte Form der Religion sein, und die der aufkommenden Bourgeoisie genehmste Religion war das presbyterianische Puritanerthum.**) „Independent" war zunächst noch ein unbestimmter Begriff, ein Sammelname, unter

---

*) „Assembly of Divines." Lilburne nannte sie spöttisch in seinen Pamphleten die Assembly of Dry-vines, etwa: „Versammlung von trockenen Weinstöcken." Sie bestand aus 120 Mitgliedern, darunter 30 Laien: 10 Lords und 20 Gemeine. Die Presbyterianer ihrerseits bildeten aus John Lilburne's Buchstaben das Anagramm: „O I burn in hell — Ob ich brenne in der Hölle."

**) „Es ist nichts Ueberraschendes, daß die City hartnäckig presbyterianisch blieb. Die Furcht vor etwaiger kirchlicher Tyrannei, die auf den Bänken des Hauses der Gemeinen so groß war, hatte für die Kaufleute und Gewerbsleute der City keine Schrecken. Durch die Besetzung der Aelterschaften hätten für die Zwecke der Kirchenzucht diese selben Kaufleute und Gewerbsleute der City selbst die Kirche gebildet. Was an kirchlicher Tyrannei erfolgen konnte, würde von ihnen selbst ausgeführt worden sein." (Gardiner, History of the Great Civil war, III., S. 78, 79.) Dieser Gegensatz zwischen den parlamentarischen Vertretern der bürgerlichen Klassen und den Klassen selbst ist ein sehr charakteristisches Phänomen, das sich überall in der modernen Geschichte verfolgen läßt. In den Parlamenten und bei den Parlamentariern spielen Ideologien aller Art modifizirend oder, wenn man will, fälschend in die Klassennatur der Vertretung hinein, die sich bei der Masse der Vertretenen gewöhnlich verwischen. Das wechselnde Verhalten der Londoner City zu Cromwell und dem Parlament ist eines der lehrreichsten Kapitel der englischen Revolution.

dem sich sehr Vieles zusammenfaßte, was, sei es aus diesem, sei es aus jenem Grunde, keinen religiösen Absolutismus, keine religiöse Zentralgewalt wollte, wie auf einer gewissen Stufe politischer Entwickelung der Begriff liberal, dann später der Begriff radikal, Sammelnamen für Bestrebungen sind, die sich blos in der Negation zusammenfinden, sonst aber den Keim weitgehendster Spaltung in sich tragen. Wir werden schon im nächsten Abschnitt von einer politischen Spaltung der Independenten zu berichten haben; wie weit die Verschiedenheiten in religiös-sozialer Hinsicht gingen, ersieht man daraus, daß Sekten mit stark kommunistischen Tendenzen, wie die Wiedertäufer und die von dem wiedertäuferischen Ideengang beherrschten Sekten der Familisten (wie schon der Name anzeigt, eine Art Menschenverbrüderungsbund, der in Münster entstanden war und über Holland nach England Wurzeln geschlagen hatte), weiter die noch zu behandelnden Anhänger der „fünften Monarchie,"*) dann die noch stärker ins Anarchistische fallenden Antinomisten (Gegner des geschriebenen religiösen und Moralgesetzes, die von der inneren Erleuchtung durch den Geist des Evangeliums als genügender Direktive alles Handelns ausgingen und zu sehr radikalen Folgerungen gelangten) und die Ultras dieser letzteren Richtung, die Ranters,**) die als Bekenner der freien Liebe und ähnlicher Gräuel hingestellt werden, — daß diese und andere Sekten gelegentlich als „independente Sekten" aufgezählt werden.

Eine ins Einzelne gehende Schilderung aller Sekten jener Zeit zu geben, erscheint unnöthig; diejenigen, die in unsere Geschichte hineinspielen, werden bei passender Gelegenheit behandelt werden. Hier genügt es, im Allgemeinen das Vorhandensein und die starke Verbreitung chiliastischer — ein tausendjähriges, kommunistisches Gottesreich erwartender — Sekten im Volke zu konstatiren.***) Diese Sekten nun hatten die Presbyterianer vornehmlich mit ihrer Verdonnerung im Auge, gegen sie richteten sich die Bannflüche ihres speziellen Londoner Konzils, des „Sion College," und ihnen widmete ein presbyterianisches Kirchenlicht,

---

*) Dieselben erhofften und erstrebten, unter Berufung auf eine Stelle im Buch Daniel, eine Monarchie Christi, die auf die nacheinander gefallenen Weltmonarchien — die assyrische, persische, griechisch-makedonische und römische Weltmonarchie — folgen und ein Reich ohne weltliche Herrscher, der Gleichheit im Sinne des Urchristenthums, bilden sollte.

**) Etwa: die Lärmenden, Zügellosen.

***) Ausführlich behandelt diesen Gegenstand Hermann Weingarten, „Die Revolutionskirchen Englands" (Leipzig 1868), eine sehr fleißige und lesenswerthe Arbeit. „Nach zwei Richtungen," schreibt Weingarten, der die Dinge vom Standpunkte des Geschichtschreibers der Ideen behandelt, „sehen wir den Independentismus vorschreiten. Zu der religiösen, die in den Sekten ihre Durchbildung und im Quäkerthum ihren Abschluß findet, tritt die politische hinzu, von welcher die erste zufällige Form das Levellerthum ist, während ihre Grundgedanken als treibende Kräfte in das politische Leben der modernen Zeit übergehen" (a. a. O., S. 75). Eine sehr übersichtliche Zusammenstellung der Sekten der ersten Revolutionszeit giebt Masson, Life and Time of John Milton, III., S. 142—159, der sich V., S. 15 ff., im gleichen Werk eine Charakterisirung der Sekten unter dem Protektorat anschließt. Viel Material, aber in spießbürgerlich-apologetischer Darstellung, liefert Robert Barclay, „The Inner Life of the Religious Societies of the Commonwealth," London 1876.

Th. Edwards, 1646 ein ganzes Denunziationsbuch, das er mit dem bezeichnenden Titel „Das Brandgeschwür" („gangraena") versah. Manche der Sekten, wie zum Beispiel die Antinomisten, gingen von denselben dogmatischen Grundbegriffen aus wie die Presbyterianer, aber ihre Anwendungen für die Praxis waren andere, und um diese handelte es sich.

In vollster Nacktheit ist der Gedanke, man dürfe um des Eigenthums willen nicht an der zentralisirten Staatskirche rühren, damals von einem — Poeten, dem wegen seiner eleganten Verse und noch eleganteren Ueberläufereien bekannten Edmund Waller, ausgesprochen worden. Am 27. Mai 1641 gelangte im Haus der Gemeinen der Antrag, die Bischofsverfassung (den Episkopat) abzuschaffen, zur Verhandlung. Bei dieser Gelegenheit meinte Waller, ein Neffe John Hampden's und damals noch Parteigänger der Parlamentspartei, es sei ganz gut gewesen, dem Episkopat die Hörner und Klauen zu stutzen, man könne darin auch vielleicht noch etwas weiter gehen, es aber ganz abschaffen, das sei doch sehr bedenklich. Gerade daß die Massen sich gegen den Episkopat erhöben, stimme ihn, wie er offen gestehe, zu dessen Gunsten:

„Denn ich blicke auf den Episkopat als auf einen Schutzwall oder ein Außenwerk, von dem ich mir sage, daß, wenn es durch diesen Ansturm des Volkes genommen ist, und wenn damit das Geheimniß erst enthüllt ist, daß wir ihnen (der Volksmasse) nichts versagen dürfen, wenn sie es in solchen Massen verlangen, wir das nächste Mal eine ebenso harte Aufgabe haben werden, unser Eigenthum zu vertheidigen, als wir jüngst hatten, es gegen die Prärogative der Krone zu schützen. Wenn sie (die Volksmassen) durch die Masse der Hände oder Petitionen für eine Gleichheit in kirchlichen Dingen den Ausschlag geben, so mag die nächste Forderung vielleicht die Lex Agraria (Ackervertheilungsgesetz), die Forderung derselben Gleichheit in weltlichen Dingen sein." Waller weist auf die Geschichte des alten Rom hin, wo mit dem Uebergewicht der Masse der Untergang der Republik begonnen habe. Das Legem rogare (Gesetz erbitten) sei schnell zu einem Legem ferre (Gesetz machen) geworden, und nachdem die Legionen ausgefunden, sie könnten zum Diktator machen wer ihnen gefalle, hätten sie dem Senat gar keine Stimme mehr dabei gelassen. Man wende ein, der Episkopat sei nicht das, was in der heiligen Schrift vorgezeichnet sei. Er (Waller) wolle das nicht bestreiten. Aber —

„Aber ich bin sicher, daß, wenn immer eine gleiche Vertheilung des Bodens und der Güter verlangt werden wird, ebensoviel Stellen in der Bibel werden ausgefunden werden, die dies zu befürworten scheinen, als jetzt gegen das Prälatenthum und die Pfründen der Kirche herangezogen werden. Und was die Mißbräuche anbetrifft, so könnt ihr, wenn euch in der Remonstranz vorerzählt wird, was dieser und jener arme Mann von den Bischöfen erduldet habe, tausend Beispiele vorgesetzt bekommen von armen Leuten, denen von ihren Landlords hart mitgespielt wurde, und von weltlichen Gütern, die zum Schaden Anderer und zum Nachtheil ihrer Eigner mißbraucht wurden." Deshalb solle das Haus durch eine Resolution, daß es den Episkopat reformiren, aber nicht abschaffen wolle, die Gemüther zur Ruhe bringen. (Vgl. die Biographie Waller's in Sam. Johnson's Lifes of the Poets.) Man sieht, die Weisheit der konservativen Staatsmänner unserer Tage, behufs Erhaltung bekämpfter Institutionen hier das rothe Gespenst und da Mißbräuche in anderen Institutionen auszuspielen, ist sehr alten Datums. Beiläufig liegt Edmund Waller in Beaconsfield begraben, wo auch das Grab eines nicht minder begabten Ueberläufers, Edmund Burke, sich befindet, und nach welchem Ort Disraeli, der als Schriftsteller und Politiker den Beiden gleich kongenial war, seinen Adelstitel ausstellen ließ.*)

Nehmen wir nunmehr den Faden unserer Schilderung der Ereignisse wieder auf.

Gegen ein Pamphlet seines einstigen Lehrers und Vorkämpfers Prynne,**) das den oben charakterisirten Verfolgungsgeist der Presbyterianer athmete, veröffentlichte Lilburne im Januar 1645 einen offenen Brief, in welchem er die Sektirer in Schutz nahm und die Geistestyrannei der Presbyterianer heftig bekämpfte. Der Brief wurde vom Parlament auf Betreiben Prynne's für „possenhaft, verleumderisch und aufrührerisch" erklärt, gegen Lilburne wegen desselben Strafunterinchung eingeleitet, und als Lilburne diese Prozedur im zweiten Pamphlet geißelte, er selbst im Juli 1645 auf Parlamentsbeschluß in Haft genommen. Hatten indeß beim Parlament und bei der City-Kaufmannschaft die Presbyterianer das Uebergewicht, so war bei der breiten Masse der Londoner Bürgerschaft Lilburne, der u. A. eifrig gegen die immer noch geübte Verleihung von Monopolen an die großen Kaufherren ankämpfte, viel zu populär, als daß man mit ihm hätte nach Belieben umspringen können. Eine Deputation von Bürgern rief dem Parlament Lilburne's Verdienste „gegen die Tyrannei der Prälaten und höfischen Schmarotzer" ins Gedächtniß und erhielt die Zusicherung, daß derselbe einen gerechten Prozeß haben solle und daß ihm bis dahin hundert Pfund für gebührenden Unterhalt ausgesetzt seien. Die Deputation war damit noch nicht zufrieden, und einige Hitzköpfe scheinen einen Sturm auf das Gefängniß geplant zu haben, welche Idee jedoch Lilburne, der davon erfuhr, entschieden verwarf, und als der Oktober herankam, wo seine Sache zur Verhandlung gekommen,

---

*) Poet Waller hatte Vielen aus der Seele gesprochen. Im Mai 1646 petitionirten Deputirte von über 2000 Einwohnern der Grafschaften Buckinghamshire und Hertfordshire vor der Barre des Parlaments um Aufhebung der Zehnten. Ihr Gesuch fand keine Unterstützung und sie wurden heimgeschickt mit der sehr väterlichen Mahnung, sie verstünden weder das Gesetz Gottes noch das des Königreichs, sie sollten sich trollen und - - beiden gehorchen. „Einige Mitglieder (des Parlaments) bemerkten, daß Pächter, die die Zehnten loswerden wollten, auch sehr bald würden die Renten loswerden wollen. Neun Zehntel seien dem Landlord auf demselben Rechtsgrund hin geschuldet, wie ein Zehntel dem Geistlichen." (Gardiner, History of the Great Civil war, III., S. 124.) Welches Streiflicht werfen diese aktenmäßig verbürgten Aussprüche auf die Geschichte jener Revolution!

**) In einigen Schriftstücken der Epoche wird Lilburne als gewesener Angestellter („servant") Prynne's bezeichnet. Dies kann sich aber nur auf die politische Anhängerschaft beziehen.

ordnete das Parlament auf erneuerte Petitionen im Hinblick auf die lange Untersuchungshaft seine Entlassung an. Das Haus befand sich in keiner sehr erquicklichen Situation. Wohl hatte es vom König nichts mehr zu fürchten; derselbe hatte nach der Schlacht von Naseby jede Hoffnung auf einen Sieg mit den Waffen aufgegeben und sich wieder auf's Unterhandeln verlegt. Aber Cromwell's Heer bestand fast ausschließlich aus Independenten, in London hatten dieselben einen großen Theil der Volksmasse für sich, und wenn man dieser unbequemen Dränger, die Reform an „Wurzel und Zweigen" („root and branch") verlangten, nicht Herr wurde, drohten die Früchte des Sieges verloren zu gehen. Immer mehr wurden sie als der Feind betrachtet.

Lilburne sollte sich denn auch nicht lange der wiedergewonnenen Freiheit erfreuen. Ueber seine Gesinnung gegenüber der Parlamentsmehrheit herrschte kein Zweifel. Wenige Tage vor seiner Freilassung hatte er zwei scharfe Flugschriften gegen dieselbe veröffentlicht, deren Titel Inhalt und Tendenz deutlich genug zu erkennen geben. Die erste hieß: „Englands angeborenes Recht, vertheidigt gegen alle willkürhafte Usurpation, ob königlich, parlamentarisch oder unter welcher Maske immer. Mit verschiedenen kitzlichen Fragen, Bemerkungen und Beschwerden des Volkes, erklärend, daß die jetzigen Maßnahmen des gegenwärtigen Parlaments im direkten Widerspruch stehen mit den fundamentalen Prinzipien, die anfänglich dessen Schritte gegen den König rechtfertigten." Der Haupttitel der zweiten ist: „Englands beklagenswerthe Tyrannei, die Folge der Willkür, Härte und Ueppigkeit der Parlamente, der Habgier, des Ehrgeizes und der Wetterwendigkeit der Priester, und der Einfalt, Sorglosigkeit und Feigheit des Volkes." — In Freiheit gesetzt, war Lilburne ein regelmäßiger Besucher der Zusammenkünfte der Londoner Independenten, und in diesen Zusammenkünften war bereits der aristokratische Charakter des Unterhauses ein stehendes Thema. Wir erinnern daran, was wir im zweiten Abschnitt über dessen Zusammensetzung und Wählerschaft gesagt. In letzterer Hinsicht hatten sich in Stadt und Land die Verhältnisse sehr verschlechtert. Jetzt, wo das Wahlrecht eine Bedeutung hatte, ward der Umstand, daß es in den Städten auf Korporationsmitglieder oder gar nur Vorsteher, und in den Grafschaften auf eine Minderheit von Eigenthümern beschränkt war, von den mehr durch Ueberlieferung als durch die ursprünglichen Satzungen Ausgeschlossenen schon als ungerechte Benachtheiligung empfunden. Ebenso herrschten bereits arge Mißverhältnisse in Bezug auf die Größe der vertretenen Ortschaften. In der Entwickelung zurückgebliebene oder zurückgegangene Städte oder Burgflecken hatten dieselbe Vertretung wie die zu großer Bedeutung gelangten Zentren von Handel und Gewerbe.

In diese Zeit fällt der Beschluß des Gerichtshofes der Lords, daß die Prozedur der Sternkammer gegen Lilburne ungesetzlich gewesen und er für die erlittene Unbill zu entschädigen sei. Wahrscheinlich geschah es daraufhin, daß er im gleichen Winter heirathete und einen eigenen Hausstand gründete. Aber schon am 14. April 1646 wird er aufs Neue in Haft genommen. Ein presbyterianischer Militär, Oberst Edw. King, den Lilburne — und nicht nur er — bezichtigt hatte, durch verrätherisches Zaudern den Königlichen mehrere Plätze in die Hand gespielt zu haben, gegen den aber infolge seiner Verbindungen im Parlament kein Prozeß zu erzielen war, hatte gegen ihn wegen böswilliger Verleumdung Klage erhoben und seine vorläufige Verhaftung erwirkt.

Aus dieser Affäre entwickelte sich für Lilburne ein ganzer Rattenkönig von Prozessen und Verfolgungen, über die wir hier nur das Allernothwendigste mittheilen können. In Rekursen an die Gerichts- und Parlamentsbehörden legt Lilburne die Ungesetzlichkeit des gegen ihn eingeschlagenen Verfahrens bloß und ersucht um Remedur. Aber in einem derselben, den er unter dem Titel „Die Rechtfertigung des gerechten Mannes" als Pamphlet erscheinen läßt, erwähnt er auch der Verrätherei des Ex-Generals, Lord Manchester, und da dieser inzwischen Sprecher des Hauses der Lords geworden, erhält Lilburne statt des verlangten Rechtsschutzes die Aufforderung, sich vor den Lords für seine Angriffe zu verantworten. Wiederholt vor dieselben geführt, verweigert er standhaft, ihnen Rede zu stehen oder gar vor ihnen zu knien, da sie seiner Ueberzeugung nach in Kriminalsachen keine Jurisdiktion über ihn hätten. Er appellirt über sie, als „ihre Rechte überschreitende und sich eigenmächtig Rechte anmaßende Richter," hinweg wiederholt an seine „kompetenten, zuständigen und gesetzlichen Richter, die im Parlament versammelten Gemeinen von England," aber ehe diese zu einem Entschluß kommen, wird er am 10. Juli von den Lords zu 2000 Pfund Sterling Geldbuße, Verlust der Fähigkeit, jemals ein Amt zu bekleiden, und sieben Jahren Einsperrung im Tower verurtheilt. Ueber die Behandlung im Tower hatte er im Allgemeinen nicht zu klagen — in dieser Hinsicht wenigstens zeigte sich das neue Regiment besser wie das alte —, nur wurden die Gefangenen einer skandalösen Ausbeutung durch die Angestellten unterworfen.

Lilburne war indeß selbst im Gefängniß nicht zur Ruhe zu bringen. Er und seine Freunde ließen nicht ab, die Gemeinen zu bestürmen, ihm zu seinem Recht zu verhelfen, und erreichten wenigstens so viel, daß er Ende 1647 gegen Kaution auf freien Fuß gesetzt wurde. Er nutzte diese Freiheit zu allerhand Agitationen aus und machte u. A. Ausflüge nach Plätzen, wo gewisse Abtheilungen des Heeres, in dem er viele Freunde hatte, Quartier genommen. Was ihn dorthin führte, werden wir später sehen. Durch einen gegnerischen Priester denunzirt, daß er an einem Meeting theilgenommen und gesprochen, auf dem die Vertheilung von 30000 Exemplaren eines — ganz zweifelsohne von ihm verfaßten Flugblattes „die ernste Petition von vielen freigeborenen Angehörigen dieser Nation" beschlossen worden war, erhielt Lilburne die Weisung, daß er die Vergünstigung verwirkt habe, und mußte in den Tower zurück.

Die Petition ist eines der bemerkenswerthesten Dokumente der englischen Revolution, wie beiläufig überhaupt das Abfassen und Agitiren für Petitionen eines der Hauptpropagandamittel der Revolutionszeit war, in den Petitionen ein gutes Stück ihrer Geschichte zu finden ist. In der hier genannten Petition wird, in Uebereinstimmung mit einem von Lilburne schon in einem früheren Pamphlet gebrauchten Ausdruck, das Haus der Gemeinen als „die höchste Autorität der Nation" bezeichnet — eine in jenem Moment noch so unerhörte Proklamirung der Souveränetät der gewählten Volksvertretung, daß am 29. Mai das Parlament mit 94 gegen 86 Stimmen ihre Verbrennung durch Henkershand beschließt, weil sie „die bestehende Verfassung in Frage stellt." Sie stellte indeß auch noch mehr „in Frage": die Zehnten, die Handelsmonopole und andere Mißbräuche, ja, das ganze Rechtswesen, dessen Schäden in kräftiger Darstellung bloßgelegt werden, und dessen gründliche Reform, sowohl des Rechtsverfahrens wie der Rechtseinrichtungen selbst, energisch gefordert wird.

Die Freunde und Anhänger Lilburne's in der Londoner Bevölkerung blieben ihrerseits nicht ruhig. Petitionen über Petitionen liefen zu seinen Gunsten ein, und als schließlich am 1. August 1648 wieder „zehntausend Londoner Bürger, Männer und Frauen," petitioniren, man möge Lilburne freilassen oder ihm einen gesetzmäßigen Prozeß machen, setzen sie es wirklich durch, daß Lords und Gemeine sich einigen, Lilburne auf freien Fuß zu setzen und die gegen ihn verfügte Geldstrafe zu annulliren. Jedoch hatte es mit diesem Akt der Willfährigkeit gegen den „Volkswillen" seine eigene Bewandtniß.

Fünftes Kapitel.

Die Spaltung der Independenten in Leveller und „Gentlemen." Zeitweilige Ueberbrückung des Gegensatzes.

In der Zwischenzeit hatten sich in den Beziehungen der Parlamentsparteien zueinander, zum König und zur Armee wesentliche Verschiebungen vollzogen, hier die Gegensätze sich verschärft und dort gewisse Annäherungen stattgefunden.

Karl I. war im Frühjahr 1646 ins schottische Lager geflohen, von den Schotten aber gegen Zahlung der ihnen geschuldeten Subsidien an seine Widersacher in England ausgeliefert worden, die ihn zunächst auf Schloß Holdenby oder Holmby in Northamptonshire internirten. Von dort aus suchte er abwechselnd Parlament und Armee gegeneinander auszuspielen. Das Heer war die organisirte Demokratie des Landes; die Masse bestand aus Bauern (Yeomen) und Handwerkern,*) die Führer, nach dem Rücktritt der presbyterianischen Generale, theils aus emporgestiegenen Mitgliedern dieser, theils aus radikaleren Mitgliedern der besitzenden Klassen. Und wenn auch zwischen den Letzteren und einem Theil des Gros der Armee sich schon allerhand Differenzen gezeigt hatten, hatten beide

*) Daß namentlich die Wollarbeiter (Weber ꝛc.) ein sehr starkes Kontingent von Mitgliedern der Armee stellten, wird hervorgehoben in einer 1677 erschienenen Abhandlung: Reasons for a limited exportation of wool, mitgetheilt in Smith, Chronicon Rusticum, I., S. 257.

Theile jedoch einstweilen noch ein gemeinsames Interesse gegen das Parlament, in dem das Grundbesitzer- und Großbürgerinteresse überwog. Bei dessen Mehrheit war nämlich, als dem König die Möglichkeit genommen war, sie militärisch zu bekriegen, die Begeisterung für das siegreiche eigene Heer, dessen Mucken man kannte, und dem man noch für fast ein Jahr Löhnung schuldete, schnell dahin geschwunden. Man suchte sich seines Einflusses dadurch zu entledigen, daß man einen Theil der Regimenter entlassen und den Rest auf verschiedene Plätze vertheilen wollte. Indeß Führer und Soldaten merkten die Absicht und antworteten damit, daß sie sich als **selbständige** Macht konstituirten. Die Soldaten schufen sich eine durchaus demokratische Institution, die „Agitators." Carlyle und nach ihm Andere haben dieses Wort, das zuerst in einer vom 29. Mai 1647 datirten Adresse an Fairfax auftaucht, für eine unorthographische Lesart von „Adjutators" ausgegeben; indeß sehr mit Unrecht. Wo an seiner Stelle Adjutators geschrieben wird, liegt falsche Orthographie vor. Es ist von „agitate," Jemandes Angelegenheiten führen, abgeleitet und hat ursprünglich dieselbe Bedeutung wie heute das Wort Delegirter oder Vertrauensmann. (Vgl. R. S. **Gardiner**, a. a. O., III., S. 243 ff.) Und jedenfalls waren die „Agitators" mehr Agitatoren im heutigen Sinne als etwa bloße „Adjutators" der höheren Offiziere. Sie waren die Agenten der gemeinen Soldaten und haben als solche, unter dem Einfluß Lilburne's, der stets mit ihnen in Verbindung stand, den größten Einfluß auf den Gang der Ereignisse ausgeübt, mehrmals die Dinge zur Entscheidung getrieben.

Die Offiziere und der Generalstab mußten wohl oder übel die neue Institution anerkennen. Man vereinbarte, daß jedes Regiment zwei „Agitatoren" wählen sollte, und zwar durften dieselben nur aus den Reihen der Gemeinen oder der Unteroffiziere genommen werden; diese „Agitatoren," zusammen mit je zwei bestallten Offizieren pro Regiment, sollten den „Rath der Armee" bilden. Allerhand Verhandlungen des so konstituirten Raths mit dem Parlament fanden statt, und als dieselben das gewünschte Resultat nicht ergaben, ward eine große Zusammenkunft der Armee auf einer Haide bei der Stadt Newmarket (das „Rendezvous von Newmarket Heath") abgehalten und dort — am 4. Juni 1647 — in feierlicher Weise ein Manifest beschlossen, in dem erklärt ward, die Armee sei kein Söldnerheer, gemiethet um der Willkür der Staatsgewalt zu dienen, sondern — wörtlich — „freie Männer des Volks von England, zusammengetreten und in den Waffen geblieben in der Erkenntniß und dem Bewußtsein der Vertheidigung ihrer und des Volkes begründeten Rechte und Freiheiten," und daß sie, Offiziere und Soldaten, sich durch Unterschrift verpflichten, nicht eher auseinanderzugehen, noch sich regimenter- oder truppenweise trennen zu lassen, bis sie die Gewißheit hätten, daß „wir als Staatsbürger und die übrigen freigeborenen Volksangehörigen Englands nicht fürderhin solchen Unterdrückungen, Vergewaltigungen und Mißbräuchen ausgesetzt sind wie bisher."

Eine noch größere Demonstration im gleichen Sinne — es sind 21 000 Mann versammelt — findet sechs Tage darauf auf **Triploe-Heath**, unweit **Cambridge**, statt. Vom Generalstab bis zu den Soldaten ist Alles einig, sich nicht mit Redensarten abfüttern zu lassen, und man rückt nach St. Albans, der Hauptstadt immer näher. Das Parlament antwortet darauf mit einer Proklamation, wonach Diejenigen, die sich von der Armee lossagen, ihre Rückstände bezahlt und, je nach Wunsch, Reisegeld nach Amerika oder zur Besatzungsarmee in Irland erhalten sollen; es setzt einen „Sicherheitsausschuß“ ein, der mit den Leitern der City-Miliz in Verbindung tritt, um den bewaffneten Widerstand gegen die Armee zu organisiren; Lehrlinge der City sammt entlassenen Soldaten („Reformadoes“), Schiffern &c., dringen unter stillschweigender Zustimmung der City-Presbyterianer am 26. Juli in das Parlament ein, schneiden den independenten Abgeordneten den Zutritt ab und erzwingen von der presbyterianischen Mehrheit ein der Armee feindseliges Votum. Daraufhin besetzt die Armee am 7. August 1647 London, „um das Parlament zu beschützen,“ und elf presbyterianische Abgeordnete, die sich bei den gegen die Armee gerichteten Beschlüssen und Maßnahmen besonders hervorgethan, werden aus dem Parlament ausgestoßen und wandern mit drei Ausnahmen ins Exil. Sodann setzt am 20. August Cromwell*), „die Hand am Schwert,“ einen Beschluß des Parlaments durch, der die während der Terrorisirung des Hauses gefaßten Beschlüsse **aufhebt**, und von den Theilnehmern an den betreffenden Sitzungen alle diejenigen Mitglieder des Hauses, die den Terrorismus begünstigt oder die unter ihm gefaßten Beschlüsse durchzuführen versucht haben, für den Aufruhr mit haftbar macht. Dies veranlaßt eine weitere Anzahl presbyterianischer Heißsporne, für eine gute Weile den Sitzungen fernzubleiben, so daß sich die Wage im Hause immer mehr auf die Seite der Independenten neigt.

Die Armee aber zieht sich vorerst nach dem Vorort Putney zurück, um darüber zu wachen, was weiter geschehe. Soweit war Alles gut gegangen. Mit dem vorläufigen Sieg über das Parlament beginnt jedoch der Gegensatz im Lager der Independenten deutlichere Gestalt anzunehmen. Der König war Anfang Juni von einem Trupp Dragoner unter Führung des Fähnrichs Joyce, „Agitator“

---

*) Er hatte verschiedenen Sitzungen des Parlaments beigewohnt und die Hetzreden der Führer der presbyterianischen Mehrheit gegen die Armee selbst angehört. „Diese Leute werden nicht gehen, bis das Heer sie bei den Ohren herauszieht,“ soll er einmal dem neben ihm sitzenden Edmund Ludlow ins Ohr geflüstert haben. Man muß nicht vergessen, daß das Parlament sich das Recht vindizirt hatte, so lange zu sitzen, wie es ihm beliebe. Nach Lage der Dinge war es nur natürlich, daß das Heer, das für das Parlament den Sieg erfochten, dessen Selbstherrlichkeitsgelüsten entgegentrat. Ein von Cromwell und zwölf weiteren Vertretern der Armee unterzeichnetes Sendschreiben vom 10. Juli 1647 an das Parlament war noch übertrieben gemäßigt gehalten und gestand der presbyterianischen Parlamentsmehrheit mehr zu als gut war. Diese wollte aber unbedingte Herrin der Situation sein und provozirte dadurch die Austreibung der Elf.

Die plötzliche Parteinahme der „Lehrlinge“ für die Parlamentsmehrheit hatte ihren guten Grund. Am 8. u. 11. Juli 1647 hatte dieselbe den fortgesetzten Petitionen der Ersteren um Ersatz für die ihnen durch die puritanische Sonntagsfeier entgangenen Möglichkeiten der Erholung durch Spiel &c. soweit nachgegeben, daß sie festsetzte, jeder zweite Dienstag im Monat sei allen Schülern, Lehrlingen und dienenden Personen („servants,“ wozu also auch die Arbeiter

in Oberst Whalley's Regiment, von Schloß Holmby nach Newmarket überführt worden; wie der Verdacht ging, im geheimen Auftrag Cromwell's. Es scheint indeß, daß Cromwell's Verwahrungen, keinen solchen Auftrag ertheilt zu haben, insoweit der Wahrheit entsprachen, daß er nur damit einverstanden war, durch Entsendung zuverlässiger Soldaten nach Holmby sich des Königs an Ort und Stelle zu versichern, d. h. jede Entführung durch die jetzt sehr unzuverlässigen Schotten zu verhindern, daß aber die Agitatoren es für die beste Sicherheit hielten, Karl in den unmittelbaren Bereich der Armee zu bringen und aus eigener Machtvollkommenheit die Weisung überschritten hatten. Jedenfalls war die Thatsache nicht rückgängig gemacht worden. Als die Armee dann London immer näher rückte, war auch das Quartier des Königs immer näher nach London verlegt worden, und schließlich wurde Karl das vom Kardinal Wolsey erbaute Schloß Hampton Court bei London als Domizil angewiesen. Statt daß aber nun die Intriguen aufhörten, gingen sie jetzt erst recht los. Im Parlament standen sich nach Ausstoßung und Austritt der presbyterianischen Hauptkampfhähne*) Independenten und Presbyterianer in annähernd gleicher Stärke gegenüber, die Letzteren aber brannten jetzt darauf, mit dem König einen Kompromiß zu schließen. Das veranlaßte die independenten Führer der Armee, ihrerseits gleichfalls mit dem König zu verhandeln, um nicht etwa von den Presbyterianern verkauft zu werden. Karl machte sich diese Situation weidlich zu Nutze. Er war im Intriguiren nie verlegen gewesen, und schreckte im Bewußtsein seines Gottesgnadenrechts vor keiner Lüge und keinem Betrug zurück, wenn sie ihm Erfolg versprachen. Er hatte Cromwell, wie sich später aus aufgefangenen Briefen ergab, den Strick zugedacht, geberdete sich ihm gegenüber aber so, als habe er ihn für die größten Ehrenposten ausersehen. Durch halbe Zusagen, die er jeden Augenblick wieder zurücknehmen konnte, suchte er die mit ihm verhandelnden Parteien mürbe zu machen, und machte sich kein Gewissen daraus, heute mit Cromwell und dessen Schwieger-

---

gehörten) nach Erledigung der absolut nöthigen Arbeiten als Festtag freizugeben. Ganz augenscheinlich hatte der Beschluß nur den Zweck, die zeitweilige Unterstützung der „Lehrlinge“ zu erkaufen, und dieser Zweck wurde auch, wie oben ersichtlich, erreicht. Erwiesen sich aber die Lehrlinge der City als brauchbare Prätorianer, so lange es galt, für die mit der ehrbaren Kaufmannschaft kooperirende Parlamentsmehrheit, unter stillem Beifall der City-Miliz, gegen die Parlamentsminderheit zu demonstriren und randaliren, so stellte sich jedoch ihre Unterstützung, die der Miliz und der in aller Eile angeworbenen Ueberläufer der Armee als ganz und gar ungenügend heraus, als es darauf ankam, den anrückenden kriegserprobten Regimentern der Armee eine auch nur entfernt gewachsene Gegenwehr entgegenzustellen. Die Musterung fiel kläglich aus, und darum gaben die City und das Parlament nach, ohne es auch nur auf einen Schuß ankommen zu lassen.

Interessant ist jedoch, daß über 200 Jahre vergehen mußten, bis das englische Parlament (im Bankholiday-Akt von 1871) den Angestellten, Arbeitern rc. ein Drittel der Anzahl von Vergnügungstagen sicherstellte, die in der Revolution selbst die presbyterianischen Puritaner zu dekretiren sich veranlaßt sahen.

*) Andere Royalisten hatten schon 1644, als Karl ein Gegenparlament nach Oxford einberief, Westminster verlassen.

sohn Ireton, morgen mit schottischen und englischen Presbyterianern und hinter dem Rücken Dieser mit den irischen Katholiken zu verhandeln, um je nach der Konstellation die Einen gegen die Anderen ausspielen zu können. Dabei hielt er in Hampton Court vollständig Hof, behandelte die zu Tausenden hinauspilgernden Londoner Bürger 2c. mit ausgesuchter Liebenswürdigkeit und sah infolgedessen seine Aktien mit jedem Tage steigen.

Die Soldaten und die sonstigen radikaleren Mitglieder der Armee blickten auf all das mit steigender Erbitterung. War es dafür, daß sie sich in unzähligen Schlachten gegen die fremden Miethstruppen Karl's geschlagen? Sie hatten Gut und Blut im Kampf gegen denselben eingesetzt, und nun tauschten ihre Führer Liebenswürdigkeiten mit ihm aus und duldeten, daß ihm, dem Besiegten, die Ehren und die Position eines Siegers zugespielt wurden. Welch falsches Spiel Karl spielte, konnten sie so wenig übersehen wie ihre Führer, aber was sie sahen und richtig sahen, war, worauf sein Spiel hinauslief und daß ihre Führer sehr fehlerhaft spielten und nahe daran waren, sei es aus Unentschlossenheit, sei es aus streberhaftem Ehrgeiz, ihre Sache zu verrathen. „Es war auffällig," schreibt Lilburne in einer später noch zu erwähnenden Schrift, „welchen Staat sie (die Generale 2c.) mit dem König in Hampton Court machten, wie sie ihn besuchten und es zuließen, daß Tausende von Leuten hinauszogen, ihm die Hand zu küssen und sich von ihm beeinflussen zu lassen, wodurch seine Partei in der City und anderwärts aufs Höchste ermuthigt wurde, und wie seine Agenten im Hauptquartier der Armee so zu Hause waren wie am Hofe." Es kommt in der Armee das bittere Wort auf von den „Herren Independenten — the gentlemen independents" — und den „Granden" der Armee, im Gegensatz zu den „ehrlichen Dingwort Soldaten — the honest nounsubstantive soldiers" — wie die Bauern und Handwerker im Heer sich nennen. Diesen aber oder ihren Wortführern, den Radikalen unter den „Agitators," werfen die „Granden" ihrerseits vor, sie seien umstürzlerische Gleichmacher — „Leveller."

„In der Armee erhebt sich, nun man seiner Majestät wahres Vorhaben zu merken beginnt, eine schreckliche ‚Umsturz-Partei,' eine Klasse von Leuten, die nicht nur für gewöhnliche Verbrecher und betrügerische Personen, die diese Nation in blutige Kämpfe getrieben, Bestrafung verlangen, sondern für den ‚Haupt-Verbrecher.' Da geringere Verbrecher bestraft werden, warum solle der Haupt-Verbrecher frei ausgehen? Eine Sorte Menschen, denen es furchtbar Ernst ist — für die ein Königsmantel keine undurchdringliche Schutzwand ist, die durch einen Königsmantel hindurch erkennen, daß in ihm ein Mensch steckt, der einem Gott verantwortlich ist."*)

*) Carlyle, Oliver Cromwell's Lettres and Speeches, Bemerkung zum Brief 41. Im Brief 79, d. d. 25. November 1648, erwähnt Cromwell selbst zum ersten Mal der Leveller und macht bei dieser Gelegenheit — der Brief ist an seinen Freund, den Oberst Robert Hammond, gerichtet, um dessen Gewissensskrupel mit Bezug auf den König zu beschwichtigen — folgendes charakteristische Geständniß: „Glaubst Du nicht, daß diese Furcht vor den Levellers (die nicht

Schließlich steigert sich die Mißstimmung so sehr, daß selbst eine große Anzahl Offiziere ihre Unzufriedenheit mit der Politik der ewigen Verhandlungen und Verschleppungen offen kundgeben. Die „Agitatoren“ treten zusammen und setzen ein republikanisch-demokratisches Manifest auf, dem sie den Titel geben: „Volksvertrag auf der Grundlage allgemeinen Rechts, um alle vorurtheilslosen Leute zu vereinigen,“ und die Verwirklichung eines Volksvertrags — „Agreement of the people“ — wird von nun ab Parole aller „Leveller.“ Dieser „Volksvertrag,“ der schon fast alle politischen und ökonomischen Forderungen enthielt, welche das später noch zu behandelnde gleichnamige Manifest der Leveller vom Frühjahr 1649 entwickelt, wurde, ebenso wie ein zweites Pamphlet aus den Reihen der Agitatoren, das „Die Sache der Armee“ („The case of the army“) betitelt war und u. A. die schändliche Verwirthschaftung des konfiszirten Kirchenlandes ꝛc. durch das Parlament geißelte, von dem Letzteren für aufrührerisch und an seinen Urhebern zu bestrafen erklärt. Der Generalstab, obwohl von den Verfassern nicht minder scharf angegriffen wie die Parlamentsmehrheit, verlegte sich aufs Unterhandeln. Er konnte mit den Levellers um so weniger kurzen Prozeß machen, als verschiedene höhere Offiziere offen mit denselben sympathiirten. Die Obersten Rainsborough und Pride, Beide ihrer plebejischen Herkunft eingedenk — der Erstere war Fuhrmann, der Letztere Schneider, bevor sie zur Armee gingen — waren zum Beispiel für das allgemeine Stimmrecht, während Cromwell und Andere es für sehr bedenklich fanden, das Stimmrecht an Leute zu verleihen, die kein „Interesse“ am Lande, das heißt weder Grundbesitz noch Position hatten. Andererseits konnte Cromwell sich nicht rückhaltlos für Beseitigung der königlichen Gewalt erklären, so lange er selbst noch mit dem König verhandelte. Kurz, die Verhandlungen, bekannt unter dem Titel der Konferenzen von Putney, verliefen resultatlos, die Mißstimmung und das gegenseitige Mißtrauen wird immer größer und die Agitatoren drohen schließlich mit extremen Maßregeln auf eigene Hand.*)

---

zu fürchten sind), sie würden den Adel beseitigen ꝛc., Manche veranlaßt hat, der Korruption zu verfallen und es recht zu finden, daß man einseitig einen so verderblichen, heuchlerischen Vertrag schließt? (Anspielung auf einen von den Presbyterianern, während Cromwell im Norden war, mit dem König vereinbarten Kompromiß). Hat das nicht sogar einige sonst gute Leute beeinflußt? Ich will nicht sagen, daß die Dinge, die sie fürchten, ihnen zustoßen werden, aber wenn dies der Fall, so werden sie es sich selbst auf den Hals geladen haben. Haben nicht einige unserer Freunde von ihren passiven Theorien .... sich dazu verleiten lassen, sich über das, was gut und recht ist, hinwegzusetzen und zu meinen, das Volk Gottes möchte auf die eine Weise ebensoviel oder noch mehr Gutes erlangen als auf die andere? Gutes von diesem Mann — gegen den der Herr gezeugt, und den Du kennst! Ist das ihre wirkliche innere Meinung oder ist es ihnen eingeredet, mit Gewalt beigebracht worden?“

Warum Cromwell in jenem Moment die Leveller für „nicht zu fürchten“ erklärte, sobald nur eine kräftige Politik eingehalten werde, geht aus dem im Text Folgenden hervor.

*) Ein zu den Levellers haltender Offizier, der Major John Wildman, veröffentlichte Ende 1647 unter dem Pseudonym „John Lawmind“ ein Pamphlet „Putney Projects or the old Serpent in a new form,“ worin die Vorgänge in dem Lichte geschildert sind, in dem sie dem radikalen Flügel der Armee erschienen. So bittere Angriffe gegen Cromwell es enthält

Dem König wird die Atmosphäre unbehaglich. Angeblich weil man ihm berichtet, daß die Leveller einen Anschlag auf sein Leben vorhätten,*) verläßt er am 11. November 1647 bei Nacht und Nebel heimlich Hampton Court und begiebt sich auf die Insel Wight, wo er vom Gouverneur derselben, dem schon genannten Oberst Hammond, auf Schloß Carisbrook internirt wird. Nach Ansicht der Leveller waren es der Generalstab — die „Granden" der Armee — und vor Allem Cromwell, die diese Flucht des Königs zu Wege gebracht, um desto ungestörter und unbeobachteter mit demselben verhandeln zu können, indeß beweisen die Briefe Cromwell's aus jener Zeit, daß dieser Verdacht wenig begründet war. Immerhin, das Mißtrauen war einmal da, selbst verschiedene der höheren Offiziere theilten es, und immer mehr der Agitatoren und Soldaten drohten mit Rebellion, wenn die Durchführung des „Volksvertrages" nicht ernsthaft in die Hand genommen werde. Lilburne, der sich zu jener Zeit relativer Bewegungsfreiheit erfreute (S. 554), und der, wenn nicht überhaupt der Autor des Volksvertrages, so doch jedenfalls ein Mitverfasser desselben war, schürte diese Stimmung aufs Eifrigste. Sein Einfluß in der Armee war bedeutend. Seine Pamphlete wurden in der Armee mit Eifer gelesen und, wie es in einem Bericht vom Frühjahr 1647 an die Lords heißt, von den Soldaten „wie Staatsgesetze zitirt." (Gardiner, III., S. 237.) In einem anderen Schriftstück, das Gardiner mittheilt, a. a. O., S. 245, heißt es, „die ganze Armee schien ein Lilburne und mehr geneigt, Gesetze zu geben, als zu empfangen."**) Ganze Regimenter, wie die von Lilburne's Bruder

---

zeigt es doch zugleich, daß der gegen diesen von Presbyterianern erhobene und in die meisten Geschichtswerke übergegangene Vorwurf, er habe mit den radikalen Agitatoren damals unter einer Decke gesteckt, sehr unbegründet war. Sehr viel und höchst interessantes Licht über jene Verhandlungen enthalten die erst neuerdings aufgefundenen und von der „Camden Society" veröffentlichten „Clarke Papers" — Niederschriften eines als Schriftführer des Armeeraths fungirenden Offiziers. Von ganz besonderem Interesse ist das dort (Bd. I, S. 226—363) gegebene Protokoll über eine am 28. und 29. Oktober in der Kirche zu Putney unter Cromwell's Vorsitz abgehaltene Konferenz des Raths der Armee, zu der die Leveller und die radikaleren Agitatoren hinzugezogen waren und in der unter Anderem das von den Levellers aufgesetzte Agreement verhandelt wurde. Cromwell machte sofort opportunistische Argumente gegen dasselbe geltend. Es enthalte ja manche einleuchtende Dinge, aber Andere könnten kommen und auch ein Programm aufstellen, und wieder Andere wieder ein anderes, und das könnte zu großer Konfusion führen. „Würde es nicht England dem Schweizer Land gleich machen, ein Kanton gegen den anderen und eine Grafschaft gegen die andere?" Es sei die Frage, ob das Land auf diese Dinge vorbereitet sei, man solle die Konsequenzen bedenken und sich über die Wege und Mittel zur Erreichung dieser Dinge klar werden. „Es werden sehr große Berge auf dem Wege hierzu sein." Am zweiten Tage kam die Rede auf das Stimmrecht, wobei die im Text erwähnten Gegensätze zum Ausdruck kamen.

*) Lilburne's jüngerer Bruder Henry soll darüber den Angeber gemacht haben. Vergleiche S. 534.

**) „Denn er — der Agitator — hat beständig sein Schwert in einer Hand und in der anderen eine von Lilburne's Episteln, die er für die Wage hält, welche alle Menschen in dieser und in der kommenden Welt abwägen muß." Aus: „The Agitator anatomised, or the Character of an agitator." Eine im März 1648 veröffentlichte royalistische Schrift.

Robert geführten Reiter und das Infanterieregiment des Oberst Harrison, eines schwärmerischen Anhängers der fünften Monarchie, waren für die Sache gewonnen. Unzuverlässige „Agitatoren" wurden weggewählt und durch entschiedene Republikaner ersetzt. Cromwell, dem das natürlich nicht entging, und dem sogar durch Zwischenträger berichtet worden war, Lilburne und ein anderer „Leveller," der schon erwähnte Major John Wildman, wollten ihn als Verräther durch Ermordung aus dem Wege räumen, sah nun ein, was auf dem Spiele stand und daß gegen diese Agitation Gegenmaßregeln getroffen werden mußten. Er hatte lange genug geschwankt, wahrscheinlich weil er doch davor zurückscheute und auch nicht die gesetzlichen Mittel dazu besaß, Karl persönlich zur Verantwortung zu ziehen. Aber die Armee verlangte immer lauter „Gerechtigkeit," und eine Rebellion eines größeren Theiles der Armee war das Schlimmste, was ihm und seiner Partei passiren konnte. Ohne die Armee waren sie im Parlament eine hülflose Minderheit, waren sie doch, trotz der Austreibung der presbyterianischen Führer, schon am 13. Oktober wieder in drei Abstimmungen über die Frage der staatlichen Etablirung des Presbyterianismus geschlagen worden. Ein von ihm und Ireton im Oktober aufgefangener Brief Karl's hatte ihm andererseits gezeigt, was dessen wirkliche Absichten ihm gegenüber waren. Hier mußte gehandelt werden und wurde gehandelt. Drei Zusammenkünfte der verschiedenen Regimenter wurden anberaumt, die erste auf den 15. November nach Corkbush Field bei Ware, in der Nähe von Hertford (etwa 25 Kilometer von London), und zu diesem ersten Rendezvous wurden, heißt es, absichtlich die Regimenter berufen, die sich noch am ruhigsten verhielten. Hatten sie gesprochen, so war zu erwarten, daß ihr Beispiel auf die rebellischeren die Wirkung nicht verfehlen werde. Und diese Berechnung, wenn sie wirklich bestand, erwies sich nicht als falsch. Das Uebrige that Cromwell's imponirende Energie als Heerführer.

Ein großer Theil der Soldaten und viele Offiziere trugen in Ware als Abzeichen ihrer Gesinnung Exemplare des Volksvertrages mit dem Motto „Des Volkes Freiheit, des Soldaten Recht" an den Mützen. Außer den Disziplin haltenden Regimentern waren nämlich auch Robert Lilburne's Reiter und Thomas Harrison's Fußtruppen zur Stelle, sammt hervorragenden Levellern aus anderen Regimentern. John Lilburne, Oberst Rainsborough, einer der tapfersten Heerführer, der sich namentlich bei der Erstürmung Bristols ausgezeichnet, Major Scott und andere Republikaner ritten von Abtheilung zu Abtheilung und feuerten die Soldaten an, Stand zu halten, die Sache der Freiheit stehe auf dem Spiele. Rufe aller Art wurden laut, die Cromwell wenig Gutes prophezeiten. Dieser jedoch zeigte sich der Situation gewachsen. Mit Fairfax und anderen Mitgliedern des Generalstabes ritt er die Fronten entlang, zunächst vor die gemäßigteren Regimenter. Eine Remonstranz wurde verlesen, die eine Widerlegung der von den Agitatoren erhobenen Anklagen enthielt und den Soldaten die Nothwendigkeit des Zusammenhaltens aller Mitglieder der Armee darlegte, wenn ihre Forderungen, die auch die der Generäle seien, verwirklicht werden sollten. Ton und Inhalt der Erklärung, mit den in ihr gegebenen Versprechungen wurden von den Soldaten mit großem Beifall aufgenommen und das Versprechen abgegeben, Disziplin halten zu wollen. Darauf ging es zu Harrison's Regiment, und auch dieses hörte die Remonstranz ruhig an und ließ sich bewegen, angesichts der Versprechungen die als „aufrührerisch“ bezeichneten Abzeichen von den Mützen zu entfernen. Anders bei Lilburne's Reitern. Diese empfangen Cromwell und Fairfax mit trotzigen Zurufen und unterbrechen den Letzteren beim Verlesen der Remonstranz mit bitteren Zwischenbemerkungen. Da reitet Cromwell vor. „Nehmt die Zettel von den Mützen!“ „Nein! Nein!“ tönt es zurück. Aber Cromwell hat es jetzt nicht mehr nöthig, zu unterhandeln. Gefolgt von anderen Offizieren reitet er mitten unter die Aufrührer, reißt ihnen, die theils verblüfft sind, theils sich scheuen, dem Führer in so vielen siegreichen Schlachten thätlichen Widerstand zu leisten, selbst die Abzeichen herunter und läßt vierzehn Soldaten, die sich besonders widerspenstig geberden, als Meuterer herausführen. Ein Kriegsgericht wird abgehalten und über drei der Vorgeführten das Todesurtheil gefällt. Zwei ziehen sich durch das Loos frei, am Dritten aber, Richard Arnold, wird die Strafe, wie erkannt, vollzogen, und gegen Major Scott und den Hauptmann Bray, die für die Meuterer eingetreten waren und die Hinrichtung Arnold's als Verletzung der Petition of Rights bezeichnet hatten (weil nach derselben die Kriegsgerichte abzuschaffen waren), Verhaftsbefehl vom Parlament erwirkt.

So war dieser erste Versuch einer Revolte unterdrückt. Die zwei anderen Zusammenkünfte verliefen ohne störenden Zwischenfall, überall ließen sich die sonst zu den Levellern haltenden Soldaten bewegen, behufs Wahrung der Einigkeit gegenüber dem gemeinsamen Feind das Opfer der Unterwerfung zu bringen. Indeß, die Unzufriedenheit ist nur zurückgedrängt, nicht beseitigt. Das Andenken Arnold's als Märtyrer für die Sache des Rechts wird hochgehalten, und bei jeder späteren Zwistigkeit die Forderung der Sühne für dessen „unschuldig vergossenes Blut“ von Neuem erhoben. Die Flamme glimmt unter der Asche fort, um bei der ersten Gelegenheit wieder hell aufzuschlagen.

Cromwell seinerseits hatte unter dem Gebot der Nothwendigkeit gehandelt. Mit einer undisziplinirten Armee waren die Presbyterianer innerhalb und außerhalb des Parlaments nicht in Schach zu halten. Ihnen wie den immer wieder neue Kräfte sammelnden Royalisten mußte das Heer eine geeinigte Front darbieten. Deshalb bringt Cromwell auch die nächsten Monate wieder mit allerhand Aenderungen in der Organisation desselben zu, wobei die unzuverlässigen und die allzu ungeberdigen Elemente nach Möglichkeit entfernt werden. Andererseits aber setzen er und seine Freunde im Parlament den Beschluß durch, daß keine Adressen mehr an den König beschlossen werden sollen und daß kein Mitglied der beiden Häuser ohne Erlaubniß derselben mit dem König Verkehr unterhalten dürfe. Trotzdem war ihre Situation keine erquickliche. Ueberall gährte es. „Ein König, mit dem sich nicht verhandeln ließ, sitzt in Carisbrook, das Zentrum der Hoffnungen aller Mißvergnügten und von weit ins Ausland reichenden Intriguen, das ist ein Element.

Eine große Royalisten-Partei, mit Mühe unterworfen, aber jeden Augenblick bereit, sich von Neuem zu erheben, das ist ein zweites. Eine große presbyterianische Partei, mit der City von London, ‚dem Seckelmeister der Sache,‘ an der Spitze, die mit dem Verlauf, den die Dinge genommen, sehr unzufrieden ist und verzweifelt nach neuen Kombinationen und einem neuen Kampf ausschaut — das ist als drittes Element zu rechnen. Dazu noch eine unbesonnene, meuterische, republikanische oder gleichmacherische Partei, und dann bedenke man, daß an den Arbeiten im Haus der Gemeinen nur noch 70 Mitglieder theilnehmen, diese obendrein in zwei annähernd gleiche Gruppen gespalten — während der Rest sich zurückhält und zuwartet, was aus der Geschichte kommen werde — aus ihr und der anrückenden schottischen Armee.“

Dies das Bild, das Carlyle von der Lage der Dinge entwirft, und es trifft in der Hauptsache zu. Nur vergißt er hinzuzufügen, daß sie zu der Politik drängte, welche die „unbesonnene, meuterische 2c. Partei“ eingeschlagen wissen wollte. Cromwell that sein Möglichstes, eine Vereinigung der antiroyalistischen Elemente zu Stande zu bringen. Er lud die Größen des Parlaments und der Armee zu sich, ging ein anderes Mal mit einigen derselben in eine Sitzung der City, um die Cityväter zu gewinnen, aber es kam zu keiner Verständigung. Die Presbyterianer der schärferen Tonart rechneten auf ihre Freunde in Schottland, wo eine presbyterianisch-royalistische Partei das Heft in die Hand bekommen hatte und eine Armee von 40 000 Mann zusammenzog, um in England einzubrechen. Im April 1648, gerade am Tage nach dem Besuch Cromwell's in der Citysitzung, bricht ein großer Aufstand der „Lehrlinge“ der City aus, der erst am dritten Tag unterdrückt werden konnte. „Gott und König Karl!“ ist das Feldgeschrei der rebellischen Bürgerssöhne, denen sich städtische Handwerksarbeiter, Tagelöhner 2c. anschließen.*) Aber das war nur die Einleitung. Im Mai geht das Feuer an allen Ecken und Enden los. In Kent, in Essex, in Wales erheben sich Anhänger des Königs, und von Schottland her rückt der Führer der dortigen monarchistischen Presbyterianer, der Marquis von Hamilton, wirklich mit einem Heer von 40 000 Mann in England ein. Die independenten Heerführer und ihre Armee zeigten sich aber bald als Herren der Situation. Auf einer Konferenz der Ersteren in Windsor waren dieselben, nachdem sie sich einen Tag im Gebet gestärkt,**) zu dem Entschluß gekommen, wenn diese Aufstände und die Invasion glücklich

*) Die Jahre 1646—1651 waren Theuerungsjahre, das Jahr 1648 nach Thorold Rogers das schlimmste.

**) Eine ausführliche Beschreibung dieser Gebetsübung mit darauffolgendem Kriegsrath veröffentlichte 1659 der Generaladjutant Allen, ein Wiedertäufer, bezw. Anhänger der „fünften Monarchie.“ Gottes Erleuchtung, erzählt Allen, brachte ihnen zum Bewußtsein, daß „jene verwünschten fleischlichen Konferenzen, die unsere eingebildete Weisheit, unsere Befürchtungen und unser Mangel an Glauben uns das Jahr vorher verleitet, mit dem König und seiner Partei abzuhalten — ein Abfall von Gott gewesen waren“ und Gott veranlaßt hätten, seine Hand von ihnen abzuziehen. Infolgedessen der im Text erwähnte Beschluß gefaßt wurde. Wie wäre es, diese Religion dem Volke zu erhalten?

überwunden, Karl Stuart, „diesen Blutmenschen,“ für all das Blut, das er vergossen, und das Unheil, das er angestiftet, zur Rechenschaft zu ziehen, und dieser Entschluß, der den Mannschaften sicher nicht vorenthalten wurde, scheint die volle Eintracht mit den Führern wieder hergestellt zu haben. Entschlossen gehts wider die Feinde der „Sache Gottes.“ Fairfax übernimmt Essex und Kent, Cromwell zieht erst nach Wales und dann den Schotten entgegen. Während er noch im Norden engagirt ist, erheben die Presbyterianer in London wieder das Haupt, und in diese Zeit fällt die am Schluß des vorigen Kapitels erwähnte Freisetzung Lilburne's, sowie ferner, sechs Wochen nach derselben, ein Votum des Parlaments, das Lilburne für die ihm als Entschädigung zugesprochene Geldsumme konfiszirtes Land in bedeutend höherem Werthe überträgt.

Man begreift aber nun, warum „honest John,“ wie ein Cromwell feindliches Blatt, der „Mercurius Pragmaticus,“ Lilburne in jenen Tagen nennt, warum dieser keine Lust verspürte, diese Gunstbezeugungen der ihm bisher so feindlich gesinnten presbyterianischen Parlamentarier durch Fortsetzung und Steigerung seiner Attaken auf Cromwell zu verdienen.*) Weit entfernt, der rachsüchtige Patron zu sein, als den fast alle bürgerlichen Historiker ihn hinstellen, schrieb er, kaum aus der Haft entlassen, einen Brief an Cromwell, den er ihm durch den Hauptmann und ehemaligen Agitator Edward Sexby überbringen ließ, und worin er Cromwell die Hand zur Verständigung entgegenstreckte, und suchte bald darauf, gelegentlich einer Reise nach dem Norden, Cromwell in dessen Lager selbst auf. Aus dem betreffenden Brief ist folgende Stelle bemerkenswerth: „Obgleich ich, wenn auf Rache für eine harte, fast mit dem Verhungern verbundene Einkerkerung sinnend und trachtend,**) in jüngster Zeit zwanzig Mittel zur Verfügung gehabt hätte, Euch heimzuzahlen, verschmähe ich es, zumal wo Ihr am Boden seid; und dessen seid versichert, daß, wenn ich je meine Hand gegen Euch erhebe, es geschehen wird, wenn Ihr in voller Glorie dasteht und von den rechten Wegen der Wahrheit

---

*) Einer der eifrigsten Befürworter von Lilburne's Freisetzung war z. B. Sir John Maynard, der ein Jahr vorher auf Verlangen der Armee zum Austritt aus dem Parlament genöthigt worden war. „Nun wohlan, jetzt, wo wir den ehrlichen John wieder frei sehen, wird es nicht lange dauern, bis der Herr Sprecher und Noll Cromwell an den Pfahl gestellt sein werden; denn er hat vor, mit ihnen einen Gang zu machen, der was bedeuten soll, das kann ich Euch versichern" — heißt es in dem erwähnten Artikel des „Mercurius Pragmaticus.“

**) Cromwell war im Herbst 1647 im Haus der Gemeinen mit dafür eingetreten, daß die Kommission, die Lilburne's Beschwerde über seine widerrechtliche Verurtheilung durch die Lords geprüft hatte, vor endgültiger Beschlußfassung auch noch feststellen solle, wie es sich mit den Präcedenzfällen für dieses Vorgehen verhalte. Ob ihn dabei nur das Bestreben leitete, eine zu schroffe Herausforderung der Lords zu vermeiden, oder ob er zugleich eine vorzeitige Freilassung Lilburne's verhindern wollte, kann als offene Frage gelten. Genug, Lilburne machte Cromwell für die Verlängerung seiner Haft verantwortlich, und war umsomehr über dessen Verhalten empört, als Cromwell ihn wenige Tage vor jener Sitzung im Gefängniß besucht und ihm seine Unterstützung zugesagt hatte, wogegen er, Lilburne, sich anheischig gemacht, der Politik zu entsagen und nach Amerika auszuwandern, sobald einmal konstatirt sei, daß die Lords kein Recht über einen „Gemeinen“ hätten.

und Gerechtigkeit abweicht. Wenn Ihr dieselben dagegen entschieden und unparteiisch einhalten wollt, so bin ich, trotz all Eurer bisherigen harten Maßregeln gegen mich, mit dem letzten Blutstropfen meines Herzens der Eurige, John Lilburne."

Der Brief, datirt „Westminster, den 3. August 1648, am zweiten Tage meiner Freisetzung," und abgedruckt u. A. in der 1653 erschienenen Schrift: „Lieut.-Colonel Lilburne revived," ist als ein Stück ritterlicher Donquixoterie bezeichnet worden (von Sparling in dessen Arbeit über Lilburne), doch kann höchstens das erste Prädikat als zutreffend gelten. Quixotisch ist der Brief kaum, und ebensowenig trifft Gardiner's Qualifizirung desselben als Ausdruck „amüsanter Selbstzufriedenheit" zu, denn er entspricht durchaus der in jenem Moment gegebenen Situation. Erst seine glänzenden Siege in der zweiten Hälfte des August 1648 verschafften Cromwell wieder die Oberhand. Wurde er geschlagen oder zog sich der Feldzug nur länger hin, so stand für ihn, wie für die republikanische Demokratie Alles auf dem Spiel. Es galt also nicht, seine prekäre Lage zu nutzlosen Racheakten auszunutzen, sondern dazu, ihn zu Konzessionen an die Leveller zu bewegen.*) Und diese Politik hatte auch Erfolg. Lilburne ließ sich zwar von Cromwell nicht überreden, wieder in die Armee einzutreten, aber veranlaßte, nach London zurückgekehrt, seine Genossen, an denselben eine Botschaft zu senden, in der ihm erklärt wurde, man erwarte von ihm, daß er der guten Sache zum Siege verhelfen werde. „Der (Bürger-)Krieg kann nur gerechtfertigt werden als die Vertheidigung der Ansprüche des Volks auf eine gerechte Regierung (‚wo der Ruhm Gottes in gleichem Antheil allen Menschen leuchtet') und durch dessen Freiheit unter ihr." Die Zuschrift hatte die Wirkung, daß Cromwell seine Freunde in London, die „Gentlemen-Independenten," beauftragte, mit den Levellers in Unterhandlung zu treten.

Sicherlich brauchte Cromwell die Leveller nicht minder als diese ihn. Es war just die Zeit, wo das Parlament wieder stark mit dem König unterhandelte und wo die schon erwähnten Abmachungen mit demselben vereinbart wurden, nach denen das Parlament auf zwanzig Jahre hinaus die Bestimmung über das Heer und die Offiziere in der Hand haben und die presbyterianische Kirche zunächst auf drei Jahre hinaus Staatskirche werden sollte. Die Diktatur des Parlaments mit einer presbyterianischen Mehrheit war Cromwell aus guten Gründen aber fast noch mehr verhaßt als den Levellers. Ihr Haß war ein prinzipieller oder, wenn man will, doktrinärer, seiner zum guten Theil durch seine persönlichen Interessen bedingt. Nachdem ihm die Leveller selbst die Hand zur Verständigung entgegengestreckt, hatte er also hinreichenden Grund, an Oberst Hammond zu schreiben, nicht Diese, sondern die Unentschlossenen und auf Kompromisse mit dem König

*) Um genau dieselbe Zeit, da Lilburne es für zweckmäßig erkannte, die Streitaxt zu begraben, ging der Major Huntingdon, bis dahin Vertrauter Cromwell's, zu den königlich gesinnten Presbyterianern über und veröffentlichte alle möglichen Enthüllungen über Cromwell's angebliche Machinationen. Lilburne zögerte nicht, den Huntingdon als Schuft zu brandmarken. „Ein Feigling," schrieb er, „der lügt, wenn es ihm Vortheil bringt."

Hinarbeitenden seien zu fürchten. (Vgl. Note S. 559.) Dabei mag ihm aber zugleich auch der Gedanke vorgeschwebt haben, daß wenn erst Diesen das Handwerk gelegt, auch Jene bei energischer Aufrechterhaltung der Disziplin ohne Schwierigkeit in Schranken zu halten seien. Wie relativ leicht war man nicht bei Ware der „Meuterer" Herr geworden.

Für den Moment aber war die Armee jedenfalls zuverlässig. Die feige Ermordung des tapferen und allbeliebten Oberst Rainsborough, den eine Bande von „Kavaliers" am 29. Dezember in Doncaster auf seinem Zimmer unter lügnerischem Vorwand aufgesucht und meuchlerisch umgebracht hatte, ward von Allen als ein Zeichen angesehen, daß nunmehr gegen den Mann Ernst gemacht werden müsse, der der Urheber all dieses Blutvergießens war. Am 20. November wurde vom Hauptquartier, das in St. Albans lag, durch Oberst Ewer eine neue Remonstranz an das Parlament geschickt, die verlangte, endlich einmal mit dem „Hauptdelinquenten" ins Gericht zu gehen, und während das Parlament noch darüber berieth, ob es diese respektwidrige Remonstranz überhaupt „in Erwägung ziehen" solle, führte derselbe Oberst Ewer am 27. November auf Befehl des Generalstabs der Armee den König von Newport auf das an der Südküste von England, gegenüber der Insel Wight einsam gelegene Kastell Hurst, wo man ihn aufs Strengste bewachte. Einer der zwei Gesellschafter, die man ihm ließ, war James Harrington, der nachmalige Verfasser der „Oceana."

Sechstes Kapitel.

Kampf für die Demokratie. Die „Reinigung" des Parlaments. Der „Volksvertrag" der Leveller.

Noch bevor es zu den zuletzt geschilderten Vorgängen kam, waren die Anhänger Cromwell's, der bereits thatsächlich das Haupt der Armee war, wenngleich Fairfax noch immer den Oberbefehl hatte, mit den Levellers in Verhandlung getreten und mit ihnen über die Vorbedingungen zeitweiligen Zusammengehens einig geworden. Sehr idyllisch war es dabei nicht zugegangen. Lilburne und seine Freunde hatten die Lektion von Ware zu gut begriffen, um Neigung zu verspüren, den „Gentlemen" ohne Garantien auch nur provisorisch die Alleinherrschaft in die Hand zu spielen. Diese Letzteren brannten jetzt auf Thaten. Sie waren nunmehr Alle für die „Reinigung," wenn nicht die gewaltsame Auflösung des Parlaments und fast Alle für die Enthauptung des Königs. Lilburne aber und die Leveller wollten erst Sicherheit über das Nachher haben, ehe sie zu alledem die Hand bieten könnten. Sie gingen von der Erkenntniß aus, daß mit dem bloßen Sieg der Armee noch nichts Dauerndes für das Volk gewonnen war, und Lilburne verfehlte nicht, dies den „Gentlemen" klar und ohne Umschweife zu verstehen zu geben. In einem in diesem Punkt unbestritten gebliebenen Bericht über die betreffenden Verhandlungen rekapitulirte er seine Ausführungen wie folgt:

„Es ist wahr, ich betrachte den König als den Urheber vielen Uebels und viele seiner Parteigänger als schlechte Kerle. Aber die Armee (hier ist natürlich immer die Leitung gemeint) hat uns im vorigen Jahre betrogen; sie ist damals von ihren Versprechungen und Erklärungen abgefallen und kann daher vernünftigerweise nicht ohne genügende Garantie und Sicherheit unser Vertrauen haben. Und ob wir daher auch den König für einen ebenso anmaßenden Tyrannen halten mögen, als ihr ihn euch irgend nur vorstellen könnt, und das Parlament für so schlecht, als ihr es schildert, so liegt es doch, da keine andere Gewalt im Reich vorhanden ist der Armee das Gegengewicht zu bieten, als König und Parlament, in unserem Interesse, so lange den einen Tyrannen als Gegengewicht gegen den anderen festzuhalten, bis wir genau wissen, was der Tyrann, der sich für den redlichst Gesinnten ausgiebt, uns an Freiheiten geben wird. Wir wollen etwas haben, worauf uns zu stützen, und nicht, soweit dies in unserer Macht liegt, dulden, daß die Armee die ganze Regierung des Reiches ihrem Willen und ihrem Schwert unterwirft — zwei Dinge, die weder wir noch irgend ein vernünftiger Mann mag — und keine Person oder Macht da ist, ihr die Wage zu halten. Würden wir das Letztere thun, so möchte vielleicht unsere Sklaverei in der Zukunft größer sein als unsere vorherige, und darum dringe ich energisch darauf, erst einen Volksvertrag zu Stande zu bringen, und weise jeden Gedanken an das Andere zurück, bis dieses geschehen. Und das ist nicht nur meine Ansicht, sondern ich glaube auch die einmüthige Ansicht aller meiner Freunde, mit denen ich im beständigen Verkehr bin.“ (Mitgetheilt in John Lilburne, „The Legal Fundamental Liberties of the People of England Revived, Asserted and Vindicated.“)

Es ist begreiflich, daß diese trockene Auseinandersetzung, in der sich so merkwürdig ein in der Geschichte der englischen Demokratie oft wiederkehrender Ideengang kundgiebt, garnicht nach dem Geschmack der Parteigänger der „Granden“ war. Einmal wegen des natürlich von ihnen für ganz ungerechtfertigt erklärten Mißtrauens — sie wurden darob, schreibt Lilburne, „ganz verzweifelt cholerisch“ — und zweitens wegen des eventuell zu gewärtigenden Zeitverlustes. Aber die Leveller ließen sich weder durch Proteste noch durch Betheuerungen, daß man ja das Gleiche wolle, breitschlagen. Erfahrener wie die zu ihnen haltenden Soldaten, gaben sie nicht nach, bis schließlich ein Kompromiß dahin geschlossen wurde, daß von jeder Seite vier Vertreter ausgewählt wurden und diese miteinander die Hauptpunkte des zu unterschreibenden „Agreements“ ausarbeiten sollten. Und selbst die Wahl dieser Kommission ging nicht ohne einen heftigen Zusammenstoß ab. Außer Lilburne selbst wurde seitens der Leveller ein gewisser William Walwyn, ein schon bejahrter Kaufmann, als Kommissionsmitglied gewählt. Gegen diesen nun erhob einer der „Gentlemen“-Independenten, John Price, Einspruch, was Lilburne zu der zornigen Antwort veranlaßte, Walwyn habe im kleinen Finger mehr Rechtlichkeit und Ehrenhaftigkeit als dessen Gegner am ganzen Leibe, und lieber verzichte er selbst auf seinen Sitz im Comité, als ohne Walwyn darin Platz zu nehmen. Der Zwischenfall, der nach vielem Hin und Her dahin geschlichtet wurde, daß Walwyn und Price zurücktraten, ist deshalb interessant, weil in einer kurze Zeit später publizirten Schrift Walwyn als radikaler Kommunist und Atheist angegriffen wird, während in den offiziellen Publikationen der Leveller selbst, von denen verschiedene von Walwyn mitunterzeichnet sind, lediglich radikal demokratische Forderungen entwickelt werden. Die Schrift*) hat einen gewissen William Kiffin zum Verfasser, der, ehemals selbst Parteigänger der radikalen Independenten, sich auf die Seite der Gemäßigten schlug und es späterhin zu großem Reichthum brachte. Wir kommen auf ihren eigentlichen Inhalt später zurück und konstatiren hier nur vorwegnehmend, daß sie Walwyn nicht eine einzige unsaubere Handlung, sondern eben nur atheistische und kommunistische Theorien und sehr geschickte Propagirung derselben vorwirft. So dürfte es denn auch nur diese Gesinnung gewesen sein, die zu Walwyn's Zurückweisung Anlaß bot.

Das auf sechs Mitglieder reduzirte Comité einigte sich am 15. November auf folgende Punkte: Im Hauptquartier der Armee soll ein Comité, gebildet aus Vertretern der Armee und Delegirten der „Wohlgesinnten"**) im Lande, zusammentreten, den Entwurf eines gerechten Grundgesetzes der Nation — „the foundations of a just government" — ausarbeiten, und dieser Entwurf alsdann allen Wohlgesinnten im Lande zur Abstimmung vorgelegt werden.***) Die so geschaffene Verfassung soll, wenn in Kraft getreten, über jedem anderen Gesetz stehen, d. h. das schon ein Jahr vorher von den Agitatoren und Levellers verlangte Grundgesetz — „the paramount law" — des Landes bilden, und mit ihren Bestimmungen über die Machtsphäre des Parlaments &c. von allen Abgeordneten am Tage ihrer Wahl unterzeichnet werden. Um Konfusion zu vermeiden, verzichten die Leveller auf ihre unterm 11. September 1648 — in einer auf Befehl

*) Sie führt den Titel „Walwyn's Listen" (Walwin's Wiles) und verspricht im Untertitel „die schlauen und glatten Listen, die atheistischen, gotteslästerlichen und seelenmörderischen Prinzipien und Praktiken des William Walwyn" bloßzulegen, und dieser Schilderung einige Warnungen an Oberstlieutnant John Lilburne und Herrn Th. Prince beizugeben. Lilburne sei hitzig und Prince jung, meint der Verfasser, bei ihnen sei vielleicht der Kern noch unverdorben, Overton — der vierte der Vertrauensmänner der Leveller — sei ein so notorisch profan gesinnter Mensch und Schriftsteller, daß keine anständige Christenseele mit ihm etwas zu thun haben wolle und schon deshalb eigentlich unschädlich, aber Walwyn sei der Wolf im Schafpelz, der im Gewande des milden Philosophen einherschleichende und darum um so gefährlichere Verderber."

**) Dieses Wort — „Wellmeaning" oder „Wellaffected" — spielte in der englischen Revolution die Rolle, die in der französischen das Wort „Patriot" spielte. Es wird gemeinhin für Parteigänger der Volkssache gebraucht. Die Royalisten und ihre Helfer werden von der Gegenpartei gewöhnlich als „Malignants" — Uebelgesinnte bezeichnet.

***) Dies ist wohl das erste Beispiel, wo in der neueren Geschichte die Idee auftaucht, die direkte Gesetzgebung in einem größeren Staatswesen zur Anwendung zu bringen. Bekanntlich zeitigte die französische Revolution auf dem Höhepunkt ihrer Entwickelung einen ähnlichen Vorschlag.

des Parlaments vom Henker verbrannten Petition — erhobene Forderung der unmittelbaren Auflösung des Parlaments, aber es solle ein bestimmtes Datum für dieselbe festgesetzt und das „Agreement" selbst der in Vorbereitung begriffenen Remonstranz der Armee einverleibt werden.

Im Hauptquartier, das zur Zeit noch in St. Albans lag, aber wenige Tage darauf nach Windsor übersiedelte, erklärte man sich mit diesen Stipulationen einverstanden. Aber die am 20. November durch Major Ewer dem Parlament übergebene Remonstranz verlangte nur, daß alle Verhandlungen mit dem König abgebrochen und die Urheber der letzten Unruhen sammt und sonders — also auch der König — zur Rechenschaft gezogen werden sollen; dazu Auflösung des tagenden und Wahl eines neuen Parlaments und die Bestimmung, daß in Zukunft kein König, der nicht vom Volk gewählt sei, anerkannt werde. Die Leveller fanden, dies entspreche nur zum Theil dem, was sie gewollt, und enthalte Manches, was sie nicht gewollt, mochten aber im Moment nicht öffentlich opponiren, sondern begaben sich nach Windsor, um den Großen — den „Granden" — der Armee selbst auf den Zahn zu fühlen. Dieselben zeigten sich ihnen äußerlich ziemlich entgegenkommend, aber kaum ging es ans Diskutiren über die zukünftige Verfassung, so traten auch schon erhebliche Gegensätze zu Tage. Generalproviantmeister Ireton, Cromwell's Schwiegersohn, wollte zum Beispiel dem Parlament das Recht vorbehalten wissen, in solchen Fällen Strafen zu verhängen, wo kein bestimmtes Gesetz verletzt sei, das heißt wo die Staatsraison dies erheische, resp. mit anderen Worten, daß das Parlament unter Umständen gegen das Recht verfüge. Lilburne, als Fanatiker des Rechts und in begründetem Mißtrauen gegen jede regierende Macht, ist aber Feuer und Flamme dagegen. Ireton will die religiöse Toleranz auf bestimmte protestantische Kultusformen beschränken, die Leveller bestehen dagegen auf weitherzigster Gewissensfreiheit. Das Ende vom Liede ist, daß die Leveller einen neuen Vorschlag machen. Die zu den Independenten haltenden Parlamentarier, die Armee, die Independenten in London und „wir, die man mit dem Spitznamen Leveller benennt," sollen je vier Vertreter wählen, diese Vertreter zusammen ein „Agreement" aufsetzen und demselben sich alsdann alle ohne Ausnahme anschließen. Lilburne geht sogar in dem Bestreben, alle nicht absolut königlich gesinnten Elemente zusammen zu bringen, so weit, daß er vorschlägt, für den Fall sie dazu geneigt seien, auch den Presbyterianern vier Sitze im Comité zu überlassen. Die Granden gehen auf Alles ein, die Einen — wie Oberst Harrison —, weil sie wirklich an eine Einigung glaubten, die Anderen, um Aufschub zu gewinnen. Man setzt bereits die Zusammenkünfte fest, wo man sich in London treffen will. Dorthin gehts, und jede Partei wählt ihre Vertreter; die Leveller außer Lilburne und Walwyn einen gewissen Maximilian Petty und den schon früher erwähnten John Wildman.*)

*) Ob Maximilian Petty mit seinem berühmten Zeitgenossen, Sir William Petty, verwandt war, habe ich nicht feststellen können. Er figurirt jedoch neben ihm als Theilnehmer an James Harrington's 1659 ins Leben gerufenen „Rota Club," von dem wir im Kapitel

Von den Delegirten der independenten Parlamentarier seien erwähnt der hitzige („peppery") **Thomas Scott**, einer der „Königsmörder," die später unter der Restauration gehängt wurden, und **Henry Marten** oder **Martyn**, den nur die Erinnerung an sein Eintreten für Begnadigungen von Royalisten vor dem gleichen Schicksal bewahrte, obwohl er früher als ein Anderer die Hinrichtung Karl's verlangt hatte, unter der Motivirung, es sei besser, eine Familie leide, als das ganze Land. Marten war ein sehr witziger, heller Kopf, gleich Scott durchaus republikanisch gesinnt und in religiösen Fragen äußerst radikal. Der „milzsüchtige" (Carlyle) Presbyterianer **Clement Walker** schreibt in seiner „History of Independency" unterm 21. August 1648 von ihm: „Derselbe erklärt sich jetzt für Güter- und Weibergemeinschaft und spricht gegen König, Lords, Gentry, Advokaten und Priester, ja, sogar gegen das Parlament selbst, an dessen Busen diese Viper genährt worden ist, sowie gegen alle Behörden. Gleich einem zweiten Wat Tylor (will er), daß mit allen Leuten von der Feder aufgeräumt werde. Diese umstürzlerische („levelling") Lehre findet sich in einem Pamphlet, „Englands Ruhestörer gestört" („Englands troubler troubled"), worin alle reichen Leute als Feinde des niederen Volkes hingestellt werden und ihnen thatsächlich der Krieg erklärt wird."*) (**Walker**, a. a. O., I., S. 136.)

über Harrington werden zu handeln haben. Demselben Club gehörte auch John Wildman an. (Vgl. **Toland**, Harrington's Oceana rc.)

Wildman scheint seinem Namen alle Ehre gemacht zu haben. Er war eine Art radikaler Demokrat von sehr leidenschaftlichem Charakter, wurde im Jahre 1654 in Cromwell's erstes Protektorats-Parlament gewählt, weigerte sich aber, die Protektoratsverfassung anzuerkennen, und wurde im Februar 1655 in Exton verhaftet, als er gerade dabei war, seinem Sekretär eine „Erklärung der freien und wohlgesinnten Männer Englands, die gegen den Tyrannen Oliver Cromwell die Waffen erhoben haben," in die Feder zu diktiren. Ein „rastloser Mann, ganz Flamme und Ruß," schreibt Carlyle von ihm, „vielleicht nachdem ‚Freeborn John' (Lilburne) in Jersey internirt worden, der unruhigste Mann in ganz England." Rawson Gardiner spricht von ihm und Lilburne als „Männer von unzweifelhafter Ehrlichkeit" (a. a. O. III.).

Cromwell, der gewaltthätig, aber nie grausam oder blutgierig war, begnügte sich, Wildman in der Veste Chepstow interniren zu lassen. Unter der Restauration scheint Wildman aus Gegnerschaft gegen Clarendon-Hyde in die Schlingen des gewandten Rivalen desselben, des Grafen Buckingham, gerathen zu sein, dessen Ministerium, nach dem Sturz Clarendon's, übrigens ein Toleranz-Gesetz im Parlament einbrachte. 1683 gehörte er mit zu den sogenannten Rye-House-Verschwörern, ward aber rechtzeitig gewarnt und floh nach Holland. Schließlich scheint er auch an der „glorious revolution" von 1688 betheiligt gewesen zu sein, die Wilhelm von Oranien auf den Thron von England brachte. In einer 1735 herausgegebenen Sammlung von Denkschriften, Pamphleten rc., die bei Gelegenheit jenes Ereignisses erschienen, befindet sich auch eine „Denkschrift englischer Protestanten an ihre Hoheiten den Fürst und die Fürstin von Oranien, betreffend ihre Beschwerden und die Geburt des angeblichen Prinzen von Wales," zu der bemerkt ist: „Soll vom Major Wildman verfaßt sein." So hätte der feurige Republikaner schließlich doch als monarchistischer Whig geendet — allerdings nach vierzig Jahren sich erneuernder Enttäuschungen.

*) Da Walker als Zeitgenosse schreibt, ist an der Existenz des erwähnten Pamphlets kaum zu zweifeln. Leider ist es mir nicht gelungen, im Britischen Museum ein Exemplar desselben aufzufinden.

Ob Marten, der ein großer Spötter war, sich im Ernst so ausgedrückt, muß dahingestellt bleiben.*) Thatsache ist nur, daß er den Levellers sehr nahe stand. An ihn hat Lilburne vom Exil aus einen sehr interessanten, mit ausführlichen Exkursionen und Reflexionen über die römische Geschichte angefüllten Brief geschrieben (abgedruckt in „John Lilburne revived," London 1653), und von ihm heißt es, daß er zuerst — allerdings in wohlwollender Absicht, um Lilburne zu vertheidigen — das später oft ausgespielte Witzwort über diesen geäußert habe, daß, wenn derselbe allein auf der Welt wäre, John mit Lilburne und Lilburne mit John in Konflikt gerathen würde. Carlyle schreibt über ihn: „Ein netter, kleiner Bursche, obwohl von etwas losem Lebenswandel. Seine witzigen Aussprüche dringen noch jetzt, gleich leichten Pfeilen, durch die dicke Vergessenheitsstarre von Generationen und bezeugen uns klar und deutlich, hier war ein recht hartköpfiger, herzhafter kleiner Mann, voll scharfen Feuers und heiterem Licht, geschworener Feind des Phrasenhumbugs jeglicher Art, ein unbändiger kleiner römischer Heide, wenn nicht etwas Besseres." (A. a. O., Siebenter Theil.)

Die „Granden" der Armee wählten u. A. Ireton und Sir William Constable zu ihren Vertretern.

Inzwischen hatte das Parlament, am 30. November, beschlossen, die Remonstranz der Armee nicht in Erwägung zu ziehen, und hatte einen Brief von Fairfax, der Bezahlung des fälligen Soldes der Armee verlangte, anderenfalls dieselbe das Geld nehmen werde, wo sie es finde, für einen „anmaßenden und unziemlichen Brief" erklärt, worauf der Rath der Armee erklärt hatte, die Ablehnung der Remonstranz sei ihm ein Beweis, daß das Parlament das Vertrauen des Volkes verrathen habe, und die Armee werde daher von dessen Autorität „an das außergewöhnliche Urtheil Gottes und aller guten Leute appelliren." Als

*) In Anthony Wood's „Athenae Oxonienses" (ein biographisches Register von Leuten, die an der Universität Oxford studirt haben) wird zwar der Vorwurf wiederholt, aber Wood, der Zeitgenosse von Marten war, kann, wo die radikalen Republikaner in Betracht kommen, nicht als zuverlässig betrachtet werden, so sehr er eine gewisse Unparteilichkeit zu beobachten sucht. Seine Denkart kennzeichnet sich z. B. dadurch, daß er sich nicht tugendhaft genug darüber entrüsten kann, daß Marten der freien Liebe gehuldigt habe, aber durchaus nicht ansteht, Marten's Vater für das Muster eines Gentleman zu erklären, obgleich er selbst erzählt, daß Marten von demselben trotz heftigen Sträubens gezwungen worden sei, eine Geldheirath zu machen.

Marten scheint allerdings, wie in anderen Dingen, so auch in Geldfragen das Gegenstück seines musterhaften Vaters gewesen zu sein. Es wird ihm außerordentliche Freigebigkeit nachgerühmt, und wo sich die Gelegenheit dazu bot, hat er stets die Interessen der ärmeren Klassen wahrgenommen. Trotzdem er „Heide" war, wollte er die religiöse Toleranz auch auf die römischen Katholiken ausgedehnt wissen, und ebenso trat er, der schon Republikaner war, als Cromwell und Andere noch nicht an die Republik zu denken wagten, unter der Republik dafür ein und setzte es durch, daß die Gesetze gegen Diejenigen, die sich weigerten, die neue Ordnung der Dinge anzuerkennen, nicht auch auf die Frauen ausgedehnt wurden. Es sei genug, daß sie den Stier hetzten, erklärte er im Parlament, man solle nicht auch noch die Kuh hetzen wollen.

die Leveller zur Berathung nach Windsor kamen, fanden sie denn auch die Armee, die den ersten Tag nach Eintreffen der Nachricht von dem ablehnenden Bescheid, auf Vorschlag des Major Goffe,*) im Gebet zugebracht, damit Gott sie erleuchte und ihr den rechten Weg zeige, was zu thun — auf dem Sprunge, nach London zu marschiren. Die Erleuchtung, die die Gebetsübung diesen Frommen im Herrn gebracht, hieß: Reinigung des Parlaments und Exekution Karl's I. Und Gottes Wille mußte befolgt werden. Die Leveller waren über diese Wendung nicht sehr erbaut, es kam nun doch so, wie sie befürchtet. Aber ihre Einwände waren vergeblich, im Rath der Granden war es beschlossen und die Situation zwang dazu, die Frage zwischen Heer und Parlament jetzt zur Entscheidung zu bringen. Am 2. Dezember gehts nach London und die Armee besetzt Whitehall, St. James und verschiedene Vororte in der Umgebung der City. Wohl wurden in London zunächst auch die Berathungen mit den Levellers fortgesetzt, aber man unterließ deswegen nicht das Handeln. Am 5. Dezember, 8 Uhr Morgens, hatte das Parlament nach langen und heftigen Debatten eine Erklärung des Inhalts beschlossen, daß die Ueberführung des Königs ohne sein Wissen und seine Zustimmung erfolgt sei, und einige Stunden später mit 129 gegen 83 Stimmen der Resolution zugestimmt, daß die vom König in Newport gemachten Zugeständnisse geeignet seien, die Grundlage für einen Ausgleich zu bilden. Eine trotzige Herausforderung der Armee, aber eine Herausforderung ohne die zu ihrer Ergänzung nöthige Macht oder Thatkraft. Was konnte das Parlament gegen die Armee? Es hatte die Bourgeoisie der City auf seiner Seite, aber diese hatte schon bei der ersten Besetzung Londons durch die Armee (im Sommer 1647, wo sie ihre Miliz extra eingedrillt und noch Truppen dazu zur Verfügung hatte) auch nicht den leisesten Versuch thatkräftigen Widerstandes gemacht.**) Von ihr war keinerlei Schutz des Parlaments zu erwarten. Der Armee und den zu ihr haltenden Independenten ihrerseits blieb aber garnichts übrig, als entweder abzudanken oder auf den Beschluß mit einem Staatsstreich zu antworten. Sie wählten, wozu ja die Armee, wie wir gesehen,

*) Der, beiläufig ein tapferer Haudegen, wiederholt in zweifelhaften Situationen erst einmal tüchtig beten ließ und mitbetete.

**) Der politisch reaktionäre Materialist Hobbes läßt in seiner in Dialogform geschriebenen Geschichte des Bürgerkrieges die City seinen Groll ob ihrer Schwäche nicht wenig entgelten. „Es ist sonderbar,“ heißt es da mit Bezug auf die Vorgänge im August 1647, „daß der Mayor und die Aldermen mit einer solchen Armee hinter sich so schnell nachgegeben haben sollen,“ und es wird geantwortet: „Mir würde es sonderbar erschienen sein, wenn sie anders gehandelt hätten. Denn ich betrachte die Mehrzahl der Reichen, die durch geschickte Ausübung des Gewerbes solche geworden, als Leute, die für nichts Anderes Augen haben als für ihren momentanen Profit, die blind sind in Bezug auf Alles, was nicht auf ihrem Wege liegt, und die schon der bloße Gedanke an Plünderung außer Fassung bringt.“ (Hobbes, Behemoth, ed. Tönnies, S. 142.) „Master Hobbs“ hat da nicht ganz Unrecht; so urtheilten ja auch schon die Alten über die reichgewordenen Shopkeeper, und so müssen diese unter gleichen Verhältnissen überall sich geberden. Es kam im vorliegenden Falle, wie übrigens auch anderwärts, noch hinzu, daß die Cityväter keineswegs die ganze Stadt hinter sich hatten. Ein großer Theil des Kleinbürgerthums sammt Anhang sympathisirte mit der Armee, und verschiedene

schon früher entschlossen war, das Letztere. Am Nachmittag des 5. Dezember halten die Führer der Armee und eine große Anzahl von Independenten aus dem Parlament eine Zusammenkunft ab, die bis in die Nacht hinein währt und in der die Parlamentsmitglieder heftig gegen sofortige Auflösung des Parlaments, wie sie die Armeeführer wollten, sprechen und es durchsetzen, daß von dieser abgesehen wird. Am 6. Dezember finden die Mitglieder der Parlamentsmehrheit, die Presbyterianer, wie sie das Haus betreten wollen, dasselbe statt von der ihm bisher als Schutzwache dienenden City-Miliz, die sich ohne Schwertstreich hatte nach Hause schicken lassen, von zwei Regimentern der Armee besetzt. Der kommandirende Offizier, Oberst Pride, hat eine Liste der Mitglieder der Mehrheit in der Hand und der zu den Independenten haltende Earl Grey of Groby steht neben ihm, um die Personen zu rekognosziren. Wer von Presbyterianern kommt, wird ergriffen und von Soldaten fortgeführt. Im Ganzen sinds an diesem Tage 41, und sie werden vorläufig in Gasthöfen in der Nähe einlogirt und streng bewacht. Am Abend trifft Cromwell, der aus dem Norden herbeigeeilt ist, in London ein. Das Parlament fordert von Pride seine verhafteten Mitglieder zurück, erhält aber ausweichenden Bescheid. Am 7. Dezember wird die Sichtung fortgesetzt, die bisherige Minderheit ist unbeschränkte Mehrheit geworden, und das Parlament spricht Cromwell für seine dem Lande geleisteten Dienste seinen Dank aus. 47 Presbyterianer werden zunächst im Tower internirt, die Anderen theils zu den väterlichen Ochsen heimgeschickt, theils ziehen sie freiwillig ab. Das war „Pride's Purganz," die „Reinigung" durch Oberst Pride. Nur stramme Independenten bleiben noch im Parlament, dem seine Gegner den Spottnamen „Rumpfparlament" oder vielmehr kurzweg „Der Rumpf" beilegen.

Einige Tage darauf wurde die gemischte Kommission der Leveller und Independenten mit dem neuen „Agreement" fertig. Dasselbe sollte nach der Meinung der Leveller nunmehr von dem Generalstab der Armee, den Soldaten und den Mitgliedern des Parlaments unterzeichnet und alsdann im Lande zur Unter-

Vororte, vor Allem das große Southwark, wo die Leveller erheblichen Anhang besaßen, nahmen dieselbe mit offenen Armen auf. Dagegen konnten die Pfeffersäcke der City sich für ihre Feigheit auf ein erhabenes Beispiel berufen: die große Masse der Kollegen des braven Hobbes, die Gelehrten von Beruf, spielten in der Revolution eine mindestens ebenso schofle, wenn nicht schoflere Rolle wie sie.

Hobbes selbst trägt es ja der City vor allen Dingen nach, daß sie überhaupt eine Zeit lang mit der Rebellion gegangen war Der große materialistische Philosoph verräth in dem zitirten Geschichtswerk überhaupt viel mehr noch den engherzigen Repräsentanten des aristokratischen Absolutismus als in seinem „Leviathan." So war nach ihm (a. a. O. S. 181—182) eine der größten Albernheiten des sog. „kleinen Parlaments" von 1653 dessen Beschluß, die Eheschließung für einen Zivilakt zu erklären, für dessen Legalität die einfache Erklärung vor dem Friedensrichter genüge. Thatsächlich waren die puritanischen Demokraten, die in jenem Parlament die Mehrheit hatten, und über die auch der große Freidenker Hume sich nicht genug lustig machen kann, denen dieser feile Politiker alle möglichen, ihnen behufs ihrer Verspottung von der Gegenpartei angehängten Lügen nachsagt, trotz ihrer religiösen Schwärmerei sehr viel freisinniger in kirchlichen und sehr viel vorgeschrittener in weltlichen Dingen als ihre Staats-

zeichnung seitens aller Gutgesinnten herumgeschickt werden. In dieser Voraussicht ließ Lilburne es sofort im Druck erscheinen. Aber schon beim Generalstab stieß man auf Schwierigkeiten. Cromwell und die Mehrheit seiner Kollegen erhoben gegen verschiedene Bestimmungen Widerspruch, so ziemlich derselben Art wie vorher schon Ireton, und dieser zog seine Zugeständnisse zum Theil auch wieder zurück. Es kam noch einmal zu langen Debatten über die Frage, wie weit die religiöse Toleranz gehen dürfe, und nach dem, was wir schon früher über die Natur verschiedener Sekten gesagt, wird man verstehen, warum die mehr bürgerlich gesinnten Elemente nach einer Linie suchten, jenseits der die Toleranz aufzuhören habe. Am 21. Dezember schloß man dahin einen Kompromiß, daß alle christlichen Verbindungen, die den öffentlichen Frieden ungestört lassen, vom Staat unbehindert zu bleiben hätten, römische Katholiken und bischöfliche Staatskirchler ausgenommen, daß aber in allen „natürlichen," d. h. weltlichen Dingen, das Parlament das entscheidende Wort zu sprechen habe. Auch in der Frage der Ausnahmefälle, wo Vergehen statt von den ordentlichen Gerichten von Staatswegen zu bestrafen seien, ward ein Kompromiß geschlossen, indem diese Fälle auf „Staatsbeamte," die sich gegen ihre Pflicht vergangen, beschränkt wurden. Aber den Stein des Anstoßes bildete die Frage der Auflösung des Parlaments. Cromwell war durchaus dagegen, dem Parlament ein baldiges Datum der Auflösung vorzuschreiben, und obwohl er damit im Rath der Offiziere in der Minderheit blieb, blieb es in facto bei seiner Ansicht. Es überwog durch seinen Einfluß die Meinung, daß man das „Agreement" auch mit den neuen Aenderungen nicht dem Parlament kurzerhand zur Unterschrift und weiteren Zirkulirung, sondern erst zur weiteren Sichtung übergeben solle, daß auch das Parlament sein Wort haben und so viel vom Agreement zirkuliren solle, als dieses gutgeheißen haben werde.

Als Lilburne und seine Freunde merkten, daß dies das Ende vom Liede sein werde, traten sie gegen Mitte Januar 1649 unter heftigen Anklagen und Vorwürfen, daß man sie auf nichtswürdige Weise hinters Licht geführt habe, von

---

männisch und philosophisch erleuchteten Gegner. Die Reformen, die sie in Bezug auf bürgerliche, kirchliche und Rechts-Einrichtungen in Angriff nahmen, gereichen ihnen durchgängig sehr zur Ehre und anticipiren, wie ihr Beschluß auf Ausarbeitung eines bürgerlichen Gesetzbuches, die berühmtesten Maßregeln des Konvents von 1793. Das „kleine" Parlament ward denn auch unter dem Geschrei der in ihren Privilegien und Interessen bedrohten Klassen und Kasten, insbesondere der Advokatenzunft, unter Anwendung eines schmutzigen Advokatenkniffs nach sechsmonatlichem Bestand aufgelöst, und die würdige Zunft der Rechtspfaffen feierte dies Ereigniß im „Temple" durch gewaltige Zechgelage. (Vgl. die Schrift Exact Relation of the Transactions of the late Parliament, London 1654, abgedruckt in Somer's Tracts, Bd. VI., S. 266—284.)

Beiläufig mag noch erwähnt werden, daß das Mitglied Praisegod Barbone, nach dessen Namen, unter absichtlich falscher Orthographie desselben („Barebone," was soviel heißt wie Dürrbein), das kleine Parlament, um es recht lächerlich zu machen, von den Royalisten rc. betitelt worden ist, der Vater des für seine Zeit sehr bedeutenden politischen Oekonomen Nicolas Barbon und, Alles in Allem, ein Mann war, der durchaus das Herz auf dem rechten Flecke hatte. Er gehörte dem radikaleren Flügel der Londoner Baptisten an.

den Konferenzen zurück. Ihre Annahme war insofern richtig, als das Parlament am 20. Januar das Agreement der Offiziere mit der Erklärung entgegennahm, es werde dasselbe „in Erwägung ziehen, sobald die derzeitigen wichtigen und dringenden Geschäfte es erlauben,“ und die Offiziere sich ohne Widerspruch damit zufrieden gaben.

Man muß indeß Cromwell darin Recht geben, daß die Zeit für die Auflösung des Parlaments noch nicht gekommen war. Die den Independenten und der Armee feindlich gesinnten Elemente waren zu zahlreich, als daß man das Experiment einer Neuwahl riskiren durfte. War doch selbst in Grafschaften wie Norfolk, Suffolk &c. die Mehrheit des Bürgerthums und der Gentry jetzt gegen sie. Das aber waren die Klassen, auf die Cromwell in erster Reihe Rücksicht nahm und Rücksicht zu nehmen hatte. Sie gaben in den meisten Grafschaften durchaus den Ton an, und sie wollten, wie auch vielfach die Bauern, jetzt vor Allem die Militärlast los sein. Es galt, sie zu gewinnen, und für sie gerade waren die radikalen Forderungen der Leveller unannehmbar. Gardiner führt sogar den Umschwung in den östlichen Grafschaften u. A. direkt auf die Zunahme des „Fanatismus,“ will sagen Radikalismus, zurück, der die besitzenden und geschäftstreibenden Klassen den Presbyterianern und Royalisten zugetrieben habe. (A. a. O., III., S. 175.) Wo Lilburne und seine Freunde Böswilligkeit, Falschheit und Selbstsucht bei Cromwell sahen, war es, neben dessen unleugbar sehr gestiegenem Ehrgeiz und Klassenvorurtheil, die ihn beherrschende Neigung, sich durchaus nach den Möglichkeiten des Augenblicks zu richten, die sein Verhalten bestimmte. Er war völlig Realpolitiker, sie aber die Ideologen der Bewegung. Sie folgten politischen Theorien und sahen daher auch je nachdem die Dinge durch die Brille ihrer Theorie; er aber, dessen Fühlen und Denken jeder geschlossenen Theorie entgegen war, übersah im gegebenen Augenblick die Wirklichkeit besser wie sie. Er war, mit einem Wort, so sehr er zeitweise ihrem Beispiel gefolgt, ihnen als praktischer Politiker bedeutend überlegen. Dafür gebührt ihnen aber das Verdienst, in dieser Revolution die politischen Interessen der arbeitenden Klassen der Epoche und einer weiteren Zukunft formulirt und energisch vertreten zu haben. So lange die Revolution gegen die alten Mächte kämpfte, konnten sie gelegentlich ihr den Weg weisen und haben sie in der That wiederholt ihr den Weg gewiesen. Mit dem Augenblick, wo die alten Mächte am Boden lagen und die neuen sich daran machten, die Dinge nach ihrer Weise einzurichten, mußten sie zurückgedrängt werden und wurden sie zurückgedrängt. Die Zeit der Klassen, die sie vertraten, war noch nicht gekommen.

Der ersten Ausgabe des neuen Agreements der Leveller folgte am 1. Mai 1649 eine zweite, diese schon wieder vom Tower aus redigirt. Wie Lilburne und Genossen aufs Neue ins Gefängniß gekommen, werden wir später sehen. Hier wollen wir in der Aufzählung der Ereignisse eine Pause machen und zunächst jenen denkwürdigen Dokumenten selbst eine kurze Betrachtung widmen. Haben wir doch in ihnen die Vorläufer des berühmten Rousseau'schen „Gesellschaftsvertrages.“

Die höchste Autorität des Landes soll nach dem „Agreement," das außer in Broschürenform auch als zum Anschlagen geeignetes Manifest gedruckt wurde, in einem Vertretungskörper von vierhundert Abgeordneten bestehen, und jeder Staatsangehörige, der das einundzwanzigste Lebensjahr vollendet hat und nicht Lohn- oder Almosenempfänger ist, Wähler und wählbar sein.*) Die Parlamente sollen einjährig sein, und Personen, die in einem Parlament gesessen, dem folgenden nicht angehören dürfen, sondern erst für das alsdann folgende wieder wählbar sein. Nicht wählbar sind ferner die besoldeten Staatsbeamten, und Advokaten sollen, so lange sie im Parlament sind, keine Praxis ausüben dürfen. Das Parlament darf keinerlei Zwangsgesetze mit Bezug auf die Religion erlassen, Niemand darf wegen seiner Religion von der Befähigung zu irgend einem Amt ausgeschlossen werden. Jede Gemeinde wählt ihren Geistlichen selbst, aber Niemand darf zur Beisteuerung für die Bezahlung desselben angehalten werden, Niemand ferner genöthigt werden, gegen sein Gewissen auf dem Lande oder zur See zu dienen. Alle Zölle, Abgaben und Zehnten sollen binnen einer bestimmten — kurzen — Frist abgeschafft und durch eine direkte Steuer auf jedes Pfund realen und persönlichen Eigenthums ersetzt werden.**) Alle Privilegien und Ausnahmestellungen sollen für nichtig erklärt werden, an die Stelle der stehenden Armee soll eine

*) Damit wären also die Lohnarbeiter vom Wahlrecht ausgeschlossen gewesen. Indeß ist hier zu berücksichtigen, was weiter oben (Abschnitt II) über die Unentwickeltheit und relative Geringfügigkeit dieser Klasse im damaligen England ausgeführt wurde. Man kann fast sagen, daß es ein industrielles Proletariat im heutigen Sinne des Wortes überhaupt noch nicht gab; für die Handwerksgehülfen war in der Mehrheit der Fälle der Gehülfenstand Uebergangsepoche vom Lehrlings- zum Meisterstand. Die Verleihung des Stimmrechts an Ackerknechte &c. aber mußte in einer Zeit, die die geheime Stimmenabgabe nicht kannte, vorwiegend den Reichen und den großen Grundbesitzern zu Gute kommen.

Interessant ist, daß im Laufe der Verhandlungen Cromwell's, Ireton's &c. mit den Levellern über das Agreement der Erstere das von diesen befürwortete allgemeine Stimmrecht mit der seitdem oft wiederholten Bemerkung bekämpfte, dasselbe führe zur — Anarchie. Und in einem cromwellitischen Blatt, das im Frühjahr 1649 gegründet wurde, werden die Leveller selbst mit dem uns ganz modern anmuthenden Titel belegt: „diese schweizernden Anarchisten" — „these switzerizing anarchists" („A modest narrative of Intelligence: Fitted for the Republique of England and Ireland, No. 8, d. d. 14. bis 21. April 1649.) Der Ausdruck „schweizernd" soll sagen, daß das Programm der Leveller zu Verhältnissen „wie in dem schweizerischen Lande" führe, wo „Kanton gegen Kanton steht." (Ansprache Cromwell's auf der Putney-Konferenz, 28. Oktober 1647.)

**) Ueber die indirekten Steuern drückt sich Lilburne in dem Pamphlet „Englands new chains discovered," das eine Art Kommentar des „Agreement" bildet, mit kräftigster Deutlichkeit aus. Sie, die Leveller, heißt es, seien entschlossen, „alle bekannten und drückenden Mißstände" abzuschaffen, und es werden als solche aufgezählt: „Die Zehnten, diese große Bedrückung der Gewerbsthätigkeit und Hemmung des Ackerbaues; die Zölle und Accisen, diese heimlichen Diebe und Räuber, diese Auspumper der armen und mittleren Volksklassen und größten Hinderer von Handel und Gewerbe, die alle Schäden des Schiffsgeldes, der Patentabgaben und sonstigen dem Parlament vorgelegten (Steuer-)Projekte übersteigen." Ferner wollen sie abschaffen „alle Monopole der Kaufmannskompagnien, die das Gewerbe der Tuchverfertigung, des Färbens und andere nützliche Berufe schädigen und in Verfall bringen."

nationale Miliz treten, die nur durch das jeweilige Parlament zu Kriegszwecken aufgeboten werden dürfe. Jede Grafschaft solle ihre Beamten selbst wählen, die Gesetze sollen in englischer Sprache abgefaßt und Anklagen oder Prozeßsachen nur vor einer aus zwölf eingeschworenen Bürgern des Distrikts bestehenden Jury verhandelt werden. Mittel sollen ausgesetzt werden, um allen Armen, Altersschwachen und Invaliden Arbeit und zufriedenstellenden Unterhalt zu gewähren.

Vieles aus dem Vorstehenden erscheint uns heute unpraktisch, Anderes gemeinplätzlich und Alles durchaus bürgerlich. Aber wie selbst diejenigen Punkte des Programmes, an deren Durchführbarkeit kein Zweifel mehr möglich ist, heute noch in vielen als vorgeschritten geltenden Ländern unverwirklicht sind, so war das Ganze für seine Zeit durchaus revolutionär, und gerade um so revolutionärer, je freier es sich von kommunistisch-utopistischen Spekulationen hielt. Der Kommunismus, der, wie wir bald sehen werden, im Lager der Leveller entschiedene Vertreter hatte, konnte für die städtische Bevölkerung, die ein industrielles Proletariat im modernen Sinne noch nicht besaß, außer in Unterstützungseinrichtungen keine praktische Gestalt annehmen, höchstens für die Landbevölkerung konnten kommunistische Forderungen zeitgemäß erscheinen, und in der That zeitigt die Bewegung keinerlei selbständige Regung städtischer Arbeiter, wohl aber, auf ihrem Höhepunkt angelangt, mehrere Versuche agrarisch-kommunistischer Erhebungen.

Darüber weiter unten. Verweilen wir zunächst noch etwas bei den Punkten des „Agreement," die sich auf die Religion beziehen. In einigen Geschichtswerken werden die Leveller als religiöse Sektirer geschildert, die das Gros der Puritaner noch an Fanatismus überboten hätten. Die Forderungen des „Agreement" lassen nichts davon verspüren, sie postuliren eine weit größere religiöse Toleranz, als von irgend einer anderen Partei damals vertreten wurde. Wohl finden sich in einzelnen Schriften der Leveller massenhaft biblische Zitate, aber dies kann zu einer Zeit nicht Wunder nehmen, wo die Bibel das einzige Buch war, das bei der Masse des Volkes größeres Gewicht hatte, auch beziehen sich diese Zitate nie auf religiöse Dogmen. Von ihren zeitgenössischen Gegnern wurden die Leveller im Gegentheil vielfach des Atheismus beschuldigt, und daß dieser, beziehungsweise ein weitgehender Rationalismus in ihren Reihen vertreten war, dafür fehlt es allerdings nicht an Beweisen. Jedenfalls steht die Behauptung anderer Geschichtschreiber, daß die Leveller im Gegentheil sich ursprünglich Rationalisten genannt hätten, um damit zu bekunden, daß sie nur die eigene Vernunft als maßgebend anerkannten,*) auf besseren Füßen. Indeß läßt sich dies, wenigstens soweit der Name in Betracht kommt, schwer feststellen, da wir nur Berichte der Gegner darüber haben. Aber gleichviel, wie sie sich genannt, sehen wir zu, wie die literarischen Vertreter der Leveller über diesen Punkt gedacht haben.

*) So u. A. F. P. Guizot in seiner Histoire de la Revolution d'Angleterre, II. Bd., 8. Buch.

Siebentes Kapitel.

Atheistische und kommunistische Tendenzen in der Leveller-Bewegung. Die „wahren" Leveller.

Wir sprachen schon von Henry Marten als einem „Heiden." Aber Marten war, bei aller Freundschaft mit den Levellers, kein Mitglied ihrer Verbindung.

Als Repräsentant eines sehr weitgehenden Rationalismus ist von Levellers vor Allen Richard Overton zu nennen, der mit W. Walwyn und T. Prince am öftersten neben Lilburne als Unterzeichner politischer Pamphlete der Leveller figurirt. Wir haben gesehen, wie er in dem Pamphlet gegen Walwyn wegen seiner profanen Gesinnung als Gegenstand selbstverständlichen Abscheues erwähnt ward, und bei ihm sind wir besser in der Lage als bei Walwyn, die Berechtigung der in dieser Hinsicht gegen ihn geschleuderten Anklagen zu untersuchen. Es existirt von ihm ein in zwei Auflagen oder Bearbeitungen erschienenes Schriftchen über die Unsterblichkeit der Seele, das darüber vollauf Auskunft giebt, und wenn diese Abhandlung sich auch ganz und gar auf den im Titel angegebenen Gegenstand beschränkt, und insofern nichts mit dem Gegenstand dieser Arbeit zu thun hat, so ist es doch interessant, in der Person Overton's den ersten Vertreter der Verknüpfung konsequent entwickelter rationalistischer — ja wir dürfen sagen materialistischer Anschauungen mit dem politischen und sozialen Radikalismus in England kennen zu lernen. Er ist insofern ein charakteristisches Gegenstück zu seinem Zeitgenossen Hobbes, der auf den philosophischen Materialismus die Doktrin des politischen Absolutismus und der Staatsreligion aufpfropfte. Aber der philosophisch radikale Vertreter der Interessen der unteren Klassen ist umsomehr in Vergessenheit gerathen, als der soziale Radikalismus sich nach der Revolution für eine lange Zeit lediglich in religiösen Bewegungen manifestirte. Ueber seine Persönlichkeit ist es daher sehr schwer, Genaueres festzustellen. Godwin vermuthet (Geschichte des Commonwealth IV., S. 280), daß Richard Overton ein Bruder von Robert Overton gewesen, dem Freund Milton's (und republikanischen Parteigänger Cromwell's bis zu des Letzteren Auftreten als Lord Protektor resp. Diktator); der Miltonbiograph Masson aber weiß von ihm nur, daß er ein „Drucker und unermüdlicher Herausgeber von Flugschriften" gewesen sei. (Life of Milton, III., S. 528.) Jedenfalls war er ein unermüdlicher Leveller und wird uns als solcher noch später begegnen.

Seine uns hier beschäftigende Schrift erschien in erster Auflage 1643 anonym und mit dem Verlagsort Amsterdam auf dem Titelblatt. Noch hatten damals die Presbyterianer das Heft in der Hand, und in einem Manifest des Conclave derselben gegen den Un- und Irrglauben der Zeit heißt es von ihr: „Der Hauptvertreter der fürchterlichen Lehre des Materialismus oder der Leugnung der Unsterblichkeit der Seele ist R. O., der anonyme Verfasser des Traktats über des Menschen Sterblichkeit." So, „Man's mortalitie," lautet der Titel der ersten Auflage. Der Titel der vollständig umgearbeiteten und unvergleichlich besser stilisirten zweiten Ausgabe, die zwölf Jahre später, 1655, mit dem vollen Namen des Verfassers in London erschien, lautet: „Der Mensch in jeder Hinsicht sterblich ('Man wholly mortal'), eine Abhandlung, worin sowohl theologisch wie philosophisch bewiesen wird, daß, wie der ganze Mensch sündigt, so auch der ganze Mensch stirbt, entgegen der landläufigen Unterscheidung zwischen Seele und Körper; daß das alsbaldige Abfahren der Seele (nach dem Tode) in den Himmel oder die Hölle eine bloße Einbildung ist, und daß in der Wiedererweckung der Anfang unserer Unsterblichkeit liegt, mit dieser thatsächliche Verurtheilung und Erlösung erfolgt, und nicht früher."

Man ersieht schon aus dem Titel, daß der übersinnlichen Auffassung noch eine letzte Konzession gemacht, eine Auferweckung am Ende der Dinge zugestanden wird. Aber Godwin ist kaum im Unrecht, wenn er aus der Thatsache, daß Overton diesen Gegenstand erst im Schlußkapitel und auch dort ganz obenhin behandelt, die Folgerung zieht, dieses Kapitel sei der Schrift nur angehängt, um sie vor der Anklage der Propagirung des krassen Atheismus zu schützen. Dasselbe hat mit der Beweisführung für die Hauptsache gar keinen Zusammenhang.*) Der „theologische" Beweis für diese letztere aber besteht darin, daß Overton eine Reihe von Bibelzitaten erbringt, wo von vollständigem Vergehen nach dem Tode die Rede ist,**) andere dagegen, die anscheinend für das Gegentheil sprechen, als auf falscher Lesart des Urtextes oder auf falscher Auslegung beruhend erklärt. Ganz anders der „philosophische" Beweis. Dieser ist durchaus naturwissenschaftlich, soweit dies damals überhaupt nur möglich war. Aus der Entwickelung der Seelenthätigkeit im sich entwickelnden Menschen, aufsteigend vom Säugling bis zum gereiften Menschen, absteigend von da bis zum Altersschwachen, verändert beim Kranken — kurz, aus der Physiologie des Menschen beweist Overton die Unmöglichkeit der Trennung der Seele vom Körper. Er vergleicht den Menschen mit dem Thier und weist an vielen Beispielen nach, wie fast alle geistigen Kapazitäten des Ersteren sich auch bei den Thieren finden, nur der Abstufung nach verschieden und nicht in gleicher Fülle vereinigt; wenn also des Menschen Seele den Verfall des Körpers überlebe, so müsse auch die des Thieres unsterblich

*) Nur insofern wird daran angeknüpft, als ausgeführt wird, daß, wie die Existenz einer Seele ohne Körper nicht möglich sei, es auch kein Fegefeuer und dergleichen geben könne, wohin die körperlosen Seelen nach dem Tode des Menschen angeblich führen. Eine andere Unsterblichkeit der Seele als durch Wiederauferweckung des ganzen Menschen sei unmöglich, bis diese erfolge, sei der ganze Mensch, der gestorben, Seele wie Körper, todt.

„Wäre nicht das angehängte Zugeständniß einer Wiedererweckung oder Neuschöpfung und einer dann erfolgenden Unsterblichkeit da, so könnte man die Abhandlung als Materialismus entschiedenster Art („out and out materialism") bezeichnen. Möglich, daß der Verfasser trotz der Konzession dies erzielen wollte." (Masson, Life of Milton, III., S. 157.)

**) So auf dem Titelblatt den Vers 19 aus dem 3. Kapitel des Prediger Salomonis. („Denn es gehet dem Mensch wie dem Vieh; wie dies stirbt, so stirbt er auch, und haben alle einerlei Odem. Und der Mensch hat nichts mehr denn das Vieh; denn es ist alles eitel.")

sein. Mit scharfer Logik weist er aus Krankheitszuständen &c. nach, daß wenn die Seele etwas vom Körper Unabhängiges sei, der Mensch nicht eine, sondern eine Unmasse Seelen haben müsse. Höchst kategorisch sind seine Ausführungen über die Körperlichkeit im Allgemeinen. „Die Form," schreibt er, „ist die Form der Materie, und die Materie die Materie der Form, keines existirt für sich allein, sondern jedes mit dem andern, und beide zusammen bilden ein Ding." (2. Aufl., S. 10.) „Was erzeugt ist," heißt es an einer anderen Stelle, „ist elementarisch (d. h. aus den Elementen zusammengesetzt). Aber Alles, was erzeugt ist, ist materiell, denn das, was nicht materiell ist, ist nichts." (S. 21.) Overton zieht als Belegstücke für seine Auffassung viele Stellen aus griechischen und römischen Klassikern an, so daß wir in ihm jedenfalls einen Mann von nicht gewöhnlicher Belesenheit zu vermuthen haben. Seine Schrift machte, was nach den gegebenen Proben wohl auch nicht Wunder nimmt, enormes Aufsehen, erscheint in der That bei seinen frommen Mitbürgern argen Anstoß erregt, auf vorurtheilsfreie Geister dagegen sehr anregend gewirkt zu haben. Masson hält es zum Beispiel für wahrscheinlich, daß der große Dichter Milton durch Overton zu seinen Ansichten über den Tod gelangt sei. Indeß ist dies nicht der Ort, hierauf näher einzugehen.

Was Overton's Genossen, Walwyn, anbetrifft, so liegen selbständige Schriften desselben über religiöse und politische Fragen nicht vor. Eine Gegenschrift von ihm gegen das Kiffin'sche Pamphlet „Walwyn's Schliche" ist lediglich abwehrend gehalten. Sie weist in allgemeinen Wendungen den Vorwurf der Irreligiösität und des umstürzlerischen Kommunismus zurück, so daß man aus ihr nach keiner Richtung hin etwas Bestimmtes herauslesen kann. Dasselbe gilt von einer unter der Chiffre H. B. erschienenen Schrift: „Die Barmherzigkeit der Kirchlichen" („The Charity of Churchmen"), deren Verfasser, ein Dr. Brook, für den hinter Kerkermauern sitzenden Walwyn eintreten zu müssen erklärt. Die Gespräche, die Kiffin anführt, hätten wohl stattgefunden, aber die Aeußerungen Walwyn's seien von demselben tendenziös übertrieben. Was denn an einzelnen Beispielen derart nachgewiesen wird, daß positive Sätze als hypothetische, absolute als bedingte hingestellt werden. Da nun beide Vertheidigungsschriften zu einer Zeit erschienen, wo Walwyn unter Anklage im Tower saß, so ist auf diese Art der Widerlegung nicht sehr viel zu geben, es geht aus ihnen nur soviel hervor, daß Kiffin's Anklagen vielleicht in einigen Punkten übertrieben, substantiell aber nicht aus der Luft gegriffen waren. Es werden im Gegentheil Personen bezeichnet, die bei den Gesprächen zugegen gewesen sein sollen.

Da es nun für uns überhaupt nicht so sehr auf das Wort als auf die Tendenz der Gespräche ankommt, wollen wir nunmehr hören, wie Walwyn nach der Anklageschrift die Jugend, die in seinem Hause verkehrte, zu verderben suchte.

Er stelle, heißt es, den jungen Leuten Querfragen. Wie könnt Ihr beweisen, daß die Bibel das Wort Gottes ist? Welchen besseren Beweis habt Ihr für die göttliche Urheberschaft der Bibel als der Türke für seinen Koran?*) Sonntags führe er die jungen Leute nacheinander in die verschiedenen Kirchen, lasse sie hören, wie die Priester in der einen auf die der anderen schimpfen, mache sie auf die Widersprüche und Ungereimtheiten in ihren Predigten aufmerksam, und nachdem er sie so gegen die Religionen insgesammt eingenommen, ihnen „die großen Mysterien des Lebens und der Erlösung durch Jesus Christus, sowie die Lehren von der Rechtfertigung durch dessen Tod, der Auferstehung, der Heiligung und Verwerfung durch dessen Geist als bloße Phantasien, als lächerliche, unsinnige, windige, leere Begriffe“ habe erscheinen lassen, gehe er auf die Kritik der verschiedenen politischen und sozialen Systeme ein.

Insbesondere soll er zu Schülern gesagt haben: In Lucian's Gesprächen stecke „mehr Witz als in der ganzen Bibel,“**) die Sprüche und Psalmen seien von Königen lediglich für ihre eigenen Vortheile verfaßt, das Hohelied sei ein Gedicht Salamo's auf eine seiner Huren, die Hölle sei nichts als das böse Gewissen schlechter Menschen in diesem Leben, es sei unfaßbar, daß Gott Menschen für eine kurze Zeit sündigen Lebens in alle Ewigkeit quälen solle. König David und der Erzvater Jakob seien ein paar schlaue Füchse und abgefeimte Schurken gewesen. Es sei abgeschmackt, stundenlang zu beten, die einzige Religion sei, den Armen zu helfen. Die protestantischen Pfaffen seien meist habsüchtige Gesellen, selbst die Katholiken seien nicht so schlimm wie sie zu den Armen gewesen. Er könne auch die Irländer für ihre Rebellion nicht tadeln, sie seien im Recht, wenn sie für sich Freiheit verlangten. Als ganz besondere Schlechtigkeit wird Walwyn vorgeworfen, daß er sogar den Selbstmord vertheidigt habe, was denn auch einer unheilbar kranken Freundin seiner Frau zur Verübung eines solchen Muth gegeben habe.

Soviel von Walwyn's „seelenmörderischem“ Atheismus. Nun zu seinem Kommunismus.

Der Genosse Lilburne's, für den dieser so warm eintrat, soll sich über das „Mißverhältniß und die Ungleichheit in der Vertheilung der Dinge dieser Welt“ wie folgt geäußert haben:

„Was für eine unbillige Sache ist es doch, daß Einer Tausende hat und ein Anderer kein Brot! Gottes Wille ist es, daß alle Menschen genug haben sollen, und nicht, daß der Eine Ueberfluß an Gütern dieser Welt haben und sie für Ueppigkeiten ausgeben, und der Andere, der viel größeres Verdienst hat und viel nützlicher für das Gemeinwesen ist, nicht zwei Pence besitzen soll.“ . . . Er wünsche, daß es „in der ganzen Nation weder Zäune, noch Hecken, noch Graben

*) Die Frage habe nur der Uebersetzung der Bibel gegolten, heißt es in der Vertheidigung.

**) Die Vertheidigung wendet hiergegen ein, der Ausspruch habe sich lediglich auf Lucian's Ausführungen gegen die Tyrannei bezogen. (Für Nichtkenner der alten Literatur sei dazu bemerkt, daß Lucian in Dialogen rc. die mystischen Tendenzen, die Religionsüberlieferungen seiner Zeit, des zweiten Jahrhunderts n. Chr., verspottete.)

gäbe," und es werde nie Wohlsein auf der Erde herrschen, als bis alle Dinge gemeinsam seien. Es sei garnicht so schwer, als die Leute es hinstellten, in dieser Hinsicht den Lauf der Welt zu ändern; „eine kleine Schaar unermüdlicher und unerschrockener Geister könnten die Welt auf den Kopf stellen, wenn sie die Sache vernünftig anfangen und Leben und Muth entsprechend einsetzen." Auf den Einwand, daß dies alle und jede Regierung zerstören würde, habe er entgegnet: „Es wird dann weniger Bedürfniß nach einer Regierung bestehen, denn es wird dann keine Diebe, noch habsüchtige Menschen geben, noch wird man einander beschimpfen und betrügen, und so wird man keiner Regierung bedürfen. Bricht ein Streit aus, so nehme man einen Schuhflicker von seinem Sitz oder irgend einen anderen Gewerbsmann, der ein ehrlicher und rechtlicher Mann ist, lasse ihn den Fall hören und entscheiden und dann wieder an seine Arbeit gehen."

Klingt das nicht, als sei es mindestens anderthalb Jahrhunderte später geäußert?

Indeß Walwyn's Ansichten sind uns von Gegnern überliefert und haben, ebenso wie Overton's Abhandlung — die in erster Auflage vor Ausbruch, und in zweiter nach Unterdrückung der Leveller-Bewegung erschien — mit dieser selbst keinen direkten Zusammenhang. Als Parteiführer scheinen die Genannten, wie auch Lilburne, grundsätzlich sich zunächst auf das Politische beschränkt und die Religion streng als „Privatsache" behandelt zu haben.

Aber die Bewegung selbst blieb nicht bei dem rein Politischen stehen. Die Massen begeistern sich in der Regel nur dann für politische Reformen, wenn sie ihnen als das Mittel materieller Verbesserungen erscheinen, und die Leveller-Bewegung machte da keine Ausnahme. So lange sie auf Theile der Armee und der Londoner Bevölkerung beschränkt war, konnte sie sozusagen eine solche der „reinen Demokratie" sein. Ins Land hinausgetragen, nahm sie alsbald den Charakter einer „sozialdemokratischen" Agitation an.

Dafür, und wie, in Uebereinstimmung mit der landesüblichen Praxis, man nicht nur aus der Bibel herauslas, was man brauchte, sondern je nachdem das Erforderliche in sie hineinlas, liefert ein drastisches Beispiel ein unzweifelhaft von einem Leveller verfaßtes Pamphlet, das den Titel führt: „Das Licht, das in Buckinghamshire scheint, oder die Entdeckung der großen Hauptursache aller Sklaverei in der Welt und vor Allem in England, dargeboten in Form einer Erklärung von vielen Wohlgesinnten*) im Lande an alle armen, unterdrückten Landleute in England, und auch der gegenwärtigen, von Lord Fairfax geführten Armee zur Erwägung." Das Motto dieses Pamphlets lautet: „Erhebe Dich, o Gott, richte Du die Erde," und gleich im Anfang heißt es:

„Alles, was sich Behörde nennt, ist dies durch vom König ausgestelltes Patent, und seines stammt vom Teufel. Denn des Königs Vorgänger, der ausländische Bastard Wilhelm (Wilhelm der Eroberer ist gemeint), ist durch Gewalt

*) Vgl. die Note auf S. 589.

und Mord König geworden. Nun, Mörder, sagt Jesus, sind des Teufels Kinder, denn, sagt er, der Teufel war von Anbeginn an ein Mörder und wohnte nicht bei der Wahrheit. Nun, Könige sind durch und durch gegen die Wahrheit und Verfolger der Gerechten, denn, sagt Jesus, sie sollen euch vor die Könige bringen, und deshalb sind Könige Feinde des Reiches Christi." (S. 3.)

Die Beweisführung ist ebenso kühn wie die Zitate, aber man sieht, wozu die Bibel alles herhalten mußte. In der genannten Schrift heißt es kurz darauf weiter:

„Und darum sind Diejenigen, die man die Leveller nennt, deren Prinzip es ist, alle zugleich aus der Sklaverei zu befreien, höchst rechtliche und ehrliche Leute in Sachen der Freiheit, denn es ist das Ziel der Erlösung durch Jesus, alle Dinge zurückzuerstatten."

„Wer braucht denn überhaupt einen König?" fragt der ungenannte Verfasser, und zeigt dann, daß nur die Reichen, die Adeligen und die Advokaten Schutz und Deckung durch den König brauchen, nicht aber das wirkliche Volk. Was „die ehrlichen Leute" wollten, sei:

1) Einen gerechten Antheil für Jeden zum Leben, so daß Niemand wegen Mangel zu stehlen oder zu betteln brauche. 2) Ein gerechtes Gesetz, und das sei in der Bibel zu finden. 3) Gleiches Recht für Alle. 4) Regierung durch vom Volk gewählte Vorsteher. 5) Eine Republik nach dem Muster der Bibel: „Nun, in Israel wurden, wenn Einer arm war, öffentliche Vorräthe und Unterhaltsmittel benutzt, um ihn wieder aufzurichten. Das könnte auch bei uns mit dem Kirchenland, dem Forstland und Kronland geschehen, welche das abtrünnige Parlament unter sich verschenkt und zum Unterhalt des nichtsnutzigen Dinges, genannt König, verwendet. Und alle sieben Jahre gehörte in Israel das ganze Land den Armen, den Vaterlosen, den Wittwen und den Fremden, und von jeder Ernte wurde ihnen ein Antheil zugewiesen. Merk' dir, armes Volk, was die Leveller für euch thun würden."

Den weiteren Inhalt dieses merkwürdigen Pamphlets bildet eine scharfe und sachgemäße Kritik der Zustände und politischen Verfassung Englands, und den Schluß bildet in gesperrtem Druck der ominöse Vers aus dem zwölften Kapitel des ersten Buches der Könige: „Welchen Antheil haben wir an David? Oder Erbe am Sohne Isai's? In deine Zelte, Israel!"

Das Schriftchen muß großen Anklang gefunden haben, denn bald darauf erschien eine Fortsetzung unter dem Titel: „Mehr von dem Licht, das in Buckinghamshire scheint." Dieselbe ist im gleichen Sinne gehalten, nur ruhiger und mehr auf Thatsachen eingehend. Sie schildert, wie das Volk durch die normannische Eroberung und später durch die Gewaltthaten der Großen, durch widerrechtliche Einhegungen und ähnliche Mittel um sein natürliches Erbe gebracht und versklavt worden sei. Aber nicht auf die Zeit vor der normannischen Eroberung müsse zurückgegangen werden, sondern auf die Zeit vor dem Sündenfall, worunter zweifelsohne die Zeit des ursprünglichen Kommunismus gemeint ist. Wie das zu machen, werde in einem dritten Pamphlet gezeigt werden.

Ein solches ist jedoch, wenigstens unter gleichem Titel, nicht erschienen. Aber wir werden bald sehen, daß der Verfasser oder die Verbindung, der derselbe angehörte, nichts versprachen, was sie nicht schon im Kopf vorbereitet hatten. Zunächst sei auf zwei Merkmale hingewiesen, die die vorliegenden Broschüren mit einer ganzen Unzahl von Pamphleten jener Zeit gemein haben.

Das erste, allgemeinere ist die äußerst feindselige Sprache, nicht nur gegen die Monarchie, den Adel, die Kirche und die Klasse der Reichen, sondern im Besonderen noch gegen die Juristen von Fach, speziell die Advokaten. Kein Beiwort ist zu scharf, das nicht gegen sie angewendet wäre — das gebräuchlichste, in unzähligen Schriften wiederkehrende, ist „diese Raupen der Gesellschaft.“ Ein tiefer Haß gegen sie scheint in weiten Kreisen der Bevölkerung vorgeherrscht zu haben und offenbar ein wohlbegründeter. Liefert sie doch die feilen Werkzeuge der großen Landräuber, die den Gewaltakten derselben den Stempel der Gesetzlichkeit aufdrückten und für die Beraubten und Unterdrückten, die nicht zahlen konnten, taub waren. Und wie eifrig wachten sie als Kaste über ihre Privilegien, über das Recht, die Rechtsuchenden nach ihrer Konvenienz zu scheeren. Wir haben schon erwähnt, daß Barebone's Parlament nicht zum Wenigsten deshalb fallen mußte, weil es daran gehen wollte, den Rattenkönig von statutarischen Rechten durch ein kodifizirtes Rechtsbuch zu ersetzen und damit der Advokatenzunft die Nägel etwas zu beschneiden. Cromwell, um jene Zeit von Edm. Ludlow, einem der republikanischen Generale, interpellirt, führte als eines der Hindernisse radikalen Vorgehens den Widerstand der Advokaten, „der Söhne Zerujah's,“ an. „Sobald wir davon sprechen, die Gesetze zu verbessern, schreien sie, wir wollen das Eigenthum vernichten.“ (Edm. Ludlow, Memoirs, II, S. 46—51.) Mit diesen Pfaffen wagte selbst Cromwell nicht, es zu verderben. Mit einem rechten Advokatenkniff wurde der Schluß des den „Lawyers“ verhaßten Parlaments vollzogen,*) und Cromwell, wenn er nicht im Komplott war, sagte Ja und Amen dazu.

Das zweite populäre Schlagwort der Epoche ist die Denunziation des bestehenden Eigenthums als Frucht des normannischen Gesetzes, das nur Gesetz des Eroberers sei. Es giebt eine ganze Literatur von volksthümlichen Pamphleten, die dieses Thema variiren, und selbstverständlich sind dies vorzugsweise Pamphlete von Levellers und sonst extremen Independenten.**) Abschaffung des „normannischen Gesetzes“ war in dem Munde dieser Elemente aber Abschaffung oder wenigstens Revision der bestehenden Eigenthumsverhältnisse, wobei unter Eigenthum vornehmlich oder ausschließlich das Grund- und Bodeneigenthum verstanden

*) Am 12. Dezember 1653, Vormittags, benutzte die gemäßigte Partei die Thatsache, daß die „Extremen“ etwas später kamen, um in aller Eile eine Resolution zu beschließen, daß das Parlament in seiner derzeitigen Zusammensetzung nichts Gutes auszurichten vermöge und daher seine Vollmacht in Cromwell's Hand zurücklege.

**) Drei solcher Pamphlete gegen das „normannische Gesetz“ sind in den Harleyan Miscellanies abgedruckt: Bd. VI, S. 36 ff., Bd. VIII, S. 91 ff. und Bd. IX, S. 90 ff. Ihr Verfasser heißt John Hare.

wird. Daß das Land von Rechts wegen dem Volke gehöre, daß Bodeneigenthum der Großen Diebstahl sei, das sagten sich die englischen Leveller, ohne Brissot und Proudhon studirt zu haben.

Es ist vorzugsweise die von diesem Gesichtspunkt ausgehende Literatur, die für die Landlosen, die Expropriirten, in dieser Revolution eintrat, welche ja weltgeschichtlich eine Revolution der Besitzenden war, ein Kampf um die Emanzipation der Eigenthümer — der Landholder — von den Resten der von der Feudalzeit her auf dem Boden lastenden Verpflichtungen. Jedoch nicht nur sie. Einmal die Gesellschaft aufgerüttelt, fanden sich auch andere Elemente, die sehr weitgehende Vorschläge in dieser Beziehung machten, neben den revolutionären Sozialisten ihrer Zeit finden sich auch die Staatssozialisten oder Sozialreformer.

Als einen solchen haben wir z. B. den Arzt P. Chamberlen, einen Independenten französischer Abkunft, anzusehen, der, gleichfalls im Jahre 1649, eine Schrift „The Poor Man's Advocate“ erscheinen ließ, die einen sehr bemerkenswerthen Vorschlag zur Lösung der sozialen Frage der Epoche macht. Sie trägt den Untertitel „Ein samaritanisches England“ und als Motto „Bonum quo communius eo melius.“ Der Verfasser befürwortet die Nationalisirung alles bisherigen Kron- und Kirchen- und sonst verfallenen Landes als Patrimonium der Armen. Ein großes Nationalgut („stock“) solle aus diesen Gütern und sonstigem öffentlichen Eigenthum als Schatz der Armen zusammengeworfen und von einer durchaus demokratisch zu konstituirenden, Allen zugängigen Organisation unter Oberleitung eines zu ernennenden verantwortlichen Kontroleurs kommunistisch verwaltet werden. Im Uebrigen aber bleibt die Gesellschaft wie sie ist. Nur sollen alle Beschränkungen der Industrie und des Handels beseitigt, alle Lebensmittel und Rohstoffe frei ins Land hineingelassen und ebenso alle Manufakturprodukte frei exportirt, Zölle nur auf die Ausfuhr der ersteren und die Einfuhr der letzteren gelegt werden. Das zuletzt Entwickelte sind bekanntlich die Forderungen des aufkommenden radikaleren Merkantilismus. Doch bleibt Chamberlen nicht dabei stehen. „Sorgt für die Armen und sie werden für euch sorgen, zertretet die Armen und sie werden euch zertreten,“ ruft der Verfasser den Staatsmännern zu. Er bekämpft die Behauptung, daß die Armen — worunter nicht die Bettler, sondern die ärmeren Klassen überhaupt gemeint sind — nur durch den Hunger und Zwangsgesetze zur Raison gebracht werden können, daß sie faul werden, wenn sie vor der äußersten Noth geschützt sind, übermüthig und rebellisch, wenn man sie nicht mit Gewalt im Zaum halte. Die Wirthschaftspolitik, die Colbert ein halbes Menschenalter später in Frankreich durchführte, ist in diesem Schriftchen in allen Punkten vorgezeichnet — nur daß sie hier vornehmlich der halb kommunistischen Institution des Nationalguts zugewiesen wird. Dieselbe solle Straßen und Kanäle bauen, Manufakturen ins Leben rufen, verbesserte Maschinen einführen, Schulen und technische Lehranstalten für das Volk errichten, kurz, als Hebel dienen, mit der Lage der unteren Klassen die allgemeine kulturelle Lage des Landes zu heben. Chamberlen bleibt nicht bei bloßen Andeutungen stehen, sondern berechnet gleich die finanzielle Seite seines Projekts, das ein interessantes Beispiel dafür ist, wie sehr die Revolution die Geister angeregt. Obwohl der Verfasser selbst kein Leveller war, nie in Verbindung mit denselben genannt wird, scheint er doch ihnen nahegestanden zu haben.*) Seine Abhandlung ist bei Giles Calvert erschienen, der die meisten Pamphlete der Leveller verlegte und auf der dritten, am 23. Juli 1649 publizirten, Ausgabe von deren „Agreement of the People" dasselbe als Mitherausgeber unterzeichnet hat. Vielleicht ist es nicht unrichtig, in ihr den Versuch einer sozialpolitischen Ergänzung des Agreements zu erblicken, das ja in der Frage, die sie hauptsächlich behandelt, nur ein allgemeines Prinzip formulirt.

Ferner gehören hierher die Schriften des gelehrten protestantischen Deutschpolen Samuel Hartlib oder Hartlieb, dessen Eltern unter dem Druck der Jesuitenherrschaft Polen hatten verlassen müssen und nach Elbing in Westpreußen gezogen waren, von wo aus Hartlieb etwa um das Jahr 1630 nach England übersiedelte. Hier entfaltete er in den folgenden Jahrzehnten eine große Thätigkeit als Vermittler festländischen Wissens und Förderer aller möglichen gemeinnützigen Zwecke. Er übersetzte verschiedene Schriften des aus der Gemeinschaft der böhmischen Brüder hervorgegangenen berühmten Schulmannes Comenius (lebte 1592—1671, vgl. S. 219, 232) ins Englische, verfaßte selbst Schriften über das Unterrichtswesen und Lehrmethoden und bemühte sich um Hebung der Bodenkultur, zu welchem Zwecke er eine Zeit lang eine kleine landwirthschaftliche Versuchsstation errichtete und betrieb, sowie volksthümliche Schriften über den Landbau in Flandern, über Bienenzucht, Obstbau ꝛc. herausgab. Das lange Parlament setzte ihm 1646 in Anerkennung seiner Verdienste eine Pension von 100 Pfund Sterling aus, die im folgenden Jahr auf 300 Pfund erhöht wurde. Aber Hartlieb's bodenlose Freigebigkeit — die sich u. A. auch gegenüber vielen aus der Pfalz ꝛc. nach England geflohenen Protestanten und Sektirern bewährte — ließ ihn, nachdem sie ihn sein eigenes Vermögen gekostet, auch jetzt auf keinen grünen Zweig kommen, und als gegen Ende der Republik die Auszahlung der Pension in Rückstand gerieth, ward die Lage des selbstlosen Mannes eine bejammernswerthe. Von schwerem Leiden — Steinkrankheit — geplagt, mußte er sich die nothdürftigsten Mittel für den Unterhalt seiner Familie buchstäblich zusammenbetteln. Die restaurirte Monarchie hatte es erst recht nicht eilig, Hartlieb die rückständige Pension auszuzahlen, und so starb er 1662 in äußerster Dürftigkeit. Er hatte mit den bedeutendsten Geistern Englands Verkehr unterhalten. Milton widmete ihm einen Essay über Erziehung, ebenso William Petty, dessen Begabung Hartlieb schon sehr früh erkannt und für dessen Fortkommen er viel gethan hat, und Comenius schreibt von Hartlieb, er kenne Keinen, der demselben an Umfang des Wissens gleichkomme.

*) In der „Harleyan Library" befindet sich (Nr. 254) ein Abdruck einer 1662, also schon unter der Restauration, gehaltenen Rede Chamberlen's, die zur Versöhnung der radikalen Fraktionen ermahnt.

Die erste selbständige Arbeit Hartlieb's ist seine im Oktober 1641 in Form einer Utopie abgefaßte Abhandlung über wirthschaftspolitische Aufgaben des Staates, betitelt: „Eine Beschreibung des berühmten Königreichs Makaria, die dessen ausgezeichnete Regierung vorführt, wo die Einwohner in großer Prosperität, Gesundheit und Glückseligkeit leben, dem König gehorcht, den Edlen Ehre und allen guten Menschen Achtung erwiesen wird ꝛc. ꝛc. In einem Gespräch zwischen einem studirten Mann und einem Reisenden."*) Die Skizze ist dem Parlament gewidmet, und Hartlieb bemerkt, er gebe seine Ideen „in Form einer Dichtung, weil dies der ansprechendere Weg ist, wobei ich mir Sir Thomas More und Lord Francis Bacon zum Muster genommen." Aber die „Makaria" — das Wort ist griechisch und bedeutet „Ort der Seligkeit" — ist durchaus für die unmittelbare Verwirklichung geschrieben, sie schildert nicht einen Gesellschaftszustand, sondern bestimmte Einrichtungen und Gesetze eines Staatswesens, die allgemein genug gefaßt sind, um leicht auf die Gegenwart übertragen werden zu können. Sie lassen sich sehr kurz dahin zusammenfassen, daß der Staat die Produktion überwacht und in jeder Weise fördert, und daß an das Eigenthum die Pflicht gewisser Leistungen geknüpft ist, bei deren Nichtbeobachtung es der Gesammtheit verfällt. Makaria hat in seiner Regierung fünf große, von den kompetentesten Bürgern gebildete Departements („councils of state"), von denen je eines die Landwirthschaft, die Fischerei, den Handel und das Gewerbe auf dem Lande, den Seehandel, die Kolonien versieht. Natürlich besorgen diese Aemter ihre Aufgabe sehr vortrefflich, fördern überall den Fortschritt und die Verbesserung, und infolgedessen herrscht allgemeiner Wohlstand, blühen die Wissenschaften, wird für die ärmeren Mitglieder aufs Beste gesorgt ꝛc. ꝛc. Das Detail ist hier überflüssig, weil Alles im Grundgedanken liegt: der Staat soll eine wirthschaftliche Anstalt sein. Hartlieb hat diesen Gedanken sein ganzes Leben hindurch festgehalten, die Makaria spielt in seinen Briefen fast bis zuletzt eine Rolle.**) Nur verschmilzt der Name mit einem zweiten Projekt: der Bildung einer Verbindung von Freunden der — auf den Universitäten damals total vernachlässigten — Naturwissenschaften.

Der letztere Plan kam noch vor Hartlieb's Tode in der Gründung der „Royal Society" zur Verwirklichung. Für den anderen aber konnte Hartlieb die maßgebenden Kreise nicht gewinnen. Selbst nicht einmal der Vorschlag, in dem Hauptzweig der Produktion, der Landwirthschaft, einen kleinen Anfang zu machen, fiel auf günstigen Boden. Nachdem er verschiedene Arbeiten über Verbesserungen der Bodenkultur publizirt, ließ er nämlich 1651 eine Schrift „An Essay for Advancement of Husbandry-Learning or Propositions for the erecting of a Colledge of Husbandry" (Essay zu Gunsten der Förderung land-

*) „A description of the famous Kingdom of Macaria" ꝛc., London 1641. (Abgedruckt im Bd. I der „Harleyan Miscellanies," S. 580 ff.)

**) 1659 mußte er den Verdruß erleben, daß eine unter Mißbrauch seines Namens publizirte breite und schwulstige Parodie der „Makaria" — betitelt „Olbia" (Die Glückliche) — selbst einige seiner Freunde mystifizirte.

wirthschaftlichen Wissens oder Vorschläge für die Errichtung eines Landwirthschafts-Collegs). Was Hartlieb für diesen Plan vorbringt, ist durchaus praktisch und verständig, aber selbst er brauchte fast zweihundert Jahre, bis er in England verwirklicht wurde. Wir erwähnen die Schrift, weil ihr Nebentitel, der noch in vielen Schriften Hartlieb's wiederkehrt, Vorläufer ist des Titels von John Bellers' später zu behandelndem Vorschlag. Hartlieb's landwirthschaftliche Aufsätze und Rathschläge sind beiläufig in der Fachliteratur sehr anerkennend besprochen worden.

Ein anderer Vorschlag Hartlieb's war die Schaffung eines staatlichen „Adreßamts“ für den Waarenverkehr, Stellenvermittelung 2c. 2c., wo Inventare und Register aller Waaren, Personen, Aemter 2c. gehalten werden und Jedem auf Verlangen gewünschte Auskünfte ertheilt werden sollen — den Reichen gegen Erlegung von ein oder zwei Pence, „den Aermeren aber soll Alles umsonst geliefert werden.“ Ferner trat Hartlieb in seinen Schriften für freie gegenseitige Bekanntgabe aller Erfindungen ein, wofür er mit gutem Beispiel voranging, und schließlich existirt von ihm auch ein Gutachten über das Projekt einer Landbank. Alles bürgerliche Projekte und nicht Alles praktisch realisirbar. Aber Alles beherrscht von der Idee, daß Erfindungen, die die Produktion steigern, die Lage der ärmeren Klassen verbessern müssen, und daß, wo die Kräfte der Einzelnen nicht ausreichen dies Ziel zu verwirklichen, der Staat eingreifen soll. —

Es sollte indeß nicht bei der bürgerlich-sozialpolitischen Reformliteratur bleiben. Und damit kommen wir zu der wirklich kommunistischen Sekte der „wahren Leveller,“ wie ihre Anhänger in revolutionärem Trotz sich zuerst nannten, oder „Graber“ („Diggers“), wie das Volk und zeitgenössische Berichterstatter sie tauften.

Am Sonntag, den 8. April 1649, als Lilburne und andere Wortführer der Leveller schon wieder im Tower saßen, tauchten plötzlich in der Nähe von Cobham, Grafschaft Surrey, etwa vier bis fünf Meilen südwestlich von London, eine Anzahl mit Schaufeln 2c. versehener Leute auf und fingen an, auf oder an einem dort gelegenen Hügel, dem St. George Hill, unbebautes Land umzugraben, um Korn und andere Früchte darauf zu bauen. Sie seien jetzt noch Wenige, erklärten sie den Landleuten der Umgebung, aber ihre Zahl würde bald auf viertausend steigen. Sie wollten allen Menschen die wahre Gemeinschaft zeigen und zugängig machen, und beweisen, daß es „eine unbestreitbare Sache der Gerechtigkeit sei, daß das arbeitende Volk auf dem öffentlichen Land grabe, pflüge, pflanze und wohne, ohne es zu miethen oder an Jemand Pacht zu zahlen.“ Nachdem sie eine Woche gearbeitet, Zelte errichtet und auch auf einem zweiten Hügel Land zur Besäung mit Korn hergerichtet, wurden sie — ihre Zahl hatte sich schon Ende der Woche bis auf vierzig vermehrt und nahm noch immer zu — Mitte der folgenden Woche von zwei Trupps Kavallerie theils auseinandergetrieben, theils verhaftet. Ihre Anführer, William Everard und Gerard Winstanley, der Erstere ein aus der Armee ausgetretener oder als zu radikal entlassener Leveller, wurden vor General Fairfax gebracht, und dort erklärte Everard, er gehöre, wie die meisten Menschen, die man (Angel-)Sachsen und dergleichen nenne, der Rasse der Juden an.*) Alle Freiheiten des Volkes seien durch die Unterjochung unter Wilhelm dem Eroberer verloren gegangen, das Volk Gottes habe seitdem unter einer Tyrannei und Unterdrückung gelebt, die noch schlimmer sei, als die der Vorfahren unter den Egyptern. Aber jetzt sei die Zeit der Befreiung gekommen, Gott werde sein Volk aus dieser Sklaverei erlösen und ihm seine Rechte auf den Genuß der Früchte und Güter der Erde zurückerstatten. Ihm selbst, Everard, sei jüngst eine Vision erschienen, die ihm zugerufen habe: „Stehe auf, grabe und pflüge die Erde und empfange die so gewonnenen Früchte.“ Ihr Bestreben sei, die Schöpfung wieder ihrem ursprünglichen Zustand zuzuführen. Wie Gott versprochen habe, das dürre Land fruchtbar zu machen, so sei der Zweck ihres Thuns, die alte Gemeinschaft des Genusses der Früchte der Erde wiederherzustellen. Sie hätten nicht die Absicht, irgend Jemandes Eigenthum gewaltsam anzugreifen, noch Zäune und Gehege niederzureißen, wie man ihnen nachsage, sondern nur das gemeine und unbebaute Land zu besetzen und es zum Nutzen Aller fruchtbar zu machen. Für Diejenigen, die zu ihnen stoßen und arbeiten wollten, werde es zu essen, zu trinken und Kleidung geben, was Alles sei, dessen der Mensch bedürfe. Sie betrachteten die jetzigen Grundbesitzer (die „Freeholder“) als ihre älteren Brüder, die ihr Erbtheil zuerst erhalten, ob sie dies selbst ungerechter Weise oder durch Gewalt und andere schlechte Mittel erlangt hätten. Aber wenn sie auch die jüngeren Brüder seien, so sähen sie doch nicht ein, warum sie von jedem Antheil am gemeinsamen Erbgut ausgeschlossen sein und Hunger leiden sollten, während ein Ueberfluß von öffentlichem Land unbeackert liege. Bald werde die Zeit kommen, wo sie alle Armen, Arbeitslosen und Unterdrückten in ihre Verbindung aufgenommen und sie aus ruhelosen Landstreichern zu ordentlichen Bürgern des Gemeinwesens gemacht haben würden. Ja, es werde dahin kommen, daß sogar die jetzigen freisitzenden Grundbesitzer selbst, die Fortsetzer der Tyrannei der Normannen, ihre Zäune niederreißen, ihr Landeigenthum aufgeben, sich bereitwillig der Gemeinschaft anschließen und damit alle Tyrannei und Sklaverei enden und das Reich Gottes auf Erden errichten werden.

Im Uebrigen, erklärte Everard, würden sie sich nicht mit den Waffen widersetzen, sondern sich der Behörde unterwerfen und ihre Zeit abwarten, die ihrer Ansicht nach nahe bevorstehe. Und wie ihre Vorväter in Zelten gelebt, so hielten sie es ihren Verhältnissen entsprechend, desgleichen zu thun.

„Während sie so vor dem General standen, behielten sie den Kopf bedeckt und gaben auf die Frage, warum sie dies thäten, zur Antwort: er sei nur Ihresgleichen. Darauf weiter gefragt, was dann der Spruch: ‚Ehre, dem

*) Dies ist natürlich im Sinne von Volk Gottes, resp. Fortsetzer des jüdischen Gottesreichs, zu nehmen. Aehnliche Wendungen findet man bei vielen religiös-kommunistischen Sekten des 16. und 17. Jahrhunderts. Auch die Wiedertäufer in Münster nannten sich Israeliten.

Ehre gebührt,' bedeute, gaben sie zurück: ‚Euer Mund soll verstummen, der solche Fragen stellt.'"*)

Sie wurden von der aus wohlhabenden Grundbesitzenden des Distrikts bestehenden Jury zu für die damalige Zeit unverhältnißmäßig hohen Geldstrafen verurtheilt und, da sie diese nicht erlegen konnten, an ihrer Habe gepfändet. Aber sie gaben ihre Sache so leicht nicht auf, immer wieder versuchen sie von Neuem, ihre Idee in die Praxis zu setzen, und werden von Neuem mit Gewalt auseinandergetrieben. Daneben veröffentlichen sie Pamphlete zur Vertheidigung ihrer Ideen und zur Beschwerde über das gegen sie beobachtete Verfahren. Diese Pamphlete, von der bisherigen Geschichtschreibung meist ignorirt, sind nicht ohne einen Anflug von Mystik, aber von einer so durchsichtigen, so rationalistischen Mystik, daß der Zweck derselben, als Deckmantel der revolutionären Zwecke der Bewegung zu dienen, hell durchschimmert.

Als Beispiel kann das Pamphlet dienen, das den Titel führt: „Die Aufrichtung der Fahne der wahren Leveller oder der Staat der Gemeinschaft, klargelegt und den Menschensöhnen dargeboten durch William Everard, Gerard Winstanley &c. (folgen noch dreizehn Namen), die begonnen haben, das Brachland auf George Hill in der Pfarrei Walton, Grafschaft Surrey, zu bepflanzen und zu düngen, London 1649." Es beginnt mit dem schon sehr nach dem 18. Jahrhundert klingenden Satz: „Im Anfang der Zeit schuf der große Schöpfer Vernunft („the great creator reason") die Erde als Gemeingut Aller." Durch Vergewaltigung erst sei Sklaverei und Unterdrückung in die Welt gekommen, und das sei der Adam, der Vater der Erbsünde. Mit ebenso rationalistischer wie populärer Interpretirung heißt es: „Aber dieses Aufkommen der Sklaverei wird A-dam genannt, weil die Macht willkürlicher Beherrschung und Lenkung (der Mitmenschen) ein Damm (englisch: „a dam") ist wider den Geist der Freiheit und des Friedens." Wieder wird die Vision erzählt, aber die Worte, die der Erscheinung in den Mund gelegt werden, verrathen den rein weltlichen Zweck der himmlischen Erscheinung. „Auf, arbeitet gemeinsam, eßt gemeinsam euer Brot, und erklärt dies aller Welt," soll sie dem von ihr Heimgesuchten (Everard) zugerufen haben, und: „Israel soll weder Pachtzins nehmen, noch Pachtzins zahlen."**) Aber mit ihrer No-Rent-Proklamation ist die Stimme diesmal noch nicht zufrieden.

„Wer da immer," fährt sie fort, „für irgend eine Person oder Personen, die erhoben worden sind, um über Andere zu gebieten, die Erde bearbeitet und nicht auf sich als einen allen Anderen auf der Welt Gleichen blickt, auf solchem Arbeiter soll die Hand des Herrn lasten. Ich, der Herr, habe es gesagt, und

*) Mitgetheilt u. A. in B. Whitlocke's „Memorials of the English Affairs from the reign of Charles I. to the restoration," S. 384.

**) Angesichts dieses himmlischen „No-Rent"-Manifestes sei noch einmal daran erinnert, was wir schon weiter oben über das Aufschnellen der Pachtzinse im 17. Jahrhundert bemerkt, und daß die Jahre 1648/49 Theuerungsjahre waren.

werde es halten.“ (S. 18.) Deutlicher kann man nicht zur Revolte gegen die Grundherren resp. zum Landarbeiterstreik auffordern und die Streikbrecher mit dem Zorn Gottes, der sich eventuell natürlich durch die Hand des „Volkes Gottes“ geäußert hätte, bedrohen.

Aber die Erwartungen der „wahren Leveller“ gingen nicht in Erfüllung. Nachdem ihr erster Versuch, durch eine eigenartige „Propaganda der That“ eine Landarbeiterbewegung zu Stande zu bringen, unterdrückt worden, noch ehe sie es zu so viel Hunderten von Anhängern gebracht, als sie in derselben Zeit Tausende zu gewinnen gehofft, war ihr Schicksal besiegelt, zumal die eigentlichen Hungerrenten erst unter der Restauration platzgriffen und auch die Löhne der Landarbeiter noch nicht auf dem niedrigen Stand angelangt waren, den sie unter der Restauration erreichten. Außerdem standen die thatkräftigsten Elemente der Bauernschaft beim Heere, und dort war mittlerweile den Levellers ein entscheidender Schlag beigebracht worden.

Trotzdem ließen sie es nicht an Wiederholungen des Versuchs fehlen, die aber natürlich ebenso fehlschlugen. Die letzte Anstrengung in dieser Richtung scheint im Jahre 1653 gemacht worden zu sein. In der Druckausgabe von Staatsakten, die unter dem Titel: „Calendar of State Papers“ herausgegeben wird, befindet sich im Bd. XLII ein Brief von Gerard Winstanley und John Palmer im Namen ihrer Genossen an den Staatsrath der Republik, worin dieselben gegen die von Seiten eines Priesters, des Pfarrers Platt, und Anderer ergangene Denunziation,

> „wir, die ‚Digger‘ genannt werden, seien gewaltthätige Lärmmacher, wollen uns nicht dem Spruch der Richter unterwerfen, hätten uns eines Hauses bemächtigt und vier Geschützstücke in dasselbe gebracht; wir seien Kavaliere (d. h. Royalisten) und warteten nur auf eine Gelegenheit, den Prinz (Karl II.) zurückzuholen,“

Protest erheben. Der Staatsrath habe auf diese Denunziation hin Soldaten geschickt, um sie, die Diggers, niederzuschlagen, dieselbe sei aber falsch, die Unterzeichner seien friedfertige Leute, die ihren Feinden keinen Widerstand entgegensetzten, sondern Gott bäten, deren Herz zu mäßigen. Sie wünschten dieselben ‚durch Liebe zu besiegen.‘“

Dann heißt es sehr gut weiter:

„Wir pflügen und graben, damit die an den Bettelsack gebrachten Armen einen erträglichen Unterhalt haben sollen, und wir glauben ein Recht dazu zu haben, kraft des Sieges (wörtlich: The conquest, wodurch die Gegenüberstellung noch schärfer wird) über den verstorbenen König, der „William the Conqueror's“ Titel auf den Boden des Landes besaß. . . . Wenn aber die normannische Gewalt aufrecht erhalten werden soll, so haben wir dadurch, daß wir zum Parlament gestanden, noch verloren.

„Wir schlossen uns ihm an im Vertrauen auf sein Versprechen, daß das Land frei sein solle, und beanspruchen das Recht, das öffentliche, mit unserem

Geld und Blut erkaufte Land genießen zu dürfen. Wir beanspruchen dies im Namen der Gleichheit im Handel. Das Parlament und die Armee haben erklärt, sie handelten für die ganze Nation. Ihr von der Gentry habt euer Recht auf euer eingehegtes Land, und wir beanspruchen das Recht auf das öffentliche (common) Land.

„Es ist ackerbares Land genug und im Ueberfluß vorhanden. Wir verlangen nur das Recht zu arbeiten und die Früchte unserer Arbeit zu genießen. Wird das verweigert, so müssen wir für die Armen Sammlungen aus eurem Besitz erheben. Aber Viele sind stolz und hitzköpfig und werden lieber rauben und stehlen als Almosen annehmen, und Viele schämen sich zu betteln. Würde dagegen Land bewilligt, so würde es weder Bettler noch Müßiggänger geben.

„England könnte sich dann selbst erhalten, dagegen ist es eine Schmach für die Religion, daß Land unbebaut liegen und dabei doch viele Hungers sterben sollen.

„Falls ihr das Land freigebt, so werden wir uns freuen, wenn ihr und die Armee unsere Arbeit schützt, und euch gern folgen."

Soweit dieser Brief.

Er giebt in einfachen Worten eine gute Kritik der englischen Revolution vom Standpunkte des Proletariers der Epoche. So mußte sich diesem, und vor Allem dem Landproletarier, dieselbe vorstellen. Carlyle hat trotz der überlegenen Manier, in der er es thut, ganz Recht, wenn er die Levellers und ihr Publikum 1649 zu sich selbst sagen läßt: „Gottes Feinde sind besiegt, die Hauptdelinquenten bestraft, die gottselige Partei ist Siegerin, warum kommt nun doch kein tausendjähriges Reich?" Die Frage, ob Bauern, Kleinbauern, Arbeiter ihr Leben für nichts hingegeben, war sehr natürlich und berechtigt, und nicht minder berechtigt war die Bemerkung im vorliegenden Brief: wenn die normannische Gewalt — die überlieferte Eigenthumsvertheilung — aufrecht erhalten werden soll, dann haben wir durch Unterstützung des Parlaments verloren. Das arbeitende Landvolk als Klasse sollte allerdings durch die Revolution verloren haben, wenigstens zunächst: seine Ausbeuter wurden emanzipirt und seine Ausbeutung potenzirt. Das war ihm zu Beginn des Kampfes nicht gesagt worden, da hatte es sich um die schönsten allgemeinen Prinzipien gehandelt, um Gottes Recht gegen Priesterthum und um Freiheit gegen Tyrannei, oder um „ewige Gerechtigkeit," wie der Cromwell-Verhimmler Carlyle sagt — wie sollten die armen Landleute wissen, daß die ewige Gerechtigkeit im 17. Jahrhundert Sturz des königlichen und Einsetzung des Eigenthums-Absolutismus hieß!

Das vorliegende Schriftstück ist das letzte Zeichen von einer kollektiven Regung der „wahren Leveller." Sie fanden weder in der Klasse, für die sie eintraten, noch in den Verhältnissen die Vorbedingungen für das, was sie eigentlich wollten. Es blieb Denen unter ihnen, die das Wirken für bessere gesellschaftliche Verhältnisse nicht aufgeben wollten, nichts übrig, als sich verwandten Bewegungen, die mehr Anklang fanden, zuzuwenden. Und das ist denn auch, wie wir noch sehen werden, der Fall gewesen.

Noch bevor die „Diggers“ indeß ihre direkt auf ökonomischem Gebiet sich abspielende Agitation aufgaben, erscheint aus der Feder ihres geistigen Leiters, Gerard Winstanley, eine Schrift, in der die wirklichen Grundsätze und letzten Ziele der versuchten Agitation in unverhüllter Deutlichkeit der Oeffentlichkeit dargelegt werden. Diese letzte selbständige Publikation aus den Reihen der wahren Leveller ist zugleich die bedeutendste und für die Geschichte des Sozialismus interessanteste. Alle Mystik, alle Umschreibung ist da fallen gelassen, und in sachlicher, wohlgeordneter Darstellung wird uns ein ganzes System einer sozialistischen Gesellschaftsordnung entwickelt, eine Utopie, die ganz unverkennbar auf die Lektüre der More'schen Utopia zurückzuführen ist, aber als Produkt und Ausdruck einer in proletarischen Kreisen geführten Propaganda, und wegen ihrer demokratisch-revolutionären Tendenz auf eine ausführliche Besprechung Anspruch hat.*)

Achtes Kapitel.

Die kommunistische Utopie des Gerard Winstanley.

Als die wahren Leveller ihre Agitation mit Hacken und Spaten aufnahmen, scheint William Everard als ihr Hauptführer figurirt zu haben, wenn auch Winstanley immer neben ihm auftritt. Von dem Letzteren dagegen rührt unter anderen Schriften die Utopie der „wahren Leveller“ her.

Dieselbe trägt den Titel: „Das Gesetz der Freiheit, als Programm dargelegt,“ oder „Die Wiederherstellung des wahren Regierungssystems“ (The Law of Freedom in a Platform or True Magistracy Restored,

---

*) Seitdem das Vorstehende geschrieben, ist der zweite Band der „Clarke Papers“ (Vgl. Note auf S. 560/61) erschienen, der u. A. auch einiges Material über die „Diggers“ enthält. Der oben zitirte Brief Winstanley's an den Staatsrath trägt dort das Datum des 8. Dezember 1649, und damit ist unsere obige, auf das im „Cal. of State Papers“ gegebene Datum gestützte Annahme, daß die „Diggers“ noch bis 1653 ihre Versuche fortgesetzt hätten, hinfällig geworden. Der Vorgang nämlich, auf den sich Winstanley's Brief bezieht, hatte sich, wie aus einem anderen, von Diggers herrührenden Brief hervorgeht, den die „Clarke Papers“ enthalten (Bd. II, S. 215—217), am 28. November 1649 abgespielt. Bemerkenswerth ist aus diesem letzteren Brief die Beschwerde der Unterzeichner, daß die Landlords, zu deren Gunsten Soldaten der Republik ihr — der Digger — Haus abbrechen ließen, Royalisten seien. „Wenn ihr die Sache untersucht,“ heißt es, „so werdet ihr finden, daß die Herren, die die Soldaten kommen ließen, eure Feinde sind, denn einige der an der Spitze Stehenden hatten in der Kentischen Erhebung gegen das Parlament (Vgl. S. 564) ihre Hand.“ Die Unterzeichner, sieben an der Zahl, bitten im Namen ihrer Genossen, daß die Soldaten zur Rechenschaft gezogen werden, „damit das Land erfährt, daß ihr an einem so ungerechten und grausamen Akt keinen Antheil habt.“ Indeß wird dem Staatsrath wohl mehr daran gelegen haben, bei den bürgerlichen Klassen als Schützer des Eigenthums zu erscheinen.

Derselbe Band, dem wir diesen Brief entnehmen, bringt auch — S. 221 ff. — einen in den Clarke-Manuskripten vorgefundenen „Gesang der Digger“. Wir können es uns nicht

London 1651/52, Giles Calvert), worin entwickelt wird, was königliche Regierung und was republikanische („commonwealth") Regierung heißt. „Bescheidentlichst dargeboten an Oliver Cromwell ..., sowie an alle Engländer, die meine Brüder sind, ob sie dem Kirchenverband angehören oder nicht, und über sie hinaus an alle Nationen der Welt. Von Gerard Winstanley."

Ein Motto in Versen fordert zur schleunigen Verwirklichung der Grundsätze der neuen Lehre auf:

„Bei dir, o England, siehst du jetzt ersteh'n im lichten Schein
Die neue Lehre — führ' sie durch, so ist die Krone dein,
Wenn du dich weigerst und verharrst in deinem trotz'gen Hohne,
So nimmt ein and'res Land sie an und damit dir die Krone."

Die Schrift selbst wird eingeleitet durch ein an Cromwell gerichtetes Vorwort, das dem nunmehr zum Ersten im Reich Aufgestiegenen wiederholt dringend ans Herz legt, nicht nur die Namen der Einrichtungen zu ändern, sondern auch das Wesen derselben. Ihm sei die hohe Ehre zu Theil geworden, der Führer eines Volkes zu sein, das einen unterdrückenden Pharao ausgestoßen. Aber noch sei nicht die Gewalt beseitigt, die Jener ausgeübt und vertreten, seien das Land und die Freiheit nicht das Gemeingut Derer, die Gut und Blut dafür eingesetzt. Nicht Cromwell als Einzelner, nicht er und seine Offiziere hätten den König besiegt, sondern sie hätten dies nur mit Hülfe der gemeinen Leute gethan, die theils mit ihrer Person ihnen Beistand geleistet, theils daheim für den Unterhalt der Armee gearbeitet hätten. Folglich müsse auch Allen der Sieg in gleicher Weise zu Theil werden. Cromwell habe zwei Wege vor sich. Entweder das Land dem Volk zuzustellen und so die ihm gewordene Ehre zu verdienen, oder aber die Macht blos in die Hände anderer Personen übergehen zu lassen, und dann sei es mit

versagen, wenigstens einige Verse dieses Kommunistenliedes, das wahrscheinlich nach irgend einer populären Melodie gesungen wurde, hier abzudrucken.

„You noble Diggers all, stand up now, stand up now,
You noble Diggers all, stand up now;
The waste Land to maintain, seing Cavaliers by name
Your digging does disdaine, and persons all defame
Stand up now, stand up now."

Es werden nun nacheinander die Aristokraten, die Gentry, die Advokaten und die Priester durchgenommen:

„With spades, and hoes, and plowes, stand up now etc.
Your Freedom to uphold, seing Cavaliers are bold
To kill you if they could, and rights from you to hold.
Stand up now, diggers all."

Die Kavaliere reißen die Häuser nieder und terrorisiren die armen Leute, aber „die Gentry muß niedersteigen und der arme Mann die Krone tragen." Willkür ist das Gesetz der Kavaliere, und sie halten es für keine Sünde, arme Leute auszuhungern. Die Bourgeoisie aber —

„The gentry is all round, on each side they are found
Their wisdom is so profound to cheat us from our ground."

Die Advokaten schließen sich an: sie geben Rath, wie die Armen zu verhaften sind, und erdenken allerhand Verrücktheiten — „the devil in them lies". Die Priester fehlen nicht:

„The Clergy they come in, and say it is a sin
That we should now begin, our freedom for to win."

Sie wollen ihre Zehnten haben und die Advokaten ihre Sporteln; darum sagen beide,

seiner Ehre und Weisheit geschehen. Er werde zu Grunde gehen oder einer größeren Sklaverei wie die, welche bisher geherrscht, die Bahn öffnen.

Nach dieser fast prophetischen Einleitung zählt Winstanley alsdann die Beschwerden auf, unter denen das Volk leide. Sie bestehen in Folgendem:

1) Der Einfluß des Klerus über das Volk dauere noch fort;
2) viele Geistliche seien Gegner der Freiheit, viele sogar Anhänger der Monarchie;
3) die Zehnten bestünden noch fort und bedrückten das Volk;
4) das Recht werde noch von den Richtern mit der alten Willkür geübt;
5) die Gesetze seien noch die alten, volksfeindlichen. Man habe nur den Namen königliches Gesetz in Staatsgesetz umgetauft;
6) die wirthschaftlichen Mißstände seien sehr große. Auf dem Lande bedrückten die Herrschaftsbesitzer — die „Lords of the Manor“ — ihre „Brüder“ in der alten Weise, forderten von ihnen Buß- und andere feudale Abgaben, und verjagten sie vom Gemeindeland, wenn sie nicht Pachtzins zahlten. In Kirchspielen mit Gemeindeland trieben die reichen Grundeigenthümer, sowohl die von der Normannenzeit eingesessenen, wie die neue Gentry — welche letztere „noch habgieriger“

es sei Recht, die Armen zu versklaven. Darum aber ruft der folgende Vers: „'gainst lawyers and 'gainst priests,“ die beide Tyrannen sind und ihren Eid keck verletzen. Auch sie halten die Armen nur durch Gewalt in Respekt. Aber sie können sich auf keine Vision berufen, die sie geheißen, solch ein Gesetz in Kraft zu halten. Im vorletzten Vers geht es noch einmal gegen die Kavaliere, die sich selbst als Feinde bloßstellen: „by verses not in prose to please the singing boyes“ (in der That überschwemmten die Royalisten das Land mit Liedern und Gedichten aller Art); und die letzte Strophe verkündet, wie das Gothaer Programm, den friedlichen gesetzlichen Weg:

„To conquer them by love, come in now, come in now.
To conquer them by love, come in now;
To conquer them by love, as it does you behove
For he is king above, no power is like to love,
Glory hear Diggers all.“

Wenn in diesem Lied die Tendenz Alles ist, so nimmt ein anderes kommunistisches Lied jener Tage einen wirklich poetischen Schwung. Hier drei Strophen aus demselben in möglichst treuer Uebersetzung:

„Lang' litten die Armen
Unrecht zum Erbarmen
Von den Reichen dieser Nation,
Und die Klerisei
Ward mächtig dabei,
Es war ein schändlicher Hohn.
Aber bald muß Allen
Die Gleichheit gefallen —
Sie thaten uns die Brunnen verderben —
Und kommen wird, seht
'Ne wackere Kommunität,
Wo Berg und Thal gleich hoch sein werden.

* * *

Nah' ist die Zeit,
Wo Dunkelheit
Nicht mehr in den Köpfen wird walten,
Und dann wird man sehen
Den Kommunismus erstehen,
Der für immer sich wird erhalten.
Die Großen und Kleinen
Wird Liebe vereinen,
Die Menschenanbetung wird fallen,
Allvater allein
Auf dem Thron wird sein
Und Ehre empfangen von Allen.

* * *

Die glorreiche Zeit,
Die ich hier prophezeit,
Wird unsäglichen Wohlstands Bild sein,
Das Korn wird dann sprießen,
Blumen werden uns grüßen
Und uns're Volksspeicher gefüllt sein.
Die Vögel freu'n sich wieder,
Singen fröhliche Lieder;
'S wird Alles mehr Frucht alsdann tragen,
Dann woll'n wir mit Gesang
Bringen Gott-König Dank,
Dessen Gaben die Sorgen verjagen.

sei als jene — so viel Vieh auf dasselbe, daß die ärmeren Bauern und Tagelöhner kaum eine Kuh halten könnten. Bei der Steuereinschätzung bewirkte der Einfluß, den die Großen ausübten, die ärgsten Ungerechtigkeiten. In den Städten wiederum würde das Volk durch hohe Oktroizölle, Marktabgaben und dergleichen bedrückt.

Es folgt dann eine drastische Polemik gegen die Rechtstitel des bestehenden Grundeigenthums, der wir folgende Sätze entnehmen:

„Aber, werdet ihr sagen, gehört nicht das Land deinem Bruder? Und du kannst nicht eines Andern Recht aufheben und einen Antheil daran verlangen."

Darauf antwortete ich: Es gehört ihm entweder vom Recht der Schöpfung her oder vom Recht der Eroberung. Wenn er vom Recht der Schöpfung her den Boden sein und nicht mein nennt, so ist derselbe mein so gut als sein, denn der Geist der Schöpfung, der uns Beide geschaffen, macht keine Unterschiede in den Personen. Nennt er aber den Boden auf Grund der Eroberung sein, so muß es entweder Eroberung der Könige über die Gemeinen oder der Gemeinen über die Könige sein. Beansprucht er den Boden auf Grund der Eroberung seitens der Könige, so sind die Könige jetzt besiegt und ausgestoßen, und der Rechtstitel ist damit ungültig geworden. Beansprucht er ihn auf Grund des Siegs

Aus: „A Mite cast into the common Treasury or Queries propounded (for all men to consider of) by him who desireth to advance the work of public community." Der Verfasser dieses am 18. Dezember 1649 erschienenen Schriftchens zeichnet Robert Coster. Die „Fragen," die er aufwirft, sind durchaus im Sinne der Digger gehalten und sehr geschickt und sarkastisch formulirt. Erst wird gefragt, ob nicht bestimmte Bibelstellen Gemeinsamkeit der Güter preisen und die Beherrschung des Menschen durch den Menschen verurtheilen. Dann heißt es Frage 3: „ob nicht das Privateigenthum durch Mord und Diebstahl an die Stelle des allgemeinen Kommunismus gebracht und in entsprechender Weise aufrechterhalten worden ist. Ob nicht bei diesen Akten der Grausamkeit die vorgenannten Raubkreaturen — nämlich Herrschaftsbesitzer, Advokaten und Geistliche — obenan gewesen sind, und ob diese nackten, schamlosen Handlungen nicht unter der Feigenblatt-Kleidung von Sabbathen, Fest- und Danksagungstagen, Dogmen, Formeln und Kulten sich verstecken." In der vierten Frage heißt es u. A., ob nicht der stärkste Titel im Rechtsbrief der Herrschaftsbesitzer der sei: „Steck ihn ein, Kerkermeister." Die sechste und letzte Frage geht dahin, ob nicht die Beschäftigungslosen und die auf Lohn Angewiesenen der Freiheit ein Schlupfloch öffnen, wenn sie auf eigene Rechnung das Gemeindeland besetzen und beackern, und die sehr bezeichnende Antwort lautet, daß wenn sie dies thäten, statt mit gekrümmtem Knie und die Mütze in der Hand die Gutsherren um Arbeit für 8 und 10 Pence den Tag anzuflehen, was diesen blos Gelegenheit gäbe, ihre Mitmenschen zu tyrannisiren, dann würden die reichen Farmer bald die Lust verlieren, alles Land zu pachten, und die Lords, die jetzt zu den Farmern von oben herab sprächen, würden, wenn die Geldsäcke der Farmer ausblieben, bald ihren Hochmuth verlieren, so daß selbst der Arme wieder mit ihnen sprechen könnte. Die Farmer pachteten nur so viel Land im Hinblick auf den Profit, den sie auf Kosten der Armen machten, „because poor men are so foolish and slavish as to creep to them for imployment although they will not give them wages enough to maintain them and their families comfortably."

Darnach scheint es, als ob die „verrückten" Digger sich sogar auf die politische Oekonomie verstanden.

der Gemeinen über die Könige, so habe ich denselben Titel auf das Land wie mein Bruder." Denn Alle hätten geholfen, den Krieg zu führen. (S. 9 und 10.)

Angesichts der Leiden des Volkes habe er, Winstanley, nun diesen Plan ausgearbeitet, auf Grund dessen gerechte Zustände wieder herzustellen wären. Erst habe er nicht daran gedacht, ihn zu veröffentlichen, aber schließlich habe ihn das innere Feuer doch dazu getrieben. Nicht Alles, was er vorschlage, möge richtig sein, aber Cromwell möge es machen wie die Bienen, die bei den Blumen den Honig aussaugen und das Andere stehen lassen. „Wenn diese ‚Planke' auch nur ein roh behauenes Stück Holz sei, so möge der geübte Arbeiter es doch versuchen und ein schönes Gebäude daraus zimmern."

Cromwell werde vielleicht fragen, wie denn für die Priester und Eigenthümer und die großen Grundherren gesorgt werden könne, wenn Jenen die Zehnten und Diesen die Dienstleistungen entzogen würden. Aber als man dem Volke die Lasten und Zehnten auferlegte, habe man sich nicht um dessen Armuth gekümmert. Indessen sei für die Lords und Priester nichts zu befürchten: als Mitglieder der zu schaffenden freien Gesellschaft würden sie die gleichen Rechte auf das gesellschaftliche Gut haben wie ihre Mitbürger und daher keinen Mangel zu leiden haben.

In dieser zu schaffenden Gesellschaft müsse vor Allem dem Handel, dem Kaufen und Verkaufen, ein Ende gemacht werden. Mit garnicht übler Logik bezeichnet Winstanley das Aufkommen des Handels als den Sündenfall der Menschheit.

„Ist denn Kaufen und Verkaufen kein rechtschaffenes Gesetz (Gesetz hier im Sinne von Einrichtung)?" fragt er, und antwortet: „Nein, es ist ein Gesetz des Eroberers, aber kein rechtschaffenes Naturgesetz. Wie kann etwas rechtschaffen sein, was ein Schwindel („a cheat") ist? Denn ist es nicht allgemeiner Gebrauch, daß wenn Einer ein schlechtes Roß, eine schlechte Kuh oder sonst eine schlechte Waare hat, er sie auf den Markt schickt, um irgend einen einfältigen, treuherzigen Menschen zu betrügen, und sich daheim über den seinem Nächsten zugefügten Schaden ins Fäustchen lacht? Als die Menschheit zu kaufen und verkaufen begann, da fiel sie von ihrer Unschuld ab; denn dann begannen die Menschen einander zu unterdrücken und um ihr von Natur angeborenes Recht zu betrügen. So zum Beispiel, wenn das Land drei Personen gehört, und zwei davon kaufen und verkaufen Grund und Boden, ohne nach der Zustimmung des Dritten zu fragen, so ist diesem sein Recht genommen und seine Nachkommenschaft ist in Kriege verwickelt."

So verkaufe man auch jetzt wieder die Kron- und Kirchenländereien, statt sie der Allgemeinheit zuzuführen, an landgierige Offiziere der Armee und Spekulanten aller Art, zum Skandal der armen Leute. „Dieses Kaufen und Verkaufen daher verursachte und verursacht noch Unzufriedenheit und Kriege, die die Menschheit dafür genug geplagt haben. Und die Völker der Erde werden nie lernen, ihre Schwerter in Pflugschaaren und ihre Speere in Gartenmesser umzuschmieden und die Kriege loszuwerden, als bis sie diese schwindelhafte Erfindung des Kaufens und Verkaufens zusammen mit dem Schutt der königlichen Gewalt weggeschafft haben." (S. 12.)

Winstanley geht darauf weiter auf die Fragen ein, die sich an seinen Zukunftsplan knüpfen. „Soll aber," stellt er zunächst die Frage, „nicht ein Mensch reicher wie der andere sein?" Und er antwortet: „Das ist durchaus nicht nöthig. Denn Reichthümer machen die Menschen hochmüthig, stolz, zu Unterdrückern ihrer Brüder, und sind die Ursachen der Kriege." Er weist nach, und damit steht er schon an der Schwelle des neueren Sozialismus, daß Reichthum nicht möglich ist ohne Ausbeutung: „Niemand kann reich sein, außer durch seine eigene Arbeit oder die Arbeit Anderer, die ihm Beistand leisten. Wenn einem Mann nicht seine Mitmenschen beistehen, wird er nie im Stande sein, den Ertrag eines Gutes von Hunderten und Tausenden Pfund Jahreswerth einzubringen. Wenn ihm aber Andere helfen, dann gehören die erzielten Güter ebenso seinen Nachbarn wie ihm selbst, denn sie sind die Frucht der Arbeit Anderer ebenso wie seiner eigenen. . . . Aber alle Reichen leben im Wohlstand, nähren und kleiden sich mittelst der Arbeit Anderer, und nicht von ihrer eigenen Arbeit, was eine Schande für sie ist, nicht aber ihr Adel. Denn es ist segensreicher, zu geben als zu empfangen; die Reichen aber empfangen Alles, was sie haben, von der Hand der Arbeiter, und in Allem, was sie geben, geben sie die Arbeit Anderer weg, und nicht ihre eigene."

In Bezug auf Titel und Ehren aber dürfe Ungleichheit bestehen. „Je nach dem Amt, das Jemand bekleidet, erhebt er sich zu höheren Ehrentiteln, bis er den höchsten Adel erlangt: ein treuer Diener der Republik in einem Parlamentshaus zu sein. Ebenso soll Der, welcher irgend ein Geheimniß der Natur entdeckt, einen Ehrentitel haben, ob er auch noch jung sei. Aber Niemand soll irgend einen Ehrentitel haben, außer auf Grund seiner Leistungen, seines Alters oder seines Amtes. Jeder, der über sechzig Jahre alt ist, soll von allen Anderen, die jünger sind, als ein Mann von Stand geachtet werden, wie dies weiterhin gezeigt werden wird."

„Soll," fragt er weiter, „jeder Mann seines Nächsten Haus als sein eigenes betrachten und mit ihm als eine Familie leben?"

„Nein," antwortet er. „Obwohl das Land und die Magazine allen Familien gemeinsam sind, soll doch jede Familie gesondert leben, wie sie jetzt thun, und Jedermanns Haus, Weib, Kinder und Mobiliar zum Schmuck des Hauses, oder was immer er aus den Magazinen zum Gebrauch für seine Familie geholt, ist das Eigenthum solcher Familie zu ihrem friedlichen Genuß." Wer sich dagegen vergeht, soll „als Feind des Gemeinwesens" bestraft werden.

Wird es Advokaten*) geben? „Nein," lautet die Antwort, und kurz und bündig die Begründung: „Es giebt kein Kaufen und Verkaufen mehr."

---

*) Man erinnere sich, was oben über den Haß gegen die Advokaten gesagt wurde.

Im Uebrigen soll das Gesetz selbst Rechtskonsulent, sein Wortlaut so klar sein, daß es keiner Auslegung bedarf. „Die ewigen Feindschaftsstifter, Simeon und Levi, dürfen in einem freien Gemeinwesen nicht das Regiment führen."

Soweit das Vorwort. Das erste Kapitel der Abhandlung selbst ist eine Untersuchung, worin die wahre Freiheit bestehe. Sie bestehe nicht, wie Manche meinten, im freien Handel, denn „dies ist nur Freiheit unter dem Gesetz des Eroberers." Auch nicht in der Freiheit des Kultus, denn „dies ist unbestimmte Freiheit;" noch in der Freiheit, alle Weiber gemeinsam zu haben 2c., oder daß der ältere Bruder das Gut haben und der jüngere ihm dienen solle. „Alles das sind Freiheiten, die zur Knechtschaft führen, aber nicht die wahre, grundlegende Freiheit, die einem republikanischen Gemeinwesen den Frieden sichert. Die wahre republikanische Freiheit liegt im freien Genuß der Erde. Wahre Freiheit herrscht dort, wo der Mensch seine Nahrung und sonstigen Unterhalt erhält. . . . Ein Mensch mag eher keinen Körper haben, als keine Nahrung für denselben; diese Entziehung der Erde von Bruder gegen Bruder ist daher Unterdrückung und Knechtschaft.

„Ich spreche hier mit Bezug auf die Unterdrücker und die Unterdrückten; auf die innere Knechtschaft gehe ich hier nicht ein, obwohl ich sicher bin, daß, wenn es richtig untersucht wird, die innere Knechtschaft, wie Habgier, Hochmuth, Heuchelei, Neid, Sorge, Furcht, Verzweiflung und Wahnsinn, alle herbeigeführt werden durch äußere Knechtschaft, dadurch, daß eine Klasse Menschen auf die andere drückt!"

Wieder kommt Winstanley auf die Normannen als Unterjocher Englands zurück, auf die Gesetze, die sie eingeführt, und den Staatsklerus, der dieselben vertheidigt. „Dessen Arbeit," schreibt er, „ist es gewesen, die Volksmenge zu überreden, Wilhelm dem Eroberer den Besitz und die Herrschaft des Landes zu überlassen, es sein und nicht ihres zu nennen, und nicht gegen ihn sich aufzulehnen. Ferner führen die Geistlichen Krieg wider den gemeinen Mann und machen keinen Frieden mit ihm, als bis sie seine Vernunft so weit geblendet haben, daß er jede Lehre glaubt, die sie ihm predigen, und über nichts nachgrübelt, indem sie sagen: ‚Die Glaubenslehre darf nicht durch die Vernunft geprüft werden.' Nein, denn wenn dies geschieht, würde ihre Rolle als Diener der Ungerechtigkeit entdeckt werden, und würden sie ihre Zehnten verlieren. — Kein Wunder daher, daß der Staatsklerus von England und Schottland, der aus Zehnten eintreibenden und die Geister geblendeten Volkes beherrschenden Priestern besteht, so fest zu seinem Herrn, dem König, hielt. Denn, sagten diese, wenn das Volk nicht für uns arbeiten und Zehnten zahlen muß, sondern wir gleich demselben für uns selber arbeiten müssen, ist unsere Freiheit dahin. Aber das ist der Nothschrei eines egyptischen Sklaventreibers, der in anderer Leute Freiheit seine eigene Knechtschaft sieht."

Werde erst die Erde so frei genossen werden, wie es der Entwurf möglich machen soll, dann werde auch „Keiner mehr so zu heucheln brauchen, um seinen Lebensunterhalt zu gewinnen, wie es jetzt der Klerus und Andere thun. . . ."

„Der Ruhm des Reiches Israel bestand darin, daß sie keinen Bettler unter sich hatten."

Mit dem Hinweise auf die kommunistischen Partien in der mosaischen Gesetzgebung und der Verwahrung dagegen, daß das erstrebte Gemeinwesen etwa allgemeine Faulheit, Weibergemeinschaft und Gesetzlosigkeit bedeute, schließt das erste Kapitel.

Das zweite und dritte Kapitel behandeln noch einmal und genauer die Frage, was überhaupt das Wesen der Regierung, was „königliche" und was „republikanische" („commonwealth") Regierung sei. Wir heben aus ihnen nur einige der bezeichnenderen Sätze hervor.

„Die ursprüngliche Wurzel des Behördenwesens*) liegt in der (Nothwendigkeit der) gemeinschaftlichen Erhaltung, es entstand zuerst in einer einzelnen Familie. Nehmen wir an, es wäre blos eine Familie in der Welt, wie dies von Vater Adam's Familie vermuthet wird,**) die aus vielen Personen bestand, so war Adam der erste Regierer oder Beamte. Er war der Weiseste im Anordnen und der Stärkste bei der Arbeit, und daher der Geeignetste für den Posten des Hauptvorstehers. Denn dies ist die goldene Regel: „Lasset den Weisen dem Einfältigen helfen, und lasset den Starken dem Schwachen helfen."

Denjenigen, die hier etwa einwenden möchten, daß für Adam kein Gesetz bestanden habe, er nur Herrscher nach seinem Willen gewesen sei, antwortet Winstanley im Voraus, daß in diesem Falle das Gesetz der Nothwendigkeit entschieden habe; dieses hätte so deutlich dafür gesprochen, daß Adam Vorsteher der Familie sei, daß sich ihm alle Betheiligten willig unterwarfen. Die Nothwendigkeit wählte ihn im Namen der Kinder zum Vorsteher.

Die Nothwendigkeit spreche dafür, daß überhaupt Beamte sind, aber sie spreche nicht für gewaltsame Beherrschung.

„Alle Beamten in einer wahren Administration eines republikanischen Gemeinwesens müssen gewählte Beamte sein."

„Alle Beamten in einem republikanischen Gemeinwesen müssen jedes Jahr neu gewählt werden. Wenn öffentliche Beamte lange im Amt sind, werden sie ausarten. Hohe Posten in einem Land und einer Armee haben den Charakter vieler hochsinniger („sweet-spirited") Leute verändert. Die Natur sagt uns, daß wenn Wasser lange steht, es verdirbt, wogegen fließendes Wasser sich frisch (süß) hält und zum allgemeinen Gebrauch geeignet ist."

* * *

*) Wir wählen dies Wort als das dem englischen „magistracy" nächste. Winstanley legt ganz offenbar Werth darauf, nicht government zu sagen. Insofern wäre es keine vorwegnehmende Unterstellung, magistracy mit Verwaltung zu übersetzen.

**) „As is conceived," heißt es im Englischen. Die hypothetische Form ist hier recht charakteristisch.

Mit dem vierten Kapitel beginnt die eigentliche Darstellung, wie das richtige Gemeinwesen nun beschaffen sein soll. Sie ist, wie aus dem Titel hervorgeht, in der Form eines Programms oder, wie wir heute sagen würden, von Paragraphen ausgearbeitet, resp. in ein ganzes System gebracht. Dasselbe setzt ein mit einer Aufzählung der verschiedenen Aemter und schildert dann die Verrichtungen und Pflichten jeder Kategorie von Beamten, womit je nachdem bereits die Schilderung der Gesellschaftseinrichtungen verbunden ist. Im fünften Kapitel werden dann nur noch das Unterrichtswesen in Schule und Gewerbe, und im sechsten verschiedene spezielle Gesetze der wahren Republik im Gegensatz zu den königlichen Gesetzen entwickelt. Hier in möglichst gedrängter Darstellung das Bild der Utopie.

Die Produktion der neuen Gesellschaft ist, entsprechend dem Stand der Industrie, den der Verfasser vor sich sah, im Wesentlichen noch Kleinproduktion. Wenigstens steht es Jedem frei, eventuell zu Hause zu produziren. Aber die Gemeinde unterhält zugleich öffentliche Werkstätten, wo auch diejenigen Knaben gewerblich herangebildet werden, die es nicht vorziehen, das Gewerbe ihres Vaters oder irgend eines Meisters in dessen Hause zu erlernen. Der Austausch der Produkte dagegen ist gesellschaftlich, rein kommunistisch. Jeder führt was er produzirt hat in das Gemeindemagazin („store house") ab, und entnimmt demselben was er, sei es zum privaten Konsum, sei es zur Produktion, gebraucht. Es giebt zwei Arten Magazine, solche für Massenprodukte, wie Getreide, Wolle und Rohprodukte anderer Art, und solche für die verschiedenen gewerblichen Erzeugnisse. Ablieferung und Entnahme sind ganz selbständige, getrennte Akte, es findet dabei keinerlei Berechnung statt. Der Gefahr eines Mißverhältnisses zwischen Produktion und Verbrauch wird vielmehr auf folgende Weise begegnet. Von jedem arbeitsfähigen Mitglied der Gemeinschaft wird ein gewisses Quantum Arbeit erwartet. Leistet er fortgesetzt weniger, so wird er zunächst vom betreffenden Aufseher seines Gewerbes im Stillen (!) an seine Pflicht gemahnt und erst, wenn das nichts hilft, von der Gemeinschaft zur Rechenschaft gezogen. In den meisten Fällen werde das genügen, anderenfalls, aber auch nur dann, sollen Strafen angewendet werden. Ebenso im Falle übermäßiger Entnahme von Produkten, resp. Verwüstung von Material und Werkzeugen oder Geräthen. Der Unterricht ist allgemein, die Kinder werden gemeinsam in öffentlichen Schulen erzogen, und bis zum vierzigsten Jahre herrscht allgemeine Arbeitspflicht. Jeder Schüler soll wissenschaftlichen und gewerblichen Unterricht erhalten, aber es soll keine Kaste von reinen Buchgelehrten, die sich über ihre Brüder aufschwingt, herauerzogen werden. Wer über vierzig Jahre, mag sich beschäftigen wie er will, als Lehrer, gewerblich, im Ackerbau 2c., oder sich als Aufseher und dergleichen wählen lassen. Folgendes sind die verschiedenen Beamtenposten.

1) In der Familie: der Vater.

2) In der Stadt, im Flecken oder Kirchspiel: Friedenstifter, vier verschiedene Arten von Aufsehern (Friedensaufseher, gewerbliche Aufseher,

Magazinaufseher, Aufseher über das allgemeine Wesen), Soldaten, Arbeitsmeister, Vollstrecker.

3) In den Grafschaften: Je ein Richter, die Friedenstifter der Städte, die Aufseher und Soldaten. Diese zusammen bilden den Grafschaftssenat oder den Gerichtshof und halten abwechselnd in den verschiedenen Bezirken der Grafschaft Sitzung ab.

4. Im Lande, resp. für das ganze Land: Ein Parlament, eine Priesterschaft (ministry) der Republik, Postmeister, eine Armee.

Die Männer über sechzig Jahre sind von selbst, d. h. von Alters wegen, Aufseher über das allgemeine Wesen (Beobachtung der Gesetze 2c.). Sonst sind alle Beamte, auch die Soldaten, die im Frieden Gendarmenfunktionen zu erfüllen haben, jährlich zu wählen. Die Pflichten der meisten Beamten oder Beamtenkollegien ergeben sich aus ihren Titeln und bedürfen daher hier keiner näheren Erläuterung. Eine Ausnahme machen die Postmeister und die Priester der Republik.

Die Postmeister sind dazu da, den Nachrichtendienst zu versehen. Sie sammeln an jedem Ort die Berichte über bemerkenswerthe Ereignisse (Naturerscheinungen, Entdeckungen, Unglücksfälle 2c.), senden sie in die Hauptstadt, dort werden die Berichte monatlich zusammengestellt, in Buchform gedruckt, und die Bücher den verschiedenen Gemeindepostmeistern im Lande überschickt, die den Inhalt zur Kenntniß der Gemeindemitglieder zu bringen haben.

Die Priester der Republik haben dafür zu sorgen, daß der wöchentliche Ruhetag eingehalten werde, und an demselben Zusammenkünfte der Gemeindemitglieder zu veranstalten, auf denen drei verschiedene Art Reden stattfinden sollen: a) Mittheilung des Inhalts der bei den Postmeistern eingelaufenen Berichte über die Angelegenheiten des Landes; b) Vorlesungen von Abschnitten aus dem Gesetz des Landes, damit sich dies immer wieder dem Geist der Bürger einpräge; c) Vorträge und Diskussionen aus der Geschichte des eigenen Landes und anderer Länder, über Künste und Wissenschaften, über Naturgeschichte, Natur des Menschen 2c. Es soll aber Niemand dabei phantastische Spekulationen vortragen, sondern nur, was er aus Studium und Beobachtung erkannt habe. Ferner sollen die Vorträge nicht immer in englischer Sprache gehalten werden, sondern öfter auch in fremden Sprachen, damit die Bürger der englischen Republik im Stande sind, von ihren Nachbarn zu lernen und deren Achtung und Liebe zu erwerben.

Aber, könne hier der fromme aber unwissende Professor einwenden, dies sei „wahrlich nur eine niedrige und fleischliche Priesterschaft, dies führt dazu, daß die Menschen nichts kennen lernen, als das Wissen dieser Erde und die Geheimnisse der Natur, wir sollen aber doch nach geistigen und himmlischen Dingen schauen.“ „Darauf,“ schreibt Winstanley, „antworte ich: Die Geheimnisse der Natur kennen, heißt die Werke Gottes kennen, und die Werke Gottes in der Schöpfung kennen, heißt Gott selbst kennen, denn Gott wohnt in jedem sichtbaren Produkt oder Körper.“

Und nun folgt eine prächtige Polemik gegen die übersinnliche Lehre (Winstanley nennt sie „divining doctrine," von divinity = Theologie), eine Polemik, die in Argumentirung und Exemplifizirung schon fast ganz dem neunzehnten Jahrhundert angehört. Winstanley weist die Widersprüche der spiritualistischen Priester an ihrer Theorie und Praxis mit trefflicher Dialektik nach, zeigt, wie die übersinnliche Lehre die Menschen verdumme und in vielen Fällen bis zum Wahnsinn treibe, und erklärt zuletzt rund heraus:

„Drittens, diese (übersinnliche) Lehre ist von dem schlauen älteren Bruder*) zu einem politischen Deckmantel gemacht worden, um den einfältigen jüngeren Bruder um die Freiheiten der Erde zu betrügen." Folgt als Exemplifikation ein solcher Dialog, der damit endet, daß der „ältere Bruder" (d. h. der Reiche) dem „jüngeren" (dem Proletarier), der nicht glauben will, daß der Schöpfer die ungerechte Vertheilung der Güter auf Erden gewollt habe, zuruft: „Was, willst du ein Atheist sein, ein Aufwiegler, und nicht an Gott glauben" und ihn, der „schwach von Begriffen ist, und keine gründliche Kenntniß von der Schöpfung und sich selbst hat," auf diese Weise richtig einschüchtert —

> „so daß diese übersinnliche spiritualistische Lehre ein Schwindel ist; denn während die Menschen auf zum Himmel blicken, sich eine Seeligkeit erträumen oder eine Hölle fürchten, der sie nach ihrem Tode anheimfallen, werden ihnen ihre Augen genommen, auf daß sie nicht sehen, was ihr angeborenes Recht ist und was sie hier auf Erden während ihres Lebens zu thun haben. Dies ist der schmutzige Träumer und die Wolke ohne Regen." (S. 62.)

Interessant ist auch, wie Winstanley seine Verwerfung aller scholastischen Buchgelehrsamkeit, des „knowledge of the Scholars," begründet. Es ist, wie schon gelegentlich bemerkt, in dieser Stellungnahme nichts weniger als Bildungshaß zu suchen. Einerseits spiegelt sich in der Beschränkung des Unterrichts auf die Erwerbung praktischer Kenntnisse — das sogenannte reale Wissen — der Einfluß des von Bacon gelehrten, ebenfalls beschränkten Empirismus wieder, andererseits aber ist der Gegensatz gegen das sogenannte reine oder theoretische, das Buch-Wissen, das Produkt des antidemokratischen Verhaltens der Universitäten und der Berufsgelehrten. Der Mann des Volkes mußte eine Gelehrsamkeit verachten, die ihren Trägern hochmüthige Verachtung der arbeitenden Klassen aufprägte, sie zu Sykophanten der Ausbeuter und Machthaber machte. Ferner ist aber auch der Stand und Charakter der philosophischen Schulen der Zeit in Betracht zu ziehen, und ihre enge Verbindung mit der orthodoxen Theologie. Man lese nur die Ausführungen sogar des Materialisten Hobbes über das „Königreich Gottes," „christliche Regierung" rc. in dessen „Leviathan," der im gleichen Jahr wie die vorliegende Schrift erschien.

---

*) Damit ist bei ihm, wie wir gesehen haben, immer die herrschende und besitzende Klasse gemeint.

Indeß genug hiervon. Wir übergehen die Bestimmungen über Förderung der Technik des Ackerbaues, der Industrie ꝛc., die, so charakteristisch sie an sich sind, doch nicht über die damals auch von Anderen gemachten Vorschläge hinausgehen, und wenden uns zum Schluß noch zu einigen Bestimmungen über Wahlen, Ehegesetzgebung und Strafen.

Wähler ist Jeder, der das zwanzigste Lebensjahr überschritten, mit Ausnahme Derjenigen, die zur Zeit der Wahl gerichtlich erkannte Strafen verbüßen. Wählbar ist Jeder, der das vierzigste Lebensjahr überschritten hat, doch dürfen auch jüngere Leute, die sich durch ihre Leistungen ausgezeichnet haben, gewählt werden.

Die Ehe ist vollkommen frei. „Jeder Mann und jede Frau haben volle Freiheit, zu heirathen, wen sie wollen, wenn sie die Liebe und Zuneigung derjenigen Person, die sie zu ehelichen wünschen, erlangen können.“ Das allgemeine Magazin ist ihre beiderseitige Mitgift, „dem Einen so offen wie dem Anderen.“ Verübt ein Mann mit einem Mädchen geschlechtlichen Umgang und zeugt ein Kind, so ist er verpflichtet, sie zu heirathen. Nothzucht an einem Weibe wird mit dem Tode bestraft — „es ist Raub an ihrer körperlichen Freiheit.“ Versuchte gewaltsame Entführung der Frau eines Anderen wird beim ersten Mal mit öffentlicher Verwarnung, beim zweiten mit zwölf Monaten Verlust der Freiheit bestraft. Freiheitsverlust heißt Zwangsarbeit für die Allgemeinheit oder Dienerschaft in Familien. Der Eheschluß erfolgt durch gegenseitige Erklärung vor den Aufsehern des Bezirkes und einigen Bürgern als Zeugen, das heißt, die Ehe ist reiner Zivilakt. (Dies zwei Jahre vor dem betreffenden Beschluß in Barebone's Parlament geschrieben.)

Die höchsten Strafen stehen auf — Kaufen und Verkaufen. Wer einen Anderen verleiten will, ihm etwas abzukaufen oder zu verkaufen, wird mit zwölf Monaten Freiheitsverlust bestraft. Wer Land oder Früchte desselben thatsächlich verkauft, wird mit dem Tode bestraft. Wer den Boden sein eigen und nicht seines Bruders nennt, erhält zwölf Monate Zwangsarbeit und die Worte werden ihm auf die Stirn gebrannt.

Niemand darf Arbeit miethen oder seine Arbeit vermiethen. Wer Arbeitshülfe braucht, für den sind junge Leute da oder Solche, die von den Arbeitsaufsehern als Gehülfen („servants“) bezeichnet sind. Zuwiderhandelnde müssen zwölf Monate Zwangsarbeit leisten.

Gold und Silber dürfen nicht in Münzen ausgeprägt, sondern nur zu Hausgeräth (Schüsseln, Becher ꝛc.) verarbeitet werden. „Denn wo das Geld über Alles herrscht, da giebt es keine Rücksicht auf die goldene Regel: Thue Jedem, was Du willst, daß er Dir thue. Gerechtigkeit wird gekauft und verkauft, ja, zuweilen wird Ungerechtigkeit für Geld gekauft und verkauft, und dies ist die Ursache aller Kriege und Unterdrückungen.“

Nur für den Austausch mit anderen Nationen, die darauf bestehen, aber lediglich für diese, darf eine Ausnahme gemacht werden. Mit ihnen darf auch Kauf und Verkauf verschiffter Waaren stattfinden. „Immer ausbedungen, daß die Güter, die unsere Schiffe führen, Güter der Gemeinschaft sind; und all ihr Handel mit anderen Nationen für das allgemeine Kapital („stock“) stattfindet zur Bereicherung der öffentlichen Magazine.“

* * *

Dies die wesentlichsten Punkte der Utopie, in Bezug auf die ich wohl sagen darf, daß sie werth ist, der totalen Vergessenheit, in die sie bisher gerathen, entrissen zu werden. Ich habe sie in keinem Geschichtswerk über die Zeit der englischen Revolution, in keiner Geschichte der Demokratie oder des Sozialismus bisher erwähnt gefunden, und spärlich ist die Ausbeute meiner Nachforschungen nach näheren Mittheilungen über die Person ihres Verfassers und seine Lebensschicksale.*) Als der Inspirator einer kleinen Sekte und Anwalt einer unentwickelten Klasse, der sich nirgends in den Vordergrund drängte, nach keiner Beförderung oder politischen Rolle strebte, hat er den Historikern kein Interesse einzuflößen gewußt. Seinen Zeitgenossen, selbst den Radikalsten, waren er und seine Genossen überspannte Narren; John Lilburne verwahrt sich zum Beispiel in seiner Broschüre: „The Legal Fundamental Liberties“ ausdrücklich dagegen, daß ihm die

*) Einige Andeutungen über sein Vorleben macht er selbst in seinem Pamphlet „A watchword to the City of London, the Army etc.“ Darnach war er ursprünglich Gewerbtreibender in London, wo er Bürger war, hat, als der Kampf gegen Karl I. ausbrach, reichlich für die Parlamentsarmee gesteuert, ist aber dann durch betrügerische Vertreter der „diebischen Kunst des Kaufens und Verkaufens, in Verbindung mit den drückenden Auflagen für den Krieg,“ aus Beruf und Besitz getrieben und gezwungen worden, die Hülfe von Freunden anzunehmen, die ihm die Mittel verschafften, sich auf dem Lande anzusiedeln. Indeß auch dort hätten die Lasten für den Krieg, Einquartierungen 2c. ihn schließlich erdrückt. Trotzdem sei er all die Jahre über immer bereit gewesen, auf jede Weise für den inneren und äußeren Frieden der Nation einzutreten; aber er habe sich überzeugen müssen, daß Diejenigen, die sich in Worten als Anhänger der gleichen Sache aufspielten, schließlich sich als Gegner erwiesen. Da sei ihm eines Tages bei der Arbeit das Herz mit lieblichen Gedanken erfüllt worden, Dinge hätten sich ihm enthüllt, von denen er früher nie gelesen noch gehört, und die Viele, denen er sie vortrug, nicht anhören konnten. Einer dieser Gedanken sei, daß die Erde zur gemeinsamen Schatzkammer aller Menschen ohne Unterschied der Person gemacht werden solle.

Winstanley erzählt dann die Einzelheiten des Unternehmens der Digger und wie arg man ihnen mitgespielt, und sagt dann im weiteren Verlaufe: „Und ich sehe ein, daß die Armen zuerst ausgewählt und die Ehre in dieser Arbeit — der Propaganda des Kommunismus — haben müssen, denn sie fangen an, die Stimme des Rechts aufzunehmen, die Reichen aber sind in der Regel Feinde der wahren Freiheit.“ (p. 15.)

Noch sei bei dieser Gelegenheit bemerkt, daß wahrscheinlich alle Schriften, auf denen die Namen Everard und Winstanley figuriren, ausschließlich von Letzterem herrühren. Fast alle Historiker, die von den Diggers handeln, haben sich nämlich durch das etwas eigenthümliche Arrangement der Namen auf den Pamphleten der Digger dazu verleiten lassen, das Umgekehrte anzunehmen. Damit steht indeß im Widerspruch, daß es nicht ein Pamphlet giebt, das Everard allein zum Verfasser hätte, wohl aber eine ganze Reihe nur von Winstanley verfaßter Schriften. Selbständig neben Letzterem tritt von Diggers, soviel ich feststellen konnte, nur Robert Coster als Pamphletist auf.

„irrigen Ansichten der armen Graber von George Hill" zugeschrieben werden. Allerdings geschah dies vom Gefängniß aus und vor dem Erscheinen der vorliegenden Schrift, während Lilburne in der genannten Publikation, was ganz bemerkenswerth ist, für den damals mehr noch wie heute verschrienen Johann von Leyden eine Lanze einlegt. Aber schon der selbstgewählte Titel, „Die wahren Leveller," zeigt, daß zwischen den Letzteren und Lilburne und seinen Genossen ihnen bewußte prinzipielle Unterschiede bestanden. Die Leveller vertraten die den Arbeitern und dem radikalen Bürgerthum gemeinsamen, die wahren Leveller ausschließlich die proletarischen Interessen.

Und in dieser Hinsicht kann man ohne Uebertreibung von Winstanley sagen, daß er, wenn auch nicht „bewaffnet mit der ganzen Wissenschaft seines Jahrhunderts," doch auf der Höhe desselben stand, weiter blickte, wie alle seine Zeitgenossen. Es wäre mehr wie geschmacklos, an seinen positiven Vorschlägen nachträglich Kritik zu üben, auf ihre Unvollkommenheiten und Unzweckmäßigkeiten einzugehen. Sie erklären sich durchaus aus der ökonomischen Struktur der Gesellschaft, die er vorfand. Wir können nur den Scharfblick und das gesunde Urtheil dieses einfachen Volksmannes bewundern und die Einblicke, die er in den Zusammenhang der gesellschaftlichen Verhältnisse seiner Zeit und die Ursachen der bekämpften Uebel gethan.

Es unterliegt nun auch kaum einem Zweifel, daß wir in Winstanley den Mitherausgeber der im vorhergehenden Kapitel geschilderten Flugschriften „Das Licht, das in Buckinghamshire scheint," zu suchen haben, und daß sein „Law of Freedom" die im zweiten Theil jener (vgl. S. 584) versprochene Darlegung der Mittel und Wege ist, wie das schon dort als nothwendig geschilderte Zurückgehen auf die „Zeit vor dem Sündenfall" zu bewirken sei. Was aber ist aus ihm geworden? Bestimmtes habe ich darüber nicht gefunden; aber der Titel und Inhalt einer aus dem Jahre 1658 datirenden Schrift, der spätesten, die sich im Britischen Museum von ihm vorfindet, läßt vermuthen, daß er nach dem Fehlschlagen seiner kommunistischen Agitation in derselben Bewegung gelandet ist, wie Lilburne nach der Zertrümmerung seiner radikal-demokratischen Partei: in der seit 1652 — man beachte das Datum — organisirten religiös-radikalen Sekte der Quäker. Diese letzte Schrift Winstanley's trägt den Titel: „Das Paradies des Heiligen oder des Vaters Lehre ist die alleinige Befriedigung der Seele," und das Motto „Das innere Zeugniß ist die Kraft der Seele." Sie ist der Abdruck einer von Winstanley in London gehaltenen Predigt oder religiösen Ansprache, ist ganz im rationalistischen Sinne der Quäker gehalten,*) und die Hörer und Lehrer werden, wie bei den Quäkern, mit „Friends" angeredet. Erinnert man sich ferner, wie Everard und Winstanley vor Fairfax verweigerten, den Hut zu ziehen, weil er nur Ihresgleichen („but their fellow-creature," heißt es bei Whitelocke) sei, so wird die

*) Aber ohne deren Mystik. So bekämpft Winstanley den bei den meisten Quäkern noch sehr starken Teufelsglauben.

Vermuthung zur Gewißheit, daß wir in ihnen und ihrer Anhängerschaft eines der Elemente zu erblicken haben, aus dem die Quäkerbewegung sich im Anfang zusammensetzte. Wie es kam, daß Soldaten der Cromwell'schen Armee zu Predigern wurden, haben wir auf S. 546, Note, kurz angedeutet.

Neuntes Kapitel

Der Aufstand der Leveller in der Armee. Lilburne's weitere Schicksale und Tod.

Das „gereinigte" oder „Rumpf"-Parlament hatte mittlerweile dem Streit mit Karl I. ein radikales Ende gemacht. Am 23. Dezember 1648 setzte es eine Kommission ein, über das gegen den König einzuschlagende Verfahren zu berathen. Am 1. Januar 1649 berichtet diese, daß der König als Hochverräther an der Nation, die er verrätherisch mit Krieg überzogen, zur Rechenschaft gezogen werden müsse, und es wird demgemäß beschlossen, einen Staatsgerichtshof zu bilden, der über Karl aburtheilen solle. Als die Mehrheit der paar noch tagenden Lords sich weigert, diesem Beschluß zuzustimmen, erklärt am 24. Januar ein weiterer Beschluß des Hauses der Gemeinen, daß das Volk die einzige rechtmäßige Quelle aller Macht sei, und daß daher die von diesem gewählten Abgeordneten (eben die „Gemeinen") die höchste Gewalt in England bildeten, deren Beschlüsse auch ohne Zustimmung von König und Lords Gesetzeskraft hätten. Am 6. Januar wird der Anklagebeschluß erneuert und werden aus eigener Macht des Parlaments 135 Personen ernannt, den Spezialgerichtshof für den Prozeß des Königs zu bilden. Außer Cromwell und anderen Granden der Armee gehörte auch Robert Lilburne diesem Tribunal an, und sogar John Lilburne wurde — wie dieser selbst, ohne Widerspruch zu erfahren, bald darauf in einem Pamphlet berichtete — ein Sitz in dem Ausnahmegerichtshof angetragen, zu dem man natürlich nur Republikaner brauchen konnte. Aber der starre Rechtssinn John's verbot demselben, sich an einem Akt zu betheiligen, der in der That nur ein in Rechtsformen gekleideter Gewaltakt war, als solcher allerdings durch sehr stichhaltige Gründe diktirt. „Honest John" war durchaus nicht gegen die Prozessirung des Königs, aber er bestritt dem Parlament das Recht, sich noch als Volksvertretung aufzuspielen, und wollte ferner auch dem König kein Extratribunal einräumen, sondern ihn von einem regelrechten Gerichtshof abgeurtheilt wissen. Seine demokratischen Bedenken schlugen indeß ebensowenig durch als seine juristischen. Karl wurde am 27. Januar 1649 als Hochverräther zum Tode verurtheilt und am 30. Januar hingerichtet. Am 1. Februar sanktionirt das Parlament Pride's „Purganz" durch formelle Ausschließung der von Pride ausgetriebenen Mitglieder, am 6. Februar wird beschlossen, daß das Haus der Lords als „unnütz und gefährlich,"*) am 7. Februar, daß die Regierung durch einen König oder eine einzelne Person als „ohne Nutzen, lästig und gefährlich" abzuschaffen sei. Am 15. Februar wird ein aus einundvierzig Personen bestehender Staatsrath ernannt, dem natürlich Cromwell, Fairfax und andere Granden der Armee, sowie u. A. Henry Marten angehören. Am 13. März suchen einige Mitglieder dieser hohen Körperschaft einen gewissen Master John Milton, Schriftsteller und Privatlehrer, auf, der in einem kleinen Häuschen in Holborne wohnt, und tragen ihm die Stelle als Sekretär für die fremden Sprachen im Staatsrath an, die der große Dichter auch annimmt. Am 19. Mai wird durch Parlamentsbeschluß England für eine Republik („Commonwealth") erklärt.

Lilburne war während des Monats Januar wieder zur Regelung seiner Privatangelegenheiten im Norden gewesen. Er war enttäuscht und wollte dem öffentlichen Leben ganz entsagen. Zu stolz, ein wohldotirtes Staatsamt anzunehmen, wozu man ihn aufgefordert, denn sein Einfluß in radikalen Kreisen war kein geringer, etablirte er sich, nach London, wo er das Bürgerrecht besaß, zurückgekehrt, in dem Vorort Southwark als Seifensieder. Er wolle sich nicht auf Kosten des arbeitenden Volkes mästen, während dieses darbe, erklärte er. Dagegen widerstand er nur für eine kurze Weile dem Drängen seiner politischen Freunde, die den Kampf gegen die Herrschaft der Granden nicht aufgeben wollten. Schon am 26. Februar erscheint er wieder an der Spitze einer Anzahl Londoner Bürger an der Barre des Parlaments, eine Petition gegen gewisse, vom Staatsrath zur Unterdrückung der „Unruhestifter" in der Armee geplante Maßnahmen zu befürworten.

In verschiedenen in der Nähe Londons quartierten Regimentern herrschte nämlich große Unzufriedenheit. Man fand, daß die Prozeduren der „Granden" durchaus nicht den Abmachungen von Newmarket Heath entsprachen, daß wohl viel für die Rechte des Parlaments, aber nichts für die des **Volkes** gethan wurde, und dokumentirte diese Unzufriedenheit durch Anstecken meergrüner Bänder, dem Abzeichen der Leveller. Um den „aufrührerischen" Geist zu ersticken, beschloß der Kriegsrath eine Proklamation, die den Soldaten verbot, Petitionen an das Parlament oder sonst Jemand, außer ihren Offizieren, zu richten und mit Zivilpersonen über politische Angelegenheiten zu korrespondiren. Ferner beschloß man, vom Parlament die Erlaubniß zu erlangen, Diejenigen, die das Heer zur „Meuterei" aufzuhetzen suchen, **kriegsrechtlich hängen zu dürfen**. Gegen diese Maßregeln richtete sich Lilburne's Petition, und er begleitete dieselbe mit einer Denkschrift, die er einige Tage später unter dem Titel: „Englands new chains discovered" („Englands neue Ketten entdeckt") als Pamphlet herausgiebt. Er deckt darin die verschiedenen Verstümmelungen auf, die die Granden der Armee an dem ursprünglich vereinbarten Volksvertrag vorgenommen, kritisirt aufs Schärfste die soeben

*) Der witzige Henry Marten beantragte, das Wort „gefährlich" zu streichen oder aber ihm das Wort „nicht" vorzusetzen. In der That spielten die Lords damals oder die damaligen Lords in ihrer Zerfahrenheit eine jämmerliche Rolle.

geschaffene Institution des Staatsraths, der blos eine Kreatur des Kriegsraths der Armee sei, verlangt dessen Ersetzung durch häufig zu erneuernde verantwortliche Kommissionen, die dadurch in Schach zu halten seien, daß das Parlament bis zur Ablösung durch ein neugewähltes in Permanenz bleibt, und fordert als unbedingtes Volksrecht und Gegenmittel gegen Verschwörungen und tyrannische Gelüste aller Art volle Freigabe der Presse.

Aber auch aus den Reihen der Armee selbst blieben die Proteste nicht aus. Am 1. März erscheint ein von acht Soldaten in General Fairfax' Armee unterzeichneter „Brief an General Fairfax und seinen Offiziersrath" — ein Protest, der mit großer Kühnheit alle Beschwerden der Armee gegen ihre Leiter aufzählt, Cromwell vorwirft, er strebe nach der Königswürde, das Parlament einen Reflexspiegel des Kriegsraths und diesen das Werkzeug von Cromwell, Ireton und Harrison nennt und sich in scharfen Worten gegen die Etablirung des Säbelregiments wendet. „Wir sind englische Soldaten, die für die Freiheit Englands unter die Fahne getreten sind, und keine ausländischen Miethstruppen, das Volk gegen Bezahlung abzuschlachten und den verderblichen Bestrebungen des Ehrgeizes irgend welcher Personen auf Gottes Erdboden zu dienen," erklärten sie und verlangten Festhalten an den Abmachungen von Newmarket Heath. Der Brief schließt mit einer warmen Anerkennung der Lilburne'schen Petition, der sich die Unterzeichner „frei und freudig" anschließen, bereit, im Kampf für die Forderungen derselben zu stehen und zu fallen.

Am 3. März werden sie vor ein Kriegsgericht gestellt. Drei lassen sich angesichts der gefährdeten Situation zum Nachgeben bewegen und werden begnadigt. Die restlichen fünf legen dagegen die äußerste Entschlossenheit an den Tag. Man wollte vor Allem wissen, wer das Schriftstück aufgesetzt, da sie doch selbst nicht die Fähigkeit („the wit") dazu hätten. Aber sie übernahmen Einer nach dem Anderen im Einzelverhör die volle Verantwortung für den Brief und werden, obwohl sie „wegen ihres schweren Vergehens eigentlich den Tod verdient hätten," dazu verurtheilt, vor den Spitzen ihrer Abtheilungen rücklings auf hölzernem Roß vorbeigeführt und dann, nachdem ihre Schwerter über ihrem Haupt zerbrochen, aus der Armee ausgestoßen zu werden, welche Strafe am 6. März in Westminster an ihnen vollzogen wird. Ihre Namen sind: Robert Ward, Thomas Watson, Simon Graunt, George Jellies und William Sawyer.*)

*) Einer der drei Begnadigten, Richard Rumbold, war unter Karl II. hervorragend an der berühmten Rye-Haus-Verschwörung (1683) gegen den restaurirten König betheiligt (im Zusammenhang mit welcher Verschwörung wir übrigens auch dem Namen Wildman wieder begegnen), ward rechtzeitig gewarnt und entkam nach Holland, nahm aber 1685 wieder an der Erhebung Argyle's und von dessen schottischen Hochländern gegen den inzwischen auf den Thron gelangten Jakob II. — „gegen Päpstlerei, Prälatenthum und Staatskirchlerei" — Theil, ward nach dem unglücklichen Ausgang jener Erhebung schwer verwundet gefangen genommen, in aller Eile — damit er nicht vorher eines natürlichen Todes sterbe — prozessirt und den nächsten Tag (den 27. Juni 1685) mit empörender Grausamkeit hingerichtet. Aber bis zuletzt legte er die größte Festigkeit und Ueberzeugungstreue an den Tag. Während seines Prozesses ließ

Die Bewegung war damit jedoch keineswegs beigelegt. Im Gegentheil gewannen die Leveller aus dem Ausgang der Sache nur die Ueberzeugung, daß um so energischere Aktion geboten war. Ein Blatt der Epoche, der damals noch entschieden royalistische „Mercurius Pragmaticus,"*) schreibt in seiner Nummer vom 13. zum 20. März 1649 mit inniger Schadenfreude, daß „der tapfere Leveller (Lilburne), nachdem man seine Adressen bei Seite geschoben und den Volksvertrag verletzt hat ... mit seinem Verbündeten Harry Martyn**) sich zusammengethan und eine Anzahl griesgrämige Heilige ihrer Gattung in eine Reihe von Grafschaften, wie Berkshire, Hampshire, Hertfordshire 2c., geschickt habe, die in verschiedenen Marktstädten nicht nur John's Adressen verlesen, sondern sie auch angeschlagen und das Volk aufgefordert haben, zu diesen Adressen, die seine Freiheit verlangen, zu stehen, und jeder Macht Widerstand zu leisten, die von ihm Accisen und andere unnütze und unvernünftige Steuern zu erheben versuchten, welche von Seiten der ungesetzlichen, willkürlichen und ungerechten Gewalt ihrer Mit-Gemeinen etwa auferlegt würden."

Am 21. März erscheint ein neues Leveller-Pamphlet, das die ungerechte Prozedur gegen die fünf Soldaten schildert und deren Anklagen gegen die Granden der Armee wiederholt. Es trägt den drastischen Titel: „Die Jagd auf die Füchse von Newmarket und Triploe Heath bis nach Westminster, vollführt von fünf kleinen, vordem der Armee angehörenden Jagdhunden." Die „Füchse" sind natürlich Cromwell, Ireton und die übrigen Granden, und die Jagd meint die Aufdeckung der Ränke und Winkelzüge derselben seit dem Juni 1647, wo sie die Truppen an den genannten Orten zur gemeinsamen Aktion gegen das Parlament geködert, bis zur Zeit, wo sie sich in Westminster selbst installirt. Eine noch schärfere Anklageschrift gegen Cromwell und seinen Stab wird am Sonntag, den 25. März, von Lilburne vor einer vor seinem Hause versammelten riesigen Menschenmenge verlesen. Sie hat Lilburne, Overton, Prince und Walwyn zu Unterzeichnern, fordert in heftiger Sprache die Wahl eines neuen Parlaments, und lautet: „Der zweite Theil der Entdeckung von Englands neuen Ketten."***) Ihre Wirkung muß eine außerordentliche gewesen sein, denn sie hatte, kaum daß

er das später noch oft zitirte Wort fallen, er „glaube nicht, daß Gott die größere Hälfte der Menschheit mit Sätteln auf dem Rücken und einem Zügel im Mund geschaffen habe und eine Handvoll Leute gestiefelt und gespornt, um auf den Anderen zu reiten."

*) Später ließ sich der sehr begabte Redakteur des Blattes von Cromwell kaufen und stellte seine äußerst scharfe Feder in dessen Dienste.

**) Martyn, resp. Marten, hatte mit dieser Agitation kaum etwas zu thun, wenngleich er, wie berichtet, Mitarbeiter am „Agreement" der Leveller gewesen war und in dieser Verbindung genannt worden sein mag. Er vertheidigte im Gegentheil das Forttagen des Rumpfes mit dem Satz, man dürfe dem jungen Moses, d. h. der eben geschaffenen Republik, nicht gleich die natürliche Nährmutter entziehen. Auch war er, wie schon gemeldet, selbst Mitglied des Staatsraths.

***) Ihr ist der auf S. 559 abgedruckte Ausspruch Lilburne's über das verdächtige Spiel entnommen, das Cromwell und die „Granden" im Herbst 1647 mit Karl I. gespielt.

sie im Druck erschienen, auch schon die Verhaftung Lilburne's und der drei Mitunterzeichner zur Folge, und die Bekanntmachung, daß Alle, welche diese Schrift verbreiten, die zur Meuterei aufzumuntern und die Entsendung von Hülfstruppen nach Irland unmöglich zu machen geeignet sei, als Feinde der Republik betrachtet und behandelt werden würden. Eine Massenpetition ans Parlament zu Gunsten der Verhafteten, die 80 000 Unterschriften getragen haben soll, ist von keinem Erfolg, eine Deputation von Bürgern, die sich für sie verwendet, wird vom Sprecher mit einem scharfen Verweis für ihre „lästerlichen und aufrührerischen Vorschläge," eine wiederholt vorsprechende Deputation von Frauen schließlich mit dem Bescheid abgewiesen, die Sache sei von größerer Tragweite als sie verständen, sie sollten hübsch nach Hause gehen und sich um ihre Hausarbeit kümmern — „ihr Geschirr abwaschen."

Die Sache hatte allerdings erhebliche Tragweite. Die Presbyterianer und die staatskirchlichen Parteigänger der „Kavaliere," die durch geschickte Pamphlete über den „Märtyrertod" Karl's I., gefälschte Tagebücher desselben ꝛc. viele gute Seelen gegen die „blutdürstigen Tiger der Republik" eingenommen, erhoben von Neuem das Haupt, in Irland und Schottland wurde Karl's Sohn zum König ausgerufen und wurden Truppen geworben, um ihm die Herrschaft zurückzuerobern, auf dem Festland wühlten Karl Stuart selbst und die flüchtigen oder verbannten Kavaliere an allen möglichen Höfen gegen die junge Republik — wie konnte da eine Agitation, die darauf hinauslief, die Armee, die Quelle und Stütze der Macht der Vertreter der Republik, zu sprengen, diesen Letzteren anders denn als eine Angelegenheit erscheinen, bei der es sich um Sein oder Nichtsein der Republik handele, und gegen die daher, wenn nichts Anderes half, die nackte Gewalt angewendet werden mußte. Dies Lilburne klar zu machen, scheint nach dessen eigenem Bericht der Zweck eines Gesprächs gewesen zu sein, das der republikanische Feldprediger und — damals — eifrige Cromwellianer Hugh Peters bei einem Besuch im Tower mit ihm anknüpfte, und bei dem Peters Lilburne's Berufungen auf das Gesetz mit der Bemerkung beantwortet haben soll, es gebe überhaupt kein Gesetz als das Schwert. Offenbar wollte Peters, und wohl nicht ohne Wissen Cromwell's, einen letzten Versuch machen, Lilburne herumzubekommen, aber dessen Mißtrauen war zu groß, und so blieb es bei dem Wort, das am Tage der Verhaftung der vier Leveller Cromwell im Staatsrath dem Vorsitzenden Bradshaw, Milton's Schwager, mit Faustschlag auf den Tisch entgegengerufen: Ich sage euch, Herr, es giebt keinen anderen Weg mit diesen Leuten fertig zu werden, als sie zu zertreten („to break them in pieces"). Was freilich keine ganz leichte Sache war.

Statt abzunehmen, griff die Unzufriedenheit in der Armee und im Volke immer mehr um sich. Wie schon früher bemerkt, herrschte im Lande große Theuerung, Handel und Wandel lagen darnieder, die Abgaben stiegen, und während das Parlament den Größen der Armee und des Staatsraths außerordentliche Gehälter bewilligte, war der Lohn der Soldaten beständig im Rückstand. Schon griff man, um der Ebbe im Staatsschatz zu begegnen, zu dem Mittel, das später in der französischen Revolution zu so enormer Ausdehnung getrieben wurde — man fing an, mit papiernen Anweisungen zu bezahlen, die, bei dem geringen Kredit der neuen Regierung, bald auf den dritten Theil ihres Nominalwerthes und noch tiefer fielen. Kurz, die Unzufriedenheit hatte nicht nur ideologische Gründe, wenn man die religiösen oder politischen Einkleidungen des Klassengegensatzes so nennen will, sondern auch ihre sehr materiellen Ursachen aktueller Natur.

Wie sollten mit einer unzufriedenen Armee die Unzufriedenen in der Armee „zertreten" werden? Eine Anleihe zur Bekämpfung der Rebellion in Irland war aufgenommen und eine Anzahl von Regimentern ausgeloost worden, die unter Cromwell's Führung die rebellischen Irländer zur Ruhe bringen sollten. Aber wie einst das Parlament dem König gezeigt hatte, daß es erst mit ihm abrechnen wolle, ehe es ihm gegen den auswärtigen Feind beistehen werde, so wehrten sich jetzt die Soldaten der radikaleren Regimenter dagegen, nach Irland zu marschiren, ehe ihnen ihr Recht vom Parlament geworden. Um ihren Widerstand zu brechen, beginnt man sie zunächst zu disloziren. Dies bringt den Konflikt zum Ausbruch.

Am Abend des 25. April ziehen in London eine größere Anzahl Dragoner des Oberst Whalley'schen Regiments vor das Haus „Zum Stier" in Bishopsgate, wo der Fahnenjunker einquartiert ist, und erzwingen die Herausgabe der Fahne. Sie sollten den nächsten Tag London verlassen, erklärten aber, sie würden nicht gehen, als bis ihre Forderungen bewilligt seien. Das war offene Meuterei, und griff dieselbe weiter um sich, so war das Schlimmste zu gewärtigen. Indeß Cromwell ließ es nicht dazu kommen. Kaum hat er am folgenden Morgen durch den Offizier des Regiments von der Sache erfahren, so ist er auch schon mit Fairfax und anderen Offizieren sammt einer Anzahl ihm ergebener Soldaten zur Stelle, und seiner eisernen Energie gelingt es, unter Anwendung aller Mittel der Ueberredung und Einschüchterung, die meuternden Soldaten zur Unterwerfung zu bewegen. Fünfzehn derselben, die fest geblieben, werden als Rädelsführer verhaftet, um vor dem Kriegsgericht abgeurtheilt zu werden, die Anderen marschiren nach dem ihnen angewiesenen Quartier ab. Von den Fünfzehn werden fünf den nächsten Tag zum Tode verurtheilt, aber vier von diesen begnadigt und nur einer, Namens Robert Lockyer, den das Todesloos getroffen, wird — am 27. April — erschossen. Ein „tapferer und frommer" Soldat, der, obwohl erst 23 Jahre, schon sieben Jahre, d. h. vom Beginn des Kampfes gegen den König an, gedient hatte, und sich großer Beliebtheit bei allen Kameraden erfreute. Er geht mit der Ermahnung an seine Freunde in den Tod, treu zur Sache der Freiheit und des Volkswohls zu stehen. „Laßt meinen Tod, bitte, keine Entmuthigung für Euch sein, sondern eine Ermuthigung, denn nie starb ein Mensch getrosteren Gemüths wie ich," schließt er. Seine Beerdigung, die am 29. April erfolgt, wird von dem keineswegs besänftigten radikalen Theil der Bevölkerung zu einer großen politischen Demonstration gestaltet. Tausende von Handwerkern und Arbeitern mit Frauen und Töchtern folgen dem mit Rosmarinsträußen — von denen einer in Blut getaucht war — bedeckten Sarg des „Märtyrers der Armee," wie Lockyer nur noch heißt. Sie tragen meergrüne und schwarze Bänder als Abzeichen ihrer Gesinnung. Außerhalb der City gesellen sich ihnen noch ebensoviel Leidtragende zu, die sich in der City nicht hatten offen zeigen mögen. „Viele erklärten diesen Leichenzug für eine Beleidigung von Armee und Parlament," schreibt das damalige Staatsrathsmitglied Whitlocke,*) „Andere titulirten die Leute Leveller, sie aber nahmen von alledem keine Notiz."

Lilburne und Overton, die im Tower von Allem, was in London vorging, erfuhren, mochten diese Affäre nicht ohne eine Aeußerung ihrerseits vorübergehen lassen. Kaum hörten sie von der Verurtheilung der fünf Soldaten, als sie auch sofort, am gleichen Tage, einen Brief an General Fairfax aufsetzten, „worin streng juristisch bewiesen wird, daß es Hochverrath und Mord ist, wenn irgend ein General oder Kriegsrath Soldaten in Friedenszeiten standrechtlich hinrichten läßt." Dieser, „von unserer unbegründeten, ungesetzlichen und tyrannischen Gefangenschaft im Tower" datirte Brief wurde gleichzeitig im Druck herausgegeben. Seine Beweisführung ist schlagend. Absatz 4 der Karl I. 1628 abgezwungenen „Petition of Rights" bestimmt ausdrücklich, daß das Standrecht nicht mehr gegen Soldaten in Anwendung kommen solle, zudem aber war durch das von Soldaten und Offizieren unterzeichnete Abkommen vom Juni 1647 (Newmarket Heath) die Armee als unabhängige Organisation freier Bürger Englands anerkannt. In kühner, eindrucksvoller Sprache erklären die Unterzeichner, die Freiheit und das Recht der Nation über ihr Leben zu stellen; darum müßten sie angesichts des Bluturtheils gegen Lockyer und Genossen ihre Stimme erheben. Von der Wirkung des Briefes zeugen die im Vorhergehenden geschilderte Demonstration, sowie die nun folgenden Ereignisse.

Zehn Tage nach der Beerdigung Lockyer's, am 9. Mai 1649, hält Cromwell Revue in Hyde Park ab. Eine unheimlich große Anzahl von Soldaten trägt trotzig das meergrüne Band am Hut. Cromwell weiß dieses Zeichen zu deuten und redet ihnen eindringlich ins Gewissen, doch ja nicht das Heil der Republik aufs Spiel zu setzen. Es werde ja Alles geschehen, was sie wollten, ihr Sold werde ihnen pünktlicher als bisher bezahlt werden, und das Parlament habe bereits Resolutionen in Bezug auf seine Auflösung und die Wahl eines neuen Parlaments beschlossen. Disziplin im Heer müsse aber sein, ohne Kriegsrecht gehe es zur Zeit nicht, und wer das nicht wolle, der nehme besser seinen Abschied. Die aber mit ihm und den bewährten Kameraden gegen Englands Feinde kämpfen wollten, sollten die grünen Bänder von ihren Hüten abnehmen lassen. Unter dem Eindruck der Rede geben die Soldaten nach, aber die Stimmung bleibt eine unbefriedigte. Immerhin war für den Moment schon damit viel gewonnen, daß in den Reihen der in der Hauptstadt quartierten Soldaten Unschlüssigkeit einriß. Denn nun beginnt es auch bei den in der Provinz stationirten Regimentern zu

*) Memoirs, S. 385.

rumoren. Aus Banbury in der Grafschaft Oxfordshire kommt die Nachricht, daß Hauptmann Thompson mit 200 Reitern von Oberst Whalley's Regiment — vermuthlich ein Theil der am 25. April aus London ausquartierten Dragoner — die Fahne der Rebellion aufgepflanzt hat. In einem Manifest „Englands Fahne“ spricht sich Thompson, der schon bei Ware eine Rolle als „Leveller“ gespielt, energisch für das von Lilburne und Genossen am 1. Mai als Proklamation veröffentlichte revidirte „Agreement“ aus, fordert Genugthuung für die Ermordung von Arnold und Lockyer, und droht, daß, wenn Lilburne und dessen Mitverhafteten nur ein Haar gekrümmt werde, er dies siebenundsiebenzigfach rächen werde. Ein Hitzkopf, aber, wie sich bald zeigte, kein bloßer Prahler. Die Drohung selbst hatte jedoch nur die Wirkung, daß Lilburne, Overton ꝛc., die sich bis dahin im Tower frei hatten bewegen dürfen, vorerst in strenges Einzelgewahrsam genommen wurden.

Der 10. Mai bringt noch schlimmere Kunde nach London. In Salisbury (Wiltshire) hat fast das ganze Regiment des Oberst Scroope sich für das „Agreement“ der Leveller erklärt und sich unter das Kommando des Fähnrich Thompson, Bruder des vorerwähnten Kapitäns Thompson, gestellt; desgleichen rebellirt der größte Theil des in der Umgebung von Salisbury stationirten Regiments Ireton, sowie die Regimenter Harrison und Skippon. Alle diese sind im Begriff, sich zu vereinigen, um jedem Versuch, sie nach Irland zu schicken, ehe zu Hause die versprochenen Reformen durchgeführt sind, Widerstand zu leisten, resp. diese Reformen selbst zu erzwingen. Es sind fast alles sturmerprobte Soldaten. Scroope's Reiter zum Beispiel sind noch von der ersten Aushebung, Leute, die, wie sie in einem sehr würdig gehaltenen Manifest erklären, ihre Bauerngüter verkauft oder ihre Geschäfte aufgegeben haben, um gegen die Tyrannei des Königs und der Bischöfe zu kämpfen, und darum keine neue Tyrannei aufkommen lassen wollen.*) Mit diesen Elementen war nicht zu spaßen. Sofort machen sich denn auch Cromwell und Fairfax mit Allem, was sie an zuverlässigen Truppentheilen auftreiben können, im Ganzen gegen 4000 Mann, in Eilmärschen in der Richtung auf Salisbury auf. In Andover (Hampshire) angelangt, erfahren sie am 12. Mai, daß die Rebellen sich in Old Sarum mit vier Kompagnien aus Ireton's Regiment vereinigt und sich nördlich gewendet haben, zweifelsohne, um in Buckinghamshire einzurücken, wo gleichgesinnte Truppen (Harrison's Regiment) stehen, und wo man wahrscheinlich mit Kapitän Thompson zusammenstoßen will. Sofort wenden sich auch Fairfax und Cromwell nordwärts, ihnen den Weg abzuschneiden. In Wantage (Berkshire) finden die Leveller bereits Emissäre Cromwell's, die mit ihnen verhandeln, aber ohne Erfolg. Sie wenden sich nordwestlich nach Abingdon, wo zwei Kompagnien aus Harrison's Regiment zu ihnen stoßen — den Anderen war der Weg durch Cromwell und Fairfax bereits ab-

*) „The unanimous Declaration of Colonel Scroope's and Com.-General Iretons Regiments.“ Old Sarum, Mai 1649.

geschnitten. Cromwell's Abgesandte, die den Rebellen, welche jetzt 1200 Mann zählen, gefolgt sind, verhandeln von Neuem mit ihnen, richten aber wieder nichts aus. Dagegen scheinen dieselben Cromwell insgeheim über die Bewegungen der Leveller auf dem Laufenden zu halten. Als diese, die sich jetzt nach Westen wenden, um sich mit dort stehenden Truppen zu vereinigen, bei Newbridge über die Themse in Oxfordshire einrücken wollen, finden sie die Brücke von einem ganzen Regiment Kavallerie unter Oberst Reynolds besetzt, und um nicht ohne zwingende Noth Blutvergießen zu provoziren, oder weil sie sich noch nicht stark genug fühlen, zum Kampf überzugehen, verzichten sie darauf, den Uebergang zu forciren und suchen eine Furth auf, wo sie theils schwimmend, theils watend über den Fluß setzen und ohne Rast über Bampton nach dem unweit der Grenze von Gloucestershire gelegenen Burford rücken, das sie auch am Abend erreichen. Desgleichen Kapitän Thompson, dessen kleine Freischaar zwar bereits von Oberst Whalley in einem Treffen gesprengt worden ist, der sich aber mit etlichen Getreuen der Verfolger glücklich erwehrt hat. Ermüdet und durchnäßt, außerdem eingelullt durch die Versprechungen des Cromwell'schen Emissärs Major White, der die Forderungen der Leveller für höchst vernünftig und selbst für sie einzutreten erklärt, sowie sie der freundlichen Gefühle des Generals für sie versichert hatte, geben sich die Leveller der Ruhe hin und schicken ihre Pferde auf die Weide. Brave, aber in ihrem Idealismus unpraktische Leute, und Carlyle hat wohl nicht Unrecht, wenn er von ihrem Parforcemarsch schreibt: „Was nutzt's? Es ist kein Führer da. Der lärmende John (wie Carlyle Lilburne nennt) sitzt in Steinmauern eingeschlossen." Aber Cromwell war ein Führer. Er und Fairfax hatte an jenem Tage 50 englische Meilen (80 Kilometer) zu Pferde zurückgelegt, nachdem sie Tags zuvor kaum weniger geleistet, trotzdem lassen sie die Nacht nicht unbenutzt vorübergehen. Vor Burford halten sie kurze Rast und fallen dann, geführt, wie es heißt, durch den von den Levellers mit Ausstellung der Wachen betrauten Quartiermeister Moore, dessen sie sich vergewissert, um Mitternacht in Burford ein. Die aus dem Schlaf aufgeschreckten Leveller wehren sich ihrer Haut so gut es geht, aber ohne Leitung und Plan, waren sie der Uebermacht — Cromwell hatte 2000 Mann mit sich — nicht gewachsen. Ueber 400 ergaben sich, nachdem man ihnen Begnadigung und Berücksichtigung ihrer Wünsche zugesichert, der Rest entfloh, Pferde und Waffen hinter sich lassend. Nur zwei Schwadronen finden sich unter Kapitän Thompson zusammen und ziehen sich in der Richtung nach Northamptonshire zurück.*)

---

*) Dort gelingt es ihnen zwar, die Stadt Northampton zu überrumpeln und sich frische Munition, sowie eine Kanone zu verschaffen, aber sie sind doch zu Wenige, um gegen ganze Regimenter etwas ausrichten zu können. Beim ersten Treffen ergeben sich die Mannschaften auf Gnade und Ungnade, und Kapitän Thompson fällt einige Tage darauf in einem fast beispiellosen verzweifelten Einzelkampf mit mehr als hundert Verfolgern. Er wollte sich um keinen Preis lebendig ergeben und kämpfte, aus mehreren Wunden blutend, noch wie ein Löwe. Erst die siebente Kugel, die ihn traf, machte seinem Leben ein Ende.

Tags darauf wird über die Gefangenen Kriegsgericht gehalten. Vier, darunter Fähnrich Thompson, werden zum Tode verurtheilt. Jung Thompson und zwei Unteroffiziere, die verurtheilt sind, sterben muthig; besonders heißt es von einem der Letzteren: „Er zeigte nicht das geringste Bedauern über sein Verhalten, noch die leiseste Spur von Furcht. Er zog sein Wamms aus, stellte sich in ziemlicher Entfernung von der Mauer frei auf, forderte die Soldaten auf, ihre Pflicht zu thun und schaute ihnen grad' ins Gesicht, bis sie feuerten; ohne jede Spur von Furcht oder Schrecken," so daß selbst der ihnen sonst feindliche Carlyle sich nicht enthalten kann, zu bemerken: „So fallen die Korporale der Leveller, in ihrer Art kraftvoll die Freiheit Englands hochhaltend, entschlossen bis zum letzten Augenblick. Mißleitete Korporale. Aber die Geschichte, die jetzt fast zwei Jahrhunderte um einen mißleiteten Karl Stuart geweint und in hülflosester, überströmendster Weise ganze Fluthen von Salzwasser verplärrt hat, wird diesen armen Korporälen den Tribut ihres Mitleids nicht versagen."

Der Vierte der Verurtheilten, Fähnrich Dean oder Denne, legte große Reue an den Tag und wurde begnadigt. Die Leveller hielten ihn für einen Verräther und die Verurtheilung für eine abgekartete Komödie, und jedenfalls war Denne, wie spätere Denunziationsschriften von ihm über die schwarzen Pläne der Leveller zeigen, nicht viel werth. Nach der Exekution hielt Cromwell in der Kirche eine seiner viel verspotteten, aber selten ihren Effekt verfehlenden, halb religiösen und halb politischen, Ansprachen an die gefangenen Leveller, und auch hier war das Resultat, daß die Ab- oder Angekanzelten versprachen, den Gedanken an rebellische Durchführung ihrer Ideen fahren zu lassen. Sie wurden nach kurzer Zwischenpause wieder ihren Regimentern zugetheilt und im Sommer mit nach Irland genommen, wo sie theils im Kampf gegen die irischen „Papisten" fielen, theils auf deren verlassenen Gütern angesiedelt wurden. Cromwell und sein Stab begaben sich am Nachmittag des Exekutionstages nach Oxford und wurden von der dortigen Universität unter allerhand Festivitäten zu Ehrendoktoren rc. ernannt. Das Parlament drückte ihnen den Dank des Vaterlandes aus, und die Großbourgeois der City, die oft genug Cromwell verwünscht und den Geldbedürfnissen des Parlamentsheeres gegenüber die Hand auf den Geldsack gelegt hatten, feierten am 7. Juni 1649 in der Zunfthalle der Gewürzkrämer die Besiegung der Leveller durch ein opulentes Bankett zu Ehren von Cromwell und Fairfax, jetzt die Retter des heiligen Eigenthums. Um zu zeigen, daß sie sich nicht lumpen lassen, beschenkten sie Cromwell und Fairfax mit goldenen Schüsseln und Tellern und bewilligten sie zugleich 400 Pfund Sterling zur Vertheilung unter die Armen Londons.

Sie mögen auch wohl einige Angst geschwitzt haben ob der Gefahr, der sie entronnen. Die albernsten Gerüchte über die schwarzen Pläne der Leveller wurden in Umlauf gesetzt, und manche dieser Denunziationsschriften lesen sich, als seien sie — modernsten Datums.

Einige Tage vor dem besagten Bankett erscheint zum Beispiel eine Schrift:

„Englands Entdecker oder die Grundsätze der Leveller. Worin ihre ohne Gleichen dastehenden großen Anschläge gegen — man merke wohl — die zwölf berühmten Korporationen der City von London (folgen die Namen), und alle übrigen Gilden, Zünfte, Innungen u. s. w. aufgedeckt werden. Veröffentlicht mit besonderer Autorisirung — d. h. der Regierung — um dem Volk über Dinge die Augen zu öffnen, wie es in der Geschichte aller Zeiten nichts dergleichen gegeben." Der Titel zeigt den Inhalt zur Genüge an. Zunächst sind die Leveller sammt und sonders Atheisten schlimmster Gattung. „Laßt dies festgestellt sein von Denen, die man Leveller nennt: 1) Sie behaupten, daß die Vernunft Gott ist, und daß von ihr die Schöpfung herrührt. 2) Sie leugnen keck die Unsterblichkeit der Seele und verspotten Diejenigen, die die Seele für unsterblich halten. . . . 4) Alles, was wir biblische Geschichte nennen, ist ihnen Humbug („idol"), daher sagen sie, daß die offiziellen Priester die ganze Welt betrogen haben mit der Erzählung, daß ein einzelner Mann Namens Adam durch Essen einer einzigen Frucht den Tod über uns gebracht habe." Ihr Kommunismus ist von der ärgsten Sorte: „Sie wollen, daß Niemand etwas soll sein nennen dürfen, es sei Tyrannei, daß ein Mann Boden für sich besitzen soll, Privateigenthum sei teuflisch, es sei das Mysterium der egyptischen Knechtschaft, die Zerstörung der Schöpfung, die Aufreizung des falschen, begierigen Fleisches, die Wiederbeschwörung des Fluches, ein Todfeind des Geistes und Dasjenige, was alles Elend über die Menschheit gebracht." Schlimmer noch als ihre Theorie ist ihre Praxis: „Daher werden ihre Emissäre vor Allem zu Folgendem ausgeschickt: den Knecht (Arbeiter) gegen seinen Herrn (Meister), den Pächter gegen den Grundherrn, den Käufer gegen den Verkäufer, den Borger gegen den Darleiher, die Armen gegen die Reichen aufzuwiegeln, und zur Ermuthigung soll jeder Bettler mit einem Pferd versehen werden. . . ." Und lasse man sich nicht durch ihre offiziellen Angaben täuschen: „Aber ihr hört sie sagen, sie seien gegen dieses Gleichmachen, es sei denn, alles Volk erkläre sich einmüthig dafür.*) Aber das ist ein so dünner Deckmantel, daß Jeder hindurchsehen kann." Die Armen und Arbeiter seien ja die Mehrheit, und sie seien durch solche Versprechungen leicht gewonnen.

Es wurde eben schon damals brillant verstanden, Wahres mit Unwahrem, theoretische Entwürfe mit praktischen Forderungen, Erklärungen der Partei mit denen einzelner Personen und den Erklärungen abweichender Gruppen durcheinander zu mischen, um auf diese Weise Alle mitsammt zu diskreditiren und die gewaltthätigsten Maßregeln gegen sie zu rechtfertigen. Allerdings fehlten auch nicht die wohlmeinenden Vermittler. So erscheint zum Beispiel am Tage nach den Burforder Erschießungen in London ein „Ernsthafter Rath an das gute Volk dieses Landes, mit Bezug auf die sogenannten Leveller." Der Verfasser der Schrift, der sich Philolaus nennt, giebt die Richtigkeit vieler Beschwerden der Leveller zu, warnt aber vor extremen Schritten. „Ich bin fürwahr der Ueberzeugung," ruft

*) Siehe darüber weiter unten.

er am Schluß aus, „daß der Versuch der Durchführung phantastisch-utopischer Gemeinwesen sich abstoßender und als eine größere Quelle übler Wirkungen erweisen würde, als irgend eine der schlechtesten von allen bis jetzt bekannten Gesellschaften." Selbst Plato, der doch ein so großer Denker gewesen, habe sich — man denke — mit seinem Phantasiestaat nur tadelnde Kritik zugezogen.*)

Die Leveller selbst blieben ihrerseits auch nicht stumm. Lilburne und Genossen hatten schon bald nach ihrer Verhaftung in einem „Manifest zum Zwecke ihrer vollen Vertheidigung gegen die vielen Verleumdungen, die gegen sie ausgestreut werden, um sie der Welt als Abscheu darzustellen," ausdrücklich das „Gleichmachen der Güter und die Wegnahme der Rechtstitel" für „höchst schädlich" erklärt, so lange sich nicht vorher das ganze Volk einstimmig dafür ausgesprochen habe. Das Parlament, hatten sie hinzugefügt, das nur eine bedingte Vertretung sei, könne so in die Privatverhältnisse einschneidende Maßnahmen nicht beschließen, selbst der Kommunismus der ersten Christen sei ein freiwilliger gewesen.**) Im Mai lassen „viele wohlgesinnte Lehrlinge" des Distriktes Cripplegate der City ein „Dank- und Glückwunschschreiben an die in ewigen Ehren zu haltenden eingekerkerten Lilburne, Overton rc." los, in dem sie sich für die Reinheit der Bestrebungen derselben ins Zeug werfen, und im Juni wird in einem Leveller-Pamphlet der Spieß umgekehrt und gesagt: „Wollen die Leveller den Leuten ihre Grundstücke nehmen? Wahrhaftig, wenn bewiesen werden kann, daß eines ihrer Nester mit dem ausgestattet ist, was der Volksgemeinschaft — to the commonwealth — und nicht ihnen gehört, dann mag es so sein."***) Während man nämlich die Leveller als „Theiler" verschrie, übten ihre Gegner das Theilen praktisch. Das Parlament vertheilte aufs Freigebigste die konfiszirten Ländereien unter seine verdienten Anhänger, und die Geldleute der City wucherten die Republik nach Kräften aus. Die Geschichte wiederholt sich merkwürdig oft.

Indeß die zitirten und die ihnen folgenden Pamphlete konnten der Levellerbewegung die verloren gegangene Position nicht zurückerobern. Wohl war ihr

---

*) Eine sehr interessante Vermittelungsschrift, die unter Anderem lebhaft für ökonomische Reformen zu Gunsten der ärmeren Klassen eintritt und ein entsprechendes Programm aufstellt, ist das Pamphlet „An Apology etc." des Oberstlieutenant John Jubbes. Ferner seien aus der Menge der für die Leveller Partei ergreifenden Schriften von Militärs die Pamphlete des Hauptmanns William Bray und von dessen Quartiermeister John Naylier erwähnt. Cromwell veröffentlichte unter dem Titel „A Declaration of Lieut.-General Cromwell concerning the Levellers" eine kurze Gegenschrift gegen die von deren Führern gegen die Armeeleitung erhobenen Beschuldigungen. Ebenso erschien unter dem Titel „A full narrative of all the Proceedings between his Excellency the Lord Fairfax and the Mutineers" eine offizielle Darstellung der Unterhandlungen der Armeeleitung mit den Rebellen.

**) Auf diese Erklärung bezieht sich zweifelsohne die betreffende Stelle der obenerwähnten Denunziationsschrift.

***) Der Titel der Schrift ist in Reimen und kann etwa so übersetzt werden: „Meergrün oder die Blauen, wem ist zu trauen? Oder — Vernunft spricht frei gegen Verrätherei. Eine Diskussion des jüngsten unglücklichen Konflikts in der Armee, den die Leute jetzt beigelegt wähnen." („Seagreen or blue, see which speaks true" rc.)

Anhang in der Londoner Bevölkerung nicht gering, und hatten sie noch Freunde in der Armee, aber diese kamen gegen Cromwell's Einfluß nicht mehr auf, und es war die Armee, welche immer mehr die Politik des Landes bestimmte; die Volksmasse brachte es aus sich heraus zu keiner nennenswerthen Erhebung gegen die Führung derselben. Das Vertrauen in die Kraft der Bewegung dieser gegenüber war dahin. Zudem verstand es Cromwell, Viele, deren Bestrebungen sie weit mehr zu den Levellern, als zu irgend einer anderen Partei hinzogen, durch Versprechungen, Betheuerungen immer wieder für seine Politik zu gewinnen, jede gefahrdrohende Regung von Opposition im Heere oder in den Reihen der Offiziere alsbald zu erdrücken. Namentlich gewann ihm seine energische und intelligente auswärtige Politik viele persönliche Anhänger. Von seinen unversöhnlichen Feinden, und dazu gehörten jetzt fast alle Leveller, denen er nur noch der betrügerische Verräther und Streber, der Hauptgegner, der mehr als jede andere Persönlichkeit der Freiheit im Wege stehende Tyrann war, gehen die verzweifelteren Elemente deshalb nach dem Fehlschlagen verschiedener Putschversuche zu Attentatsanschlägen gegen seine Person über, die indeß ebenso wie jene Versuche fehlschlagen, nur daß sie so viel erreichen, Cromwell den Genuß der erlangten glanzvollen Position als Diktator oder Lord Protektor ganz erheblich zu vergällen.*) Für die vor solchen Akten zurückschreckenden, aber doch das Ziel festhaltenden Naturen sollte sich dagegen bald eine andere, der neuen Situation entsprechende Bewegung finden.

Bevor wir indeß auf diesen Punkt eingehen, sei noch mit einigen Worten der persönlichen Schicksale Lilburne's in der Zeit von 1649 bis zu seinem 1657 erfolgten Tode gedacht. Sie waren noch bewegt genug. Ende Juli des Jahres 1649 stirbt, während Lilburne noch im Tower sitzt, sein ältester Sohn, und das Parlament, das seine Gesuche, das erkrankte Kind noch lebend sehen zu dürfen, unbeantwortet gelassen, bewilligt ihm jetzt Freilassung gegen Kaution. Vier Wochen später hat er indeß schon Haussuchung wegen eines neuen politischen Pamphlets und wird im September auf Grund desselben wieder verhaftet. Geschäftlich nahezu zu Grunde gerichtet und durch eigenes Umschauen von der Unmöglichkeit, gegen den Einfluß Cromwell's Nennenswerthes auszurichten, überzeugt, giebt er dem Drängen seines Bruders, des Oberst Robert Lilburne, nach und veröffentlicht am 22. Oktober vom Gefängniß aus ein offenes Schreiben an seine Verfolger, worin er sich erbietet, wenn man ihn in Ruhe lasse und Allen, die sich ihm anschließen, die Rückstände auszahlen und die Erlaubniß geben wolle, ihn zu begleiten, nach

*) Die Ersten, die zu Attentaten aufstachelten, waren natürlich die Vorkämpfer für Ordnung, Thron und Altar. „Warum geht ihr nicht als Rebellen den Schurken zu Leibe, ihr braven Leveller," heißt es schon in der Nummer des „Mercurius Pragmaticus" vom 20. bis 27. März 1649. „Was, ihr, die ihr Rebellen von unbeugsamer Tapferkeit seid, es ist schimpflich für euch, gleich Fischweibern („like Billingsgate wenches") nur mit Worten vorzugehen. Ich sage euch, eure Rufe nach Gerechtigkeit sind keinen — Dreck werth, wenn sie nicht von dem Blut Derjenigen unterstützt werden, die eure Forderungen abschlagen. Darum laßt euch nicht verblüffen, kühne Leveller, erhebt euch, seid konsequent und macht eure Forderungen nach Gerechtigkeit gegenüber diesem meineidigen Verräther Fairfax auf Tod und Leben geltend."

Westindien zu gehen. Sein Gesuch bleibt unbeantwortet, dafür soll er am 24. Oktober in Guildhall vor einem Spezialgerichtshof wegen Hochverrath, begangen in dem genannten Pamphlet, „Eine Anklage auf Hochverrath gegen Cromwell ꝛc.,“ abgeurtheilt werden. Seine Nachweise, daß die Konstitution des Gerichts dem Grundgesetze des Landes widerspreche, bleiben erfolglos, und seine Behauptung, daß die Geschworenen von Rechtswegen nicht nur über den Thatbestand, sondern auch über die Anwendung des Gesetzes selbst zu befinden hätten, während die ihm gegenübersitzenden Richter nur „normannische Eindringlinge“ repräsentirten und, wenn es den Geschworenen beliebe, reine Nullen mit Bezug auf die Fällung des Spruches seien, wird von einem der wüthenden Richter als „nichtswürdige, lästerliche Ketzerei“ bezeichnet. Aber die Geschworenen fanden das nicht, sondern sprachen nach dreitägiger Verhandlung zum großen Entsetzen der Richter und zum äußersten Verdruß der Staatsrathsmehrheit Lilburne frei. So wenig konnten die Richter den Spruch der Geschworenen fassen, daß sie ihre Frage erst wiederholten, ehe sie ihren Ohren trauen wollten, das den Gerichtssaal füllende Publikum aber brach bei der Verkündigung des Urtheils in einen Jubel aus, wie ihn, nach einstimmigem Zeugniß der zeitgenössischen Berichterstatter, Guildhall nie zuvor so intensiv und langandauernd gehört. Mehr als eine halbe Stunde währte, während die Richter abwechselnd blaß und roth dasaßen, das Hochrufen und Mützenschwenken und trug sich von dort durch die Massen Londons und der Vorstädte fort. Am Abend wurden Freudenfeuer angezündet, und noch die folgenden Tage war das Ereigniß ein Gegenstand freudiger Demonstrationen. So groß war die Popularität Lilburne's bei der Masse der Londoner Bevölkerung, daß man sogar eine Denkmünze zu Ehren seiner Freisprechung schlug.*)

Die Regierung wußte tagelang nicht, was thun. Sie hatte Lilburne nach der Freisprechung in den Tower zurückbringen lassen, um womöglich einen neuen Prozeß gegen ihn einzuleiten, aber von allen Seiten wurde sie bestürmt, den Beschluß der Geschworenen zu respektiren und ihn freizugeben. Von Mitgliedern des Staatsraths traten namentlich Henry Marten und der Earl Grey of Groby, einer der wenigen Lords, die zu den Independenten hielten, zu Gunsten Lilburne's ein, und schließlich drang ihre Ansicht durch, wozu der Umstand nicht wenig beitrug, daß Cromwell mit dem größten Theil des Heeres noch in Irland war. Der Staatsrath fügte sich in die erlittene Niederlage, und am 8. November wurden Lilburne, Overton, Prince und Walwyn auf freien Fuß gesetzt.**)

Im darauffolgenden Monat, Ende Dezember 1649, wird Lilburne zum

*) Dieselbe trägt die bezeichnende Inschrift: „John Lilburne, gerettet durch die Macht des Herrn und die Unbestechlichkeit seiner Geschwornen, die Richter sind sowohl in Bezug auf das Gesetz wie in Bezug auf die Thatsachen. Den 26. Oktober 1649.“

**) Prince und Walwyn treten von da ab nicht mehr in der Bewegung hervor. Overton, der vom Tower aus einige Pamphlete veröffentlicht hatte, in denen er die Gesinnungsgenossen in London wegen ihrer Passivität halb bitter und halb humoristisch ablanzelt, betheiligte sich später an den gegen Cromwell's Person gerichteten Unternehmungen Sexby's, worüber im

Mitglied der City-Vertretung gewählt, aber die City-Reaktionäre setzen beim Parlament die Umstoßung der Wahl durch, weil Lilburne verweigert hatte, sich bedingungslos für die bestehende Verfassung zu erklären, und als „bestrafte Person" nicht fähig sei, dies Ehrenamt zu bekleiden. Dagegen weist ihm im Sommer 1650 das Parlament endlich Land im Werth der ihm noch immer geschuldeten Entschädigungsbeträge an. 1651 wird er durch einen Verwandten in einen Zivilprozeß mit dem Staatsrathsmitglied und Gouverneur von Newcastle, Sir Arthur Hazelrig, verwickelt. Mit seiner vollen Leidenschaftlichkeit nimmt er sich der Sache des Ersteren gegen den einflußreichen „Granden" an, der nach seiner Ansicht Jenen durch Mißbrauch seiner Stellung um rechtmäßiges Eigenthum betrogen. Die Sache kommt schließlich vor das Parlament, das eine Kommission damit beauftragt, den Fall zu untersuchen. Der Entscheid fällt zu Gunsten Hazelrig's aus, und Lilburne, der diesen Spruch in einem Pamphlet als ungerecht und parteiisch kritisirt, wird Anfang 1652 wegen „Unbotmäßigkeit" vom Parlament (!) zu 7000 Pfund Sterling Geldbuße und lebenslänglicher Verbannung verurtheilt. Alle Proteste und Gegenpetitionen fruchteten nichts, und das Frühjahr 1652 sieht Lilburne zum zweiten Mal als Exilirten in Holland, diesmal gleichzeitig mit Führern jener Partei, vor der er das erste Mal dorthin geflohen — Holland beherbergt jetzt massenhaft flüchtige und verbannte „Kavaliere." Die Versuchung, sich mit diesen in eine Verbindung gegen den bitter gehaßten „Usurpator" Cromwell einzulassen, lag ziemlich nahe, und an Anerbietungen in diesem Sinne ließen es Jene sicher nicht fehlen. Doch haben wir keinen Grund, Lilburne's emphatischer Erklärung, daß er jede Kooperation abgelehnt, den Glauben zu versagen. Wohl ward nach London berichtet, Lilburne habe sich dem Herzog von Buckingham und anderen „Kavalieren" gegenüber erboten, gegen Bezahlung von 10 000 Pfund Sterling nach England zurückzukehren und den Sturz Cromwell's zu Stande zu bringen, aber, wie Lilburne überzeugend nachgewiesen hat, waren die Urheber dieses Berichts bezahlte Spione Cromwell's, und deren Glaubwürdigkeit wird schwerlich größer gewesen sein, als die Lilburne's selbst, dessen hervorragendste Charaktereigenschaft rücksichtslose, das eigene Interesse immer wieder aufs Spiel setzende Wahrheitsliebe war. Zudem war Lilburne auch nicht der Narr, der sich einbildete, in einem Moment, wo Cromwell nach seinen erneuerten Siegen über die Irländer und die Schotten mächtiger dastand als je, mit einer so relativ unbedeutenden Summe ausrichten zu können, was unter viel günstigeren Umständen Karl I. und die City-Kaufmannschaft mit Geldmitteln ganz anderer Art nicht ausgerichtet. Und schließlich

---

nächsten Kapitel. In den hier entwickelten Pamphleten wirft er den Freunden in London vor, sie hätten ihn, Lilburne rc., zur Aktion gegen Cromwell vorgeschickt, ließen sie aber jetzt im Stich, („Overton's Defiance of the Act of Pardon," Juli 1649) und daß es scheine, die Helden des großen Meetings vom 11. September 1648 – vergl. S. 569 — seien, gleichzeitig mit der Affäre von Burford, Spatzen gleich mit dem Blasrohr auseinander getrieben worden. Aber er hoffe, durch seine groben Worte seien sie aus ihrem Stumpfsinn aufgerüttelt und wieder an das Agreement erinnert worden. („The Baiting of the great Bull of Bashan.")

sprechen gegen die Verdächtigung die Briefe Lilburne's aus dem Exil an seine politischen Freunde daheim, die voller Ermahnungen sind, an den verfochtenen radikal-republikanischen Grundsätzen festzuhalten und unermüdlich für sie zu wirken. Einen dieser Briefe haben wir schon früher erwähnt (S. 572). Er ist an Henry Marten gerichtet und namentlich dadurch bemerkenswerth, daß er eine bogenlange Abhandlung über die Parteikämpfe in Rom und Griechenland bildet, die republikanischen Vorbilder aus der Geschichte dieser Länder nimmt und die biblischen Beispiele ganz ignorirt. Man sieht auch hier den Uebergang zu der die französische Revolution charakterisirenden Ideologie.

Als im April 1653 Cromwell den völlig in den Sumpf gerathenen Rumpf des langen Parlaments mit Gewalt auseinander trieb und ein aus 139 ausgesuchten Notabilitäten des Independententhums bestehendes Parlament, das von uns schon (S. 574, Note) charakterisirte „kleine" oder „Barebone'sche" Parlament einberief, glaubte Lilburne, daß von Rechtswegen mit der Existenz des „Rumpfes" auch die von demselben gegen ihn verfügte Verbannung annullirt werden müsse und kehrte nach London zurück. Cromwell hatte es indeß nicht so gemeint, sondern ließ Lilburne sofort verhaften und Prozeß wegen Bannbruchs, der als Hochverrath zu bestrafen war, gegen ihn einleiten. Wieder regnet es Massenpetitionen zu seinen Gunsten, aber sie haben beim Staatsrath so wenig Erfolg wie das von Lilburne gleich bei seiner Rückkehr veröffentlichte Sendschreiben: „Des Verbannten Schutzgesuch an Cromwell." Auch das Parlament, an das sich Lilburne bei dessen Zusammentritt (Anfang Juli 1656) wendete, konnte nichts für ihn thun, als die Sache an das zuständige Gericht — d. h. vor die Geschworenen — zu verweisen, was übrigens mehr in Lilburne's als in Cromwell's Interesse lag. Wäre die Mehrheit dieses „Puritaner"-Parlaments weniger unabhängig gewesen, so hätte sie blos Lilburne's Gesuch, ihrerseits den Fall zu entscheiden, zu acceptiren brauchen, um ihn alsdann ohne Möglichkeit der Widerrede verurtheilen zu können, aber dazu waren sie in der That zu „independent." Wie nahe sie Lilburne's politischer Auffassung war, zeigt die Liste der von ihr in Angriff genommenen Reformen. Namentlich ihr schon erwähnter Beschluß in Bezug auf die Schaffung eines in englischer Sprache abgefaßten Rechtskodex entsprach durchaus den von Lilburne in seiner Schrift „The Legal Fundamental Liberties" entwickelten Forderungen.

Die Erledigung von Lilburne's Prozeß vor den Assisen in Old Bailey zog sich mehrere Wochen hinaus, weil Lilburne mit großer Hartnäckigkeit darauf bestand und mit scharfer Dialektik die Berechtigung dieses Verlangens nachwies, daß ihm vor der Verhandlung die Abschrift der Anklagebegründung eingehändigt werde, um ihn in den Stand zu setzen, sich bei Rechtskundigen Rath darüber zu erholen. Und in der That setzt er, wie sich ein hervorragender englischer Jurist ausdrückt, „die große, von Niemand zuvor fertig gebrachte That durch," die Aushändigung der Anklageschrift zu erzwingen. Am 20. August kommt der Prozeß zur entscheidenden Verhandlung. Die Theilnahme der Bevölkerung für Lilburne ist so hoch gestiegen, daß Cromwell sich veranlaßt sieht, mehrere Regimenter alarmirt zu halten, um eventuell mit Gewalt eingreifen zu können. (Thurloe, State papers, S. 366.) Zettel mit der Inschrift:

„And what, shall then honest John Lilburne die!
Three score thousand will know the reason why.“*)

werden in Masse verbreitet. So groß war nun die Zahl der Parteigänger Lilburne's nicht,**) aber daß in jenem Moment die Agitation wieder einen hohen Grad von Intensität erlangt, Lilburne's Popularität einen enormen Grad erreicht hatte, beweisen außer der erwähnten Maßregel Cromwell's die Pamphlete der Epoche, die sich mit Lilburne's Fall befassen.***) Und die Geschworenen gaben denn auch nach zwölfstündiger Schlußverhandlung, in der sich Lilburne mit gewohntem Geschick vertheidigte (der Prozeß ist ausführlich in Cobbet's „State Trials“ geschildert), das Verdikt ab: Nichtschuldig.

Indeß wieder hieß es: freigesprochen ist nicht freigesetzt. Der Staatsrath behielt Lilburne in strengem Gewahrsam und veranstaltete eine peinliche Untersuchung des Prozesses, um womöglich dessen Umstoßung verfügen zu können. Die Geschworenen wurden einzeln, Mann für Mann, zur Rechenschaft gezogen, aber sie blieben standhaft und hielten ihren Spruch aufrecht. Auf dem Wege des ordentlichen Gerichtsverfahrens war Lilburne nicht beizukommen. So mußte die Staatsräson helfen. Im Dezember 1653 war das „kleine Parlament“ aufgelöst, eine neue Verfassung geschaffen und Cromwell zum „Lord-Protektor“ der Republik mit fast königlichen Vollmachten proklamirt worden, im März 1654 wurde Lilburne als Staatsgefangener auf Grund der im Laufe seines Prozesses geäußerten „aufrührerischen“ Sätze nach der Insel Jersey gebracht und dort internirt. Auf Jersey, wo anderes Recht galt als das englische, war es am leichtesten, jede Berufung auf das „Habeas-Corpus“ zu ignoriren. So lange Cromwell des Gouverneurs der Insel sicher war, war er auch vor dem gefürchteten Volksführer sicher.

*) „Was? Der ehrliche John Lilburne soll sterben müssen?
Dreimal zwanzigtausend Menschen woll'n den Grund dafür wissen.“

**) Obwohl es in einer Schrift aus dem Jahre 1649 heißt, daß das „Agreement“ der Leveller schon 98064 Unterschriften erhalten habe und täglich noch neue hinzukämen. („The Remonstrance of Many Thousands of the Free People of England.“

***) „O Lilburne, Lilburne,“ heißt es in einem derselben, das von einem radikalen Independenten, Sam. Chidley, herrührt und Cromwell's politische Maßnahmen zu entschuldigen sucht, „höre was einer sagt, der da meint, der Mensch wäre weise, wenn er sich nicht selbst im Wege stünde. Wenn Du so viel Weisheit hättest, wie Muth, so viel Klugheit wie Selbstzuversicht, wenn so viel Sanftmuth und Milde wie Gedächtnißstärke, wenn so viel Tiefe der Auffassung wie Leichtigkeit der Rede, so würdest Du ein seltener Vogel Phönix, ein Paradiesvogel sein.“ (An additional Remonstrance etc. With a little friendly touch to Lieut.-Colonel John Lilburne, London 1653.) In Antwort auf Vorhalte dieser Art publizirte Lilburne damals seine Schrift „The just defence of John Lilburne against such as charge him with turbulency of spirit.“

Lilburne war unschädlich gemacht, und Jersey that in dieser Hinsicht mehr, als Cromwell hatte erhoffen dürfen. Man bewilligte Lilburne ein Unterstandsgeld von zwei Pfund Sterling die Woche, so daß er wenigstens keine materielle Noth zu leiden hatte, aber geistig scheint er die Vereinsamung sehr tief empfunden zu haben, und nicht minder deprimirten ihn die Nachrichten von England, die das Mißlingen aller von seinen Kampfgenossen gegen Cromwell nacheinander unternommenen Anschläge melden — denn von 1654 an, mit dem Protektorat, beginnt die Serie der von Levellers, Wiedertäufern, Quintomonarchisten rc. gegen Cromwell's Person gerichteten Unternehmungen. Es geht in ihm allmälig eine seelische Veränderung vor, wie sie übrigens auch viele seiner Parteigänger im Lande erfaßte. Eine Reaktion gegen die bisherige Rastlosigkeit tritt ein, eine quietistische Stimmung gewinnt die Oberhand. Zweifel an der Richtigkeit der alten Kampfmethode, Zweifel an der Möglichkeit, auf dem Wege des politischen Kampfes das erstrebte Ziel zu erreichen, an der Reife des Volkes erfassen ihn — es kommt bei ihm noch die Erschütterung seines Gesundheitszustandes hinzu —, und er verzichtet auf die Fortführung des Kampfes in der alten Weise, der Feuergeist in ihm ist gebrochen. Im Herbst 1655 läßt ihn der Staatsrath, der sicher von der Wandlung erfahren, von Jersey nach der Festung Dover überführen, wo er zwar immer noch internirt gehalten wird, aber doch mehr Verkehr mit Landsleuten hat, und von wo aus nach etlichen Wochen die Nachricht in die Londoner Blätter gelangt und von Briefen Lilburne's an seine Freunde bestätigt wird, daß derselbe sich der immer mehr in den Vordergrund tretenden Sekte der Quäker angeschlossen, das Gewand der Freunde des inneren Lichtes angelegt hat. Wo der hervorragendste Repräsentant der wahren Leveller, endet auch der hervorragendste Führer der politischen Leveller.

Aber er war nicht nur am Ende seiner politischen Laufbahn. Ende Juli 1657 erhält er gegen Kaution die Erlaubniß, nach Eltham bei London sich zu begeben, wo er für seine Frau ein Haus miethet, damit dieselbe in Krankheitsfällen in der Nähe ihrer Verwandten sei. Kaum hört Cromwell davon, so verfügt er unterm 19. August peremptorisch, daß Lilburne innerhalb zehn Tage sich wieder in Dover zu stellen habe. Wahrscheinlich traute er dem Frieden nicht recht. Indeß die Verfügung war überflüssig — eine andere Macht legte die Hand auf den immer noch gefürchteten Mann. Nur zehn Tage später, am 29. August 1657, war der „Lärmmacher" John in jeder Hinsicht ein stiller Mann, der Tod hatte den Vierzigjährigen, dem die vielen Verfolgungen den Körper vor der Zeit gebrochen, endgültig aus den Reihen der Kämpfer gerissen.

Die Leiche Lilburne's wurde nach London transportirt und ward dort noch der Anlaß eines Streites zwischen seinen alten und seinen neuen Gesinnungsgenossen. Die Ersteren wollten ihn in der üblichen Weise, ein Leichentuch über die Bahre, die Letzteren (die Quäker) ihn nach ihrer Art, in einem schmucklosen Sarge zu Grabe tragen. Sie hatten in der Masse, die sich vor dem Trauerhause versammelte, die Mehrheit (!) und behielten Recht. Wohl ward noch, als die Leiche aus dem Haus getragen wurde, ein Versuch gemacht, eine bereit gehaltene Sammetdecke über den Sarg zu werfen, aber die Quäler ließen es nicht zu. Sie nahmen den Sarg auf die Schultern und zogen in geschlossener Reihe mit ihm zum Friedhof.

Zehntes Kapitel.

Würdigung Lilburne's und der Leveller. Die Ausläufer der Bewegung. Die Verschwörungen. Die Chartisten, die Erben der Leveller.

Die Geschichtsforschung des 19. Jahrhunderts hat das Bild Cromwell's von vielen Entstellungen gereinigt, mit denen seine Zeitgenossen es uns überliefert. Der Sieger von Dunbar erscheint uns heute nicht mehr als der doppelzüngige Ränkeschmied, den so viele seiner Kampfgenossen in ihm erblickten, als der „große Betrüger," der lediglich seinem Ehrgeiz zu Liebe heute mit Füßen trat, was er gestern betheuernd hochgehalten. Gardiner's Buch hat in dieser Hinsicht die letzten Zweifel zerstört und für bisher noch unerklärte Wandlungen Cromwell's den Schlüssel geliefert. Die verschiedenen Kräfte, Einflüsse und Umstände, die Cromwell's Schritte bestimmten, werden in demselben klarer analysirt und chronologisch genauer fixirt, als es je zuvor der Fall, und da stellt sich der „Betrug" Cromwell's fast jedesmal als mindestens subjektiv berechtigter Opportunismus heraus. Aber was Cromwell als Mensch und Staatsmann gewinnt, verliert er als Revolutionär. Der große Feldherr war groß als Staatsmann, weil er groß war im Opportunismus, aber aus demselben Grunde war er klein als Revolutionär. In jener Periode, wo der Kampf gegen die alten Mächte einer revolutionären Lösung zutreibt, sehen wir ihn oft unschlüssig und selbst kleinmüthig, wird er zu den entscheidenden Schritten jedesmal erst von anderen Elementen getrieben, ist er fast immer nur die ausführende, aber nicht, was seine Zeitgenossen in ihm erblicken, die vorbereitende Hand. In der in jeder Hinsicht revolutionären Epoche von 1646—1648 wird er an Einsicht in die erforderten politischen Maßnahmen, an schneller Auffassung der veränderten Situation von Anderen übertroffen — vor Allen den Levellern, die gerade da groß sind, wo er klein. Die plebejisch-radikalen Elemente im Heer und in der Bürgerschaft treten in dieser Zeit immer mehr in den Vordergrund und zeichnen der Revolution den Weg vor. Die Leveller im Volke und die gemeinen Soldaten — die Agitatoren — im Heer erkennen zuerst die Nothwendigkeit, gegen die kontre-revolutionären Elemente im Parlament energisch vorzugehen, und es sind diese selben Elemente, die zuerst erkennen, daß, so lange die Revolution an der Tradition der Unverantwortlichkeit des Königs festhält, ihn statt als Staatsgefangenen nur als Kriegsgefangenen behandelt, keine Frucht ihrer Erfolge sicher ist. Wo Cromwell noch versucht, von Karl I. kleine

Zugeständnisse einzuhandeln, haben die Leveller und ihre Freunde schon längst begriffen, daß die Revolution gegen diesen Monarchen einen „Ehud“*) braucht.

Unter den Levellers selbst aber ragt an demokratischem Instinkt — ja, mehr noch, so weit die Demokratie in Betracht kommt, wirklich an politischem Vorherblick in hohem Grade John Lilburne hervor. Wenn Masson an der im Einleitungskapitel zitirten Stelle von Lilburne sagt, er glaube, derselbe sei „ein Esel“ gewesen, so trifft das nur insofern zu, als Lilburne Alles in Allem ein politischer Doktrinär und als solcher nothwendig einseitig war. Aber dieser Doktrinär sah doch Vieles merkwürdig scharf und hat in nicht wenig Punkten gegenüber den Staatsmännern Recht behalten. „Alle gesetzgeberische Gewalt,“ schrieb er zum Beispiel schon 1646, als noch keiner der führenden Politiker an eine Attake auf das Haus der Lords dachte, „alle gesetzgeberische Gewalt ist ihrer eigentlichen Natur nach rein willkürlich, und solche freie Verfügung irgend welcher Menschenklasse (angesichts der Verderbtheit und Rabulistik, deren des Menschen — ja selbst der besten Menschen Herz fähig ist) auf Lebenszeit anzuweisen, war die größte Sklaverei. Aber der Anspruch der Lords geht nicht nur dahin, für ihr ganzes Leben eine nach Willkür entscheidende Gewalt zu verkörpern, sondern sie auch auf ihre Söhne, ob dieselben Schurken oder Narren sind, zu vererben, was die ärgste Dienstbarkeit in der Welt ist.“ („A whip for the present house of Lords.“) Drei Jahre später erst fanden Armeegranden und Parlament, daß Lilburne Recht hatte und schafften das Haus der Lords ab. Wir haben aber auch gesehen, wie seine Vorsicht gegen Willkür und möglichen Mißbrauch der Gewalt selbst vor dem Parlament nicht Halt machte, und wie energisch er sich, obwohl selbst beständig im Kontakt mit den demokratischen Elementen im Heer, dem Versuch der Etablirung eines Säbelregiments entgegenstellte. Hier noch eine Stelle dafür. „Wenn wir einen König haben müssen,“ sagt er in der Ausgabe des „Agreement“ vom 1. Mai 1649, „so würde ich für meinen Theil lieber den Prinzen**) haben wollen als jeden anderen Mann in der Welt, und zwar wegen seines großen vermeintlichen Rechts. Freilich, wollte er mit Waffengewalt, mit Hülfe von Ausländern kommen, so könnte ihm der bloße Versuch ganz ersichtlich den sofortigen Verlust von Allem zuziehen, indem er die jetzt getheilten Elemente zusammenketten, wie ein Mann ihm gegenüberstellen würde. Aber käme er mit Hülfe von Engländern, auf Grund eines Vertrages („by contract“) über die hier entwickelten Prinzipien (eben des Volksvertrages), was leicht zu machen wäre, so wird das Volk bald sehen, daß es alsdann den offenbaren Vortheil hat, daß, da er mit den fremden Nationen in Frieden ist und keine königliche Prätendenten zum Konkurrenten hat, Armee, Garnisonen und Marine, mit Ausnahme der Besatzung für die fünf Kriegshäfen, entlassen werden können . . . während wenn die jetzige

*) Vgl. Wildman's Putney Projects, London 1647. Ehud ist der im Buch der Richter (Kap. 3) gefeierte Mörder des fetten Königs der Moabiter, Eglon.

**) Den späteren Karl II., der damals aber noch nicht gezeigt hatte, weß Geistes Kind er war.

Armee den vorgeblichen Heiligen Oliver oder irgend einen Anderen als ihren erwählten König emporhebt, es von Anfang des Kapitels bis zu Ende nichts als Kriege und Kehlenabschneiderei das ganze Jahr hindurch geben wird. Ja, und dazu das absolute Erhalten einer ewig dauernden stehenden Armee, unter der das Volk voll und ganz Sklave ist."

„Es ist unmöglich," schreibt Gardiner, „den Mann, der das geschrieben, als einen gewöhnlichen Krakehler zu behandeln." Gewiß, und dabei ist diese Stelle noch insofern ungünstig für Lilburne, als derselbe darin die Ideologie so weit treibt, die ehrliche Unterzeichnung des „Volksvertrages" durch den Prinzen als möglich zu unterstellen. Daß die Militärdiktatur nicht den Abschluß des Kampfes bringen werde, hat er dagegen richtig vorhergesehen und ihre Gefahren treffend gekennzeichnet. Andererseits zeigt er sich als Politiker sehr den Leuten der Fünften Monarchie überlegen, die sklavisch an der Form der Republik festhielten.

Hier noch einige Urtheile über Lilburne:

„Lilburne kannte so wenig Furcht, daß er jederzeit bereit war, gegen noch so viele ungünstige Chancen den Kampf aufzunehmen." (A. Bisset, Omitted Chapters of the History of England, I., S. 145.)

„Er (Lilburne) war von Natur von unbeugsamem Muth und scharfem Verstand. Er trotzte allen Konsequenzen, noch konnte in irgend einem Moment Vergewaltigung seine Entschlossenheit und Ausdauer mindern. . . . Er war von vornehmer Abkunft und feurigem Temperament, dazu waren seine Fähigkeiten nicht gewöhnliche." (W. Godwin, History of the Commonwealth.)

Und in allerneuester Zeit schreibt im „Dictionary of National Biography" Professor C. H. Firth am Schluß eines langen Artikels über Lilburne:

„Lilburne's politische Bedeutung ist leicht erklärt. In einer Revolution, wo Andere über die beziehentlichen Rechte von König und Parlament argumentirten, sprach er beständig von den Rechten des Volkes. Sein unerschütterlicher Muth und die Gewalt seiner Rede machten ihn zum Abgott der Masse. Mit Coke's ‚Institutionen' in der Hand, war er im Stande, jeden Gerichtshof herauszufordern. Er war bereit, gegen jeden Mißbrauch zu Felde zu ziehen, was immer er selbst dabei riskirte, aber seine leidenschaftliche Selbstüberhebung machte ihn zu einem gefährlichen Parteigänger, und er opferte immer wieder das öffentliche Interesse seinem persönlichen Rachebedürfniß. Es würde ungerecht sein, zu bestreiten, daß er wirkliches Mitgefühl mit allen von Unterdrückung oder Armuth Heimgesuchten hatte; sogar als er selbst im Exil war, konnte er sich für die Leiden englischer Kriegsgefangener interessiren und den Rest seines Einflusses daheim für die Verbesserung ihrer Lage aufwenden. In seiner Polemik war er leichtgläubig, unbesorgt um die Wahrheit seiner Anklagen und unersättlich rachsüchtig. Er griff nacheinander alle konstituirten Autoritäten an: die Lords, die Gemeinen, den Staatsrath und den Rath der Offiziere — und stritt nacheinander mit jedem Verbündeten." Eine 1657 veröffentlichte Schrift über das Leben Lilburne's setzt ihm folgende Grabschrift:

„Ist John gestorben und Lilburne verschieden —
Fahr' wohl, o Lilburne, John, ruhe in Frieden!
Doch legt John hierher und Lilburne mehr abseit,
Denn kommen je sie zusammen, so giebt's auch gleich Streit!“ *)

Dieses Urtheil wird Lilburne nicht völlig gerecht. Gegen den Vorwurf der Händelsucht konnte dieser in seiner schon erwähnten Vertheidigungsschrift von 1653 sich mit Recht auf die Thatsache berufen, daß allen seinen Prozessen und Konflikten wichtige Fragen des Rechts und des Gemeinwohles zu Grunde lagen. Er war in der That, wie schon erwähnt, das Ideal eines „Kämpfers ums Recht,“ und da er zudem von aufbrausendem Temperament war, so konnte es nicht ausbleiben, daß er von einem Konflikt in den anderen gerieth. Er wäre überhaupt nach dem Zeugniß vieler Fachleute ein Anwalt ersten Ranges geworden, wenn er nur gewollt hätte. Aber wie er trotz seiner militärischen Tüchtigkeit der entschiedenste Gegner der Militärherrschaft war, so war er trotz, oder vielleicht auch wegen seiner Kenntniß des Rechtes geschworener Gegner der Zunftjuristerei.

Die Thatsache, daß von einem Zerwürfniß Lilburne's mit wirklichen Gesinnungsgenossen nie die Rede ist, diese vielmehr bis zuletzt mit großer Liebe an ihm hingen und für ihn eintraten, spricht nicht sehr für das Gerede von seiner Streitsucht. Er war heftig, aber auch schnell bereit, begangene Irrthümer einzugestehen. Früher als Andere hatte er Cromwell's Ehrgeiz erkannt und dessen Neigung zu politischen Winkelzügen gebrandmarkt, trotzdem war er, wie wir gesehen haben, sofort bereit, die Waffe zu senken, sobald Cromwell sich bereit zeigte, eine demokratische Politik, wie er sie verstand, zu verfolgen. Solches lag aber nie in Cromwell's Absicht, er war durchaus Repräsentant der besitzenden Klassen, und wenn er gelegentlich mit radikalen Schlagworten operirte, so hatten sie bei ihm einen ganz anderen Sinn wie bei Lilburne. Selbst wo er nicht blos Spiel mit ihnen trieb, mußte er infolgedessen Lilburne als politischer Taschenspieler („juggler“) erscheinen, sobald sich die Differenz zeigte zwischen seinen Maßregeln und Dem, was Lilburne glaubte erwarten zu dürfen.

Es war eine bewegte Zeit, und wer so entschieden auf Seiten der Masse der Bauern, Handwerker, Arbeiter 2c. stand wie Lilburne, mußte „nacheinander alle konstituirten Autoritäten angreifen.“ Es ist lächerlich, darin einen Beweis für Lilburne's „Selbstüberhebung“ zu erblicken. Die Stellungnahme desselben gegenüber den „konstituirten Autoritäten“ und Cromwell war diktirt durch seine politischen Grundsätze und ist die aller bedeutenden Anwälte der Volksmasse in den bürgerlichen Revolutionen. Man kann ihn einen Demagogen nennen in dem Sinne, wie ein Marat, ein Desmoulins, ein O'Connell Demagogen waren, und

---

*) Is John departed and is Lilburne gone!
Farewell to Lilburne, and farewell to John;
But lay John here, lay Lilburne here about,
For if they ever meet they will fall out.

(Aus: „The self afflicted lively described,“ London 1657.)

in der Gallerie dieser Art Leute nimmt er keinen geringen Platz ein. Er war ein glänzender Redner, führte Schwert und Feder mit gleichem Muth und Geschick, und wenn einige seiner Mitkämpfer ihn an Tiefe des Wissens — obwohl das seine durchaus nicht gering war — Andere ihn an sozialem Radikalismus übertroffen haben mögen, so vereinigte doch kein Zweiter so viel glänzende Eigenschaften des Volksagitators wie er, den selbst Hume „den unbändigsten, aber muthigsten und geradesten aller Menschen" nennt. Mit dem unbeugsamen Rechtssinn des Ideologen verband er die Entschlossenheit des kriegserprobten Revolutionärs und das scharfe Urtheil des praktischen Politikers.

Damit steht es nicht im Widerspruch, daß er Cromwell's Schritte nicht immer richtig beurtheilte. Er vertrat eine andere Klasse, andere Grundsätze als dieser, und wäre ein schlechter Vertreter derselben gewesen, wenn er einen anderen Maßstab an die Handlungen der Machthaber angelegt als den ihnen entsprechenden. Der kämpfende Parteimann kann und darf nicht immer mit der Objektivität des Historikers urtheilen. Auch ist die große Politik nie die starke Seite der demokratischen Parteien gewesen. Cromwell seinerseits war mit Leib und Seele Vertreter der besitzenden Klassen, und als solcher gerade in den Fragen, wo Lilburne bedeutend war, sehr unbedeutend — ja bornirt. Er sah in der Theilung der Gesellschaft in Adel, Bourgeoisie und Arbeitervolk und der rechtlichen Stellung dieser Klassen, wie sie damals bestand, die unantastbare „natürliche" Weltordnung.

„Ein Adliger, ein Gentleman, ein Yeoman (Bauer oder Handwerker) — die Unterscheidung dieser ist ein richtiges und ein großes Interesse der Nation. Ward die natürliche (!) Verfassung („**Magistracy**") der Nation nicht von Leuten mit gleichmacherischen („**levelling**") Prinzipien mit Hohn und Verachtung, beinahe mit Füßen getreten? Gingen diese Prinzipien nicht darauf hinaus, Alle auf ein und dasselbe Niveau herabzudrücken? Gingen sie bewußt oder unbewußt auf diese Praxis in Bezug auf Eigenthum und Interessen hinaus? Auf jeden Fall, was war ihr Zweck, als den Pächter ebenso gut zu stellen als den Landlord? Was nach meiner Ansicht, wenn erreicht, nicht lange gedauert haben würde. Die Leute, die dies Prinzip verkündeten, würden, wenn sie ihre Rechnung gefunden, bald genug Eigenthum und Interessen laut vertheidigt haben. Dies eine Beispiel für viele. Und daß das Ding sich weit zu verbreiten drohte und weit verbreitet war, steht fest, denn es klingt allen armen Leuten wohl ins Ohr und ist allen schlechten Leuten sicher nicht unwillkommen." So Cromwell in seiner Rede vom 4. September 1654 bei Eröffnung des ersten Protektoratsparlaments. In seiner Rede bei Auflösung dieses Parlaments — 22. Januar 1655 — sagt Cromwell, indem er von Neuem auf die seitens der Leveller drohende Gefahr hinweist: „Es ist eine Art Genugthuung, daß, wenn ein Gemeinwesen zu Grunde gehen muß, es von Menschen vernichtet wird, und nicht von Personen, die sich wenig von Thieren unterscheiden; daß wenn es unbedingt leiden muß, es lieber von reichen Leuten leide als von armen, die, wie Salomo sagt, wenn sie unterdrücken, nichts hinter sich lassen, sondern dem Alles wegschwemmenden Wolkenbruch gleichen."

Aus diesen Worten von „Höchstselbst," wie Lilburne schon Jahre vor dessen Staatsstreich Cromwell getauft, geht neben der Bourgeoisgesinnung des Letzteren auch die Thatsache hervor, daß die Levellerbewegung noch 1655 unter der Asche fortglimmte. Freilich stellt Cromwell, der sich auf die parlamentarischen Effekte recht gut verstand, die Sache etwas übertrieben dar; die Gefahr, soweit die Leveller in Betracht kommen, war mehr eine persönliche für ihn, als eine ernsthafte Gefahr für Staat und Gesellschaft. Seit 1654 folgt Attentatsversuch auf Attentatsversuch gegen den „Lord-Protektor," fast alle von einstigen Levellers oder denselben nahestehenden radikalen Sektirern unternommen und von den Royalisten geschürt oder selbst finanzirt. So vor Allem das oder die Unternehmen Sexby-Sindercomb.

Edward Sexby, den wir schon in einem früheren Kapitel als „Agitator" der Armee und Vertrauten Lilburne's kennen gelernt, war unzweifelhaft ein Mann von großer Begabung und außergewöhnlicher Thatkraft. Er hatte von der Pike auf gedient und es nach und nach bis zum Oberst gebracht. Es war zu einem großen Theil mit sein Werk, daß es im Frühjahr 1647 zum Rendezvous von Newmarket Heath kam, wo die Armee auf die Demokratie verpflichtet wurde. Bei den Berathungen zwischen Cromwell's Stab und den Agitatoren im Herbst desselben Jahres in Putney (S. 560) vertrat Sexby in jeder Hinsicht die schärfere Tonart. Als die Frage des Wahlrechts verhandelt wurde, wies er auf die Tausende von Soldaten hin, die, gleich unbemittelt wie er, ihr Leben für ihre „angeborenen Rechte und Privilegien als Engländer" in die Schanze geschlagen. Warum soll ihnen jetzt gesagt werden, daß, wenn sie keinen festen Grundbesitz hätten, sie auch kein angebornes Recht hätten? Er für seinen Theil würde sein angebornes Recht an Niemand abtreten.*)

Sehr drastisch ist seine Kritik der von der Armeeleitung bis dahin eingehaltenen politischen Taktik. „Wir haben es Allen recht machen wollen und das war eine gute Sache, aber sobald wir es in der Praxis versuchten, haben wir Alle vor den Kopf gestoßen. Wir haben gesucht, des Königs Beifall zu gewinnen, ich meine aber, wenn wir nicht drangehen, uns Allen selbst die Kehlen abzuschneiden, werden wir seinen Beifall nicht erlangen; und wir haben ein Haus unterstützt, das sich als verfaultes Gebälk erweisen wird — ich meine das Parlament, das aus einer Gesellschaft verfaulter Mitglieder besteht." Cromwell und Ireton hielten in jenem Moment noch am Vermitteln fest, um sich sehr bald nachher zu überzeugen, daß Sexby sowohl den König wie das Parlament richtig gekennzeichnet hatte. Im Sommer 1648 war es Sexby, der Cromwell den auf

*) Gardiner, a. a. O., 387. Bezeichnend ist Cromwell's Antwort auf diese Rede. Das sei eine unpassende Sprache, sie rieche „zu sehr nach Eigenwillen." Warum über abstrakte Fragen streiten und nicht lieber untersuchen, wie weit das bestehende Wahlrecht ohne Gefahr ausgedehnt werden könne? Könne man nicht z. B. neben dem freien Grundbesitzer („freeholder") auch dem seßhaften Pächter („copyholder") Stimmrecht verleihen? (Die ganzen Debatten sind eingehend wiedergegeben in den Clarke Papers, Bd. I, S. 226 ff.)

Seite 565 besprochenen Brief Lilburne's mit dem Versöhnungsvorschlage überbrachte,*) auch in den ersten Jahren der Republik blieb er in deren Diensten, aber seit der Proklamirung des Protektorats, der ungesetzlichen Deportirung Lilburne's und Drangsalirung anderer Republikaner erschien ihm, wie vielen Levellers und Republikanern, die Beseitigung des „allmächtigen Despoten“ und „Verräthers“ Cromwell als die unerläßliche Vorbedingung der Erreichung des erstrebten politischen Ideals. Und so geriethen Sexby und Andere, deren Ueberzeugungstreue gleich der seinigen außer Zweifel steht, in jene Stimmung, die es ihnen als gerechtfertigtes Mittel ihres großen Zweckes erscheinen ließ, selbst mit den Royalisten, den Spaniern 2c., gemeinsame Sache gegen Cromwell zu machen, deren finanzielle Unterstützung gegen ihn anzunehmen.**) In der Kooperation mit den Spaniern war ihnen der angestammte König von Gottes Gnaden mit gutem Beispiel vorangegangen, desgleichen hatte Karl Stuart schon Anfang 1654 im Hochgefühl seines Gottesgnadenthums eine Proklamation erlassen, in der Demjenigen, der den „gemeinen, niedrigen Burschen Cromwell . . . mit Schwert, Pistole oder Gift aus dem Wege räumt, auf Wort und Glauben eines christlichen Königs“ (!) 500 Pfund Jahreseinkommen, der Oberstentitel und andere Ehren versprochen

---

*) Hyde-Clarendon, der zeitgenössische Geschichtschreiber der Revolution, berichtet, daß Cromwell Sexby wiederholt sein Nachtlager habe theilen lassen, „eine Vertraulichkeit, die er häufig Leuten zu Theil werden ließ, deren er sich für wichtige Missionen bediente, und mit denen er sonst nicht so frei sich unterhalten konnte wie in jenen Stunden.“ (History of the Rebellion, XV., S. 133.)

**) Verschiedene Geschichtschreiber wollen allerdings wissen, daß Sexby ein gemeiner Bravo war, der nur „Geld verdienen“ wollte. So unter Anderen Herr Moritz Brosch in dem Buch „Oliver Cromwell und die puritanische Revolution.“ (S. 472, 473.) Aber ganz abgesehen davon, daß schon die Vorgeschichte Sexby's und seine bis zuletzt bestehenden intimen Beziehungen zu anderen Levellern und radikalen Politikern der Epoche gegen diese Annahme sprechen, wird sie auch ganz und gar widerlegt durch die zwischen Karl Stuart und dessen Geschäftsträger Hyde auf der einen, und den royalistischen Parteiführern Oberst Talbot, Oberst Titus, Sir Marmaduke Langdale und Lord Ormond, sowie dem Jesuitenpater Talbot auf der anderen Seite, während der Jahre 1655—1657 geführte Korrespondenz, wo sehr oft von Sexby die Rede ist, aber immer nur als von einem hochbegabten, charakterfesten Mann, dessen erbitterten Haß gegen Cromwell man ausbeuten, gegenüber dem man aber wegen seiner politischen Ueberzeugungen sehr vorsichtig sich verhalten müsse. Hier nur einige der betreffenden Stellen aus jener Korrespondenz, die überhaupt sehr viel Licht auf die politischen Vorgänge und Intriguen der Zeit wirft. (Sie ist auszugsweise gegeben in den „Calendars of Clarendon State Papers.“) Nachdem schon im Frühjahr 1655 durch den spanischen Geschäftsträger, Graf Fuensaldania, Verbindungen mit Sexby, Overton und anderen Levellers angeknüpft sind, schreibt Sir M. Langdale, der von jenen Verhandlungen zuerst Karl Stuart berichtet, unterm 9. September 1655, bei einer Zusammenkunft in Brüssel hätten Overton und Sexby sogar abgelehnt, ihrer Partei eine Allianz mit dem König auch nur in Vorschlag zu bringen. Er (Langdale) warne den König vor diesen Leuten, man solle sie benutzen, aber ihnen nicht trauen. Ausländer seien die besten Agenten, weil sie keine politischen Interessen hätten. Unterm 7. Januar 1656 schreibt Oberst Talbot an Ormond, der mit dem König zusammen ist, er finde, Sexby sei der größte Feind, den Cromwell habe. Aber — Sexby und Genossen verabscheuten das Interesse des Königs ebenso wie das Cromwell's. Am 17. März instruirt Hyde

wurden. Aber so verlockend das Gebot für „herzhafte Leute in bedrängten Umständen“ (Carlyle) war, noch Keiner hatte es zu verdienen vermocht, da Cromwell nie ohne gute Leibgarde ausritt und auch sonst für gehörige Bewachung seiner Person sorgte. Jetzt nahmen die enttäuschten und erbitterten Leveller die Sache auf, und ihnen kam es nicht darauf an, ihr Leben dabei in die Schanze zu schlagen. Das Geld, das Sexby auftrieb, reichte zu einer Erhebung im großen Stile nicht aus, es blieb nichts übrig, als es mit einem Attentate zu versuchen, und einige seiner Verbündeten waren kühn genug, sich zeitweise unter Cromwell's Leibgarden zu mischen, um beim Ausreiten desselben im Hyde Park an ihn heranzukönnen. Aber es gelang ihnen nie, und so erbot sich schließlich einer derselben, Miles Sindercomb, es auf andere Weise zu versuchen. Sexby läßt ihm 1600 Pfund Sterling für diesen Zweck zurück und geht von Neuem ins Ausland, weitere Mittel zu schaffen.

Miles Sindercomb war gleich Sexby als junger Bursche voll Enthusiasmus in die Parlamentsarmee eingetreten, hatte 1649 als Korporal mit den Levellers die Erhebung für das „Agreement“ mitgemacht, war bei Burford gefangen genommen worden, wo er unfehlbar das Schicksal der anderen gefangenen

---

den Ormond, wie sich dieser, resp. der König, bei einer geplanten Zusammenkunft mit Sexby verhalten sollen. Man solle nach Möglichkeit die Bedeutung der Magna Charta und die Vollmachten eines freigewählten Parlaments herausstreichen (magnify). Wenn es aber garnicht zu umgehen sei, sich auf zu radikale („unvernünftige“) Forderungen einzulassen, dann solle man es — und dieser Rath ist sehr bezeichnend — mit dem Vorbehalt thun: „sobald ein freigewähltes Parlament dies von seiner Majestät verlangt.“ Inzwischen hat Ormond mit dem Leveller Rumbold angeknüpft und sucht unterm 21. Juni von diesem zu erfahren, ob Rumbold's Freund, Wildman, „mit einem gewissen Sexby“ in Korrespondenz stehe und was Wildman von diesem Menschen halte. Am 25. August schreibt Pater Talbot an den König über Sexby, derselbe sei „dem König nicht günstiger gesinnt als je zuvor,“ und am 12. Oktober, der König möge ihm einen Brief schreiben, den er (T.) Sexby zeigen könne, als Beweis, daß der König bereit sei, auf dessen politische Forderungen einzugehen. Sexby habe „so viel moralische Ehrlichkeit und Ehrgefühl, wie man nur von irgend Jemand erwarten und wünschen kann, der kein Kavalier ist!“ Am 17. Oktober rapportirt Pater Talbot an Ormond, der König habe ihm Auftrag gegeben, zu Sexby zu gehen und ihm zuzureden, er solle doch Vernunft annehmen, und er habe Vollmacht zu großen Anerbietungen für Sexby persönlich. Aber erst einen Monat darauf ist der Jesuit so weit, dem König melden zu können, daß Sexby zu einer privaten Zusammenkunft mit demselben bereit sei, unter der Bedingung, daß er nicht vor demselben das Knie zu beugen brauche. Und diese Forderung wird bewilligt. Ende 1656 erfolgt das Attentat Sindercomb, von dem aber, wie Oberst Titus an Hyde schreibt, Sexby abgerathen hatte, weil zu viel vom Zufall abhänge und zu viel Leute ins Vertrauen gezogen werden müßten. Am 13. Juli meldete Titus, Sexby sei wieder in England und sehr unzufrieden mit ihm, weil er (Titus) zu fest an dem König halte. Nach Sexby's Verhaftung, schreibt Titus (am 12. November), er hoffe, daß dieser, der im Gefängniß wahnsinnig geworden, sich nie wieder erhole, und wiederholt diesen christlichen Wunsch am 3. Dezember, wo er gehört hatte, daß Sexby's Zustand sich bessere.

Wie man auch sonst über die politischen Verhandlungen der Leveller 2c. mit dem nachmaligen Karl II. denken mag, so wird man jedenfalls so viel zugeben, daß diese Korrespondenz Sexby in Bezug auf seinen politischen Charakter das denkbar beste Zeugniß ausstellt.

Korporale getheilt hätte, wenn es ihm nicht in der Nacht vor der Exekution gelungen wäre, sich durch die Flucht zu retten. Er ging nach Schottland zur dortigen Parlamentsarmee, oder jetzt: Commonwealth-Armee, brachte es schnell zum Zahlmeister, betheiligte sich 1654 an dem Versuche, den kommandirenden General Monk, den die Republikaner und Leveller im Heere — und wie sich später gezeigt hat, mit Recht — für einen unsicheren Kantonisten hielten, durch den gut republikanischen Obersten Robert Overton zu ersetzen, und ward, als das Komplott entdeckt wurde, von Monk kassirt, worauf er nach London zurückkehrte und mit Sexby und anderen Verschwörern in Verbindung trat. Sein Plan, als Sexby das Festland aufsuchte, war, Cromwell vermittelst einer Art Explosionsmaschine aus der Welt zu schaffen. Er miethete zu diesem Zwecke ein Haus in Hammersmith bei London, mit Fenstern auf die Straße hinaus, die Cromwell auf dem Wege von Hampton Court nach Whitehall zu passiren hatte. Aber seine Experimente fielen ungünstig aus, er gab den Plan wieder auf und verfiel nun auf den Gedanken, Whitehall, wo Cromwell im Winter logirte, in Brand zu stecken und während der dann entstehenden Verwirrung sich mit einer genügenden Anzahl handfester Personen des „Tyrannen" zu versichern. Er hatte hundert Personen dafür gewonnen und hundert schnelle Pferde für sie in Bereitschaft, und am 8. Januar 1657, Nachts halb 12 Uhr, wird, nachdem man am Abend ihn und einen Mitverbündeten um Whitehall herumstreichen gesehen, durch entstehenden Brandgeruch ein mit angezündeter Lunte verbundener Korb voll Feuerwerk — „genug, durch Steine hindurch zu brennen" — entdeckt. Die Wache macht sofort Meldung. Alle Posten, Leibgarden u. s. w. werden verhört, und ein Leibgardist, der um den Plan gewußt, legt volles Geständniß ab — wenn er nicht von vornherein falsches Spiel gespielt. Sindercomb wird abgefaßt, trotz heftiger Gegenwehr überwältigt, in den Tower gebracht und am 9. Februar vom Obergericht als Hochverräther zum Tode verurtheilt. Am 14. Februar 1657 sollte er hingerichtet werden, nahm aber in der Nacht vorher Gift, das ihm seine Schwester beim Abschiedsbesuche heimlich zugesteckt. „Er gehörte zur abscheulichen Sekte der Seelenschläfer (soul-sleepers), die glauben, daß beim Tode die Seele mit einschläft," hieß es im Tagesbericht von ihm. „Er hinterließ die Erklärung, seine Seele kümmere ihn nicht." Wir wissen, wer die „Seelenschläfer" waren — so nannten sich die Anhänger der materialistischen Theorie Richard Overton's. (Vgl. Masson, a. a. O., V., S. 120.) In einem kurz nach seinem Tode erschienenen Pamphlet aus der Feder eines erbitterten Gegners Cromwell's aber wird Sindercomb in glühenden Ausdrücken den Besten der Freiheitskämpfer des Alterthums an die Seite gestellt. „Er war tapfer wie ein Römer," heißt es dort u. A. von ihm.

Dieses Pamphlet, das den Titel trägt: „Tödten heißt nicht Morden" („Killing no murder"), erregte bei seinem Erscheinen das höchste Aufsehen. So sehr riß man sich um dasselbe, daß kein Exemplar für weniger als fünf Shillinge zu haben war. Wie schon sein Titel anzeigt, ist es eine Empfehlung von Attentaten, selbstverständlich auf Cromwell. Es ist außerordentlich wirkungsvoll geschrieben und hatte vor Allem die Wirkung, Cromwell die Freude an der erlangten beispiellosen Machtstellung total zu verbittern. Der allmächtige Protektor brauchte immer mehr Vorsichtsmaßregeln, wenn er ausfuhr oder ritt. Wer der Verfasser des äußerst scharf und gewandt geschriebenen Pamphlets war, ist streitig. Nach der Restauration gab sich der zu den Stuarts übergelaufene Oberst Titus dafür aus, doch ist die Aussage dieses zum Kammerherrn ernannten „Lakaien“ (Carlyle) nicht sehr glaubwürdig, da sie blos zu dem Zwecke gemacht wurde, ihrem Urheber materielle Vortheile zu verschaffen. Vorher schon hatte Sexby, dessen Mund mittlerweile für immer geschlossen war, sich zur Verfasserschaft bekannt, und die bei aller Heftigkeit und Bitterkeit doch würdige Sprache der Schrift, der in ihr Sindercomb gespendete warme Nachruf, läßt auch eher auf einen Gesinnungsgenossen des Letzteren schließen. Der einzige Umstand, der Sexby's Aussage zweifelhaft erscheinen lassen könnte, ist, daß sie im Tower und unter Umständen erfolgte, die die Möglichkeit einer gewaltsamen Erpressung nicht ausschließen.

Sexby war bald nach Sindercomb's Tod heimlich nach London zurückgekehrt, wie man annehmen darf, um die zersprengten Mitverschworenen neu zu organisiren. In dieser Zeit erschien das Pamphlet „Killing no murder,“ und im Juli sucht sich Sexby von Neuem in Verkleidung nach den Niederlanden einzuschiffen. Er wird aber trotz Verkleidung und trotz des Vollbartes, den er sich hatte wachsen lassen, von den Regierungsbeamten erkannt, festgenommen und in den Tower gesteckt. Dort nun soll er, nach Aussage des Statthalters, Sir John Barkstead und anderer Zeugen bekannt haben, von den Geschäftsführern und Alliirten Karl Stuart's Geld zu Attentaten empfangen, Sindercomb's Attentat angestiftet und die Schrift „Killing no murder“ verfaßt zu haben. (Vgl. Cobbet, State Trials, 5. Bd., S. 844, 845 u. 852 ff.) Bald darauf soll er in Wahnsinn verfallen sein und schon im Januar 1658 erfolgte sein Tod.

Wenn also nicht, was dieses schnelle Ende als denkbar erscheinen läßt, Sexby durch irgend welche Folterkur im Kerker zu seinen Geständnissen gepreßt worden war, so sind seine Aussagen jedenfalls sehr viel glaubwürdiger als die des elenden Titus. Schließlich mag es aber auch sein, daß der auf dem Titel der Schrift angegebene Name nicht, wie bisher angenommen oder unterstellt worden, ein Pseudonym, sondern durchaus der des wirklichen Verfassers war. Ein William Allen, der Leveller war, hat existirt und hat, was hier vor Allem ins Gewicht fällt, mit Sexby in näherer Verbindung gestanden. Es war, und es ist merkwürdig, daß Niemand bisher darauf zurückgekommen, im April 1647, daß drei „Agitatoren,“ William Allen, Edward Sexby und Thomas Sheppard, im Namen ihrer Kameraden den Generälen Cromwell, Fairfax und Skippon eine diesen damals garnicht unangenehme Erklärung überbrachten, die dem Mißtrauen der Armee gegenüber dem Parlament sehr unverhohlenen Ausdruck gab. Skippon hatte das Manifest im Parlament zur Sprache gebracht, worauf dieses ein Verhör der Ueberbringer anordnete, wodurch das Institut der Agitatoren erst weiteren Kreisen bekannt wurde. Das Ende vom Liede waren die großen Demonstrationen auf Newmarket und Triploe Heath, die bald darauf erfolgende Besetzung Londons durch die Armee und die Reinigung des Parlaments von den elf der Armee feindseligen Presbyterianern gewesen. Kurz, William Allen war mit Sexby einer der ersten „Agitatoren" gewesen. Es ist also immerhin möglich, daß er 1657 noch existirte und nun seine Feder gegen Cromwell richtete.*) War er aber todt oder verschollen, so deutet die Wahl seines Namens erst recht auf seinen alten Kameraden Sexby als Verfasser.**)

Das Erscheinen von „Killing no murder" fällt in dieselbe Zeit, wo das Parlament Cromwell zur Abänderung der Verfassung und Annahme der Königswürde einlud (die sog. „humble Petition and Advice"-Adresse). Nach längerer Ueberlegung lehnte Cromwell den Königstitel ab; so sehr die Armee ihm jetzt zu Willen war, hatte sie hiergegen doch ihre Stimme geltend gemacht. Bevor Cromwell indeß zu einer Entscheidung gekommen, versuchten bürgerliche Elemente und ins bürgerliche Leben zurückgekehrte Armeemitglieder eine republikanische Erhebung in London: Anhänger der „fünften Monarchie" — wir würden heute sagen, die theoretischen Republikaner — verabredeten sich mit Gesinnungsgenossen, am 9. April in Mile-End, einem Vorort im Osten Londons, bewaffnet und mit Waffen und Munition für Andere zusammenzukommen und das Volk zum Eintreten für das erstarkte Gottesreich aufzurufen. Man rechnete auf die Sympathie,

*) So heißt es zum Beispiel in einem vom 28. Juli 1655 datirten Schreiben des Jesuitenpaters Talbot an den König, Sexby, der in Brüssel gewesen, habe Briefe von Freunden aus England erhalten, worin ihm unbedingte Vollmacht zum Handeln ertheilt werde. „Unter Anderen sind ihm der Lord Grey of Groby, Wildman, Allen und verschiedene Wiedertäufer sicher." Nun ist es möglich, daß mit dem hier erwähnten Allen der von uns auf S. 504, Note, zitirte Generaladjutant Allen gemeint ist, der Wiedertäufer war und ebenfalls gegen Cromwell Stellung genommen hatte. Aber auch der „Agitator" Allen war zweifelsohne zu einer höheren militärischen Charge aufgerückt, und sein Zeitgenosse, der General Edm. Ludlow, identifizirt ihn in seinen Memoiren sogar kurzweg mit dem Generaladjutant Allen, worauf er sonst schwerlich gefallen wäre. Carlyle bestreitet diese Identität, ob mit Recht oder Unrecht, habe ich nicht feststellen können.

**) Eine Vergleichung des „Briefes der Agitatoren" mit dem hier zitirten Pamphlet läßt die Identität des Verfassers beider als fast außer Zweifel erscheinen. Was das Pamphlet vor anderen der Epoche auszeichnet, ist nicht, daß es überhaupt Attentate auf Cromwell rechtfertigt, sondern die ganz außerordentlich wuchtige, die schneidende Art der Beweisführung, daß Cromwell sein Leben verwirkt habe, daß er Punkt für Punkt jedes Karl I. vorgeworfene Vergehen noch überboten habe. Ich bin auf kein Pamphlet der Epoche gestoßen, das so sarkastisch, so gedrungen, mit so grausamer Schärfe der Dialektik geschrieben ist wie dieses. Und diese Dialektik, dieser kräftige Stil zeigt sich auch schon im Brief der Agitatoren, in der darin enthaltenen Anklage gegen das von den Presbyterianern regierte Parlament. „Er," heißt es darin von dem Antrag desselben auf Dislozirung der Armee, „ist nur der Deckmantel für etliche Personen, die neuerdings Geschmack an der Souveränetät bekommen haben und, über ihre gewöhnliche Sphäre als Diener erhoben, darnach streben, Herren zu werden und in Tyrannen zu entarten." (Vgl. Gardiner, III., Kap. 48.)

die diese Bestrebungen in der Bevölkerung, in der Armee und bei vielen zurückgetretenen oder entlassenen Offizieren hatten. Aber man hatte nicht auf die Wachsamkeit Cromwell's und seiner Spione gerechnet. Als die Leiter der Verschwörung am Morgen des bestimmten Tages an den Ort des Rendezvous kamen, waren auch schon Cromwell'sche Reiter zur Stelle, verhafteten einige zwanzig Personen und beschlagnahmten die von denselben mitgebrachten Proklamationen, Flugschriften, sowie eine Fahne, die einen ruhenden Löwen — den „Löwen des Stammes Juda" — mit dem Motto „Wer soll ihn aufrütteln?" trug. In den nächsten Tagen erfolgte noch die Verhaftung von verschiedenen, der heimlichen Unterstützung oder Begünstigung der Verschwörung verdächtigen Personen, und „die fünfte Monarchie saß hinter Schloß und Riegel." Zu einem Prozeß kam es nicht. Die meisten der Verhafteten wurden auf einige Zeit in den Tower logirt und andere an sicheren Plätzen internirt.*)

Dem ersten Venner'schen Unternehmen folgte, nach der Auflösung des dritten Protektorats-Parlaments (Februar 1658) im Mai 1658 noch der Versuch eines royalistischen Putsches, mit einem presbyterianischen Geistlichen, Dr. Hewit, als Anstifter, aber auch hier waren Cromwell's Leute früher aufgestanden als die Verschworenen. Auch eine „anarchistische" Bewegung von Levellers, Wiedertäufern, Fünfte-Monarchie-Männern u. s. w. gegen die zuletzt geschaffene Verfassung wurde im Keim unterdrückt. Dagegen erlag Cromwell im Hochsommer desselben Jahres — 30. August 1658 — einem heftigen Wechselfieber, die ewigen Kämpfe und seelischen Erschütterungen hatten auch seinen Körper vor der Zeit aufgerieben.

Die nun folgenden Ereignisse zeigten, wie wenig mit seinem Tod für die Sache erreicht war, für die die Leveller gestritten. Andere Personen, andere

*) Hauptleiter dieser Verschwörung war der Weinküfer Th. Venner gewesen. Nach der Stuart'schen Restauration und als dieselbe an den „Königsmördern" mit ausgesuchter Grausamkeit Rache genommen, versuchte Venner mit einer Handvoll gleich tollkühner Gesinnungsgenossen, die er durch seine Predigten entflammt, am 6. Januar 1661 einen erneuerten Aufstand für das „Reich Christi." Es waren ihrer höchstens einige 60 Mann, aber sie brachten die ganze Stadt in Aufruhr. Vor der Uebermacht der Bürgergarden und Soldaten entflohen sie in ein zwischen Highgate und Hampstead im Norden Londons gelegenes Gehölz, kehrten aber am 9. Januar, jetzt nur noch 31 Mann stark, diese aber vollständig verzückt, nach London zurück, fest überzeugt, daß weder Stahl noch Kugeln den Streitern Jesu etwas anhaben können, daß das Reich desselben unmittelbar bevorstehe. Sie „jagten alle Bürger-Milizen, denen sie begegneten, in die Flucht, brachten des Königs Leibgarde zum Laufen, tödteten (bei der Vertheidigung) etwa zwanzig Mann, brachen zweimal durch die City-Thore; und alles das am hellen Tage, während die ganze City in Waffen war." So Pepys in seinem Tagebuch (unterm 10. Januar 1661). Und Pepys fügt, nachdem er ihre Zahl konstatirt, hinzu: „Wir hatten geglaubt, sie seien mindestens fünfhundert. Ein noch nie erhörtes Ding, daß so wenige Leute es wagen und fertigbringen konnten, so viel Unheil anzurichten." Sie wurden schließlich von allen Seiten eingeschlossen, bahnten sich aber einen Weg in ein Haus und vertheidigten dasselbe längere Zeit gegen Tausende. Nachdem die Hälfte von ihnen gefallen, wurde der Rest mit Gewalt — denn kein Einziger ergab sich gutwillig — festgenommen, um, darunter Venner, den Tod am Galgen zu erleiden. Venner und ein gewisser Pritchard wurden außerdem geviertheilt, ihr Bethaus niedergerissen.

Gruppen der besitzenden Klassen ringen um die Herrschaft, vom Volk ist nicht mehr die Rede.*) Schließlich erfolgt, nach kurzer Wiederausgrabung des „Rumpfs," die Restauration des Thrones der Stuarts durch General Monk, 1660. Mit Jubel begrüßt, zieht Karl II. in London ein, England hat wieder einen König. Und was für einen. Ein charakterschwaches, liederliches Subjekt, ohne auch nur eine der tüchtigen Eigenschaften Cromwell's, ein gewöhnlicher Schürzenjäger und Verschwender, unter dessen Regierung nun erst recht Das geschieht, wogegen die Leveller sich so oft aufgelehnt: die Verschleuderung der Staatsländereien, die Bedrückung und Verdrängung der Bauern durch die Landlords. Der adlige Grundbesitz schüttelt den letzten Rest der feudalen Verpflichtungen ab und bewilligt dafür dem König eine Zivilliste, deren Aufbringung in Form von indirekten Steuern der rechtlosen Volksmasse aufgeladen wird. Die „glorreiche" Whig-Revolution von 1688 — die Ersetzung der Stuarts durch das Haus Oranien — bringt dem Landvolk statt einer Wendung zum Besseren eine solche zum Schlechteren. Mit den Staatsländereien wird vollends aufgeräumt und den Räubereien am Gemeindeland wird durch das Parlament, dessen Alleinherrschaft bei dem unreformirten Wahlrecht nichts heißt als die Alleinherrschaft der Ausbeuterklasse, in den berüchtigten „Enclosures-Acts" der gesetzliche Stempel aufgedrückt. „1750 ungefähr war die Yeomanry (die unabhängige Bauernschaft) verschwunden, und in den letzten Dezennien des 18. Jahrhunderts die letzten Spuren vom Gemeindeeigenthum der Ackerbauer." (Marx, Kapital, I., 2. Aufl., S. 752.)

Ebensowenig brachte die Restauration den städtischen Arbeitern eine Verbesserung ihrer Lage. Man erinnere sich, was wir im zweiten Kapitel von Seiten Thorold Rogers darüber gehört. Bauern, Handwerker und Arbeiter blieben auf lange hinaus politisch rechtlos, und wenn zeitweise es die Letzteren zu Verbesserungen ihrer wirthschaftlichen Verhältnisse bringen, so nicht durch, sondern eher gegen die Gesetzgebung. Zu einer irgendwie nennenswerthen Gegenbewegung gegen die nunmehr absolute politische Herrschaft der großen Ausbeuter bringen es diese Klassen weder im 17. noch im 18. Jahrhundert. Mit den Levellers waren ihre politischen Vorkämpfer unterdrückt, der oppositionelle Geist wagt sich nur noch in religiösen Sekten Ausdruck zu geben oder sucht in solchen Unterkunft, und selbst mit den Sekten, die die Restauration überdauern, geht eine Veränderung vor. Sie verlieren immer mehr von ihrem revolutionären Charakter, sie verethisiren sich und werden alle mehr oder minder „respektabel."

Die Independenten gemäßigter Richtung — die „Gentlemen" — gehen politisch in die Whig-Bewegung auf, der die Reicheren unter ihnen, als es 1688 an die Beseitigung der Stuart-Dynastie geht, kräftigen finanziellen Beistand leisten.

*) Welchen Klang der Name Lilburne noch Jahre nach dessen Tode hatte, zeigt unter anderen eine in jener Zeit der „Anarchie" erschienene Schrift: „Lilburne's Geist, mit einer Peitsche in einer Hand, um die Tyrannen aus ihrer autoritativen Stellung herauszupeitschen, und mit Balsam in der anderen, die Wunden unseres noch immer korrupten Staatswesens zu heilen." London 1659. Die Schrift tritt für die Grundsätze des „Agreement" ein.

Sie repräsentirten Ende des 17. Jahrhunderts eine solche Finanzmacht, daß Karl II. nicht wagte, ihren Kirchen zu Leibe zu gehen, sondern froh war, wenn sie ihm Geld liehen. Mitglieder des Independententhums waren Gründer der Bank von England. Gedeckt durch diese einflußreichen Elemente konnten sich aber auch independente Kongregationen am Leben erhalten, in denen ein gewisser Radikalismus traditionell fortlebte, und noch heute stellen die Kongregationalisten, wie der Sammelname für die Independenten lautet, ihr Kontingent zu den politisch radikalen Bewegungen.

Ein Theil der oppositionelleren Elemente des Independententhums der Revolutionszeit verschmilzt sich mit versprengten Resten der Wiedertäuferbewegung zu Baptistengemeinden. Es ist heute nicht leicht, den Ursprung dieser und den Ausgang der Wiedertäuferei genau festzustellen. Da es aber von Anfang an verschiedene Richtungen von Wiedertäufern gegeben, gemäßigte und radikale, bürgerliche und kommunistische, der Name Anabaptisten aber längere Zeit für alle ohne Unterschied gebraucht wird, ist es indeß auch zwecklos. Wenn heute respektable Baptisten den Ursprung ihrer Gemeinden auf den Independentismus zurückführen, nur eine Abzweigung von diesem sein wollen, so kann man ihnen das Vergnügen um so mehr gönnen, als der Zusammenhang des letzteren mit der Wiedertäuferei ganz außer allem Zweifel steht, er selbst in hohem Grade mit ein Kind dieser ist. Die Sache ist die, daß in jener Zeit, von der wir handeln, die Sektenbewegung in beständigem Fluß war, eine Sekte sich aus der anderen rekrutirt, und die Bedeutung der Namen beständig Veränderungen unterliegt. Lassen sich doch auch bei den Fünfte-Monarchie-Leuten sehr wesentliche Unterschiede feststellen. Die Baptisten selbst zerfallen in allerhand Unterabtheilungen, fast alle aber finden, ebenso wie die um die Mitte des 18. Jahrhunderts gegründete Sekte der Methodisten (Wesleyaner) ihren Hauptanhang in den Reihen der arbeitenden Klassen und sind bis in die neueste Zeit hinein je nachdem die stillen Pfleger und die Abtöner — die „Ethisirer“ — der oppositionellen Tendenzen derselben gewesen, halb Sammelstätten der Opposition, halb Ventile derselben zu Nutz und Frommen der bürgerlichen Klassen.

So viel aber kann man den heutigen Baptisten Englands zugestehen, daß sie nicht von kommunistischen Wiedertäufern abstammen. Was von diesen noch da war, als die Revolution ihr Werk vollbracht und die Restauration sich vorbereitete, werden wir nicht bei den überlebenden Baptisten- oder Anabaptistengemeinden, sondern bei den ersten Quäkern zu suchen haben. Diese Sekte, ein Kind der Revolutionsepoche selbst, aber der zweiten Periode derselben, der Epoche der Enttäuschungen, nimmt in entsprechender Form die radikalsten ethischen und sozialen Tendenzen der Revolution in sich auf. Wir haben Lilburne und Winstanley sich nach dem Fehlschlagen ihrer Bestrebungen den Quäkern zuwenden gesehen. Thaten sie dies, weil sie auf ihre Ziele verzichteten? Ganz gewiß nicht. Sie zweifelten nur an der Richtigkeit des gewählten Weges. Sie fanden, was stets bei solchen Niederlagen gefunden wird, daß, da die Politik nicht das geeignete Mittel war, die Massen zu heben, bei der Moral der Anfang gemacht werden, eine neue Moral gelehrt werden müsse. Und die Quäkermoral ist zunächst ganz zweifelsohne kommunistische Moral. Auch sind die ersten Quäker keineswegs nur harmlose religiöse Schwärmer, Vertiefer religiöser Ideen. Vielmehr ist das religiöse Gewand nur der Deckmantel für kommunistische oder dem Kommunismus verwandte Bestrebungen. Erst allmälig wird auch hier das, was erst Hülle oder Form war, immer mehr zur Hauptsache, erst allmälig werden die „Freunde,“ die Anhänger des „Lichts,“ aus Propagandisten staatsgefährlicher Ideen, als die sie so lange Zeit betrachtet und verfolgt werden, zu wirklichen Musterbürgern. Als Lilburne selbst sich ihnen anschloß, waren sie aber doch Viele unter ihnen zwar auf Gewaltmittel verzichtende, aber doch die Gesellschaftsreform im Auge haltende Propagandisten, die „ethischen“ Sozialisten der Epoche. Und die erste Persönlichkeit, die nach der Restauration für die Geschichte des Sozialismus in Betracht kommt, in ihr einen Platz, und keinen geringen, verdient, ist ein Quäker — John Bellers.

Aus diesen und anderen Gründen haben wir den Quäkern ein besonderes Kapitel zu widmen. Dagegen können wir alle sonstigen Sekten der Revolutionszeit hier übergehen. Je nach dem Charakter ihrer speziellen Glaubenssätze werden sich ihre Anhänger in den bürgerlichen Sekten verlaufen, sich der restaurirten Staatskirche zugewandt oder aber sich den Quäkern angeschlossen haben. Das Letztere wird man zum Beispiel von vielen Antinomisten, Familisten und Ranters annehmen müssen, und von den radikaleren Baptisten steht es fest.

Das 18. Jahrhundert mit seinen beständigen Handelskriegen und der riesigen Ausdehnung des englischen Kolonialbesitzes, die beide viel thatkräftige Elemente des Volkes absorbiren, blieb sowohl für die politische wie für die soziale Reformbewegung im Ganzen unfruchtbar. Die Bourgeoisie ließ sich über das Plusmachen ruhig die Anomalie gefallen, daß nicht nur der König, sondern auch die renovirte und durch die Söhne von Maitressen ꝛc. ergänzte Aristokratie in ihrem Namen regierte. Sie ließ sich ein Wahlsystem gefallen, das sogar einen großen Theil des besitzenden Bürgerthums vom Wahlrecht ausschloß. Vereinzelte Stimmen, die sich dagegen erheben, verhallen machtlos. Erst nach Beendigung der napoleonischen Kriege kommt es zu einer kräftigeren Reformbewegung, von der sich, nachdem 1832 das Wahlrecht auf die kleinere Bourgeoisie ausgedehnt worden, die plebejisch-proletarischen Elemente abtrennen und die große Chartistenpartei bilden, die im 19. Jahrhundert da anknüpft, wo Mitte des 17. Jahrhunderts die Leveller angelangt waren. Die Chartisten sind durchaus die Erben der Leveller. Ihre Volkscharte, entsprechend der inzwischen vollzogenen ökonomischen Entwickelung, fordert jetzt rundweg das Wahlrecht aller erwachsenen Männer, ist aber sonst in keinem Punkt radikaler als der Volksvertrag der Leveller, den Carlyle als eine vorzeitige „Bentham-Sieyès-Konstitution“ verspottet, den aber sein Urheber John Lilburne mit größerem Recht als „die gesetzliche Grundlage der Volksfreiheit“ bezeichnen konnte. Und wie die Chartisten von den Levellers, so stammt der große englische

Utopist des 19. Jahrhunderts, Robert Owen, in direkter Linie von den „wahren Levellers." Er selbst beruft sich auf John Bellers als seinen Vorgänger, wir werden aber sehen, daß dieser wiederum auf den Schultern Gerard Winstanley's steht.

Nachtrag.

Das Organ der Leveller.

Unsere Darstellung würde unvollständig sein, wenn wir nicht auch dem Organ der Leveller einige Worte widmeten. Unter den Blättern, welche in den Revolutions-Jahren 1648/1649 erschienen, giebt es nämlich eines, das im Sinne der Leveller gehalten ist, deren Proklamationen und Pamphlete reproduzirt und somit als ihr Organ bezeichnet werden kann und auch bezeichnet worden ist. (U. A. von Gardiner, History of the Commonwealth 2c., S. 52.) Es führt den für das Blatt der radikalsten politischen Partei der Epoche etwas sonderbar klingenden Titel „The Moderate" — der Gemäßigte. Aber das war weder ironisch gemeint, noch steckte in der Wahl dieses Namens ein Stück Heuchelei, er spiegelt vielmehr nur die doktrinäre Seite der Bewegung wieder. In der That ist die Sprache des „Moderate" weit entfernt, sansculottisch zu sein, wie der ältere Disraeli in den „Curiosities of Literatur" behauptet.*) Sie ist durchaus ruhig und objektiv. Nirgends sind wir auf Wendungen gestoßen, die sich auch nur entfernt mit den rohen und zotenhaft gemeinen Sätzen vergleichen ließen, welche z. B. in der Royalistenpresse jener Tage, dem „Man in the Moon", „Mercurius Elencticus" 2c. regelmäßig zu finden sind.

Dagegen ist der „Moderate" eines der ersten Blätter, wenn nicht das erste, welches hier und da aufklärende Leitartikel, oder wenigstens die Ansätze zu solchen bringt. Verschiedene seiner Nummern eröffnen mit Betrachtungen über politische und selbst ökonomische Probleme, und ich kann es mir nicht versagen, einen dieser Artikel hier zu rekapituliren, nach dessen Kenntnißnahme man wird beurtheilen können, inwieweit es gerechtfertigt ist, den „Moderate" als den ersten Vorläufer der sozialdemokratischen Presse zu bezeichnen. In seiner Nummer vom 5. bis 12. September 1649 (Nr. 61) beginnt er wie folgt:

„Kriege sind zu allen Zeiten mit den blendendsten Vorwänden bemäntelt worden, nämlich: Reformirung der Religion, die Gesetze des Landes, die Freiheit der Unterthanen u. s. w., obwohl ihre Wirkungen sich als höchst verderblich für jene (Zwecke) und ruinirend für jede Nation herausgestellt haben, weil sie auf Jahr-

*) Disraeli spottet über den Untertitel des „Moderate": „impartially communicating martial affairs to the Kingdom of England," die Männer der Republik hätten augenscheinlich noch keine Zeit gehabt, in ihrer Redeweise sich den monarchischen Titel abzugewöhnen. Die Sache ist aber die, daß der „Moderate" im Sommer 1648 herauskam, wo England noch Königreich war, und als Gegenblatt gegen den „Moderate Intelligencer," der denselben Untertitel trug.

hunderte das Schwert, und nicht das Volk, zur Grundlage aller Autorität machen, das Geburtsrecht der Menschen hinwegnehmen und auf einige Wenige ein fluchwürdiges Eigenthum übertragen, den Grund aller Bürgerkriege zwischen Partei und Partei und die Hauptursache der meisten Sünden gegen die himmlische Gottheit. Auf diese Weise ist die Tyrannei und Unterdrückung vielen unserer Vorfahren in Fleisch und Blut übergegangen, und weil sie, auf einer königlichen Verfassung begründet, zu lange durch das Schwert in Kraft gehalten wurde, ist sie schließlich so sehr zur Gewohnheit geworden, daß sie dem gemeinen Manne als höchst natürlich vorkommt — der einzige Grund, weshalb das Volk zu dieser Zeit so unwissend ist mit Bezug auf sein angeborenes gleiches Recht, seine einzige Freiheit. Endlich hat die göttliche Vorsehung die Erhebung des versklavten Volkes gegen diesen mächtigen Feind mit gutem Erfolge gekrönt, wodurch ihm, wie es wähnte, Freiheit von den früheren Unterdrückungen, Belastungen und Sklavereien und die glückliche Frucht dessen gesichert war, was es nur als sein größtes Gut, sowohl für den Körper wie für die Seele, betrachten konnte. Aber da Hochmuth, Habgier und Selbstsucht die Oberhand über eine so unschätzbare Wohlthat gewonnen haben und an Viele die Versuchung getreten ist, in diesem goldenen Ozean mitzuschwimmen, haben die Lasten und Bedrückungen des Volkes nicht nur fortgedauert, sondern sind noch vermehrt worden, und kein Ende derselben ist abzusehen. Darüber beginnt das Volk — das jetzt nicht länger getäuscht werden kann, das Erleichterung haben und nicht blos dem Namen nach, sondern auch in Wirklichkeit die Quelle aller gesetzlichen Autorität sein will — in heftigen Unmuth zu gerathen, es ruft nach einer gesetzmäßigen Vertretung und solchen gesunden Gesetzen, die geeignet sind, es wirklich glücklich zu machen. Werden diese nicht zugestanden und einige alte Funken durch die Stürme neuer Zerwürfnisse angeblasen, dann bricht das Feuer aus, der Wind erhebt sich, und wenn der Brennstoff trocken ist und nicht baldigste Linderungsmittel zur Vorbeuge in Anwendung gebracht werden, dann mag der Schaden für Einige ein großer werden, aber noch größer der Vortheil, der allen Anderen zu Theil wird."

Heutzutage wird dieser Gedankengang durch die Parole „Reform oder Revolution" ausgedrückt.

Höchst erbittert ist Herr Isaac Disraeli darüber, daß der „Moderate" in seiner Nummer vom 31. Juli bis 7. August 1649, bei Gelegenheit der Hinrichtung einiger Straßenräuber wegen Viehdiebstählen, die Institution des Eigenthums dafür verantwortlich macht, daß diese Leute ihr Leben verlören, und ausführt, daß, wenn das Privateigenthum nicht bestände, die Betreffenden nicht nöthig gehabt hätten, für ihren Lebensunterhalt zu stehlen. „Das Eigenthum," heißt es in dem Artikel, „ist die Grundursache jeglicher Sünde zwischen den Parteien in ihren staatsbürgerlichen Beziehungen zueinander. Und da der Tyrann (der König) beseitigt ist und die Regierung dem Namen nach geändert, so sollte es auch wirklich in der Sache zum Besten des Volkes zurückfließen. Wenn letzteres nun auch dies nicht in ein paar Jahren erwarten kann, angesichts der großen Zahl von Besitzenden („Gentry"), die in Macht und Ansehen stehen und alle Kunstmittel anwenden, die alte Regierungsweise und damit ihre Interessen und des Volkes Sklaverei weiter aufrecht zu erhalten, so ist doch kein Zweifel daran, daß mit der Zeit das Volk auch in diesem Punkte seine Blindheit und Thorheit erkennen wird."

Aus den Berichten des „Moderate," wie übrigens auch aus anderen Blättern jener Zeit, geht hervor, daß die Levellerbewegung keineswegs auf London und dessen nähere Umgebung, sowie die Armee beschränkt war, sondern auch sonst im Lande ihre Anhänger hatte. Sehr interessant ist in dieser Hinsicht eine Korrespondenz aus Derby in der Nummer der letzten Augustwoche 1649, vor Allem deshalb, weil wir da eine Kategorie von Arbeitern erwähnt finden, die sonst in der Bewegung nicht genannt worden: die Bergarbeiter. Diese hatten einen Konflikt mit dem Earl of Rutland, wegen dessen sie sich an das Parlament um Abhülfe gewendet haben, und in der Korrespondenz heißt es, daß sie entschlossen seien, falls ihnen vom Parlament ihr Recht nicht werde, auf das „Naturgesetz" zurückzugreifen. Ihre Zahl sei mit ihren Freunden und Mit-Interessenten 12000, und wenn man ihnen nicht Gehör schenke, so würden sie eine furchtbare und entschlossene Armee bilden. „Die Partei der Leveller in der Stadt," heißt es weiter, „verspricht ihnen Beistand in der Verfolgung ihrer gerechten Forderungen."

Darauf antwortet schon ein paar Tage darnach eine Einsendung der „Grundbesitzer und Grubeneigenthümer ꝛc." des Grubendistrikts von Derbyshire in einem Cromwell'schen Blatte,*) die Zahl der Bergarbeiter sei höchstens 4000 und die Leveller zählten in Derby noch kein Dutzend Anhänger. Außerdem aber werden die Bergarbeiter beschuldigt, wiederholt für den König Partei genommen zu haben, während die viel zahlreicheren freien Bauern und Grubeneigenthümer zum Parlament hielten. Dies veranlaßte eine Replik in der Nummer 61 des „Moderate," worin, und allem Anscheine nach mit Fug und Recht, erklärt wird, die vorstehende Einsendung sei ein Machwerk des Earl of Rutland und von dessen Agenten, die Bauern und kleineren Eigenthümer hätten garnichts damit zu thun, und was den Vorwurf der Parteinahme für den König anbetreffe, so sei schon in der Original-Petition der Bergleute festgestellt worden, daß der Earl of Rutland, damals noch Mr. Manners**), wiederholt mit Hülfe von „Kavalieren" Bergleute aus ihren Werken vertrieben und wenn sie sich beschwert,

*) „A modest Narrative of Intelligence for the Republique of England and Ireland." Nr. 22, d. d. 25. August bis 1. September 1649. In der Nr. 23 dieses Blattes ist eine Korrespondenz aus Yarmouth (Norfolk), die von Versammlungen von Levellers in jener wichtigen Hafenstadt berichtet, auf denen neue Aufstandsversuche beschlossen worden seien.

**) Manners ist der Familienname der Grafen — jetzt Herzöge — von Rutland. Ein Lord John Manners war bekanntlich seinerzeit mit Benjamin Disraeli Wortführer des „jungen England." In dem vorher zitirten Artikel Isaac Disraeli's — „The Rump" — wird dieser Polemik des „Moderate" mit dem damaligen Grafen von Rutland nicht erwähnt.

sie durch verläumderische Beschuldigungen verdächtigt habe. Dieselbe Methode, die, wie wir gesehen, die Grundbesitzer von Cobham gegen die „Diggers“ befolgten. Es ist sehr charakteristisch, zu sehen, wie sich die Besitzenden beim Konflikte mit den Besitzlosen an die Machthaber des Tages drängen, so sehr sie dieselben sonst verwünschen.

Die Nr. 63 ist die letzte des „Moderate.“ Am 20. September 1649 hatte das Parlament ein Preß-Edikt erlassen, das die Konzessionspflicht wieder einführte und schwere Strafen für Herausgabe und Verbreitung „lästerlicher und verläumderischer“ Preßerzeugnisse festsetzte. Damit war dem Blatte der Lebensfaden unterbunden. Andererseits fanden im Monat September wieder Verhandlungen zwischen Levellers und Vertretern der Armee und des Parlaments statt, um ein friedliches Verhalten zueinander möglich zu machen, so daß es auch sein kann, daß der „Moderate“ einging, weil das Bedürfniß nach einem speziellen Organe der Leveller nicht mehr bestand. Unterm 1. September berichtet nämlich der „Moderate“ — und seine Meldung bestätigt ein mehr zur Parlamentspartei haltendes Blatt, das „Perfect Weekly Account“ —, daß je vier Vertreter des Parlaments, der Armee und Derer, die Leveller genannt werden, nach vorheriger Uebereinkunft Konferenzen abgehalten hätten behufs Erzielung einer gegenseitigen Verständigung und, wenn möglich, Beilegung aller Differenzen. „Was das Ergebniß von all' dem sein wird, wird die Zeit bald lehren.“ Ein Kompromiß kam nicht zu Stande, aber nach Lilburne's Freisprechung im Oktober scheint eine Art Waffenstillstand eingetreten zu sein, denn während der Jahre 1650 und 1651 verhalten sich die Leveller durchaus abwartend.

Der „Moderate“ enthält noch vielerlei interessante Notizen und Meldungen, auf die einzugehen jedoch zu weit führen würde. Man muß sich unter ihm natürlich nicht eine Zeitung im modernen Sinne vorstellen, es ist ein Blättchen von acht Seiten in kleinem Quartformat, dessen Hauptinhalt Nachrichten bilden. Er hat über ein Jahr bestanden, vom Juli 1648 bis Ende September 1649. Eine zusammenhängende Serie seiner Nummern existirt nicht, sie sind einzeln in den Pamphletsammlungen der sog. Thomason-Bibliothek im Britischen Museum verstreut.

Elftes Kapitel.

Die bürgerliche Staatsphilosophie des 17. Jahrhunderts: Hobbes' „Leviathan“ und Harrington's „Oceana.“

Die Literatur der großen englischen Revolution ist in überwiegendem Maße Gelegenheitsliteratur, d. h. dem unmittelbaren Bedürfniß des Augenblicks entsprungen. Das gilt selbst von solchen Schriften, die, wie Milton's „The Tenure of Kings and Magistrates,“ *) ihr Thema aus mehr allgemeinen Gesichtspunkten

*) „Die Grenzen des Amts der Könige und Behörden.“ Milton schrieb dieses Buch 1649 zur Vertheidigung der Prozessirung Karl's I.

behandeln. Nur in Bezug auf die religiöse Frage kann man sagen, daß der Revolution eine heimische „Umsturzliteratur" vorausgegangen war, aber wenn auch die religiöse Frage in eminentem Sinne politische Frage war, so ließen doch die sie behandelnden Schriften die gegebene gesellschaftliche Ordnung und Staatsverfassung unberührt. Nicht theoretische Spekulationen über Wesen und Aufgaben des Staates beschäftigten die Geister, als es zum offenen Kampf zwischen König und Parlament kam, derselbe war vielmehr nur die Steigerung vorhergegangenen unausgesetzten wirklichen Ringens zwischen König und Parlament. Das ist einer der großen Unterschiede zwischen der englischen und der französischen Revolution. Der letzteren ging die radikale Untersuchung und literarische Untergrabung der Fundamente des Staates und der Gesellschaft voraus, die erstere rief erst in weiterer Folge eine eigene staatsphilosophische Literatur hervor. Wohl ist ein Einfluß der Schriften italienischer Staatsphilosophen, insbesondere Machiavelli's, des Schotten Buchanan und des Holländers Grotius auf die Beleseneren der Parteiführer nicht zu verkennen, aber im Allgemeinen mußte, wo die Berufung auf das alte englische Recht nicht ausreichte, die Bibel geistiges Umsturzmaterial liefern und hat das auch zur Genüge besorgt.

Weil aber die Literatur hier den Ereignissen nachhinkte, kann es auch kein Wunder nehmen, daß die erste bedeutende staatswissenschaftliche Schrift der Epoche eine der Revolution feindliche war. Die Anhänger der Revolution hatten viel zu sehr über praktische Maßregeln nachzudenken, um sich viel mit der Theorie der Gesellschaft und des Staates abgeben zu können. Wer von ihnen die Feder ergriff, that es, um bestimmte Maßnahmen oder Vorschläge, je nachdem, zu rechtfertigen oder zu kritisiren. Der Erste, der ein rein theoretisches Werk über das Wesen und die Grundlagen des Staates produzirte, war Th. Hobbes, der berühmte Philosoph des Staatsabsolutismus.

Dieses Werk ist der 1651 in englischer Sprache erschienene „Leviathan," dem 1642 eine Abhandlung über den „Staatsbürger" vorhergegangen war, deren Grundgedanken jedoch im „Leviathan" wiederkehren. Wir beschränken uns daher auf die Besprechung der im letzteren entwickelten Gesellschaftstheorie, die auf die ganze staatsphilosophische Literatur des 18. Jahrhunderts von so großem Einfluß gewesen ist und noch im 19. Jahrhundert selbst viele Sozialisten beeinflußt hat.

„Leviathan," in Anspielung auf den mythischen Riesenfisch, von dem im Buche Hiob die Rede ist, ist bei Hobbes der Staat oder die Staatsgewalt,*) durch die der „Krieg Aller gegen Alle," der sonst herrschen würde, in geregelte Formen gebracht und so den Menschen der sichere Genuß der Früchte ihrer Arbeit oder ihres Besitzes gewährleistet wird. „Leviathan" ist der souveräne Gewalthaber des staatlichen Gemeinwesens (lateinisch: civitas, englisch: commonwealth), und obwohl Hobbes sich sehr entschieden für die absolute Monarchie als die zweck-

*) Der volle Titel des Werkes ist: „Leviathan oder das Material, die Form und die Machtsphäre des kirchlichen und bürgerlichen Staates."

mäßigste Regierungsform ausspricht, erklärt er die Theorie doch für gleichmäßig anwendbar, ob es sich um die absolute Souveränetät einer einzelnen Person oder einer Versammlung handele. Aber er ist durchaus gegen Theilung der Gewalten. Die Souveränetät soll bei einer bestimmten Person oder Körperschaft ruhen. Ihm kommt es vor Allem auf Ordnung an, man könnte ihn den Philosophen der Ordnung à tout prix nennen. Der Staatssouveränetät ist bei ihm Alles untergeordnet, so sehr, daß nach der Restauration er, der selbst durchaus Staatskirchler war, von den Bischöfen der Staatskirche als Gottesverächter angeklagt wurde. Nicht daß er etwa Gott geleugnet hätte — er hielt trotz seines Materialismus durchaus an der Existenz Gottes fest*) —, sondern weil er, was in den Augen der Bischöfe freilich viel schlimmer war, jedes Recht der Kirche gegen den Staat bestritt.**) Und ebenso zog sich der konsequenteste Theoretiker des Staatsabsolutismus zeitweise selbst die Gegnerschaft seines königlichen Schülers Karl Stuart — später Karl II. — zu, weil er die absolute Gewalt der Könige nicht direkt von Gott ableitete, sondern rein utilitarisch begründete. Sie ist bei ihm nur von Gott, insofern sie aus der Natur der Dinge, die Gott geschaffen, sich ergiebt, die vortheilhafteste Alternative gegen den sich selbst überlassenen Zustand ist, wo „der Mensch dem Menschen Wolf" ist.

Die absolute Staatsgewalt beruht bei Hobbes ursprünglich entweder auf Unterwerfung unter einen Eroberer oder auf Vertrag. In beiden Fällen geschieht die Uebertragung der Gewalt aus Furcht: Im ersteren aus Furcht vor dem Eroberer, im zweiten aus Furcht vor den bösen Gelüsten der Mitmenschen, gegen die der Souverän Schutz üben soll. Und in beiden Fällen ist die einmal übertragene oder anerkannte Macht unkündbar, sie ruht dann ein für alle Mal beim Souverän, und kann nur von diesem freiwillig veräußert, aber nicht rechtlich von ihm verwirkt werden. Nur wenn derselbe sich unfähig erweist, den Rechtsschutz und die Vertheidigung des Landes auszuüben, verfällt die Pflicht der Unterwerfung.

---

*) So erklärt er z. B., daß Gott als die Welt oder die Seele der Welt bezeichnen, unwürdig von ihm reden und ihn leugnen heiße. Sei Gott die Welt, so könne er nicht die Ursache der Welt sein. Ebensowenig dürfe man die Welt als unendlich bezeichnen. Was keinen Anfang habe, sei auch nicht geschaffen, habe also nicht Gott als Ursache. Es ist nun freilich schwer, bei einem in diesen Dingen so scharfen und so naturwissenschaftlich disponirten Denker anzunehmen, daß ihm das Verkehrte dieser Argumentirung entgangen sei, und man wird daher immer wieder zu der Vermuthung getrieben, daß Hobbes in seinen Schriften nur an der Religion festhielt, weil sie „dem Volk erhalten werden" mußte, daß der esoterische Hobbes aber umgekehrt folgerte: weil die Welt unendlich, so ist auch kein Platz für einen Gott außer ihr. Damit würde die Erklärung der Priester zu bloßen Beamten des bürgerlichen Staates durchaus übereinstimmen.

**) Im Tagebuch des Sam. Pepys heißt es unterm 3. Sept. 1668: „War heut bei meinem Buchhändler nach „Hobbes' Leviathan," wonach jetzt mächtige Nachfrage ist; was bisher für 8 Shillinge verkauft wurde, dafür zahle ich jetzt 24 Shillinge für ein Exemplar aus zweiter Hand, und es wird auch für 30 Shillinge verkauft, da es ein Buch ist, das die Bischöfe nicht wieder drucken lassen wollen."

Jedes Recht, das das Individuum von Gesetzeswegen ausübt, verdankt es dem Souverän, es giebt kein Recht gegen den Souverän. Das sogenannte Naturrecht gilt nur für die Beziehungen außerhalb des staatsbürgerlichen Rechts, nicht gegen dasselbe. Eigenthum existirt nur durch das staatsbürgerliche Recht, im Naturzustand hat Jeder gleiches Recht auf Alles; was Einer oder eine Vielheit hat, entscheidet lediglich die von ihnen ausgeübte List und Gewalt. „Die Ungleichheit, die jetzt besteht, ist durch die staatsbürgerlichen Gesetze eingeführt." (S. 76 der Morley'schen Ausgabe.) „Die Vertheilung dieser Mittel der Ernährung (Grund und Boden, Arbeits- und Handelsgerechtsame ꝛc.) ist die Herstellung des ‚Mein' und ‚Dein' und ‚Sein,' das heißt mit einem Wort des ‚Eigenthums,' und untersteht in allen Arten von Staatswesen der souveränen Gewalt." . . . „Woraus wir folgern dürfen, daß das Eigenthum, das ein Unterthan an seinem Grund und Boden hat, in dem Recht besteht, alle anderen Unterthanen vom Gebrauch desselben auszuschließen, aber nicht, seinen Souverän auszuschließen, sei derselbe eine Versammlung oder ein Monarch." (A. a. O., S. 116.)

Diesen Sätzen über das Eigenthum lassen sich noch viele gleichartige aus dem „Leviathan" anreihen, und es bedarf keiner weitläufigen Auseinandersetzung, wie leicht es ist, aus ihnen sozialistische Folgerungen abzuleiten. Aber nichts lag Hobbes, so wohlmeinend er in vielen Dingen war, ferner, als irgend eine sozialistische Nutzanwendung. Seine Gedanken bewegten sich in ganz anderer Richtung. Nicht etwa in der Luft der „reinen" Spekulation. Im Gegentheil, diese Deduktionen haben, obwohl abstrakt formulirt, bei ihm einen sehr konkreten, auf die politischen Kämpfe seiner Zeit bezüglichen Sinn. Er verräth dies im 29. Kapitel seines Buches, wo er von den Ursachen der Auflösung von Staatswesen spricht. Wie alle Schmerzen der Anhänger der Königsgewalt dort zur Sprache kommen,*) so wird auch als ein großes Uebel, als eine „Krankheit" des Staatswesens bezeichnet, die Schwierigkeit, Geld für die nothwendigen Zwecke des Staates und namentlich beim Annähern eines Krieges zu erheben. „Diese Schwierigkeit," heißt es weiter, „erwächst aus der Ansicht, daß jeder Unterthan ein Eigenthum an seinen Ländereien und Reichthümern hat, das die Rechte des Souveräns auf den Nießbrauch derselben ausschließt." Dies die geheime Ursache der Thränen des guten Hobbes über die Theorie von der Heiligkeit des Privateigenthums. Wenn er ferner die zu große Ansammlung von Geld in den Händen einiger Weniger durch Steuerpachten und Monopole als eine Krankheit des Staates bezeichnet und dieselbe mit der Brustfellentzündung beim Menschen vergleicht, so

*) So unter Anderem der Schmerz über „die unmäßige Größe einer Stadt, so daß dieselbe im Stande ist, aus ihrem eigenen Gebiet die Zahl und die Kosten einer ganzen Armee zu stellen," — was London, wie wir gesehen, im Jahre 1642 gethan. Ferner der Schmerz über „das Recht von Leuten, die sich für kluge Politiker ausgeben, gegen die absolute Gewalt zu polemisiren, welche Leute, obwohl sie meist unter der Hefe des Volkes aufgewachsen sind, doch, von falschen Theorien beseelt, beständig an den fundamentalen Gesetzen rühren und dem Staat lästig werden." (S. 152.)

ist nur der Vergleich ihm eigenthümlich, sonst handelt es sich da eben um das Geld als das „Blut" des sozialen Körpers, nicht um die Anhäufung von Besitz schlechtweg. Gegen den großen Grundbesitz hat er nichts einzuwenden.

Indeß man erhebt nicht ungestraft Fragen reiner Zweckmäßigkeit zu theoretischen Axiomen, und so ist „Master Hobbs" (Hobbes ist nur die lateinische Schreibart) dem Schicksal nicht entgangen, nach seinem Tode als Sozialist und Utopist*) bezeichnet zu werden. In der That braucht man nur an die Stelle des absoluten Fürsten oder der absoluten Versammlung die absolute Volkssouveränetät zu setzen und man hat mit Hilfe der obigen Sätze alle Requisiten zur radikalsten Umgestaltung der Gesellschaft auf dem Papier. Utopist ist aber Hobbes, trotz seines Materialismus, auch als Theoretiker des monarchischen Absolutismus, weil derselbe bei ihm aus „Rechten" abgeleitet ist, die in der Luft schweben. Wohl sagt er an einer Stelle (S. 88), der Souverän könne viele seiner Rechte übertragen und doch der Schutzherr bleiben, wenn er sich nur die bewaffnete Macht, die Erhebung von Geldmitteln und die Bestimmung darüber, welche Lehren verbreitet werden dürfen, zurückbehält, aber wie und unter welchen Umständen das möglich ist, darüber sagt er nichts, vielmehr führt er gleich darauf das Entstehen des Bürgerkrieges auf die Verbreitung der „Ansicht" („opinion") zurück, daß diese Vollmachten zwischen dem König, den Lords und dem Haus der Gemeinen vertheilt seien. Ohne die Ausbreitung dieser Ansicht „würde das Volk nie sich in Parteien gespalten haben."

Von den Entgegnungen, die der „Leviathan" seitens der Zeitgenossen Hobbes' hervorrief, ist unzweifelhaft die bedeutendste und die einzige für uns in Betracht kommende die „Oceana" des James Harrington. Ebensowenig wie Hobbes kann Harrington als ein Sozialist bezeichnet werden, aber auch seine literarische Thätigkeit ist auf die sozialistische Ideenwelt von großem, und man kann hinzufügen, legitimen Einfluß gewesen. Ja, wir werden sehen, daß der gut bürgerlich gesinnte Harrington mehr Anspruch auf einen Platz in der Geschichte des Sozialismus hat als viele Fabrikanten von sozialistischen „Zukunftsstaaten."

Vorher Einiges über den Menschen. James Harrington, geboren im Jahre 1611, entstammte einer sehr begüterten und angesehenen Familie in Rutlandshire, die mit einer ganzen Anzahl von Mitgliedern des höheren Adels verschwägert war. Er war in seiner Jugend äußerst lernbegierig und soll durch seinen Ernst seine Eltern, nach deren Bericht, mehr in Respekt gehalten haben als diese ihn. Als Mann dagegen zeigte er sich von heiterem, launigem Temperament und von sehr schlagfertigem Witz. Nachdem er mehrere Jahre auf der Universität Oxford studirt, bereiste er, zur Erweiterung seiner Kenntnisse durch unmittelbare Beobachtung, nacheinander Holland, Dänemark, Theile von Deutschland, Frankreich und Italien, in welch letzterem Lande namentlich die Republik Venedig und deren Verfassung großen Eindruck auf ihn machten. Nach England zurück-

*) Letzteres unter Anderen von M. R. Reybaud.

gekehrt, widmete er sich, da sein Vater inzwischen gestorben war, der Erziehung seiner Geschwister und Stiefgeschwister und hing im Uebrigen seinen Studien und der Verwaltung seiner Güter nach. Es wird ihm außerordentliche Freigebigkeit nachgerühmt, und oft soll er Freunde, die ihn warnten, seine Güte nicht an Undankbare wegzuwerfen, mit der Bemerkung zurückgewiesen haben, sie seien Wucherseelen, wenn sie für ihre Gaben so enorme Bezahlung wie Dankbarkeit verlangten.

Im Haag war Harrington durch einen Verwandten bei der Schwester Karl's I., Elisabeth, der Frau des flüchtigen Winterkönigs von Böhmen, eingeführt worden, und in England ging er wiederholt an den Hof des Königs, ohne jedoch sich um irgend eine Stellung bei Hofe zu bemühen. Diese persönlichen Beziehungen mögen dazu beigetragen haben, daß er in den Kämpfen zwischen König und Parlament nicht besonders hervortrat, so sehr er prinzipiell der Parlamentspartei zuneigte und dies offen bekannte. Als Karl I. 1647 nach seiner Gefangennahme auf Parlamentsbeschluß in Holdenby internirt wurde, gestattete man Harrington und einem gewissen Thomas Herbert, ihm Gesellschaft zu leisten. Auch auf der Insel Wight hatte Karl unter Anderen Harrington zum Gesellschafter. Er soll an dessen Unterhaltung ganz besonderes Gefallen gefunden haben, außer wenn das Gespräch sich um Monarchie oder Republik handelte, da Harrington aus seiner Sympathie für die letztere keinen Hehl machte. Als Karl endlich nach Windsor gebracht wurde, ward Harrington, weil er sich weigerte, sich durch Eid zur Anzeige und Vereitelung von etwaigen Fluchtversuchen des Königs zu verpflichten, von diesem getrennt und in Haft genommen. Doch bewirkte der einflußreiche Ireton bald seine Freilassung, und Harrington besuchte Karl noch mehrmals in St. James und begleitete ihn schließlich zur Richtstätte.

Nach des Königs Hinrichtung zog sich Harrington längere Zeit völlig in sein Studirzimmer zurück. Ihm war der gewaltsame Tod des Königs, den er als Mensch hochschätzte, sehr nahe gegangen, aber das konnte ihn nicht veranlassen, gegen die Republik Stellung zu nehmen. Vielmehr verlegte er sich in der Einsamkeit darauf, ein Werk zu schreiben, das nach seiner Ansicht den Parteien einen Weg aus den Wirren des Tages zeigen sollte. Dieses Werk ist die „Oceana." Ehe er es in Druck gab, zeigte er es mehreren seiner Bekannten — darunter dem uns schon begegneten Major Wildman — und las ihnen Stellen daraus vor. Als er es schließlich in Druck gab, ward die „Oceana," von der durch Berichterstatter der Regierung allerhand schreckliche Dinge erzählt worden waren, beim Drucker konfiszirt und nach Whitehall gebracht. Trotz aller Bemühungen konnte Harrington sie nicht zurückbekommen, bis es ihm schließlich gelang, durch Fürsprache von Cromwell's Lieblingstochter, Lady Bridget Claypole, den allmächtigen Diktator zu veranlassen, selbst die Aushändigung zu verfügen. Später soll Cromwell, als die „Oceana" mit der an ihn gerichteten Widmung erschien, gesagt haben, er sehe, der Verfasser möchte ihn gern aus seiner Machtstellung herauslocken, aber was er mit dem Schwert erlangt, werde er nicht für ein paar Bogen Papier aufgeben. Er selbst sei so sehr wie irgend Einer gegen persönliches Regiment, aber er sei gezwungen, das Amt eines Oberschutzherrn (Constable) auf sich zu nehmen, nachdem sich gezeigt, daß die Parteien im Lande sonst nie über eine Regierungsform ins Reine kommen würden.

Die „Oceana“ kam 1656 heraus und rief sofort Gegenschriften ins Leben, fast alle von Theologen herrührend. Harrington blieb seinen Gegnern die Antwort nicht schuldig, und seine polemischen Schriften, obwohl etwas breit, zeigen ihn als gründlich belesenen und witzigen Dialektiker. Die wichtigste dieser Antworten ist die Schrift „The Prerogative of Popular Government,“ gerichtet im ersten Theil gegen die „Considerations upon Oceana“ des Mathew Wren (Sohn des Bischofs von Ely), und im zweiten gegen einige Theologen über die Wahlsysteme im Alterthum und in den ersten Kirchengemeinden. Auf eine 1659 erschienene Replik Wren's „Für Monarchie“ antwortete Harrington mit einer kleinen Spottschrift „Der Politikaster.“ Sehr kurz und voller Ironie ist ferner seine Antwort auf die Schrift „The holy Commonwealth,“ die der glaubens- und schreibselige Puritaner Richard Baxter dem in der „Oceana“ entworfenen „heidnischen“ Staatswesen entgegensetzte.*) Auf Wunsch von Freunden gab er 1659 eine abgekürzte und übersichtlich gefaßte Abhandlung über die in der „Oceana“ entwickelten Grundsätze heraus, betitelt „The Art of Law-giving“ und ferner ein in Paragraphen gefaßtes „Systems of Politics,“ das eine noch kürzere Fassung der „Oceana“ darstellt. Von weiteren Schriften Harrington's sind eine Sammlung politischer Aphorismen, ein Gespräch, das die Grundsätze der „Oceana“ dialektisch entwickelt, und eine Abhandlung „Sieben Beispiele von Staatsverfassungen aus der alten und der neueren Geschichte“ bemerkenswerth.

Im Jahre 1659 rief Harrington einen Klub zur Propagirung und Erläuterung seiner Vorschläge ins Leben, der von dem Prinzip der umschichtigen — „rotirenden“ — Wahlen, das in Harrington's Staatsideal eine große Rolle spielte, den Namen „The Rota“ erhielt und unter seinen Mitgliedern die vorgeschrittensten Demokraten des Tages und viele Männer von literarischer Bedeutung zählte. Außer John Wildman, dem „Leveller“ Maximilian Petty und dem später so berühmt gewordenen William Petty, die wir schon an anderer

---

*) Harrington war in der That für seine Zeit ein „Heide.“ In Oxford hatte er zu den Schülern des sehr weitherzigen Theologen Chillingworth gezählt und später vertrat er die unbedingteste Toleranz in religiösen Dingen. W. H. Lecky nennt in seiner Geschichte des Nationalismus Harrington, Milton und J. Taylor als die hervorragendsten Schriftsteller, die zu jener Zeit die Sache der Toleranz vertraten, die Letzteren mehr vom religiösen, der Erstere vom politischen Standpunkte aus. „Man muß anerkennen, daß der Politiker bei Weitem den umfassendsten Standpunkt unter den Dreien einnahm. Er erkannte sehr klar, daß die politische Freiheit nicht ohne die unbedingte religiöse Freiheit bestehen könne, und daß die religiöse Freiheit nicht einfach in Duldung bestehe, sondern eine vollständige Beseitigung aller religiösen Beschränkungen umfassen müsse. In dieser Hinsicht überflügelte er alle seine Zeitgenossen und antecipirte die Lehren des 19. Jahrhunderts.“ (Bd. II, S. 60 der deutschen Ausgabe.)

Stelle als Mitglieder des Rota-Klubs genannt, gehörten demselben der Republikaner Henry Neville, Verfasser von „Plato redivivus," der Fünfte-Monarchie-Mann Major Venner und Milton's bekannter Schüler Cyriac Skinner*) an. Die Sitzungen waren außerordentlich stark besucht, und von den im Klub geführten Diskussionen über Regierungsformen schreibt selbst der den Republikanern so feindselige Anthony Wood in seinem „Athenae Oxonienses," daß sie „die geistreichsten und feinsten waren, die je gehört worden; die Argumentirungen im Parlament waren ihnen gegenüber durchaus flach." Nur einige wenige Parlamentsmitglieder waren zugleich Mitglieder des Rota-Klubs, die Mehrheit wollte von dem Rotirungsprinzip nichts wissen. Als General Monk im Februar 1660 die ausgeschlossenen (royalistischen) Mitglieder des langen Parlaments zurückberief und damit die Restauration einleitete, löste sich der Klub, dessen Bestrebungen für den Moment aussichtslos waren, wieder auf.

Für die restaurirte Monarchie war Harrington ein „verdächtiger" Mann, und Ende Dezember 1661 ward der Mann, der Karl I. als Freund bis aufs Schaffot begleitet, plötzlich ohne Angabe eines Grundes verhaftet und in den Tower in enges Gewahrsam gesteckt. Erst nach vielen Bemühungen seiner Schwestern kam es zu einem Verhör, und es ergab sich, daß Harrington denunzirt war, an geheimen Zusammenkünften von Vertretern aller Sektionen der Commonwealthpartei theilgenommen zu haben, wo über gewaltsame Wiederherstellung der Republik Rath gehalten und ein ganzer Plan zur Ausführung dieser Absicht vereinbart worden sei. Es blieb indeß bei diesem Verhör. Alle seine Anträge, man möge ihm einen Prozeß machen, damit er seine Unschuld beweisen könne, blieben resultatlos, und als er schließlich durch eine seiner Schwestern um eine gerichtliche Habeas-Corpus-Verfügung nachsuchte, ward er, nach mehr als halbjähriger peinlicher Untersuchungshaft heimlich in großer Hast fortgeschafft und auf der gegenüber Plymouth gelegenen ganz unwirthlichen Felseninsel St. Nichlas internirt. Erst als er sich dort den Skorbut zugezogen, gestattete man ihm gegen hohe Bürgschaft (5000 Pfund Sterling) den Aufenthalt innerhalb des Forts von Plymouth. Dort fiel er einem Quacksalber von Arzt in die Hände, der ihn mit unmenschlichen Dosen von Guajakum, Nieswurz und dergleichen an den Rand des Todes brachte. Zum Glück erreichten seine Schwestern im letzten Moment vom König einen Freilassungsbefehl, und nach Benutzung verschiedener Bäder kehrte Harrington nach London zurück, wo er noch bis zum Jahre 1677 lebte, ohne indeß je völlig

*) Milton selbst war kein Freund des Rotirungsprinzips; er hielt es für zur Zeit unpraktisch und bedenklich. „Dieses Rad könnte sich als ein Rad der Prinzipien herausstellen," schrieb er in der zweiten Ausgabe seines „The ready and easy way to establish a free commonwealth." Für den Moment unentbehrliche Männer möchten durch unfähige Männer ersetzt werden. Diese Schrift Milton's rief seitens der Königspartei eine Spottschrift „The Censure of the Rota upon Mr. Milton's book etc. etc." hervor, ein fingirter Bericht über eine Sitzung des Rotaklubs, wo Milton's Buch verhandelt wird. Sie ist in den Harleian Miscellanies abgedruckt.

hergestellt zu werden. Schon in Plymouth hatte es geheißen, daß sein Verstand unter seiner Krankheit gelitten habe, und auch in London betrachtete man ihn, trotzdem er in der Unterhaltung sich durchaus folgerichtig ausdrückte, wegen seiner Bemerkungen über die Natur seiner Krankheit und die Naturgesetze im Allgemeinen für geistig nicht ganz in Ordnung. Möglich, daß er wirklich an Hallucinationen litt, möglich aber auch, daß seine Umgebung ihn blos nicht verstand, und seine bildliche Ausdrucksweise buchstäblich nahm. Der in seinem Nachlaß vorgefundene Anfang eines Essay über die „Mechanik der Natur," worin er an der Hand seines eigenen Krankheitsfalls die Richtigkeit der während seiner Krankheit von ihm gemachten Beobachtungen beweisen wollte, verräth ziemlich phantastische Spekulation, wie sie bei den ungenügenden Naturkenntnissen der Zeit Jeder üben mußte, der ein einheitliches Bild der „selbstschaffenden" Natur zu geben suchte, ist aber so einheitlich in sich gegliedert und geschlossen, daß sich nichts weniger als Wahnsinn daraus schließen läßt. Im Gegentheil enthält dieser erste Theil viele Sätze, die auf einen sehr geschärften Verstand hinweisen. Hier einige Beispiele davon.

„Die Natur ist das ‚Es werde,' der Athem, und in der ganzen Sphäre ihrer Thätigkeit das wahre Wort Gottes. Sie ist ein Geist; derselbe Geist Gottes, der im Anfang sich auf den Wassern bewegte, seine plastische Kraft, die ‚dynamis' oder ‚diaplasike,' die ‚energia zotike.' Sie ist die Vorsehung Gottes in seiner Herrschaft über die Dinge dieser Welt, auch die Vorsehung, von der gesagt wird, daß ohne sie kein Sperling auf den Grund fällt. Sie ist unfehlbar . . . aber sie ist beschränkt und kann nichts über ihre Materie hinaus thun, daher sind keine Wunder von ihr zu erwarten. . . . Die Natur ist nicht nur ein Geist, sondern ist auch versehen oder vielmehr versieht sich selbst mit unzählbaren dienstbaren Geistern, mit Hülfe deren sie auf die gesammte Materie — das Universum — oder die einzelnen Theile — die Körper der Menschen — wirkt. — Diese dienstbaren Geister sind gewisse ätherische Theilchen, die unsichtbar mit der elementaren Materie gemischt sind; sie wirken gewöhnlich unbemerkt oder ungefühlt und können (!) (mögen) animalische Geister genannt werden. . . . Animalische Geister, ob im Universum oder im Körper des Menschen, sind gute oder böse Geister, gemäß der Materie, in der und aus der sie erzeugt sind. Was ein guter Geist für das eine Geschöpf, ist ein böser für ein anderes, wie die Nahrung einiger Thiere Gift ist für den Menschen. . . . Nichts in der Natur wird vernichtet oder geht verloren, und daher wird, was ausgeathmet („transpirirt") wird, von den Geistern des Universums empfangen und auf irgend welche Weise verwendet."

Soweit wird man, von dem Ausdruck „Geist" abgesehen, Harrington für so nahe der materialistischen Denkweise anerkennen müssen, als es zu jener Zeit überhaupt möglich war. Und selbst der mysteriöseste oder phantastischste der Sätze dieses Essays ist durchaus materialistisch gedacht, wie denn Harrington in seiner Einleitung ausdrücklich sagt, er wolle unter Beiseitelassung aller Bücher und

Theorien die Natur schildern, wie sie „zuerst meinen Sinnen und durch die Sinne meinem Verstand sich zeigte." Dieser Satz lautet: „Animalische Geister strecken sich gewöhnlich bei ihrer Emittirung in verschiedene Figuren, die kleinen Händen oder Armen entsprechen, und mittelst deren sie die Materie im Athmungsprozeß („Transpiration") verarbeiten, nicht anders, als wie sie sie im Körper bei der Verzehrung entfesseln und aufarbeiten, nämlich auf mechanischem Wege („by manufacture"); denn diese Operationen sind durchaus mechanisch und richtige Handarbeit, wie in unseren Werkstätten und Arbeitshäusern."

Wie Harrington hier die „animalischen Geister" mit Armen und Händen vergleicht, so scheint er im Gespräch mit seiner Umgebung zuweilen noch drastischere Analogien gebraucht zu haben, ohne sich immer so deutlich auszudrücken, daß die Hörer den Vergleich als einen solchen nahmen. Daher denn die Erzählungen, daß er herumschwärmende Fliegen und Bienen für Emissionen seines Gehirns erklärt habe, von Teufeln und Engeln habe besucht sein wollen 2c. 2c. Nichts in dem Aufsatz deutet auf solche Einbildungen hin, das einzige Mal, wo darin Begriffe wie „engelhaft" und „teuflisch" vorkommen, werden sie gerade von den Wirkungen der oben definirten „animalischen Geister" abgeleitet, bezw. durch sie erklärt. Kurz, der Wahnsinn Harrington's kann aus diesem Essay nicht abgeleitet werden.

Soviel über den Verfasser der „Oceana." Nun zum Werk selbst und dessen späteren Erweiterungen.

Wie schon der Titel anzeigt, ist die „Oceana" eine Staatsdichtung, die Schilderung nicht eines wirklichen Staates, sondern eines Staates, der sein soll. Insofern gehört sie also unter die Utopien. Und doch hat sie vom Utopismus nur so viel an sich, daß Harrington des Glaubens war, es komme blos auf die rechte Verfassung und Einrichtung des Staatswesens an, um es auf ewig im gleichen Zustand zu erhalten, so lange nicht seine Existenz oder sein Gleichgewicht durch äußere Gewalt gestört werde. Sonst aber ist gerade die bedeutendste Seite an Harrington seine Geschichtsauffassung, die einen sehr wichtigen Schritt zum historischen Materialismus darstellt. Und wenn die „Oceana" nicht einen Staat schildert, der wirklich so ist, wie ihre Darstellung zeigt, so sind doch die Voraussetzungen des Bildes der Wirklichkeit entnommen, zieht sie aus den gegebenen Verhältnissen ihre Schlüsse.

Der Staat der „Oceana" ist England, das England, wie es Harrington und seinen Zeitgenossen vorlag. Harrington giebt sich nicht nur keine Mühe, dies zu verbergen, sondern läßt es im Gegentheil dem Leser aufs Deutlichste zum Bewußtsein kommen. Die „Oceana" war auf unmittelbare Realisirung berechnet. Alle Namen in ihr sind aus dem Griechischen oder Lateinischen so gebildet, daß sie die Personen oder Plätze, für die sie stehen, möglichst deutlich charakterisiren. So der Name für England selbst: „Oceana." London heißt bei Harrington Emporium, Westminster (wegen der Abtei) Hiera, die Westminster-Hall: Pantheon. König Johann ist „Adoxus" (der Ruhmlose), Heinrich VII. „Panurgus" (der Geriebene), Elisabeth „Parthenia“ (die Jungfräuliche), Jakob I. „Morpheus“ (der Traumgott resp. der Wandelbare), Bacon „Verulamius,“ Hobbes „Leviathan,“ Oliver Cromwell „Olpheus Megaletor“ (der Siegreiche und Großherzige) u. s. w.

Das Buch „Oceana“ zerfällt in vier Abschnitte. Der erste handelt von den verschiedenen Regierungs- bezw. Staatssystemen, der zweite von der zweckmäßigsten Art der Errichtung einer Republik, der dritte von dem Muster einer nach richtigen Grundsätzen aufgerichteten Republik — d. h. er schildert „Oceana“ (England) als solche Republik —, und der vierte als Zusatz, einige der voraussichtlichen Wirkungen der Umwandlung Englands in eine Republik nach dem Muster der „Oceana.“

Diese Republik ist als eine gemischt bürgerliche gedacht. Von ihren Einrichtungen sind die „Rota“ und das „Ballot“ eigentlich die unwesentlichsten, mit welcher Vorliebe Harrington auch bei ihnen verweilt. Er hatte sie in Venedig funktioniren gesehen, und die venetianische Verfassung schien ihm, als durchaus den Verhältnissen jener Republik angepaßt, nahezu vollkommen. Da er sich aber des Unterschiedes zwischen der materiellen Grundlage der venetianischen Republik und der des britischen Inselreiches sehr bewußt war,*) so hätte er sich auch sagen müssen, daß es für England am Ende noch andere Mittel gab, der Oligarchie vorzubeugen, als die Kugelabstimmungen und Rotirungsvorschriften der Republik der Adria. Indeß scheint ihn der Gedanke beherrscht zu haben, überall nur Dinge vorzuschlagen, die sich anderswo schon bewährt hatten, für die Präzedenzfälle gegeben waren, und es ist vielleicht nicht seine Schuld, daß über seinen „Rota“-Vorschlag weit mehr geschrieben wurde als zum Beispiel über sein „agrarisches Gesetz.“

Dieses „Agrarian,“ wie er es nennt, sollte eine weitere, und zwar die eigentliche Bürgschaft gegen Rückfall in monarchische oder feudale Zustände bilden. Nach demselben sollte nämlich Niemand Grundbesitz von über 2000 Pfund Sterling Jahresertrag besitzen, resp., sofern er ihn beim Einführen des Gesetzes besaß, an eine einzelne Person vererben dürfen. Auf diese Weise könne, nach seiner Abschätzung des Grundertrages des damaligen England, der Boden in keinem Falle weniger als 5000 Besitzern zufallen und schon damit sei eine Adelsherrschaft und eine durch diese gestützte Monarchie ausgeschlossen. Indeß werde es zu einer solchen Konzentration nie kommen, vielmehr rechnet Harrington auf ein Uebergewicht des kleinen gegen den großen Grundbesitz von mindestens drei zu eins,

*) So sagt er schon in der Einleitung, nachdem er auf Venedig als Beispiel dafür verwiesen, wie günstig die insulare Lage für eine Republik sei; „und doch kann jenes, infolge der Eingeengtheit des Platzes und dem Mangel eigener Waffen (d. h. Krieger), nie mehr sein, als ein auf Erhaltung gerichtetes Gemeinwesen, während dieses (England), in ein gleiches Staatswesen (Republik) verwandelt, ein der Zunahme fähiges Land sein wird, auf der gewaltigsten Grundlage, die die Welt bis zu diesem Tage errichtet gesehen. Das Meer giebt das Gesetz für das Wachsthum Venedigs, aber das wachsende Oceana giebt dem Meere Gesetze.“ Da haben wir beiläufig den Vorläufer des „Rule Britannia.“

und darin ist nach ihm der demokratische Charakter der Verfassung schon virtuell gegeben, denn government follows property — „die Herrschaft richtet sich nach dem Eigenthum," oder, wie wir es heute ausdrücken würden: die politische Verfassung richtet sich überall nach der Eigenthumsvertheilung.

Das ist der Grundgedanke, der das ganze Werk Harrington's beherrscht, den er überall in der Geschichte verfolgt und auf Grund dessen er zu höchst treffenden Erklärungen geschichtlicher Phänomene, ja manchmal zu wahrhaft genialen Vorhersagungen gelangt. Daß er aber das Schwergewicht auf das Grundeigenthum legt, kann bei der damaligen ökonomischen Struktur Englands nicht Wunder nehmen. Das Eigenthum an Geld und beweglichem Gut fällt nach ihm nicht ins Gewicht, weil es „Flügel" hat, und die hatte es sicherlich zu einer Zeit, wo der Großkaufmann noch „merchant adventurer" war, und die Manufaktur immer noch in den ersten Stadien sich befand. Der Versuch, auf bloßen Geldbesitz eine aristokratische Herrschaft zu begründen, sei selten oder nie erfolgreich gewesen, nur in Staaten, wo die Bevölkerung hauptsächlich vom Handel lebe, wie Venedig und Holland, möge die Vertheilung des Geldbesitzes die Bedeutung haben wie anderwärts die des Grundbesitzes.

Für England erklärt Harrington aus der Entwickelung des Grundeigenthums unter den Tudors die Unvermeidlichkeit des Eintretens der politischen Revolution. Er schildert, wie Heinrich VII. durch Auflösung der Gefolgschaften, Aenderung der Bodenübertragungsgesetze, sowie der Gesetze zu Gunsten der Schaffung selbständiger Bauernstellen den feudalen Grundbesitz vermindert und den des „Volkes," das heißt der bürgerlichen Klassen, vermehrt, und so selbst die Macht großgezogen habe, die schließlich dem Thron gefährlich werden mußte. Wie Heinrich VIII. durch Auflösung der Abteien bei niedergehendem Adel dieser Entwickelung neuen Vorschub geleistet, der „Industrie des Volkes" so reiche „Beute" zugeschanzt habe, daß schon unter Elisabeth die Verschiebung der Machtverhältnisse zu fast völliger Ignorirung des Adels durch weisen Rath der Königin geführt habe, und wie schließlich nichts mehr zum völligen Sturz der Königsgewalt gefehlt habe, als daß das Volk hinter das Geheimniß seiner von ihm noch nicht erkannten Macht kam. Und da sei „einem König, der im Disput so halsstarrig war, wie der Nerv des Königthums erschlafft war," von seinem Klerus jene Aufmunterung zu Theil geworden, die ihm das Leben kostete.

„Denn das Haus der Lords, das allein in dem Riß stand, fiel zwischen dem König und den Gemeinen zusammen und zeigte so, daß Crassus todt war und der Isthmus durchbrochen. Aber ein Königthum, das seines Adels entäußert worden, hat keine Zuflucht unter dem Himmel als eine Armee. Weshalb die Auflösung der Regierung (soll heißen der Elemente, auf denen die Regierung aufgebaut war) den Bürgerkrieg zur Folge hatte, und nicht der Bürgerkrieg die Auflösung der Regierung." (S. 60, 61.)

Eine Wiederherstellung des Königthums erklärte Harrington für unmöglich außer durch das Mittel einer neuen Verschiebung der Eigenthumsverhältnisse (der

„Bilanz des Besitzes," wie er sich ausdrückt). Weise Kritiker, wie der ältere Disraeli,*) haben darüber gespottet und darauf hingewiesen, daß ja vier Jahre nachdem die „Oceana" erschienen, die Restauration der Monarchie doch eingetreten sei. Aber das beweist nur, wie schlecht sie Harrington verstanden haben. Was dieser behauptete, war die Unmöglichkeit, die politische Herrschaft der bürgerlichen Klassen — der verbürgerlichte Grundbesitz eingeschlossen — wieder aufzuheben, außer durch eine wesentliche Aenderung der Eigenthumsverhältnisse, und diese Behauptung ist von der Geschichte durchaus bestätigt worden. Daß es Mischformen der Regierung giebt, wußte Harrington sehr gut, er bespricht eine ganze Reihe geschichtlicher Beispiele derselben, aber er sucht dann jedesmal die Seite herauszufinden, auf der das Schwergewicht der Regierung lag und bestimmt darnach ihren Charakter. Er konnte den Wechselbalg der parlamentarischen Monarchie nicht voraussehen, aber dessen schließliches Eintreten war der Triumph von Harrington's Theorie, nicht ihre Widerlegung.**)

Das Scheitern des Versuchs der Stuarts, die absolute Monarchie wieder herzustellen, giebt Allem Recht, was Harrington gegenüber Hobbes geschrieben.

„Wollt ihr ein Königthum errichten," schreibt er, „sei es auch noch so neu, wenn ihr es nicht, wie Leviathan, mit Hülfe der bloßen Geometrie aufsitzen könnt (denn was anders heißt es, zu sagen, daß Jedermann seinen Willen dem Willen des Monarchen opfern muß, ohne irgend eine andere Fundirung?), so muß es auf alten Prinzipien begründet sein, das heißt entweder auf der Existenz eines mächtigen Adels oder der einer — auf Grund entsprechender Verschiebung des Eigenthums — angesiedelten Armee." („Oceana," S. 61.) Letzteres ist in dem Sinne zu verstehen, daß die Armee alsdann aus einem anderen Volksstamm bestehen und der Grund und Boden, auf dem sie angesiedelt ist, dem Monarchen gehören müsse, etwa nach dem Beispiele des Verhältnisses der Mamelukken in Egypten. Hobbes hatte sich unter Anderem über den „Vertragsstaat," wie ihn die Republikaner auffaßten, lustig gemacht und gemeint, das Gesetz bestehe nur durch die Gewalt des Schwertes, ohne diese sei es blos ein Blatt Papier. Darauf antwortet Harrington: „Er (‚Leviathan') hätte aber auch weiter folgern können, daß das Schwert ohne die Hand, die es führt, blos ein Stück kaltes Eisen ist. Die Hand, die das Schwert hält, ist die Miliz der Nation ... eine Armee aber ist ein Thier, das einen großen Bauch hat und ernährt werden muß. Daher kommt dies wieder darauf hinaus, was für Weide ihr habt, und was für Weide ihr habt läuft auf die Bilanz des Eigenthums hinaus, ohne die

*) Isaac Disraeli, der Vater von Disraeli-Beaconsfield, in den „Amenities of Literature."

**) „Im gegenwärtigen Zustand Englands," schreibt er 1659, „können die Anhänger des Commonwealth unterliegen aus Mangel an Kunst (Geschick in Führung ihrer Sache), aber die Royalisten müssen unterliegen aus Mangel an materieller Grundlage; die Ersteren mögen aus Unfähigkeit ihr Ziel verfehlen, die Letzteren müssen es aus Unmöglichkeit verfehlen. (S. 540 der Toland'schen Gesammtausgabe der Hauptschriften Harrington's, Ausgabe von 1737.)

das öffentliche Schwert blos ein Name oder Spielzeug ist." (S. 10.) Kurz, wer die Mittel habe, um, wie der Großtürke seine Timarioten, dies Thier mit dem großen Bauch auf die Weide zu schicken, der könne auch über den Vertragsstaat lachen, aber wenn der mit Pächtern und Hintersassen besetzte Grundbesitz des (feudalen) Adels die Weide bildet, „so ists in solcher Lage für einen König unmöglich, anders als auf Grund eines Vertrages zu regieren, oder, wenn er den Vertrag bricht, so sind es Worte, die zu Hieben führen." (S. 20, 21.)

Harrington's Gegensatz gegen Hobbes gilt ausschließlich dem Politiker. Dem Philosophen Hobbes zollt er die größte Hochachtung. „Es ist wahr," sagt er in ‚The Prerogative of Popular Government,' „ich habe die politischen Lehren des Herrn Hobbes mit derselben Geringschätzung bekämpft, wie er die der größten Autoren angegriffen hat. . . . Nichtsdestoweniger bin ich fest davon überzeugt, daß Herr Hobbes in den meisten anderen Dingen heute der größte Schriftsteller der Welt ist und in der Zukunft als solcher betrachtet werden wird. Was insbesondere seine Abhandlungen über die Natur des Menschen und über Freiheit und Nothwendigkeit betrifft, so sind sie die größten der neueren Erleuchtungen — sie, denen ich gefolgt bin, und denen ich folgen werde." (A. a. O., Edit. Toland, S. 259.)

Aber er bleibt bei Hobbes nicht stehen, er geht weiter und wendet dessen Definition des Willens auf die Geschichte an. Das Gesetz ist das Produkt des Willens, schreibt er in „The Prerogative," aber der Wille agirt nicht ohne Beweggrund, und der Beweggrund des Willens ist das Interesse. (A. a. O., S. 241.) Es sei also lächerlich, von irgend einer Regierungs- oder Verfassungsform zu sagen, sie sei die natürlichste. „Eine Regierung" — hier immer im weitesten Sinne genommen, als Verfassung — „ist in gleicher Weise künstlich, ob sie demokratisch oder monarchisch ist; um also zu wissen, welche natürlicher ist, müssen wir betrachten, welches Kunsterzeugniß der Natur am nächsten kommt." Man nehme ein Haus und ein Schiff — das Eine ist auf dem Lande, das Andere auf der See natürlich. „Jede Regierung ist gleich künstlich in ihrer Wirkung oder in sich selbst und gleich natürlich in Bezug auf die Ursache oder die Materie, auf der sie beruht." (S. 341.)

Mit größter Verehrung spricht Harrington von Machiavelli; derselbe ist ihm der „bewundernswürdige," der „Fürst der politischen Schriftsteller."*) Trotzdem

*) „Ein Mensch mag sich dem Tod oder dem Verderben preisgeben, um eine Nation zu retten, aber keine Nation wird sich dem Tod oder Verderben preisgeben, um die Menschheit zu retten. Machiavelli ist verschrien, weil er gesagt hat, daß, wenn es einen Staat zu retten oder die Freiheit zu erhalten gilt, keine Rücksicht auf das zu nehmen ist, was gerecht oder ungerecht, was mitleidsvoll oder grausam, was ehrenhaft oder schimpflich ist. Das ist, in dieser Weise ausgedrückt, plump gesprochen. Aber sich einzubilden, daß eine Nation sich auf ein gegebenes Versprechen oder darauf hinauslaufendes Bündniß hin eher dem Tod oder Verderben weihen wird, als wenn kein solches Versprechen gegeben oder Bündniß geschlossen worden, wäre nicht Frömmigkeit, sondern Narrheit."

„Korruption im Regierungswesen ist bei Machiavelli so zu lesen und zu betrachten,

zeigt er sich von ihm geistig unabhängig und rektifizirt ihn wiederholt in glücklichster Weise. „Ein Volk, das korrupt ist, sagt Machiavelli, ist keiner Republik fähig. Aber wo er zeigt, was ein korruptes Volk ist, hat er entweder sich oder mich hineingelegt, und ich kann aus dem Labyrinth keinen anderen Ausweg finden, als zu sagen, daß wenn die Eigenthumsvertheilung (die „Bilanz") sich ändert, ein Volk in Bezug auf die bisherige Regierungsform mit Nothwendigkeit korrupt werden muß. Aber Korruption in diesem Sinne bedeutet nichts Anderes, als daß, wie in natürlichen Körpern, die Korruption einer Regierungsform die Geburt einer neuen ist. Wenn daher die Eigenthumstheilung von der Monarchie weg sich vollzieht, so ist die Korruption des Volkes in diesem Falle die Befähigung zur Republik. Aber da ich wohl weiß, daß die Korruption, die er meint, sich auf die Sitten bezieht, so (setze ich hinzu) leitet sich auch diese von der Bewegung der Eigenthumsbilanz ab. . . . Wo die Eigenthumsbilanz aus einer demokratischen zu einer oligarchischen oder monarchischen wird, erhält das öffentliche Interesse, und die in ihm einbegriffene Vernunft und Gerechtigkeit, einen mehr privaten Charakter, Luxus tritt an die Stelle der Mäßigung und Knechtschaft an die der Freiheit. . . . Aber da die Bilanz Englands sich umgekehrt von der Roms entwickelt hat, so sind die Sitten des Volkes auch nicht korrumpirt worden, sondern im Gegentheil, einer Republik fähig geworden." („Oceana," S. 64, 65.) Die Entdeckung der revolutionären Seite der Korruption ist gewiß keine geringe Leistung.

Wir könnten noch viele Stellen zitiren, die Harrington so nahe dem historischen Materialismus zeigen, als man im 17. Jahrhundert nur sein konnte. Wenn er z. B. immer nur vom Eigenthum als der Grundlage der politischen &c. Einrichtungen spricht, die die „superstructure" jener bilden, so ist doch der Begriff des Eigenthums bei ihm durchaus kein fossiler. „Die Industrie," sagte er im ‚Systems of Politics,' „ist von allen Dingen das am meisten akkumulirende, und die Akkumulation haßt mehr als irgend etwas Anderes das Gleichmachen." Da nun „das Einkommen des Volkes auf dem Einkommen aus der Industrie beruhe," sei die Gefahr, daß das Volk sich auf das gewaltsame Gleichmachen („levelling") werfen werde, ganz ausgeschlossen. Für die Zeit, wo Harrington schrieb, durchaus richtig. Und wenn Harrington die Existenz einer Gentry, das heißt, einer Klasse wohlhabender Eigenthümer, für der Demokratie nicht nur ungefährlich, sondern sogar nützlich erklärt, sofern nur der größere Theil des Bodens den Bauern verbleibe, so hat das ebenfalls für die Zeit, wo er schrieb, seine Berechtigung. Die Fortschritte in der Bodenbewirthung gingen von den

---

wie Krankheiten im menschlichen Körper bei Hippokrates. Weder Hippokrates noch Machiavelli haben Krankheiten des menschlichen Körpers oder Korruption im Regierungswesen geschaffen, diese bestanden vielmehr vor Jenen. Und wenn wir sehen, daß sie nur deren Natur entdeckten, so müssen wir gestehen, daß, was sie gethan haben, nicht auf die Vermehrung, sondern auf die Kur (jener Uebel) gerichtet ist. Dies die Wahrheit über diese beiden Schriftsteller." (Harrington, A System of Politics, Edit. Toland, S. 509 und 514.)

großen Gütern aus. In der „Oceana“ erklärt Harrington Den für des größten Ruhmes werth, der einen Weg fände, der Heraufschraubung der Pachten durch die Konkurrenz ein Ende zu machen und doch die Vernachlässigung rationellen Ackerbaues zu verhindern.

Ebenso ist Harrington, wenn er die politische Konstitution von der Eigenthumsvertheilung abhängig macht, nicht blind dagegen, daß andere Faktoren, zum Beispiel die geographische Lage eines Landes, auf die politischen Verhältnisse fälschend einwirken können, wie er ja gerade aus Englands insular geschützter Lage die Möglichkeit einer unverfälschten Entwickelung ableitet. Sein Mitarbeiter, der schon erwähnte Henry Neville, erklärt denn auch, in dem 1683 erschienenen „Plato Redivivus,“ die relative Stetigkeit des Kaiserthums im damaligen Deutschland aus der Thatsache der drohenden Nachbarschaft Frankreichs auf der einen und der stetigen Gefahr türkischer Ueberfälle auf der anderen Seite, während Harrington selbst schon in „The Prerogative“ ꝛc. das Deutsche Reich als eine Art Republik der Einzelfürsten erklärt hatte, die „kein sehr gutes Beispiel darbietet.“ (A. a. O., S. 382.) Ferner wird man die Zusammenfassung der bürgerlichen Klassen in den Begriff „Volk“ von Seiten Harrington's um so weniger als rückständige Auffassung bezeichnen können, als bekanntlich selbst ein St. Simon noch Anfang dieses Jahrhunderts für die gewerbthätige Bevölkerung, ob Anwender oder Angewendete, den Ausdruck „Arbeiter“ gebrauchte. Die erwerbenden Klassen unterschieden sich zu Harrington's Zeiten nur durch die Größe ihres Besitzes oder Einkommens; es gab Paupers, aber noch keine Klasse zu dauernder Abhängigkeit verurtheilter Proletarier. In diesem Sinne behandelt die „Oceana“ die Gliederung der Bevölkerung.

Das Volk ist in der Harrington'schen Musterrepublik eingetheilt in „Freie oder Bürger und Knechte,“ aber zum letzteren Wort steht der Zusatz „while such“ — „während sie solche sind.“ „Denn,“ heißt es erläuternd weiter, „sobald diese sich unabhängig machen, d. h. auf eigene Rechnung leben, sind sie Freie oder Bürger.“ Und diese Bestimmung bedürfe keiner Rechtfertigung, denn „die Natur des (ökonomischen) Abhängigkeitsverhältnisses ist unvereinbar mit der Freiheit oder der Theilnahme an der Regierung einer Republik.“ („Oceana,“ S. 76.)

Eine weitere Bevölkerungseintheilung in der „Oceana,“ die uns hier interessirt, ist die in zwei Einkommensklassen: eine der Bürger mit über hundert Pfund Einkommen und eine der Bürger mit hundert Pfund Einkommen und darunter. Sie ist maßgebend für die Bildung der Landesvertheidigung: wer über hundert Pfund Einkommen hat, ist verpflichtet, in der Reiterei zu dienen, wer unter hundert Pfund Einkommen hat, gehört zur Infanterie. Alle Männer unter dreißig Jahren gehören zur Feldarmee, die von über dreißig Jahren zum Garnisondienst. Im ausgesprochenen Gegensatz zu den Levellers verwirft Harrington jede Ausnahme von der Wehrpflicht; nur in ihrer Allgemeinheit sieht er die Gewähr gegen das Aufkommen anti-demokratischer Tendenzen der bewaffneten Macht. Auch ist er aus militärischen Gründen für allgemeine Wehrpflicht. Es sei Verschwendung, einen Krieg mit einer kleinen Armee führen zu wollen. Die Klasseneintheilung nach Einkommen bestimmt ferner die Wählereintheilung. Die Klasse Derjenigen, die über hundert Pfund Einkommen haben, wählt in direkter Wahl den Senat, der aus dreihundert Mitgliedern besteht und der Gesetze und Verordnungen diskutirt, bezw. in Vorschlag bringt.

Die Volksvertretung, die die „maßgebende Tribus" („prerogative tribe") dargestellt — das ganze Land ist territorial in fünfzig Tribus getheilt, diese in Hundertschaften, und diese wieder in Kirchspiele, alle mit selbstgewählten Beamten —, besteht aus sechshundert Gewählten der Bürger mit unter hundert Pfund Einkommen und vierhundertundfünfzig Gewählten der Bürger mit über hundert Pfund Einkommen, so daß bei den Ersteren das Schwergewicht liegt. Diese Volksvertretung hat das Amt der Abstimmung, die endgültig und ausschließlich über die vorgeschlagenen Gesetze entscheidet. Was sie bestimmt, ist „Gesetz des Landes." Verwirft sie nur einzelne Klauseln, so gehen dieselben an den Senat zur Wiedererwägung zurück, um eventuell in abgeänderter Gestalt der Volksvertretung aufs Neue vorgelegt zu werden. Jeder Gesetzesvorschlag geht der Volksvertretung sechs Wochen vorher im Druck zu, aber die Volksvertretung als Versammlung diskutirt nicht, sondern stimmt nur ab.

Daß jede der beiden Einkommensklassen ihre besonderen Vertreter wählen soll, d. h. die Klassenwahl, hat bei Harrington nicht den Zweck, den Bemittelteren ihre Vertretung zu sichern, sondern umgekehrt, zu bewirken, daß in der Volksvertretung die Unbemittelteren in stärkerer Zahl als jene vertreten sind. In einem Gespräch: „Valerius und Publicola," geschrieben im Oktober 1659, worin er die Grundsätze der „Oceana" dialektisch erörtert, führt er aus, daß das englische Parlament bis dahin nur aus Angehörigen der bessersituirten Klassen bestanden habe, trotz theilweiser Wahlberechtigung der unteren Klassen, und dies nicht nur infolge der Abhängigkeit von den Lords. Auch ohne dieselbe würden bei allgemeiner Wahl vorwiegend Leute aus den bemittelten Klassen gewählt werden. Deshalb müsse durch getrennte Wahl die stärkere Vertretung der unteren Klassen vorgesehen werden.*) Im Uebrigen glaubte Harrington die Demokratie dadurch genugsam gesichert zu haben, daß selbst die Qualifikation zum Senatswähler an ein Einkommen geknüpft ward, das keinem fleißigen und tüchtigen Mitglied der Gemeinschaft unerreichbar sei. Daß mit der Erreichung dieses Einkommens gewisse Ehrenstellen verbunden waren, hielt er für einen nützlichen Stachel des Gewerbefleißes.

Es versteht sich von selbst, daß in der „Oceana" für Schulen, Erziehung in technischen Künsten, Pflege der Wissenschaften 2c. reichlich gesorgt, die Industrie gefördert werden würde. Ebenso, daß für die Altersschwachen und Arbeitsunfähigen in jeder Weise Fürsorge getroffen war. Und daß in „Oceana" Religionsfreiheit herrschen soll, wurde ebenfalls schon erwähnt. Immer wieder kommt Harrington darauf zurück, daß die bürgerliche Freiheit nicht ohne Gewissensfreiheit bestehen

*) Harrington, Edit. Toland, S. 479, 480.

könne und ebenso umgekehrt. Dies erklärt, warum Staatskirchler und Presbyterianer so wüthend über ihn herfielen. Er läßt denn auch an Theologen und besonders an der Theologenuniversität Oxford gern seinen Humor aus.

Bevor wir von Harrington Abschied nehmen, hier noch zwei Stellen für seine historische Voraussicht. Die industrielle Suprematie Englands über Holland sagt er mit folgenden Worten voraus: „In der Manufaktur und im Handel sind die Holländer uns voraus, aber auf die Länge der Zeit wird es sich zeigen, daß ein Volk, das fremde Güter verarbeitet, die Manufaktur nur in Pacht hält, und daß dieselbe in Wirklichkeit nur dort zu Erblehen existirt, wo sie auf heimischem Boden steht; wie es auch Ein Ding ist, den Transport von anderer Leute Waaren zu besorgen, und ein anderes, die eigenen Produkte zu Markte zu führen. Weshalb — da die Natur dieser Nation (England) vor allen anderen Ermuthigung für diese Künste geliefert hat, und dieselben mit der Zunahme der Bevölkerung nothwendigerweise zunehmen müssen — sie dieselben auf viel sicherer und wirksamerer Grundlage entwickeln wird als die Holländer die ihre.“*)

Mit Bezug auf das Frankreich des 17. Jahrhunderts erklärte Harrington den dort herrschenden Absolutismus aus der Thatsache, daß dem Grundbesitz der Aristokratie ein starker grundbesitzender Klerus gegenüberstehe, der immer wieder es mit dem Monarchen halte, indeß die breite Masse des Volkes in zu großem Elend sei, um sich politisch geltend zu machen. Und er erklärt daraufhin: „Man sagt, daß in Frankreich eine partielle Gewissensfreiheit bestehe, es ist auch klar, daß so lange die Hierarchie aufrecht steht, diese Freiheit bedroht ist; wenn dieselbe aber dazu kommt, die Hierarchie zu stürzen, so wird sie auch jenes Königthum — den Absolutismus — stürzen. Deshalb werden das Königthum oder die Hierarchie, wenn sie ihr wahres Interesse erkennen, dem zuvorkommen.“ (Harrington, Edit. Toland, S. 506.) Einige zwanzig Jahre, nachdem dies geschrieben, erfolgte die Aufhebung des Edikt von Nantes. Als aber das Volk, d. h. das Bürgerthum, stärker geworden war, ward der Klerus und mit ihm der Absolutismus gestürzt.

Harrington hat auf die revolutionäre Literatur des 18. Jahrhunderts viel größeren Einfluß ausgeübt als gemeinhin bekannt ist. Vielfach ist er benutzt worden, ohne daß man ihn zitirte. Dies hier zu verfolgen, würde zu weit führen. Noch in Sieyès' Schriften ist der Einfluß Harrington'scher Lehren unverkennbar.**)

*) „Oceana“, S. 211. Leser von Karl Marx' „Zur Kritik der politischen Oekonomie“ werden sich der Note auf S. 30 der genannten Schrift erinnern, wo ein ähnlicher Ausspruch Petty's zitirt wird. Aber Petty schrieb seine Essays fast ein Menschenalter später als Harrington, von dem er ganz unverkennbar sehr viel übernommen hat.

**) Die nach dem 18 Brumaire (9. November 1799) von Napoleon Bonaparte eingeführte Konsular-Verfassung — die sogenannte Verfassung des Jahres VIII — hat dieselbe Eintheilung in einen nur berathenden und einen nur beschließenden Vertretungskörper wie Harrington's „Oceana,“ und es unterliegt gar keinem Zweifel, daß Sieyès, von dem der ursprüngliche Entwurf jener Verfassung herrührt, diese Eintheilung Harrington entlehnt hat. Sein Entwurf weist auch in anderen Punkten auffallende Aehnlichkeiten mit den Einrichtungen der „Oceana“ auf, so z. B., was Harrington's Lieblingsidee der rotirenden Wahlen

und ebenso bei St. Simon. Und so verstanden, ist es auch gewiß nicht zuviel gesagt, wenn wir ihn, nicht in seinen Postulaten, wohl aber in seinen theoretischen Ausführungen als einen Vorläufer des modernen wissenschaftlichen Sozialismus bezeichnen.

* * *

Das 17. Jahrhundert ist in England das Jahrhundert des Aufkommens der politischen Oekonomie, der Wissenschaft des bürgerlichen Erwerbs — des Kapitals. Wir haben bereits hervorgehoben, daß die meisten Schriftsteller jener Epoche über politische Oekonomie mehr oder minder ausgesprochene Vertreter des Protektionismus oder Merkantilismus sind — so zum Beispiel auch Hobbes —, und es liegt in der Natur der Sache, daß, da der Protektionismus die industriellen Klassen fördern sollte, diese aber noch das „Volk" waren, die protektionistische Literatur einen stark volksfreundlichen, resp. demokratischen Zug trägt, und es ein Leichtes ist, in ihr sozialistische Wendungen zu entdecken oder, wenn man will, zu verfolgen. Wir glauben indeß, es bei den schon gegebenen Beispielen dafür bewenden lassen zu können. Mit der Frage, wie fördern wir die Industrie, läuft ferner überall Hand in Hand die Frage: wie versorgen wir unsere Armen, und sie beide verschmelzen sich zu der Frage: wie erziehen wir unsere Armen zu landwirthschaftlicher und industrieller Thätigkeit. Wie P. Chamberlen, so schlagen noch eine ganze Reihe von Schriftstellern — Oekonomen und Philanthropen — die Gründung von industriellen und landwirthschaftlichen Arbeitskolonien vor, die jedesmal Musteranstalten ihrer Art bilden sollten. Es gab, wie bei „Sir Fr. Eden, The State of the Poor," nachzulesen, schon Ende des 17. Jahrhunderts eine ganze Literatur von Vorschlägen über diesen Gegenstand — sie blieb erfolglos, weil die einzelnen Gemeinden weder die Kräfte noch die Lust hatten, sich mit solchen Experimenten abzugeben, und der Staat erst recht nicht Lust noch Zeit dazu. Statt dessen löste der Staat unter der Restauration die Armenfrage durch Gesetze über den Unterstützungswohnsitz, „Laws of parochial settlement," wodurch die Armen neben anderen Annehmlichkeiten auch noch die des

anbetrifft, und wo er vom Original abweicht, ist er keineswegs immer eine Verbesserung. Der Schwerpunkt der Entscheidung ist schon bei ihm in der Richtung der Exekutivgewalt verschoben, die Zahl der beschließenden Gesetzgeber auf 300 reduzirt und damit deren Beeinflussung durch den jeweiligen Inhaber der Exekutivgewalt sehr erleichtert. Immerhin sind die Vollmachten der Träger der Exekutive durch allerhand vorbeugende Bestimmungen beschränkt, und haben sowohl die berathende wie die beschließende Körperschaft — das „Tribunat" wie die „Legislative" — ihr Mandat von den Wählern. All' das ließ Bonaparte von seinen Kreaturen streichen, er hatte noch weniger Lust wie Cromwell, sich durch ein Blatt Papier das nehmen zu lassen, was er durch das Schwert gewonnen. Aber geriebener als dieser, ließ er soviel von dem Entwurfe stehen, als nöthig war, die totale Abhängigkeit der Gesetzgebungskörper mit dem Schein der Unabhängigkeit vom Träger des Schwertes zu umhüllen, und die Verballhornung der „Oceana" wurde durch ein Plebiszit mit 3011700 gegen 1562 Stimmen genehmigt. Nach ihr wählte ein aus 60 Personen bestehender Senat die Mitglieder des Tribunats und der Legislative aus den vorgeschlagenen Kandidaten aus, der Senat aber war von Napoleon selbst ernannt.

Streites um die unterstützungspflichtige Gemeinde über sich zu ergehen lassen hatten. Aber die Geschichte der Armengesetze seit der Restauration und der ersten Regungen der Arbeiter in der kapitalistisch betriebenen Industrie werden besser im Zusammenhang mit der Entwickelung der sozialen Verhältnisse im England des 18. Jahrhunderts behandelt, wir lassen es daher hier bei dieser allgemeinen Andeutung bewenden.

Zwölftes Kapitel.

Die Quäker bis zu John Bellers.

I. Das Aufkommen und die Prinzipien des Quäkerthums.

„Der auferstandene Johann Bockolt oder die englischen Quäker die wiedererstandenen deutschen Schwärmer" — dies der Titel einer Schrift, die im Jahre 1659 ein gewisser Joshua Scotton in Boston erscheinen ließ.*) Natürlich war sie den Quäkern feindlich. Zu einer Zeit, wo die ärgsten Verleumdungen der Besiegten von Münster kritiklos geglaubt wurden, konnte man einer Bewegung gar nichts Schlimmeres nachsagen, als daß sie eine Neuauflage der Münster'schen Bewegung sei. Und doch war der Vergleich nicht unberechtigt. Was damals die Gemüther gegen die neue Sekte einnehmen sollte, wird heute insofern allseitig zugegeben, als es sich um die geistige Abstammung des Quäkerthums von — oder seinen geistigen Zusammenhang mit — der kontinentalen Täuferbewegung handelt, um die Anerkennung der Wiederaufnahme gewisser ethisch-religiöser Tendenzen derselben durch die „Kinder des Lichts."**)

In der That ist die Bewegung der Quäker zunächst eine Wiederbelebung der ursprünglichen Tendenzen der Täuferbewegung, eine ihren Trägern selbst unbewußte Wiederholung derselben in, den veränderten Umständen entsprechend verändertem Gewande. Das Lollhardenthum im England des 14. und 15. Jahrhunderts war in kirchlicher Hinsicht mehr eine urwüchsige Reaktion gegen die

*) „Johannes Becoldus redivivus, or: the English Quakers the German Enthusiasts revived." Es ist ein Tendenz-Auszug aus einem französischen Werke (des Guy du Brez) über die Wiedertäufer von Münster, „zum Nutzen seiner Landsleute ins Englische übersetzt von J. S." (s. oben).

**) Vgl. unter Anderem die schon zitirte Schrift von H. Weingarten „Die Revolutionskirchen Englands," wo sowohl die geistige Verwandtschaft der Quäker mit den deutschen Wiedertäufern als auch der ursprünglich revolutionäre Charakter des Quäkerthums mit großem Verständniß behandelt sind. Die meisten englischen Abhandlungen über die Geschichte des Quäkerthums vernachlässigen den letzteren Punkt durchaus, die von Quäkern selbst oder deren Freunden herrührenden Schriften suchen geflissentlich Alles zu verwischen, was den rein religiös-ethischen Charakter der ursprünglichen Bewegung in Zweifel stellen könnte, oder behandeln solche Erscheinungen als bloße Verirrungen Einzelner. Aber die Ideenverwandtschaft mit den Täufern oder, noch weiter zurückgehend, den Waldensern und deren Vorgängern heben auch sie hervor. So unter Anderen Robert Barclay in „The Inner Life of the Religious Societies of the Commonwealth" (London 1876), William Tallack in „George Fox, the Friends and the

Habsucht und Prunksucht Roms und der römischen Geistlichkeit gewesen, als eine tiefere geistige Bewegung, und das Puritanerthum, das im 16. und noch in der ersten Hälfte des 17. Jahrhunderts eine solche darstellte, war, namentlich soweit es von den besitzenden Klassen aufgenommen worden war, durch den Kampf derselben mit dem monarchischen Absolutismus in religiöser Hinsicht immer mehr veräußerlicht und verflacht. Dies zeigte sich deutlich von dem Moment an, wo das Puritanerthum über Karl I. Sieger war. Auf der einen Seite stießen die Presbyterianer durch ihre Intoleranz und ihr pedantisches Bestehen auf der äußerlichen, formalen Kirchenzucht viele Elemente ab, auf der anderen kamen die Geistlichen der Independenten nach 1649 und den Maßregelungen royalistischer Priester in den Geruch des Streberthums, da sie es meist mit den zur Herrschaft gelangten „Granden" hielten und Streber aller Art anfingen, sich zum Independententhum zu bekehren, blos um in die ledigen Pfarrstellen einzurücken. Independenten und Baptisten richteten sich jetzt als anerkannte, reguläre Kirchen ein und fingen an zu dogmatisiren und je nachdem zu exkommuniziren. Die Letzteren waren mittlerweile in zwei Sekten gespalten: in die der „General-Baptists," die dem menschlichen Willen eine gewisse Freiheit zuerkannten, und die der Partikular-Baptisten, die streng an der kalvinistischen Lehre der Vorherbestimmung festhielten. Beide Richtungen bestanden auf der Taufe durch Untertauchen. Es gab nun sehr viele Leute, die durch die religiösen Kämpfe angeregt, aber von keiner bestehenden Sekte befriedigt waren. Alle Dogmen waren erschüttert, eine Kirchenrichtung riß die andere herunter, und diese Dispute wurden öffentlich, auf Straßen und Plätzen, unter allgemeiner Betheiligung des Publikums abgehalten, wie heute politische Versammlungen. Die Wirkung war, daß bei den Massen ein starker Skeptizismus um sich griff. Gar Mancher kehrte der Religion ganz den Rücken. Es muß, nach den Berichten der Quäkerapostel zu schließen, von Mitte der fünfziger Jahre des Jahrhunderts an im damaligen England schon eine recht ansehnliche Zahl von Leuten gegeben haben, die die Schöpfungsgeschichte der Bibel leugneten und erklärten, daß „Alles von der Natur kommt."*) Indeß im Verhältniß zur großen

Early Baptists" (London 1868), ferner W. Beck „The Friends who they are and what they have done" (London 1893). Tallack nimmt übrigens keinen Anstand, zu schreiben: „Und kein Freund braucht sich seiner Abstammung von den Täufern und Wiedertäufern zu schämen ... Selbst jene Leute von Münster waren Rebellen gegen die Grausamkeit deutscher Tyrannen, deren Unterdrückung der Seelen und Körper des gemeinen Volkes oft, ohne Uebertreibung gesagt, teuflisch war. Sie unterlagen und heißen deshalb Rebellen. Hätten sie gesiegt, so würden die Leute sie Helden und Patrioten titulirt haben. Ihre Rebellion war gewaltthätig, weil ihre Unterdrücker noch viel gewaltthätiger gewesen." (S. 84, 85.)

*) Ein in den „Harleian Miscellanies" abgedruckter Brief eines im Jahre 1659 nach London gekommenen Franzosen drückt das tiefste Entsetzen aus über die starke Verbreitung des Atheismus in der Hauptstadt des Inselreichs. Welch bis zur Blasirtheit und totalen Gesinnungslosigkeit ausgearteter Skeptizismus in weiten Kreisen des Bürgerthums — in der „literarischen Welt" — um sich gegriffen, zeigt die Popularität von Parodien und Travestien gegen Ende der Republik und unter der Restauration.

Masse der Nation waren das immerhin vereinzelte Stimmen. Andere verloren sich in Winkelsekten, brüteten für sich über die Mysterien der Schöpfung nach — „seekers“ (Sucher) — oder warteten auf ein Zeichen des Himmels — „waiters“ (Wartende) —, das ihre Zweifel lösen sollte.

Ein solcher Sucher war auch George Fox, der Sohn eines Seidenwebers in Leicestershire. Geboren 1624 und aufgewachsen in der Zeit der Verfolgungen der Puritaner, entwickelte derselbe schon sehr früh starken Hang zum Grübeln über religiöse Fragen. Er war von seinem nicht unbemittelten Vater einem Schuhmacher in die Lehre gegeben worden, der zugleich Schafzüchter war, verließ aber im Alter von neunzehn Jahren seine Lehre und zog, von einem rastlosen Wandertrieb ergriffen, von Ort zu Ort, von Grafschaft zu Grafschaft, zu predigen und zu disputiren. Keine der bestehenden Kirchen befriedigte ihn, sie waren ihm alle zu weltlich, entsprachen nicht dem ursprünglichen Christenthum, hielten sich zu sehr an das Wort, statt an den „Geist.“ In Disputen, durch Lesen, durch Eindrücke der ihn umgebenden Verhältnisse kam er schließlich zu einer Mischung von Rationalismus und Mystizismus, von Demokratie und politischer Abstinenz, die, so seltsam sie zuerst erscheint, doch erklärlich wird, wenn man die in den vorhergehenden Kapiteln entwickelten Zeitereignisse in Betracht zieht. Der Bürgerkrieg hatte Opfer über Opfer erfordert, ohne doch ein befriedigendes Resultat zu bringen, neue politische Kämpfe lösten die alten ab, ohne absehbare Lösung der Wirren in Aussicht zu stellen, Männer, auf die man als Befreier geblickt, nahmen, zur Macht gelangt, die Miene von Unterdrückern an, und so lag der Schluß nicht allzu fern, daß das Hauptübel in den M e n s c h e n lag, in der Schwäche der menschlichen N a t u r, die zu besiegen die bestehenden Kirchen sich ungenügend erwiesen. Gerade die enthusiastischen Naturen mußten sich am ehesten dieser Auffassung zuwenden, und so sehen wir George Fox, der bis zur Proklamirung des Commonwealth ein Prediger in der Wüste war, nach 1650 immer mehr und immer begeistertere Anhänger gewinnen. Sie strömten ihm von allen Seiten zu, namentlich stark aber aus den Reihen ehemaliger Soldaten des Cromwell'schen Heeres, die wegen Unzufriedenheit mit dem Verlauf der Dinge ihre Entlassung genommen oder auch bekommen hatten. Dieses Element war in der ersten Zeit so stark in den von Fox organisirten Gemeinden vertreten, daß in vielen derselben ein doch wieder von dem Fox'schen unterschiedener Geist herrschte. In der Bekämpfung alles formalen kirchlichen Wesens waren sie mit Fox einig — dazu war das Cromwell'sche Heer, aus dem die Berufsgeistlichen nach 1644 sich zurückgezogen hatten und wo von da ab Jeder predigte, den der innere Drang dazu trieb, die geeignete Vorschule gewesen.*) Aber ihr Gegensatz gegen die Politik und den

*) „Dieses verhängnißvolle Ereigniß“ der Austritt der presbyterianischen Feldkapläne aus der Armee — „erwies sich als der Ruin der Sache, für die das Parlament eingetreten war. Denn da die Armee entblößt war von Kaplänen, die die Exzesse ihres Eifers hätten eindämmen können, warfen sich die Offiziere in ihren verschiedenen Regimentern als Prediger auf, ohne Studium und Vorbereitungen, lediglich im Vertrauen auf eine Art wunderbaren

Krieg war ein anderer als der Fox'sche. Der seinige war prinzipiell, nach Art der Mennoniten, von deren Doktrin sich überhaupt die Fox'sche wenig unterschied,*) ihr Gegensatz aber war mehr opportunistisch. Sie wollten unter den obwaltenden Verhältnissen nichts vom Krieg und den kämpfenden Parteien wissen, gaben aber die Hoffnung nicht auf, bei passender Gelegenheit doch ihre Gesellschaftsideale auf politischem Wege zu verwirklichen. Erst unter der Restauration ward die Fox'sche Doktrin vom leidenden Widerstand allgemein von den Quäkern adoptirt, unter dem Commonwealth war dies so wenig der Fall, daß noch im April 1659,

---

Beistandes des göttlichen Geistes, und wenn ihre Einbildungen erhitzt waren, so förderten sie die plumpsten und ungereimtesten Albernheiten zu Tage. Und das Uebel blieb dabei nicht stehen. Denn vom Predigen an der Spitze ihrer Regimenter gingen sie zum Predigen auf den Kanzeln der Provinzorte, wo sie im Quartier lagen, über, bis sie schließlich das Ansteckungsgift über die ganze Nation getragen und das geordnete Priesterwesen in Mißkredit gebracht hatten." (Neal, History of the Puritans, II., S. 356.) Neal schreibt vom Standpunkt eines gemäßigten Independenten. Wenn er von Offizieren spricht, so muß man nicht vergessen, daß viele Offiziere im Cromwell'schen Heer aus dem Volk hervorgegangen waren. Indeß blieb das Predigen auch garnicht auf die Offiziere beschränkt. „Oft wurde auf diese Weise während des Krieges eine friedliche Dorfkirche aufgeschreckt durch gewaltsames Eindringen einer Bande dieser kriegerischen Reformer, die dem Priester geboten, sein Buch zu schließen und von seinem Lesepult herabzusteigen, unter fürchterlichen Drohungen, wenn er nicht gehorche. . . . Ein redebegabter Bruder nahm dann seinen Platz ein und trug den erstaunten Hörern so wundersame Offenbarungen vor, wie sie nie zuvor gehört. . . . . Gelegentlich wurden die Doktrinen dieser Lehrer auch durch praktische Beispiele illustrirt, die aber den Belehrten nicht immer behagten. Um zu zeigen, daß die Vögel in der Luft der Verfügung der Heiligen (d. h. der zur rechten Religion Bekehrten) als gemeinsames Eigenthum gegeben seien, zerstörten sie bisweilen harmlose Taubenschläge. Behufs Aufrechterhaltung der Verpflichtung, selbst moderner Christen, sich des Genusses „erdrosselter Wesen" zu enthalten, wiesen Soldaten manchmal das ihnen in den Häusern, wo sie einquartiert waren, zu Mittag vorgesetzte Geflügel zurück, weil ihre Wirthsleute dasselbe auf die übliche Weise durch Umdrehen des Halses getödtet, gingen selbst auf den Scheunenhof und richteten Material für ein orthodoxes Gericht her, indem sie allen Hennen, Gänsen und Puten, die geblieben, die Hälse abschnitten und sie ausbluten ließen. Gelegentlich aber begingen die wildesten der Sektirer auch den kühnen Akt, die Bibel selbst vor den Augen einer entsetzten Versammlung zu verbrennen, um zu zeigen, „daß ihr inneres Licht über aller geschriebenen Offenbarung stehe." (Macfarlane und Thomson, The comprehensive History of England, VI., S. 749.) Darnach begreift man folgende Stelle aus dem Tagebuch John Evelyn's, eines gemäßigt kirchlich und monarchisch gesinnten Schriftstellers der Epoche. Unterm Jahre 1656 schreibt er: „Sonntag Nachmittags blieb ich oft zu Hause, um meiner Familie den Katechismus abzuhören und sie zu unterrichten, da diese Uebungen in den Pfarreikirchen allgemein aufhörten, so daß das Volk keine Prinzipien hatte und in große Unwissenheit selbst über die allgemeinen Punkte des Christenthums verfiel; alle Hingebung wurde vielmehr darauf verwendet, Predigten und Reden über spekulative und begriffliche Dinge anzuhören."

*) „Kein Zug tritt so markant bei Fox hervor, als sein absolutes Fernhalten von allen politischen Zielen und Bestrebungen seiner Zeitgenossen." (Barclay, a. a. O., S. 193.) „Keep out of the powers of the earth" — „bleibt den irdischen Gewaltstellungen fern," war eine Ermahnung, die Fox wiederholt seinen Anhängern einprägte. Dennoch ist sogar bei ihm die Enthaltung von der Politik nicht absolut zu nehmen, sondern mehr im Sinne der politischen Enthaltung des alten englischen Trades-Unionismus.

als Vertreter der Armee eine Petition für Wiederaufnahme der „guten, alten Sache" der Freiheit und der Republik an das Parlament richteten, Quäker dieselbe durch eine Eingabe unterstützten und ihr noch einige Forderungen hinzufügten.*) In den ersten Jahren des Commonwealth wird überhaupt Fox von den republikanischen Quäkern, die an der Spitze der religiös-revolutionären Opposition gegen Cromwell stehen, durchaus in den Hintergrund gedrängt. Sie „zogen durch die Straßen Londons, denunzirten mit erhobener Stimme Cromwell's Regierung und prophezeiten deren Niedergang." Die Oeffentlichkeit weiß mehr von ihnen als vom Ersteren. Die meistgenannte Persönlichkeit der Quäker, auf die auch die Eingangs dieses Kapitels genannte Schrift gemünzt ist, ist vielmehr ein ehemaliges Mitglied der Armee, der Ex-Quartiermeister James Naylor.

Bevor wir indeß auf diesen Mann und den Vorgang eingehen, der seinen Namen in Aller Mund brachte, und der für die erste Epoche des Quäkerthums in hohem Grade bezeichnend ist, wird es zweckmäßig sein, zunächst uns mit den Ideen zu beschäftigen, die von den Quäkern hauptsächlich propagirt wurden.

Die Quäker sind gottgläubig und Christen, in möglichst strenger Anlehnung an das Urchristenthum, ihre Hauptstütze ist jedoch nicht das überlieferte „Wort Gottes" — die Bibel —, sondern das lebendige Wort, die innere Erleuchtung, das innere Licht. Sie nannten sich demgemäß auch selbst die „Bekenner" oder auch die „Kinder" des „Lichts." Der Name Quäker — Zitterer — ist ihnen zuerst von Gegnern als Spottname angehängt worden und hat dann allgemeinen Kurs erhalten.**) Dieser Kultus des inneren Lichtes, bis zu dem Namen „Kinder des Lichts," verbindet sie nicht nur mit vielen deutschen Täufern, sondern auch mit den deutschen Mystikern, und es ist mit Recht als bezeichnend hervorgehoben worden, daß die erste englische Ausgabe von Schriften des deutschen theosophischen Mystikers Jakob Böhme 1649 im gleichen Verlage erschienen ist wie die Quäker-Publikationen der Epoche, nämlich bei Giles Calvert in London, der aber, wie wir wissen, auch Verleger und in einigen Fällen sogar Mitunterzeichner der Pamphlete der Leveller war.***)

*) Vgl. Whitelocke, „Memorials," S. 677.

**) Er wird nach den Einen davon abgeleitet, daß Fox in seinen Wanderpredigten seine Hörer warnend aufforderte, zitternd das Wort des Herrn zu vernehmen, nach Anderen davon, daß die Bekenner der neuen Lehre bei ihren Gebetsversammlungen häufig in religiöse Ekstase, in Zittern und Zucken verfielen. Eine Anekdote läßt einen Richter, dem Fox die vorstehenden Worte zurief, antworten: Also seid Ihr Zitterer — „Quakers" und leitet von dieser Episode den Namen ab. Fox trat zuerst 1649 agitatorisch auf. In der Kirche zu Nottingham unterbrach er den Prediger, der die Gemeinde ermahnte, alle Lehren an der Hand der Bibel zu prüfen, mit den Worten: „Oh nein, es ist nicht die Schrift, woran die Meinungen und Religionen geprüft werden sollen, sondern der heilige Geist, denn der Geist war es, der das Volk zur Wahrheit geführt und sie ihm kundgethan hat."

***) Böhme (1575—1624) war, wie Fox, von Beruf gelernter Schuhmacher und stand unzweifelhaft unter dem Einfluß der in seiner Heimath (Schlesien) ansässigen Sekte der Schwenkfeldianer, mit deren Lehren die der Quäker sehr verwandt ist, und von der viele Anhänger während des dreißigjährigen Krieges nach Holland und England flüchteten.

Um der besagten Erleuchtung theilhaft zu werden, braucht es nach der Quäkerdoktrin vor Allem der inneren Sammlung, der Konzentrirung der Gedanken in Gott, wozu weder eine gelehrte Predigt, noch eine Liturgie erforderlich sind. Ein berufsmäßiges, für sein Predigeramt staatlich angestelltes und bezahltes gelehrtes Priesterthum ist vielmehr vom Uebel; Jeder, den die innere Stimme dazu treibt, und wenn ihn die Stimme dazu treibt, soll predigen oder vielmehr vortragen, was er zu sagen hat, ob er studirt ist oder nicht. Fox und die ersten Quäker zogen mit wahrem Fanatismus gegen die aus öffentlichen Mitteln bezahlten Priester zu Felde. Wiederholt kam es vor, daß Quäker in die Kirchen zogen und den Predigern auf der Kanzel Worte zuriefen, wie: „Komm herab, Du falscher Prophet, Du Betrüger, Du blinder Blindenführer, Du Miethling!“ In Fox' Tagebuch lesen wir, daß die Priester „Handel treiben,“ daß sie das Evangelium „verkaufen,“ daß die Glocken ihrer „Thurmhäuser“ — die Quäker erkennen, echt spiritualistisch, den Namen „Kirche“ keinem Gebäude zu — Marktglocken gleichen, die das Volk zusammenrufen, damit der Priester „seine Waare zum Verkauf auspacken kann,“ und „die gewaltigen Summen, die durch diesen Handel erzielt werden, welch anderer Handel in der Welt kann sich damit vergleichen?“ (Journal of George Fox, Ausgabe von 1891, I., S. 117.) Aber auch wenn sie gemäßigter auftraten, unterbrachen die Quäker oft die Prediger oder nahmen nach beendigtem Gottesdienst derselben das Wort und predigten der versammelten Menge nunmehr ihre Lehre. Nicht immer wurden sie ruhig angehört, manchmal erwies sich die ganze Gemeinde, und in der Mehrheit der übrigen Fälle die Masse der Bewohner*) den leidenschaftlichen Aposteln als durchaus feindselig und ließ sie das durch Mißhandlungen gröbster Art entgelten. Immer und immer wieder liest man, daß die Quäker-Apostel geprügelt, mit Steinen beworfen, mit Füßen getreten wurden, und oft lag nach einem solchen Versuch, das Volk für die neue Lehre zu gewinnen, der oder die Apostel derselben zerschlagen und zerschunden stundenlang bewußtlos am Boden, bis irgend eine mitleidige Seele sich ihrer erbarmte. Das Nachspiel aber war oft genug eine Verhandlung vor dem Friedensrichter, die mit einer Verurtheilung der Quäker zu Geldbußen, Gefängniß und Peitschenhieben endigte. Alle anderen Sekten zusammengenommen haben zu jener Zeit nicht halb soviel Bewohner der Gefängnisse gestellt als die „Bekenner des Lichts.“**)

*) Gewöhnlich schickten die Priester und ihr Anhang gerade die schlechtest bezahlten und rohesten Schichten der Bevölkerung gegen die Quäker ins Feld.

**) Eine 1657 an das Parlament gerichtete Eingabe stellte fest, daß von 1651—1656 nicht weniger als 1900 Quäker zu Gefängniß verurtheilt worden und einundzwanzig im Gefängniß gestorben waren. Dies die Zeit, in der John Lilburne sich den Quäkern anschloß, sicher ein Zeichen, daß der Schritt kein zu Kreuze Kriechen vor den Mächten des Tages bedeutete.

Zwischen 1661 und 1697 wurden nicht weniger als 13 562 Quäker eingesteckt, 338 starben theils im Gefängniß, theils unter den Wirkungen erlittener Mißhandlungen, 198 wurden deportirt. (Barclay, The Inner Life etc., S. 476.)

Die Verwerfung des Buchstabens führte die Quäker unter Anderem zu einer Verwerfung der strengen buchstäblichen Auffassung der Sabbathruhe, welche unter den übrigen Puritanern herrschte, wie sie denn Jenen oft ihre „judaisirenden" Tendenzen vorwarfen. In Bezug auf asketische Auffassung der Lebenshaltung gingen sie dagegen vielfach noch über sie hinaus, alle ausgelassenen Vergnügungen, jeder Luxus ward von ihnen verfehmt, und bekannt ist die lange Zeit von ihnen beibehaltene eigenthümliche schmucklose Tracht.*) Wie mit Bezug auf den Sabbath, so hielten sie sich auch gegenüber dem Eid an die Bergpredigt. Sie ertrugen lieber die ärgsten Verfolgungen, als daß sie sich dazu bewegen ließen, einen Eid zu schwören. Desgleichen verwarfen sie die kirchlichen Sakramente: die Taufe, das Abendmahl, die kirchliche Trauung. Ihr Kultus war in seinen Formen extrem rationalistisch: sie kamen in jedes Schmuckes entbehrenden Bethäusern zusammen, wo sie sich religiösen Gedanken hingaben. Ueber wen die Erleuchtung kam, der sprach, was der Geist ihm eingab, wenn es Keinen packte, so ging nach einer gewissen Zeit die Gemeinde ruhig wieder auseinander; die Zusammenkunft hatte auch dann ihren Zweck der religiösen Sammlung erfüllt.**) Ebenfalls der Bergpredigt folgend, verwarfen sie den Krieg und den gewaltsamen Widerstand, und wie utopistisch immer der Ideengang, so ist doch nicht zu bestreiten, daß in Befolgung desselben die ersten Quäker oft eine heldenhafte Charakterstärke an den Tag gelegt haben. Männer, die Cromwell's Schlachten mitgeschlagen, haben die ärgsten Brutalitäten aufgehetzter Raufbolde ruhig über sich ergehen lassen und lieber den Tod riskirt, als sich zur Wehr gesetzt. Zu einer Schule des Charakters wurde ferner ihre Regel, Jedermann mit Du anzureden und vor Niemand den Hut zu ziehen — das Erstere, weil es eine Lüge sei, zu einem Einzelnen zu sprechen, als ob er eine Vielheit darstelle, das Letztere, weil man allen Menschen, ob arm ob reich, ob hoch ob niedrig, die gleiche Achtung schuldig und es daher unwürdig sei, sich überhaupt vor Menschen zu verbeugen.***) Die Richter und sonstigen Behörden faßten die Sache natürlich anders auf als die Quäker und ließen dieselben meist als verstockte Verweigerer der schuldigen Ehrerbietung ins Gefängniß werfen, oft auch außerdem durchpeitschen. Und die Gefängnisse, in denen herabgekommene, von Ungeziefer besäete Landstreicher

*) Die indeß ursprünglich in Schnitt und Zusammenstellung durchaus der Kleidung einfacher Bürgersleute der Zeit entsprach. Es lag den ersten Quäkern fern, ein absonderliches Kostüm einführen zu wollen. Sie wetterten nur gegen den Putz und die Mode. Im Lauf der Zeit aber führte das Bestreben, der Mode keinerlei Zugeständniß zu machen, nothwendiger Weise dahin, daß die Quäkertracht ein Kostüm wurde, das den Träger von seinen Mitbürgern in jeder Hinsicht unterschied.

**) Allerdings geschah es in der Zeit des ersten Enthusiasmus nicht zu häufig, daß über Niemand der Geist zu reden kam. Später wurden Mitglieder, die ersichtlich den „Ruf" dazu, d. h. sich als wirksame Apostel erwiesen hatten, angestellt und dafür entschädigt, die reine Lehre zu verkünden. Aber jede Hierarchie und jedes Monopol der Predigt blieben ausgeschlossen.

***) Der Leser erinnere sich hier des Verhaltens von Winstanley und Everard im April 1649 -- also vor Fox' öffentlichem Auftreten — vor General Fairfax.

und Verbrecher die Stammgäste waren, wurden für die Quäker meist zu wahren Höllen.*) Trotzdem haben sie an jener Regel mit eiserner Zähigkeit festgehalten; nicht unter dem Druck der Verfolgungen ist sie gefallen, sondern erst nachdem die Quäker staatliche Duldung und soziale Anerkennung erlangt hatten. „Und obwohl kein Grund angegeben werden kann, weshalb wir für diese Sache verfolgt werden sollten, namentlich von Christen, die angeblich der Schrift folgen, deren Redeform dies ist, so möchte es vielleicht unglaublich scheinen, wollte ich aufzählen, wie viel wir dafür gelitten, und wie diese Stolzen alle geschäumt, getobt und mit den Zähnen geknirscht, und uns geschlagen und geprügelt haben, wenn wir sie so in der Einzahl anredeten. Wodurch wir aber um so mehr in unserem Urtheil bestärkt wurden, indem wir sahen, daß dies Zeugniß der Wahrheit, das Gott uns in allen Dingen zu bekunden eingegeben, die Schlangennatur der Kinder der Finsterniß so beunruhigt." So der hervorragendste theoretische Vertreter des Quäkerthums, Robert Barclay der Aeltere, in seiner 1675 erschienenen Hauptschrift: „Eine Vertheidigung („Apologie") der wahren christlichen Theologie, wie dieselbe aufrecht erhalten und gepredigt wird von den spöttisch Quäker genannten Leuten." (4. Aufl., S. 528, 529.)

Eine Quelle weiterer Verfolgungen war die beharrliche Weigerung der Quäker, den Kirchenzehnten zu zahlen. Von allen größeren Sekten standen sie am konsequentesten zu dem Grundsatz der Erklärung der Religion zur Privatsache. Und sicherlich gehörte ein größerer moralischer Muth dazu, als Mitglied einer mäßig zahlreichen Sekte Steuern zu verweigern, wie im Falle von John Hampden, der seinerzeit fast das ganze Land und jedenfalls die große Masse der Besitzenden für sich hatte.

Die Verfassung der Quäker-Gemeinden war eine durchaus demokratische; sie war in ihren Grundzügen denen der ersten christlichen Gemeinden nachgebildet und weist alle wesentlichen Erscheinungen auf, die man auch bei den Gemeinden der konsequenteren Wiedertäufer findet: die regelmäßigen Versammlungen zur Ausübung der Disziplin und des Sittengerichts, zur Schlichtung von Streitigkeiten und Regelung der finanziellen Angelegenheiten. Von diesen Ortsversammlungen

---

*) Auch im bürgerlichen Privatverkehr zogen sich die Quäker lange Zeit durch den beharrlichen Gebrauch der Einzahl beim Anreden einzelner Personen und Nichtabziehen des Hutes sehr viele und arge Mißhelligkeiten zu. Außer bei Fox selbst kann man bezeichnende Beispiele dafür in der Selbstbiographie von dessen Zeitgenossen Thomas Ellwood lesen, die überhaupt viel Einblick in das soziale Leben und die Interna des Quäkerthums der Epoche darbietet. Ellwood, der 1659 als zwanzigjähriger junger Mann Quäker wurde und es bis zu seinem 1713 erfolgten Tode blieb, ist dadurch bekannter geworden, daß er eine Zeit lang dem blinden Milton vorlas und während der großen Pest (1665) dem Dichter einen ruhigen Aufenthalt auf dem Lande besorgte. Seine Bemerkung über das „Verlorene Paradies," das Milton ihm im Manuskript zum Durchlesen gegeben, um die Wirkung des großen Gedichts auf ein naiv-empfängliches Gemüth kennen zu lernen: „Du hast da viel vom verlornen Paradies gesagt, aber was hast Du vom gefundnen Paradies zu sagen?" — gab Milton bekanntlich Anlaß, dem Gedicht eine Fortsetzung „Das wiedergefundene Paradies" folgen zu lassen.

steigt die — übrigens erst allmälig ausgebildete — Organisation zu vierteljährigen Distriktsversammlungen und jährlichen Generalversammlungen der ganzen Gemeinschaft auf.

Kommunistische Tendenzen treten in der anerkannten Quäkerliteratur nicht hervor, diese ist, wie wir schon früher sagten, ausschließlich religiös-ethischer Natur. Ob und inwieweit in der ersten Zeit kommunistische Tendenzen als Geheimlehre in den Reihen der Quäker oder in gewissen Zirkeln derselben propagirt wurden, läßt sich schwer feststellen.*) Das Einzige, was feststeht, ist, daß sie sehr früh ein entwickeltes Unterstützungswesen unter sich organisirten und daß ihre wohlhabenderen Mitglieder in dieser Hinsicht eine ganz außerordentliche Opferwilligkeit an den Tag gelegt haben. Den Anfang machte bezeichnender Weise die Unterstützung der Gemaßregelten und Verfolgten, bald aber folgte ihr die Unterstützung der armen und kranken Mitglieder der Gemeinschaft.**) Mehr war aber in der Periode der Propaganda überhaupt nicht möglich, selbst wirklich kommunistische Sekten mußten, wo nicht besondere Verhältnisse eine stärkere Gemeinschaft der Güter, resp. der Einkommen, ermöglichten, ihr Ideal in der Praxis auf die Armenunterstützung sich reduziren sehen. Zu einem weitergehenden Kommunismus fehlten außerdem sowohl die ökonomischen Voraussetzungen als — was freilich darin schon eingeschlossen ist — die Klasse, der er Bedingung für die Emanzipation ihrer Mitglieder war.

Dagegen könnte man noch von einem Kommunismus der Erziehung sprechen, und in der That zeigt sich bei den Quäkern wieder die bei allen kommunistischen Sekten der Epoche beobachtete Erscheinung: Neben der Geringschätzung des Gelehrtenthums großes Interesse an der Erziehung. Der ältere Barclay

*) Dagegen liegen zahlreiche Beweise dafür vor, daß Quäker in Versammlungen gegen das Privateigenthum donnerten — in England und anderwärts. Die Quäker sandten nämlich schon sehr früh Apostel der neuen Lehre nach dem Festland und Amerika. Wie diese es z. B. in Holland trieben, kann man u. A. bei Otto Pringsheim, „Beiträge zur wirthschaftlichen Entwickelungsgeschichte der Vereinigten Niederlande im 17. und 18. Jahrhundert," Leipzig 1890, S. 65ff, nachlesen. 1657 verursachten Quäker, erzählt Pringsheim, in Seeland und Rotterdam große Aufregung durch ihre Predigten, daß alle Güter gemeinsam sein müßten. Pringsheim zitirt ein bürgerliches Blatt, den „Hollandse Mercurius" von 1657, wo die kommunistischen Predigten der Quäker darauf zurückgeführt werden, daß diese selbst „meistens Faullenzer und arm" seien. Es giebt nichts Neues unter der Sonne. In Hamburg, wohin die Quäker auch Sendboten geschickt, erschien 1661 ein Buch: „Quäker Grewel, das ist abscheuliche, aufrührerische, verdammliche Irrtumb der neuen Schwermer, welche genennet werden Quäker." In Danzig verlangten die Zünfte die Austreibung der Quäker ꝛc. ꝛc.

**) „Aber eine ausgezeichnete Praxis ward schon in jenen ersten Tagen in den Reihen der Freunde jener Stadt (London) beobachtet, gemäß der gewisse Freunde aus beiden Geschlechtern beauftragt wurden, sich die Aufsicht der Gefängnisse je ihres Stadtviertels zur Pflicht zu machen und für alle Freunde, insbesondere die ärmeren, die dorthin gebracht werden würden, Sorge zu tragen," schreibt Th. Ellwood vom Jahre 1662, und schildert, in welcher Weise diese Aufgabe erfüllt wurde. „Freunde" ist der Name, den sich die Quäker im Verkehr untereinander beilegten und der später offizielle Bezeichnung wurde.

führt z. B. in der schon zitirten Schrift von 1675, nachdem er Theater, Tanz, Sport und andere Belustigungen als vom wahren Christenthum ablenkend verworfen, als erlaubte Vergnügungen vor: Freunde zu besuchen, Geschichte zu lesen oder zu hören, sich über Vorgänge der Gegenwart oder Vergangenheit nüchtern zu unterhalten, Gartenbau zu treiben, geometrische und mathematische Experimente anzustellen und dergl. mehr. (Apology, 4. ed., S. 540, 541.) Fox wird nicht müde, in seinen Briefen den Freunden die Erziehung der Jugend dringend ans Herz zu legen. Die ersten Jahre der Propaganda waren nun freilich Vorkehrungen für diesen Zweck nicht günstig. Die vielen Verfolgungen nahmen die Mittel der Freunde vollständig in Anspruch; die tüchtigsten Mitglieder saßen abwechselnd im Gefängniß, und mindestens bei einem großen Theil der Masse überwog anfangs die Auffassung, daß das „innere Licht" alles den Hausgebrauch übersteigende Wissen ersetze. Was Fox und seine Mit-Apostel mit Bezug auf die Befähigung ungeschulter Handarbeiter für das Priesteramt gelehrt,*) ward im ersten Enthusiasmus von Vielen auf die allgemeinen Verhältnisse übertragen — eine Erscheinung, zu der man ja noch im aufgeklärten 19. Jahrhundert häufig genug Analogien beobachten kann. Als aber die Sturm- und Drangperiode anfing, der Befestigungsperiode der Bewegung zu weichen, da werden mit großen Opfern Schulen aller Art ins Leben gerufen, und die Quäkerschulen erlangten später sogar eine gewisse Berühmtheit. Zu bemerken ist jedoch, daß es durch alle Zeit in der Bewegung — und namentlich in den ländlichen Quäkergemeinden — ein Element gegeben hat, das sich in diesem Punkte indifferent zeigte.

Schließlich sei noch eine Eigenthümlichkeit des Quäkerthums erwähnt: die Verwerfung der „heidnischen" Namen der Tage und Monate. Genauer betrachtet, ist dies auch nur eine Erscheinung, die sich später in der französischen Revolution in modifizirter Form wiederholt hat. Da aber der moderne Naturkultus noch nicht erfunden war, die Quäker andererseits auch keine besonderen Heiligen anerkannten, so blieb ihnen nichts übrig, als den Rationalismus auch hier auf die Spitze zu treiben und die Namen durch Zahlen zu ersetzen. Der Sonntag heißt bei ihnen „der erste Tag," der Montag „der zweite Tag" und so weiter. Und ebenso mit den Monaten.

Es ist selbstverständlich, und auch schon theilweise hervorgehoben worden,

*) „Aus dieser Unterscheidung zwischen Laien und Klerus folgt auch dieser Uebelstand, daß gute, ehrliche, mit der Hand arbeitende („mechanick") Leute und Andere, die die Kunst und das Gewerbe des Predigens nicht gelernt haben . . ., daß diese in der falschen Meinung, es stehe ihnen nicht zu, sich ins Priesteramt einzumischen, noch seien sie mangels literarischer Kenntnisse geeignet dazu, die ihnen innewohnende Gabe vernachlässigen und oft den reinen Hauch des göttlichen Geistes in ihren Herzen unterdrücken, der, wenn ihm Folge gegeben, sich als viel mehr zur Erbauung der Gemeinde geeignet erweisen möchte, als manche vorbereitete Predigt der Studirten." Barclay, Apology, S. 327. Daran anschließend verweist Barclay darauf, daß die ersten Verbreiter des Christenthums „einfache, dem Arbeiterstande angehörige und unbelesene Männer" gewesen seien, und daß, nach Zeugniß der Protestanten selbst, „solche unbelesenen Leute" sehr viel zur Reformation beigetragen hätten.

daß Vieles von dem bisher Vorgeführten erst allmälig in der Quäkerbewegung feste Gestalt gewonnen und allgemeine Anerkennung erworben hat. Ursprünglich trat in dieser, wie in allen ähnlichen Bewegungen, zunächst das negative Moment, der Protest — hier der Protest gegen die Bildung neuer Hierarchien — in den Vordergrund. Diese Periode ist eben die des Sturmes und Dranges, und in sie fällt, man kann sagen, ihren Höhepunkt markirt in gewisser Hinsicht die James Naylor-Episode.

II. James Naylor, der König von Israel.

James (Jacob) Naylor war der Sohn eines verhältnißmäßig wohlhabenden Bauern in Ardsley, einem Dorf in der Nähe von Wakefield in der Grafschaft Yorkshire. Er hatte eine gute Erziehung genossen und war 1642, im Alter von etwa 25 Jahren, trotzdem er schon Frau und Kinder hatte, voller Begeisterung der Parlamentsarmee beigetreten. Seine Führung als Soldat war tadellos gewesen, seine Vorgesetzten, wie unter Anderen der Generalmajor Lambert, gaben ihm noch später das beste Zeugniß. Unter den Fahnen war er zum Independentismus übergetreten und hielt religiöse Ansprachen in diesem Sinne, die sich, wie auch seine späteren Reden, durch großen Schwung, Tiefe und Kraft auszeichneten. Ein Offizier, der ihn nach der blutigen Schlacht von Dunbar — 3. September 1650 — predigen gehört, schrieb später, er sei „durch Naylor's Predigt in größere Furcht versetzt worden," als er „in der Schlacht von Dunbar empfunden." Bald nach Dunbar nahm Naylor wegen Krankheit seinen Abschied und kehrte in seine Heimath zurück, um wieder sein Gut zu bewirthschaften. Da hörte er 1651 George Fox predigen und war auch alsbald von dessen Ideen gewonnen, die ja, wie gezeigt, nur die Zusammenfassung Dessen waren, was Tausende enttäuschter Enthusiasten damals empfanden. Im Frühjahr 1652 fühlte er, hinter dem Pfluge einhergehend, plötzlich den „Ruf" in sich, gleich Fox als Wanderprediger für die neue Lehre zu wirken, und begab sich sofort auf die Wanderschaft. Er traf Fox in Lancashire, wo in Swarthmore bei Ulverstone in der Frau des Richters Fell, einer Großenkelin der Märtyrerin Anne Askew, eine begeisterte Anhängerin gewonnen war, deren Haus der Mittelpunkt der Quäker-Organisation wurde.*)

*) Als ihr Mann, der sich zur Bewegung stets wohlwollend verhalten, 1670 gestorben war, ging Margarete Fell eine Ehe mit George Fox ein. Anne Askew war eine Anhängerin der Lehren Melchior Hofmann's, die im letzten Regierungsjahr Heinrich's VIII., 1546, für ihre bis zum letzten Augenblick mit ungebrochenem Muth bekannten ketzerischen Ansichten über das Abendmahl rc. — daß die Hostie „nur Brot" sei — den Feuertod erlitt.

Ueber Melchior Hofmann vgl. den ersten Theil dieses Bandes, S. 382ff. Die Bekämpfung der Doktrin von der Verwandlung der Hostie in den Leib Gottes war auch eine der Ketzereien des 1417 zu Tode gerösteten Lollharden-Märtyrers Sir John Oldcastle. „Wenn die Kirche festgesetzt hat, daß das geweihte Brot kein Brot mehr ist," lautet einer seiner Aussprüche, „so muß dies geschehen sein, nachdem sie vom Gift des Eigenthums angesteckt worden." Diese Zurückführung der spiritualistischen Tendenzen im Christenthum auf den

Schon im Spätherbst desselben Jahres ward Naylor in Orton, Westmoreland, für eine „gotteslästerliche“ Predigt zur Rechenschaft gezogen. Er hatte nämlich unter Anderem gesagt, daß der Körper des auferstandenen Christus „nicht fleischlich, sondern geistig“ zu verstehen sei. Weil er dies festhielt und noch ähnliche ketzerische Wendungen gebrauchte, ward er nahezu ein halbes Jahr im Gefängniß gehalten. Von fünf Pfund Sterling, die ihm Margarethe Fell zur Bestreitung seiner Unterhaltung übersandte, akzeptirte er den zwanzigsten Theil und wies das Andere zurück. Wie übrigens auch viele andere Quäker, beschränkte er sich freiwillig auf die allerunentbehrlichsten Ausgaben für Kost und Kleidung, auf ein wahres Asketenleben.*)

Nach Absolvirung seiner Haft nahm Naylor seine Missionsthätigkeit sofort wieder auf und kam Anfang 1655 nach London, wo schon eine ziemlich starke Quäkergemeinschaft bestand. Seine glühende, hinreißende Sprache machte ihn bald zum beliebtesten Redner derselben, und selbst außerhalb der engeren Kreise des Quäkerthums gelangte er zu einer gewissen Berühmtheit. Er ward in Zirkel eingeführt, wo er mit hervorragenden Vertretern der zu Cromwell in Opposition getretenen Republikaner, wie Bradshaw, Sir Henry Vane und Andere, in Verkehr trat, und andererseits besuchten viele von diesen, ja selbst Mitglieder des Cromwell'schen „Hofes,“ die Quäkerversammlungen, wo Naylor sprach. Schließlich kam es in der Gemeinde zu einem vollendeten Naylor-Kultus, namentlich seitens der weiblichen Mitglieder. Man wollte Niemand hören als ihn und unterbrach die bisherigen Führer der Gemeinde bei ihren Ansprachen. Naylor sollte der Hauptsprecher, Naylor der maßgebende Vertreter sein. Dieser selbst wehrte eine Zeit lang ab, aber am Ende stieg ihm der Weihrauch doch zu Kopf und thaten es ihm die Thränen seiner weiblichen Verehrer an, unter denen sich vor Allen Martha

---

Bruch mit dem Kommunismus ist höchst bemerkenswerth. Oldcastle ist, wie alle Führer der Unterdrückten, von den siegreichen Gegnern nach Möglichkeit verläumdet worden, und das Zerrbild, das diese von ihm entwarfen, ist das „Original“ zum Falstaff in Shakespeare's Heinrich IV. Ursprünglich hieß der feiste Ritter auch im Drama Oldcastle, aber später änderte Shakespeare, der sich mittlerweile wohl besser über den Sachverhalt unterrichtet hatte, den Namen ab und erklärte im Epilog zum zweiten Theil des Dramas: „Oldcastle starb als Märtyrer, und dieser (Falstaff) ist nicht derselbe Mann.“

*) Sehr bezeichnend für Naylor's damalige Gesinnung und eine Illustration für das vorher mit Bezug auf die allgemeine politische Enttäuschung Gesagte, ist eine aus dem Jahre 1652 datirte Flugschrift Naylor's, die den Titel führt: „Eine Klage (von einem der Propheten Englands) über den Ruin dieser unterdrückten Nation, tief zu Herzen zu nehmen von Parlament und Armee, sowie von allen Klassen des Volkes 2c. Geschrieben auf Grund der Eingebungen des Herrn in James Naylor.“ Sie beginnt mit den Worten: „O England, wie ist Deine Erwartung jetzt nach all' Deinen Mühen zu nichte geworden! Das Volk, auf dem Unterdrückung und Unredlichkeit gelastet hat, hat lange auf Befreiung gewartet, von Jahr zu Jahr, aber keine ist ihm geworden von einer Klasse Menschen zur anderen. . . . Sowie die Macht in die Hände von Menschen gefallen, ist sie zur Vergewaltigung geworden, und die Willkür von Menschen kam zur Herrschaft statt der Gerechtigkeit. . . . Wer sich von der Ungerechtigkeit abwendet, wird den Schlechten zur Beute preisgegeben, und Niemand in der ganzen Nation nimmt es sich zu Herzen. Denn alle Herzen sind voller Unterdrückung und alle Hände voller Gewaltthätigkeit.

Simmonds, die Frau des Buchdruckers Th. Simmonds und Schwester von Giles Calvert, sowie Hannah Stranger, die Frau eines Kammmachers, in ihrer Leidenschaftlichkeit auszeichneten. Ihnen nachgebend, machte sich Naylor im Sommer 1656 nach Launceston in der Grafschaft Cornwallis auf, wo Fox im Gefängniß saß, um mit diesem einige Differenzen, die zweifelsohne mit der Frage der Stellung zu den politischen Tagesangelegenheiten in Zusammenhang standen, eingehend zu besprechen. Verschiedene seiner Verehrer konnten es sich jedoch nicht versagen, ihn zu begleiten, und so erhielt schon auf dem Hinweg die Reise einen messianischen Anstrich. Das Quäkerevangelium, wie wir es oben kennen gelernt, mit seiner mystischen Idee vom inneren Licht, stand dem auch garnicht im Wege. Das innere Licht, die göttliche Erleuchtung, trat nicht bei Allen gleich stark auf; konnte nicht James Naylor mit seiner hinreißenden Beredsamkeit zu ganz besonderem Wirken berufen sein, in ihm der Geist in derselben Kraft auftreten, wie einst im Sohn der Maria? Die Quäker waren Christen im Sinne der Lehren des Urchristenthums, aber über die Gottheit der Person Christi herrschten in der ersten Zeit sehr ketzerische Ansichten in ihren Reihen.*)

Im Westen von England hatte in den Zentren der dortigen Tuchindustrie die neue Lehre schnell Anhang gefunden. Speziell aus Bristol, der zweitgrößten Stadt des Reiches, wird schon 1654 berichtet, daß die Quäkermeetings stets von drei bis viertausend Personen besucht waren. Die Zahl der eigentlichen Mitglieder der Gemeinde war natürlich geringer, aber doch eine im Verhältniß sehr bedeutende. In einer Stadt von etwas über 30000 Einwohnern hatten sie 1658 über 700 Mitglieder, die meisten davon Handwerker. Auch unter den Soldaten der Garnison hatten sie starken Anhang, und selbst verschiedene Offiziere verhielten sich günstig zu ihnen.**)

Ihre Häuser sind erfüllt mit Unterdrückung, ihre Straßen und Märkte strömen davon über. Ihre Gerichte, die Abhülfe dagegen gewähren sollten, sind durch und durch voll von Ungleichheit und Ungerechtigkeit ... Thörichtes Volk, sind nicht die, die jetzt an der Macht sind, die Auserlesensten Deiner großen Männer? War es nicht das höchste Deines Sehnens und Trachtens, sie in ihrer Hand zu sehen? Und sind sie nicht jetzt so schwach geworden wie andere Menschen, ist das Land nicht noch immer in Gährung und nichts fertig gebracht worden als Wind?" Darum solle man also nicht auf Menschen rechnen, nichts vom Wechsel der Gewalthaber erwarten, sondern nur vom richtigen Geist Besserung erhoffen, diesen propagiren, ihn durch die unmittelbare That bekräftigen. Es ist genau derselbe Gedankengang, den wir nach allen großen politischen Rückschlägen beobachten können, bis er im 19. Jahrhundert von der anarchistischen Schule aufgegriffen und zusammen mit Flicken aus dem Ideengehalt des modernen Sozialismus zu einer ganzen Gesellschaftsdoktrin ausgearbeitet wurde. Aber neben jener Bastarddoktrin läuft die Wiederbelebung des ursprünglichen Quäkergedankens in den Schriften eines Leo Tolstoi, der nicht mehr und nicht weniger ist als ein russischer Quäker, „fin du dixneuvième siècle."

*) Ebenso wie bei den Wiedertäufern. Vgl. S. 325 dieses Buches.

**) Carlyle erzählt (a. a. O., Th. VIII), daß der Generaladjutant Allen und andere Oppositionsmänner im Winter 1654/55 wiederholt Bristol aufgesucht und dort auf großen Meetings extreme Theorien propagirt hätten. Allen war, wie wir wissen, radikaler Wiedertäufer, und diese gingen fast alle zu den Quäkern über.

Als Naylor auf der Hinreise Bristol passirte, gab es denn auch Demonstrationen, und es kam sogar zu Tumulten, die aber ohne Folgen blieben. In Exeter dagegen ward Naylor verhaftet und als Unruhestifter und Aufwiegler in's Gefängniß geworfen. Dies erhöhte indeß nur sein Ansehen bei seinen Verehrern. Kein Messias ohne Verfolgungen. Die obengenannten Frauen feierten ihn in Briefen als unvergleichlichen Streiter und „einzigen Sohn" Gottes, und ihre Männer setzten in Nachschriften noch den Trumpf drauf. „Dein Name soll nicht mehr James sein, sondern Jesus," schrieb der Mann der Hannah Stranger, und Thomas Simmonds betitelte Naylor „Du Lamm Gottes!" Sie besuchten ihn im Gefängniß, und die Frauen fielen vor Naylor nieder und küßten seine Füße. Eine gewisse Dorcas Ebury schrie, sie habe zwei Tage todt gelegen und Naylor habe sie wieder zum Leben erweckt. Gegen Ende Oktober ward er freigegeben, und da Fox ebenfalls inzwischen freigesetzt worden — er hatte Naylor im Gefängniß besucht, es war aber zu keiner Verständigung gekommen —, ward alsbald die Rückreise angetreten. Zunächst gings wieder nach Bristol, Naylor zu Pferde und seine Begleiter nebenher zu Fuß. Schon in den Orten Glastonbury und Wells wurden Gewänder auf seinen Weg gestreut und Tücher vor ihm geschwungen, als sie aber vor Bristol ankamen, nahm der Zug vollends den Charakter einer Nachahmung des Einzugs Jesu in Jerusalem an. Naylor verhielt sich ruhig, aber seine Begleiter sangen Hymnen: Hosiannah in der Höh, heilig, heilig, heilig &c. &c. England war jedoch leider kein Palästina. Der Regen strömte vom Himmel und Naylor's Begleiter hatten knietief durch die aufgeweichten Wege zu waten. Der Regen ist der Feind aller Manifestationen, auch der messianischen. Er war denn auch die Ursache, daß, als der Zug in Bristol eingezogen war, die Helden desselben ohne Umstände verhaftet werden konnten. Sonst würde es bei dem nach Tausenden zählenden Anhang der Quäker nicht ohne heftige Zusammenstöße abgegangen sein. Ohnehin hatten sich trotz des Regens Massen Volks zusammengerottet. Und es scheint seitens der Lokalbehörden keine große Neigung bestanden zu haben, Naylor lange in Bristol zu halten oder dort abzuurtheilen. Nach vorgenommenem Verhör wird derselbe mit noch sechs Anderen am 10. November nach London geschickt, um als außergewöhnlicher Uebelthäter vom Haus der Gemeinen endgültig verhört und abgeurtheilt zu werden. Seine Angelegenheit nahm wochenlang fast die ganze Thätigkeit des kurz vorher zusammengetretenen zweiten Protektoratsparlaments in Anspruch. Sie wurde zuerst von einem Comité von 55 Mitgliedern geprüft, das nach vier Sitzungen an das Parlament berichtete; dann ward am 6. Dezember Naylor vor der Barre des Parlaments verhört und zwei Tage darauf der „abscheulichen Gotteslästerung" schuldig gesprochen, worauf das Haus sieben Tage darüber debattirte, ob es die Todesstrafe über ihn verhängen solle.*) Am 16. Dezember siegt mit 96 gegen 82 Stimmen die mildere Auffassung. Doch fällt die

*) „Endlose Debatten über James Naylor, die an Stumpfsinn alles menschliche Reden — selbst in englischen Parlamenten —, dem der Schreiber je ausgesetzt gewesen, übertreffen ... Für die Nachwelt sitzt es als das James Naylor-Parlament." (Carlyle, a. a. O., Bd. X.)

Strafe noch hart genug aus — so hart, daß ihre Ausführung unterbrochen werden mußte. Am 18. November sollte Naylor zwei Stunden in Westminster am Pranger stehen, darauf vom Henker durch London gepeitscht werden, hierauf wieder am Pranger stehen, dann ihm die Zunge mit einem heißen Eisen durchbohrt und ihm ein B (Blasphemer) auf die Stirn gebrannt werden. Alsdann sollte er nach Bristol gebracht, rücklings sitzend zu Pferde durch die Stadt transportirt und zurück durch die Stadt gepeitscht werden. Schließlich ins Zuchtgefängniß wandern und dort, mit Versagung jeglichen Gebrauchs der Feder, und für seine Nahrung auf den Ertrag seiner eigenen Arbeit — Wergzupfen — angewiesen, so lange in strengem Einzelgewahrsam sitzen, wie es dem Parlamente beliebe.

Naylor hatte über seine Messiasrolle im Verhör nichts geäußert, was nicht er und andere Quäker schon bei anderen Gelegenheiten über die Macht des inneren Lichts gesagt, und über die ihm gebrachten Huldigungen erklärt, sie hätten nicht seinem sterblichen Ich, sondern dem aus ihm sprechenden Gott gegolten. Mit dem Stoizismus des Fanatikers ließ er die erkannten Strafen an sich vollziehen. Aber seine Freunde blieben nicht ruhig. Massenhaft liefen, als schon bei der ersten Durchpeitschung Naylor so zerfleischt war, daß die weitere Ausführung des Verdikts ausgesetzt werden mußte, Petitionen zu seinen Gunsten ein, darunter von Leuten wie Oberst Scroope, so daß Cromwell selbst sich veranlaßt sah, vom Parlament die Gründe für das Verdikt einzufordern. Diese Frage hatte eine weitere viertägige Debatte des Hauses zur Folge, vor Beendigung welcher jedoch bereits ein weiterer Theil der erkannten Strafen an Naylor vollzogen wurde: die Durchbohrung der Zunge und die Brandmarkung. Seine Anhänger umstanden dabei in großer Zahl das Gerüst, einer derselben, ein Kaufmann Robert Rich, stellte sich neben ihn und hielt ein Plakat über seinen Kopf, worauf die Worte standen: „Dies ist der König der Juden," das aber natürlich alsbald von den Leuten des Henkers zerrissen wurde. Nach vollzogener Brandmarkung warf sich Rich über Naylor, strich sein Haar, küßte seine Hände und suchte ihm das Feuer aus der Brandwunde hinwegzusaugen. Andere drängten sich hinzu, Naylor's Hände oder Füße zu küssen — kurz, er war noch immer der göttliche Sendbote. Auch während des Spottrittes durch Bristol ritten Rich und andere Quäker Naylor voran und sangen Hymnen, die sich auf Christus bezogen.

Es ist nicht nöthig, den religiösen Charakter dieses Ausbruchs von Ekstase zu leugnen — die Religion, und vor Allem diese Religion, bot das Ventil, wo sich die Spannung der Gemüther über die Vorgänge auf der politischen Bühne Luft machen konnte. Wir sind in der Epoche, wo Cromwell's Gewaltherrschaft oder Herrschergewalt ihre Höhe erreicht hatte. Neue Versuche, einen monarchischen Aufstand in Szene zu setzen, waren erfolgreich niedergeschlagen worden und hatten den Anlaß geboten, für eine Zeit lang das Land durch militärische Vollmachtsträger, die Generalmajore, verwalten zu lassen. Kurz nach der Zeit ihrer Ernennung oder öffentlichen Proklamirung findet der Zug Naylor's nach Bristol statt. Sollte er eine Revolte einleiten oder eine Gegendemonstration vorstellen? Es ist schwer, anzunehmen, daß Naylor und seine Freunde, fast Alle aus den radikalsten Elementen der politischen Welt hervorgegangen, sich um jene Vorgänge nicht gekümmert haben sollten, und ebenso schwer begreiflich ist es, daß das Parlament der Angelegenheit Wochen und Monate gewidmet haben soll, wenn es nicht von der Voraussetzung ausging, daß hier unter der religiösen Hülle eine der bestehenden Ordnung feindliche Bewegung steckte. Die ausdrückliche Entziehung des Gebrauchs der Feder im Verdikt über Naylor ist in dieser Hinsicht sehr bezeichnend.*) Dergleichen, und überhaupt eine Bestrafung wie die angegebene, verfügt man nicht über einen Menschen, den man für verrückt hält. So, mit zeitweiliger Geisteskrankheit, haben nämlich spätere Quäker Naylor's Ritt nach Bristol zu erklären versucht, und auch andere Schriftsteller sprechen von ihm nur als von einem Verrückten. Aber Naylor's Schriften und Briefe sind ganz und garnicht die eines Geisteskranken, und wenn man bei Ellwood liest, daß Naylor noch nach seiner Entlassung aus der strengen Einzelhaft (die doch sicher nicht geeignet gewesen wäre, einen Geisteskranken zu heilen) sich als Disputant ersten Ranges bethätigte, so erscheint diese Hypothese unhaltbar. Die zeitgenössischen Quäker behandeln Naylor's Fall einfach als eine vorübergehende Verirrung, als eine Art seelischen Rausch, und mehr war sein Wahnsinn auch nicht. Wie viele der Anhänger diesen „Rausch" mitmachten, mag ununtersucht bleiben. Wenn aber Barclay Weingarten gegenüber auf eine nach den Vorgängen erfolgte Erklärung der Gemeinde Bristol verweist, in der es heißt, daß kein Mitglied derselben mit Naylor's Vorgehen einverstanden gewesen sei, so beweist das selbst für die Stellung zum verunglückten Einzug wenig genug, noch weniger aber für die Stellung zu den von Naylor vertretenen Tendenzen. Weingarten's Vergleich von Bristol mit Münster (a. a. O., S. 269ff.) ist jedenfalls insofern ganz zutreffend, als der Ausgang des Versuchs in Bristol entscheidend wurde für den Sieg der prinzipiell antipolitischen Richtung im Quäkerthum. Daß im Uebrigen in Bristol sich als Tragikomödie abspielte, was in Münster als Tragödie sich vollzogen, ist das häufige Schicksal der Imitationen weltgeschichtlicher Ereignisse. Aber sicher wäre

---

*) In einer Ansprache Cromwell's aus dem Frühjahr 1657 über eine zur Verhandlung stehende Verfassungsreform findet sich eine Stelle, die, wenn nicht ausschließlich auf die Quäkerdoktrinen, als politisch und religiös staatsfeindliche, gemünzt, so doch sie unbedingt in jene Kategorie einschließt. Der Passus — er steht in der von Carlyle als Rede 13 bezeichneten Ansprache — spricht ironisch von etlichen Hundert „Freunden," die mit ihren Freunden, den Männern der fünften Monarchie, sich über alle gesetzlichen Gewalten hinwegsetzen wollten und alle bürgerlichen und religiösen Interessen bedrohten. Cromwell will beide Seiten dieser Bewegung darlegen, verwickelt sich aber sofort und spricht von der kirchlichen, wo er von der weltlichen Seite sprechen will und umgekehrt. Die Sache war eben nicht auseinander zu halten, weil die Bewegungen selbst bald das eine, bald das andere Gesicht zeigten. Aber in dem Verfassungsentwurf werden unter Anderen als wahlunfähig erklärt — neben Atheisten, Religionsspöttern 2c. Alle, welche die göttliche Einsetzung der Sakramente und des Priesteramtes bestreiten.

der Versuch nicht gemacht worden, wenn man nicht beim ersten Aufenthalt in Bristol zu Derartigem Stimmung vorgefunden hätte.*)

Für die allgemeine Situation ist fernerhin bezeichnend, daß, noch ehe die Angelegenheit Naylor's von der Tagesordnung dieses Parlaments ganz verschwunden ist, es die zweite Angelegenheit aufnimmt, die seine Amtirung bezeichnet: die Verfassungsänderung, die hinausläuft auf die Schaffung einer neuen Peers-Kammer und die Uebertragung der Königswürde an Cromwell. Allerdings war inzwischen auch noch das Sindercomb'sche Attentat entdeckt worden.

Nur die Rücksicht auf die Armee, in der trotz aller inzwischen vorgenommenen Säuberungen der republikanische, oder richtiger der antimonarchische Geist immer noch überwog, veranlaßte Cromwell, die Königskrone abzulehnen, sonst hätte er sie ohne Gefahr annehmen dürfen. Die große Masse der bürgerlichen Welt war erschlafft und sehnte sich nach Ruhe. Je befestigter die Regierung, um so mehr versprach sie, diesem Bedürfniß Genüge zu leisten und war sie daher der Zustimmung dieser Klassen sicher. Immer mehr Mitglieder des Adels, der wohlhabenden Gentry, der städtischen Aristokratie, die vordem Cromwell feindselig gewesen, gingen jetzt zu ihm über, denn er vertrat die Ordnung, und die Masse der Bauern und Kleinbürger waren gegen die Form der Regierung gleichgültig. Niemand mochte mehr für Karl Stuart seine Haut riskiren, und ebenso hätte sie Niemand für die Erhaltung der Republik riskirt — Niemand, außer einer kleinen Schaar von Ideologen. Im Land waren sie ungefährlich, in der Armee mußte mit ihnen und den Strebern, die sich auf sie stützten, gerechnet werden.**)

Mit Naylor, der 1659 aus dem Gefängniß entlassen wurde und schon 1660 starb, verlor die politisch-radikale Strömung unter den Quäkern ihren bedeutendsten Vertreter. Daß sie nicht sogleich verschwand, daß eine solche Unterströmung noch lange im Quäkerthum fortbestand, dafür fehlt es nicht an Beweisen.

*) Uebrigens ist es interessant, zu sehen, wie sich bei den ersten Quäkern, selbst der unpolitischen Richtung, immer wieder das Bestreben zeigt, für die Wiedertäufer von Münster eine Lanze einzulegen. „Wenn wir aber zur Praktizirung (der Prinzipien) übergehen," schreibt der ältere Barclay, „so gestehe ich zwar, daß ich von ganzem Herzen jene wilden Praktiken verabscheue, die von den Wiedertäufern von Münster berichtet werden," — man beobachte die vorsichtige Wendung — „ich nehme mir aber heraus, zu erklären, daß ebenso schlimme, wenn nicht noch schlimmere Dinge von Denen verübt worden sind, die sich auf die Ueberlieferung, den Wortlaut der Schrift und die Vernunftauslegung (im Gegensatz zum „inneren Licht") stützen." Lutheraner, Kalvinisten, Päpstliche hätten unter- und gegeneinander und in den verschiedensten Kombinationen „auf elende Weise Blut vergossen," hätten „Leute, die nichts von dem Streit wußten und einander ganz fremd waren, gemiethet und gezwungen, einander zu tödten — Alles unter dem Vorwand, daß sie die Vernunft für sich hätten, und unter Berufung auf die Schrift für die Gesetzmäßigkeit ihres Vorgehens." Barclay, Apology, S. 57.

**) Daher die große Enttäuschung des Leveller Sexby, als Cromwell die Königskrone ablehnte. Sexby sei darüber völlig verändert und vergrämt, schreibt Oberst Titus unterm 23. Mai 1657 an Ed. Hyde. (Vgl. Calendar of Clarendon State Papers, Bd. III.) Sexby wußte, daß die einzige Macht, die allenfalls die zur Beseitigung Cromwell's erforderlichen Elemente liefern konnte, die Armee war.

Aber sie tritt immer mehr zurück oder wird zurückgedrängt durch die Fox'sche Richtung. Während Naylor's Trotz im Gefängniß gebrochen wird, geschieht dasselbe draußen mit dem Geist der Rebellion unter den „Freunden." Von 1656 bis 1658 werden nicht weniger als 3000 Quäker auf mehr oder minder längere Zeit eingesteckt — man denke, was das für eine so junge Bewegung sagen will. Es mußte sie dazu führen, alle ihre Energie nach einer bestimmten Richtung hin zu entfalten, und bei der Aussichtslosigkeit und anscheinenden Zwecklosigkeit aller politischen Bestrebungen, konnte dies nur die ethisch-religiöse Richtung sein. 1659 flackert die politische Tendenz in der schon erwähnten Petition „Für die gute, alte Sache der Republik" noch einmal auf; aber unter der Restauration werden die Quäker so unpolitisch, daß sie die einzige nichtkatholische Sekte sind, die Jakob's II. im Interesse der Katholiken erlassener Toleranz-Erklärung Beifall zollen.

Unter Karl II. haben sie indeß noch viel Verfolgungen durchzumachen. Der Aufstand der Anhänger der fünften Monarchie im Januar 1661 (Venner und Genossen) brachte alle extremen Sektirer aufs Neue in Verdacht der politischen Umtriebe, es wurde die Ablegung eines Unterthaneneides vorgeschrieben, und da die Quäker jeden Eid verweigerten, lehnten sie es auch ab, diesen zu schwören und zogen sich dadurch Verurtheilungen über Verurtheilungen zu.

Bei alledem nahm ihre Zahl immer noch zu. Zur Zeit der großen Pest (1665) muß ihre Zahl in London allein mindestens 10 000 betragen haben, und obwohl sie, deren Anhänger sich überwiegend aus den Reihen der unteren Volksschichten rekrutirten, wahrscheinlich am meisten Todesfälle zu verzeichnen und zu allen Zeiten einen großen Prozentsatz Auswanderer aufzuweisen hatten, bleibt ihre Zahl bis gegen 1680 in beständiger Zunahme. Aber von dem Moment an, wo sie als religiöse Gemeinschaft volle staatliche Anerkennung genießen, sehen wir sie unausgesetzt abnehmen — erst langsam, dann aber immer schneller. Heute sind sie, wenigstens in Europa, auf dem Aussterbe-Etat. Von allen größeren religiösen Gemeinschaften der Revolutionszeit hat keine die Verfolgungen so tapfer ertragen wie die Quäker. Während Baptisten und Independenten sich duckten, haben sie den passiven Widerstand in einer Weise ausgeübt, daß man in der That sagen kann, sie haben ihre Verfolger müde und mürbe gemacht. Aber keiner jener Revolutionskirchen ist die erlangte Duldung und spätere Gleichberechtigung so verhängnißvoll geworden wie gerade den Quäkern.

III. Die ökonomisch-soziale Seite des Quäkerthums.

Es wurde schon erwähnt, daß die Quäker sehr bald dazu übergingen, die Unterstützung ihrer Verfolgten zu organisiren. Aber je mehr sich ihre Gemeinden konsolidirten, um so mehr kam zu dieser Unterstützung eine andere: die der armen und erwerbsunfähigen Mitglieder. Es braucht kaum hinzugefügt zu werden, daß diese Einrichtung zu einer Quelle großer Sorgen und vieler Unannehmlichkeiten für die Gemeinschaft wurde, aber es dürfte Manchen auf den ersten Moment überraschen, zu hören, daß sie auch sehr viel zum Rückgang der Quäkergemeinschaft beigetragen hat. Und noch mehr wird es überraschen, zu hören, daß infolge ihrer gerade die Zahl der ärmeren Genossen am meisten abgenommen hat. Aber bei näherer Betrachtung wird die Sache verständlich genug.

Schon in der Zeit der Verfolgungen ist es vorgekommen, daß Leute sich als „Freunde" eintragen ließen, blos um Unterstützungen zu erschleichen, bezw. sich auf Kosten der Begeisterung und Hingabe der Anderen ernähren zu lassen. Aber das waren Einzelfälle, die sich leicht kontroliren ließen. Je mehr aber die Verfolgungen nachließen, je gefahrloser es wurde, Quäker zu werden, um so verführerischer war es, sich als „Freund" eine Unterstützung zu verschaffen, die sehr viel reichlicher ausfiel, als die öffentliche Armenunterstützung. So entwickelte sich sehr früh für die Quäkervereine als solche eine wirkliche Armenfrage, und es ist sehr interessant, bei Barclay nachzulesen, wie viel experimentirt wurde, um den Schwierigkeiten, die sich dabei herausstellten, wirksam zu begegnen. Es galt nicht nur, die Aufbringung der Unterstützungsgelder und deren Vertheilung zu organisiren, sondern auch die Art der Vertheilung, eine Kontrole über die Würdigkeit des Empfängers, bezw. gegen faule und falsche Brüder zu schaffen. Was unter dem Druck der Verfolgungen als Liebespflicht geleistet worden war, ward nun, wo der Druck geschwunden, oft blos noch als Pflicht empfunden, oder aber deshalb strenger aufgefaßt, weil man sah, daß die Unterstützung oft mehr demoralisirte als wirkliche Hülfe brachte. Dann erhoben sich auch Fragen der Zuständigkeit, ob eine Gemeinde eigentlich für ein gerade zugewandertes Mitglied aufzukommen habe, oder ob nicht dies Pflicht der Gemeinde sei, der es bisher angehört. Schon 1693 wird im Bericht des — nationalen — Jahresmeetings davon gesprochen, daß so viele arme „Freunde" vom Lande nach London übersiedeln und dort der Gemeinde zur Last fallen. Es wird — 1710 — ein ganzes Armengesetz für Mitglieder der Verbindung der „Freunde" geschaffen. Bestimmungen über den Unterstützungswohnsitz werden festgesetzt, und Neuankömmlinge werden nun mit etwas kritischeren Augen angesehen. Inzwischen wird aber die Gesellschaft selbst immer respektabler. Ihre asketische Mäßigkeit und Nüchternheit, ihr immer noch enger, freimaurerartiger Zusammenhang wird zur Ursache, daß die Quäker sich zu sehr erfolgreichen Geschäftsleuten entwickeln. Es ist die alte, schon bei den Lollharden (S. 525) charakterisirte Erscheinung. Der Asketismus ist bürgerliche Tugend, namentlich vor dem Aufkommen der eigentlichen großen Industrie, wo neue Kapitalien in der That oft genug durch Sparen gebildet werden.

In einer Ende des 17. Jahrhunderts veröffentlichten Streitschrift gegen das Quäkerthum, betitelt „Die Schlange im Grase," heißt es: „Obwohl die Quäker im Anfang ihre Häuser und Familien verließen, um von der Hand in den Mund zu leben, herumzuziehen und zu predigen, und wider den Reichthum eiferten, als sie keinen hatten, haben sie doch seitdem den Mammon so fest gepackt wie nur irgend einer ihrer Nächsten, und nennen jetzt die Reichthümer Geschenke und Segen Gottes." („The Snake in the Grass," 2d. Ed., 1697, pref. S. 16.) In anderen Worten sagt dasselbe ein 1699 erschienener Brief des Quäkers William Edmundson: „Und wie unsere Zahl wuchs, geschah es, daß ein Geist unter uns aufkam, wie unter den Juden, als sie aus Egypten kamen. Und dieser (Geist) blickte zurück in die Welt und handelte mit dem Kredit, den er nicht erworben, und strebte darnach, groß in den Gütern und Schätzen dieser Welt zu sein." Es habe sich ein Luxus entwickelt, man habe sich schöne Häuser gebaut, feine Kleider getragen, schmackhafte und reichliche Mahlzeiten zu halten begonnen und höchst unziemlicher Weise Tabak geraucht. (Aus J. S. Rowntree, Quakerism: Past and Present, an Inquiry into the causes of its decline, London 1859.) Der Vergleich mit den Juden ist aber auch sonst nicht unpassend und ein hübsches Beispiel dafür, wie sich in der Geschichte die Bewegungen immer ganz anders und oft gerade umgekehrt entwickeln als ihre Stifter geplant. Als eine Reaktion gegen den „judaisirenden" Geist der zur Herrschaft gelangten Puritaner tritt das Quäkerthum zuerst auf die Bühne, so stellt es noch der ältere Barclay hin. Aber ihre dem Urchristenthum nachgebildeten Grundsätze verbieten ihnen die Pflege der schönen Künste, ihre ersten Traditionen machen sie in ihrer Masse sogar den Wissenschaften gegenüber indifferent. Oeffentliche Aemter können sie infolge ihrer Stellung zum Eid rc. nicht bekleiden, auf alle einträglichen Staatsstellen, Pfründen rc. müssen sie verzichten, das Trinken und der Sport sind bei ihnen verpönt — wie konnte es da anders sein, als daß sich ihre ganze Energie auf das Erwerbsleben richtete und sie schließlich eine ähnliche Rolle im Geschäftsleben spielten und, trotz ihrer bis zu einem gewissen Grade auch dort bethätigten Moralgrundsätze,*) so gefährliche Konkurrenten wurden wie die Juden. Im 17. und 18. Jahrhundert spielen wenigstens Quäker auch noch als Landwirthe eine Rolle, und zwar als Pioniere der modernen Agrikultur (Thorold Rogers, a. a. O., S. 85), aber von 1760 an wird von den „Freunden" die Nichtbezahlung der Kirchenzehnten für obligatorisch erklärt, und damit blieb den Gutsbesitzern und Bauern unter ihnen nichts übrig, als auszuwandern, in die Stadt zu ziehen und ein Gewerbe zu betreiben oder — der „Freund"schaft zu entsagen. Die Einen thaten das Erstere, die Anderen das Letztere, und der ackerbauende Quäker verschwand in England von der Bildfläche. Dafür weist das Verzeichniß berühmter englischer Quäker eine stattliche Zahl hervorragender Bankiers auf,

*) So schreibt man den Quäkern ein wesentliches Verdienst an der Einbürgerung des Systems der festen Preise im Handel zu. Anfang des 18. Jahrhunderts wird auf Jahresmeetings den „Freunden" zur Pflicht gemacht, auf Solidität in der Fabrikation zu sehen und Waarenfälschungen entgegenzuwirken. Da sie in Irland um jene Zeit sehr stark waren, soll diese Bestimmung der irischen Leinenindustrie sehr zu Gute gekommen sein. Manche späteren Staatsgesetze wurden von den Quäkern antecipirt. Schon 1705 verbietet ein Beschluß der Jahreskonferenz den „Freunden", Lachse und Forellen während der Laichzeit zu fangen.

deren größten einer — Gurney — 1866 einen weltberühmten Bankerott gemacht hat.

Mit ihrem kommerziellen Erfolg erwarben die Quäker eine andere „jüdische" Eigenschaft: die Unfähigkeit oder den Verlust der Neigung, Proselyten zu machen.

In der Epoche, mit der wir es hier zu thun haben, zeigte sich das freilich alles nur erst im Keim. Aber es beginnt schon, was wir die Entproletarisirung der Bewegung nennen möchten. Und zwar nach zwei Richtungen hin. Man ist vorsichtiger in der Aufnahme von Arbeitern, und die aufgenommenen Arbeiter oder doch ihre Kinder hören in der Regel bald auf, Proletarier zu sein.

Die Letzteren empfangen in den Quäkerschulen oder durch Vermittelung der Schulfonds der Quäker eine bessere Erziehung als der Durchschnitt der Arbeiterkinder, auch später mehr Förderung, und machen dann eine bürgerliche Carrière — aus den angeführten Gründen um so mehr, je bessere Quäker sie sind. Anfang des 18. Jahrhunderts überwog das Arbeiterelement noch so, daß — auch hier spätere Entwickelungen antecipirend — die Freunde die Arbeitsvermittelung zu organisiren beschließen und theilweise auch durchführen. Aber während durch all Das der zu den Quäkern gehörende Arbeiter ökonomisch gehoben und in den Stand gesetzt wird, seine Kinder zu etwas Besserem zu erziehen, verliert das Quäkerthum durch seine asketische Moral, seine politische Passivität und sonstigen Quietismus seine Anziehungskraft auf diejenigen Arbeiter, in denen der bürgerliche Geist nicht Wurzel gefaßt hatte. Auch erwies sich, wie Rowntree in der zitirten Schrift hervorhebt, das gute Unterstützungswesen der Quäker ihrer Ausbreitung bei den Arbeitern dadurch verhängnißvoll, daß vielen von ihnen das Selbstgefühl den Beitritt verbot: die Furcht, man könne meinen, es sei die Aussicht auf die Unterstützung, die sie zu dem Schritt veranlasse.*)

Kurz, der proletarische Quäker ist so ziemlich vom Schicksal des bäuerlichen Quäkers ereilt worden. Er ist noch nicht ganz verschwunden, aber er ist eine Seltenheit geworden. Nach einer Berechnung Rowntree's hatten die „Freunde" in der ersten Hälfte dieses Jahrhunderts noch nicht den dritten Theil der Armen und Unterstützungsbedürftigen, die im Verhältniß ihrer Kopfzahl zur Gesammtbevölkerung auf sie hätte entfallen müssen. Die Zahl ihrer reichen Mitglieder wird das umgekehrte Verhältniß noch bedeutend übersteigen.

Warum das Quäkerthum in den wohlhabenden Klassen später keine Proselyten mehr machen konnte, bedarf kaum der Erklärung. Um sich einer Gemeinschaft mit so absonderlichen Gewohnheiten anzuschließen, wie sie die Quäker noch bis in dieses Jahrhundert hinein aufrecht erhielten, braucht es für ein Mitglied der bürgerlichen Klassen eines ganz außergewöhnlichen Enthusiasmus, den das Quäkerthum für sich zu erwecken bald außer Stande war. Seine religiösen

*) Mit Bezug auf das Unterstützungswesen der Quäker schreibt Ende des 18. Jahrhunderts Sir Fr. Eden: „Die besondere Wirthschaftlichkeit und gute Organisation, die bei den Quäkern zu finden sind, verdienen allgemeine Nachahmung" („The State of the Poor or a History of the Labouring Classes in England"), London 1797, I., S. 588.

Grundsätze sind vor Allem für den modernen Bourgeois bedeutungslos geworden. Was soll ihm eine Religion, die weder die des Staates ist, noch Einfluß auf die Massen hat? Die weder schöne Kirchen hat, noch bedeutende, geistreiche Kanzelredner? Die nicht rationalistisch genug ist für den Aufgeklärten unserer Zeit und nicht symbolisch genug für die Berauschung des Gemüths? Kurz, das Quäkerthum vegetirt nur noch als historische Reminiszenz. In Westeuropa fehlen alle Voraussetzungen für seine Erneuerung, sie wäre heute einzig und allein möglich in Rußland.

Trotzdem aber das Quäkerthum seit Ende des 17. Jahrhunderts die Zahl seiner Bekenner ständig hat abnehmen sehen, hat es doch im 18. und im Anfang des 19. Jahrhunderts einen großen Einfluß ausgeübt. Nicht als politische, sondern als philanthropische Bewegung. Und die philanthropische Bewegung war zweifelsohne angemessen in einer Zeit, wo der in seine Flegeljahre eingetretene industrielle Kapitalismus seine wüstesten Ausbeutungsorgien feierte, das Proletariat aber noch nicht stark genug war, ihm organisirten Widerstand entgegenzustellen. In allen großen Reformbewegungen des 18. Jahrhunderts sehen wir Quäker hervorragend thätig. Sie sind in England und in Amerika die ersten und unermüdlichen Bekämpfer der Negersklaverei, sie stehen an der Spitze der Bewegungen für die Reform der Strafgesetze und für die Reform des Gefängnißwesens. Sie liefern hervorragende Förderer und Vertreter der Wissenschaft und des Erziehungswesens und später auch der politischen Reform. Wir begegnen Quäkern in der Chartistenbewegung, wo sie allerdings, wie der bekannte Sturge, ihrer Doktrin entsprechend zur gemäßigten Richtung gehören, aber doch zähe für die Sache wirken, und wir finden Quäker bei den Oweniten.*)

Als Robert Owen 1809 in Gefahr stand, seine arbeiterfreundlichen Einrichtungen in New-Lanark aufgeben zu müssen, weil seine bisherigen Kompagnons dies im Interesse des Profits verlangten, waren es, außer dem „Philosophen des Egoismus," Jer. Bentham, nur Quäker und Söhne von Quäkern, die sich ihm behufs Fortsetzung seiner Reformen mit Kapital associirten. Einer derselben, William Allen, machte Owen später durch seine Opposition viel zu schaffen, aber diese Opposition bezog sich, wie Owen anerkennt, lediglich auf religiöse Angelegenheiten, nicht auf die Geldfragen. Von seinen anderen Associés aus den Reihen der „Freunde," insbesondere von einem John Walker, der sich mit 30 000 Pfund Sterling betheiligt hatte, spricht Owen dagegen in seiner Selbstbiographie in den Ausdrücken höchster Anerkennung. Und ganz gleichgültig ist es wohl auch nicht, daß, ehe Owen überhaupt nach New-Lanark geht, es, wie er erzählt, zwei junge Quäker sind, die in Manchester seinen intimen Umgang bilden und seine geistige Entwickelung beeinflussen. Der Name des Einen hat in der wissenschaftlichen Welt später großen Ruf erlangt: jedes Handbuch der Naturwissenschaften kennt

*) Auch heute zählt die sozialdemokratische Bewegung Englands verschiedene „Freunde" in ihren Reihen.

John Dalton, den Physiker und Chemiker. Der Name des Anderen ist sonst nicht weiter bekannt geworden, es knüpft sich aber für uns ein gewisses Interesse an ihn. Ein merkwürdiger Zufall hat es gewollt, daß der Studiengenosse des einundzwanzigjährigen Owen im Manchester-College, den Owen selbst als seinen intimen Freund bezeichnet, Quäker war und den sonst nicht gerade sehr häufigen Namen Winstanley führte, den Namen des entschiedensten Kommunisten der englischen Revolutionszeit. Es läßt sich nicht nachweisen, ist aber auch nicht undenkbar, daß es ein Nachkomme des „wahren Leveller" war.

Aber zwischen Gerard Winstanley und Owen steht, wie wir schon bemerkt haben, ein anderer Quäker: John Bellers. Ehe wir uns diesem zuwenden, müssen wir jedoch noch eines Mannes gedenken, der dem Ideengang und der Zeitfolge nach zwischen Bellers und Winstanley steht und Anspruch auf einen Platz in der Geschichte des Sozialismus hat.

IV. Peter Cornelius Plockboy.

Im Jahre 1659 erschienen in London zwei Pamphlete, deren Verfasser sich Peter Cornelius van Zürickzee zeichnete. Sie wurden längere Zeit Cromwell's ehemaligem Feldkaplan und Sekretär Hugh Peters zugeschrieben,*) rühren aber thatsächlich von einem Holländer Namens Pieter Corneliß Plockboy aus Zierickzee, einer damals sehr bedeutenden Handelsstadt in der Provinz Zeeland, her. Eines dieser Pamphlete war ursprünglich für Oliver Cromwell bestimmt, mit dem der Verfasser persönlich verhandelt zu haben erklärt, und ist, da Oliver inzwischen gestorben, Richard Cromwell und dem Parlament gewidmet. Es enthält Vorschläge über Mittel zur Festigung der Republik und des inneren Friedens (Abschaffung der Zehnten und jeder Staatsreligion, Gleichberechtigung aller christlichen Sekten, volle Redefreiheit ꝛc.), und ist durch die Art der Begründung derselben ganz interessant, fällt aber außerhalb des Rahmens unserer Betrachtung. Dagegen hat die zweite Schrift entschieden auf unsere Berücksichtigung Anspruch.

Ihr etwas ausführlicher Titel lautet: „Vorschlag eines Weges, die Armen dieser und anderer Nationen glücklich zu machen dadurch, daß (je) eine Anzahl passender und wohlgeeigneter Leute in eine gemeinsame Wirthschaftsverwaltung oder kleine Republik vereinigt werden, in der Jeder sein Eigenthum behalten und ohne jede Unterdrückung in der Art von Arbeit, zu der er sich gerade eignet, beschäftigt werden kann. Das Mittel, diese und andere Nationen nicht nur von faulen, schlechten und lüderlichen, sondern auch von solchen Personen zu befreien,

*) Der Buchhändler und Buchsammler Thomason, dessen Sammelfleiß die Erhaltung der meisten Pamphlete aus jener Zeit zu verdanken ist, bemerkte auf dem für uns wichtigen jener Pamphlete: „Ich glaube, dieses Pamphlet ist von Hugh Peters verfaßt worden, der einen Diener Namens Cornelius Gloudr hat." Peters hatte unter Karl I. wiederholt in Holland gelebt und mit dortigen Sektirern engen Verkehr unterhalten.

die Methoden gesucht und gefunden haben, auf Kosten der Arbeit Anderer zu leben. Mit einer Einladung zu dieser Gesellschaft oder kleinen Republik als Anhang."*)

Diese Einladung am Schluß ist von Leuten verfaßt, die bereits für den Plan gewonnen sind und je hundert Pfund Sterling dafür gezeichnet haben. Sie sprechen vom Verfasser als „unserem Freund Cornelius." Am Schluß der Broschüre selbst kündigt eine Note an, daß Alle, die sich für das Projekt interessiren, die Adresse des Verfassers durch den Verleger der Schrift erfahren können, dem uns schon bekannten Giles Calvert. Es untersteht also gar keinem Zweifel, daß das Projekt auf unmittelbare Realisirung berechnet war, keine Zukunftsspekulation, sondern „praktischer," von den Erfindern selbst zu realisirender Sozialismus. Aber der Erfinder und seine Genossen berufen sich auf gemachte Erfahrungen. Die geforderten Geldbeiträge sollen von vertrauenswürdigen Personen verwaltet werden, bis die — zu gründende — Gesellschaft aus eigener Kraft ordentlich bestehen könne. „Was," schreiben die gewonnenen englischen Genossen, „wie wir glauben, bald der Fall sein dürfte, angesichts der glaubwürdigen Berichte verschiedener Personen, wonach viele Hunderte in Siebenbürgen („Transsylvanien"), Ungarn und der Pfalzgrafschaft es von kleinen Anfängen nicht nur zu einem komfortablen Leben in ihrer Gemeinschaft gebracht haben, sondern auch zur Befähigung, Anderen, die nicht zu ihrer Gesellschaft gehören, viel Gutes zu thun."

Die angeführten Beispiele gehen auf die versprengten Reste der mährischen Täufergemeinden,**) und so sehen wir hier den Kommunismus jener schließlich auch nach England hinüberschlagen. Es kam zwar infolge der bald nach dem Erscheinen der Schrift eintretenden politischen Ereignisse — den Todeszuckungen der schon ein Jahr später erliegenden Republik — nicht zur Ausführung des Planes, indeß liefern die gezeichneten Beiträge doch den Beweis, daß die Idee, wie sie da entwickelt wird, in englischen Köpfen Boden gefaßt hatte. Auf alle Fälle ist die Schrift in englischer Sprache erschienen und hat unverkennbar auf die englische Ideenwelt weiter gewirkt, in England ihre Fortbildung erfahren. Daß die Anregung den Weg über Holland nahm, lag in der Natur der Sache; dieser Umweg über das zu jener Zeit ökonomisch entwickeltste der europäischen Länder hatte aber die Wirkung gehabt, daß der Vorschlag nicht bei dem durch die mährischen Gemeinden gelieferten Beispiel blieb, sondern in Motivirung und Ausgestaltung wesentliche Aenderungen erfuhr, erheblich modernere Züge trägt. Und dies vor Allem ist der Grund, weshalb wir ihn hier nicht übergehen dürfen. Die ökonomisch-soziale Motivirung rückt bei und mit ihm in den Vordergrund, die religiöse in die zweite Linie. Der erste Theil der Schrift, der den eigentlichen Plan entwickelt,

*) Hier der Anfang des englischen Titels: A Way propounded to make the poor in these and other nations happy by bringing together a fit suitable and well qualified people unto one Household government or little Commonwealth etc. etc. By Peter Cornelius van Zürick-Zee.

**) Vgl. ersten Theil dieses Buches, S. 371.

ist rein ökonomisch-sozial, erst der zweite — die Schlußbetrachtung — beruft sich auf die christliche Liebe und die im Christenthum niedergelegten Morallehren.

„Nachdem ich gesehen," beginnt Plockboy, „welche große Ungleichheit und Unordnung unter den Menschen in der Welt herrscht, wie nicht nur böse Regierer oder Herrscher, gierige Kauf- und Gewerbsleute und pflichtvergessene Lehrer und Andere alle Menschen in Sklaverei und Knechtschaft gebracht haben, sondern daß auch eine große Zahl gewöhnlicher Handwerker oder Arbeiter — in dem Versuch, die schwere Bürde abzulehnen, abzuwerfen oder ihr zu entgehen — überall Lüge und Betrug einführen zur Bedrückung der ehrlichen und guten Leute, deren Gewissen solche Praktiken nicht ertragen kann — habe ich deshalb, in Gemeinschaft mit anderen, für die allgemeine Wohlfahrt Beseelten, den Plan gefaßt, zu versuchen, vier Arten von Menschen, aus denen die Welt hauptsächlich besteht, aus verschiedenen Sekten in eine Familie oder Wirthschaftsverwaltung zusammenbringen, nämlich: Ackersleute, Handwerkervolk, Seeleute und Meister der Künste und Wissenschaften. Dies zu dem Zweck, uns desto besser dem Joch der weltlichen und geistlichen Pharaonen, die lange genug über unsere Seelen und Körper geherrscht, zu entziehen und von Neuem Rechtlichkeit, Liebe und brüderliche Geselligkeit herzustellen, wie sie früher bestanden, jetzt aber kaum mehr irgendwo anzufinden sind, und weiter um Diejenigen zu überzeugen, die alle Größe blos im Herrschen sehen und nicht in guten Werken, entgegen dem Beispiel und der Lehre des Herrn Jesus, der in die Welt kam, nicht um bedient zu werden, sondern um zu dienen, und der sein Leben für Viele zur Beute hingegeben." (S. 1.) Jesus, heißt es weiter, habe seinen Jüngern zugerufen: Wer unter euch der Größte sein will, der sei der Diener Aller, aber es sei in Wirklichkeit gerade umgekehrt, Diejenigen würden als die Größten betrachtet, die am meisten Diener hätten: „was die Welt Größe nennt und christliche Größe unterscheiden sich wie Licht und Finsterniß."

Folgt eine Diatribe gegen „Diejenigen, die sich geistliche Personen oder Klerus nennen" und die „den Leuten, damit sie um so williger für sie schanzen, einreden, sie kümmerten sich um ihre Seelen — als ob sie die Seelen lieben könnten, die sie nicht sehen können, und nichts für die Körper fühlen, die sie sehen." Das sei „Betrug und Lüge," und „darum laßt uns zu jenem Mitleid zurückkehren, das sich ebenso der Leiden des Körpers annimmt wie der der Seele."

Dies die kurze Einleitung zu dem Gesellschaftsplan, der sich am besten bezeichnen läßt als eine kommunistische Wirthschaftsgenossenschaft mit beschränktem Privateigenthum. Nur die Ausbeutung wird — im Bereich der Genossenschaft — abgeschafft, nicht das Eigenthum. Dieses soll in Uebereinstimmung mit dem zehnten Gebot fortbestehen dürfen. Was Einer zur Genossenschaft beisteuert an Land, Geld und Fahrhabe wird ihm gutgeschrieben und eventuell sichergestellt, er erhält aber keine Zinsen. Stirbt er, so sollen, falls er die Genossenschaft nicht zur Erbin eingesetzt, seine Kinder oder Anverwandten sein Guthaben erben. Wer austritt, ist verpflichtet, dies anzuzeigen und erhält sein Guthaben alsdann zurück; wenn unter hundert Pfund, sobald er wünscht, wenn über hundert Pfund, drei

Viertel binnen Jahresfrist, „aber ein Viertel sofort, damit Niemand behindert sei, die Gesellschaft zu verlassen.“ Wird die Gesellschaft durch Tyrannengewalt gestört oder auseinandergetrieben, so sollen, nachdem die Gläubiger befriedigt, das Baarvermögen und der Landbesitz ausschließlich unter die armen Mitglieder, die nichts gut haben, und etwaige arme Angehörige der anderen Mitglieder in gleichen Antheilen vertheilt werden. Junge Leute, die die Gesellschaft verlassen wollen — um Nichtmitglieder zu heirathen oder aus anderen Gründen —, sollen einen proportionellen Antheil des seit ihrer Geburt oder ihrem Eintritt erzielten Ueberschusses oder, falls kein solcher gemacht worden, einen von der Gesellschaft zu bemessenden Betrag mit auf den Weg bekommen.

Für den Anfang soll von geeigneten Leuten, als „Vätern,“ ein Fonds gesammelt werden. Mit Hülfe dieses Fonds sollen zwei große Häuser erworben, resp. errichtet werden: eines in der City von London, das groß genug sein soll, um zwanzig bis dreißig Familien aufzunehmen, und das als Lagerhaus dienen und Läden aller Art enthalten soll, und ein zweites, größeres, auf dem Lande, in unmittelbarer Nähe eines Flusses, das das Zentrum der Produktion und das gemeinschaftliche Wohnhaus der Gesellschaft bilden soll, den Aufenthalt der Ackerbauer, der Handwerker, der Lehrer &c. und der Seeleute. Zwischen diesem Haus und dem Fluß soll genügender Platz sein, um als Ladestätte („key,“ für Quai) dienen zu können, und das Haus womöglich so am Fluß gelegen oder durch einen Kanal gedeckt, daß es durch eine Zugbrücke von der Umgebung isolirt werden kann. Auch soll ein Schleusenthor den Fischfang erleichtern.

Das Haus soll in zweckmäßigster Weise errichtet werden, „mit öffentlichen und Privaträumen, um der Freiheit und der Bequemlichkeit zu entsprechen.“ Es soll enthalten: „Ein Wohnzimmer und ein Schlafzimmer für jeden Mann und sein Weib,“ eine große Halle für Kleider und Wäsche, einen Raum zur Herrichtung der Speisen, einen Eßsaal, einen Saal für die Kinder, Kellereien für Speisen und Getränke, Räume für die Kranken, die Aerzte und Wundärzte, sowie für „Bücher, Karten, Instrumente“ zur Pflege der „freien Künste und Wissenschaften.“

Die Leiter und Beamten werden von den Mitgliedern gewählt, und zwar immer auf ein Jahr, damit sich keine Beamtenhierarchie einbürgere. Die Verwalter über Vorräthe sollen immer nur im halbjährigen Turnus wählbar sein, die Kasse unter dreifachem Verschluß und der Verwahrung von drei Personen, von denen jede einen der Schlüssel besitzt. Im Uebrigen sollen so wenig feste Regeln als möglich aufgestellt werden, Jedem alle mit dem Gemeinwohl verträgliche Freiheit gelassen — Alles freigegeben werden, was nicht dem „Reich Gottes“ und der Vernunft widerspricht. So auch die Taufe, das Abendmahl &c., Dinge, deren Ausübung weniger bedenklich sei als ihre Unterlassung.*)

*) Dieser Satz, wie ein noch später zu erwähnender, der sich auf die Produktion bezieht, ist ganz offenbar an die Quäker gerichtet, mit denen der Verfasser schon durch Giles Calvert Verbindung gehabt haben muß. Er selbst dürfte der weitherzigsten Richtung des Täuferthums angehört haben.

Für die erste Zeit empfehle es sich, vorwiegend unverheirathete Personen anzustellen, „damit wir mit weniger Auslagen möglichst bald zu Einnahmen gelangen."

Was nun die Produktion selbst anbetrifft, so soll für alle Mitglieder der Kompagnie sechsstündige Arbeitszeit gelten, und zwar nach freier Wahl entweder Vormittag und Nachmittag je drei Stunden, oder, was Viele, namentlich im heißen Sommer, vorziehen würden, sechs Stunden im Vormittag; hier und überall der Sabbath ausgenommen. Für Arbeiter dagegen, die die Gesellschaft im Miethsverhältniß anstellt, herrscht zwölfstündige Arbeitszeit, bis sie „fähig und gewillt sind, uns beizutreten." Die besten Arbeiter sollen zu Meistern gewählt werden, die aber, wie die Arbeiter, sechsstündige Arbeitszeit haben.

Die im Waarenhaus in der Stadt beschäftigten Mitglieder sollen abwechselnd jeder eine gewisse Zeit im Jahr draußen in der Produktion thätig sein, zur Erweiterung ihrer technischen Kenntnisse und wegen der sonst damit für sie verbundenen Vortheile.

Alle Kinder sollen zwei bis drei Gewerbe erlernen. Dabei würden sie aber immer fröhlich und guter Dinge sein, da sie im Höchstfalle sechs Stunden täglich zu arbeiten hätten und nicht wie die Kinder der Außenwelt, und besonders in England, sieben Jahre Sklavenarbeit thun müssen. In ihren Freistunden können sie sich nach freier Wahl in Wissenschaften und Künsten ausbilden. Für Kinder, die noch Schulunterricht genießen, beträgt die tägliche Arbeitszeit in Gewerbe oder Landwirthschaft drei Stunden. Alles dies gleichmäßig für Arme wie für Reiche — so zum Beispiel auch für die Kinder, die von wohlhabenden Nichtmitgliedern in die Schule der Genossenschaft geschickt werden würden, sobald diese erst einen Stab tüchtiger Lehrer gewonnen habe.

Auch die Mädchen sollen außer der Hauswirthschaft ordentliche Handwerke erlernen, um, wenn sie später vielleicht die Genossenschaft verlassen, in der Welt ihr Fortkommen zu finden.

Daß die Genossenschaft wirthschaftlich prosperiren und ihren Betrieb immer mehr erweitern werde, ergebe sich aus folgenden Gründen:

1. weil sie „nicht überfordern," sondern, „entgegen dem Gebrauch der Welt, zum billigsten Satz verkaufen" werde;
2. weil ihre Mitglieder „billiger wohnen und ihre Lebensmittel zu billigerem Preis haben werden;"
3. sie alle Produkte „besser für den Preis herstellen kann."

Der Verfasser legt alle Vortheile der Gemeinwirthschaft und der Verbindung von Ackerbau und Industrie dar: wie ein Produktionszweig in den anderen greife und die Ausdehnung des einen die Ausdehnung des anderen nach sich ziehe, wie in der Vielseitigkeit der Wirthschaft die Bürgschaft der Festigkeit des Unternehmens beruhe. Er entwirft ein verlockendes Bild von der allmäligen Erweiterung desselben, wie man sogar Schiffbau treiben, Schiffe für den Fischfang auf hoher See und solche zum Export der fabrizirten Produkte nach dem

Festland auf dem eigenen Arbeitsplatz errichten werde. Im eigentlichen Hauswesen werde sich die Gemeinwirthschaft in jeder Hinsicht vortheilhaft erweisen. Zunächst infolge der Erleichterung der Arbeit. „Jeder wird in den Stand gesetzt, in aller Ruhe sein Tagewerk zu verrichten. Wenn Alles nach gewisser Eintheilung geschieht, werden 25 Frauen weniger Trubel haben als eine in einem Einzelhaushalt." (S. 10.) Aber „neben der Gemächlichkeit (‚ease') ist das gemeinsame Leben einträglicher." Wenn hundert Familien zusammenleben, könnten 25 Frauen die Arbeit leisten, die sonst hundert zu leisten hätten, die anderen 75 Frauen könnten produktiv ꝛc. thätig sein, was viele von ihnen vorziehen würden. Und auch sonst würde gespart werden. Statt hundert Feuer brauchte man vielleicht nur vier oder fünf: eines in der Küche, eines im Eßsaal, eines im Kindersaal ꝛc. Auch würde man, soweit der Konsum nicht durch die Produkte der eigenen Wirthschaft gedeckt werde, durch Einkauf im Großen billiger einkaufen. In jeder Hinsicht lohne sich auf diese Weise die Selbstwirthschaft und die Verbindung von Landwirthschaft mit Industrie.

„Während die Gewerbsleute in der Außenwelt ihre Arbeiter mit schwerer Arbeit und geringem Lohn bedrücken, wird bei uns dagegen der Profit des Geschäftsmannes dem Vortheil und der Erholung des Arbeiters zu Gute kommen."

Die Geschäftsleute draußen („in the world") „schweben beständig zwischen Furcht und Hoffnung," in der Genossenschaft dagegen „geht Jeder mit Seelenruhe seiner Arbeit nach."

Die Genossenschaft brauche keine Konkurrenz zu fürchten. Selbst wenn die anderen Kaufleute, um ihr Kunden abzuziehen, von ihren übertriebenen Preisen abließen — was nur zu wünschen wäre —, so würden die Vortheile der Großwirthschaft die Genossenschaft in Stand setzen, billiger als Jene zu produziren. Nur müsse man sich hüten, die Käufer durch doktrinäre Schrullen abzustoßen. Wenn also die Käufer von Kleidungsstücken dieselben mit Putz verziert zu haben wünschen, so solle man sie nicht mit der Bemerkung abweisen, daß Putz sündhaft sei. Dadurch werde man nur bewirken, daß diese Käufer der Genossenschaft auch sonst ihre Kundschaft entziehen, d. h. sich selbst schädigen. Es sei ja gewiß recht schlimm, setzt Plockboy humoristisch hinzu, daß Adam vom Baum der Erkenntniß gegessen, aber anders als durch Beispiel und Erziehung werde man die Menschen nicht von der Putzsucht kuriren. Die Weigerung, Putz anzufertigen, sei auch deshalb ungeschickt, weil die in der Genossenschaft herangewachsenen jungen Leute, wenn sie später Lust bekämen, sich in der Welt umzusehen, viel schlechtere Aussichten hätten, Arbeit zu finden, sobald sie jene Putzarbeiten nicht verstünden.*)

Die Mitglieder selbst sollten sich indeß möglichst einfach kleiden, nur solle es Demjenigen, der die Mittel dazu hätte, unbenommen sein, seine Kleider von

*) Dies die in der vorigen Note angekündigte zweite Polemik gegen die Quäker, die, namentlich in der ersten Zeit, jede Arbeit für Zwecke des Luxus als sündhaft verwarfen und mit Ausschluß aus ihren Gemeinden bedrohten.

besserem Stoff anfertigen zu lassen, schon damit die Armen, wenn er spazieren gehe, erkennen, dies sei eine Person, von der sie begründetermaßen Hülfe erwarten dürfen. Eine etwas rabulistische Motivirung, die indeß nur den Ausweg vorwegnimmt, den die Quäker selbst später einschlugen. Auch Barclay und Bellers erlauben das feinere Tuch.

Einige weitere Vortheile, die die Genossenschaft biete, seien, daß die jungen Leute nicht, wie es sonst nur zu häufig geschehe, vorschnell heirathen müßten, blos um sklavischer Abhängigkeit von den Eltern &c. zu entgehen. Sie könnten mit voller Ueberlegung und in aller Freiheit — da sie nicht gebunden seien, Mitglieder zu heirathen — ihre Lebensgefährten wählen. Die Lehrer in der Genossenschaft hätten nicht nöthig, um ihrer Existenz willen Dinge zu lehren, an die sie nicht glaubten, da keinerlei Gewissenszwang herrsche, alle Sekten gleichberechtigt sein sollen. Und Niemand brauche sich vor Eintritt von Krankheit oder für seinen Unterhalt im Alter zu fürchten oder um das Schicksal seiner Kinder nach seinem Tode zu zittern.

Wie die Genossenschaft Handel mit der Außenwelt treibe, ihre Schulen Außenstehenden gegen Entschädigung offenhalte, so sollen auch ihre Aerzte und Chirurgen Außenstehenden ihre Kunst zu Theil werden lassen: den Reichen gegen Entschädigung, den Armen umsonst. Und während Einige die Patienten besuchen, sollen Andere zu bestimmten Zeiten zu Hause sein, um Besuchern Rath zu ertheilen.

Reiche Leute, welche die Vortheile des Zusammenlebens mit genießen wollen, sollen sich gegen Zahlung der Unterhaltungskosten bei der Genossenschaft als Miether einquartieren dürfen. Wenn sie, des guten Beispiels wegen, etwas mitarbeiten wollen, so sollen sie dafür Wohnung und Kleidung umsonst erhalten.

Jeden sechsten und zwölften Monat im Jahr solle Abrechnung und Vertheilung eines Theils des Ueberschusses stattfinden, damit jedes Mitglied in die Lage komme, den Armen zu geben, Freunden Geschenke zu machen und dergleichen.

Die Genossenschaft solle auch eine große Versammlungshalle erbauen, mit estradenförmig aufsteigenden Sitzen, jeder Sitz mit einem Pult zum Lesen oder Schreiben versehen. In dieser Halle sollen Vorträge, Diskussionen &c. stattfinden, an denen sich auch Nichtmitglieder betheiligen dürfen und wo Jeder seine Meinung frei äußern solle. Beim Essen soll ein fröhlicher Ton herrschen und keinerlei Zeremonien. Die Bedienung bei Tisch sollen die jungen Leute abwechselnd versehen, damit Keiner sich falschem Stolz hingebe.

Schließlich werden 72 Gewerbe aufgezählt, für die die Genossenschaft Verwendung haben werde. Und dann heißt es: „Sobald eine Genossenschaft als Pflanzschule in der Umgebung Londons etablirt ist, um die Armen zu beschäftigen, können wir eine zweite in der Nähe von Bristol einrichten und eine weitere in Irland, wo wir Grund und Boden für sehr wenig Geld haben können und massenhaft Holz zum Bau von Häusern, Schiffen und anderen Dingen.

Aus dem zweiten Abschnitt, der die religiös-moralische Begründung des Projektes enthält, ist folgende Stelle besonders charakteristisch: „Diese Gesellschaften

44*

oder Genossenschaften („fellowships“) sind nicht immer so rar und so dünn gesäet gewesen, sondern waren schon in frühen Zeiten sehr reif, bis sich die Feinde der ursprünglichen Unschuld in sie einschlichen und durch deren Einfluß das Leben, welches die Menschen gemäß den Geboten Christi zu führen verpflichtet waren, als etwas betrachtet zu werden begann, was Jedem freistand anzunehmen oder nicht anzunehmen, während jene selbst einem hochmüthigen und überflüssigen Leben sich hingaben, das eine Heiligkeit in sich schloß, die über das zur Erlösung Nöthige hinausging und zur Errichtung von vielen Orden fauler und übermüthiger Bestien — ich meine die Mönche und dergleichen — und zu vielen tausend Märchen und Betrügereien Anlaß gab.“ (S. 34.)

* * *

Das ist im Jahre 1659 geschrieben. Drei Jahre später taucht der inzwischen nach Holland zurückgekehrte Plockboy mit einem neuen Projekt einer Wirthschaftsgenossenschaft auf, nur daß dieselbe jetzt in der holländischen Kolonie Neu-Niederland in Nordamerika errichtet werden sollte. Ueber eine Broschüre, worin die Grundzüge des Planes entwickelt sind, schrieb Etienne Laspeyres, der Plockboy's englische Broschüren nicht kannte, vor etwa dreißig Jahren:

„Der Gedanke, daß die Kolonisirung von Ländern gemäßigter Zone durch arme Leute (soll heißen: Arbeiter) ganz besondere Maßregeln verlange, ist vorzüglich schön in einer der interessantesten Schriften jener Zeit entwickelt, in dem „Kort en klar ontwerp door Pieter Cornelys Plockboy, 1662.*)

Wir haben diese Broschüre uns nicht verschaffen können, wenn sie aber nicht sehr gegen die von uns skizzirte abfällt — und es liegt kein Grund vor, dies anzunehmen —, so ist es wohl begreiflich, daß sie auf Laspeyres besonderen

*) Etienne Laspeyres, Geschichte der volkswirthschaftlichen Anschauungen der Niederländer in ihrer Literatur zur Zeit der Republik. Preisschrift der Fürstlich Jablonowski'schen Gesellschaft. Leipzig 1863, S. 105, 106. Laspeyres erzählt, daß Plockboy mit noch 24 Genossen vom Amsterdamer Magistrat für ihren Zweck ein Darlehen von 1500 Gulden gegen solidarische Haft erhalten hätten und daraufhin die Einladung ausschrieben. Der Plan, wie Laspeyres ihn schildert, ist bescheidener wie das vorstehende Projekt — was sich aus der Kleinheit der verfügbaren Summe erklärt —, weist aber viele ähnliche Züge auf, so daß Laspeyres nicht umhin kann, zu bemerken, er sehe „nach Kommunismus und religiöser Indifferenz aus.“ Letzteres, weil Plockboy, um Religionsstreitigkeiten zu vermeiden, den Gottesdienst auf Vorlesen aus der Bibel und Absingen von Psalmen beschränken wollte. Indeß geht es nach dem oben Mitgetheilten nicht, Plockboy, so modern derselbe sonst gedacht, etwa als Atheisten zu betrachten. Nach heutigen Begriffen wäre er vielmehr als ein christlicher Sozialist im englischen Sinne zu bezeichnen. Daß die Kompagnie zu Stande gekommen oder gar geglückt sei, bezweifelt Laspeyres. Die Zustände auf der Kolonie Neu-Niederland waren gerade damals sehr traurige, und schon 1664 ward dieselbe von den Engländern erobert und nach Karl's II. Bruder, dem Herzog von York (der später als Jakob II. den Thron bestieg) in New-York umgetauft. Von den neuen Machthabern konnte der — wie wir gesehen haben — republikanisch gesinnte Plockboy wenig Förderung erwarten.

Eindruck gemacht hat. Plockboy war sicherlich ein außerordentlich klarer Kopf, seine ökonomische Einsicht eine bedeutende. Nicht nur, daß sein Vorschlag bewußt und planmäßig die Verbindung von Ackerbau und Industrie einschließt, haben wir in ihm auch einen Versuch, eine engere, man könnte sagen, organische Verbindung von Stadt und Land herzustellen, dergestalt, daß die Unterschiede nicht aufgehoben werden, aber die Arbeitstheilung eine rationellere sein soll: die Produktion bleibt der organisirten Kolonie, der Austausch der Stadt vorbehalten. Weiter sehen wir Plockboy entschieden den asketischen Tendenzen entgegentreten, die bei der großen Masse der Kommunisten der Epoche herrschten, bis dahin eines der hervorspringendsten Merkmale des Kommunismus gebildet hatten, und mit denen er unbedingt rechnen mußte. Es liegt, wie wir gesehen, eine gewisse Ironie in der Art, wie er seinen Gesinnungsgenossen klar macht, daß sie sich selbst ins Fleisch schnitten, wenn sie es ablehnten, für den Luxus zu produziren — daß man nicht auf diese Weise die Welt ändere. Aber es ist nicht lediglich die kommerzielle Rücksicht, die ihn leitet. Unter den Gegenständen, die auf der Kolonie gepflegt werden sollen, figurirt bei ihm außer den Wissenschaften und sonstigen „freien Künsten" — „liberal arts" — auch die Musik, von der zum Beispiel viele Quäker garnichts wissen, andere sie blos insoweit dulden wollten, als es sich um Absingen religiöser Hymnen handelte. Kurz, man merkt, es ist der Zeitgenosse und Landsmann der Rembrandt und Jan Steen, der zu uns spricht; sein Plan hat nichts von Weltflucht an sich, sondern athmet vielmehr ganz gesunde Weltlust. Er stützt sich zu neun Zehnteln auf die ökonomischen Vortheile der im Großen organisirten Produktion, des Großbetriebes in Produktion und Handel. In letzterer Hinsicht antecipirt er geradezu die großen Verkaufsmagazine der Gegenwart. Was ist sein Stadthaus der geplanten Gesellschaft, mit den vielen Läden, als der Keim zu einem „Whiteley," einem „Magazin du Louvre," einem „Bazar Gerson"?

Damit aber haben wir zugleich die andere Seite seines Projektes berührt. Was es an Utopismus abstreift, setzt es an bürgerlichem Wesen an. Es produzirt für den Profit, es trägt, trotz all' seiner Vorschriften zu Gunsten der Armen, in so hohem Grade den Charakter einer Handels-, man könnte auch sagen einer Aktiengesellschaft, wie kein anderes kommunistisches Projekt der Epoche. Die anderen wurden gegründet, um religiöser Zwecke willen oder im Gegensatz zur „Welt." Wenn sie trotzdem verbürgerlichten, so geschah es gegen die ursprüngliche Absicht, als weltgeschichtliche Fatalität. Bei Plockboy ist der Gegensatz gegen die „Welt" nicht ganz verschwunden, aber sehr verringert. Er ist nicht religiös, und er bezieht sich nur wenig auf die Lebensweise der Mitglieder. Die Kolonie soll Jeden nach seiner Façon selig werden lassen — im Himmel und, wo die Produktion nicht in Betracht kommt, möglichst auch auf Erden. Wo die Nothwendigkeit nicht anders gebietet, soll Freiheit walten, schreibt er ausdrücklich. Und bemerkenswerth ist sein Bemühen, Denjenigen, die der Kompagnie den Rücken kehren wollen, den Austritt leicht zu machen. Die Kompagnie soll die Dinge besser machen wie die Welt, aber sich und ihren Mitgliedern die Vortheile der Welt nicht entgehen lassen.

Bei solcher Auffassung waren Konzessionen an den bürgerlichen Geist der Epoche unvermeidlich. Trotzdem sehen wir in Plockboy's Vorschlag keinen Rückschritt gegen seine kommunistischen Vorgänger und Zeitgenossen. Im Gegentheil. Wir haben gesehen, daß alle kommunistischen Unternehmungen jener Zeit bürgerlich ausliefen, im besten Falle Separatgemeinschaften waren, die besser wirthschafteten und mehr leisteten wie die umgebende Welt, aber mit dieser in Konkurrenz traten, wobei sie sich oft genug als die konkurrenzfähigeren erwiesen.*) Diese Thatsachen lagen Plockboy vor, mindestens über eine gewisse Anzahl jener Gemeinden muß er genau unterrichtet gewesen sein. Daß er die vollen Konsequenzen daraus zog, sich auf den Boden der gegebenen Thatsachen stellte, war selbst für ihn, den Angehörigen des kommerziell entwickeltsten Landes der Epoche, keine geringe Leistung. Der Sozialismus hatte sich mit der bürgerlichen Gesellschaft abzufinden, und Plockboy ist der Erste, bei dem es leitender Gedanke ist, über jene hinauszugehen, statt gegen sie zurückzutreten. Dies war aber wirthschaftlich nicht anders möglich, als durch das Mittel der im großen Stil organisirten Kooperativ-Genossenschaft. Plockboy bezeichnet unseres Erachtens oder kündet an — denn man schrieb 1659! — die Wende vom christlichen und utopistischen Kommunismus zum modernen Genossenschaftsgedanken. Was immer aus diesem geworden ist, historisch war das ein bedeutsamer Schritt, eine der Einzeichnung durchaus werthe Leistung.

V. John Bellers, der Advokat der Armen und des Völkerbundes.

a) Das „College of Industry."

Alle Geschichtschreiber, die sich mit den sozialen Verhältnissen Englands im 17. Jahrhundert beschäftigen, stimmen darin überein, daß die Lage der ärmeren Klassen, insbesondere die der Landarbeiter, vom Ende der Republik (1660) an bis zum Schluß des Jahrhunderts eine andauernd schlechte war. Die Gesetzgebung unter der restaurirten Monarchie war, soweit das Wirthschaftsleben der Nation in Betracht kam, durchaus Klassengesetzgebung zu Gunsten der großen Landlords, und die „Revolution" von 1688 änderte hieran nur soviel, daß den kommerziellen Klassen neben der Grundbesitzer-Aristokratie ein größerer Einfluß als bisher auf die Regierung eingeräumt wurde. Die Landlords herrschten als Geschäftsträger der eigenen und der kommerziellen Interessen. Für die arbeitenden Klassen bedeutete das auf lange hinaus eine Verschlechterung ihrer Lage; was etwa unter der Stuart-Dynastie noch zur Förderung der Interessen der Besitzenden vernachlässigt

*) Vgl. darüber die höchst instruktiven Ausführungen Kautsky's im ersten Theil dieses Buches, besonders S. 366 ff.

worden war, ward jetzt nachgeholt. Zu den schon früher (im zehnten Kapitel) erwähnten Begünstigungen der Landlords unter Karl II. war 1677 ein Gesetz gekommen, wonach alle Pachtbeziehungen, worüber kein urkundlicher Vertrag produzirt werden konnte, der Anderes nachwies, für Pachten auf kurze Kündigung erklärt wurden. Solche Verträge waren aber in den wenigsten Fällen aufzutreiben; theils waren sie nie in die Hände der Bauern gelangt, theils beruhten die Pachtverhältnisse auf vom Vater auf den Sohn übergegangenen Rechtsbeziehungen aus der Feudalzeit her. In beiden Fällen, und auch sonst oft genug, waren die Kleinbauern und Kleinpächter außer Stande, die Gültigkeit ihrer Besitz- oder Pachtansprüche vor Gericht zu erkämpfen. So waren neue Möglichkeiten gegeben, Agrarverhältnisse, bei denen die kleinen Pächter hätten leben können, in solche zu verwandeln, wo sie sich ärger als das Vieh schinden, oder einem kapitalistischen Pächter das Feld räumen mußten. Dafür wurden neben den Einfuhrzöllen auf Korn Ausfuhrprämien festgesetzt, damit die verbesserte Bodenbearbeitung nur ja nicht etwa zu billige Getreidepreise herbeiführe. Für Verschlechterung der Lage der Kleinbauern und Landarbeiter sorgte ferner die Einhegung, bezw. Monopolisirung von Wald, Sumpf und Heide durch die Landlords. Ehedem hatten, wie unter Anderen auch Macaulay feststellt, Bauern und Landarbeiter ihren Fleischbedarf wesentlich durch Schießen oder Einfangen von Wild decken oder sich durch Verkauf von Wildpret eine Nebeneinnahme sichern können; auch das war ihnen seit Jakob I. schrittweise durch Gesetz verboten, unter Anderem mit der Begründung, daß das Wildstellen die Nichtsthuerei fördere — will sagen, das Schanzen für den Grundherrn beeinträchtigte.

Der Aufschwung des Handels und das wachsende Geldeinkommen der besitzenden Klassen, wovon die Oekonomen zu Ende des 17. Jahrhunderts, wie William Petty, Josiah Child und Andere, mit Entzücken schreiben,*) bedeutete nur für einen sehr geringen Bruchtheil von Angehörigen der Arbeiterklasse eine Verbesserung seiner Lage, für die Masse aber eine Verschlechterung. Denn während die Profite und die Preise enorm stiegen, wurden die Löhne durch die richterlichen Taxen mit Gewalt niedrig gehalten. Wüßte man es nicht aus den noch vorhandenen Dokumenten darüber, um deren Ausgrabung sich namentlich Th. Rogers verdient gemacht hat, so würde schon die eine Thatsache laut genug sprechen, daß die Wochenlöhnung des gemeinen Soldaten, die unter der Cromwell'schen Republik 7 Shillings 6 Pence betragen hatte, im Jahre 1685 nur 4 Shillings 8 Pence betrug.**) Wenn sich Leute zu diesem Preis für den Kriegsdienst anwerben ließen,

*) Child stellte u. A. fest, daß 1688 mehr Leute mit 10000 Pfund Sterling Vermögen und Einkommen an der Londoner Börse vertreten waren, als 1651 Leute mit 1000 Pfund Vermögen und darüber, sowie daß eine Mitgift von 2000 Pfund in jenen Tagen nicht so hoch geschätzt wurde, wie 60 Jahre früher eine solche von 500 Pfund.

**) Macaulay, History of England etc., Bd. I., Kap. III. Macaulay führt noch allerhand Beispiele an für den niedrigen Stand der Löhne in jenen Tagen. Die Weberlöhne in Norwich sanken auf sechs Pence pro Tag.

so mußte die allgemeine Lage der Arbeiter sich bedeutend verschlechtert haben. So niedrig wurden die Löhne gehalten, daß sie auf dem Lande und in der Hausindustrie meist durch Unterstützungen aus dem Armenfonds ergänzt werden mußten. Die Armensteuern erreichten eine unerhörte Höhe, ihr Betrag belief sich auf über ein Drittel des ganzen Staatsbudgets. Charles Davenant schätzte die Zahl der Armen und Bettler im Jahre 1696 auf nahezu ein Viertel der ganzen Bevölkerung, kein Wunder, daß alle Welt sich mit der Frage beschäftigte, wie diesem Stand der Dinge abzuhelfen wäre. Eine ganze Literatur über das Problem der Armen und der Armenunterstützung sprang auf.*)

Zwei fundamental unterschiedene Auffassungen lassen sich in all' diesen Aufsätzen verfolgen, wenn sie auch nicht jedesmal in voller Reinheit zum Ausdruck kommen: diejenige, die von dem Interesse der bürgerlichen Klassen ausgeht und nach Mitteln sucht, die Armenplage loszuwerden, und diejenige, welche die Hebung der Armen um deren selbst willen im Auge hat und mehr oder minder ausgesprochen auf eine bessere Organisation der Gesellschaft lossteuert. Als typischer oder klassischer Vertreter der ersteren Richtung kann John Locke gelten, der berühmte Philosoph des Sensualismus.**) Die andere, philanthropisch-sozialistische oder, wenn man will, humanitäre Richtung wird am besten und entschiedensten vertreten durch den Quäker John Bellers.***)

John Bellers ward im Jahre 1654 als Sohn bemittelter Eltern geboren. Selbst Quäker, heirathete er, wie dies die Ehesatzungen der „Freunde“ fast zur

*) Eine Bibliographie derselben, wie überhaupt der Literatur des Problems bis Ende des 18. Jahrhunderts, giebt Sir Fr. Eden, The State of the Poor, 1799.

**) „John Locke, der die neue Bourgeoisie in allen Formen vertrat, die Industriellen gegen die Arbeiterklassen und die Paupers, die Kommerziellen gegen die altmodischen Wucherer, die Finanz-Aristokraten gegen die Staatsschuldner, und in einem eigenen Werke sogar den bürgerlichen Verstand als menschlichen Normalverstand nachwies.“ Karl Marx, „Zur Kritik der politischen Oekonomie.“ Berlin 1859, S. 55. Wer Locke's Gutachten aus dem Jahre 1705 über „die Beschäftigung der Armen“ gelesen, wird sich von der Richtigkeit dieser Charakteristik überzeugt haben. Der Bericht ist neuerdings abgedruckt im „Report on Agencies and methods for Dealing with the Unemployed,“ herausgegeben vom Board of Trade, London 1893.

***) Wir sagen ausdrücklich: am besten und entschiedensten, denn Bellers steht mit seiner Auffassung nicht allein da. Er faßte nur in geschlossener Form den Gedankengang einer ganzen Generation von philanthropischen Schriftstellern zusammen und gab ihm eine solidere Basis. Selbst William Petty, den man ihnen nicht zurechnen kann, schreibt zu Gunsten der beschäftigungslosen Arbeiter: „Lieber gelegentlich das Werk von tausend Leuten verbrennen, als diese tausend Leute durch Nichtbeschäftigung ihre Arbeitsfähigkeit verlieren lassen,“ und ein andermal: „Diejenigen aber, die infolge der ungleichmäßigen Anwendung von Arbeit im Landbau keine Arbeit finden können, obwohl sie im Stande und gewillt sind, solche zu leisten, sollten durch die Behörden und die Landlords versorgt werden, bis das geschehen kann; denn es braucht keine Bettler zu geben in Ländern, wo so viele Aecker unbebauten und anbaufähigen Bodens pro Kopf vorhanden sind wie in England.“ (Essays on mankind, I.) Nur Unbekanntschaft mit der einschlägigen Literatur konnte Lassalle zu der Bemerkung veranlassen, daß die humanitäre Schule in der Oekonomie eine Ehre Frankreichs bilde, die es vor England voraushabe. (Bastiat-Schulze, Gesammtausgabe III, S. 206.)

Nothwendigkeit machten, eine Glaubensgenossin, und ward durch diese Ehe Mit-Herrschaftsbesitzer („Lord of the Manor“) von Coln Aldwyns in Gloucestershire. Eine politische Carrière war durch seine Zugehörigkeit zu der in dieser Hinsicht damals noch verfehmten Verbindung ausgeschlossen, und so beschäftigte er sich mit allerhand Studien und philanthropischen Unternehmungen. Er war, heißt es in seiner Biographie im „Dictionary of National Biography,“ „stets mit philanthropischen Plänen beschäftigt.“ Zu seinen Freunden gehörten William Penn, der berühmte Gründer Pennsylvaniens, und der Arzt und Naturforscher Hans Sloane, dessen großartige Stiftung den Grund legte zur Errichtung des Britischen Museums. Obwohl von nicht sehr kräftiger Konstitution und oft leidend, erreichte er das Alter von 71 Jahren. Er starb im Jahre 1725, einer der besten Menschen seiner Zeit und, wie Marx von ihm schreibt, „ein wahres Phänomen in der Geschichte der politischen Oekonomie.“*)

Die erste hierher gehörige Schrift, die uns von Bellers vorliegt, datirt aus dem Jahre 1695, einem der sieben aufeinander folgenden Nothstandsjahre — der berüchtigten „sieben mageren Jahre“ -- die das Ende des 17. Jahrhunderts über die englische Arbeiterwelt brachte und die die Kaufkraft der Löhne der Arbeiter auf einen außerordentlich tiefen Stand herabdrückten. „Vorschläge zur Errichtung eines Arbeitskollegs aller nützlichen Gewerbe und der Landwirthschaft,“ — so würde die wörtliche Uebersetzung der Bellers'schen Abhandlung zu lauten haben, dem Sinne nach ist es aber eine Arbeitskolonie oder Genossenschaft, was Bellers im Auge hat. Er erklärt in der Schrift an zwei Stellen, warum er den Namen „College of Industry“ gewählt habe.**) „Es sollte lieber ein Kolleg als ein Arbeitshaus („workhouse“) heißen, weil das ein gefälligerer Name ist, und weil außerdem alle Arten nützlichen Unterrichts dort ertheilt werden können,“ schreibt er auf Seite 11, und im Schlußkapitel, wo er die etwaigen Einwände gegen seinen Plan durchgeht: workhouse rieche zu sehr nach „Bridewell,“ dem damaligen Zuchthaus. Aber auch der Name Gemeinschaft — „community“ — passe nicht, weil eben nicht Alles gemeinsam sei. College dagegen

*) Marx, „Kapital,“ I. Bd., 2. Aufl., S. 515. Außer an dieser Stelle zitirt Marx Bellers auf den Seiten 112, 120, 127, 334, 449 und 504 des ersten und Seite 270 des dritten Bandes des „Kapital.“

**) Der volle Titel lautet englisch: „Proposals for Raising a Colledge of Industry of all usefull Trades and Husbandry with Profit for the Rich, a plentiful living for the Poor and a good education for Youth, which will be advantage to the government by the Increase of the People and their Riches. Motto: Industry brings Plenty. — The Sluggard shall be cloathed with Raggs. He that will not work shall not eat.“ (Deutsch: Vorschlag zur Errichtung eines Arbeitskollegs aller nützlichen Gewerbe und der Landwirthschaft mit Profit für die Reichen, einem reichlichen Lebensunterhalt für die Armen und einer guten Erziehung für die Jugend, welches (Kolleg) durch Vermehrung des Volkes und seines Reichthums der Regierung von Vortheil sein wird. Motto: Arbeit bringt Fülle. — Der Müßiggänger soll in Lumpen gehen; wer nicht arbeitet, der soll auch nicht essen.)

unterstelle mehr einen freiwilligen Aufenthalt. Bellers ist sich des Zwittercharakters seines Vorschlages sehr bewußt und giebt deutlich zu verstehen, daß rein praktische Erwägungen ihn veranlaßten, nicht noch weiter zu gehen. Mit wirklich quäkerhafter Aufrichtigkeit, in der sich aber gleichzeitig seine theoretische Ueberzeugung und ein gewisser schalkhafter Humor ausspricht, der verschiedentlich in seinen Schriften wiederkehrt, beantwortet er die Frage, warum die Armen — das heißt die Arbeiter — nicht allen Profit des „Kollegs" haben sollen, voran dahin: „weil die Reichen garnicht anders im Stande sind zu leben, als auf Grund der Arbeit Anderer: die Landlords durch die Arbeit ihrer Pächter und die Kaufleute und Gewerbetreibenden durch die Arbeit ihrer Arbeiter." Indeß hat er noch andere Gründe als diese kompromittirende Rücksicht auf die Reichen, weshalb das „Kolleg" Profit abwerfen solle. Um es auf genügend großer Stufenleiter in Betrieb zu setzen, ist viel Geld nothwendig, und „tausend Pfund werden da, wo es Profit giebt, leichter aufgebracht als hundert für Wohlthätigkeitszwecke." Und je mehr Geld in ein Unternehmen gesteckt werde, eine um so größere Bürgschaft sei dafür gegeben, daß sich die Leute auch um seinen ordentlichen Betrieb kümmerten, daß das Interesse an demselben nicht abnehme. Eine reine Wohlthätigkeitsanstalt solle das „Kolleg" aber auch deshalb nicht sein — hier könnte man, Marx kopirend, sagen (vgl. die Note S. 309 im vierten Abschnitt, Bd. I, „Kapital"): Dies ahnungsvoll gegen die modernen Bodelschwinghs und ihre Nachstümper — damit der Arbeiter, der dort eintritt, ein Recht auf dasselbe habe. Ein komfortables Leben auf dem „Kolleg" soll „die Schuld des Reichen an den Arbeiter sein, nicht ein Wohlthätigkeitsakt." Nur der Ueberschuß über den dafür erforderlichen Ertrag soll eventuell auf das Gesellschaftskapital entfallen.

Dieses letztere berechnet Bellers für eine Kolonie von 300 arbeitsfähigen Personen auf 15000 Pfund Sterling, falls der Grund und Boden &c. nicht gemiethet, sondern, was entschieden vorzuziehen, angekauft werde. (Die Berechnung ist: 10000 Pfund für den Grund und Boden, 2000 für Viehstand und sonstigen Vorrath &c. und 3000 Pfund für Arbeitsanlagen, Werkzeuge &c. für die gewerblichen Arbeiter.) Der Mindestbeitrag soll 25 Pfund betragen, je 50 Pfund sollen zu einer Stimme bei den Berathungen berechtigen, Niemand solle indeß, wie viel er auch eingezahlt, mehr als fünf Stimmen haben.

Die Arbeiterbevölkerung des Kollegs theilt Bellers, in Hinblick auf dessen Etat, wie folgt, ein:

44 gewerbliche Arbeiter (Handwerker &c) inkl. einem Vorsteher und einem Stellvertreter desselben,

82 Frauen und Mädchen, die Hausarbeiten aller Art (darunter auch Spinnen &c.), sowie Molkerei-Arbeit verrichten,

24 Feld- &c. Arbeiter (Männer und Knaben) inkl. einem Verwalter und Frau,

zusammen 150 Personen, deren Arbeit den Selbstbedarf des Kollegs produzirt. Weitere zehn Männer decken durch ihre Arbeit den Bedarf an Heizmaterial, Eisen &c.,

fünf andere die Miethe für die Gebäude, und 35 eventuell den Pachtzins. Sei keine Pacht zu zahlen, so werde das Produkt dieser Letzteren zu dem der restlichen hundert Arbeitskräfte gefügt, das den Ueberschuß des Unternehmens bilde. Wenn also selbst das Grundstück nur gepachtet werde, so werde, bei einem Produktenwerth von zehn Pfund im Jahr pro Arbeiter, der Ueberschuß 100 × 10 = 1000 Pfund betragen. Bellers nimmt jedoch als Durchschnittsnorm 15 Pfund pro Arbeiter an.

Zur Schätzung dieses Produktionsüberschusses, der einer Mehrwerthsrate von 300 : 135 = 45 Prozent entspricht, ist Bellers, wie er erklärt, durch den „Blick auf die Nation" gelangt, „wo, nehme ich an, nicht über zwei Drittel, wenn überhaupt die Hälfte, der Nation nützliche Arbeit verrichten und doch Alle ihre Existenz haben." Ferner biete das Kolleg eine Menge wirthschaftlicher Vortheile. Es würden gespart werden: die Ausgaben für Läden, für den Unterhalt der Zwischenhändler und für andere nutzlose Gewerbe, für Advokatengebühren, für schlechte Schulden ꝛc. Es würden verringert werden die Kosten des Wohnens, Heizens, Kochens, der einzukaufenden Lebensmittel. Produkte, die kleine Fehler hätten, brauchten nicht verschleudert zu werden, da man sie selbst verwenden könne. Viele Frauen und Kinder würden produktiv thätig sein, und der Zeitverlust infolge periodischen Arbeitsmangels könnte vermieden werden. Ferner aber käme dem „Kolleg" die Vereinigung von Industrie und Ackerbau zu Gute. Die auf die industrielle Bevölkerung entfallenden Aecker würden besser bebaut werden als die Aecker der Handwerker sonst, weil auf dem Kolleg mehr Vieh gehalten und dadurch mehr Dung gegeben und überhaupt ein rationellerer Betrieb ermöglicht sei. Ein großer Vortheil sei dadurch gegeben, daß zur Zeit der Ernte nicht blos die eigentlichen Landarbeiter, sondern auch die Handwerker ꝛc. eingreifen, überhaupt die Arbeitskräfte nach Bedarf eingetheilt werden könnten.

Neben dem Wegfall des Zwischenhandels und des Verlustes, den die Trennung von Ackerbau und Manufaktur bedeute — ein Thema, auf das Bellers auch an anderer Stelle zurückkommt — werde der Wegfall der Spekulation ein Vortheil des Kollegs sein. Der größte Theil der Produktion desselben ist für den Selbstbedarf, und was nicht verbraucht werde, solle möglichst als Vorrath und für den Zweck der Erweiterung und Ausgestaltung des Unternehmens — der Anlagen ꝛc. — Verwendung finden. Jährlich solle der Gewinn berechnet und den Aktionären nach Maßgabe ihrer Einlagen gutgeschrieben werden, die ihn nach Belieben erheben oder zu ihrem Kapital („principal") schlagen lassen mögen. Aber mit den Antheilen dürfe keinerlei spekulativer Handel — „stock jobbing" — erlaubt werden, weil dieser „jede gute Sache ruinirt." Wolle Jemand seinen Antheil verkaufen, so sollen die anderen Antheilsbesitzer das Recht haben, mit Majoritätsbeschluß einen Käufer dafür zu stellen, der alsdann nach Maßgabe des zuletzt abgeschätzten Werthes des Unternehmens in das Recht Jenes eintrete. Von Ueberschuß dürfe jedoch nur immer erst dann die Rede sein, wenn für die Bedürfnisse der Arbeiter auf dem Kolleg in jeder Hinsicht auskömmlich gesorgt worden. Dies im Gegensatz zu dem, was „draußen" — im gewöhnlichen Leben — geschehe, wo „die Gewerbetreibenden einander abzugewinnen suchen, was sie nur können,“ und infolgedessen „auf die Bedürfnisse des Arbeiters drücken, sich nicht darum kümmern, wie wenig dieser erhält, sondern nur darum, so viel wie möglich für sich zu erzielen.“

Auf dem „Kolleg“ sollen die Arbeiter, solange sie in der Blüthe ihrer Kraft stehen, die allgemeine Arbeitszeit innehalten, aber mit zunehmendem Alter schrittweise je eine Stunde im Tag weniger zu arbeiten brauchen. „Und wenn sie das sechzigste Lebensjahr erreicht haben, so mögen sie, falls ihre Leistungen sie nicht früher dazu berufen, zu Aufsehern ernannt werden, was in Bezug auf Leichtigkeit der Beschäftigung und Annehmlichkeit des Lebens dasselbe bietet, was die aufgesparten Schätze einer privaten Geldtasche bieten können.“

Die Arbeitsregeln sollen den Regeln nachgebildet werden, wie sie in London für die bestgestellten „Lehrlinge“ („'prentices“) bestehen.

Weitere bemerkenswerthe Einrichtungen des „Kollegs“ sind:

Die Betriebsleiter und sonstigen Beamten (Aufseher) auf dem Kolleg sollen gleich den eigentlichen Arbeitern keine Bezahlung in Geld erhalten, sondern ebenfalls nur angemessenen Unterhalt in Lebens- und Genußmitteln.

Das Wohngebäude auf dem Kolleg soll aus vier Flügeln bestehen: einem für die verheiratheten Leute, einem für ledige junge Männer und Knaben, einem für ledige Frauen und Mädchen, und einem für Kranke und Invaliden. Bei den Mahlzeiten, die gemeinsam gehalten werden, bedient das junge Volk (Knaben und Mädchen) in abwechselnden Schichten.

Die Arbeitsräume sollen ebenfalls getheilt sein. Der junge Mann auf dem Kolleg ist bis zum 24., das Mädchen bis zum 21. Lebensjahre „Lehrling:“ alsdann können sie je nach Belieben das Kolleg verlassen oder auch heirathen.

Im Anfang soll große Sorge dafür getragen werden, eine Anzahl solider Arbeiter anzuwerben, die geeignet sind, ein gutes Beispiel zu geben; der Rest möge zunächst aus Lehrlingen bestehen. Mit der Jugend müsse der Anfang gemacht werden. „Alte Leute,“ heißt es im Vorwort, „sind wie irdene Gefäße, es ist nicht leicht, sie neu zu formen. Aber Kinder gleichen mehr dem Thon, wie er frisch aus der Grube kommt.“ Wenn also auch die Armen sich vielleicht im Anfange spröde zeigen sollten, möchten die Reichen (die das Geld zum Kolleg geben) doch ihre Geduld nicht verlieren. „Sieben oder vierzehn Jahre können eine Jugend heranbilden, der jenes Leben natürlicher ist.“

Großer Werth soll dem Unterricht beigelegt werden, nicht nur dem Was, sondern auch dem Wie desselben. Er soll Arbeit und Belehrung vereinen, mehr durch Anschauung als durch Lehre, mehr durch praktische Uebung und Erfahrung, als durch eingepaukte Regeln zu wirken suchen. Und was die Kinder zu ihrer Belehrung lesen, sollen sie besser gemeinsam lesen. „Wenn Kinder einander gegenseitig vorlesen und miteinander Rede und Gegenrede führen, so macht das einen tieferen Eindruck, als das für sich selbst Lesen, wie wir eines Menschen Stimme länger im Gedächtniß behalten als sein Gesicht.“ (S. 15.)

Auf dem Kolleg sollen sich wohlhabende Leute gegen bestimmte Beiträge und unter der Bedingung ordentlicher Führung als Pensionäre einkaufen dürfen. Desgleichen werde das Kolleg Kindern wohlhabender Leute gegen Bezahlung Pension und Erziehung bieten, und auch diesen werde sich die Verbindung von Arbeit und Unterricht von höchstem Vortheil erweisen. „Wenn sie Andere arbeiten sehen, so werden sie in ihrer freien Zeit, statt zu spielen, irgend welche Gewerbsthätigkeit erlernen, denn Arbeit strengt nicht mehr an als Spiel. Sehen sie Andere arbeiten, so gewährt den Kindern die Nachahmung ebenso viel Unterhaltung als das Spiel.“ Und die Ausbildung körperlicher Kraft und Geschicklichkeit sei für die Reichen ebenso wichtig wie für die Armen, für die Gelehrten wie für die Handwerker. „Ein nicht mit körperlicher Arbeit verbundenes Lernen ist wenig besser als Lernen von Nichtsthun . . . die körperliche Arbeit ist eine von Gott herrührende Einrichtung . . . die Arbeit ist für die Gesundheit des Körpers ebenso nöthig wie Essen für seine Lebensverrichtungen; die Plagen, die einer sich durch Gemächlichkeit erspart, wird er in Gebrechlichkeit wiederfinden („for what pains a man saves by Ease, he will find in Disease“) . . . Körperliche Arbeit führt der Lebenslampe frisches Oel zu, wenn das Denken sie erstrahlen läßt,“ bloßes Denken würde sie aufzehren. . . . Und die Arbeit soll zweckmäßig sein, nicht sinnlose Ermüdung des Körpers. „Eine kindisch-dumme Beschäftigung läßt den Geist der Kinder dumm.“ *)

Natürlich soll das Kolleg eine ordentliche Bibliothek haben, ferner einen Garten für Zucht von Heilpflanzen, Laboratorien für Herstellung von Medizin und dergleichen.

Die Zahl von dreihundert bei der Berechnung der Arbeitskräfte des Kollegs sei nur gewählt, um die Proportion von nothwendiger und Ueberschuß-Arbeit anschaulich zu machen. Das Kolleg könne bedeutend größer sein — 3000 Angehörige zählen, namentlich in Distrikten, wo Stapelprodukte hergestellt werden. Auch sei es nicht auf die aufgezählten Gewerbe beschränkt. Selbst Schiffer könnten ihm beitreten und seine Vortheile genießen, wenn sie sich anheischig machten, ihre Waaren oder deren Ertrag ihm zuzuwenden. **) Kurz, es soll eine Welt im Kleinen — „an epitomy of the world“ — darstellen.

*) Diese zuletzt zitirten Sätze sind es, die Marx im „Kapital“ an der Stelle zitirt, wo er sagt, daß „die Eroberung der politischen Gewalt durch die Arbeiterklasse auch dem technologischen Unterricht, theoretisch und praktisch, seinen Platz in den Arbeiterschulen erobern“ werde (Bd. I, 2. Aufl., S. 515), und mit Bezug auf die er bemerkt, daß Bellers „schon Ende des 17. Jahrhunderts mit vollster Klarheit die nothwendige Aufhebung der jetzigen Erziehung und Arbeitstheilung begriff, welche Hypertrophie und Atrophie auf beiden Extremen der Gesellschaft, wenn auch in entgegengesetzter Richtung, erzeugen.“ Zu dem Satz „eine kindisch-dumme Beschäftigung ꝛc.“ bemerkt Marx: „. . . dies ahnungsvoll gegen die Basedows und ihre modernen Nachstümper.“

**) „Und ferner mögen mehrere Kollegs an der Küste angelegt werden, als Pflanzschulen für die wirksamste Art erfolgreichen Fischereibetriebs,“ heißt es in der zweiten Ausgabe der „Proposals.“

„Ein auf diese Weise organisirtes Kolleg kann, welche Wechselfälle des Schicksals es auch treffen mögen, kaum anders vernichtet werden als dadurch, daß man seine Bevölkerung niedermacht. Denn wird es ausgeplündert, so genügen zwölf Monate, es wieder auszustatten, wie das Gras, das niedergemäht worden, im nächsten Jahr wieder neu hervorgebracht wird. Die Arbeit liefert Produkte wie der Grund und Boden, und wenn die Menschen vereinigt sind, stehen sie einander bei; stehen sie aber vereinzelt da, so sind sie einander von keinem Nutzen, wenn sie nicht gar auf gegenseitige Beraubung ausgehen."

Die erste Ausgabe der „Proposals" hat Bellers seinen Glaubensgenossen, den „spottweise Quäker genannten Kindern des Lichts" gewidmet. „Der Gedanke an eure große Regsamkeit und Bethätigung in allen Angelegenheiten dieses Lebens, an eure große Wohlthätigkeit beim Unterstützen eurer und, wo sich Gelegenheit bietet, auch anderer Armen, an eure von Allen anerkannte Moralität und eure dem Herrn bekannte religiöse Aufrichtigkeit hat mich veranlaßt, diese Vorschläge eurer ernsthaften Erwägung zu widmen, da ich euch gleichzeitig für eine sehr wohlorganisirte Körperschaft halte, welche die für ein solches Unternehmen erforderliche Bereitwilligkeit und Fähigkeit hat. Ich habe oft über das Elend der Armen dieser Nation nachgedacht, und gleichzeitig habe ich sie als deren Schatz betrachtet, da die Arbeit der Armen die (Gold-) Minen der Reichen bildet, weit über jene hinaus, worüber Spanien verfügt. Und viele Gedanken bestürmten mich, wie es kommt, daß die Armen solch eine Last und so elend sein müssen und wie dem abzuwenden wäre, während ich der Ansicht bin, daß viel mehr Wohlthun darin liegt, die Armen in Stand zu setzen, durch ehrliche Arbeit ihr Leben zu gewinnen, als darin, sie in Unthätigkeit zu unterhalten, ebenso wie (es größere Wohlthat ist) das gebrochene Bein eines Menschen zu heilen, damit er selbst wieder gehen kann, wie ihn fortwährend zu tragen."

Der Widmung folgt eine einleitende Betrachtung, in der die sozialökonomischen Grundgedanken Bellers' entwickelt werden.

„Es ist das Interesse der Reichen," beginnt sie, „sich der Armen und deren Erziehung anzunehmen, womit sie zugleich für ihre eigenen Erben sorgen." Dies im Hinblick auf die Unsicherheit der Einzelexistenzen in der Gesellschaft. Wie ganze Staaten oft durch Revolutionen umgestürzt würden, so gehe es auch mit den einzelnen Menschen. Alle seien Wechselfällen des Schicksals unterworfen. Es gebe viele Arme, deren Vorfahren reich waren, und umgekehrt. Ferner solle man nur nachforschen, wie wenige von je zehn Haushaltsvorstehern in London dort geboren seien.

Aber Bellers weiß, daß er mit dem Hinweis auf die Fürsorge für die Nachkommenschaft doch nur mäßige Geschäfte bei den Reichen für seinen Vorschlag machen wird, daher hat er dafür Sorge getragen, daß ihnen auch ein unmittelbarer Vortheil winkt, der Profit des „Kollegs." Ein profittragendes Unternehmen ziehe mehr Geld an, halte länger vor und könne deshalb auch am meisten Gutes ausrichten. Was der Saft für einen Baum, sei der Profit für jedes

Geschäft, er treibe es in die Höhe und erhalte es am Leben. — Man sieht, Bellers war durchaus kein Träumer. Er erkannte mit scharfem Blick den Geist seiner Epoche und steht darin sogar an der Spitze der Denker seiner Zeit.

Die Rücksicht auf den Profit empfehle es den Reichen, für die Armen*) zu sorgen. „Denn wenn Einer 100 000 Acker Landes hat und ebensoviel Pfunde Geld und Stücke Vieh ohne einen Arbeiter — was würde der reiche Mann anders sein als ein Arbeiter?**) Da es somit die Arbeiter sind, die die Leute reich machen, so wird es desto mehr Reiche geben, je mehr Arbeiter vorhanden sind — so lange nur genug Land da ist, sie zu beschäftigen und Nahrung für sie zu erzeugen." Die Reichen hätten also ein Interesse daran, daß die ehrlichen Arbeiter heiratheten, sobald sie volljährig geworden. (S. 2.)

„Ist es nicht sonderbar," ruft Bellers aus, „zu sehen, wie sehr die Welt darauf bedacht ist, Korn und Vieh zu erzeugen, die doch nur für die Menschen bestimmt sind, und wie wenig Sorge sie trägt, für — oder vielmehr, wie viel Hindernisse sie zu schaffen sucht, gegen die Vermehrung der Menschen selbst?" . . . „Die Vermehrung der Armen", schreibt er hundert Jahre vor Malthus, „ist keine Last, sondern ein Vortheil, weil ihre Unterhaltungsmöglichkeiten sich mit ihnen vermehren."

Das Merkantil- oder Handelssystem, das im 17. Jahrhundert in England durch Thomas Mun, Josiah Child, Charles Davenant u. A. mehr oder minder talentvoll vertreten ward, ist bekanntlich eine scheinbare Emanzipation von dem ihm vorhergehenden unbedingten Kultus der Edelmetalle, dem sog. Monetarsystem, dessen praktischer Ausdruck das Verbot der Ausfuhr von Gold und Silber war — oder vielmehr, das der theoretische Ausdruck für jene Praxis war, die selbst einem Gesellschaftszustande entsprach, wo die Produktion für den Selbstbedarf noch überwiegt, das heißt dem der vorherrschend feudalen Wirthschaftsweise. Bei dieser besteht der auswärtige Handel wirklich fast ausschließlich im Austausch des Ueberschusses der heimischen Produktion gegen fremde Erzeugnisse. Mit der Zersetzung der feudalen Wirthschaftseinheiten, mit der Ausbreitung der Geldwirthschaft im Innern der Nationen verliert der auswärtige Handel die Züge des urwüchsigen Tauschhandels und wird immer mehr Einkauf und Verkauf. Demgemäß ist das Verbot der Geldausfuhren für ihn eine empfindliche Belästigung, und seine Anwälte bekämpfen sie mit der Begründung, nicht auf die einzelne Phase in der Operation komme es an, sondern auf das Schlußresultat, wer zuletzt lache — das heißt, wer am Ende Ueberschuß mache — lache am besten. Auf das ganze Land übertragen, komme es darauf an, daß sein Handel mit anderen Nationen am Ende eine Bilanz zu seinen Gunsten abwerfe — die Theorie der Handelsbilanz — dann werde das etwa ausgeführte Geld mit Zins und Zinseszins

*) Hier immer Bezeichnung Aller, die für ihren Unterhalt auf Arbeit oder Almosen angewiesen sind.

**) Man vergleiche hiermit den Satz Winstanley's in der Einleitung zu seiner Utopie, S. 599 dieses Buches.

zurückkehren, wie bei der Ernte das ausgesäete Korn.*) Es ist leicht einzusehen, daß in dieser Theorie sich thatsächlich ein noch größerer Kultus des Geldes versteckt wie in dem Monetarsystem — sie ist rationalisirter Aberglaube —, wie ihr ja auch thatsächlich eine allgemeinere Herrschaft des Geldes zu Grunde liegt. Aber wo sie polemisch gegen das Monetarsystem resp. die Monetarpolitik auftritt, da hebt sie die Wichtigkeit der Produktion — der Arbeit — für die Erzielung einer günstigen Handelsbilanz hervor und proklamirt sie ein auf Steigerung der Produktion — auf Entwickelung der Manufakturen berechnetes Zollsystem. In dieser Betonung der produktiven Arbeit als Quelle des Reichthums bereitet sie aber zugleich einer wirklich auf Emanzipation vom Geld gerichteten Auffassung den Weg. 1662 führt W. Petty den Werth der Waaren auf die in ihnen steckende Arbeit zurück, und in Bellers sehen wir den ersten Sozialisten, der diesem Gedanken praktische Anwendung zu geben, das heißt die ihm mit allen Kommunisten gemeinsame Gegnerschaft gegen das Geld theoretisch zu begründen sucht.

„Diese Kolleg-Genossenschaft" („colledge-fellowship"), schreibt er, „wird die Arbeit, und nicht das Geld, zum Maßstab („standard") machen, nach welchem alle Gegenstände des Bedarfs („necessaries") gewerthet werden. Und obwohl das Geld im gewöhnlichen Verkehr seine Bequemlichkeiten hat, angesichts des mangelnden Vertrauens ein Pfand unter den Menschen ist, so ist es doch nicht ohne seine üblen Wirkungen und ist von unserem Heiland der Mammon der Unredlichkeit genannt worden. Die meisten Betrügereien und Räubereien würden ohne die Dazwischenkunft des Geldes nur langsam vor sich gehen. Ferner, wenn die Leute in ihrem Gewerbsverkehr ganz vom Geld abhängig sind, so sind sie, wenn dieses mangelt oder entwerthet ist, dem Ruin ausgesetzt, und die Armen (die Arbeiter) stehen müßig, weil die Reichen kein Geld haben, sie zu beschäftigen, obwohl derselbe Grund und Boden und dieselben Hände vorhanden sind, Lebensmittel und Kleider herzustellen, wie je vorher. Diese aber sind der wirkliche Reichthum einer Nation und nicht das Geld, das in ihr vorhanden ist, wenn wir nicht Glasperlen und Feilstaub so nennen wollen, weil wir in Guinea Gold dafür haben können." (S. 3.) Das Geld sei eine Krücke, die ein Land, in dem gesunde Verhältnisse herrichten, nicht brauche, so wenig wie der gesunde Körper eine Krücke brauche.

„Oft gehen heute sowohl der Landmann wie der Handwerker zu Grunde, obwohl der Erstere eine gute Erndte gehabt und der Letztere viel Manufakturwaaren erzeugt haben mag. Ist Geld und nicht die Arbeit der Gradmesser, so muß der Landmann dieselbe Rente zahlen, auch wenn seine Erndte früher doppelt so viel eintrug. Und mit dem Gewerbsmann (Handwerker) steht es nicht besser, da nicht derjenige ihn erhält, der seiner Waare bedarf, sondern derjenige, der ihm Geld dafür zahlen kann, und oft muß er den halben Werth in Geld nehmen, den ein Anderer, der kein Geld hat, ihm in Arbeit geben würde." (S. 12, 13.)

*) Dieses Bild gebraucht Th. Mun in seiner Schrift: „Englands Treasure by foreign Trade."

Am Schluß geht Bellers eine Reihe von Einwänden durch, die man gegen seinen Vorschlag etwa erheben könne. Wir haben einige davon schon vorweggenommen und lassen hier noch die für Bellers' Denkweise bezeichnendsten folgen:

Auf den Einwand der Schwierigkeit des Unternehmens erwidert Bellers, was für einen Einzelnen etwa unmöglich sei, sei beim Zusammenwirken Vieler wohl möglich. Und er giebt das von Marx im „Kapital," I., S. 334 zitirte Beispiel: „Ein Mann ist außer Stande, und zehn Männer müssen sich aufs Aeußerste anstrengen, eine Tonnenlast zu heben; aber hundert Männer können es durch Anwendung der Kraft je eines Fingers eines jeden derselben."

Das Eintreten eines Nothstandes auf dem Kolleg sei nicht zu fürchten, da die Versuchung fehle, die Vorräthe zu verschleudern, um Geld anzuhäufen. „Selten hat es Jahre schlechter Ernten gegeben, denen nicht Jahre des Ueberflusses vorhergegangen." (S. 20.)

Würden aber die besser bezahlten Arbeiter sich dem Kolleg anschließen, das ihnen ja nur den bloßen Unterhalt biete? Darauf sei zu antworten:

Das Kolleg biete bedeutend mehr als diesen, indem es ihnen die Sorge für ihre Kinder, für Krankheitsfälle 2c. abnehme.*) Auch könne man für Leistungen über einen gewissen Durchschnittssatz Extra-Entschädigung bewilligen. Indeß seien nicht alle Armen so thöricht wie jene spanische Bettlerin, die ihren Sohn eine Stelle bei einem Engländer nicht annehmen lassen wollte, weil er dadurch die Chancen verliere, es in Spanien bis zum König zu bringen. „Denn wenn es auch einige Arme zu Vermögen gebracht haben, wie viele mehr sind verelendet worden."

Werde nicht die Abschließung auf dem Kolleg den Leuten unerträglich sein?

Die Abschließung brauche garnicht eine absolute zu sein, sondern nur so weit zu gehen, wie die Bedürfnisse einer guten Verwaltung nöthig machten. Und „ich glaube, daß die Fülle und die gebotenen Annehmlichkeiten reichlich etwaige Härten der Vorschriften des Kollegs mildern werden."

Seine Vorschläge mit Bezug auf Unterscheidungen in der Kleidung (vgl. S. 691) entschuldigt Bellers mit der Bemerkung, daß diese blos den nun einmal gegebenen Unterschieden entsprächen. Wahrscheinlich hat er da nur den zu gewinnenden wohlhabenderen Elementen eine Konzession machen wollen; auch wäre die Vorschrift uniformer Kleidung jedenfalls noch schlimmer gewesen.

Indeß, so plausibel er den Vorschlag machte, er scheint bei den „Kindern des Lichts" nicht die erwartete oder wenigstens nicht die ausreichende Unterstützung gefunden zu haben. Vielleicht fehlte es auch nur an Mitteln, da die Kassen der

---

*) „Vordem arm, werden sie reich sein, indem sie Alles genießen werden, was man in gesundem und krankem Zustande, als Einzelner oder im Ehestand, mit Weib und Kindern braucht. Und wenn die Eltern sterben, werden ihre Kinder sorgfältig erzogen, vor Elend geschützt und zur Heirath ermuthigt werden, statt, wie heute, entmuthigt zu werden." Auf dem Kolleg sei keine Konkurrenz und keine Uebervortheilung zu fürchten, und alle diese Vortheile würden erkauft durch „leicht zu bewältigendes Tagewerk."

Mitglieder sehr in Anspruch genommen waren.*) Wie dem nun sei, schon im nächsten Jahre — 1696 — ließ Bellers der ersten Ausgabe der „Proposals“ eine zweite folgen, die an die Stelle der Widmung an die Quäker eine solche an die Lords und die Gemeinen des Parlaments und eine „an die Denkenden und für das öffentliche Wohl Bedachten“ setzt. Die Ersteren werden ersucht, die in der Schrift gemachten Vorschläge zu prüfen und sie zum Vortheil der Nation zur Reife zu bringen. Ferner möchten sie sich durch die Schrift bewegen lassen, etwa sich auf Grund derselben bildenden Gesellschaften die nöthige Konzession zu ertheilen. Dies sei aber nicht so gemeint, daß er ein Monopol für seine Gesellschaften verlange. Wenn Andere ähnliche oder etwas modifizirte Pläne auszuführen suchten, so solle man sie darin nur ermuthigen. Die „Denkenden“ rc. werden ersucht, Zeichnungen und Beiträge für die geplante Gründung bei zwei namhaft gemachten Bewohnern der City — der Eine Kaufmann, der Andere ein Advokat — zu deponiren. Im Uebrigen unterscheidet sich die Ausgabe wenig von der ersten. Das Betriebskapital ist in ihr etwas höher angesetzt als dort, indem zu den 15 000 Pfund für Boden, Viehstand und Arbeitsmaterial noch 3000 Pfund für die Gebäude kommen. Auch die Norm der Antheilscheine ist höher; es wird ein weiterer Einwand — daß das Kolleg Faulheit und mönchisches Wesen züchten werde — erörtert, und schließlich werden in einer besonderen Aufforderung die Leser und Freunde um Mittheilungen über disponible Grundstücke, die sich etwa für das Kolleg eignen würden rc., gebeten. Irgend welche prinzipielle Aenderungen im Plan oder der Motivirung des Unternehmens enthält diese zweite Ausgabe nicht.

Folgende Zusätze, die sie gegenüber der ersten Ausgabe enthält, sind bemerkenswerth: „Ich glaube, die heute müssigen Hände der Armen dieser Nation sind im Stande, eine Fülle von Nahrungsmitteln und Manufakturwaaren zu erzeugen, die England einen ebenso großen Schatz eintragen würden, wie Spanien seine Minen, wenn man jene Bedarfsgegenstände ins Ausland schickt, und im Falle dies für mehr im Interesse der Nation gehalten wird, als mit Hülfe ihrer Menschen daheim großzuziehen, was ich für die größtmögliche Werthsteigerung des Landes in England halte. Denn es ist die größere Bevölkerungszahl, die den Boden in Europa werthvoller macht als in Amerika, oder in Holland, [werthvoller] als in Irland.“ . . . Dies — das Kolleg — „ist mehr eine soziale („civil“) Genossenschaft als eine religiöse.“

Ein Exemplar dieser Ausgabe ist es, auf das, wie Robert Owen in seiner

---

*) Am Schluß einer im Jahre 1697 publizirten Schrift von Bellers, die wieder speziell an die Quäker gerichtet ist, befindet sich ein von 45 Gesinnungsgenossen unterschriebener Aufruf an die „Freunde“ zu Gunsten eines Versuchs mit einem solchen „Colledge.“ Unter den Unterzeichnern finden wir William Penn, Robert Barclay, Th. Ellwood und John Hodgskin. Die Schrift: „An Epistle to Friends concerning the education of Children“ — ein Mahnwort an die Freunde zu Gunsten der Erziehung der Kinder im Sinne der Ausführungen der „Proposals“ — befindet sich in der Bibliothek der Londoner Zentrale der Quäker.

Fragment gebliebenen Selbstbiographie erzählt, etwa um das Jahr 1817 der bekannte Francis Place beim Ausrangiren werthloser Schmöker aus seiner Bibliothek zufällig stieß und es sofort Owen mit den Worten brachte: „Ich habe eine große Entdeckung gemacht — eine Arbeit, die vor anderthalb Jahrhunderten Ihre sozialen Theorien befürwortete." Owen bat sich das Pamphlet aus und erklärte Place, er werde tausend Abdrücke zur Vertheilung herstellen lassen und anerkennen, daß dem Verfasser das Verdienst der ursprünglichen Ausarbeitung der Idee gebühre, „obwohl sie sich mir aufgedrängt hat als Frucht der Gewohnheit, die Thatsachen zu beobachten, über sie nachzudenken und auszuprobiren, wie weit sie für das Alltagsgetriebe des Lebens zu benutzen seien." (Life etc., S. 240.)

Owen hielt Wort, und so ist Bellers, den übrigens Fr. Eden in seinem „State of the Poor" zitirt, damals weiteren Kreisen bekannt geworden. Aber er ist dann von Neuem in Vergessenheit gerathen, und für die Geschichte der politischen Oekonomie und des Sozialismus hat ihn erst Marx wieder ans Licht gezogen, sowohl die „Proposals," wie Bellers' zweite Hauptschrift, die „Essays."

b) Bellers' Essays und sonstige Schriften.

Wir müssen vermuthen, daß auch das weitere Publikum für Bellers' Vorschläge nicht genügendes Interesse zeigte und daß Andere mit neuen Einwendungen und Bedenken kamen. Kurz, 1699 ließ Bellers eine neue Schrift erscheinen, die zum großen Theil sich um die in den „Proposals" niedergelegten Ansichten dreht. Dies seine „Essays über die Armen, die Manufakturen, Handel und Gewerbe, Kolonien, Immoralität, und die Vortrefflichkeit und Göttlichkeit des Innern Lichts."*) Sie sind in vieler Hinsicht bemerkenswerth und der besten Stellen der „Proposals" würdig.

Die Schrift eröffnet, in einer Dedikation an die Häuser des Parlaments, mit einem Hinweis auf Webertumulte in London während der vorhergegangenen Parlamentssession. Wenn die Bedürftigen eines einzigen Gewerbes es wagen durften, zeitweise dem ganzen Parlament zu trotzen, was sei da zu gewärtigen, wenn eine hungrige Menge in die Häuser einzelner Besitzender eindringe? Das möchten die Gesetzgeber bedenken. Mit Geldbußen könne man auf die Besitzenden wirken, mit Verhängung körperlicher Schmerzen auf die Gesunden — „aber womit wollt ihr die Hungrigen in ehrfurchtsvoller Scheu erhalten?"

Es folgt dann eine kurze Erörterung von drei Fragen mit Bezug auf die Etablissements zur Beschäftigung gesunder Arbeitsloser. Die Frage, ob Betrieb

*) „Essays about the Poor, Manufactures, Trade, Plantations and Immorality and of the Excellency and Divinity of Inward Light." Auf der Außenseite des Titelblattes stehen die Verse 1—3 des 41. Psalms, auf der Innenseite Sätze aus einer Thronrede William's III., einer Schrift des Oberrichters Hale und einer Schrift Josiah Child's — „ein König so mächtig, ein Richter so geehrt und ein Kaufmann so reich, wie nur je deren in England" —, Stellen, die sich sämmtlich auf die Nothwendigkeit ausreichender Fürsorge für die Armen beziehen.

durch den Staat oder durch Private vorzuziehen sei, beantwortet Bellers zu Gunsten der Letzteren. Der Staat arbeite kostspielig und verwalte schlecht. Ihm solle nur die Sorge für die total Arbeitsunfähigen zufallen. Die Frage, ob es nicht besser sei, bestimmte einzelne Gewerbe für die Beschäftigung der arbeitslosen Armen auszusuchen, und die, ob es nicht besser sei, die Armen in Einzelhaushalten zu beschäftigen, beantwortet Bellers mit den uns schon bekannten Argumenten zu Gunsten der gemeinschaftlichen Haushalte und der Kombination der verschiedensten Produktions- und Beschäftigungszweige.

Sodann behandelt Bellers die Frage: „Wie am besten den Bedürfnissen der Armen entsprochen, die Kraft der Nation und der allgemeine Reichthum gesteigert werden kann." Vier Uebel seien es, unter denen die Armen litten: Schlechte Erziehung in der Jugend, Mangel regelmäßiger Beschäftigung, Mangel beständigen Absatzes für die Erzeugnisse ihrer Arbeit und Mangel genügender Ernährung für die geleistete Arbeit. All' Diesem könnten die Kollegs oder Kolonien, wie Bellers sie vorgeschlagen, abhelfen. Sie würden aber damit zugleich den Werth des Landes der Adligen und der Gentry „bedeutend steigern," jetzt dünnbevölkerte Distrikte bevölkern und dem Zusammendrang in anderen Orten entgegenwirken, z. B. überschüssige Bevölkerung von London abziehen, das mit zehn Prozent der Gesammtbevölkerung des Landes entschieden „zu volkreich" sei. „Die Nation kann nur eine gewisse Zahl von Geschäftsleuten und Besitzenden unterhalten, die proportionell ist der Zahl der Arbeiter, die in der Nation für sie arbeiten."

Der erste Essay gilt dem „Beweis, daß 500 regelmäßig beschäftigte Arbeiter im Stande sind, 3000 Pfund Sterling im Jahr mehr zu erzielen, als ihr Unterhalt kostet." Der zahlenmäßig geführte Beweis leitet mit der Bemerkung ein, daß, wenn die produktive Arbeit nicht von jeher mehr hervorgebracht habe, als sie Arbeiter gekostet, die Menschheit längst zu Grunde gegangen wäre. „Nicht mehr als zwei Drittel der Bevölkerung oder der Familien Englands produziren alle Bedürfnisse für sich und den Rest der Bevölkerung; und wenn das eine Drittel, die keine Arbeiter sind, nicht mehr verbrauchten als die anderen zwei Drittel, würde die Hälfte der arbeitenden Bevölkerung oder Familien die ganze Nation versorgen können." Seinem Budget könne man entgegenhalten, daß darnach jeder Arbeiter durchschnittlich einen Werth von 16 Pence im Tag erzielen müsse, während zur Zeit Viele mit der größten Arbeit kaum 6 Pence oder 8 Pence verdienten. Das Letztere sei auch richtig, aber die anderen 8 Pence oder 10 Pence wanderten eben in die Tasche des Bodenbesitzers oder Händlers. „Denn es (das Produkt) kommt gewöhnlich dem Konsumenten den doppelten Preis, den der Hersteller empfing." Theils sei auch die große Differenz zwischen der Bezahlung des wirklichen Produzenten und dem Preis der Waaren der schlechten gesellschaftlichen Organisation der Produktion geschuldet. „Es ist das größte Unglück unserer Arbeiter, daß sie Waaren herstellen, wenn Niemand sie gebraucht." Bei guter Organisation der Arbeit könne man also noch mehr Lohn geben oder vom Einzelnen weniger Arbeit verlangen, und doch würde der Betrieb der Kolonie die Anwender des Kapitals lohnen.

Der zweite Essay will beweisen, „daß 500000 Arme fähig sind, der Nation 43 Millionen Werth hinzuzufügen.“ Rechnerisch stützt sich der Beweis auf die Mehrarbeit, die die Armen zu leisten vermögen, und die Bellers zu fünf Prozent kapitalisirt, sowie auf die durch deren Arbeit bewirkte Steigerung des Grundwerthes derzeitig fast werthlosen Landes. Interessanter als diese veraltete Rechnung sind die Sätze, die Bellers für seine stets wiederholte These ins Feld führt, daß „die Vermehrung der regelmäßig arbeitenden Bevölkerung des Reiches größter Schatz, Stärkung und Ehre“ sei.

„Land, Vieh, Häuser, Güter und Geld sind nur das Gerippe des Reichthums; sie sind todt ohne Bevölkerung; der Mensch ist das Leben und die Seele derselben.“

„Verdoppelt unsere arbeitende Bevölkerung, und wir werden fähig sein, die doppelte Zahl von Gentlemen und Adligen zu haben wie jetzt, oder deren Besitzungen werden doppelt so viel werth sein wie jetzt. Aber wenn es möglich wäre, unsere Häuser und Schätze (ohne gleichzeitige Vermehrung des Volkes) so ungeheuer zu vermehren, daß der ärmste Mann im Königreich Millionär wäre, so müßten so viele dieser reichen Leute Holzhauer, Wasserträger, Pflüger und Drescher sein, wie wir heute solcher Arbeiter im Königreich haben, oder aber wir würden unter Midas' Goldfluch stehen: mit den Händen voll Gold, aus Mangel an Brot verhungern.“

„Man wird sagen, die Ausländer werden uns für Geld Zufuhr bringen. Ja, aber es ist deren Arbeitervolk, das dies thun muß.“ Und da dieses fremden Fürsten unterstehe, so möchte es einmal selbst an die Reihe zu kommen suchen und lieber nach England ziehen, um zu plündern, als um die Engländer zu füttern. „Es ist nicht möglich, die Reichen zu vermehren, außer daß die armen Arbeiter sich mit ihnen vermehren; wo keine Diener sind, da sind auch keine Herren.“ (S. 8.)

Zur Frage der Organisation der Arbeit übergehend, verweist Bellers unter Anderem auf „die Vermehrung der nothleidenden Armen durch die Unsicherheiten der Mode“ — ein Thema, das ihm als Quäker besonders nahe lag. Im Winter seien viele gewerbliche Arbeiter arbeitslos, weil die Händler und Webermeister kein Geld anlegen wollen, bevor sie wüßten, welches die nächste Mode sein würde. Im Frühjahr genügten dann plötzlich die Arbeiter nicht. Dann würden massenhaft Lehrlinge und Hülfsarbeiter eingestellt — dem Pflug Hände geraubt, und der Stadt zukünftige Bettler zugeführt.

Wir übergehen einen ganz interessanten Exkurs darüber, daß „theures Brot theure Produkte macht und den Handel ruinirt,“ wo fast das ganze Freihandelsevangelium vorweggenommen wird, und wenden uns zu Bellers' Kritik des Handels im Allgemeinen und des auswärtigen Handels im Besonderen.

Im Essay „Ueber die Händler“ schreibt er: Kaufleute und Händler*) sind für eine Nation, was Verwalter, Haushälter und Kellermeister für große Familien sind. Insofern seien sie also von ebensolchem Nutzen wie eine geordnete Regierung. „Aber da Händler nur nützlich sind als Organe der Distribution, so ist es lediglich die Arbeit der Armen, die den Reichthum einer Nation vermehrt, und obwohl es garnicht zu viel Arbeiter in einer Nation geben kann, so lange im Verhältniß Rohstoff zu ihrer Beschäftigung vorhanden ist, so kann ein Land doch zu viel Händler im Verhältniß zur Zahl seiner Arbeiter haben.“ (S. 10.) Die Händler können reich werden, während eine Nation infolge von Verschwendung verarmt. Ein Beispiel über den Weinkonsum leitet über zum

Essay über den auswärtigen Handel. Auch dieser Handel sei nützlich, indem er dem Lande u. A. Gegenstände der Kunstgewerbe und des Genusses zuführe, die es nicht produzire. Aber „ein wollüstiges Zeitalter“ könne da — in Kleidung und Vergnügungen — leicht in Ausschweifungen verfallen, während genau genommen „von nichts gesagt werden kann, daß es eine Nation bereichert, als von dem, was ihre Bevölkerung vermehrt . . . Aber wie viel von den Seidenstoffen und Weinen, die wir von der Türkei, Italien, Frankreich und Spanien beziehen, ein Aequivalent sind für, und von gleichem Nutzwerth wie die dauernderen und nützlicheren Tuche und Nahrungsmittel, die wir dafür aussenden, mag wohl gefragt werden. Angenommen, wir senden jährlich für 400 000 Pfund Sterl. englische Manufakturen nach jenen vier Ländern, und in den Gegensendungen mögen die Händler und Zwischenhändler 30 Prozent Ueberschuß empfangen, was 520 000 Pfund Sterl. Importwerth macht, der in England verzehrt wird, nun entsteht die Frage: ob diese ersten 400 000 Pfund nicht eigentlich die Ausgabe der Nation sind, und nicht die 120 000 Pfund, welche die Händler einnehmen, und von denen angenommen werden mag, daß sie das Kapital der Nation vermehren? Und eine andere Frage ist die, was davon mit Vernunft und wirklichem Genuß verzehrt und wie viel in Ausschweifungen verwüstet wird.“

„Wenn wir für 100 000 Pfund Manufakturerzeugnisse nach Deutschland und Holland senden, so erhalten wir gewöhnlich nützliche Produkte dafür im Austausch zurück. Immerhin ist es möglich, daß, wenn wir unsere beschäftigungslosen Armen beschäftigten, sie die meisten der auswärtigen Waaren erzeugen würden, die wir brauchen.

„Aber dann werden unsere Wollfabrikanten, die nach jenen Ländern ausführen, über die neuen Manufakturen Beschwerde führen.“ Wie z. B. Leute aus Lancashire beim Parlament petitionirt hätten, daß man flämische Spitzen frei hereinlasse, damit sie in Flandern Absatz für ihre Tuche hätten. „Und so,“ schreibt Bellers, und sagt damit eigentlich schon das letzte Wort über den ewigen Streit von Freihandel und Schutzzoll, „sind und werden wir, so lange unsere Manufakturen nicht in Verhältniß gebracht sind zu unserer Landwirthschaft, wie

*) Groß- und Kleinhändler.

Leute mit ausgerenkten Gliedmaßen sein, die immer zu stöhnen haben, legt uns auf welche Seite ihr wollt. Aus welchem Grunde verschiedene Gesetze, die gemacht wurden, den Handel zu ermuthigen, nur einen internen Krieg unter den Handwerkern hervorrufen, weil der Vortheil des einen Gewerbes oft der Ruin des anderen ist." (S. 101.) Und der Essay schließt mit der „kitzlichen Frage" („query"): „Ob wir nicht unser Land dadurch entvölkern, daß wir Viele daheim darben lassen, aus Mangel an jenen Produkten, die wir hinausschicken, um durch die Gegensendungen dem Hochmuth und dem Luxus anderer Nahrung zu schaffen." („120 000 Pfund Sterling Importwaaren blos für den Konsum," setzt Bellers erläuternd hinzu, „im Austausch gegen 100 000 Pfund Sterling Exportwaaren, läßt die Allgemeinheit am Ende des Jahres nicht reicher sein, als sie vorher war.")

Folgt ein „Essay über das Geld." Er spinnt den in der Einleitung zu den Proposals über diesen Gegenstand entwickelten Gedanken weiter aus. „Geld," heißt es da, „hat von allen Gegenständen des Reichthums den geringsten Nutzen: Land und Viehstand liefern Produkte für den Besitzer, Gebäude und Manufakturerzeugnisse sind nützlich, während man sie inne hat, aber Geld nimmt nicht zu, noch ist es nützlich, außer in dem Moment, wo man es aus der Hand giebt". . . „Alles Geld, das mehr als absolut nöthig ist für den inneren Geschäftsverkehr, ist in einem Königreiche oder einer Nation todtes Vermögen . . . Das Geld hat zwei Eigenschaften. Es ist ein Pfand für das, wofür es gegeben, und es ist das Maß und die Wage, an denen wir alle anderen Dinge messen und werthen, da es dauerhaft und leicht mit sich zu tragen ist. Und doch hat es seinen Werth gegenüber allen Gegenständen viel mehr geändert, als diese Gegenstände unter sich, seit der Zeit, wo nur der zwanzigste Theil des Geldes in England war, das jetzt dort ist . . . da dieselbe Zahl von Arbeitstagen eines Menschen ein Schaf oder eine Kuh vor 300 Jahren kaufen konnte wie heutzutage, und dieselbe Arbeit heute einen Acker Land pflügt, wie damals."

Man muß hier natürlich im Auge behalten, daß dies zu einer Zeit geschrieben ist, wo die Produktivität in Ackerbau und Gewerbe im Ganzen nur sehr langsam Veränderungen erfuhr. Und selbst wo Bellers von falschen thatsächlichen Voraussetzungen ausging, ist der Gedanke, auf den er abzielt, doch richtig.

Diesem Essay giebt Bellers noch „ein Wort an die Reichen" bei, wo er denselben angesichts ihrer beständigen Klagen vorrechnet, daß das Durchschnittsvermögen des Landes 40 Pfund Kapitalwerth pro Kopf der Bevölkerung ergebe. Wer mehr pro Kopf seiner Familie habe, habe allen Grund, den Mund zu halten; je mehr aber Einer darüber hinaus habe, um so mehr stehe es ihm an, sich als Hauswart der Armen zu betrachten und daran zu denken, daß er für seine Hauswartschaft verantwortlich sei.

Der Essay über die „Abschaffung der Immoralität" führt aus, daß alle ökonomischen Verbesserungen werthlos seien, wenn sie nicht mit moralischer Hebung verbunden sind. Aber Bellers hält sich da nicht an die unteren Klassen, sondern geht gleich den oberen zu Leibe, die das Beispiel zu geben hätten. Wenn z. B., meint er, unmoralische Aufführung die Befähigung zu öffentlichen Aemtern entzöge, oder das Fluchen mit Entziehung selbst nur für die Dauer eines Jahres bestraft würde, wo doch die Quäker, weil sie grundsätzlich nicht schwüren, für ihr Lebenlang disqualifizirt seien — so möchte man vielleicht weniger Sittenlosigkeit zu sehen und Fluchen zu hören bekommen. Aber „die Söhne Zerujah's" — das Parlament — werden dafür nicht zu haben sein.

Sehr schön, und die besten Arbeiten Beccaria's und Anderer vorwegnehmend, ist Bellers' Essay gegen die Todesstrafe oder, wie er ihn betitelt: „Einige Gründe gegen die Hinrichtung von Verbrechern." Er nennt den vom Staate bewirkten vorzeitigen Tod derselben einen „Blutfleck der Religion" und vergleicht das Verhältniß des Verbrechers zur Gesellschaft mit dem eines mißrathenen Menschen zu seiner Familie. „Wenn Jemand ein Kind oder einen nahen Verwandten hat, der sich zu einem mit dem Tode bedrohten Verbrechen hinreißen läßt, so würde er, wie sehr er auch immer die That verabscheuen mag, seine ganzen Mittel aufbieten, dessen Leben zu erhalten, in der Hoffnung, er möge leben, um sich zu bessern; besonders wenn er ihn in solcher Abgeschlossenheit halten könnte, die ihn verhindert, in Zukunft ähnliche Ungeheuerlichkeiten zu begehen. Und solch' ein Kind und näherer Verwandter ist jeder Einzelne der Gesammtheit gegenüber." Ferner sei auch nicht zu vergessen, daß die Verantwortlichkeit der Menschen eine begrenzte sei. „Die Erziehung in Müßiggang und roher Genußsucht bringt den Einen Mangel und Noth, den Anderen Gewohnheiten bei, die zu besiegen sie fast machtlos sind."

Bellers berechnet auch den ökonomischen Verlust, den die Tödtung des Verbrechers, statt seiner Verwendung zu nützlicher Arbeit in Strafanstalten, für die Gesellschaft bedeute, aber er fügt hinzu, dies sei doch nicht der entscheidende Gesichtspunkt. Er appellirt an das Gebet im Vaterunser: „Vergieb uns unsere Schuld," und wendet sich mit Schärfe gegen die zu seiner Zeit übliche, außer allem Verhältniß stehende Bestrafung der kleinen Diebstähle durch Galgen und schweren Kerker. Endlich verlangt er, daß man die abscheulichen Zustände in den Gefängnissen ändere, und die Gefängnisse der Ausbeutung durch spekulative Wärter entziehe.

Mit dem Essay über das „Innere Licht" schließt das Buch, das Bellers durchgängig als einen der vorurtheilslosesten Geister seiner Zeit erkennen läßt, nicht in allen Punkten frei von deren Irrthümern, aber fast in allen der Masse selbst seiner aufgeklärteren Zeitgenossen weit voraus.

Das Gleiche gilt von der nächsten Publikation Bellers', deren Inhalt ihr Titel schon genügend kundgiebt. Wir geben denselben daher in seinem vollen Wortlaut:

„Einige Gründe an die Mächte Europas für die Errichtung eines Europäischen Staats durch das Mittel einer allgemeinen gegenseitigen Bürgschaft und eines jährlichen Kongresses, Senats, Landtags oder Parlaments zur Schlichtung aller etwaigen zukünftigen Streitigkeiten über die Landesgebiete und Rechte der Fürsten und Staaten. Mit einem Abriß eines über denselben

Gegenstand entworfenen Plans König Heinrich's IV. von Frankreich." Und ferner: „Ein Vorschlag für einen Generalrath oder eine Generalversammlung der verschiedenen religiösen Richtungen in der Christenheit (nicht um über ihre Differenzen zu disputiren, sondern), um die allgemeinen Prinzipien festzustellen, in Bezug auf die sie einig sind. Wodurch es sich zeigen wird, daß sie, trotz auseinandergehender Meinungen über den Weg zum Himmel, gute Staatsbürger und Nachbarn sein können zur Vorbeugung von Unruhen und Kriegen daheim, sobald die auswärtigen Kriege zu Ende sind." London 1710.*)

Wie in anderen Vorschlägen, so geht Bellers auch hier über seine Vorgänger erheblich hinaus, und ist doch dabei bemüht, den realen Verhältnissen gebührend Rechnung zu tragen. Sein Pamphlet ist durchaus keine abstrakte Phantasie, sondern knüpft an die Ereignisse und Vorgänge der Zeit an, aus denen Bellers die Zweckmäßigkeit seines Vorschlages nachzuweisen sucht. Der seit 1701 entfesselte spanische Erbfolgekrieg hatte eine Unmasse von Geld und Blut gekostet und schien doch kein Ende nehmen zu wollen, auf ihn stützt sich Bellers für seinen Vorschlag eines Staatenbundes. In einer Widmung an die Königin Anna verweist er auf die Opfer, die gebracht worden sind, und das Bündniß (zwischen England, Holland und Oesterreich-Deutschland), das geschlossen worden, um nach Beendigung des Krieges den Frieden sicherzustellen, und wie wenig Bürgschaft doch dieses Bündniß darbiete, von wie viel Zufälligkeiten seine Einhaltung abhängig sei, da jeder der verbündeten Staaten wieder auf andere Verhältnisse Rücksicht zu nehmen habe. In einer Ansprache an die Mächte berechnet er weiter die Kosten, welche allein seit 1688 die Kriege den europäischen Völkern direkt und indirekt — an Menschen, Geld und wirthschaftlicher Wohlfahrt — auferlegt hätten. Die Rechnungsmethode ist auch hier eine für die Zeit durchaus originelle. Schließlich entwickelt er seinen Vorschlag. Europa soll in eine Anzahl — etwa hundert — gleich große Distrikte (Kantone oder Provinzen) eingetheilt werden, und jeder Staat pro Kanton ein Mitglied in das Staatenparlament entsenden, das heißt proportionell seiner Größe und Bevölkerung in demselben vertreten sein. In diesem Parlament, das nur die äußeren und allgemeinen Beziehungen der Staaten zueinander zu behandeln hat, ohne sich in ihre inneren Angelegenheiten zu mischen, wird bestimmt, wie viel die Staaten an wehrfähigen Mannschaften resp. Schiffen und an Geld pro Kanton zu stellen haben sollen, falls eine gemeinsame Aktion gegen Friedensbrecher erforderlich ist, und je nach Maßgabe der Leistungen, zu welchen die einzelnen Staaten sich in dieser Hinsicht verpflichten, wird die Zahl ihrer Stimmen im gemeinsamen Parlament bemessen, so daß also neben der geographischen Ausdehnung auch die Leistungskraft in Rechnung gezogen wird. Von dem Parlament wird alsdann die Reduktion der stehenden Armeen und die Zahl der im Frieden unter Waffen zu haltenden Mannschaften pro Kanton vereinbart.

*) Der Anfang des englischen Titels ist: „Some Reasons for an European State proposed to the Powers of Europe."

Der Gedanke hat mit dem Sozialismus keine direkte Beziehung, sondern ist ebensogut bürgerlich. Aber er entspricht einer sehr vorgeschrittenen Stufe bürgerlicher Entwickelung, wo der abenteuernde Welthandel dem regelmäßigen Handelsverkehr Platz macht, er ist — wenn man will — Vorbote des modernen Freihandels, was 1710 sehr respektabel war. Aber auch sonst zeigt sich Bellers in diesem Schriftchen seiner Zeit voraus. Er druckt in ihm, wie aus seinem Titel hervorgeht, ein ähnliches Projekt Heinrich's IV. von Frankreich ab. Im Kommentar dazu bemerkt er, Heinrich habe Rußland („the muscovites") und die Türkei aus seinem Entwurf ausgeschlossen; das sei indeß nach seiner Ansicht nur geschehen, um dem römischen Stuhl ein Kompliment zu machen. Aber — „die Muskowiten sind Christen und die Muhamedaner Menschen, sie haben dieselben Eigenschaften und dieselbe Gabe der Vernunft wie andere Menschen, und brauchen nur dieselben Gelegenheiten und Verhältnisse der Bethätigung ihres Verstandes, um wie sie zu sein. Aber ihnen das Hirn auszuschlagen, um sie zu Verstand zu bringen, ist ein sehr irriges Verfahren und würde Europa zum großen Theil im Kriegszustand belassen. Je mehr dagegen dieser staatsbürgerliche (‚civil') Bund ausgedehnt werden kann, um so größer wird der Friede auf Erden sein und Wohlgefallen unter den Menschen." (S. 20.)

Um dieser Auffassung Ausdruck zu geben, dazu gehörte 1710 nicht nur ein hoher Grad geistiger Freiheit, sondern auch nicht geringer Muth. Und auch der andere Vorschlag in jener Broschüre: das Religionsparlament, das nicht darüber, was die Religionen trennt — also in der Praxis, nicht über die Dogmen — diskutiren, sondern sich darüber einigen soll, was ihnen gemeinsam ist — und das konnten nur gewisse ethische Maximen sein —, auch diese Idee, so wenig Aussicht auf Erfolg sie haben konnte, ist eine für ihre Zeit bedeutende. Sie kündet eine neue Internationalität an. Sie war die würdigste Antwort auf die Hetze gegen alle Nichtstaatskirchler, die ein Pfaffe der anglikanischen Kirche, der Demagoge Sacheverell, im Sommer 1709 entflammt hatte, und die 1710 helfen mußte, die Torykoalition Harley-St. John ans Ruder zu bringen.

Einer der ersten Akte des neuen Regiments war — 1711 — die Verschlechterung des Wahlrechts durch die Beschränkung der Wählbarkeit auf Inhaber eines gewissen Mindestvermögens. Wahrscheinlich geschah es in Antwort darauf, oder jedenfalls angeregt dadurch, daß Bellers 1712 eine Schrift zu Gunsten einer Wahlreform erscheinen ließ oder, wie der Titel lautet: „An essay towards the Ease of Elections of members of Parliament" — „Eine Abhandlung zu Gunsten der Erleichterung von Wahlen von Parlamentsmitgliedern." Leider ist kein Exemplar dieser Schrift im Besitz des Britischen Museums, so daß es nicht möglich war, festzustellen, in welcher Richtung sich Bellers' Vorschläge bewegten.*)

*) Nachträglich ist es mir infolge der Freundlichkeit des Herrn Isaac Sharp, Sekretär der Londoner Zentrale der Quäker, noch möglich gewesen, das im Besitz dieser befindliche Exemplar der Schrift einzusehen. Sie betrifft vorzugsweise Maßregeln gegen Wahlbestechung, Mißbrauch des Eides bei Wahlen 2c. Die Bestechung solle an den Bestechern — den Verführern

1714 veröffentlicht er eine größere Abhandlung, die auch einen, erst in der neuesten Zeit in gleicher Ausdehnung verstandenen Gedanken vorwegnimmt: die Nationalisirung der Gesundheitspflege. Das in der That ist der Kern der Schrift: „Aufsatz über die Verbesserung der Medizin, in zwölf Vorschlägen. Wodurch jährlich das Leben vieler Tausender von Reichen, sowie von Armen gerettet werden kann. Mit einem Aufsatz über die Beschäftigung der arbeitsfähigen Armen, wodurch der Reichthum des Königreichs sehr gesteigert werden könnte. Dem Parlament von Groß-Britannien bescheidentlich gewidmet.“ *)

Der wichtigste Vorschlag in dieser Schrift ist der, das Studium der Medizin und die Ausübung der Heilkunde in planmäßige Verbindung mit dem Krankenhauswesen zu bringen, das überall und systematisch von den öffentlichen Körperschaften — Gemeinden, bezw. Hundertschaften, Grafschaften, Staat — organisirt und finanzirt werden soll. Auch über die Einrichtung der Krankenhäuser verbreitet sich Bellers, plädirt für Einrichtung von Separatflügeln oder auch Hospitälern für bestimmte Krankheiten und geht schließlich auch auf die Heilmethoden ein — er war, wie wir in der Einleitung bemerkt, mit einem der bedeutendsten Aerzte jener Tage befreundet —, indeß sind seine Betrachtungen darüber natürlich veraltet. Sehr hübsch ist seine Einleitung, wo er, um die Parlamentarier für seinen Plan zu gewinnen, den Geldverlust berechnet, den jeder Arme, der zu früh stirbt, für das Land bedeute. Der Durchschnitt sei 200 Pfund Sterling. „Was unseren Adel und unsere Gentry anbetrifft,“ setzt er humoristisch hinzu, „so überlasse ich ihre Schätzung ihnen selbst; aber wenn der alte Brandstifter Recht hatte, der da sagte ‚Haut steht für Haut, und Alles, was einer hat, wird er für sein Leben hingeben,‘ dann bin ich sicher, daß ihre Rechnung sich sehr hoch belaufen wird.“

Der Anhang wiederholt in Kürze den Vorschlag des „Kollegs,“ den Bellers bis zu seinem letzten Athemzuge nicht müde wurde zu predigen.

So veröffentlicht er noch 1723 einen neuen „Essay, die Armen profitbringend zu beschäftigen,“ **) mit dem Motto: „Wenn es keine Arbeiter gäbe, so würde es keine Lords geben, und wenn die Arbeiter nicht mehr Nahrungsmittel und Manufakturprodukte erzeugten, als sie verbrauchen, so müßte jeder Gentleman ein Arbeiter sein und alle Nichtsthuer verhungern.“ Die Argumente sind im

---

bis zu fünfmal höher bestraft werden als bei den Bestochenen, die Eidablegung durch Aussagen unter Haftbarkeit ersetzt werden. Man solle doch bedenken, schreibt Bellers sehr vernünftig, welch' große Menge von Leuten sich mehr um die Dinge dieser Welt, als um die jener Welt kümmern, und man solle sie daher garnicht erst in die Lage versetzen, heute vor dem Wahlkommissar zu schwören, sie hätten vierzig Shillinge Freehold-Einkommen — dies die Wählerqualifikation — und noch im selben Jahre vor dem Staatssteuer-Einschätzer zu schwören, sie hätten keine vierzig Shillinge Freehold-Einkommen. Ein anderer Vorschlag in dieser Schrift richtet sich gegen die skandalöse Ueberschwemmung der Wahlplätze mit Spirituosenverkäufern.

*) An Essay about the Improvement of Physik, in 12 Proposals, London 1714.

**) „An Essay for Employing the Poor to Profit.“

Wesentlichen dieselben wie in den früheren Schriften, nur vielfach — wie die über das Geld und den auswärtigen Handel — schärfer und präziser gefaßt. Immer wieder weist er auf die Wechselfälle des Lebens hin und appellirt an „Pflicht und Interesse," als mächtige „Advokaten," um die Reichen zur aktiven Fürsorge für die Armen anzustacheln. Als bemerkenswerth ist in dieser Schrift zu betonen Bellers' Stellungnahme zu dem inzwischen immer stärker auftretenden Kampfe der Arbeiter und Handwerker gegen das Eindringen technischer Verbesserungen, vervollkommneter Werkzeuge und Geräthe, in die Manufaktur. Bellers, der der letzteren so unbefangen gegenübersteht, daß er die einseitige Steigerung derselben ohne gleichzeitige Entwickelung der Landwirthschaft für höchst fehlerhaft erklärt, für ein „mehr Menschen zu Tisch setzen, als wofür Nahrung darauf steht," bekämpft aufs Entschiedenste alle gegen die Maschinerie gerichteten Gesetze. Seine Arbeiterfreundschaft blendete ihn da keinen Augenblick. Gesetze gegen Verringerung der Arbeit (d. h. gegen arbeitverringernde Maschinen oder Methoden) sind so unvernünftig, schreibt er, wie wenn man jedem Arbeiter eine Hand auf dem Rücken festbinden wollte, damit statt eines immer je zwei [Arbeiter] gebraucht werden sollen. Er dachte auch hierin durchaus modern.

Die Schrift ersucht um Einsetzung einer Parlamentskommission, die seinen und ähnliche Vorschläge zu prüfen habe.

Im Frühjahr 1724 veröffentlicht Bellers eine Epistel an „die Freunde auf den Jahres-, Vierteljahrs- und Monatsversammlungen" — d. h. die Quäker-Organisationen —, worin er ihnen die aktive Fürsorge für die Insassen der Gefangenenanstalten und Hospitäler eindringlich ans Herz legt, theils der Propaganda unter ihnen wegen, theils um deren materielle Lage nach Möglichkeit zu verbessern. Und seinen Schwanengesang bildet im gleichen Jahre ein „Auszug aus einem Rathschlag und Mahnwort, die Georg Fox im Jahre 1657 an die Behörden von London betreffs der Armen richtete, mit einigen Bemerkungen darüber und Empfehlungen an die aufrichtig religiös Gesinnten und insbesondere an die Freunde in London und ihre derzeitigen Morgenversammlungen." Es ist eine warmherzige und eindringliche Ermahnung, die Sache der Armen nicht aus den Augen zu verlieren — und es nicht bei bloßen Almosen bewenden zu lassen. An die „Freunde" richtete er zuerst seinen Plan der Organisation von Arbeitskollegien, und sein letztes Wort zu Gunsten der Schaffung methodischer Einrichtungen zu nützlicher und fördernder Beschäftigung der Arbeitslosen ist wieder „besonders an die Freunde" gerichtet. Im Jahre 1725 nahm der Tod ihm die rastlos zu Gunsten der Armen geführte Feder aus der Hand.

Was er durch Unterstützungen 2c. für die Armen und Hülfsbedürftigen gethan, gehört nicht in diese Schilderung — es genüge die Bemerkung, daß er nicht nur in der Theorie Wohlthäter war. Ferner übersteigt es den Rahmen dieser Arbeit, die Wirkung von Bellers' Schriften auf die entsprechende Literatur seiner und der ihr folgenden Epochen zu untersuchen. Wir sind mit ihm schon der Zeit vorausgeeilt, die zu behandeln unsere Aufgabe war. Aber das war unvermeidlich, da er nicht nur chronologisch, sondern auch dem Ideengehalt nach den Markstein bildet zwischen dem Kommunismus des siebzehnten und den Reformbestrebungen des achtzehnten Jahrhunderts. In Bellers münden die Strömungen des ersteren, die wir zu betrachten hatten, zusammen. Wir haben gesehen, wie der Kampf zweier Sektionen der herrschenden Klassen um die politische Herrschaft in seiner Folge die entwickeltsten Elemente der arbeitenden Klassen der Epoche auf die politische Bühne bringt und damit zur Aufstellung der Forderungen der politischen Demokratie der Neuzeit führt. Wir haben ferner gesehen, wie noch eine tiefer als jene stehende Schicht der Arbeiterklasse Vertreter aus ihren Reihen und Anwälte findet, die unter Aufnahme politischer Schlagworte, unter Verarbeitung der aus anderen Ländern hinübergebrachten religiös-kommunistischen Lehren und zweifelsohne auch der heimischen Literatur des Kommunismus (More), eine kommunistische Lehre ausarbeiten, radikaler als je eine vorher. Wir haben ferner gesehen, wie die steigende Nothlage der ärmeren Klassen bei wachsendem Reichthum der Besitzenden eine bürgerlich-philanthropische Literatur aufkommen macht mit allerhand Projekten, durch Spezialveranstaltungen Abhülfe zu schaffen: vom Staate, den Gemeinden, der organisirten Privatthätigkeit das besorgen zu lassen, was ehedem Aufgabe der Kirche gewesen. Wir sahen eine neue Auffassung vom Staate sich Bahn brechen, der aus einer Assoziation einer herrschenden Aristokratie oder dem Eigenthum einer Dynastie Anstalt zur Beförderung des Wohles Aller werden soll, und wir sahen ferner aus dem wüthenden Kampfe der kirchlichen Parteien eine grundsätzlich antikirchliche, antidogmatische Richtung sich entwickeln, die theils zum Atheismus führt, theils zum Versuche einer antiritualistischen Religion, dem Quäkerthum. Wie das Quäkerthum zum Atheismus, so steht die philanthropische Sozialreform zum Kommunismus. Aber Bellers steht als Quäker wie als Sozialreformer weit über dem Durchschnittsniveau, hier wie dort vertritt er nur die bessere Seite der Bewegung. Die kühnsten und klarsten Gedanken der religiösen und sozialen Revolutionäre des 17. Jahrhunderts finden wir bei ihm wieder. Ob er sie direkt von ihnen empfangen, ihre Schriften gekannt hat? Möglich, denn in jener Zeit war das Zitiren nicht Sitte, außer wo man sich auf anerkannte Autoritäten berief. Aber er kann sie auch indirekt empfangen haben, vermittelt durch von Jenen angeregte Schriftsteller, aus seiner Umgebung, wenn man will, aus der „Luft." Er schrieb unter ähnlichen Verhältnissen wie Jene, in einer Nothstandsepoche, nach einer politischen Umwälzung. 1648—1649 konnte man an eine demokratische Revolution durch die unter den Waffen stehenden demokratischen Elemente der Nation glauben, 1688 bezw. 1695 war solche Illusion unmöglich. Aber 1695 war eine schärfere Kritik der bürgerlichen Gesellschaft und ihrer Tendenzen möglich; nicht nur eine moralische Verurtheilung der in ihr herrschenden Ungleichheit, sondern auch schon die Denunzirung der sie beherrschenden ökonomischen Mächte, ihrer sich anzeigenden Unfähigkeit, ihre eigenen Produktivkräfte im Interesse der Gesellschaft zu lenken. Diese Seite der bürgerlichen Wirthschaft so früh erkannt zu haben, ist das große

Verdienst von John Bellers, und wenn man sagen kann, daß in Bezug auf das Privateigenthum sein Projekt sich zu dem Gerard Winstanley's — ja selbst Chamberlain's — verhält, wie die Revolution von 1688 zur Rebellion von 1648, so muß man zugleich sagen, daß seine größere Einsicht in die ökonomische Struktur der Gesellschaft durchaus dem Aufschwunge entspricht, den der bürgerliche Reichthum von 1648 bis zum Ende des Jahrhunderts erfahren, daß seine Schriften die würdigste Gegenstrophe bilden gegen die Panegyristen der Bourgeoisie der Epoche, die die Sache der Arbeiter in jenen Tagen gefunden.

E. Bernstein.

Sechster Abschnitt.

Die Niederlassungen der Jesuiten in Paraguay.*)

Erstes Kapitel.

Eine christliche Republik.

Unter der klugen Leitung Leo's XIII., der sich bescheiden den „Papst der Arbeiter" betitelt, ist der katholische Klerus Europas und Amerikas ausgezogen, um seinen alten Einfluß auf das Volk zurückzuerobern. Um die Arbeiter dem sozialistischen Einfluß zu entziehen, läßt er sich neuerdings die Verbesserung des Looses des Proletariers angelegen sein, um welche er sich bis jetzt sehr wenig gekümmert hat, offenbar, weil seine ganze Kraft von den zahlreichen Leistungen aller Art beansprucht wurde, welche die Kapitalistenklasse von ihm fordert, die ihn bezahlt. Gegenwärtig giebt es einen christlichen Sozialismus, der sich in großer Wandlungsfähigkeit den Ländern und den sozialen Bedingungen anpaßt, wo seine Apostel ihre frohe Botschaft verkündigen. Es ist deshalb gewiß interessant, einen Einblick in das „Neue Jerusalem" zu thun, nach welchem die Geistlichen die Menschheit führen wollen. Um diesen Einblick zu gewinnen, brauchen wir nicht in die Fußtapfen des armen Eugen Richter zu treten, der sich unmenschlich abgequält hat, um den Beweis zu erbringen, daß ein Spießbürger seines Schlages unfähig ist, sich dazu aufzuschwingen, eine Moral zu begreifen, die nicht mehr den kapitalistischen Profit zur Grundlage hat, und eine Gesellschaft verstehen zu können, in der dem Produzenten nicht mehr täglich ein Theil der Früchte seiner Arbeit gestohlen wird. Um eine Vorstellung von dem gelobten Lande des katholischen

*) Quellen-Werke:

Xavier Charlevoix: Histoire du Paraguay, Paris 1757. — Don Gregorio Funes, Dechant der Kathedrale von Cordova in Süd-Amerika: Ensayo de la historia civil de Paraguay, Buenos-Ayres y Tucuman, Buenos-Ayres 1816. — Don Felix de Azara, Kommissär und Kommandant an der spanischen Grenze von Paraguay 1781—1801: „Voyage dans l'Amérique méridionale," Paris 1809. — Raynal: Histoire philosophique et politique des deux Indes, Paris 1820. — Rengger und Longchamp: Essai historique sur la Revolution du Paraguay, Stuttgart 1829. — A. d'Orbigny: „Voyage dans l'Amérique méridionale de 1826 à 1833," Paris. — Alfred Demersay, Mitglied einer wissenschaftlichen Mission im südlichen Amerika: „Histoire du Paraguay," Paris 1860. — Dr. Bourgade La Dardye: „Le Paraguay," Paris 1889.

Klerus zu erhalten, haben wir auch nicht nöthig, unserer Phantasie die Zügel schießen zu lassen und einen „Zukunftsstaat" zu konstruiren, den uns die Katholisch-Sozialen mit gutem Recht abstreiten könnten. Wir brauchen vielmehr nur die „christliche Republik" zu studiren, welche die Jesuiten in Paraguay schufen.

Die Gesellschaft Jesu gründete mit einer Bevölkerung, welche in sittlicher und geistiger Beziehung äußerst entwickelungsfähig war, einen „christlichen Staat," der bis zu 150000 Einwohner zählte und länger als anderthalb Jahrhunderte bestand, nämlich von 1610—1768.

Raynal behauptet, daß „die Jesuiten die Methoden erfahren hatten, welche die Inkas anwendeten, um ihr Reich zu regieren und zu vergrößern, und daß sie diese zum Vorbild nahmen." Funes, Dechant der Kathedrale von Cordova in Südamerika, protestirte jedoch energisch gegen diese Behauptung und erklärte, „daß die Jesuiten ein weit erhabeneres Vorbild in den Lehren des Evangeliums gefunden hatten, sowie in dem Vorbild der ersten Christen." Die „Missionen von Paraguay" sind also nach Funes eine Verwirklichung des christlichen Ideals und als solche sollten sie die Bewunderung der Welt herausfordern.*)

In dieser theokratischen Republik gab es kein geschriebenes Gesetz. „Das Gewissen vertrat die Stelle der Gesetzgebung," sagt Funes. „Es gab keine Strafgesetze, sondern bloße Vorschriften, deren Uebertretung durch Fasten, durch Gebete bestraft ward ... und über diese Art von Strafen wird man sich nicht verwundern, wenn man weiß, wie schön und rein die herrschenden Sitten waren. Don Pedro Fararbo, Bischof von Buenos-Ayres, schrieb 1721 in seinem von Charlevoix zitirten Brief an Philipp V. von Spanien: „Unter diesen Völkerschaften herrscht eine so große Unschuld, daß ich glaube, daß im Jahre auch nicht eine einzige Todsünde begangen wird; die Wachsamkeit der Geistlichen beugt sogar den kleinsten Fehlern vor." — „Es gab keine Zivilgesetze," heißt es noch bei Funes, „weil bei diesen Indianern das Eigenthumsrecht so zu sagen unwahrnehmbar war."

Dieser christlichen Republik wurde das seltene Glück zu Theil, die skeptischen Philosophen des vorigen Jahrhunderts zu begeistern, welche so weit gingen, „das Loos der Indianer Paraguays zu beneiden," berichtet Azara. Montesquieu kargte mit seinem Lob nicht: „Es gereicht," sagt er, „der Gesellschaft Jesu zum Ruhme, in jenen Gegenden zuerst die Idee der Religion, gepaart mit derjenigen der Humanität, gezeigt zu haben. ... Sie hat die zerstreuten Völkerschaften aus dem Wald gezogen, sie hat ihnen einen gesicherten Lebensunterhalt gegeben, sie

---

*) Erst nachdem vorliegende Studie niedergeschrieben worden und in Satz gegangen war, las ich in der „Neuen Zeit," XI., 1., S. 684 ff., den Artikel „Zukunftsstaaten der Vergangenheit," in dem K. Kautsky trefflich zeigt, daß die christliche Republik von Paraguay nur eine Ausbeutungs-Organisation kapitalistischer Kolonialpolitik war, und daß die Jesuiten, diese geschickten Politiker, es verstanden, die kommunistischen Gewohnheiten der Indianer zur Bereicherung des Ordens auszunützen. In einigen Punkten weicht Kautsky's Auffassung von der meinen ab, doch ist hier nicht der Ort zu einer Auseinandersetzung darüber.

P. L.

hat sie gekleidet.... Es wird immer schön sein, die Menschen zu regieren, um sie glücklich zu machen."*)

Die „Missionen," „Niederlassungen" oder „Lehren" (Doctrines) der Jesuiten, wie man die Ortschaften der theokratischen Republik nannte, wurden indeß auch im 17. und 18. Jahrhundert von Gegnern heftig angegriffen. Politiker beschuldigten die Gesellschaft Jesu, einen von der spanischen Krone unabhängigen Staat schaffen zu wollen. Die Spanier der Kolonialländer warfen ihr vor, daß sie der Privatindustrie und dem Privathandel eine verderbliche und unehrliche Konkurrenz mache, und daß sie Fremden den Zutritt zu ihren Niederlassungen verbiete, um allein im Besitz und in Nutznießung der im Lande gelegenen Gold- und Silberminen zu bleiben. Andere Gegner nahmen die Maske der Religion und der Philanthropie vor und bezichtigten die Jesuiten, den Indianern ein verfälschtes Christenthum zu lehren und sie mit Arbeit zu überbürden.

Da ich eine durchaus unparteiische Schilderung des paraguay'schen Jesuitenstaates geben wollte, habe ich mir angelegen sein lassen, aufs Gewissenhafteste die Anklagen zu prüfen, aus denen vielfach Uebelwollen spricht, und die sich nur zu oft durch ganz bestimmte, sehr materielle Interessen erklären. Aber ebenso sorgsam habe ich die Werke geprüft, in denen eine übertriebene, geheuchelte oder auch einseitig kritiklose Bewunderung der Schöpfung der Jesuitenpatres zu Tage tritt. Meinen Studien über die Organisation der christlichen Gesellschaft Paraguays liegen vor Allem die Briefe der Missionäre zu Grunde, sowie die offiziellen Dokumente, welche der Jesuit Charlevoix in großer Zahl anführt, der seine „Histoire du Paraguay" nur zu dem Zwecke verfaßt hat, das Werk der Gesellschaft Jesu zu verherrlichen. Ferner beschäftigte ich mich eingehend mit der „Histoire civile du Paraguay" von Funes, Dechant der Cathedrale von Cordova in Südamerika, der sich bemüht hat, die Kritik zurückzuweisen, welche in Azara's „Voyage dans l'Amérique méridionale" gegen die Republik der Jesuiten enthalten ist. Funes und Azara waren Zeitgenossen, und Beide lebten in dem Lande der „Missionen" kurze Zeit nach der Vertreibung der Jesuiten. Die Thatsachen, welche sie berichten, waren ihnen also von Augenzeugen mitgetheilt worden.

Die christliche Republik der Jesuiten interessirt die Sozialisten in doppelter Hinsicht. Einmal giebt sie ein ziemlich genaues Bild der Gesellschaftsordnung, welche die katholische Kirche zu verwirklichen strebt, und dann ist sie ein soziales Experiment, und zwar eines der interessantesten und ungewöhnlichsten, welche je gemacht worden sind. Welcher Ansicht man auch immer in Betreff der geheimen Ziele der Gesellschaft Jesu sein mag: man wird nicht umhin können, die hohe politische Einsicht zu bewundern, welche sie in ihrem Werk bethätigte; man wird nicht umhin können, die Selbstverleugnung, den Muth, das Geschick, Menschen zu erziehen und zu leiten, und die geduldige Zähigkeit der Missionäre zu bewundern, welche in den Jesuitenniederlassungen Paraguays die Indianer schulten und regierten.

*) Montesquieu: „Geist der Gesetze", 4. Buch, 6. Kapitel.

Zweites Kapitel.

Die wilden Völkerschaften Paraguays und die Eroberung des Landes durch die Spanier.

Paraguay war 1536, zur Zeit seiner Eroberung durch Alvaro Nuñez, von mehreren wilden Völkerschaften bewohnt, die sich hauptsächlich durch die Sprache unterschieden. Das Volk der Guaranis, das bei Weitem zahlreichste derselben, bewohnte einen sehr ausgedehnten Landstrich, der sich von Guyana im Norden bis zur Mündung des Rio de la Plata im Süden erstreckte, im Osten vom Atlantischen Ozean, von den Anden im Westen begrenzt ward. Die Guaranis bevölkerten Brasilien, und mehrere andere Nationen wohnten in ihrer Mitte. Azara bemerkt, „daß man ganz Brasilien bereisen, nach Paraguay kommen, bis nach Buenos-Ayres gehen und nach Peru hinaufsteigen könne, ohne daß man die Sprache zu wechseln brauche."

Die guaranisische Nation bestand aus einer unendlichen Anzahl einzelner Clans, welche über diesen weiten Länderstrich zerstreut lebten. Viele Clans wohnten in Dörfern, welche am Rande der Wälder und längs der Flüsse gelegen waren. Ihre Angehörigen gewannen ihren Lebensunterhalt durch Jagd und Fischfang, durch das Einsammeln des massenhaft vorhandenen Honigs der wilden Bienen und durch einen Ackerbau, der noch in seinen ersten Anfängen lag. Sie pflanzten Manioc, aus dem sie Cassave bereiteten, sie bauten Mais und ernteten nach Charlevoix zweimal im Jahre, sie züchteten Hühner, Gänse, Enten, Papageien, Schweine und Hunde. Sie bedienten sich als Waffen der dreikantigen Keule, Macana genannt, des Bogens, der wegen seiner Länge von sechs Fuß und der geringen Biegsamkeit des Holzes, aus dem er bestand, gespannt werden mußte, indem man das eine seiner Enden in den Boden steckte; mit großer Kraft schleuderten sie vier Fuß lange Wurfspieße und Thonkugeln (Bodoguen) von der Größe einer Nuß, welche hart gebrannt wurden und in einem Netze lagen. Auf eine Entfernung von dreißig Metern zerschmetterten sie mit diesen Kugeln ein Männerbein, sie tödteten mit ihnen die Vögel im Fluge. Azara, der von 1781 bis 1801 in den Urwäldern Brasiliens und Paraguays lebte, kam in Berührung mit verkommenen Stämmen von Wilden, die von den Portugiesen und Spaniern verfolgt und gehetzt wurden. Er hat eine sehr geringe Meinung von den Guaranis, welche im freien Zustande in den Wäldern hausen, und versichert, sie ständen in geistiger Beziehung so tief, daß sie nicht über Vier hinaus zählen könnten. Charlevoix behauptet dagegen, daß sie bis zu Zwanzig zählten, was darüber war, bezeichneten sie als „viel." *) Azara fand die guaranisische Sprache wortarm, guttural und mißtönend; Montoya, einer der ersten Missionäre in

*) Die Guaranis zählten, wie alle Wilden, an Fingern und Zehen; „petei" bezeichnete einen Finger, „mokoi" zwei, „m'bohapi" drei, „yrundi" vier, „peteipo" fünf oder eine Hand; „mokoipo" zehn oder zwei Hände.

Paraguay, der sie vollständig beherrschte, meint im Gegentheil, „daß sie sich mit den reichsten europäischen Sprachen messen könne an Harmonie der schönen und wohlklingenden Worte und der großen Genauigkeit der Ausdrücke: jede Bezeichnung war eine Definition und gab ein Bild.“ Die Guaranis hatten eine leidenschaftliche Vorliebe für die Redekunst. Der beredtste unter den Kriegern konnte stets sicher sein, daß seine Meinung triumphiren werde.

Azara schildert die Guaranis, die er kennen lernte, als furchtsam. Sogar wenn zehn von ihnen beieinander waren, wagten sie nicht, einem einzelnen Manne eines anderen wilden Indianerstammes gegenüberzutreten. Demersay bestätigt diese Ansicht, denn er versichert, daß sie, um den Verfolgungen der M'bayas zu entgehen, vor denen sie eine entsetzliche Furcht empfanden, weder Hunde noch Hühner züchteten, damit ihr Bellen bezw. Gackern ihre Zufluchtsstätten nicht verrathe. Die Missionäre des 18. Jahrhunderts rühmen dagegen den Muth der Guaranis, den sie sehr geschickt auszunutzen verstanden. Wären sie vor der Eroberung des Landes durch die Spanier und Portugiesen thatsächlich so hasenherzig gewesen, wie Azara und Demersay sie schildern, so hätten sie sich niemals über einen so ausgedehnten Länderstrich verbreiten und gegen die anderen Stämme behaupten können, die neben ihnen und in ihrer Mitte wohnten, und deren kühne Tapferkeit von keinem Reisenden bestritten wird. Die moralische Entartung, welche die zivilisirten oder wieder in die Wildheit versunkenen Guaranis charakterisirt, gereicht dem zivilisatorischen Wirken der spanischen und portugiesischen Eroberer keineswegs zum Ruhme.

Es steht fest, daß zur Zeit als Paraguay erobert wurde, die Guaranis die höchstentwickelte Völkerschaft der Gegend waren. Mehrere ihrer Stämme waren seßhaft und trieben einen primitiven Ackerbau. Diese Höhe der sozialen Entwickelung ermöglichte es, sie zur Arbeit anzuhalten und zu versklaven. Deshalb konnten die Portugiesen ihre guaranisischen Gefangenen zu Sklaven machen. Die M'bayas ließen sich dagegen lieber ausrotten, als daß sie sich unter das Joch der Zwangsarbeit gebeugt hätten. Binnen wenigen Jahren gelang es den Portugiesen, alle Brasilien bewohnenden Guaranis der Sklaverei zu unterwerfen. Die Spanier sammelten in ebenso kurzer Zeit die Guaranis von Paraguay in 40 Pueblos (bewohnten Orten) und zwangen sie, häusliche und landwirthschaftliche Arbeiten zu verrichten, „während,“ wie Azara berichtet, „Niemand die übrigen Indianer unterwerfen und in Niederlassungen sammeln konnte.“ Sogar die Wilden hatten die Befähigung der Guaranis zur Arbeit ausgenutzt. Die M'bayas, welche sich für „die tapferste Nation der Welt hielten, und auch für die edelste, großmüthigste und treueste, wenn es sich darum handelte, ein gegebenes Wort zu halten,“ und welche die Europäer gründlich verachteten, ließen ihre Ländereien durch Guaranis bestellen. „Allerdings war diese Sklaverei nicht hart,“ bemerkt Azara, „der Guarani unterwirft sich ihr freiwillig und nimmt seine Freiheit zurück, wenn es ihm gut dünkt. Die M'bayas ertheilen ihren Dienern nie Befehle; sie bedienen sich ihnen gegenüber nie eines befehlenden oder antreibenden

Tones . . . sie verlassen sich auf ihren guten Willen, begnügen sich mit dem, was sie aus eigenem Antriebe thun wollen und theilen mit ihnen Alles, was sie besitzen. . . . Ich habe gesehen, wie ein vor Kälte zitternder M'baya seinem guaranisischen Sklaven die Decke überließ, die dieser ihm genommen hatte, ja er ließ sich nicht einmal merken, daß er gern selbst die Decke gehabt hätte. . . . Kein Kriegsgefangener will die M'bayas verlassen, obgleich sie zu Sklaven gemacht werden, nicht einmal die gefangenen spanischen Frauen, obgleich einige von diesen zur Zeit ihrer Entführung bereits erwachsen waren und Kinder hatten."

Das so sanfte und lenksame guaranisische Volk sollte in den christlichen „Missionen" eine weit härtere Sklaverei kennen lernen. Jedoch war die Behandlung, welche die Guaranis durch die Spanier und die Jesuiten in Paraguay erfuhren, noch milde im Vergleich mit dem Verfahren der Portugiesen in Brasilien.

Die christlichen Zivilisatoren hatten ihr zartes Gewissen durch die Erklärung beruhigt, daß die Indianer „**gentes sin razon**" (Leute ohne Vernunft) seien und Zwischenglieder zwischen Mensch und Thier bildeten. Der Bischof von Santa Marta, Francisco Ortiz, meint in einer Denkschrift an den Hof von Madrid, „daß er infolge seiner Erfahrung, die er aus einem langjährigen Umgang mit den Rothhäuten geschöpft habe, diese als dumme Geschöpfe betrachte, welche unfähig seien, die christliche Religion zu begreifen und ihre Vorschriften zu befolgen." Dank der Energie und der Hingabe von Las Casas erkannte Papst Paul III. in seiner Bulle vom Jahre 1537 die Indianer als Menschen an. Trotzdem trat 1538 in Lima ein Konzil zusammen, um die Frage des Menschenthums der Rothhäute nochmals zu erörtern. Die Ansichten hierüber waren getheilt, doch wollte die Majorität gütigst gelten lassen, daß die Indianer genug Vernunft besäßen, um an den Sakramenten der Kirche theilnehmen zu können. Da aber zur Zeit des Todes Christi der Herrgott noch keine Ahnung von dem Vorhandensein Amerikas hatte, das ja Columbus erst fünfzehn Jahrhunderte später entdecken sollte, so hatte er auch keinen Apostel dorthin senden können, um die Völkerschaften des neuen Welttheiles zum Christenthum zu bekehren. Der Casus war schwierig. Man zog sich durch die Annahme aus der Verlegenheit, daß der heilige Thomas von Indien aus nach Amerika gelangt sei, wo man noch zahlreiche Spuren seines apostolischen Wirkens entdeckt haben wollte. Nachdem die Kirche das entscheidende Wort gesprochen hatte, bemühte sich der spanische Hof in sehr lobenswerther Weise, zu verhindern, daß die Indianer als Lastthiere behandelt und ausgerottet würden, wie dies das Loos der Eingeborenen von Peru gewesen war. Die katholische Kirche trägt zum Theil mit die Verantwortlichkeit für die unmenschliche Grausamkeit der „Conquistadores" (spanischen Eroberer von Amerika); sie gab ihr einen Schein von Berechtigung, indem sie lange zögerte, die Rothhäute als Menschen anzuerkennen.

Die Eroberer von Paraguay und den Ländereien am Rio de la Plata metzelten die Wilden nicht nieder, sondern unterwarfen sie einer milden Sklaverei. Sie bestimmten, daß jeder Indianerstamm, welcher ein spanisches Lager angreifen oder ihm irgend welchen Schaden zufügen würde, zur Knechtschaft verurtheilt sei.

Alle seine Angehörigen mußten zeitlebens den Siegern dienen und eine „comendaria de yanaconas“ bilden, das heißt sie wurden eine Art von Sklaven, die, an einen bestimmten Ort gefesselt, zu persönlichen Dienstleistungen verpflichtet waren. Aber die Comendarien (Komthureien, Lehnsgebiete) der Spanier unterscheiden sich wesentlich von denen der Portugiesen, denn bei den ersteren war es verboten, die Indianer zu verkaufen, zu mißhandeln, ja sogar wegen ihrer Führung, wegen Krankheit oder Alters fortzuschicken. Der Herr der Yanacona war verpflichtet, seine Sklaven zu kleiden, zu ernähren, zu pflegen, sie in der christlichen Religion zu unterweisen und ihnen ein Handwerk zu lehren. Man ersieht daraus, daß die spanische Regierung die Absicht hatte, die Indianer zu zivilisiren und gleichzeitig dem Zivilisator einen Vortheil zu verschaffen. Alle Jahre besuchten Inspektoren die Komthureien, ließen sich die Klagen der Indianer vortragen und untersuchten, ob die königlichen Vorschriften und Erlasse befolgt würden.

Wenn die Wilden nicht freiwillig einen festen Wohnsitz wählten und die spanische Oberhoheit anerkannten, so zwang man sie, wenn dies möglich war, einen Ort innerhalb ihres eigenen Gebietes zu wählen und dort ein Pueblo zu bilden, das nach europäischem Muster organisirt ward. Der Kazike, der Kriegshäuptling des Clans, ward zum „corregidor“ oder oberstem Beamten; der Alcalde (Bürgermeister, Gemeindevorsteher) und die übrigen Mitglieder des „cabilde“ (Gemeinderathes) wurden durch Wahl zu ihrem Amt bestimmt. Die in Pueblos lebenden Indianer wurden „mitayos“ (dasselbe Wort wie das französische metayer, Halbpächter) genannt, die nur zwei Monate jährlich den Spaniern dienen mußten, die übrige Zeit waren sie frei und jeder Arbeit für ihre Herren enthoben. Frauen, junge Leute unter 18 Jahren und mehr als fünfzigjährige Personen, ebenso wie der Kazike, sein ältester Sohn und die Mitglieder des „cabilde“ waren zu keinerlei Dienstleistungen verpflichtet. Die Komthureien der „Yanaconas“ und „Mitayos“ wurden an Spanier vergeben, welche man für ihre der Krone oder der Kolonie geleisteten Dienste belohnen wollte. Sie glichen den „Benefizien“ (Lehen), welche die feudalen Kriegsführer und Fürsten ihren getreuen Gefolgen zuertheilten.

Don Martinez de Yrala, welcher in der zweiten Hälfte des 17. Jahrhunderts Statthalter von Paraguay war, wollte das besondere Wohlgefallen der spanischen Krone gewinnen, deren Wünsche dahin gingen, daß die Zivilisation der Wilden, das heißt ihre Ansiedelung in Pueblos, deren Verhältnisse nach europäischem Vorbilde geordnet wurden, beschleunigt werden sollte. Er hatte deshalb den sinnreichen Einfall, jedem Einzelnen das Recht zuzugestehen, auf eigene Kosten neue Pueblos gründen oder den bereits bestehenden bis dahin noch frei gebliebene Indianer angliedern zu dürfen. Die Dienste der Eingeborenen, die Jemand derart auf eigene Rechnung und Gefahr ansiedelte, sollten ihm auf Lebenszeit gehören, aber mit seinem Tode erlangten die Einwohner der Niederlassung ihre Freiheit zurück und hatten nur an den Staatsschatz eine Abgabe zu entrichten. Die Spanier veranstalteten nun wahre Jagden auf Wilde, gleich den Portugiesen und den „Mamelucos“ von Sao Paolo, ein Sammelsurium von europäischen Banditen aller Nationen und Halbblutindianern, welche auf einem Felsen ein unzugängliches Raubnest erbaut und befestigt hatten, von dem aus sie die Gegend überfielen, die Indianer raubten, Männer und Kinder verkauften und einen Theil der Frauen als Konkubinen zurückbehielten. Die gehetzten und mißhandelten Wilden flohen in die Wälder, um sich der Macht der grausamen Zivilisatoren zu entziehen, und diese konnten, trotz der eifrigsten Bemühungen, in Paraguay nur gegen 40 Komthureien gründen, deren Bestand nur durch eine Schreckensherrschaft ohnegleichen erhalten wurde, und in denen häufige Aufstände ausbrachen. Die Wilden benutzten jede Gelegenheit, um zurück in die Wälder zu entfliehen, wo sie ihre wiedergewonnene Freiheit energisch vertheidigten.

Die Jesuiten kamen gegen das Ende des 16. Jahrhunderts nach Paraguay, gerade zur Zeit, als die Menschenjagd in voller Blüthe stand. Sie wurden die Vertheidiger und Schützer der Indianer. Offen und rückhaltslos kritisirten sie die Handlungsweise der Spanier, klagten sie an, die Befehle der Krone zu mißachten und die Indianer der Komthureien als Sklaven zu betrachten, die sie ihrer Freiheit beraubten, mit Arbeit überbürdeten, zu Grunde richteten und mißhandelten. Sie trugen ihre Anklagen bis vor den König von Spanien, dem stets ein Jesuit als Beichtvater zur Seite stand. Sie schilderten ihm die Barbareien, welche gegen die Wilden verübt wurden, denen jede religiöse Belehrung vorenthalten blieb; die schamlosen Sitten der Europäer, die Härte und Grausamkeit ihrer Herrschaft, welche die Rothhäute zu Grunde richtete oder zur Empörung und zur Flucht trieb. Sie erklärten, daß die verübten Brutalitäten die Bekehrung der Indianer hinderten, daß diesen das bloße Wort Spanier ein Gräuel sei, und daß sie sich lieber vernichten ließen, ehe sie sich unter der Herrschaft der Kolonialregierung in Pueblos ansiedelten. Die Jesuiten erboten sich, die Wilden durch Sanftmuth und Ueberredung zu bekehren und in Dörfern seßhaft zu machen.

Den Jesuiten zog ihr muthiges Eintreten zu Gunsten der Eingeborenen den Haß und die Feindschaft aller europäischen Ansiedler zu. Diese untersagten ihnen, ihre Dörfer zu betreten und verweigerten ihnen alle Nahrungsmittel, selbst in der größten Bedrängniß. Die Missionäre der Gesellschaft Jesu, welche die guaranisische Sprache erlernten — was vor ihnen noch kein katholischer Geistlicher gethan —, begaben sich in die Wälder und lebten inmitten der Indianer, welche erfahren hatten, mit welchem Wohlwollen sich die Patres ihrer annahmen. Als Freunde wurden sie von den Wilden empfangen, welche sonst die Europäer flohen und selbst Diejenigen des eigenen Stammes tödteten, die jenen als Dolmetscher dienten. Die beiden ersten Missionäre, Mazeta und Cataldino, lebten in den Wäldern unter den Guaranis und riethen ihnen, sich zusammenzuschließen, um zu einer Macht zu werden, die fähig sei, ihren Verfolgern Widerstand zu leisten und ihre Freiheit zu vertheidigen. Die genannten beiden Männer boten Alles auf, um das Vertrauen und die Sympathie der Rothhäute zu gewinnen. Da sie deren leidenschaftliche Liebe für die Musik kannten, so fuhren sie unter Gesängen durch die Ströme, die Indianer begleiteten ihre Piroge längs des Ufers oder schwammen hinterdrein. Hatten sie auf diese Weise eine größere Anzahl von Eingeborenen zusammengebracht, so legten die Missionäre ihr Schiff an und erklärten die Wahrheiten der christlichen Religion — so melden wenigstens die „erbaulichen Briefe.“ Wahrscheinlicher ist jedoch, daß sie zu den Guaranis von der schlechten Behandlung sprachen, der diese preisgegeben waren; vom Glück, das sie unter ihrer väterlichen Leitung genießen würden, und daß sie die Wunder rühmten, die sie selbst vollbringen konnten. „Der Glaube,“ sagt Charlevoix, „erneute in diesen barbarischen Gegenden die Wunder, welche die Fabel von Amphion und Orpheus berichtet.“

Die Missionäre ließen sich angelegen sein, die Kaziken und Häuptlinge der Clans durch Geschenke und Versprechungen zu gewinnen und sie dadurch zu fesseln, daß sie ihnen eine heilsame Furcht vor ihrer geheimnißvollen Macht einflößten. Charlevoix erzählt mit ganz außergewöhnlicher Naivetät, daß ein Kazike, welcher die Taufe empfangen hatte, aber sich weigerte, den Vorstellungen und Ermahnungen der beiden Jesuitenväter Gehorsam zu leisten, und seine Nebenfrauen wieder zu sich nahm, eine exemplarische Strafe erhielt. „Er verbrannte lebendig in seiner Hütte und lehrte dadurch die neuen Christen, daß es im Himmel einen starken, eifrigen Gott giebt und daß man nicht ungestraft die Mahnungen verachtet, welche uns seine Diener in seinem Namen ertheilen.“ Wahrscheinlich war der hier wörtlich wiedergegebene Satz von den Jesuiten Mazeta und Cataldino anläßlich des Ereignisses gesprochen und ausgelegt worden. Um die Indianer einzuschüchtern, hatten sie ohne Zweifel den unglücklichen Kaziken berauscht und ermordet, um ihn dann zur größeren Ehre Gottes zu schmoren. Es ist doch ziemlich unwahrscheinlich, daß ein kräftiger, gewandter Wilder nicht hätte aus einer kleinen brennenden Hütte entkommen können. Der Dechant der Cathedrale von Cordova konnte mit Recht sagen, daß die Jesuiten im Sinne und Geiste der Lehren des Neuen Testamentes wirkten. In den Wäldern der neuen Welt veranstalteten sie eine Neuauflage des Wunders, durch welches der heilige Petrus Ananias und sein Weib Sapphira bestrafte, welche, „weil sie dem heiligen Geist gelogen und der Gemeinschaft der Gläubigen nicht den vollen Preis ihrer Güter gegeben hatten,“ vom Zorne Gottes getödtet, d. h. umgebracht wurden. „So daß die Gläubigen eine große Furcht ankam, wie alle, die von diesen Dingen hörten,“ fügt, wie Charlevoix, der Verfasser der Apostelgeschichte hinzu.

Die Gesellschaft Jesu triumphirte über jeden Widerstand, den ihr die Spanier auf den Kolonien entgegensetzten. Francisco Alfaro, Statthalter von Paraguay, proklamirte im Jahre 1612 im Namen der Krone einen Erlaß, welcher streng verbot, Indianer zu jagen, um sie in Pueblos anzusiedeln, und erklärte, daß fernerhin keine Komthureien mehr verliehen werden würden. Allein schon zwei Jahre vorher waren die Jesuiten die Herren der Situation geworden und hatten den Grund zu ihrem Reiche dadurch gelegt, daß sie an die Stelle der weltlichen Häupter und Beamten in einer großen Anzahl von Komthureien getreten waren, an deren Umgestaltung sie nun gingen.

Drittes Kapitel.

Die Niederlassungen der Jesuiten.

Der spanische Hof nahm an der Bekehrung der Indianer und an ihrer Zivilisirung lebhaftes Interesse. Da er die fernere Anwendung der brutalen Mittel verbot, deren man sich bis dahin zu diesem Zwecke bedient hatte, und statt ihrer Sanftmuth und Milde empfahl, mußte er auf die Anregung der Jesuiten hin die Apostel der neuen Methode materiell unterstützen, um ihnen ihr Kulturwerk zu erleichtern. Geistliche Eroberer traten nun an Stelle der weltlichen: nicht nur die Jesuiten, auch zahlreiche andere Geistliche, welche zwar die Sprache und Sitten der Wilden nicht kannten, aber als Zehrpfennig die Subventionen der Madrider Regierung in der Tasche trugen, begaben sich in die Grenzgebiete der Länderstriche, welche von Europäern bewohnt waren. Ein solcher Missionar erbaute eine hölzerne Kirche, sammelte einige Indianer um sich, die er in den Städten aufgelesen hatte und die sich im Einverständniß mit ihm befanden und kündete die Gründung eines Fleckens an. Wenn die erhaltene Subvention aufgebraucht war, so verschwand der Pfarrer und begann irgendwo anders das gleiche Spiel mit dem gleichen Erfolg. Das erbaute Kirchlein fiel bald in Trümmer und das Dorf hörte auf zu existiren, aber der spanische Hof frohlockte über die Fortschritte, welche Christenthum und Zivilisation Dank der bethätigten Sanftmuth machten. In Wirklichkeit wurde seit dem Erlasse der königlichen Ordonnanz vom Jahre 1612 auch nicht ein einziger indianischer Weiler gegründet. Eine Ausnahme machen die Missionen der Jesuiten.

Die Missionäre der Gesellschaft Jesu wurden gleichfalls aus der Kasse der Regierung unterstützt, aber sie nahmen es ernst mit der Aufgabe, die Wilden in Ortschaften anzusiedeln, sie des Nomadenlebens zu entwöhnen, sie zur Arbeit und obendrein noch im Christenthum zu erziehen. Zu diesem Zwecke machten sie sich zunächst mit den Indianern vertraut, indem sie unter ihnen lebten, ihre Sprache erlernten, ihre Sitten und ihren Aberglauben studirten. Dadurch erlangten sie die Kunst, die Wilden zu regieren. Von 1610—1768 gründeten und leiteten sie dreißig Pueblos, welche zur Zeit der Jesuitenausweisung aus Paraguay gegen 150 000 Einwohner zählten. In der Mission des heiligen Franziskus Xaver, der zahlreichst bevölkerten Jesuitenniederlassung, wohnten 30 000 Indianer, die schwächer bevölkerten Ansiedelungen zählten zwischen 500 und 1000 Bewohner.

26 Niederlassungen gehörten zur berühmten Provinz der guaranisischen Missionen, welche zwischen den Ufern des Paraguay und Uruguay, zwischen dem 26. und 28. Breitengrade und dem 54. und 57. Längengrade westlich von Greenwich gelegen waren. Drei andere Missionen lagen in größerer Entfernung von ihnen. In Wirklichkeit haben die Jesuiten nur 26 Flecken gegründet, ihre anderen Missionen entstanden aus ehemaligen Komthureien. 19 von den 26 Niederlassungen wurden während der ersten Jahre gegründet und mit Wilden vom Stamme der

Guarani besiedelt. Für die übrigen sieben Missionen nahm man Indianer aus Ansiedelungen, die seit länger als einem halben Jahrhundert bestanden.

Azara schreibt den Erfolg der Jesuiten während der ersten 25 Jahre ihrer Missionsthätigkeit, wo sie so viele Niederlassungen gründeten, nicht ihrer Ueberredungskunst und der Macht des apostolischen Wortes zu. Seiner Ansicht nach war der Umstand dafür bestimmend, daß in jenen Jahren die Portugiesen und die Mamulucos von Sao Paolo in rücksichtslosester, unmenschlicher Weise die Wilden verfolgten, um sie zu Gefangenen zu machen und als Sklaven zu verkaufen. Die entsetzten und zersprengten Indianer flohen in das Gebiet zwischen den Flüssen Parana und Uruguay und in die Urwälder, in welche die Räuber nur schwer eindringen konnten. In kleinen Gruppen herumschweifend, muthlos und verkommend, allen Entbehrungen und Beschwerden eines flüchtigen Lebens preisgegeben, unterwarfen sie sich sehr leicht dem Einfluß der Jesuiten, die ihnen Lebensmittel und Schutz boten. Der Dechant Funes, welcher jede Behauptung Azara's zu bestreiten sucht, kann gegen die angeführte Ansicht nichts Anderes einwenden, als daß die Spanier in Paraguay fast ebenso grausam waren als die Portugiesen und die Halbblutindianer von Sao Paulo. Er bestätigt also Azara's Behauptung, daß die Indianer nur in die Missionen flüchteten, um ihren grausamen Verfolgern zu entgehen. Als die Jagd auf die Wilden etwas nachließ, fanden auch die Jesuiten keine Indianer mehr, welche sich bekehren und zivilisiren ließen.

Da zögerten sie denn auch nicht, den Weg der Ueberredung aufzugeben und ohne irgend welche Gewissensbeschwer zu weniger platonischen Mitteln ihre Zuflucht zu nehmen, um ihre drei letzten Niederlassungen zu gründen. Sie rühmten sich derselben nicht gegenüber aller Welt, aber Azara versichert, daß er Kenntniß von ihren Zivilisirungsmethoden durch Indianer erhalten habe, welche unter ihnen gelitten hatten. Die Methode ist typisch, sie verdient es, geschildert zu werden, denn offenbar ist sie in mehr als einem Falle zur Anwendung gelangt. Die Jesuiten sendeten den wilden Guaranis vom Taruma Geschenke durch bekehrte Glieder ihrer eigenen Nation, die ihre Sprache redeten. Nachdem diese Abgesandten das Glück ihres neuen Lebens geschildert hatten, theilten sie mit, daß ein ehrwürdiger Vater, der sie herzlich liebe, unter ihnen wohnen möchte. Er werde kostbare Geschenke mitbringen, unter anderem viele Kühe, damit sie das ganze Jahr zu leben hätten, ohne daß sie sich abplagen und Nahrung suchen müßten. Die Wilden gestatteten das Kommen des frommen Vaters. Der Jesuit ließ sich in Gesellschaft etlicher ausgewählter Indianer unter den Wilden nieder. Nach und nach und unter den verschiedensten Vorwänden, um keinen Verdacht zu erwecken, vermehrte er die Zahl seiner Gefolgschaft. War diese zahlreich genug geworden, so umzingelte man das Lager der Wilden, veranlaßte sie durch Drohungen, Versprechungen und gleißnerische Reden zur Unterwerfung und reihte sie dann den verschiedenen Missionen des Parana ein. Viele Indianer entflohen wieder und kehrten in ihre Heimath zurück, obgleich diese sehr weit entfernt von den Niederlassungen lag. Gewöhnlich wurden sie wieder eingefangen und in entferntere Niederlassungen geschickt.

Dieses brutale Vorgehen erinnert ungemein an dasjenige der Spanier und Portugiesen, welches von den Jesuiten so scharf verurtheilt worden war. Allerdings war es nicht immer von Erfolg begleitet. So gelang es den Jesuiten nicht, eine Mission in St. Stanislaus zu gründen. Freilich handelte es sich hier um die Bekehrung und Zivilisation von M'bayas, „die mit allen Guaranis der Welt nicht gebändigt werden konnten.“ Wie stets, so traten auch hier die Jesuiten als Freunde auf, und unter dem Vorwand der Auslieferung von kriegsgefangenen Angehörigen des Stammes lockten sie die ihnen feindlich gesinnten Krieger nach der Mission von Santo Corazon. Prächtig wurden die M'bayas dort empfangen, unter Musikbegleitung fand ihr Einzug statt, ihr Besuch wurde durch Konzerte, Tänze, Kämpferspiele und eine riesige Schmauserei gefeiert, bei welcher man sie berauschte, was nicht allzu schwer hielt. Man ließ sie getrennt schlafen, und während ihres Schlummers wurden sie gebunden und ins Gefängniß geworfen, wo sie bis zur Vertreibung der Jesuiten aus Paraguay verblieben. Azara erfuhr die Thatsachen, welche er berichtet, von mehreren M'bayas, denen das Unglück widerfahren war, die Loyalität der Jesuiten kennen zu lernen.

Ueber die Gründung der ersten Missionen liegen nur die Erzählungen der Missionäre vor, welche einhellig versichern, daß die Wilden einzig und allein mittelst sanfter Ueberredung zur Seßhaftigkeit bewogen wurden. Nichtsdestoweniger suchten die Jesuiten gleich im Beginn ihrer Zivilisationsarbeit um die Bewilligung nach, ihre Anhänger mit Flinten bewaffnen zu dürfen. Sie erhielten die Erlaubniß dazu im Jahre 1636, nach einem Besuche des Paters Montoya in Madrid. Wie sie behaupteten, bedurften die Jesuiten des Rechts der Bewaffnung von Mannschaften, um ihre Niederlassungen gegen die fortgesetzten Angriffe der Wilden vertheidigen zu können. Thatsächlich praktizirten die ehrwürdigen Väter die Jagd auf Indianer, allerdings in der Form der Ueberredung. Die „Briefe der Missionäre“ enthalten eine große Anzahl erbaulicher Histörchen über ihr Vorgehen. Bekehrte Indianer gingen in die Wälder, um daselbst den neuen, wahren Glauben unter den Götzendienern zu verkünden, und es gelang ihnen auch, Gläubige zu sammeln, welche die göttliche Gnade ergriffen hatte. Gewöhnlich waren die Neubekehrten Frauen und Kinder, die ohne Zweifel geraubt wurden, während sich die Männer der Clans auf der Jagd oder auf Kriegszügen befanden. Kehrten diese dann heim, so forderten sie mit bewaffneter Hand ihre Angehörigen zurück. Zuweilen wurden die Jesuitenniederlassungen auch von Indianern angegriffen, welche sich durch lügenhafte Verheißungen hatten bethören lassen, aber, von dem Leben in den Siedelungen gründlich enttäuscht, entflohen waren und sich nun für die üble Behandlung rächen wollten, die sie während ihres unfreiwilligen Aufenthalts in den Missionen erduldet hatten. Wenn man weiß, mit welcher nicht zu brechenden Zähigkeit sich die Wilden ihrer Gewöhnung zu regelmäßiger Arbeit widersetzen — zu der übrigens auch die arbeitende Bevölkerung der zivilisirten Länder unter

Schmerzen „erzogen" worden ist —, so begreift man, daß die Jesuiten mehr durch Gewalt als durch Ueberredung die Arbeiter ihrer Missionen rekrutiren mußten. Sie selbst anerkennen, daß sie gezwungener Weise den erwachsenen Indianern ihre Gewohnheiten als Jäger und Fischer lassen mußten, und daß sie das Dogma der Zwangsarbeit nur den Kindern einprägen konnten, welche sie raubten oder die in ihren Niederlassungen geboren wurden.

Die Gesellschaft Jesu, welche von der spanischen Regierung die nöthigen Geldmittel zur Gründung der „Missionen" erhalten hatte, wollte innerhalb dieser als einzige Herrin schalten und walten. Es gelang ihr, einen königlichen Erlaß durchzusetzen, laut dessen es jedem Spanier verboten war, ohne Einwilligung des Ordens sich in den Niederlassungen aufzuhalten. Die Jesuiten behaupteten, daß die Laster der zivilisirten Christen die Herzensunschuld der neubekehrten Indianer und ihr Seelenheil schwer gefährdeten. Sie setzten es ferner durch, daß die jährlichen Inspektionen in Wegfall kamen, welche die Kolonialregierung in den Komthureien der Yanaconas und Mitayos vornehmen ließ. Die Jesuiten legten nur Gott und dem Ordensgeneral und sonst Niemand Rechenschaft darüber ab, wie sie die seßhaft gemachten Indianer regierten und wie sie die von diesen erzeugten landwirthschaftlichen und gewerblichen Reichthümer verwalteten. Obgleich sich die Jesuiten über das Gesetz stellten, so erhielten sie doch nach wie vor aus dem königlichen Schatz die Mittel für den Unterhalt und die Existenz eines Missionars für jede Niederlassung. Die hierfür nöthigen Summen wurden durch eine Kopfsteuer von einem Peso und acht Reales (1 Mk. 60 Pf.) aufgebracht, welche die Indianer der geistlichen Ansiedelungen der Krone bezahlen mußten, während die Indianer der weltlichen Kolonien pro Kopf eine jährliche Abgabe von 5 Pesos (8 Mk.) zu entrichten hatten.

Die Jesuiten waren so klug und geschickt gewesen, ihre Missionen unmittelbar unter die Krone zu stellen. Dadurch waren sie der Ueberwachung durch die Kolonialregierung entzogen, und ihre Bewohner blieben von der Frohnarbeit in den Bergwerken und allen Abgaben befreit. Damit Niemand als sie selbst einen Heller Steuer von den bekehrten Indianern erheben konnte, ließen sie sich durch eine königliche Dispens der Verpflichtung entheben, den Bischöfen der Kolonie einen Zehnten zu zahlen, „weil die Missionen," so erklärt Charlevoir, „zu arm waren, um diese Last tragen zu können." Der Hof von Madrid überhäufte die Jesuiten mit Vergünstigungen. Er setzte nicht nur ihre Steuern herab und schaffte dieselben schließlich ganz ab, sondern als sie 1636 trotz des Widerspruchs der Kolonialregierung das Recht erhielten, die Indianer ihrer Niederlassungen auf europäische Art zu bewaffnen, lieferte ihnen sogar der königliche Schatz die Mittel für die Beschaffung eines Theils der Kriegsmunition.

Nachdem sie die Erlaubniß erhalten hatten, die Indianer mit Flinten und Kanonen auszurüsten, ließen sie sich angelegen sein, eine reguläre Armee zu organisiren, angeblich um die Einfälle der Portugiesen und Mamulucos abzuwehren, in Wirklichkeit, um die Missionen gegen die Spanier zu schützen, mit denen die Jesuiten allzeit in offener Feindschaft lebten. Im Nothfalle wollten diese auch eine Macht gegen die Kolonialregierung zur Verfügung haben, welche die Vertreterin der spanischen Krone war. So erklärt es sich, daß die Jesuiten, als sie sich im Besitz einer ansehnlichen bewaffneten Macht sahen, angeklagt wurden, einen unabhängigen Staat bilden zu wollen. Vielleicht hegte die Gesellschaft Jesu thatsächlich den hochfliegenden Plan, eine theokratische Republik gründen zu wollen, welche einen Theil Südamerikas umfaßte. Die Missionen, welche sie in Brasilien längs des Amazonenstromes, in Peru und im Norden Paraguays gründete, sollten sich entwickeln und ausdehnen und die Mittelpunkte bilden, um welche sich die verschiedenen Theile dieses Jesuitenreiches gruppirten.

Nur mit großer Mühe war es den Jesuiten gelungen, das Recht zu erlangen, die Indianer ihrer Missionen mit Feuerwaffen auszüsten zu dürfen. Die spanische Regierung hatte es sich zur Regel gemacht, bei den kriegerischen Indianerstämmen dieses Theils der neuen Welt nicht Waffen einzuführen, deren Besitz diese zu gefürchteten, wenn nicht zu unbezwingbaren Feinden gemacht hätten. Schon mit ihren unvollkommenen Waffen fügten sie den Spaniern großen Schaden zu. Die oben erwähnte Bewilligung europäischer Ausrüstung der Eingeborenen wurde den Jesuiten erst gewährt, nachdem der ehrwürdige Vater Montoya nach Madrid gereist war und versichert hatte, daß die Indianer der Missionen gutgläubige Katholiken und getreue Diener des Königs von Spanien seien. Sobald die Jesuiten die nachgesuchte Bewilligung erhalten hatten, machten sie sich sofort mit dem Aufgebot ihres Organisationstalentes und ihrer zähen Ausdauer daran, eine Armee zu bilden. Bereits im Jahre 1641 konnten sie über ein Heer von 4000 Leuten verfügen, die mit Flinten und Kanonen bewaffnet waren und unter der Führung von 300 eingeborenen Offizieren standen, deren Oberbefehl als General der Kazike Abiaru führte. Sie konnten ein Heer von 7—12000 Leuten aufbringen, mittelst dessen sie Antequerra und Ramon bekämpften und besiegten. Diese Truppen wurden jedoch von höheren europäischen Offizieren befehligt.

Jeder Flecken, so berichtet Charlevoix, unterhielt ein Korps Infanterie und ein Korps Kavallerie. Die Fußtruppen waren ausgerüstet mit der Macana, d. h. der Keule, mit Bogen und Schleuder, sowie mit Schwert und Flinte. Die Reiter führten Lanze, Säbel und Muskete und kämpften, wenn es sein mußte, wie die Musketiere zu Fuß. Die Oberleitung der Missionen nahm auch eine Abtheilung abiponischer Reiter in ihren Dienst, die wegen ihres Muthes und ihrer Geschicklichkeit, Pferde zu lenken, berühmt waren.

Alle Montage waren der militärischen Erziehung gewidmet, Nichts, was diese zu fördern geeignet war, wurde vernachlässigt. Die Truppen wurden im Turnen, Fechten, Kriegstänzen, Massenbewegungen und im Kleinkrieg geübt. Das erweckte bei den Indianern wieder die Heldentugenden ihrer Rasse. Sie legten bei den Kampfesspielen und Manövern solch leidenschaftlichen Eifer an den Tag, daß die Jesuiten die Parteien oft trennen mußten, damit es nicht Blutvergießen und zahlreiche Opfer gab. Die Jesuiten bedienten sich ihrer Truppen nicht nur zur Vertheidigung ihrer Missionen. Sie beeilten sich, dieselben auch der Kolonialregierung zur Verfügung zu stellen, und dies zu dem doppelten Zweck, die Eingeborenen an die Kriegsführung zu gewöhnen und den Spaniern durch die bewaffnete Macht zu imponiren, welche sie aufmarschiren lassen konnten.

Kaum waren die bekehrten Indianer bewaffnet und disziplinirt, so wurden sie 1637 gegen die Carracas-Indianer gesendet, welche die Einwohner einer spanischen Kolonie niedergemetzelt hatten. Sie belagerten dieselben auf ihrer Insel, tödteten einen Theil von ihnen und führten den anderen als Gefangene fort. Aufständische Indianer hatten 1641 Assuncion eingenommen, die Stadt, in welcher der königliche Statthalter von Paraguay seinen Sitz hatte. Die Missionäre sendeten ihm ihre Truppen zur Hülfe, welche die Rothhäute schlugen und vertrieben und die Spanier retteten. 1653 befreiten sie abermals Assuncion und 1660 retteten sie wieder den Statthalter, der in einer Kirche von Wilden belagert ward; diese wurden von den Truppen der Jesuiten aus der Stadt vertrieben, deren sie sich bemächtigt hatten. Zweimal, 1667 und 1671, stellten die Jesuiten ihre Fahrzeuge der Regierung zur Verfügung, um spanische Soldaten auf dem Rio de la Plata von Corrientes nach Buenos-Ayres zu transportiren, das von den Engländern blockirt wurde. Diese konnten nur durch die Hülfe der Jesuiten zurückgeschlagen werden, deren Militärmacht anfing, gefürchtet zu werden.

In dem Maße, als die Niederlassungen der Gesellschaft Jesu zahlreicher und größer wurden, wuchs auch der Haß und die bittere Feindschaft, welche sie von Anfang an erregt hatten. Sie zogen sich den Zorn der gesammten spanischen Kolonie zu.

Der Umstand, daß das Gebiet der Missionen Spaniern jedes Standes verschlossen war, und daß diese nur nach erhaltener Erlaubniß als Gäste und nicht länger als drei Tage sich dort aufhalten durften, erweckte den Verdacht und den Neid der Europäer. Die Goldsucher bildeten sich unbegründeter Weise ein, daß die Jesuiten reiche Minen von Edelmetallen entdeckt hätten, die sie allein ausbeuten wollten. Und da es vorkam, daß sie den Besuch ihrer Missionen Bischöfen und hohen Staatsbeamten untersagten, deren feindselige Stimmung ihnen bekannt war, bezichtigte man sie, den Staatsschatz dadurch zu betrügen, daß sie nicht die genaue Anzahl der Einwohner ihrer Flecken angaben, um nicht die ihnen auferlegte Kopfsteuer entrichten zu müssen.

Die Missionäre betrieben mit den landwirthschaftlichen und gewerblichen Produkten, welche in ihren Niederlassungen erzeugt wurden, einen ansehnlichen Handel. Sie verkauften in den größeren Städten Paraguays und auch in Buenos-Ayres Tabak, grüne Gemüse, rohe und gesponnene Baumwolle, gegerbtes Leder, Schuhe, Wachs und hauptsächlich die Yerba del Paraguay, den Paraguaythee, gewöhnlich Maté genannt, der in Südamerika sehr viel statt des Kaffees genossen wird. Die Jesuiten allein verkauften mehr Maté als alle übrigen Landwirthe zusammen. Nach Charlevoix betrug der jährliche Umsatz der Jesuiten an diesem Produkt durchschnittlich 12000 Arrobas, ungefähr 184000 Kilo. Jede Niederlassung produzirte ungefähr 2000 Arrobas Baumwolle, so daß die

30 Missionen zusammen einen Produktionsertrag von 921 000 Kilo Rohbaumwolle erzielten. Die Interessen aller europäischen Ansiedler wurden durch die Konkurrenz geschädigt, welche ihnen die Jesuiten auf dem Gebiete der Industrie und des Handels machten. Daher erhoben sie gegen diese die nämlichen Anklagen, welche die frommen Väter früher gegen sie geschleudert hatten. Sie behaupteten, daß die Indianer durch die Jesuiten eine stärkere Ausbeutung und härtere Behandlung erführen, als sie ihnen je in den weltlichen Komthureien zu Theil geworden sei. Sie beschuldigten sie ferner, eine beträchtliche Anzahl von Eingeborenen jährlich dadurch dem Tode zu überliefern, daß sie diese 100 und 200 Meilen weit von ihrer Heimath ausschickten, um das Paraguaygras einzubringen. Während der langen und beschwerlichen Züge, die zu diesem Zwecke stattfanden, erlagen sehr viele Indianer dem Hunger und der Ueberanstrengung. Durch diese hohe Sterblichkeit sollte es sich nach der Ansicht der europäischen Ansiedler erklären, daß die Bevölkerung der Missionen nur eine schwache Zunahme zeigte. Zur Begründung ihrer Behauptung, daß die Jesuiten die Indianer aufs Schonungsloseste ausbeuteten, verwiesen die Spanier darauf, daß bei der Uebernahme der Komthureien der Mitayos die Missionäre die Vorschrift abschaffen ließen, welche den weltlichen Komthureien verbot, die Eingeborenen mehr als zwei Tage in der Woche arbeiten zu lassen. Ferner machten sie geltend, daß die Jesuiten die Abschaffung der Inspektion durchgesetzt hatten, welche jährlich durch Abgesandte der Regierung vorgenommen ward. Infolge dieser Umstände konnten sie ganz nach Belieben die Neubekehrten ihrer Missionen mit Arbeit belasten und überbürden.

Die Geistlichkeit war den Missionen gleichfalls feindlich gesinnt. Die Bischöfe konnten es den Jesuiten nicht verzeihen, daß sie unter dem Vorwande, die Niederlassungen seien zu arm, keinen Zehnten bezahlten. Dom Bernadino, der Bischof von Assuncion, klagte sie an, die christliche Religion zu verfälschen, um sie dem Geschmacke der Wilden anzupassen, diesen zu gestatten, den Gott der katholischen Christen unter dem Namen des indianischen Gottes Tupa zu verehren, und bei der Uebertragung des Katechismus in die guaranisische Sprache die Lehren der Kirche entstellt zu haben. Er warf ihnen außerdem vor, daß sie das Beichtgeheimniß brächen, das in ihren Händen zu einem Werkzeuge der Herrschaft geworden sei. Die Jesuiten bewirkten, daß Dom Bernadino in eine andere Kolonie versetzt wurde. Die Gesellschaft Jesu verfolgte in Paraguay die gleiche Taktik, die sie in China anwendete, wo sie das Kreuz abschaffte, weil es den Proselyten als ein schmachvolles Marterwerkzeug erschien. Pascal und die Gegner der Jesuiten haben sich über solchen Opportunismus weidlich entrüstet. Sie vergessen dabei, daß das Christenthum nur durch ähnliche Konzessionen bei den zivilisirten Völkern und den Barbaren der alten Welt festen Fuß fassen konnte.*)

*) Die Irländer bekehrten sich im zehnten Jahrhundert erst zum Christenthum, nachdem sie in einer Volksversammlung gewisse Bedingungen aufgestellt hatten. Sie forderten, daß sie im Geheimen ihre alten Götter und deren Bildnisse weiter verehren dürften, deren öffentlicher Kultus mit Verbannung bestraft werden sollte; ferner, daß die alten Gesetze, welche die Aussetzung von

Die Kolonialregierung fuhr fort, beim Madrider Hofe gegen das Recht der Jesuiten zu protestiren, die Indianer bewaffnen und Streitkräfte organisiren zu dürfen, deren gute Zucht und Tapferkeit sie bei manchen Gelegenheiten schätzen gelernt hatte. Aber die Gesellschaft Jesu beherrschte die schwachen, kleinmüthigen Nachfolger Philipp's II. durch den Beichtstuhl, und es gelang ihr stets aufs Neue, die Angriffe und Forderungen des Statthalters der Kolonie zurückzuschlagen. Sie fühlte sich so stark, daß sie den Kampf mit Don José Antequerra, dem Statthalter von Paraguay, aufnahm. Sie schlug ihn und ließ ihn enthaupten. Während des Krieges gegen Antequerra und gegen Ramon, welcher nach dem Erstgenannten die Partei der Städte, die Partei „de los communeros" organisirte, benutzten viele Indianer die Gelegenheit, um ihre Freiheit zurückzuerlangen, aus den Missionen zu entfliehen und in die Wälder zurückzukehren. Im Verlaufe dieser Kämpfe brachten die Jesuiten 12000 Mann auf den Fuß, welche mit Flinten und Kanonen ausgerüstet waren und von hohen Offizieren europäischer Abstammung befehligt wurden.

Die beständigen Anklagen, welche von allen Klassen der spanischen Gesellschaft gegen die Jesuiten erhoben wurden, mußten schließlich doch den Hof von Madrid beunruhigen. Er wollte in Erfahrung bringen, inwieweit sie auf Wahrheit beruhten und ordnete deshalb eine Untersuchung an. In äußerst geschickter Weise ließen die Jesuiten ihren Einfluß spielen, so daß diese Untersuchung Männern anvertraut wurde, welche ihnen vollständig ergeben waren und das Wirken der Missionen überschwenglich verherrlichten. Einer unter ihnen, Dom Pedro Fajardo, Bischof von Buenos-Ayres, erklärte, daß die Niederlassungen der ehrwürdigen Väter eine ideale christliche Republik bildeten, in welcher die vollkommenste Herzensunschuld herrschte und „wo vielleicht im Laufe des Jahres auch nicht eine einzige Todsünde begangen werde," und daß die Missionäre so wunderbare Erziehungsresultate erreicht hätten „mit Wilden, die zu allen Lastern geneigt waren." *)

Trotzdem sah man in Madrid nicht gerade mit freundlichem Auge auf die Gütergemeinschaft, welche nach den Behauptungen der spanischen Ansiedler alle von den Indianern erzeugten Reichthümer den Jesuiten zur Verfügung stellte. Die Missionäre ihrerseits versicherten, daß einzig und allein eine kommunistische Ordnung der Dinge es ermögliche, den Unterhalt für die bekehrten Indianer zu beschaffen, die, sorglos und leichtsinnig wie Kinder, völlig außer Stande seien, ihren Besitz zu verwalten und die Ernte-Erträgnisse so einzutheilen, daß ihre Existenz für das ganze Jahr gesichert würde, und daß die Niederlassungen nichts weniger als reich, vielmehr außerordentlich arm wären. „Was die Indianer durch ihre Arbeit erwerben," schrieb der Bischof von Buenos-Ayres, „reicht nur hin, um

---

Kindern, den Genuß von Pferdefleisch und andere Gebräuche gestatteten, die nicht im Widerspruche mit dem Christenthum standen, auch künftighin noch Geltung behielten. Nach der Annahme dieser Bedingungen, kraft deren ein Vater über Leben und Tod seiner Kinder bestimmen konnte, führte Thorgeir, der Gesetzgeber Irlands, das Christenthum als anerkannte Religion im Lande ein.

*) Aus dem Briefe, der 1721 an Philipp V. gerichtet wurde und den Charlevoix anführt.

ihnen täglich etwas Fleisch, Mais und Gemüse, schlechte und grobe Kleider und die Mittel zu verschaffen, welche für den Unterhalt ihrer Kirche nöthig sind.“ Die Missionäre behaupteten außerdem, daß der Kommunismus in den Niederlassungen nicht vollständig durchgeführt sei, weil jeder Familie ein kleines Feld überwiesen ward, auf dem sie ihre Nahrungsmittel produzirte.

Mit Staunen erfuhr der spanische Hof, daß, behufs völliger Absonderung der Indianer von den Spaniern, Letzteren nicht nur der Zutritt zu den Missionen verboten war, sondern daß auf diesen auch die spanische Sprache nicht gelehrt ward. Jede Möglichkeit eines Verkehrs zwischen den Bekehrten und den europäischen Ansiedlern sollte abgeschnitten sein, damit Erstere durch Letztere nicht sittlich verderbt würden. Die holländische Regierung, welche sich um das Seelenheil der Eingeborenen ihrer Kolonien nicht kümmert, befolgt in ihren Besitzungen auf der Insel Java die nämliche Politik. Die europäischen Verwaltungsbeamten sind gezwungen, die javanesische Sprache zu erlernen, damit sie mit ihren Untergebenen sich verständigen können, welchen blos die Sprache des Landes geläufig ist und die keine europäische Sprache erlernen dürfen. Die spanische Regierung, weniger als die holländische vom Handelsgeist beherrscht, war der Ueberzeugung, daß sie diesen Stand der Dinge nicht dulden dürfe. Ein Erlaß vom 28. Dezember 1743 bestimmte, daß die Indianer der Missionen Spanisch lernen müßten, weil sie Unterthanen der Krone seien. Eine Bemerkung Charlevoix's giebt zu verstehen, daß die Jesuiten entschlossen waren, dem königlichen Befehle nicht Folge zu leisten. Ihrer Auffassung nach unterstanden die Indianer zunächst der Gesellschaft Jesu und dann erst dem spanischen Könige, der damals ein Bourbone war, Philipp V., Enkel Ludwig's XIV. von Frankreich.

Zu jener Zeit wurde in Europa die Gesellschaft Jesu allgemein bekämpft. Dem Einfluß der bourbonischen Höfe gelang es durchzusetzen, daß die Jesuiten 1759 aus Portugal, 1762 aus Frankreich und 1767 aus Spanien vertrieben wurden, und daß der Papst Clemens XIV. 1773 den Orden aufhob.

Unter den Dokumenten, die bei der Vertreibung der Jesuiten aus Paraguay beschlagnahmt wurden, findet sich ein Brief des ehrwürdigen Vaters Rabano, der beweist, daß man in Madrid ihnen nichts weniger als wohlgesinnt war. Der Pater sagte im Wesentlichen, die gegen die Missionäre erhobenen Klagen seien so zahlreich, schwerwiegend und schlimmer Natur, daß er unmöglich ihre Wirkung hindern könne, obgleich er in seiner Eigenschaft als Beichtvater des Königs auf diesen einen bedeutenden Einfluß ausübte. Die spanische Regierung, so meint Azara, war von starkem und lebhaftem Argwohn gegen die christliche Republik erfaßt worden, weil fast alle Jesuiten in den Missionen Engländer, Italiener und Deutsche waren und die wenigen unter ihnen befindlichen Spanier keinen hervorragenden Einfluß ausübten. Aber sie wagte nicht, die Jesuiten offen und direkt anzugreifen, da sie fürchtete, daß sie auf Widerstand stoßen und sogar eine Niederlage erleiden würde. So zog die Regierung ein vorsichtiges und mildes Vorgehen vor. Sie forderte die allmälige Befreiung der Indianer, die seit mehr als einem Jahrhundert unter jesuitischer Vormundschaft standen. Die Jesuiten bewilligten Alles, was man von ihnen verlangte, aber sie hüteten sich wohl, irgend eine Konzession durchzuführen.

Die Zwistigkeiten, welche zwischen Portugal und Spanien über die Grenzen ihrer südamerikanischen Kolonien ausbrachen, beschleunigten die Lösung des Konfliktes. 1750 hatte der spanische König an Portugal einen Theil Uruguays abgetreten. Die portugiesische Regierung befahl den Jesuiten, welche auf dem abgetretenen Gebiet sieben Missionen besaßen, sich sammt ihren bekehrten Indianern aus dem Staube zu machen. Letztere weigerten sich, den Missionären zu folgen. Manche von ihnen benutzten die Gelegenheit, um ihre Freiheit zurückzuerlangen und wieder die Ländereien zwischen dem Uruguay und dem Parana zu durchschweifen, Andere blieben in den gegründeten Weilern ansässig. Auf das Anstiften der Jesuiten ergriffen sie die Waffen, um den von ihnen tief verabscheuten Portugiesen Widerstand entgegenzusetzen. Don Pablo Bucareli y Ursa, der den Frieden wieder herstellen wollte, warf den Missionären vor, daß sie die Zwietracht schürten und einen Krieg angezettelt und unterhalten hätten, dessen erster und einziger Zweck gewesen sei, ihnen den Besitz von sieben Missionen zu erhalten. Am 2. Januar 1768 unterzeichnete der spanische König Karl III., der Sohn Philipp's V., einen Erlaß, durch welchen die Jesuiten aus den drei Provinzen Paraguay, Rio de la Plata und Tucuman vertrieben wurden. Bucareli, der diesen Erlaß durchzuführen hatte, hielt es für klug, die nämliche Taktik anzuwenden, welche Mithridates gebraucht hatte, um die in seinen Staaten lebenden Römer niederzumetzeln. Am 7. Juni schickte er den Statthaltern der einzelnen Gebiete ein versiegeltes Schreiben zu, mit dem Befehle, es erst am 21. Juli zu öffnen. Am 22. Juli erschienen gleichzeitig und unversehens in allen Missionen bewaffnete Reiter-Schwadronen, welche den Befehl hatten, die in den Niederlassungen anwesenden Jesuiten ohne jeden Aufschub fortzuführen. 150 Missionäre wurden aufgegriffen und nach den Städten Corrientes, Cordova, Santa Fé, Montevideo und Buenos-Ayres gebracht. Am 3. August 1768 waren alle Jesuiten aus den spanischen Kolonien vertrieben.

Viertes Kapitel.

Das Leben der Indianer in den Missionen.

Die Jesuiten haben alles Mögliche aufgeboten, damit nicht bekannt werde, wie sie ihre Niederlassungen regierten. Sie hielten diese den Fremden verschlossen, und die Beamten und königlichen Inspektoren, denen sie den Zutritt erlaubten, waren Freunde, von denen feststand, daß sie die Vorgänge und Verhältnisse in den Missionen so ansehen würden, wie sie nach dem Wunsche der Jesuiten angesehen werden sollten. Indeß ist doch genügendes Material zur Kennzeichnung des Jesuitenstaates vorhanden. Wir haben die Beschreibungen, welche die Missionäre

Charlevoix und Funes von den Niederlassungen der Jesuiten gegeben haben, ferner die lobenden Berichte der königlichen Beamten, welche die Missionen zu untersuchen hatten, und endlich die Thatsachen, welche Azara sammelte, der kurz nach der Vertreibung der Jesuiten ihre Niederlassungen besuchen konnte. Genügt das Alles auch nicht, uns das Leben der Indianer in den Missionen in all' seinen Einzelheiten kennen lernen zu lassen, so genügt es doch, eine allgemeine Vorstellung von der inneren Organisation der theokratischen Republik zu geben, die nach den Lehren des Evangeliums gegründet wurde, welche die Gesellschaft Jesu, ohne auf eine hinderliche Aufsicht und auf Widerstand zu stoßen, in die Praxis umzusetzen vermochte. Man darf wohl behaupten, daß sich niemals eine bessere Gelegenheit dargeboten hat, das Ideal des Christenthums zu verwirklichen.

Das Menschenmaterial, welches die ehrwürdigen Väter formen sollten, entstammte einer jungen, körperlich und moralisch gesunden Rasse, die, naiv und lenksam, noch nicht korrumpirt worden war durch die Laster der Zivilisation und durch die egoistischen und antisozialen Leidenschaften, welche das Privateigenthum und die monogamische Familie erzeugen; in gleicher Weise war sie noch unberührt von den Vorurtheilen, welche sich in den alten Gesellschaftsorganisationen im Laufe der Zeiten angesammelt haben. Und die Missionäre, welche in diesen jungfräulichen Gegenden die Missionen gründeten, zeigten eine außergewöhnliche, bewunderungswürdige Klugheit, Selbstverleugnung und Geschicklichkeit, die Menschen zu leiten. Man kann nicht genug die jesuitischen Väter bewundern, welche ohne Familie, ohne persönlichen Ehrgeiz ihr Leben oder wenigstens ihre besten Jahre wie in einer Wüste inmitten der Indianer verbrachten, mit denen sie aus bestimmten, wohlerwogenen Gründen absichtlich keine anderen als solche Beziehungen unterhielten, welche sie zur Verwaltung der Niederlassungen unterhalten mußten. Obgleich sich in den Missionen nur 150 oder 200 Jesuiten befanden, gelang es ihnen doch, dem Willen ihres Ordens eine Bevölkerung zu unterwerfen, die nach Funes zur Zeit der Vertreibung der Patres 150 000 Köpfe betrug, die aber während der 150jährigen Herrschaft der Gesellschaft Jesu jedenfalls noch zahlreicher gewesen ist. Es waren unschätzbare Dienste, welche die Missionäre von Paraguay dem Orden erwiesen, dessen Befehle sie empfingen und dessen Vorschriften sie befolgten.

* * *

Die Regierung der Missionen war sehr einfach und wurde von wenigen leitenden Personen besorgt. Jeder Weiler wurde von einem Pfarrer und einem Vikar verwaltet, die unter der Aufsicht eines Superioren standen, der seinerseits dem Provinzial unterstellt war. Der Pfarrer, welcher unumschränkter Herr in der Mission war, hatte deren Besitzstand zu verwalten, gewöhnlich kannte er die guaranische Sprache nicht. Der Vikar dagegen, welcher für das Seelenheil der Mission sorgen mußte, war mit der Sprache der Indianer vertraut, mit denen er ja verkehrte und stete Verbindung unterhielt. Der Pfarrer und der Vikar lebten in dem Kollegium, das in einiger Entfernung von den Wohnungen der Niederlassung gelegen war. Jeder nähere Verkehr mit indianischen Frauen war ihnen auf das Strengste untersagt, und ihre Keuschheit ist nie verdächtigt worden. Sie unterhielten nur Beziehungen mit den Männern, deren Dienste ihnen entweder für ihre eigenen Personen oder für die Gemeinde unerläßlich waren. Unter keinerlei Vorwand betraten sie je die Häuser der Indianer, und nur selten kamen sie in die Weiler. Wenn ein kranker Indianer der Mission der geistlichen Hülfe bedurfte, so brachte man ihn in ein zu diesem Zwecke bestimmtes Zimmer, das sich in der Nähe des Kollegiums befand. Der Pfarrer oder der Vikar begaben sich in einer Sänfte dahin, um dem Kranken die Beichte abzuhören und die Sakramente zu ertheilen. Die Geistlichen zeigten sich den Indianern nur in der Kirche und erschienen dann wie göttliche Wesen in allem Glanz und Pomp des katholischen Kultus, mit von Gold strahlenden Gewändern angethan, umgeben und bedient von zahlreichen, prächtig gekleideten Sakristanen und Chorknaben, umhüllt von Weihrauchwolken, während der Klang der Orgel, verschiedener Musikinstrumente und frommer Gesänge die Kirche erfüllte und die Wilden berauschte, auf welche, wie es öfter in den „Erbaulichen Briefen“ heißt, Musik und Wohlgerüche eine sehr große Wirkung ausübten. Die Kirchen der armen Wilden waren die größten und schönsten der Kolonien. Die der Mission St. Franz Xaver konnte 4000—5000 Personen fassen; ihre Mauern waren mit schimmernden Platten aus Glimmer belegt, mit Malereien und Schnitzereien geschmückt, ihre Altäre glänzten von Gold und Silber. D'Orbigny, welcher diese Kirchen im Jahre 1830 besuchte, wo sie doch viel von ihrer ursprünglichen Pracht verloren hatten, war überrascht von ihrer Schönheit und ihrem Glanze. Diese klug berechnete Ausstattung war ein unbedingtes Erforderniß, um unter die despotische Herrschergewalt der zwei Geistlichen — des Pfarrers und des Vikars — die Tausende von Indianern einer Mission zu beugen, „deren Glauben so naiv war,“ sagt der Naturforscher d'Orbigny, „daß sie die Geistlichen als die Stellvertreter Gottes betrachteten und ihnen blind gehorchten.“

Die Jesuiten ahmten das von den Spaniern gegebene Beispiel nach. Sie ließen die Indianer selbst ihre Kaziken oder Kriegsführer wählen. Gewöhnlich wurden dieselben stets aus der nämlichen Familie genommen, wie dies bei der Mehrzahl der Wilden Sitte ist, die in kommunistischen Clans leben. Gleicherweise gestatteten sie den Indianern, ihre Munizipalbehörden zu wählen, welche aus zwei Alkalden und mehreren Mitgliedern des Gemeinderaths bestanden. Allein diese Wahlen, welche alljährlich stattfanden, wurden in Gegenwart des Pfarrers vorgenommen, welcher die Ernennung der Erwählten leitete. Diese selbst standen völlig unter dem Einfluß der beiden Geistlichen, denn Niemand in dem Flecken hätte einen wichtigen Beschluß zu fassen gewagt, ohne sich vorher darüber mit dem Pfarrer oder seinem Vikar verständigt zu haben. Die Mönche, welche in der Leitung der Missionen an Stelle der vertriebenen Jesuiten traten, wurden anfangs oft in Verlegenheit gebracht durch die fortwährenden Anfragen und Rathschläge, welche die Munizipalbehörden in Betreff der unbedeutendsten Dinge der Verwaltung an sie stellten, bezw. von ihnen heischten. Die Gemeindebeamten waren nur die Werkzeuge, deren sich die Missionäre zur Durchführung ihrer Absichten bedienten. Antonio de Ulloa versucht diese Thatsache durch die Behauptung abzuschwächen: „daß der beschränkte Geist der bekehrten Indianer es nöthig mache, daß sich die Missionäre um alle ihre Angelegenheiten kümmern und sie in weltlicher und geistlicher Hinsicht leiten.“ *)

Die Indianer waren „wie Kaninchen in einem Gehege“ in den Missionen eingeschlossen. Um ihren Verkehr mit der Außenwelt und ihre Flucht zu verhindern, war jeder Weiler mit tiefen Gräben umgeben, die durch Pfähle und starke Palissaden gedeckt wurden. Den Zugang vermittelten nur ein oder zwei Thore, die von Schildwachen gehütet wurden, und die man nur mit einer schriftlichen Erlaubniß passiren durfte. Das Gebiet jeder Ortschaft war von Gräben begrenzt, und dort, wo man diese überschreiten konnte, standen Wachen, welche hinderten, daß die Indianer aus einer Niederlassung in eine andere gingen. Bei hereinbrechender Nacht wurde die Feierabendglocke geläutet; alle Bewohner einer Mission mußten sich dann in ihre Häuser zurückziehen. Eine Patrouille „von Personen, auf welche man zählen konnte,“ sagt Charlevoix, und die sich alle drei Stunden ablöste, streifte durch die Straßen, „um zu verhindern, daß Jemand sein Haus verläßt, ohne daß man weiß, was ihn dazu veranlaßt und wohin er geht.“ **)

Das Reiten war den Indianern an allen Tagen verboten, an denen keine militärischen Uebungen stattfanden. Die Heerden wurden jedoch von Berittenen gehütet. Um die Zahl der Hirten zu vermindern und nicht nöthig zu haben, das Vieh zu zeichnen, umgaben die Missionäre alle Weideplätze mit Gräben, so daß sie buchstäblich einem eingefriedeten Park glichen. Die Thiere wie die Menschen wurden in den Missionen gefangen gehalten.

Innerhalb der Mission war des Pfarrers Wille Gesetz. Es gab keine

---

*) Don Antonio de Ulloa, „Relacion historical,“ von Charlevoix zitirt.

**) Das in den Missionen durchgeführte System der Unfreiheit entspricht so vorzüglich den Erfordernissen der kapitalistischen Ausbeutung, daß eine französische Aktiengesellschaft — wahrscheinlich ohne eine Ahnung von den Niederlassungen der Jesuiten in Paraguay zu haben — es ihren Arbeitern gegenüber zur Anwendung gebracht hat. Die großen Ausbeutungs-Genies finden sich. — Villeneuvette ist ein Flecken, der auf einem Felsen der Cevennen gelegen ist. Das Ortsgebiet und alle Gebäude, von der Mairie und der Kirche an bis zu den Arbeiterwohnungen, sind Eigenthum einer Aktiengesellschaft, welche Tuch für die französische Armee fabrizirt. Niemand darf ohne Erlaubniß der Unternehmer den Ort betreten oder in ihm wohnen. Dieser ist wie die mittelalterlichen Städte von Gräben umgeben. Die Zugbrücke wird Abends aufgezogen. Um 9 Uhr Abends muß Jedermann zu Bett gehen und beim Morgenläuten müssen Alle aufstehen. Die Zahl der männlichen Einwohner beträgt 400; sie sind sämmtlich Weber oder Fabrikbeamte. Die französische Sprache ist in Villeneuvette unbekannt, man spricht nur den in den Cevennen verbreiteten Dialekt. Der Handel mit Lebensmitteln und Kleidungsstücken ruht in den Händen der Aktiengesellschaft. Der Maire und die Gemeinderäthe sind Arbeiter, die nur gewählt werden können, wenn ihre Personen den Unternehmern genehm sind. Die Ordnung der Dinge in Villeneuvette, welche aus dem vorigen Jahrhundert stammt, besteht noch heutigen Tages.

geschriebenen Gesetze, nur „Vorschriften,“ welche man mit den Arbeitsordnungen der kapitalistischen Betriebe vergleichen kann. Der Pfarrer verurtheilte Straffällige zu Gebeten, zu Fasten, zu Gefängniß und zur Auspeitschung, ohne daß er Jemand Rechenschaft über seine Entscheidungen schuldig gewesen wäre. Nach dem weiter oben angeführten, von Charlevoix erzählten Vorgang, wie ein Kazike wegen Ungehorsams gegen die Missionäre vom Feuer des Himmels verzehrt ward, wäre die Annahme wohl nicht erstaunlich, daß in den Missionen von Zeit zu Zeit Autodafés stattfanden, um unverbesserliche Indianer los zu werden und ein Exempel zu statuiren.

Ein Korps von Polizisten, welches aus den lenksamsten und ergebensten Indianern gebildet war, überwachte streng die Bewohner der Niederlassung und bestrafte sie, wenn sie bei Fehlern ertappt wurden. Damit die Bestrafung zur sittlichen Hebung des gesammten Gemeinwesens beitrage, mußte der Schuldige das Büßerhemd tragen, wie die Ketzer, welche die Inquisition verbrannte. Er ward zur Kirche geführt, wo er öffentlich seine Schuld bekennen mußte, dann auf den öffentlichen Platz der Mission, wo man ihn auspeitschte. Die Jesuiten und ihre Lobredner möchten glauben machen, daß die Indianer diese ebenso schreckliche wie entwürdigende Art der Bestrafung als eine Gnade empfanden. „Nie,“ so schreibt Funes, „hat Einer von ihnen versucht, seinen Fehler kleiner erscheinen zu lassen oder seiner Strafe zu entgehen. Alle nahmen ihre Bestrafung mit Dankesbezeugungen entgegen. Es gab Indianer, die nur ihr Gewissen als Zeugen ihrer Fehler hatten, aber ihre Verfehlungen bekannten und ihre Bestrafung forderten, um ihre Gewissensbisse zu mildern, die quälender als Strafen waren.“ Don Antonio de Ulloa fügt hinzu: „Sie hegen ein so großes Vertrauen zu ihren Seelenhirten, daß auch eine grundlose Bestrafung ihnen verdient erschiene.“ Wenn diese Behauptungen der Wahrheit entsprechen — und angesichts des zur Ueberschwänglichkeit neigenden Charakters der Wilden und der Empfänglichkeit ihrer phantastischen Einbildungskraft würde es durchaus nicht erstaunlich sein, wenn dies der Fall wäre —, so geben sie uns einen Maßstab für die moralische Herrschaft, welche die Jesuiten über die armen Indianer ausübten. Dieser moralische Einfluß hätte sie bestimmen sollen, von grausamen und demüthigenden Strafen abzusehen.

Die Jesuiten boten Alles auf, um die Indianer geistig noch mehr als materiell in Fesseln zu schlagen. Die ganze Zeit, die nicht der Arbeit und der nöthigen Erholung gewidmet war, mußten sie in Gebeten verbringen, damit ihnen nicht eine Minute frei blieb, in der sie über ihre Lage hätten nachdenken können. „Die Kirchen,“ berichtet Charlevoix, „sind nie leer. Stets ist hier eine große Anzahl von Personen versammelt, welche ihre ganze freie Zeit in Gebeten verbringen.“ Morgens und Abends, vor und nach der Arbeit, begaben sich alle Bewohner der Mission in die Kirche, um der Messe beizuwohnen und zu beten. Ehe die Frauen das Gotteshaus betraten, lösten sie ihre Haare auf, welche sie gewöhnlich wie die Soldaten des vorigen Jahrhunderts in einen herabhängenden Zopf geflochten trugen. Der ganze Sonntag verstrich unter religiösen Zeremonien:

Messen, Abendgottesdienst, Taufen, Verlobungen, Eheschließungen, Ankündigungen von Festen und von Fasttagen, Verlesung von Hirtenbriefen des Bischofs und anderer religiöser Schriftstücke ꝛc. Der wöchentliche Ruhetag sollte ganz absichtlich so langweilig als möglich gemacht werden, damit sich die Indianer nach der Arbeit zurücksehnten und sie als eine Zerstreuung betrachteten.

Der berühmte Doktor Ure führt in seiner „Philosophie der Manufaktur“ als ein Beispiel, dem „die Freunde der Menschheit“ folgen sollten, das philanthropische Vorgehen Stockporter Fabrikanten an. Dieselben hatten 250 000 Francs für den Bau eines Gebäudes ausgegeben, in dem sie allsonntäglich 4000—5000 Arbeiter zusammenpferchten, die fromme Lieder singen und lesen lernen mußten. Die Leute sollten dadurch davor bewahrt werden, „in die Laster zu verfallen, welche die Faulheit erzeugt“ und sich durch „den menschlichen Egoismus fortreißen zu lassen, welcher die Arbeiter geneigt macht, mit neidischem und feindseligem Auge ihren besten Freund zu betrachten: den enthaltsamen und unternehmenden Kapitalisten, der ihnen Arbeit giebt.“

Um die bösen Neigungen ihrer Arbeiter zu zügeln, verfügten die Missionäre über geistige Mittel, welche der Protestant Ure und die philanthropischen Ausbeuter Englands nicht kannten. Sie hatten für die Männer, für die Frauen und für die mehr als zehn Jahre alten jungen Leute zahlreiche Brüderschaften und Schwesterschaften gegründet, welche „unter dem direkten Schutz des Herrn der Heerschaaren und der Mutter Gottes standen.“ In Frankreich bemühen sich gegenwärtig die katholischen Unternehmer, die Grundsätze des christlichen Sozialismus zu verwirklichen. Sie organisiren ihre Arbeiter und Arbeiterinnen in den Vereinen „Unserer lieben Frau von der Fabrik“ (Notre-Dame de l'Usine) und des „Heiligen Joseph.“ Die Namen der Indianer wurden in die Listen der Brüderschaft bezw. Schwesterschaft eingetragen und die Streichung eines derselben bedeutete eine Strafe. Als Belohnung erhielten die Vereinsmitglieder das Recht, beim Gottesdienst mitsingen zu dürfen und, geschmückt mit prächtigen Gewändern und ehrenvollen Abzeichen, die sie nach der Zeremonie wieder zurückgeben mußten, an Ehrenplätzen zu sitzen.

Ein so einförmiges, der Arbeit und dem Gebet gewidmetes Leben konnte Wilden nicht behagen, deren Vorfahren frei die Wälder durchstreift und sich von den Beschwerden der Jagd und den Mühen eines primitiven Ackerbaues durch Feste und Tänze erholt hatten. Die Guaranis, welche den bei Weitem größten Theil der Einwohnerschaft der Jesuiten-Niederlassungen ausmachten, liebten, wie alle wilden Völker, den Tanz leidenschaftlich. Die Jesuiten „erlaubten ihnen von Zeit zu Zeit Erholungen,“ berichtet Charlevoix, „und dies ebensowohl, um ihre Gesundheit, wie auch eine Fröhlichkeit zu erhalten, welche, weit entfernt, der Tugend zu schaden, diese lieben macht.“ Heine schildert in einem seiner beißenden Gedichte einen Schiffskapitän, welcher Sklavenhandel trieb. Von den gleichen lobenswerthen Gründen wie die Jesuiten in Paraguay bewegt, ließ der philanthropische Händler mit Menschenfleisch täglich seine Ladung Ebenholz auf

Deck kommen und zwang die Aermsten durch Peitschenhiebe zu Gesang und Tanz. Durch dieses hygieinische Verfahren verhinderte er, daß seine Neger vor Langeweile und Verzweiflung über ihre verlorene Freiheit starben.

Jede Mission hatte ihren besonderen Schutzheiligen, dessen Namen sie trug. Sein Fest war das große Freudenfest der Bewohner. Mit Ungeduld ward seine jährliche Wiederkehr erwartet, und lange im Voraus wurden eifrigst Vorkehrungen zu seiner Feier getroffen. Das Fest dauerte drei Tage. Die Bildsäule des Heiligen ward dann durch die Straßen getragen, die mit Teppichen und Fahnen geschmückt waren; Matten und duftende Blumen bedeckten den Boden; über die öffentlichen Plätze und Straßenkreuzungen spannten sich mit frischen Laubgewinden bekränzte Triumphbogen, um welche Vögel flatterten, die an den Füßen angekettet waren; hier und da wurden Jaguars und andere reißende Thiere in Ketten gezeigt, sowie in großen Bassins schwimmende Fische; „mit einem Worte, alle lebenden Geschöpfe wohnten gleichsam durch Vertreter dem Feste bei, um dem Gottmenschen ihre Huldigungen darzubringen," heißt es in den „Erbaulichen Briefen." In den Straßen wurden geschlachtete Thiere ausgestellt, deren Fleisch zusammen mit einem Glase Wein pro Indianer zur Vertheilung gelangte. Die Gemeindebeamten und die Personen, welche bei den Zeremonien des Festes figurirten, trugen prächtige Gewänder aus Europa, die sie nach der Feier wieder zurückgeben mußten. Diese kirchlichen Feste übten einen so nachhaltigen Eindruck auf die Indianer aus, daß sie dieselben noch 1830 feierten, als d'Orbigny die Missionen besuchte. Allerdings begingen sie die Feste damals mit größerer Freiheit, denn die Bewohner der benachbarten Weiler strömten in Menge herbei, um Theil zu nehmen an den Festlichkeiten, Tänzen, Ballspielen -- bei denen der Ball mit dem Kopfe geworfen wurde — und anderen ungewöhnlichen gymnastischen Uebungen.

Indessen scheinen alle Gebete und religiösen Zeremonien die Indianer nicht gerade zu einem Christenthum erster Güte erzogen zu haben. Wenigstens kann man zu diesem Schluß gelangen, dafern man den Behauptungen der Mönche Glauben schenkt, welche in der Leitung der Missionen an die Stelle der Jesuiten traten. Allerdings wollten diese Letzteren nicht die Liebe zu Gott, sondern die Liebe zur Arbeit entwickeln. Die Religion war für sie nur ein Werkzeug der Herrschaft, und ihre Gegner klagten sie deshalb unter Anderem auch an, das Geheimniß des Beichtstuhls nicht zu achten und es zu mißbrauchen, um die Bewohner der Missionen auszuhorchen. Die Jesuiten haben gegen den Vorwurf dieses Verbrechens wider die Religion energisch protestirt. Aber es ist gewiß, daß sie sich zwar verpflichtet hatten, die Wilden zu unterrichten, allein den bekehrten Schäflein diesen Unterricht nur in dem Maße zu Theil werden ließen, als er ihnen selbst nützlich und einträglich war. Sie lehrten den Kindern Spanisch und Lateinisch lesen, obgleich diese auch nicht ein Wort dieser Sprachen verstanden. Man brachte ihnen also die Kunst bei, Worte von Idiomen zu entziffern, die ihnen ihr Leben lang vollständig fremd bleiben sollten. Dafür konnten sie bei der Messe als

Chorknaben funktioniren, lateinisch dem Geistlichen die festgesetzten Antworten beim Gottesdienste geben und lateinische und spanische Manuskripte abschreiben, welche als Beweise ihrer wunderbaren Fortschritte dem Madrider Hof zugeschickt wurden. Mit der spanischen Sprache waren nur sehr wenige, sorgfältigst ausgewählte und geprüfte Indianer vertraut, welche zum Zwecke des Verkaufs der Vorräthe und Erzeugnisse der Ortschaften in die Städte gehen mußten. Das Schreiben wurde nur einer sehr kleinen Anzahl bekehrter Indianer gelehrt, welche darin bewandert sein mußten, um die Bücher und Abrechnungen der Gemeinde führen zu können. Dafür ließen sich die Missionäre angelegen sein, den Indianern Handwerke zu lehren und ihre technische Geschicklichkeit zu entwickeln. Jede Mission erzeugte Alles, was ihre Bewohner bedurften, sogar Musikinstrumente und die Waffen, mit denen die Truppen ausgerüstet waren.

Funes sagt, daß es in jeder Mission Werkstätten gab, in denen die verschiedensten Gewerbe getrieben wurden. Es gab Schmieden, Waffenschmieden, Gerbereien, Schuhmacherwerkstätten, Webereien, Tischlereien, Kunsttischlereien, Werkstätten für Bauarbeiten, für Uhrmacher, Vergolder, Maler und Bildhauer, Werkstätten, in denen das Wachs der wilden Bienen gereinigt und gebleicht wurde 2c. 2c. Obgleich 1830 die Bevölkerung der Missionen bedeutend zurückgegangen war, fand d'Orbigny doch, daß unter ihr noch alle Handwerke weiter betrieben wurden. Zu ihnen waren unter Dr. Francia (der nach dem Sturz der spanischen Herrschaft Diktator von Paraguay wurde und es von 1814 bis zu seinem Tode im Jahre 1840 blieb) neue Industriezweige und Beschäftigungsarten getreten, wie z. B. die Kultur des Zuckerrohrs. Der Staat, welcher an Stelle der Jesuiten trat, war nun der einzige Grundeigenthümer.

Die gewerbliche Ausbildung der Indianer begann frühzeitig und wurde mit vollendeter Geschicklichkeit geleitet. „Sobald ein Kind alt genug war, um zu arbeiten," schreibt Charlevoix, „führte man es in die Werkstätten und theilte es dem Handwerk zu, für welches es die meiste Neigung zu haben schien, weil man der Ueberzeugung ist, daß die Kunst von der Natur geleitet werden muß."

Mit Ausnahme der Kaziken waren alle Indianer zur Arbeit verpflichtet. „Der oberste Gemeindebeamte (corregidor) und die Mitglieder des Gemeinderathes nebst ihren Frauen mußten die Ersten in der Werkstatt sein," sagt Funes, und Charlevoix fügt hinzu: „Die Aufgabe war den Kräften angemessen und wer sie nicht erfüllte, wurde bestraft." Die Näharbeiten wurden von den Musikern, Küstern und Chorknaben ausgeführt, damit die Frauen ausschließlich Baumwolle spinnen konnten. Die bestimmte Quantität Rohbaumwolle, welche diese erhielten, mußten sie am Ende der Woche gesponnen abliefern, sonst wurden sie geprügelt. „In jeder Ortschaft gab es ein ‚Asyl,' wo in Abgeschlossenheit jene Frauen wohnten, welche kein Kind nährten und deren Männer abwesend waren, ferner Wittwen, Kranke, Greise und Krüppel. Man nährte sie und kleidete sie, und wies ihnen eine Arbeit zu, die ihren Kräften und übrigen Fähigkeiten entsprach." (Funes.)

Man warf den Jesuiten vor, daß sie die Gütergemeinschaft eingeführt hätten und jeder Familie Alles zutheilten, was zu ihrem Unterhalte nöthig war. Charlevoix wäscht sie von dieser schwerwiegenden Anklage rein. „Es kann wohl etwas Aehnliches gegeben haben," sagt er, „als die neu angesiedelten Indianer noch nicht im Stande waren, durch ihre Arbeit selbst für ihre Bedürfnisse zu sorgen, und als sie noch nicht in gesicherten Ortschaften seßhaft und endgültig eingerichtet waren. Aber seitdem sie nicht mehr zu befürchten brauchen, daß sie ihren Wohnsitz wechseln müssen, hat man jeder Familie ein Stück Grund und Boden zugetheilt, das, wenn es der erhaltenen Unterweisung gemäß bebaut wird, ihnen den nöthigen Lebensunterhalt liefert. Dank der Art und Weise, wie man sie erzieht, darf man hoffen, daß sie nie den Ueberfluß kennen lernen werden." Die von den Jesuiten befolgte Taktik war eine äußerst geschickte. Um die freien Indianer zu veranlassen, sich in den Ortschaften niederzulassen, und um sie hier festzuhalten, gaben sie ihnen im Anfang Lebensmittel und ließen sie ihnen eine gewisse Freiheit. Jedoch sobald ihre Kinder ein gewisses Alter erreicht hatten, verurtheilten sie dieselben zur Arbeit und zwangen sie, für ihren Unterhalt selbst dadurch zu sorgen, daß sie ein ihnen angewiesenes Grundstück bebauen mußten. Die unterworfenen zivilisirten Indianer durften nur an zwei Tagen der Woche für sich selbst arbeiten, die übrige Zeit mußten sie der Arbeit für „das Eigenthum Gottes" widmen. Das Getreide, das ihnen für die Bestellung der Felder oder zur Nahrung in Jahren des Mißwachses vorgeschossen ward, mußten sie bei der nächsten Ernte zurückerstatten, oder sie wurden ausgepeitscht. Alle Bewohner der Niederlassung, mit Ausnahme Derjenigen, welche die Gemüse und anderen Produkte zu verkaufen hatten, waren verpflichtet, ihre Lebensmittel selbst zu produziren; die Ländereien der Indianer, welche mit dem Handel der Mission betraut waren, wurden von der Gemeinschaft bestellt.

Das „Eigenthum Gottes" bestand aus Ländereien, deren Ertrag den Jesuiten gehörte. In den weltlichen Komthureien, von denen im zweiten Kapitel die Rede war, und die von den ersten Missionären wegen der dabei üblichen Ausbeutung der Indianer aufs Schärfste angegriffen wurden, mußten diese nur zwei Monate im Jahre für ihre weltlichen Herren arbeiten und verfügten nach Belieben über die übrige Zeit. Die guten Jesuiten kehrten das Verhältniß um, und dies unter dem Vorwande, die Arbeit zu vermindern, welche die Indianer für Andere leisten mußten. Bei der Kultivirung des „Eigenthums Gottes" zeigte sich die ganze Geschicklichkeit der frommen Väter: Der Arbeit wurde der Charakter eines Festes aufgedrückt, wie dies bei der Bestellung der Felder der Sonne, des Gottes der Inka von Peru, der Fall gewesen war. Man versammelte sich in einer Schaar auf dem öffentlichen Platze der Ortschaft, die Statue der Jungfrau Maria oder eines Heiligen wurde auf eine Tragbahre gestellt, und unter Vorantritt eines Musikkorps und dem Gesang frommer Lieder bewegte man sich im Zuge nach den Feldern des Herrn. An Ort und Stelle der Arbeit angekommen, errichtete man einen Altar von Zweigen, auf den die Statue gestellt ward, vor deren

Augen man pflügte und erntete. War die Arbeit beendet, so stellte man den Heiligen wieder auf die Tragbahre und zog in feierlicher Prozession, laut singend und unter den Klängen der Musik in die Mission zurück.

Die Indianer durften nicht über den Ertrag ihrer Felder verfügen und über die Erzeugnisse, welche sie während der zwei ihnen freigelassenen Tage herstellten. „Man weiß, was ihm sein Grundstück trägt," sagt Charlevoix, „und seine Ernte stand unter der Aufsicht Derer, die das meiste Interesse daran hatten, darüber zu wachen. . . . Und wenn man nicht sehr fest die Hand darauf hielte, würde der Indianer sich bald ohne Nahrungsmittel finden." Der Indianer besaß nur seinen elenden Werktagsanzug, denn die Kleider, welche die Offiziere während der militärischen Uebungen und die Gemeindebeamten Sonntags und bei religiösen Zeremonien trugen, wurden, wie die Waffen, in den Magazinen der Gemeinde aufbewahrt. Die Geistlichen regelten Alles, sogar die Kinderzeugung. Es wird versichert, daß Nachts die Kirchenglocke Männern und Frauen die Stunde verkündete, welche sie den Freuden der Venus widmen durften. Um die Indianer zu veranlassen, sich zu vermehren, verboten die Jesuiten Männern und Frauen, das Haar lang wachsen zu lassen, ehe sie Kinder gezeugt hatten. Dieser Gebrauch hat sich noch nach der Vertreibung der Jesuiten erhalten. „Die jungen, kurzgeschorenen Paare" (pelados y peladas), sagt d'Orbigny, „geben sich alle Mühe, die Erlaubniß zu verdienen, langes Haar tragen zu dürfen."

Funes selbst muß zugeben, daß es in dieser christlichen Republik an Freiheit fehlte. „Wir geben zu," sagt er, „daß die Freiheit dieser Indianer in Betreff der Verfügung über ihr Eigenthum nicht die Freiheit war, die dem Ideale einer Republik entspricht. Nichts wäre thörichter gewesen, als eine Freiheit zu gewähren, welche mit dem Charakter und den Lebensbedingungen dieser Indianer unvereinbar war. Durch die Barbarei, in der sie lebten, daran gewöhnt, sich nur von dem augenblicklichen Wunsche leiten zu lassen, ohne je über die Gegenwart hinauszublicken, sich nur zu entscheiden unter dem Drucke einer zwingenden Nothwendigkeit und unter der steten Herrschaft der Leidenschaft, nie der Vernunft gemäß zu handeln, mußten sie einige Jahrhunderte sozialer Kindheit durchleben, ehe sie jene Reife erlangten, welche die Voraussetzung des vollen Gebrauches der Freiheit ist. Der Zeitpunkt, ihnen diese zu geben, war noch nicht gekommen, und die Indianer mußten deshalb durch Einrichtungen regiert werden, ähnlich denen, wodurch ein Vater seine Familie regiert." Azara scheint diese Entschuldigungen vorausgesehen zu haben, denn er erinnert daran, daß die freilebenden Indianer ihre Vorräthe eintheilten, damit sie das ganze Jahr hindurch reichten. Im Gegensatze zu den Behauptungen der Jesuiten legen die Indianer sogar eine sehr große Voraussicht an den Tag. Morgan erzählt in seiner „Urgesellschaft" nach dem Pfarrer Gorman von den Indianern der Dörfer von Laguna (Neu-Mexiko), daß sie ihre Vorräthe in gemeinsamen Speichern unterbringen, die von Frauen verwaltet werden. „Diese bethätigen mehr Sorge für die Zukunft als ihre spanischen Nachbarn; sie richten es ein, daß ihre Vorräthe das ganze Jahr hindurch reichen; erst wenn es zwei Jahre nacheinander Mißwachs gegeben hat, leiden die Ortschaften Hunger." Die Jesuiten gewöhnten die Guaranis ihrer Missionen absichtlich daran, nicht an die Zukunft zu denken, damit sie die Wilden leichter regieren und ihnen als eine Vorsehung entgegentreten konnten, die für alle ihre Bedürfnisse aufmerksam sorgte.

Die christliche Republik, welche die Jesuiten in Paraguay gründen konnten, ohne daß irgend ein äußeres Hinderniß sich der vollkommenen Durchführung der Grundsätze des Evangeliums entgegenstellte, entpuppt sich als eine kluge und einträgliche Verquickung von Hörigkeit und Sklaverei. Wie die Leibeigenen waren die bekehrten Indianer gezwungen, ihren Lebensunterhalt selbst zu erzeugen; und wie die Sklaven waren sie jedes Eigenthums beraubt.

Diese Familienväter, wie Funes die Jesuiten nennt, gaben den Indianern nur ihre Kleidung, und die war armselig genug. Alle Indianer gingen barfuß, obgleich es in den Missionen Gerbereien und Schuhmacherwerkstätten gab, deren Erzeugnisse in den Städten verkauft wurden. Die Frauen trugen nur ein Hemd aus grober Leinwand, das ärmellos war und um die Hüften von einer Schnur zusammengehalten wurde. Die Männer waren mit Hemd und Hose aus der gleichen Leinwand bekleidet; sie trugen eine baumwollene Mütze; die Frauen gingen barhäuptig. Jede Frau erhielt jährlich 5 varas ($4^1/_2$ Meter) und jeder Mann 6 varas (5 Meter 40 Centimeter) Stoff zur Kleidung. Die Leinwand, aus der diese hergestellt wurde, wurde von den Indianern gesponnen und gewebt.

Diese wohnten ebenso jämmerlich, als sie schlecht gekleidet waren. „Die Häuser," sagt Charlevoix, „wurden anfangs aus Rohr gebaut, das einen Lehmbewurf erhielt; sie hatten weder Fenster noch Schornstein; der Herd befand sich in der Mitte und der Rauch zog durch die Thüre ab. Jetzt hat man begonnen, steinerne Häuser zu bauen, die mit Schiefer gedeckt sind." Charlevoix schrieb im Jahre 1757, elf Jahre vor der Vertreibung der Jesuiten und anderthalb Jahrhunderte nach der Gründung der Missionen. Funes führt in Betreff der Wohnungen etliche ergänzende Thatsachen an. „Die Häuser hatten weder Fenster, noch eine Vorrichtung, welche den freien Durchzug der Luft ermöglichte; sie enthielten keine Möbel; alle Einwohner der Missionen setzten sich auf die Erde und aßen auf dem Boden; sie hatten keine Betten und schliefen in Hängematten." Später baute man regelrechtere Häuser, die aber nicht besser ausgestattet wurden. Alle Indianer, welche denselben Kaziken anerkannten und folglich dem gleichen Clan angehörten, bewohnten eine Galerie oder langes Gemach, das in Einzelzimmer von 2—3 Meter abgetheilt wurde; in jedem Zimmerchen schlief eine Familie ohne Betten und ohne Möbel. Diese von den Lobrednern der Jesuiten, Charlevoix und Funes, sowie von Azara berichteten Einzelheiten zeigen uns, daß die Indianer der Missionen wie im wilden Zustande in gemeinsamen Häusern beieinander wohnten, die den von Morgan beschriebenen „long houses" (langen Häusern) der Irokesen entsprechen. Die Missionäre kümmerten sich blutwenig darum, die materiellen Verhältnisse der Indianer zu heben, deren Zivilisation sie herbeiführen wollten, ihnen kam es nur darauf an, sie zur Arbeit zu „erziehen."

Der Gesundheitszustand in den Missionen war geradezu ein jämmerlicher. Charlevoix erzählt, daß die Einwohnerschaft der Niederlassungen häufig gelichtet wurde durch Pocken-Epidemien, Fleckfieber, das bösartige Fieber und eine vierte Epidemie, von der er weiter nichts sagt, als daß sie von äußerst stechenden Schmerzen begleitet sei. Trotzdem fügt er hinzu: „in keiner Ortschaft, auch nicht einmal in einem ganzen Kanton hatte man ein Hospital oder auch nur eine gute Apotheke eingerichtet, wie dies für die Moxos geschehen war, unter denen die Jesuiten von Peru eine Republik nach dem Muster derjenigen der Guaranis gegründet hatten. Allerdings hatte dort die öffentliche Wohlthätigkeit die Mittel dafür aufgebracht, die man in Paraguay zu finden nicht erwarten darf, weil es hier keine wohlhabenden Leute giebt." Die guten jesuitischen „Familienväter" hatten wie die Kapitalisten kein zwingendes Interesse an der Erhaltung des Lebens ihrer Arbeitskräfte, die sie ja nicht wie die Sklavenhalter zu kaufen brauchten. So verausgabten sie keinen Pfennig für die Indianer, welche ihnen Reichthümer schafften.

Die Jesuiten jammerten stets über die Armuth der Missionen; ihren Behauptungen nach hatten die seßhaften Indianer, welche sechs Tage in der Woche arbeiteten, „kaum so viel, um sich täglich ein wenig Fleisch, Mais, etwas Gemüse, schlechte und grobe Kleider verschaffen und für die Mittel aufkommen zu können, welche für den Unterhalt ihrer Kirchen erforderlich sind." Und dies, obgleich der natürliche Reichthum Paraguays ein erstaunlich großer ist. Man erntete hier zweimal im Jahre Mais, seit der Diktatur von Dr. Francia auch zweimal Weizen. Die „Erbaulichen Briefe" erzählen, daß es im Lande einen außerordentlichen Ueberfluß gab an „Früchten, deren Mannigfaltigkeit wunderbar ist, und die man nur zu pflücken brauchte. Im Lande gab es mehr als zehn Arten wilder Bienen, von denen manche einen köstlichen Honig liefern ... Seen und Flüsse voller Fische, deren Fleisch zart und nahrhaft war und von denen ein einzelner mancher Arten für die Mahlzeit von fünf Personen ausreichte. ... Wälder und Ebenen voll von Hirschen, Rehen, wilden Ziegen, wilden Schweinen, Utias (einer Hasenart) und einer ungeheuren Menge wilder Pferde und Rinder. ... Im Jahre 1730 konnte man zu Buenos-Ayres ein Pferd für zwei Nähnadeln einhandeln, einen Ochsen für den gleichen Preis. ... Die Wachteln und Rebhühner, welche fast Huhngröße erreichten, waren so zahlreich, daß man sie mit Stöcken todtschlug." Der ganz ungewöhnliche natürliche Reichthum des Landes wurde noch vermehrt durch die Arbeit der Indianer, deren Erzeugnisse die Gesellschaft Jesu in den Stand setzten, einen blühenden Handel zu treiben mit Maté, Rohbaumwolle, gesponnener Baumwolle, gegerbten Häuten, Schuhen, Wachs, Tabak, Getreide, frischen und getrockneten Gemüsen.

In dem von der Natur so wunderbar reich bedachten Lande verurtheilten die Jesuiten ihre Arbeiter der Missionen zu einer elenden Lebenshaltung und machten ihnen noch einen Vorwurf aus dem Wenigen, was sie verzehrten. Wie die Kapitalisten ihre Arbeiter als Trunkenbolde hinstellen, so ziehen die Jesuiten die Indianer beständig der Leckerhaftigkeit und Gefräßigkeit. Die ersten

Reisenden, welche mit ihnen in Berührung kamen, bewunderten dagegen ihre Mäßigkeit und schilderten das Erstaunen der Wilden darüber, daß ein Europäer bei einer einzigen Mahlzeit so viel verzehren könne. D'Orbigny, der dem Einsammeln des wilden Honigs durch die Indianer der Mission von Santa Ana beiwohnte, berichtet, daß diese gegen zwanzig Tage in den Wäldern verbrachten und während der Zeit keine andere Nahrung hatten, als etliche Maiskolben und ein aus Honig bereitetes Getränk. Unsere Herren Kapitalisten bezeichnen die Proletarier, welche ihnen zu Millionen über Millionen verhelfen und die Wunder der Zivilisation schaffen, als Dummköpfe und Faulpelze. Die Jesuiten, die ihnen in Allem zum Muster dienen wollten, warfen den Indianern vor, „faul zu sein" (Charlevoix), „zu allen Lastern geneigt zu sein" (Fascardo, Bischof von Buenos-Ayres), „beschränkten Geistes zu sein, wodurch die Väter gezwungen waren, sich in ihre Angelegenheiten zu mischen" (Ulloa).

Funes anerkennt dagegen, daß „das Talent dieser Indianer für Nachahmungen jeder Art wunderbar war; glänzend war ihr Erfindungstalent." Charlevoix selbst muß zugeben, daß die Indianer einen sehr hohen Grad von „Talent für Nachahmung besitzen: man braucht ihnen nur Kreuze, Leuchter, Weihrauchbecken zu zeigen, damit sie diese nachmachen, und oft hat man Mühe, ihre Arbeit von dem Muster zu unterscheiden. Sie erzeugen ihre Feuerwaffen, Flinten und Kanonen, ihre Musikinstrumente, Orgeln der komplizirtesten Art, nachdem sie dieselben nur einmal gründlich betrachtet und untersucht haben, ebenso astronomische Instrumente, Teppiche nach Art der türkischen, und das Schwierigste, was es auf dem Gebiet der Weberei giebt." Die ersten Kirchen der Missionen wurden wegen Mangels an Steinen sehr roh aus Balken zusammengezimmert, welche man mit Lehm bekleidete. An ihrer Stelle entstanden neue Gotteshäuser aus Stein, mit Malereien, Holz- und Steinbildhauereien geschmückt, welche das Werk der Indianer mit „beschränktem Geiste" waren. „Diese Verzierungen," sagt Charlevoix, „würden die schönsten Kirchen Spaniens nicht verunstalten."

Funes protestirt dagegen, daß Raynal behauptet, die Jesuiten hätten „die nämlichen Methoden angewendet, mittelst deren die Inkas ihr Reich regierten und ihre Eroberungen mehrten." Funes hat Recht. Die christliche Republik, „welche den Lehren des Evangeliums und dem Wandel der ersten Gläubigen entsprechend gegründet worden war," war keineswegs eine kommunistische Gesellschaft, in welcher alle Glieder an der Erzeugung landwirthschaftlicher und industrieller Produkte theilnahmen und gleicherweise Anspruch hatten auf die erzeugten Güter. Sie war vielmehr ein kapitalistischer Staat, in dem Männer, Frauen und Kinder, zur Zwangsarbeit und zur Peitsche verurtheilt und aller Rechte beraubt, in dem gleichen Elend und der gleichen Verkommenheit dahin vegetirten, wie kräftig auch Ackerbau und Industrie emporblühten, wie groß auch der Ueberfluß der Güter war, die sie erzeugten.

Paul Lafargue.

Siebenter Abschnitt.

Der Sozialismus in Frankreich im 17. und 18. Jahrhundert.

Erstes Kapitel.

Die Klassengegensätze im 16. und 17. Jahrhundert.

Um die Geschichte des Sozialismus in Frankreich in der zweiten Hälfte des 17. und im 18. Jahrhundert verstehen zu können, ist es nothwendig, ins 16. Jahrhundert zurückzugehen und in großen Zügen die Entwickelung der modernen Industrie zu verfolgen, die Geschichte der arbeitenden Klassen, der Bauern und Handwerker zu erzählen, und den philosophischen, politischen und religiösen Gedankeninhalt dieser Periode aufzuzeigen. Der Sozialismus eines Vairasse zum Beispiel, um im 17. Jahrhundert zu bleiben, ist nach seiner ökonomischen Seite auf dem Boden der sich entwickelnden Manufaktur, nach seiner moral- und rechtsphilosophischen auf dem des Calvinismus gewachsen; der Kommunismus Meslier's hat sich aus der Kenntniß der Lage der Bauern und ihrer alten Hausgemeinschaften entwickelt. Es ist nicht möglich, diesen und anderen Männern ihre Stellung in der Geschichte der Geistesentwickelung Frankreichs anzuweisen, ohne den wichtigsten Fäden, die aus dem großen Gewebe der Kultur dieses Landes herausschießen und sich in ihnen wie in den hervortretenden Blumen eines Musters verknüpfen, wenigstens eine Strecke lang nachzutasten.

I. Der Calvinismus und die Liga.

In Frankreich ist das Königthum der Träger der Zentralisation und der mächtige Förderer des modernen Staates gewesen. Es sind die Könige, die im Kampfe mit den Feudalherren im 13. Jahrhundert zunächst den Hörigen ihrer Besitzungen durch Umwandlung der Leibeigenschaft in Halb- oder Ganzfreiheit bedeutende Erleichterungen verschaffen, dann auch durch ihren übermächtigen Einfluß den Eigenen der feudalen Herrschaften dieselben Vortheile zuwenden; es sind die Könige, die den Kampf gegen die Zünfte und ihre Exklusivität führen, sich dieselben unterwerfen und durch den Verkauf von Meisterbriefen eine Art von

Gewerbefreiheit schaffen; es sind die Könige, die im Kampf mit der Geistlichkeit und dem Adel die schamlose Plünderung der Stiftungen für die Armenpflege durch ihre Edikte zu verhindern und die reichen Einkünfte ihren rechtmäßigen Zwecken, der Unterstützung der arbeitenden Klasse, wieder zuzuwenden streben. Die Motive, welche das Königthum in diesen Kämpfen bewegten, waren allerdings meist egoistischer Natur. Sein eigenstes Interesse veranlaßte es, die politische Macht des Feudaladels zu brechen und ihn in einen Hofadel zu verwandeln, wobei die ökonomische Entwickelung, welche den Schwerpunkt nach den Städten verlegte, es nachdrücklich unterstützte. Gründe finanzpolitischer Art, die Rücksicht auf die neue, sich erhebende Klasse der Industriellen, die Feindschaft gegen jede unabhängige organisirte Macht waren die Ursachen seines Kampfes gegen die Zünfte. Auch in der von ihm angestrebten Regelung der Armenpflege treten die sein Verhalten bestimmenden Interessen deutlich hervor. Sie ist zunächst ein Vorstoß gegen die finanzielle Macht des Adels und des sich aus ihm rekrutirenden und mit ihm verbündeten höheren Klerus, welche die reichen Geldmittel zu ihren Zwecken benutzten. Zugleich aber war sie von der Rücksicht auf die Bourgeoisie der großen Städte diktirt. Das Zusammenfließen des bettelnden, der Unterstützung der Stiftungen beraubten Proletariats des flachen Landes in jene steigerte die Steuerlast für das Armenwesen rapide und erweckte den Unwillen der besitzenden Klasse. Auf sie aber pflegte sich das Königthum in seinem Kampf gegen den Adel zu stützen und auf ihre Interessen mußte daher weitgehende Rücksicht genommen werden.*) Diese gewaltigen Kämpfe, die sich durch Jahrhunderte hindurchziehen, endigten durchaus nicht mit einem absoluten Siege des Königthums: es ist der Kompromiß, der das „Ancien-Regime“ auch unter Ludwig XIV. charakterisirt.

Zwei neue Momente, die Manufaktur und die Reformation treten im

---

*) So heißt es in der Einleitung des Ediktes vom 15. Januar 1545: „Da wir gebührend davon unterrichtet werden, daß die in unserem Königreiche gegründeten Armenhospitäler bisher schlecht verwaltet wurden und noch von Tag zu Tag schlechter geleitet werden, sowohl durch ihre Verwalter wie die Prälaten unseres Königreiches und Andere, die ihr Auge auf dieselben haben müßten, welche alle sich bemüht haben und noch täglich bemühen, die Einkünfte der genannten Hospitäler für sich oder ihre Diener zu verwenden und sie zu ihrem Eigenthum zu machen ... und was noch mehr ist, die Gebäude der genannten Hospitäler zerfallen und Ruinen werden lassen, und sich nur darum kümmern, ihre Einkünfte an sich zu nehmen und den Namen Hospital auszulöschen und abzuschaffen, um für immer über das Einkommen nach ihrem Willen und ihrer Laune verfügen zu können, woraus verschiedene Uebelstände gefolgt sind, sogar, daß die **Bewohner der Städte unseres Königreiches** ... **gezwungen wurden, sich zum Unterhalte der armen Bettler zu besteuern**, die doch von den genannten Hospitälern und Wohlthätigkeitsanstalten genährt und unterhalten werden sollten ...“ Noch klarer in der Ordonnanz Heinrich's III., Art. 65, Mai 1579: „... Und sollen in Zukunft zu Kommissären für die Leitung und Verwaltung der Einkünfte und Revenuen genannter Krankenhäuser und Hospitäler nur einfache Bourgeois, Kaufleute und Arbeiter und nicht Geistliche, Edelleute, Archers, öffentliche Beamte, ihre Untergebenen oder von ihnen vorgeschobene Leute eingesetzt werden.“ — Vgl. über die Armengesetzgebung A. **Monnier**, „Histoire de l'Assistance,“ Paris 1856.

16. Jahrhundert in die französische Geschichte ein, das eine durch die Könige von Italien importirt und ihre mächtige Stütze im Kampf gegen die feudalen Stände, das andere dem Königthum und seiner Zentralisation feindlich und von ihm bis zur Vernichtung bekämpft. Die Geschichte der Manufaktur und ihres umgestaltenden Einflusses auf die feudale Gesellschaft werden wir in einem späteren Kapitel zu verfolgen haben; hier ist die Stelle, mit einigen Worten des französischen Calvinismus und der Religionskriege des 16. Jahrhunderts zu gedenken. Unter Franz I. und Heinrich II. hatte die Reformation nur unter der niedrigen Bevölkerung (peuple) der Städte Fortschritte gemacht, wie die von Crespin aufgestellte Liste der Märtyrer beweist, unter denen sich innerhalb eines Zeitraumes von 40 Jahren nur zwei Landleute und drei Adlige befinden. „Nur thörichte Leute in geringen Verhältnissen wagten es, öffentlich von der genannten Häresie und angeblichen Religion zu sprechen und sie auszuüben, wie Schuhmacher, Schneider und andere Handwerker.“ *) Es ist dieser demokratische Charakter, der, wie in Deutschland, so auch in Frankreich, anfänglich die Reformation auszeichnet, der aber in beiden Ländern außerordentlich schnell verloren geht und sehr bald einem durchaus volksfeindlichen Platz macht. In der kirchlichen Verfassung des französischen Calvinismus kommt er in der ersten Zeit in der Unabhängigkeit der einzelnen Gemeinden und der freien Priesterwahl durch dieselben zum Ausdruck, findet aber nur zu bald ein oligarchisches Korrektiv in der bald befolgten Wahlmethode der Kooptation.**) Schönen Ausdruck hat diesem egalitären Gedanken Etienne de la Boëtie in seiner berühmten Schrift: De la servitude volontaire gegeben: „Aber sicherlich, wenn es etwas Klares und Offenbares in der Natur giebt; etwas, dem gegenüber man sich nicht blind stellen kann, so ist es dies, daß die Natur, die Dienerin Gottes und die Regiererin des Menschen, uns Allen dieselbe Gestalt gegeben und, wie es scheint, nach demselben Modell gemacht hat, damit wir uns als Genossen oder vielmehr als Brüder untereinander erkennen. Und wenn sie bei der Vertheilung der Geschenke, die sie uns gab, den Einen mehr als den Anderen mit Vorzügen, sei es des Geistes, sei es des Körpers, ausgestattet hat, so hat sie uns doch nicht in diese Welt wie in ein Schlachtfeld setzen wollen, und hat nicht die Stärksten und Klügsten, wie bewaffnete Krieger in sie wie in einen Wald geschickt, um dort die Schwächsten zu verzehren. Sondern man muß vielmehr glauben, daß sie, dem Einen die Antheile größer, dem Anderen kleiner zumessend, Platz für die Anwendung brüderlicher Zuneigung hat machen wollen, wenn die Einen im Stande sind zu helfen, die Anderen Hülfe zu empfangen bedürftig sind. Da dann diese gute Mutter uns Allen die ganze Erde zur Wohnung gegeben, uns sozusagen in dasselbe Haus einquartiert hat, so hat sie uns auch Alle gleich gebildet, damit ein Jeder sich in dem Anderen spiegeln und wiedererkennen könne; wenn sie uns ferner Allen gemeinsam das große Geschenk der Stimme und der Worte

*) Claude Haton, I., 81, zitirt bei Weill, Les théories sur le pouvoir royal en France. Paris 1891, S. 62.

**) Polenz, Geschichte des französischen Calvinismus. Gotha 1857 ꝛc. II, 1, S. 593 ff.

gemacht hat, um uns einander zu nähern und noch mehr zu verbrüdern und durch die gemeinsame und gegenseitige Erklärung unserer Gedanken eine Gemeinschaft unserer Willen zu stiften; wenn sie mit allen Mitteln bestrebt gewesen ist, den Knoten unserer Allianz und Gesellschaft zu knüpfen und fester zu schlingen; wenn sie in Allem gezeigt hat, daß sie uns nicht so sehr vereinigt, als eins hat machen wollen, so darf man nicht daran zweifeln, daß wir Alle von Natur frei sind, da wir Alle Genossen (Compagnons) sind, und kann es Niemand beifallen, zu glauben, daß die Natur Jemanden in die Knechtschaft (servitude) gesetzt habe, da sie uns vielmehr Alle in Genossenschaft (compaignie) gesetzt hat."*) Im Allgemeinen ist aber der Calvinismus eine Bewegung, in der die Aristokratie**) und höhere eigentliche Bourgeoisie herrschen; so ausgesprochen demokratische Ideen, wie sie La Boëtie ausspricht, kehren nur in außerordentlich wenig Schriften und Pamphleten wieder. Die Mémoires de Condé erwähnen, daß nach 1563 im niedrigen Volk neue Predigten gehalten worden seien, und daß man zum Beispiel in Chalon-sur-Saône davon gesprochen hätte, die drei Ungeziefer: Adel, Geistlichkeit und Richter zum Lande hinauszuwerfen.***) Noch klarer ist diese demokratische Unterströmung bezeugt durch eine äußerst interessante Schrift aus dem Jahre 1568: Avertissement à la noblesse tant du parti du roi que des rebelles et conjurés, Lyon.†) Der Autor derselben weist darauf hin, daß die Interessen des Adels und des Königs aufs Engste miteinander verbunden seien: „Denken wir daran — und das ist sehr sicher und die Erfahrung macht uns jetzt schon nur zu weise —, daß dem König der Gehorsam von seinen Unterthanen nicht versagt werden kann, ohne daß die unsrigen es uns ebenso machen." Die Geistlichen, heißt es weiter, haben nur Antipathien für die feudale Klasse und treiben die Landleute zur Zerstörung der Häuser der Feudalherren an. Sie sagen, daß durch das Gesetz der Gnade und nach der Reinheit des Evangeliums alle Personen frei und gleich sind und daß man in der Schrift nichts von Edelleuten liest.

Schon seit dem Ende der Regierung Heinrich's II. (1559) verschiebt sich der Schwerpunkt des Calvinismus von den kleinen Handwerkern der Städte zum Landadel und der eigentlichen Bourgeoisie. Der Adel sah in ihm ein Mittel in dem Kampfe, den er mit dem Königthum für die Herrschaft der Feudalität führte; die Bourgeoisie, deren Scheidung von den Kleinhandwerkern in diesem

---

*) Oeuvres complètes d'Estienne de La Boëtie par L. Feugère. Paris 1846: De la servitude volontaire, S. 26 u. 27.

**) Gut ist das Ziel der calvinistischen Aristokratie gekennzeichnet von Du Cellier, Histoire des classes laborieuses en France, Paris 1860, S. 210: „Die Gewissensfreiheit hatte für sie das Recht im Gefolge, die Klöster, die von ihren Domänen eingeschlossenen geistlichen Lehen zu zerstören, für ihren Vortheil die Zehnten zu konfisziren und die religiöse Leitung ihrer Gerichtssassen zu erobern.

***) Mémoires de Condé, IV, S. 392, zitirt bei Weill, Les théories rc., S. 71.

†) Weill, Les théories rc., S. 75.

Jahrhundert sich vollendet,*) schloß sich ihm an, weil sie in der die kirchliche Autorität bekämpfenden Lehre etwas ihrer historischen Aufgabe Kongeniales herausfühlte. Hotoman, Languet und den anderen calvinistischen Publizisten stellte sich daher auch die Nation nur in der Aristokratie dar, und sie erklären, daß das Volk durch die Magistratspersonen, Reichsversammlungen, die Patrizier und Parlamentsmitglieder vertreten werde, die in ihrer Gesammtheit über dem König stehen.**) Auch in den Staatsrechtstheorien des Calvinismus, der übrigens wie ein Staat im Staat, wie eine Art aristokratischer Republik in der Monarchie organisirt war und seine Machtstellung erst unter Richelieu verlor, tritt diese souveräne Verachtung des Volkes deutlich genug hervor. Eine der wichtigsten Fragen, mit denen sich die calvinistischen Publizisten beschäftigten, war die Frage nach der Berechtigung zur Rebellion gegen einen Tyrannen. Wie, fragt z. B. Beza, wenn der Herr uns Fürsten gegeben hat, welche entweder mit offenbarer Grausamkeit oder in krasser Unwissenheit Christi Reich bekämpfen? — und antwortet darauf, daß dann die Kirche vor Allem zum Gebet, zu Thränen und zur Buße, als den Waffen der Gläubigen, ihre Zuflucht zu nehmen habe, die Unterobrigkeit aber unterdessen mit höchster Besonnenheit und Mäßigung, jedoch standhaft und muthig die wahre Religion, soviel an ihr liegt, beschützen müßte, wovon Magdeburg ein so ruhmvolles Beispiel gegeben habe.***) Ebenso entschieden spricht Languet sich dahin aus, daß nicht jeder beliebige Privatmann, wenn Tyrannei ein Volk bedränge, die Unterthanen zu den Waffen rufen und den Fürsten bekämpfen könne.†) Dies Recht stehe nur der Unterobrigkeit, nicht aber dem Volke zu. Die Souveränetät liegt hier also nicht beim ganzen Volke, sondern nur bei den privilegirten Ständen desselben. Mit Nothwendigkeit ergiebt sich daraus der weitere Satz des calvinistischen Staatsrechts, daß Frankreich kein Erbreich, sondern ein Wahlkönigthum, und daher das königliche Regiment nichts Anderes als eine lebenslängliche obrigkeitliche Würde sei.

Denselben aristokratischen Charakter, wie der Calvinismus, trägt der angeblich

---

*) Wie klar die Abscheidung des „Peuple" in der ersten Hälfte des 16. Jahrhunderts bereits von einigen Köpfen erkannt wird, beweist folgender Vorfall. In der Provence waren die Tailles Grundsteuern gewesen, aber nach der Vereinigung derselben mit Frankreich (1471) waren sie allmälig persönlich geworden. Die unmittelbare Folge dieser Aenderung war die Steuerfreiheit des Adels und der Magistratur und ein rapides Anwachsen des Elends des Volkes. Da ein zweites Edikt gegen diese Mißbräuche ebenso wie das erste seines Vaters, Franz I., von 1534, ohne Erfolg geblieben war, zog Heinrich II. die Sache vor seinen Richterstuhl zur Entscheidung. In den Verhandlungen trat nun die tiefe, mitleidslose Verachtung der drei Stände für das Volk aufs Deutlichste hervor. Riaut, der Redner des „commun populaire," bemerkte darauf, ihm erscheine hier das Volk wie ein vierter Stand, den die drei anderen verstoßen hätten. Vgl. Bonnemère, Histoire des paysans. Paris 1856, I., S. 489.

**) Polenz, Geschichte des französischen Calvinismus, II., 2., S. 303.

***) Beza, Tract. theol. T. 126, ed. secunda 1582, zitirt bei Polenz, Gesch., II., 2., S. 52.

†) Languet, Vindiciae contra tyrannos, Amsterdam 1660, S. 286 u. 287. Dieselbe Ansicht auch in der Magdeburger Schrift von 1530.

zum Schutze der katholischen Religion vom katholischen Adel ins Leben gerufene Bund, die Liga von 1576. In einem Manifest, das in der Picardie, der Wiege derselben, redigirt und fast ohne Modifikation im übrigen Frankreich angenommen wurde, heißt es, daß man sich vorgenommen habe, „den Provinzen die alten Rechte, Privilegien und Freiheiten, wie sie zu der Zeit des ersten christlichen Königs Clovis existirten, wieder zu verschaffen, und noch bessere und vortheilhaftere dazu.“*) Nichts ist verkehrter als die Behauptung, daß die Liga sich die Vertheidigung der Einheit Frankreichs zur Aufgabe gemacht hätte; das Ziel der Guisen ebenso wie der protestantischen und katholischen Feudalherren war die Selbständigkeit und Unabhängigkeit ihrer Besitzungen von der zentralen königlichen Gewalt. Hatten in dieser Liga von Péronne die Edelleute die Oberhand und die Städte sich nicht an derselben betheiligt, so ergriff im Jahre 1585 die ligistische Bewegung auch die letzteren, unter ihnen besonders Paris. Die Bourgeoisie in Paris, mit der Arbeiterklasse verbündet, erhob mächtig ihr Haupt und gewann den aristokratischen Elementen gegenüber für eine Zeit die Oberhand. In dem Maße, wie in die königliche Gewalt durch die Parteien Bresche geschossen wurde und sie sich als untauglich erwies, die politische und administrative Zentralisation aufrecht zu halten, emanzipirten sich die Bourgeoisien der Provinzen; ihre Magistrate versuchten die vergessenen Traditionen des 12. Jahrhunderts wieder aufleben zu lassen und die großen Städte, in denen sie herrschten, in unabhängige Republiken zu verwandeln. Zu gleicher Zeit aber regte es sich auch im Volke, unter den Bauern und den Kleinhandwerkern. Die beispiellose Agitation, die die Liga in Verbindung mit der katholischen Kirche nach dem Tode des Herzogs von Anjou, als damit die Nachfolge des calvinistischen Heinrich's von Bearn wahrscheinlich wurde, gerade unter diesen Klassen betrieb, mußte unter ihnen eine gewaltige Unruhe und eine Bewegung erzeugen, die an vielen Stellen über die beabsichtigten Grenzen hinausging, sich der Leitung ihrer Anstifter entzog und zu selbständigem Handeln vorwärts schritt. Was kümmern das Volk die unter religiösen Vorwänden gefochtenen Kämpfe der privilegirten Stände mit dem Königthum? — das ist der Gedanke, der das niedere Volk bewegt und in einer Reihe von Pamphleten zum Ausdruck kommt. So heißt es z. B. in einer solchen Schrift (Discours sur la comparaison et élection des deux parties qui sont pour le jourd'hui au ce royaume**): „Was soll sich das arme und unglückliche Volk darum kümmern, was für eine Religion herrscht, wofern es nur nicht eine solche ist, die lehrt, es bis auf die Knochen zu verzehren? Was sich zeigt, ist nur ein Gewirr einander entgegengesetzter und feindlicher, ehrgeiziger Parteien, die sich versammelt haben, um einen Bissen zu verschlingen, der sie ersticken sollte.“ Die Ermordung König Heinrich's III. — er fiel 1589 unter dem Messer eines fanatischen Dominikaners, Jacob Clément — trug noch dazu

*) Weill, Les théories 2c., S. 141.

**) Zitirt bei Weill, Les théories 2c., S. 204.

bei, die Verwirrung zu vergrößern. Ein großer Theil des Adels, so schildert D'Ossat den Einfluß der Liga, will keinen König haben: „Alle großen Edelleute wollen seine Rolle spielen. Das Volk will weder von Souverän noch Adel etwas wissen und erkennt weder Fürst noch Edelmann an. Bis zu den geringsten Bewohnern des Landes wollen sich Alle ihrer Herrschaft entziehen."*)

Mit der Thronbesteigung Heinrich's IV. erleidet die Politik der Calvinisten eine totale Aenderung. Sie schließen sich zum Schutze der königlichen Macht zusammen, die in ihren Reihen jetzt ebenso begeisterte Vertheidiger wie früher Angreifer fand. Nur zu bald brachte die Furcht vor den populären Aufständen die Bourgeoisie, die Furcht vor einer feudalen Restauration, deren drohende Gefahr von ihm begriffen wurde, den reicheren und aufgeklärteren Theil der Landbevölkerung in das Lager des Bearners, mit dessen Uebertritt zur katholischen Kirche jede Opposition schwindet. Das monarchische Prinzip war aus dem langen Kampfe nicht ungeschwächt hervorgegangen; die Zentralisation durch die Errichtung der hugenottischen Freistädte durchbrochen worden.

II. Die Zeit der Fronde.

Es ist das unglückliche Geschick Frankreichs gewesen, daß seine Könige als Kinder auf den Thron kamen und die schwache Regentschaft einer Frau in die Hände des Adels die entrissene Macht wieder zurücklegte. Das Werk Heinrich's IV. und Sully's ging verloren während der Regentschaft Maria's von Medici; das Richelieu's zu retten, hatte sein Nachfolger Mazarin einen außerordentlich langwierigen Kampf während der Regentschaft Anna's von Oesterreich zu führen. Wie die ihrer Vorgängerin beginnt auch die Regierungszeit Anna's mit einer allgemeinen Plünderung Frankreichs durch den Adel. „Le roi est mineur, soyons majeurs"**) ist stets der Wahlspruch des Adels gewesen, den derselbe aufs Treulichste befolgt hat. So lange die Regentin mit verschwenderischer Hand ihn mit Geld, Privilegien, Monopolen überschüttete, sang er das Lob der „guten Königin," sobald Mazarin, am Rande aller Hülfsmittel, ihm die Geschenke zu verweigern anfing, begann der Kampf, nicht mehr gegen den König direkt — dazu war das trotzige Selbstgefühl des Adels, wie es uns in den Zeiten der Liga noch entgegentritt, doch schon zu sehr von Richelieu gebrochen —, sondern gegen das Ministeriat und seine Intendanten, wie einige Organe der Zeit sich ausdrückten, d. h. gegen die Ausdehnung und Zentralisation der königlichen Macht, deren Vertreter eben diese Beamten waren. Mit dem Adel geht anfänglich die Bourgeoisie Hand in Hand, in deren Privilegien das Königthum oft genug mit rücksichtsloser Hand eingegriffen hatte. Ja die Fronde ist zu Beginn durchaus bürgerlich und parlamentarisch. Der

*) D'Ossat, Discours sur les effets de la Ligue en France, cité par Frémy, Diplomates du temps de la ligue, 2. Edit., S. 134 u. 135.

**) Der König ist minderjährig, seien wir großjährig!

Konflikt zwischen Bourgeoisie und Regentschaft wurde durch einen Angriff des Finanzministers Mazarin's, d'Emery, auf den Geldbeutel des Parlaments*) von Paris provozirt. Das Parlament nahm den Kampf mit großer Energie auf; es verlangte Unterdrückung der Intendanten, den Erlaß des vierten Theiles der Taille, der wichtigsten, vom dritten Stande allein getragenen Steuer des französischen Königthums, die Freilassung der Steuerschuldner, deren mehr als 20000 in Eisen gefangen lagen, es verbot die Erhebung irgend welcher Steuer und die Errichtung neuer richterlicher Stellen und neuer Aemter in der Finanzverwaltung ohne seine Erlaubniß und vollendete die Reihe seiner Reformvorschläge mit der Forderung, daß kein Unterthan des Königs länger als 24 Stunden gefangen gehalten werden dürfe, ohne befragt und vor den zuständigen Richter gestellt worden zu sein. Vertreter der Bourgeoisie und unterstützt von dem Volke, auf das die Forderung des Steuererlasses berechnet war, übernahm das Parlament eine Zeit lang die Führung des Kampfes. Als aber der Konflikt sich verschärfte, entfiel ihm der Muth und es dankte in die Hände des Adels ab, der sich der Bewegung angeschlossen hatte; das Volk, das sich zum Kampfe für seine Interessen erhoben hatte, diente nunmehr unbewußt den Zielen der aristokratischen Partei und hatte die Kosten des Friedens von St. Germain zu bezahlen. Damit endigte die erste Fronde. Die zweite Fronde ist durchaus ein adliger Aufstand, angezettelt von einer kleinen Zahl ehrgeiziger Männer und Frauen: große Namen, kleine Interessen, unsägliches Elend. Das Volk ist, wie immer, der Boden, auf dem diese mehr als zehnjährigen Plünderungszüge eines verwilderten Adels und einer verwilderteren Soldateska geführt werden. Von allen Seiten erhält der Bauer die Schläge; seine Ländereien und Hütten werden geplündert und vernichtet, seine Weiber und Töchter werden geschändet, er selbst mißhandelt, gefoltert und hingeschlachtet. Die große Abnahme in der Zahl der Ehen und Geburten, sowie die rapide Abnahme der Bevölkerungsziffer überhaupt zeigt aufs Deutlichste das ungeheuere Elend, in dem sich Frankreich am Ende dieses frivolen Krieges befand. Die Fronde endigt mit einer vollständigen ökonomischen wie moralischen Erschöpfung des Landes; ihr Resultat ist der Absolutismus Ludwig's XIV.

III. Ludwig XIV.

Ludwig XIV. ist absoluter Monarch, aber ein absoluter Monarch, der zugleich der erste Edelmann seines Königreiches ist. Mit welcher Geringschätzung er auf die anderen, nicht adligen Volksklassen herabsieht, dafür ist ein guter Beweis

*) Eine Anzahl oberster Gerichtshöfe Frankreichs, welche in der Ausdehnung ihrer Jurisdiktion in Rechtssachen letzte Instanz waren, trug damals den Namen Parlamente. Sie hatten gleichfalls die Aufgabe, die Edikte, Erlasse und Ordonnanzen der Könige zu registriren, wodurch dieselben rechtskräftig wurden. Hieran knüpfte sich der öfters wiederholte Versuch der Parlamente, die Vertreter der Großbourgeoisie waren, eine Art über dem Könige stehende Revisionsinstanz zu werden.

sein berüchtigtes Duelledikt von 1679, in dem er die Bürgerlichen unwürdige Individuen, ihre Angelegenheiten verworfene nennt und eine schreiende Rechtsungleichheit sanktionirt. Ludwig XIV. ist der Anwalt und Vertreter des Adels, durch den dieser die Ausbeutung Frankreichs in seinem Interesse bewerkstelligen läßt. Seine Absolutheit offenbart sich nur gegenüber dem Volk, dem Bürger und Bauer, und gegenüber den einzelnen Personen des Adels, zu dem wir den höheren Klerus ohne Weiteres rechnen können, niemals aber gegenüber dem Adel als Stand. Das ganze Königreich wird zur Domäne des Königs, aber die Revenuen müssen an die Mitglieder des Adels abgeführt werden. Dieser ist Alles in Allem; für ihn arbeitet der Bauer und Handwerker, für ihn ist das stehende Heer da, für ihn die Aemter und Einkünfte des Staates. Nur so lange Colbert's mächtiger, persönlicher Einfluß herrschte — und Colbert war der Geschäftsführer der neu auftretenden Kapitalmacht —, nahm die Bourgeoisie eine wenn auch nicht sehr bedeutende Stellung ein. Mit seinem Tode fällt aber diese Stütze; das Edikt von Nantes wird widerrufen, und die calvinistische Bourgeoisie, in deren Händen der größte Theil der Industrie des Landes lag, verläßt Frankreich. Die Kraft der Bourgeoisie ist damit für lange Zeit gebrochen. Aber die fortwährenden Kriege und die Verschwendung Ludwig's XIV., die Unterhaltung eines großen, nimmersatten, parasitischen Adels, die ein unaufhörlich wachsendes Geldbedürfniß erzeugen, schaffen damit zugleich wieder eine mächtige Finanz- und Steuerpacht-Bourgeoisie.

Es war eine alte Anschauung, die besonders von den Kronjuristen gegen die Privilegien des Feudaladels vertheidigt wurde, daß der König das allgemeine direkte Eigenthum an allem Lande im ganzen Königreiche habe. Als oberstem Lehnsherrn (**souverain fieffeux**) stehe ihm nicht nur die Uebertragung aller feudalen Besitzungen zu, sondern gehe auch der Genuß des Allodialbesitzes von ihm aus.*) Ludwig XIV. griff auf diese Anschauung zurück. Wie Jurieu berichtet, wurde es unter dem Ministerium Colbert in Erwägung gezogen, ob sich nicht der König in den thatsächlichen Besitz aller Güter und Ländereien Frankreichs setzen sollte. Das Land würde dann, in eine königliche Domäne verwandelt, ohne Rücksicht auf alten Besitz, Erbschaft oder andere Rechte verpachtet werden, genau wie die mohamedanischen Fürsten der Türkei, Persiens und Mongoliens sich zu Privateigenthümern alles Grund und Bodens gemacht hätten, dessen Genuß sie nach ihrem Belieben, aber nur auf Lebenszeit, an die Unterthanen überließen.**) Colbert wandte sich deshalb an den berühmten Reisenden Bernier und forderte von ihm einen Bericht über das Reich des Großmogul, in dem der ganze Grund und Boden Staatseigenthum war, und eine Kritik dieses Systems. Bernier kam dieser Aufforderung mit seiner Schrift: Brief über die Verhältnisse Hindustans

*) Laveleye-Bücher, Das Ureigenthum, S. 266, s. auch Tocqueville, L'Ancien Régime &c., S. 288.

**) Les soupirs de la France esclave qui aspire après la liberté, Amsterdam 1690, S. 15. Diese anonyme Schrift ist wohl von Jurieu verfaßt.

(Lettre sur l'état de l'Hindoustan*) nach, auf die wir etwas ausführlicher einzugehen haben.

Nach einer Schilderung des hindustanischen Reiches wirft Bernier die Frage auf, ob es dort nicht nur für den Staat und Souverän, sondern auch für die Unterthanen nicht besser sein würde, wenn, wie in den europäischen Königreichen und Staaten, der Fürst nicht alleiniger Eigenthümer des Grund und Bodens wäre, sondern auch unter den Privatleuten ein Mein und Dein bestünde? Nach einer Vergleichung der Zustände in den Staaten mit und ohne privates Grundeigenthum entscheidet sich Bernier für die ersteren und sucht seine Ansicht durch eine Reihe von Gründen zu stützen. 1) Obschon Gold und Silber in großen Massen in das Reich des Großmoguls fließen, verschwinden die edlen Metalle daselbst außerordentlich schnell aus der Zirkulation. 2) Die Tyrannei der Gouverneure und Timarioten ist ganz ungeheuer. Der Druck, der auf Bauer und Handwerker liegt, ist so groß, daß sie fast vor Hunger und Elend sterben und auf jede Art und Weise ihrem Schicksale zu entfliehen streben. Nur noch durch Gewalt kann der Bauer zum Ackerbau gezwungen werden. Kanäle und Häuser verfallen, da der eigenthumslose Arbeiter kein Interesse hat, für die Tyrannen zu arbeiten. Der Handwerker findet keine Kundschaft bei den verarmten Bauern; für die Großen zu arbeiten ist nicht lohnend, da sie entweder schlecht oder garnicht bezahlen. Mit dem Mangel jeder Rechtspflege verbindet sich eine außerordentliche Unwissenheit der Bevölkerung, mit dem Darniederliegen des Ackerbaues und jeder Industrie der Mangel jedes Handels.

Die drei orientalischen Staaten, die Türkei, Persien und Hindustan, in denen kein Privateigenthum an Grund und Boden, das die Basis alles Schönen und Guten in der Welt ist, existirt, müssen sich daher außerordentlich gleichen. Sie kranken an demselben Fehler und müssen daher früher oder später in dieselben Unzuträglichkeiten fallen, die dessen natürliche Folgen sind, in die Tyrannei, den Ruin und die Verödung. Es ist daher sehr gut, daß die europäischen Könige nicht Eigenthümer des gesammten Grund und Bodens sind. Sie würden sonst nur zu bald nur noch Könige von Wüsten, Bettlern und Barbaren sein, wie es die Monarchen des Ostens sind. Um Alles zu besitzen, richten diese Alles zu Grunde und finden sich am Ende ohne Reichthümer, da sie, von blindem Ehrgeiz und der ausschweifenden Leidenschaft verführt, absoluter zu sein, als die Gesetze Gottes und der Natur es gestatten, zu reich zu werden bestrebt sind. Nach diesen Deklamationen macht sich nun Bernier selbst eine Reihe von Einwürfen, die er natürlich siegreich widerlegt. — Aber es giebt doch solche Staaten, in denen das Privateigenthum sich nicht findet! — Ja, aber sie sind in einem vollständigen Verfall begriffen. — Aber warum können nicht diese Staaten gute Gesetze haben und sich die Bewohner der Provinzen beim König oder Groß-

*) Histoire de la dernière revolution des états du Grand Mogol, Paris 1670; hierin findet sich Bd. II, S. 191—294 die Schrift: Lettre sur l'état de l'Hindoustan.

vezier beschweren? — In der That haben sie gute Gesetze, aber diese werden nicht beobachtet, und für die Bauern oder Handwerker ist es unmöglich, sich zu beschweren, da es ihnen an Geld und Macht fehlt. — Aber wir haben ja sogar in Frankreich Domänen des Königs! — Gewiß, nur ist es ein ungeheuerer Unterschied, ob der König in einem großen Königreiche nur einige Grundstücke zu Eigen hat, was die Form des Staates und der Regierung nicht verändert, oder ob er sie alle besitzt, was dies durchaus thun würde. — Aber auf jeden Fall wird es in solchen Staaten nicht so viele und so lang dauernde Prozesse geben. Man würde durch Abschaffung des Mein und Dein die Wurzel einer Unzahl von Prozessen abschneiden und zwar gerade solcher, die heute von so großer Wichtigkeit sind. Die Zahl der Richter könnte dann ganz bedeutend vermindert werden und viele Personen, die von Prozessen leben, würden überflüssig werden. — Ganz richtig, aber der Zustand einer Rechtspflege, wie sie in den Staaten des Großmogul existirt, spricht den geringsten Anforderungen an eine solche Hohn und ist unendlich viel schlechter als ihr Zustand bei uns.

Das Eigenthum an Grund und Boden abschaffen, so faßt er die Resultate seiner Untersuchung zusammen, hieße zu gleicher Zeit mit Nothwendigkeit Tyrannei und Sklaverei, Ungerechtigkeit, Bettelthum und Barbarei einführen, hieße blühendes Land in unbebaute Wüsten verwandeln, hieße den breiten Weg zu Ruin und Zerstörung des menschlichen Geschlechtes, der Könige und Staaten öffnen. Dagegen sei dies Mein und Dein mit der Hoffnung, die ein Jeder habe, für ein dauerndes, ihm und seinen Kindern gehöriges Gut zu arbeiten, das Hauptfundament alles Guten und Schönen in der Welt. Wer die verschiedenen Länder und Königreiche vergleiche und besonders dabei auf die verschiedenen Arten des Eigenthums achte, werde finden, daß diese die Ursachen der Verschiedenheiten seien und ihnen der blühende Zustand der einen Länder, wie die Verödung der anderen zuzuschreiben sei.

Wir sehen, Bernier bekämpft in diesem Brief mit großer Energie die Absicht der Monarchie, allen Grund und Boden zum Staatseigenthum zu machen, und vertheidigt mit ebenso großem Eifer die Rechte des Individuums, den Grund und Boden als privates Eigenthum zu besitzen. An dem Beispiel von Hindustan, dem Reich des Groß-Mogul sucht er zu zeigen, welche unheilvollen Folgen mit dem Staatsmonopol an Grund und Boden verknüpft sind, aber die von ihm angeführten Gründe treffen den Despotismus, nicht das Staatseigenthum als solches. Seine Schilderung der verwüstenden Wirthschaft des Despotismus ist geschickt und lebendig geschrieben und trifft zu gleicher Zeit die damaligen Zustände in Frankreich so scharf und sicher, daß man nur zu geneigt ist, in dem hindustanischen Despotismus ein Spiegelbild des französischen zu erkennen. Uebrigens ist der Vergleich der absolutistischen Bestrebungen der französischen Könige mit der Despotie des Sultans schon seit den Zeiten der Liga ein außerordentlich beliebter bei den Pamphletisten, die ihre Angriffe auf die ersteren mehr oder weniger unter Angriffen auf den Sultan verstecken. So erzählt z. B. ein unbekannter Verfasser schon 1576 in der Schrift L'antipharmaque du chevalier Poncet, daß Heinrich III. einen Rath abgehalten habe, um den Bericht des Chevalier Poncet nach seiner Rückkehr vom Orient anzuhören. Dieser habe nach einer Schilderung der unbegrenzten Macht des Sultans vorgeschlagen, ein ähnliches Regiment in Frankreich einzuführen. Zu diesem Zwecke müsse man zunächst die Aristokratie ruiniren und sich aller Prinzen und großen Seigneurs zu entledigen bemüht sein; die „foule confuse“ (ungegliederte Masse), die dann noch übrig bliebe, würde leicht zu bändigen sein.*) Auch Richelieu wurde dieselbe Politik zugeschrieben.**)

Nach der Darstellung Jurieu's ist die Initiative in dieser Angelegenheit von Colbert ausgegangen. „Wenn eines Tages,“ ruft er warnend dem Adel zu, „ein kühnerer Finanzminister als Colbert kommen wird, so wird man euch an einem Tage eure ganzen Erbgüter fortnehmen, und ihr werdet an den Fürsten für euer Eigenthum Rente zahlen!“ Wie kam Colbert zu einem solchen Plan, der in erster Linie den Besitz des Adels bedrohte? Die Selbständigkeit desselben war durch das Fehlschlagen der Fronde total gebrochen, föderalistische Neigungen brauchte man nicht mehr von ihm zu befürchten; so konnten es nur Gründe einer fiskalischen Steuerpolitik sein, die Colbert zu einem solchen Schritt veranlaßten. Wurde das Eigenthumsrecht des Königs auf den gesammten Grund und Boden des Landes proklamirt, so fiel damit auch die Steuerfreiheit des Adels; er würde, wie sich Jurieu ausdrückt, für sein Eigenthum Rente an den Fürsten zu zahlen gehabt haben.***)

Diesem Gedanken, daß dem König das Eigenthumsrecht auf den gesammten Grund und Boden zustehe, begegnen wir noch einige Male während der Regierungszeit Ludwig's XIV. So wurde er zunächst 1692 in einem fiskalen Edikt über

---

*) G. Weill, Les théories 2c., S. 125 ff., erwähnt noch zwei andere Pamphlete aus der Zeit der Liga: La Franco-Turquie und Les lunottes de cristal de roche par lesquelles on voit clairement le chemin tenu pour subjuguer la France à même obéissance que la Turquie. — Von ähnlichen Pamphleten, die Ludwig XIV. betreffen, erwähne ich noch: L'Alcoran de Louis XIV., 1695; Conversation du bouffon du grand-visir avec celui de Teléki 1684.

**) Vgl. J. Meslier, Le Testament, ed. R. Charles II., S. 261, cp. LVII, in dem er einen Auszug aus der Schrift: Salut de l'Europe en l'an 1694, giebt: Richelieu hatte bemerkt, daß unter allen Monarchien man nur in der der Ottomanen eine größere und mehr folgerechte Beständigkeit findet, da sie sich immer in ihrer ganzen Ausdehnung erhalten hat ... während die anderen durch den Luxus, das Nachlassen der Disziplin und den Ehrgeiz der Großen sich selbst zerstört haben ... Deshalb kam ihm die Lust, die französische nach diesen Prinzipien zu gestalten ...

***) H. Doniol, Histoire des classes rurales', Paris 1865, S. 407 ff., ist der Ansicht, daß der Brief Bernier's von Colbert beeinflußt worden sei und dessen Ansichten wiedergäbe. Diese ohne Begründung gegebene Behauptung wird durch die Erzählung Jurieu's in den „Soupirs“ widerlegt. Bonnemère, in seinem Buche La France sous Louis XIV., Paris 1864, II., S. 212, schreibt diese Unterredung mit Bernier dem Nachfolger Colbert's, Pontchartain, zu und verlegt sie in das Jahr 1693. Die „Soupirs“ sind aber bereits 1690 erschienen.

die Allode wiederholt; ferner gab ihm der König selbst Ausdruck in der bekannten Stelle der Instruktion für den Dauphin: „Alles, was sich im Umfang unserer Staaten befindet, welcher Art es immer sei, gehört uns nach demselben Rechtstitel. Sie sollen davon überzeugt sein, daß die Könige von Natur die volle und freie Verfügung über alle Güter haben, die im Besitz des Klerus und der Laien sind, um von denselben zu jeder Zeit, wie weise Oekonomen, das heißt nach dem allgemeinen Bedürfniß Ihres Staates Gebrauch zu machen.“ Zum letzten Male wurde 1710 auf dieses Prinzip zurückgegriffen. In der außerordentlichen Finanznoth, in der sich damals der Staat befand, nahm man seine Zuflucht zu dem „Königlichen Zehnten“ (Dime royale), den Vauban bereits einige Jahre vorher empfohlen hatte, jedoch mit dem Erfolge, sich die Ungnade des Königs zuzuziehen. Jetzt wurde der Zehnte eingeführt, aber mit dem Unterschiede, daß durch die Einführung der Dime die übrigen Steuern nicht abgeschafft wurden, wie es Vauban in dem von ihm entwickelten System gewollt hatte. Die Bedenken, die Ludwig XIV. dieser neuen Ausplünderung gegenüber hatte, wurden siegreich von seinem Beichtvater, dem Jesuiten Letellier, durch eine Entscheidung der hervorragendsten Doktoren der Sorbonne widerlegt, in der ausgeführt wurde, daß der König der einzige und alleinige Eigenthümer aller Güter seiner Unterthanen sei, welche in Wahrheit dieselben nur in seinem Namen verwalteten.*)

IV. Die Getreidepolitik des Ancien Régime.

Derselbe Gedanke liegt auch der Getreidepolitik zu Grunde, wie sie das Ancien Régime Jahrhunderte lang verfolgt hat. Ebensogut wie den Königen die Gesammtheit der Güter ihrer Unterthanen gehört, haben sie auch das Recht, in die Verwaltung der ihnen zur Nutznießung überlassenen Güter einzugreifen, und weitergehend sogar die Pflicht, dafür zu sorgen, daß dieselben auch im Interesse der Gesammtheit verwaltet werden. „Seine Majestät,“ heißt es im Eingang des Erlasses des Staatsraths vom 5. September 1693, „ist durchaus davon überzeugt, daß sie in erster Linie ihre Aufmerksamkeit darauf zu richten hat, ihren Unterthanen eine leichte und ausreichende Subsistenz zu verschaffen, und sie will nichts unterlassen, um diese so wichtige Pflicht zu erfüllen.“**) Da aber damals

*) Bonnemère, La France sous Louis XIV., II., S. 462.

**) Diese Auffassung von der Aufgabe des Staates verschwindet erst, nachdem die Bourgeoisie die unbestrittene Herrschaft errungen hat. Noch im 18. Jahrhundert herrscht sie allgemein; schreibt doch z. B. Montesquieu im Esprit des lois 1748, Buch XXIII, Kap. 29: „Einige Almosen, die man einem nackten Menschen von der Gasse giebt, erfüllen nicht die Verpflichtungen des Staates, der allen seinen Bürgern eine gesicherte Existenz, die Nahrung, eine passende Kleidung und eine nicht gesundheitswidrige Lebensart schuldig ist.“ Das vom Staate garantirte Recht auf Existenz ist ein Satz, der gegen Ende des Jahrhunderts fast ebensowenig bestritten ist, wie zu Anfang, und beinahe dogmatische Gültigkeit hat. „Jeder Mensch hat ein Recht auf seine Subsistenz,“ heißt es im Plan de travail du comité pour l'extinction de la mendicité von 1789.

in noch viel höherem Grade als heute das Korn das für die Ernährung der großen Masse wichtigste Produkt war, so war es selbstverständlich, daß die Regelung des Getreidehandels, besonders in Zeiten schlechter, aber auch in Zeiten überreichlicher Ernten eine der wichtigsten Aufgaben der Regierung war. Wandte sich ja auch in Zeiten der Theuerung, an denen es unter dem Ancien Régime niemals gefehlt hat, das Volk sofort an die Intendanten, diese dreißig Regierer Frankreichs, und „schien von ihnen allein seine Nahrung zu erwarten,“*) so daß gerade dann der private Handel fast vollständig aufhörte und die ganze Last der Versorgung auf die Regierung fiel. In öffentlichen Schriftstücken wurde ausgesprochen, daß das Eigenthum an Getreide weniger geheiligt sei, als das irgend eines anderen Gegenstandes,**) und noch 1770, sechs Jahre vor Turgot's Reformversuch wird es in einem „Mémoire“ als die Pflicht des Familienoberhauptes (des Königs) bezeichnet, die Vertheilung „dieses gemeinsamen Reichthums (des Getreides), auf den alle Unterthanen des Staates ein gleiches, natürliches Recht haben, da es ihre Subsistenz und Ruhe so wesentlich interessirt,“ zu regeln.***) Für die Nothwendigkeit des Eingreifens der Regierung in den Getreidehandel sprachen noch andere Gründe, die mit außerordentlicher Wucht an die Leidenschaften des Volkes appellirten. Man war damals allgemein so sehr von der Fruchtbarkeit des französischen Bodens überzeugt, daß man eine gute Ernte als für den Bedarf von zwei bis drei Jahren ausreichend ansah, und schrieb daher das Elend der Theuerungen, die so oft Frankreich verwüsteten, den Spekulationen eines gewissenlosen Handels zu. Ueberall suchte man die Ursache der häufigen Theuerungen: man beschuldigte die Spekulanten, die Intendanten, den Generalkontroleur der Finanzen, den König; die wirklichen ökonomischen Gründe wurden übersehen. Die populäre Ansicht war auch die offizielle der Regierung und der Magistratur. „Die Maßregeln, die wir in den letzten Jahren getroffen haben, Getreide und andere nothwendige Unterstützungen unserem Volk in einigen nothleidenden Provinzen zu geben, haben uns die Erkenntniß verschafft, daß das, was am meisten dazu beigetragen hat, die Noth zu vermehren, nicht so sehr die Theuerung der Ernten, als die Habgier bestimmter Privatleute ist,“ heißt es in der Einleitung zu der Deklaration vom 13. August 1699;†) der „Habgier einiger Geizhälse, die einem verbrecherischen und schmutzigen Gewinn die heiligsten Bande der Religion und Gesellschaft und oft sogar des allgemeinen Wohles des Staates opfern“††), wird die Hauptschuld zugeschrieben.

*) Tocqueville, l'Ancien Régime et la révolution, Paris 1856, S. 110.

**) Oeuvres de Turgot, I., S. 223, zitirt bei Biollay, Études économiques sur le XVIII. siècle, Paris 1885, S. 21, der in seinem Buche eine ausführliche Darstellung der Getreidepolitik des Ancien Régime giebt.

***) Mémoire sur la police de Paris en 1770, in Mémoires de la société de l'histoire de Paris, V., S. 117, zitirt bei Biollay, Études 2c., S. 22.

†) Vgl. noch den Erlaß des Staatsrathes vom 13. Oktober 1693: daß die Getreidetheuerung eine Folge der Schuftereien der Kaufleute und anderer im Handel thätiger Personen ist, welche das Getreide versteckt haben, um den Preis zu steigern.

††) Delamare, Traité de la police, II., S. 944, zitirt bei Biollay, Études, S. 14.

Aktiv griff die Regierung zum ersten Male im Jahre 1662 in den Getreidehandel ein, als eine furchtbare Hungersnoth das Land heimsuchte. Colbert bestimmte für Getreide-Einkäufe in Danzig die nicht unbedeutende Summe von 2 Millionen Livres. Die ganze Operation vollzog sich in größter Oeffentlichkeit. Eine Ordonnanz verkündigte den Bürgern, „daß Se. Majestät in seine gute Stadt von Paris eine Quantität Getreide hätte kommen lassen, dessen Vertheilung . . . in den Gallerien des Louvre zum Preise von 26 Livres für den Septier (= $1^1/_2$ Hektoliter) stattfinden würde, und daß Diejenigen, welche davon haben wollten, sich an den Kommissar eines jeden Viertels zu wenden hätten, um sich von ihm ein Zertifikat über ihre Wohnung und die gewünschte Quantität zu holen, die ihm dann in Beträgen bis zu einem Septier und darunter geliefert werden sollte." *) Diese Operation schloß ohne Verlust, vielleicht noch mit einem kleinen Gewinn für die Staatskasse ab. Wiederholt wurden diese Getreidekäufe in den Jahren 1684 und 1693; bei den Theuerungen von 1689 und 1699 griff die Regierung wohl wegen ihres absoluten Geldmangels nicht ein, noch weniger in dem furchtbaren Jahre 1709, in dem außerdem der Krieg Käufe im Auslande unmöglich machte; 1713 fanden wieder Käufe statt, die mit einem Verluste von 600 000 Livres endigten. Die Colbert'sche Getreidepolitik berücksichtigte in erster Linie den Konsumenten, erst dann den bäuerlichen Produzenten. Die königliche Autorität hat das Recht, über die Ernten zu verfügen, die „das Produkt der Fruchtbarkeit des Bodens und der Temperatur des Klimas, eine Art freien Geschenkes der Vorsehung" sind; sie sorgt dafür, daß der Bauer seine Steuern und Pachtgelder zahlt; sie giebt es sogar zu, daß er einigen Profit aus seiner Arbeit zieht, aber vor Allem ist es nothwendig, dafür zu sorgen, daß das Volk nicht in die Lage kommt, sich über den zu hohen Preis des Brotes zu beklagen.**) Daher beschäftigte sich denn die Regierung eigentlich nur in Zeiten der Theuerung mit dem Getreidehandel und dem Getreidepreise. Selten, nur wenn eine zu reichliche Ernte den Getreidepreis so tief drückte, daß es für den Bauer fast unmöglich war, sein Getreide zu verkaufen, und für die Regierung oder vielmehr die Pächter derselben, ebenso unmöglich, die Steuern einzutreiben, entschloß sie sich dazu, den Export zu gestatten, noch seltener ging sie so weit, die Ausgangszölle zu unterdrücken. Im Allgemeinen that sie es aber höchst ungern, da für dasselbe Quantum Getreide, wenn in Zeiten der Theuerung importirt, eine größere Summe Geldes an das Ausland gezahlt werden mußte, als die war, welche in Zeiten des Ueberflusses das Inland vom Ausland erhielt, kurz, da das Resultat dieser Import- und Export-Transaktionen der von ihr befolgten Politik des sogen. Merkantilsystems***) widersprach. Unter diesen Verhältnissen mußte sich der Ge-

*) Delamare, Traité de la police II., S. 1033, zitirt bei Biollay, Etudes rc. S. 35.

**) Biollay, Études rc., S. 81 u. 82.

***) Unter Merkantilsystem versteht man den Inbegriff einer Anzahl wirthschaftlicher Grundanschauungen, die namentlich am Beginne der Neuzeit in den Erwägungen der nationalökonomischen Schriftsteller und der mit der Wirthschaftspolitik betrauten Staatsmänner von

banke aufdrängen, den Ueberfluß reichlicher Ernten in öffentlichen Magazinen aufzuspeichern. Schon 1577 taucht derselbe in einer Ordonnanz auf, in der den „guten Städten“ vorgeschrieben wurde, in den öffentlichen Speichern eine Getreidemenge vorräthig zu halten, die eine dreimonatliche Konsumtion ausreichend deckte. Die Ordonnanz blieb auf dem Papiere; nicht mehr Erfolg hatte die Forderung einer Notabelnversammlung von 1626 auf Wiederholung der Ordonnanz. 1688 und 1691 versuchte die Regierung Ludwig's XIV. dieses Projekt auszuführen, sah sich aber durch finanzielle und andere Schwierigkeiten von Beginn an gehindert. In der Regentschaft wurde es wieder aufgenommen. „Der Plan, den der Staatsrath hat, Getreidemagazine in den Provinzen einzurichten,“ heißt es in einem Mémoire von 1717, „und Einrichtungen dafür in der Nähe der schiffbaren Flüsse zu treffen, kann für das Volk nur vortheilhaft sein und wird es verhindern, in ähnliches Elend wie in den Jahren 1700, 1710, 1713 und 1714 zu verfallen.“*) Erst unter der Regierung Ludwig's XV. wurde dieser Plan ausgeführt. Da man die An- und Verkäufe möglichst geheim veranstaltete, wurde der Verdacht der Bevölkerung sehr schnell rege, daß bei diesen Operationen der König nichts verlöre, daß er auf die Hungersnoth seiner Unterthanen spekulire, um sich in infamster Weise zu bereichern. Wir werden später hierauf zurückkommen und dabei zu untersuchen haben, ob ein solcher „Pacte de famine“ wirklich je bestanden und welche Ausdehnung er gehabt hat.

Zweites Kapitel.

Die Bauern und die Landgeistlichkeit.

I. Die Bauern.

Eine „Via dolorosa“ hat ein englischer Schriftsteller die Geschichte des Bauernstandes genannt; gewiß eine Via dolorosa, aber eine solche, neben deren erschütternder Tragik das Leiden des jüdischen Zimmermannssohnes verschwindet, wie eine einsame Thräne im Meere. Hier ist es nur ein einzelner Mensch, der den furchtbaren Schmerzensweg an einem Tage gewandelt, dort sind es ungezählte Millionen, die sich seit Jahrhunderten die Via dolorosa entlang schleppen. Drei Worte fassen die Geschichte des Ancien Régime zusammen: Krieg, Pest und Hungersnoth; wen haben diese drei mächtigen Menschensaatmäher mehr getroffen,

---

entscheidendem Einfluß waren. Die wichtigsten dieser hier in Betracht kommenden Anschauungen sind: 1) Je mehr Geld ein Land besitzt, desto größer ist sein Reichthum. 2) Die Quelle der Bereicherung mit den Edelmetallen ist der auswärtige Handel. 3) Der Reichthum wächst umso stärker, je mehr an das Ausland verkauft und je weniger vom Auslande gekauft wird. Lexer im Handwörterbuch der Staatswissenschaften, IV., S. 1168.

*) Zitirt bei Biollay, Etudes 2c., S. 41.

als den Bauernstand? Er ist das lebendige, empfindende und denkende, von den giftigen Nebeln der Noth und des Elends verhüllte, im Schmutz der Verthierung stehende Fundament, von dem sich der schlanke, von den Strahlen der Glückssonne beglänzte Obelisk in die reinen Lüfte emporhebt. Ihn hat ein viel furchtbarerer Fluch getroffen, als der des alttestamentarischen Gottes, der den Menschen jener Zeit die Verdammniß des Menschengeschlechtes zu erschöpfen schien: im Schweiße des Angesichtes sollst du dein Brot essen — das „Evangelium der Arbeit" erschien den damaligen Menschen als Fluch; als was würde ihnen wohl das „Evangelium der heutigen Arbeit" erscheinen? — Der Bauer, der französische Bauer, baute den Acker, nicht den seinen, im Schweiße seines Angesichts, aber aß kein Brot; er nahm ein Weib und zeugte mit ihr Söhne, aber man nahm ihm die Söhne, damit sie in fremden Ländern für den König verbluteten, der ihm nie anders als in Gestalt der Steuerpächter, Gendarmen, Soldaten, nie anders denn als ein Dämon der Ausbeutung erschienen war; er nahm ein Weib, und zeugte mit ihr Töchter, aber eine Heerde von Banditen, adlig und nichtadlig, erschien in seinem Dorfe und entehrte Weib wie Tochter vor seinen Augen. Harmlos, ja Segnung mußte ihm jener göttliche Fluch scheinen, wenn er ihn mit seinen Leiden verglich.

Wehe! Wehe! Wehe! Wehe!
Prälaten, Fürsten und Ihr guten Herren,
Bürger, Kaufleute und Rechtsgelehrte,
Handwerker, groß und klein,
Ihr Ritter und Leute der drei Stände,
Die Ihr von uns Bauern lebt:
Steht uns mit etwas guter Hülfe bei.
Leben müssen wir, und sie nur ist uns Rettung;
Verloren haben wir Trost und Freude;
Ein Ende hat man fast mit uns gemacht,
Denn wir haben weder Wein noch Getreide mehr ...*)

so beginnt ein Gedicht, das den Bauern des 15. Jahrhunderts schildert. Seine Worte sind nicht weniger wahr im 16., 17. und 18. Jahrhundert — und dem Gedanken, daß Bauer und Elend zusammengehören, daß, so lange es noch einen Jacques Bonhomme giebt, auch das Elend als treuer Gefährte in seiner Hütte hausen wird, diesem verzweiflungsvollen Gedanken hat der französische Volksgeist in der Legende vom „Bonhomme Misère" (Bauer Elend) um so ergreifenderen Ausdruck geliehen, je schärfer der Kontrast ist, in dem das Grauenhafte des Inhalts mit dem Humor der Form steht. Zwei arme Reisende, so lautet die Geschichte, von einem reichen Bourgeois unfreundlich abgewiesen, klopfen bei einem armen Bauern, Bonhomme Misère, um Unterkunft an. Trotz seiner großen Armuth nimmt dieser sie aufs freundlichste auf. Am anderen Morgen fordern die Beiden, die Niemand anders als St. Peter und St. Paul sind,

*) Zitirt bei Leymarie, Histoire des paysans en France, II., S. 632 ff.

ihren Wirth auf, einen Wunsch zu äußern, dessen Gewährung sie von Gott erflehen wollten. Misère, welcher einen schönen Birnbaum besaß, der ihm allein die Hälfte seines Unterhaltes lieferte, aber auch einen bösen Nachbarn, der ihm die guten Früchte zu stehlen pflegte, erbat von den Herren nichts Anderes, als daß ein Jeder, der auf den Birnbaum ohne seine Erlaubniß steige, dort so lange festgehalten werden solle, als es ihm (Misère) gefiele. Der Wunsch ist gewährt, die Reisenden verschwinden. Bald ist der schlechte Nachbar gefangen; aber Misère, bon homme wie er ist, läßt ihn laufen. Misère altert und eines Tages erscheint der Tod, um ihn mitzunehmen. Misère aber, der trotz seiner Leiden zähe am Leben hängt, sinnt auf eine List und bittet den Tod, ihm doch noch eine Birne vor seinem Tode zu pflücken, da er selbst nicht mehr auf die Bäume steigen könne. Der Tod, gerade gut gelaunt, erfüllt den Wunsch und geht in die Falle. Um wieder vom Baume herunterzukommen, muß er sich mit Misère vertragen und verspricht ihm denn, ihn nicht früher als am Tage des jüngsten Gerichtes zu holen. Und so kommt es denn, daß Misère auf Erden bleiben wird, so lange die Welt Welt sein wird.*) Zahlen, dienen und dulden, in diesen Worten begreift sich die ganze Geschichte des Bauern, den der königliche Fiskus, der raubsüchtige Krautjunker, der gierige, raffinirte Bourgeois in wunderbarer Harmonie auspreßten und ausplünderten. Und Jacques Bonhomme zahlte, diente und duldete über das Maß alles Menschlichen hinaus. Und in Perioden, bald länger, bald kürzer, wenn das Maß selbst für ihn zu voll ward und in seinem Hirn der kühne Gedanke nicht klare Form, aber dunkles Bewußtsein errungen, warum und nach welchem Rechte er denn dies Alles zu dulden gezwungen sei, erhob sich Jacques Bonhomme, erschlug seiner Peiniger, so vieler er habhaft werden konnte, verbrannte ihre Schlösser und Häuser und plünderte, wo er konnte. Ein freier Mann für wenige kurze Augenblicke, stellte er sich trotzig breitspurig auf seine Füße und sprach wilde Worte von der Gleichheit alles Dessen, was Menschenantlitz trägt. Dann kam das Verderben über ihn in den rasselnden Schaaren der Reiter und Knechte, und im Namen des Königs, als dessen treuer Unterthan er sich stets gefühlt und bekannt, hängte, räderte und viertheilte man ihn, entehrte sein Weib und seine Töchter, verbrannte sein Haus und vernichtete Alles, was sein war. Und Jacques Bonhomme, zu Boden geschmettert, zahlte, diente und duldete weiter. —

Es kann hier nicht meine Aufgabe sein, eine Geschichte des Bauern zu schreiben; aber einige Stationen müssen wir ihn doch auf seiner Via dolorosa begleiten, um später den Fanatismus und den Haß zu verstehen, mit dem der erste französische Bauernkommunist, der Pfarrer Meslier, seine Angriffe gegen Königthum und Adel, Klerus und Bourgeoisie, kurz die ganze „Ungezieferklasse des Besitzes“ gerichtet hat.

*) A. Feillet, La misère au temps de la Fronde et Saint Vincent de Paul, Paris 1862, ist der Ansicht, daß diese Legende in den Zeiten der Fronde entstanden ist.

Gehen wir für einen Augenblick bis ins 12. Jahrhundert zurück und betrachten wir die Lage des Bauern, wie sie nach seiner Verwandlung aus einem besitz- und rechtlosen Leibeigenen in einen hörigen Erbpächter sich gestaltet hatte. Wir können die auf ihm ruhenden Lasten in drei Gruppen zusammenfassen: persönliche, die aus der angeborenen, fortdauernden Unfreiheit fließen; dingliche, die für die Benutzung des Grund und Bodens in Anerkennung des Eigenthumsrechts des Grundherrn zu leisten sind; lehnsrechtliche, die dem Bauer in seiner Eigenschaft als Lehensinhaber, als Vasall und Schützling seines Grundherrn für den von letzterem ihm in seinem Lehnsbesitze gewährten Schutz oblagen.*) Zu den persönlichen Lasten gehören zunächst der Kopfzins, dann die Fronden (corvées), die aber meist gemessene waren und deren Dauer von den Coutumes (Gewohnheitsrecht) auf zwölf Tage im Jahre, nicht mehr als drei Tage im Monat, fest bestimmt war. Der Grundzins (champart), die wichtigste der dinglichen Lasten, wurde in Bodenerzeugnissen und Vieh entrichtet. Er bestand meist in der Hälfte des Ertrages und wurde von den Grundherren, bevor die Ernte eingethan wurde, vorweg erhoben. Hierher gehören noch die Zwangs- und Bannrechte (banalités), die den Bauer auf Schritt und Tritt seiner Thätigkeit begleiteten. Da war der Mühlenbann, der ihn zwang, sein Korn zum Mahlen in die gutsherrliche Mühle, da war der Ofenbann, der ihn zwang, sein Brot zum Backen in den gutsherrlichen Backofen, da war der Kelterbann, der ihn zwang, seine Trauben in die gutsherrliche Kelter zu schicken, da war der Weinbann, der ihn zu bestimmten Zeiten des Jahres zwang, seinen Durst in der gutsherrlichen Schänke zu löschen — alles natürlich mit der Zahlung bestimmter Gebühren an den Gutsherrn verbunden. Nicht weniger zahlreich waren die lehnsrechtlichen Dienste und Verpflichtungen, die der Bauer für die werthvolle Errungenschaft zu bezahlen hatte, daß sein angeerbter Grundherr sich seine Schur ausschließlich vorbehalten hatte und nicht gewillt war, sie mit anderem ritterlichen Raubgesindel zu theilen. Es lastete auf dem Bauer als Vasallen seines Grundherrn die Verbindlichkeit zum Kriegsdienst zu Fuß, zum Wachedienst auf dem Schloß oder sonstigen Beobachtungsposten und zu anderen militärischen Operationen, bei denen allen er mit seinem corpus vile (gemeinem Leibe) einzuspringen hatte. Geldhülfe schuldete er zunächst in den vier Fällen, in denen jeder Vasall sie seinem Lehnsherrn schuldete: Loskauf aus Kriegsgefangenschaft, Pilgerschaft nach dem heiligen Lande, Ritterschlag des ältesten Sohnes, Heirath der ältesten Tochter. Da nun die Pilgerschaft nach dem heiligen Lande mehr und mehr außer Uebung kam, so fand der Seigneur (Gutslehnsherr) dafür einen Ersatz darin, daß er seinen Bauern die Ehre ertheilte, ihn bei der Ausstattung aller seiner Kinder unterstützen zu dürfen. Diese Leistung ist die Taille, die den Grundholden gegenüber à volonté, à plaisir, à merci, à misericorde (nach dem Belieben, Laune, Gnade 2c. des Lehnsherrn) ist. Unternahm der Lehnsherr und sein Gefolge Reisen, so hatte wieder der Bauer für Herberge, Speise

---

*) Siehe Sugenheim, Geschichte der Aufhebung der Leibeigenschaft, Petersburg 1861.

und Trank zu sorgen; der droit de prise gab dem Lehnsherrn das Recht, Lebensmittel und Hausrath zu requiriren und die Preise dafür nach seinem Belieben zu bestimmen. Eine der größten Plagen für den Bauer war der droit de chasse, de garenne, de colombier (das Jagdrecht; Recht, Kaninchengehege und Taubenschläge zu halten), mit denen sich die schweren Jagdfrouden verbanden. Die Gebühren bei Besitzveränderungen (lods et ventes), das Besthaupt, eine Milderung des Gebrauches, daß der Seigneur alleiniger Erbe des Nachlasses seiner Leibeigenen ist, deren manus eine mortua, d. h. die kein Verfügungsrecht über ihr Vermögen haben (daher der Name main mortables für alle Unfreien), die Heirathserlaubniß, eine Milderung des jus primæ noctis (Recht der ersten Nacht), — es würde zu weit führen, diese Unzahl schändlicher und lächerlicher Feudallasten im Einzelnen zu erwähnen; die kurze Blüthenlese der wichtigsten unter ihnen wird genügen, um zu zeigen, daß das Loos eines französischen Bauern am Ende des 12. Jahrhunderts kein beneidenswerthes war.

Der Einfluß der Kreuzzüge, begleitet von der Ausdehnung des geistlichen Besitzes und der gleichzeitigen Entstehung der Städte, die Umwandlung des französischen Lehnsstaates im 13. Jahrhundert durch die unaufhörliche Ausdehnung des Besitzes der Könige, der schwarze Tod — alle diese Faktoren trugen dazu bei, im Laufe der Zeit bedeutende Erleichterungen in der Lage der Hörigen zu schaffen, die Leibeigenen in Halbfreie, nur selten Ganzfreie zu verwandeln. Die Freilassung bestand in der Abschaffung der charakteristischsten und drückendsten Fesseln der Hörigkeit durch Ablösung dieser Feudallasten mittelst einer feststehenden Geldabgabe unter ausdrücklicher Beibehaltung aller übrigen grundherrlichen Rechte. So wurde das jus primæ noctis in eine mit einem bestimmten Geldbetrage zu erkaufende Heirathserlaubniß verwandelt; die Main-morte oder das Besthaupt, die Taille à merci durch das sogenannte Abonnement zu feststehenden Abgaben und damit mehr oder weniger der Willkür des Grundherrn entzogen. Das Jagdrecht, der droit de prise, die Wachtdienste wurden bedeutend eingeschränkt. In diesem Zustande der Hörigkeit, der Halb- oder Mittelfreiheit befand sich die überwiegende Majorität der französischen Landbewohner im Beginne des 16. Jahrhunderts und ist darin auch unverändert bis in die letzten Dezennien des 18. Jahrhunderts geblieben.

Außer diesen feudalen Lasten trug der Bauer auch noch in der Hauptsache die modernen der absoluten Monarchie. Das Königthum hatte sich außer den ihm zufließenden Einkünften seiner „Domaine“ (Kronbesitzes), sich davon unabhängige Revenuen zu schaffen gewußt, die in der ganzen Ausdehnung des Reiches erhoben wurden. Da war zunächst eine Steuer, die zugleich Mobiliar-, Grund- und persönliche Steuer war: die Taille. Ursprünglich nur zur Deckung von Kriegskosten unregelmäßig erhoben, wurde sie unter Karl VII. permanent und unabhängig von der Beistimmung der Stände des Königreiches oder der Stände einer Provinz. Ihre Erhebung lag in der ersten Zeit in den Händen der Grundherren; 1355 aber bemächtigten sich die Generalstände derselben und übertrugen sie an Oberintendanten und Gewählte (élus), die zu bestimmen sie sich vorbehielten. Karl V. reservirte sich dann das Recht, in einem großen Theil Frankreichs, in den „pays d'élections" diese Beamten der Taille selbst zu wählen, während in den „pays d'états" die Stände der Provinz ihr Privileg bewahrten. Adel und Geistlichkeit waren von der Taille frei, so daß also ungefähr die Hälfte des Staatseinkommens von vornherein vom dritten Stande, hauptsächlich von den Bauern aufzubringen war. Die zweit wichtigste Steuer für das Königthum war die Salzsteuer (gabelle), mit der, um ihre Höhe möglichst zu steigern, Zwangskonsumtion verknüpft war. Keine Steuer war verhaßter beim Volke als diese, und keine hat öfter zu Revolten geführt als sie. In dem Heer der Erheber dieser Steuer, den gabeleurs, sah der Bauer seine verhaßtesten Feinde, und oft genug entlud sich sein Haß in einem mitleidslosen Hinmorden dieser gewaltthätigen Blutsauger. Sehr gut schildert gelegentlich der Wahl eines Deputirten zu den Generalständen im Oktober 1560 François Grimaudet die Salzsteuer: „Es giebt eine besonders verhaßte und unpopuläre Steuer, das ist die Salzsteuer. Der Bauer würde es geduldig tragen, daß der König aus ihr einigen Profit zöge, wenn es nicht Salz-Kaufleute, -Pächter, -Kontrolleure, -Beamte, -Gendarmen gäbe, die in die Häuser der armen Leute gehen und ihnen die Geräthe und Kleidungsstücke wegholen, welche ihnen Gott gegeben hat. Und meistens holen sie diese weg und zwingen die Bauern, vor ihnen in den Dörfern zu erscheinen, wo es keine Rechtsbeistände giebt, zeigen sich dem Volke in großer Wuth und Schreckung, bewaffnet mit Schießgewehr, Pistolen und langen Stöcken, machen den Landleuten außerordentliche Prozesse, arretiren sie, und verkaufen ihre Ochsen, Pferde und Wagen in der Zwangsversteigerung. So, daß sie in einem Morgen durch ihr Vorgehen vierzig bis fünfzig arme Bauern ruiniren, die sie dann auf den Bettel schicken, und man wird finden, daß sie in diesem Lande Anjou allein mehr als tausend ruinirt haben. — Der arme Bauer ist wie ein Schaf, das seinen Rücken hinstreckt, während man es scheert. Er ist arm, ohne Besitz und ohne Freunde, gegen den Reichthum und die Macht der Beamten und Pächter der Salzsteuer. . . ."*)

„Das 16. Jahrhundert ist eine Periode wachsenden Reichthums und der Fortschritte im Ackerbau, das 17. Jahrhundert ist eine Periode der Trägheit im Schooße der Dekadence; am Ende des 18. Jahrhunderts und im 19. Jahrhundert bemerkt man eine langsame Auferstehung, die uns jetzt ein wenig über die in der ersten Hälfte des 16. Jahrhunderts erreichte Höhe gebracht hat."**) Es ist fast dieselbe Entwickelung, wie in Deutschland. Was hier der dreißigjährige Krieg verschuldete, das haben in Frankreich die Religionskriege in der zweiten Hälfte des 16. Jahrhunderts, die Fronde und die glorreiche Regierung Ludwig's XIV.

*) Zitirt bei E. Mourin, La Réforme et la Ligue en Anjou, Paris 1856, S. 12 und 13.

**) Lallier in der Revue archéologique de Sens, VI., 150—191 zitirt bei A. Feillet, La misère au temps de la Fronde rc., S. 56.

ebenso gründlich gethan. Trotz des schnellen Anwachsens der Steuerlast unter Franz I. und Heinrich II., das sogar die unmittelbare Ursache verschiedener kleinerer Rebellionen war und im Jahre 1556 eine nicht unbedeutende Auswanderung aus der Normandie und Picardie, Ländern mit bürgerlicher Freiheit, in die Franche-Comté, wo noch die Mainmorte galt, veranlaßte, kann man mit Recht behaupten, daß sich im Allgemeinen in dieser ersten Hälfte des 16. Jahrhunderts die Lage des Bauernstandes nicht verschlechtert, sondern bedeutend verbessert hat. In derselben Zeit, in der also der materielle Reichthum des Bauern wuchs, verschärft sich der schon lange bestehende Gegensatz zwischen ihnen und den Städtern ganz außerordentlich und beginnt jene Desertion des flachen Landes durch Adel und Reichthum, die mit der totalen Vereinsamung des französischen Bauern endigt. Der Einfluß der Renaissance auf diesen war gleich Null, so bedeutend er auf Adel, Klerus und Bourgeoisie war. Adel und Prälaten fanden Geschmack am städtischen Leben; die Lebensgewohnheiten des Adels und der Bourgeoisie Italiens wurden von den entsprechenden Klassen Frankreichs zugleich mit den importirten italienischen Luxusindustrien angenommen. Dieser Zug nach der Stadt, insbesondere der Hauptstadt, wurde noch aus politischen Gründen von den Königen begünstigt, deren Bestreben dahin ging, den Adel von seinen Gütern an ihre Höfe zu ziehen, um seine Selbständigkeit zu untergraben und ihn zum Hofadel zu degradiren. Das verschwenderische Leben an den königlichen Höfen ruinirte dann weiter die finanzielle Kraft des Adels und wirkte auch auf den Bauern verhängnißvoll zurück. Seine steigende Unterdrückung und Ausbeutung, sowie die Verarmung der Ländereien hängt damit aufs Engste zusammen. Je mehr die vom Königthum begünstigte Industrie die aufstrebende Bourgeoisklasse anzog, und mit der Verbreitung der begünstigten industriellen Arbeit sich die Verachtung der Landarbeit steigerte, desto mehr entfernte sich der Bauer durch die Plumpheit seiner Sitten und die Rohheit seines Lebens von der sich allmälig verfeinernden städtischen Sitte. Dieser in der französischen Geschichte für die Demokratie so oft verhängnißvolle Gegensatz bildete sich damals aus und spielte zum ersten Mal in den Religionskriegen eine wenn auch noch nicht bedeutende Rolle.

Die Religionskriege ruinirten den Bauer und damit natürlich den Adel, der von den Bauern lebte; sie erschütterten die finanzielle Stellung der katholischen Kirche, deren Domänen in großer Zahl vom König veräußert wurden, um seine Kriegskosten zu decken, in größerer Zahl von den adligen Herren beider Religionen usurpirt wurden; sie ruinirten das Königthum, das, wie der Adel, noch überwiegend von den Steuern lebte. Königthum, Adel, Geistlichkeit, alle drei hatten daher, sobald nach der Anerkennung Heinrich's IV. der Friede einigermaßen wiederhergestellt war, das größte Interesse daran, den Ertrag des Ackerbaues zu steigern. Der Minister des Königs Sully und sein treuer Gehülfe Olivier de Serres arbeiteten mit allen Kräften an der Entwickelung der Agrikultur und suchten dieselbe durch direkte Begünstigungen des Getreidebaues und der Viehzucht, der Exportation von Getreide, Wein und Branntwein, besonders nach Holland, zu beschleunigen. Außer dem Bestreben, sich eine steuerkräftige Bevölkerung zu schaffen, leitete sie dabei das andere, sich eine kriegstüchtige Bauernschaft zu erhalten. Sully und de Serres waren es auch, welche die durch die ökonomische Entwickelung nothwendig gemachte Verdrängung der aus den Zeiten der Leibeigenschaft stammenden Formen bäuerlichen Landbesitzes und Einführung neuer, denen das Prinzip des freien Kontraktes zu Grunde lag, begünstigten. Durch den Preissturz der edlen Metalle, der, durch die Entdeckung der Silberminen von Potosi so ungeheuer vergrößert, infolge der Annäherung Spaniens an Frankreich in den Religionskriegen auch in diesem Lande seine verheerenden Wirkungen ausübte, wurden die alten Formen des Besitzes unpraktisch und für die Seigneurs unvortheilhaft. Die Aenderung im Werth der Metalle hatte die perpetuellen oder langlaufenden Geldrenten so entwerthet, daß die Eigenthümer derselben im 17. Jahrhundert nur den fünften Theil dessen erhielten, was ihnen im 15. zufloß. Diesen Fehler hatten die Naturalrenten nicht; dafür machte ein anderer sie dem ruinirten und geldgierigen Eigenthümer widrig. Der Steigerung des Reinertrages durch Intensifikation des Anbaues stellten sie die größten Hindernisse in den Weg. Dem konservativen Bauer lag nichts daran, den Ertrag seines Landes zu vermehren, während der Eigenthümer, der seine Ausgaben rapide steigen und seine Einnahmen ebenso rapide abnehmen sah, das größte Interesse daran hatte. So lange sein Land ihn nährte, war der Bauer mit der Größe seines Ertrages zufrieden. Was sollte er in Zeiten guter Ernten mit seinem Ueberschuß anfangen? Verkaufen? Ein Getreide-Export wurde durch die schlechten Landstraßen und die Unzahl von Binnenzöllen unmöglich gemacht; auf dem lokalen Markte war sein Ueberschuß, eben weil er Ueberschuß war, ganz und gar nicht oder nur zu Schleuderpreisen verkäuflich. Aufspeichern? Er war seines Eigenthums vor der Gier seines Seigneurs und der Steuerpächter nie sicher; beide zwangen ihn dazu, von der Hand in den Mund zu leben. Außerdem aber stellte sich der Intensifikation des Ackerbaues der einfache Umstand entgegen, daß dem ruinirten Bauer ganz besonders nach der Zeit der Religionskriege — und der bäuerliche Ruin wiederholt sich dann in regelmäßigen Intervallen in der Regentschaft der Maria Medici, in der Fronde, in der zweiten Hälfte der Regierung Ludwig's XIV. — alle Mittel fehlten, den Versuch einer solchen Steigerung des Reinertrages zu unternehmen.

Noch eine andere Form bäuerlichen Landbesitzes, die der Communauté agricole (bäuerlichen Hausgemeinschaft) zu Grunde liegende, begann gleichfalls in dieser Zeit mit dem Erringen der persönlichen Freiheit und dem allmäligen Verschwinden des Verhältnisses der todten Hand zu verschwinden. Noch im 15. und zu Beginn des 16. Jahrhunderts waren die Hausgemeinschaften in großer Ausdehnung vorhanden; sie fanden sich in der Normandie, Bretagne, Anjou, Poitou, Angoumois, Saintonge, Touraine, Marche, Nivernais, Bourbonnais, Burgund, Orleanais, Pays Chartrain, Champagne, Picardie, Dauphiné, Guyenne, überhaupt in den Ländern de coutume serve. Es ist hier nicht die Stelle, eine ausführliche Geschichte der Hausgemeinschaften zu schreiben, wir können ihrer nur mit der

Ausführlichkeit gedenken, die durch den Einfluß gerechtfertigt wird, den sie auf den Kommunismus Meslier's zu Ende des 17. Jahrhunderts und auf die Ideen einiger Sozialisten des 18. Jahrhunderts, wie Faiguet und besonders Restif de la Bretonne ausgeübt haben. Wir beschränken uns daher darauf, in großen Zügen eine Schilderung ihrer Einrichtung, sowie eine Darstellung ihrer Geschichte seit dem 16. Jahrhundert zu geben.*)

Noch im 15. und 16. Jahrhundert findet man in vielen Dörfern große Gebäude, in denen mehrere Familien zwecks gemeinsamer Bebauung des Landes zusammen lebten. Nicht selten waren mehrere solcher Behausungen nebeneinander gestellt und bildeten einen Weiler, dessen Ställe, Scheunen und andere Nebengebäude ihnen gemeinsam waren. In diesen mehrere Familien einschließenden Gebäuden haben wir ohne Zweifel das Vorbild der Osmasien Vairasse's vor uns, in denen sich — und dies ist eine der vielen Verschiedenheiten zwischen ihm und More — das ganze Leben der Einwohner abspielt. Direkt hat Restif die Einrichtung seines Gesellschaftspalastes diesen bäuerlichen Hausgemeinschaften entlehnt, wie er selbst in einer großen Zahl seiner Erstlingswerke bemerkt, und dieselbe nur weiter ausgebaut; Fourier's Phalansterium, und damit indirekt alle nach ihm ersonnenen und beschriebenen Industriepaläste, hat seine Quelle, wohl weniger wie Mohl meint, in Vairasse's Osmasien, als in den seinerzeit außerordentlich verbreiteten und berühmten Schriften Restif's; im Grunde aber sind alle diese Paläste, an deren Bau dichterische und kühl rechnende Phantasie so lange gearbeitet hat, nur die späteren Entwickelungsformen des gemeinsamen Wohnhauses der bäuerlichen Ackerbauassoziationen des feudalen Mittelalters.

Die innere Einrichtung der Hausgemeinschaften ist in Kürze die folgende. Das Feld wurde gemeinsam bebaut und auch der Haushalt war in den meisten Fällen ein gemeinsamer, nur selten war derselbe nach Familien abgetheilt. Sämmtliche Gebäude, ebenso wie die Ackerwerkzeuge und anderen Produktionsmittel gehören der Gemeinschaft, in den Fällen des gemeinsamen Haushaltes auch das Mobiliar. An der Spitze der Assoziation steht ein Vorsteher, mayor, maistre de communauté oder chef du chanteau genannt. Er theilt einem Jeden die für ihn passende Arbeit zu, leitet Kauf und Verkauf und vertheilt das Erträgniß der gemeinsamen Arbeit. Ihm zur Seite steht eine Vorsteherin (mayorissa), nie die Frau des mayors, die mit der Ueberwachung des Haushaltes beauftragt ist. Verheirathete sich eine Tochter aus der Gemeinschaft, so wurde sie durch eine Ausstattung abgefunden, die z. B. bei der noch im 19. Jahrhundert existirenden communauté des Jaults 1350 Frcs. betrug. Jede Familie durfte ein kleines Privateigenthum (pécule), in das meist Wäsche, Kleider und das von der Frau als Mitgift eingebrachte Geld eingingen, besitzen und durch Privatarbeiten ver-

*) Ueber den Ursprung dieser Hausgemeinschaften siehe Laveleye-Bücher, Das Ureigenthum, S. 388; E. Jäger, Geschichte des Sozialismus in Frankreich, I, S. 392 ff., in denen die Literatur über dieselben angegeben ist, und F. Engels, Der Ursprung der Familie rc., 4. Aufl., S. 44 ff., S. 143 ff.

mehren. Dieses pécule war eines der Mittel, durch das die ökonomische Entwickelung seinerzeit diese Hausgemeinschaften, die allen Umwälzungen und Kriegen des Mittelalters widerstanden hatten, unwiderstehlich auseinandersprengte. Die Assoziationen waren in ihrer reinsten Form vollständig sich selbst genügend. Sie produzirten selbst Alles, was sie konsumirten, sie verkauften und kauften entweder nichts oder doch nur sehr wenige Produkte. Eine Assoziation der Auvergne, die 1788 von Le grand d'Aussy besucht wurde, kaufte sogar damals nur Salz und Eisen und produzirte im übrigen alles Andere selbst für ihren Gebrauch.*) Als dann die industrielle Arbeit sich auf dem Lande ausdehnte, erwies sich das genossenschaftliche System der bäuerlichen Hausgemeinschaften als besonders geeignet für die Aufnahme einzelner Industriezweige. So war z. B. in einigen Communautés der Auvergne, wo sie sich am längsten noch nach der Revolution von 1789 gehalten haben, ein Theil der Hausgenossen mit der Fabrikation von Messern beschäftigt, während der andere den Ackerbau besorgte. Das Einkommen des ersteren Theils wurde in die gemeinsame Kasse gethan, während die Assoziation von den Produkten des anderen Theils lebte.**)

Das Feudalsystem hatte die Erhaltung und Ausdehnung der Hausgemeinschaften begünstigt. Außer technischen Gründen, die z. B. Coquille für sie anführt und die er in folgendem Satze zusammenfaßt: „Sie (die Assoziationen) sind nicht nur häufig, sondern gewöhnlich, ja nothwendig, insofern die Führung eines ländlichen Haushaltes nicht nur mit der Bestellung des Ackers, sondern auch der Fütterung des Viehs zu thun hat und eine Menge Personen erfordert,"***) war es in erster Linie das Interesse des Gutsherrn, das dieser Einrichtung sympathisch gegenüberstand, sie nicht nur duldete, sondern sogar thatkräftig förderte. Die solidarische Haftbarkeit einer Assoziation garantirte besser die dauernde Leistung der Abgaben und Frohnden ihrer Mitglieder, als der individuell wirthschaftende Bauer;†) diesem Vortheil für den Grundherrn stand freilich eine Einschränkung seines Verfügungsrechtes gegenüber. Die Genossenschaft blieb jure non decrescendi durch Substitution der Personen ununterbrochene Eigenthümerin der Mobilien und Immobilien. Der Grundherr hatte kein Erbrecht beim Tode eines der Angehörigen der Assoziation, so daß also durch diese Einrichtung es der hörigen Familie ermöglicht war, zu Eigenthum zu gelangen und ihre Lage durch Ansammlung eines kleinen Vermögens zu verbessern.††)

*) Dareste de la Chavanne, Histoire des classes agricoles en France, Paris 1858, S. 234 ff.

**) Vgl. Dareste de la Chavanne, Histoire 2c., S. 234.

***) Dareste de la Chavanne, Histoire 2c., S. 234.

†) Dunod, Traité de la main-morte, S. 90, zitirt bei H. Doniol, Histoire des classes rurales en France, Paris 1865, S. 82: „Der Grund für die Einführung der Hausgemeinschaft unter den Main-mortables war, daß die Ländereien der Seigneurs besser kultivirt wurden und die Unterthanen besser im Stande waren, die Gefälle der Seigneurs zu bezahlen, wenn sie in Gemeinschaft lebten, als wenn in ebenso vielen getrennten Haushalten."

††) Laveleye-Bücher, Das Ureigenthum 2c., S. 390.

Weil die Assoziation durch die Milderung des Verhältnisses der Mainmorte die Leibeigenschaft der bäuerlichen Klasse erleichterte, traten die Juristen für dieselbe ein und suchten die älteren Coutumes durch eine große Zahl strenger Regeln ihre Aufrechterhaltung zu sichern. Mit dem Aufhören der Mainmorte verschwand auch die den Assoziationen günstige Tendenz der Gesetzgebung; im Gegentheil ging sie nun mehr dahin, auf jede Weise ihre Auflösung zu fördern. So erkannten z. B. die jüngeren Coutumes, daß die Kinder der Angehörigen einer Communauté nicht ohne Weiteres einen Theil derselben ausmachten, sondern erklärten sie für unabhängig, sobald sie durch Erlangung der Majorennität, durch Ehe oder getrennten Haushalt aus der väterlichen Vormundschaft herausgetreten waren. Den entscheidenden Streich gegen die Hausgemeinschaften führte bereits die Ordonnanz von Moulins 1566,*) die einen förmlichen Kontrakt vor Notar und Zeugen, einen geschriebenen Titel wie von anderen, so auch von den bäuerlichen Genossenschaften verlangte. Da nun die Communautés durchweg auf Gewohnheitsrecht, auf der Thatsache des Zusammenwohnens und des Fehlens der Gütertheilung unter ihren Mitgliedern, meist Angehörigen einer großen Familie, beruhten, begreift sich, daß ein solcher Erlaß, der einem jeden unzufriedenen Mitgliede die Möglichkeit gab, die Genossenschaft zu sprengen, von den verhängnißvollsten Folgen für sie sein mußte.

So verschwanden also die von uns genannten Formen bäuerlichen Landbesitzes und wurden ersetzt durch den fermage à court terme (Pacht mit kurzer Frist) und den métayage (Halbscheidpacht), der ganz außerordentlich an Ausdehnung gewann. Die direkte Kultur durch den Eigenthümer selbst hatte nie eine größere Rolle gespielt; sie war weder bei der großen Masse des Adels noch des Klerus beliebt und durch die Beschränkung der Fronden in den Ländern de coutume serve auch mehr und mehr unprofitabel geworden. Einer großen Verbreitung der Pacht trat einmal der Mangel an Kapital bei den meisten Bauern hinderlich in den Weg, und zweitens schreckte die große Zahl der Bestimmungen des Gewohnheitsrechtes die Reicheren unter ihnen ab. So empfahl sich denn schließlich in erster Linie der métayage, der das Interesse der Eigenthümer an Ameliorationen und an der Steigerung des Reinertrages in weitgehendstem Maße befriedigte und auch den Bebauern eine gewisse Bewegungsfreiheit ließ; Sully und Olivier de Serres begünstigten diese Ausdehnung des fermage und métayage, durch welche die aus den Zeiten der Leibeigenschaft stammenden und auf Vererbung der Leistungen

*) Les édicts et ordonnances des roys de France ꝛc., Lyon 1575, S. 1273: daß hinfüro über alle Gegenstände, welche die Summe oder den Werth von hundert Livres, auf einmal zahlbar, überschreiten, Kontrakte vor Notaren und Zeugen gemacht werden sollen; durch welche Kontrakte allein jeder Beweis in genannten Sachen angetreten und empfangen werden soll, ohne daß ein Beweis durch Zeugen über das im Kontrakt Enthaltene hinaus, noch über Dinge, die angeblich vor diesem damals oder seitdem gesagt oder vereinbart worden sind, angenommen wird. Vgl. noch Du Cellier, Histoire des classes laborieuses en France, Paris 1860, S. 209.

ruhenden Formen bäuerlichen Besitzes durch neue auf das Prinzip freier Kontrakte begründete ersetzt wurden. Mit energischer Hand griff überhaupt Sully die unzähligen Mißbräuche, die in den wilden Zeiten der langen Religionskriege entstanden waren, an; seiner unermüdlichen Thätigkeit ist es zuzuschreiben, daß der König den Zunamen der „gute“ (le bon Henri) erhielt und die Fabel von dem Huhn im Topfe eines jeden Bauern entstehen konnte. 1598 zum Oberintendanten der Finanzen ernannt, machte er sich daran, der außerordentlichen Verwirrung und Unordnung in denselben ein Ende zu machen. Er begann mit dem Erlaß von zwanzig Millionen Livres Rückständen der Tailles, erklärte die zahllosen in den letzten dreißig Jahren von den Bourgeois zwecks Erlangung der Steuerfreiheit gekauften Adelsbriefe für ungültig und schaffte die von den Seigneurs in demselben Zeitraum ohne jeden Schatten eines Rechtes neu begründeten und durch die Gewalt der Waffen eingetriebenen Forderungen an die Bauern ohne Weiteres ab. Von viel größerer Wirkung war aber seine Reform der Steuererhebung, welche die ungeheuere Zahl schmarotzender Zwischenerheber, die von der unglücklichen, wehrlosen Bauernschaft 150 Millionen erpreßte, um davon 30 an den König zu zahlen, ganz bedeutend verminderte. Nur zu oft hatte aber der große Staatsmann mit der leichtfertigen Verschwendung seines königlichen Herrn zu kämpfen, der die Lasten, die Sully soeben von den gebeugten Schultern der Bauern genommen hatte, ihnen durch reiche Schenkungen an seine Geliebten und Günstlinge wieder auflegte.

Unterbrochen wurde dieser Fortschritt, den die Agrikultur und auch das Wohlbefinden des Bauernstandes gemacht hatte, durch den plötzlichen Tod Heinrich's IV. und die dadurch veranlaßte Regentschaft Maria's von Medici. Der Feudaladel, dessen Uebermuth in den letzten zwölf Jahren etwas gedemüthigt war, erhob sich wieder in dem vollen Bewußtsein seiner Majorennität und beeilte sich, in einer allgemeinen Plünderung des Landes, das heißt der Bauern, für die so lange geübte Entsagung sich zu entschädigen. In bewaffneten Banden durchzogen die Edelleute halb Frankreich, plünderten und verpraßten, was zu plündern und zu verprassen war und kehrten dann reich beladen mit den geraubten Schätzen in ihre Raubschlösser zurück.*) In ergreifenden Worten schilderte auf den Generalständen von 1614, den letzten, die für mehr als anderthalb Jahrhunderte die französische Monarchie einzuberufen für gut fand, Robert Miron das entsetzliche Elend, unter dem der von allen Seiten geplünderte und mißhandelte Bauer lebte: „Man muß dreifaches Erz und einen großen Wall von Diamant um sein Herz haben, um ohne Thränen und Seufzer davon (von der Lage des Volkes auf dem Lande) sprechen zu können. Das arme Volk arbeitet unaufhörlich, ohne seinen

*) Miron auf den États généraux von 1614, zitirt bei Bonnemère, Histoire des paysans, II., S. 14: „Man hat seit einiger Zeit gesehen, wie eine einzige Gesellschaft bewaffneter Leute fast die Hälfte Frankreichs geplündert hat und wie dann, nachdem sie Alles verzehrt hatten, ein Jeder nach Hause zurückgekehrt ist, bereichert mit dem Vermögen des armen Volkes, ohne auch nur den Degen gezogen zu haben.“

Körper oder seine Seele zu schonen, um das gesammte Königreich zu nähren: es bearbeitet die Erde, verbessert sie, beraubt sie ihrer Früchte und benützt, was sie hervorbringt. Es giebt keine Jahreszeit, keinen Monat, keine Woche, keinen Tag, keine Stunde, die nicht unaufhörliche, fleißige Arbeit erforderten. Mit einem Worte, das Volk macht sich zum Diener und gewissermaßen Mittler des Lebens, das Gott uns gegeben und das nur durch die Güter der Erde aufrecht erhalten werden kann. Und von seiner Arbeit bleibt ihm nur Schweiß und Elend; was ihm sonst noch bleibt, verwendet es auf die Zahlung der Tailles, der Salzsteuer, der Aides und anderen Lasten. Und obschon es nichts hat, so ist es doch noch gezwungen, für andere Personen zu sorgen, die es durch Kommissionen, Requisitionen und andere schlechte, zu sehr geduldete Erfindungen quälen. Es ist ein Wunder, daß es alle diese Forderungen noch zu befriedigen vermag.

„Dies arme Volk, das zum Erbtheil allein die Bearbeitung der Erde, die Arbeit seiner Arme und den Schweiß seiner Stirn hat, unterdrückt von der Taille und der Salzsteuer, doppelt besteuert durch die unerbittlichen und barbarischen Requisitionen zahlloser Parteigänger und drei unfruchtbare Jahre, hat man Gras unter den Thieren des Feldes essen sehen; ein Theil desselben, weniger geduldig, ist in Schaaren ins Ausland gegangen, sein Heimathland verfluchend, das undankbare, das ihm die Nahrung versagt hat, fliehend vor den Mitbürgern, die mitleidslos zu seiner Unterdrückung beigetragen haben, wenigstens insoweit sie es nicht in seinem Elend unterstützt haben.

„Sire, es sind nicht Insekten oder Würmer, die eure Gerechtigkeit und euer Mitleid erflehen; es ist ein armes Volk, es sind vernünftige Wesen, Kinder, deren Vater, Vormund und Beschützer Sie sind. Leihen Sie Ihre geneigte Hand, um sie von der Knechtschaft zu befreien, unter deren Last sie zum Boden sich beugen. Was würden Sie sagen, Sire, wenn Sie in ihren Provinzen Guyenne und Auvergne Menschen Gras nach Art der Thiere des Feldes hätten essen sehen. . . .

„Ohne die Arbeit des armen Volkes, was nützen der Kirche ihre Zehnten, ihre großen Besitzungen? dem Adel seine schönen Ländereien, seine großen Lehen? dem dritten Stand seine Häuser, Renten und Erbschaften? . . . Man muß fürchten, daß aus dem Amboß, der das Volk jetzt ist, es zum Hammer werde.“ *)

Bis ins Einzelne finden wir die Uebergriffe, Erpressungen und Mißbräuche, die sich der Adel den schutzlosen Bauern gegenüber erlaubte, in den Doléances (Beschwerden) ausgeführt, die die Vertreter des dritten Standes 1614 dem Könige überreichten. Man weiß, welche Antwort das minorenne Königthum in den Händen der Regentin und des Adels auf die Klagen dieser Cahiers**) gab: es schloß den Sitzungssaal und verbot den Deputirten, sich zu versammeln. So

*) Rede Miron's in den États généraux, XVII., S. 92, zitirt von Bonnemère, Histoire rc., II., S. 14 ff., und theilweise Ranke's Werke, IX., S. 144.

**) Die Doléances wurden in einem Heft, das Cahier hieß, vereinigt und dann dem König unterbreitet.

blieben denn auch die ganzen Verhandlungen der Generalstände ohne jede Wirkung: Jacques Bonhomme zahlte, diente und duldete weiter.

Richelieu's Interesse und Thätigkeit war zu sehr von den Kämpfen mit den Hugenotten, dem Adel und dem Hause Habsburg in Anspruch genommen, als daß er hätte daran denken können, einer Reihe von Ordonnanzen, die er zum Schutze des Bauernstandes gegen die verwilderte Soldateska und die raubsüchtigen Gouverneure u. s. f. erlassen, den nöthigen Nachdruck zu geben. Wenn zwar seine Adelspolitik indirekt den Bauern Erleichterung schuf, so hat dagegen seine äußere Politik mit der Theilnahme am dreißigjährigen Krieg einmal die verwüstenden Raubzüge Johann von Werth's und anderer kaiserlicher Heerführer in die vom Krieg noch unberührten Landestheile Frankreichs gezogen, andererseits die Steuerlast infolge der unaufhörlichen Geldbedürfnisse des Krieges so außerordentlich rapide steigen machen, daß die Taille fast auf das Dreifache ihres Betrages unter Heinrich IV. anwuchs. Das wichtigste Legat, das er seinem Nachfolger Mazarin hinterließ, war die vollständige finanzielle Erschöpfung des Landes.

Eine neue Regentschaft — und sofort erhebt sich der Adel, beutegierig und unersättlich wie immer, und die Regentin, Anna von Oesterreich, wirft, um dies Raubthier bei guter Laune zu halten, ihm Alles hin, was seinen Hunger stillen kann: Geld, Privilegien, Monopole, die unglaublichsten, bizarrsten Steuern. La Reine est si bonne (die Königin ist so gut), das ist der Jubelruf, mit dem der Adel diese neue Zeit begrüßt; als das Glückshorn versiegt, beginnt die Fronde und eine Periode für den französischen Bauer, die an Elend nur von der Zeit des hundertjährigen Krieges gegen die englische Invasion (von 1339 bis Mitte des 15. Jahrhunderts) übertroffen wird. Die Edelleute, „diese Schufte von Qualität — genpilhommes nennt sie Rabelais — denen der Diebstahl und Mord so familiär ist, wie Essen und Trinken,“*) machen den letzten Versuch, alle ihre feudalen Rechte, die schon längst in Vergessenheit gerathen waren, wie z. B. den „droit de guet et garde“ (das Recht auf Wachdienste durch die Bauern) wiederzubeleben, um sie in dauernde Renten zu verwandeln. Mit offener Gewalt arrondiren sie ihre Domänen auf Kosten des bäuerlichen Besitzes. Gouverneure und Intendanten suchen es ihnen gleichzuthun und plündern in rührender Einmüthigkeit mit den Steuerpächtern die Provinzen. Sie stellen diesen zur Eintreibung der Taille eine Soldateska zur Verfügung, die ihre Vorbilder im dreißigjährigen Kriege findet und außer für die Herren von der Finanz auch für sich stiehlt, raubt und plündert. Dies ist die Zeit, in der die Enteignung der bäuerlichen Klasse ihren vergessenen Lauf wieder aufnimmt.**) Die Bauern verlieren ihr Grundeigenthum, das sie in kleinen Fetzen während der Regierung Heinrich's IV. und in den ersten Jahren Ludwig's XIII. erworben haben. Wenn sie ihren Verpflichtungen gegen

*) Bonnemère, Histoire des paysans, II., S. 45.

**) H. Doniol, Histoire des classes rurales en France, Paris 1865, S. 389 ff.; Bonnemère, Histoire &c., II., S. 36; Feillet, La misère au temps de la Fronde &c., S. 363 und 364.

Grundherrn und Fiskus nicht nachzukommen im Stande sind, wirft sich die parasitische Bande der Edelleute und Finanziers, da sie kein Geld findet, auf das Land der Bauern, das sie für Spottpreise erwirbt oder noch einfacher mit Gewalt in Beschlag nimmt. Oft genug schlägt ihnen aber der verzweifelnde Jacques Bonhomme noch ein Schnippchen. Er enterbt seine Kinder und schenkt den Rest seines Vermögens, der ihm noch geblieben, einem Kloster, das dafür die Verpflichtung übernimmt, ihn bis zu seinem Tod zu unterhalten. Der reiche Roturier*) flieht vor der Taille in die Stadt, hinter deren Mauern er Schutz vor seinen Peinigern und Blutsaugern findet. Aber jede Parcelle, die in die Hände der Klöster oder des Adels oder der geadelten Roturiers, deren Zahl proportional zu dem Geldbedürfniß der Könige gewachsen war, gelangt und damit steuerfrei wird, vermehrt die Steuerlast der umliegenden bäuerlichen Parcellen und beschleunigt so den Expropriationsprozeß. Nicht nur Individuen, ganze Dörfer werden expropriirt; die Gemeindegüter, die Wälder und Weiden werden das Eigenthum der Seigneurs. Das ist das bedeutende Resultat dieser Epoche der französischen Geschichte.**)

Bevor wir aber in die Geschichte des französischen Bauers unter Colbert und Ludwig XIV. eintreten, scheint uns hier die Stelle zu sein, in Kürze an unserem Auge die Reihe der wichtigeren Aufstände, in denen sich der über alles Maß gefolterte und gequälte Jacques Bonhomme gegen seine Peiniger erhob, vorüberziehen zu lassen. Jacques, Rustauds, Gautiers, Croquants, Va-nu-pieds, das sind die Spottnamen, mit denen der Adel den französischen Bauer bezeichnete, wenn dieser geduldigste aller Bauern, müde, noch länger die Rolle des Lastthieres zu spielen, sich in Revolten erhob. Der Verlauf dieser Bauernaufstände ist fast stets derselbe. Der überraschte Adel und die Steuerpächter werden überfallen, hingeschlachtet oder aufgehängt; die Schlösser und Steuerstationen verbrannt. Dann nach einiger Zeit schickt der König, Kardinal oder wer sonst die Regierung führt, eine Uebermacht Soldaten, der sich die Edelleute rache- und beutegierig anschließen. Es kommt irgendwo zum Treffen; die schlechtbewaffneten Bauernhaufen werden nach mehr oder weniger blutigem Kampf aus-

---

*) Roturier ist Alles, was nicht adlig ist.

**) Für diese Plünderung der Bauern sind die besten Zeugnisse der „Monitoire“ und die „Arrêts des Grand-Jours,“ siehe Doniol, Histoire rc., S. 394: Erpressung der Anerkennung von Renten, Zinsen, Fronden und anderen nicht geschuldeten Gebühren; mißbräuchliche Abschätzung des Getreides bei der Verwandlung von Naturalgebühren in Geldabgaben oder willkürliche Herabsetzung des Preises; Einkerkerung der Bauern in den Rittersitzen oder Schlössern ohne richterlichen Beschluß; Erhebung von Gebühren (ohne Rechtstitel vollzogene) auf die Zirkulation von Waaren; Aufsummenlassen der schuldigen Renten und Zinsen in den Jahren niedriger Preise, um sie später bei hohen Preisen einzufordern; Erzwingung der Benutzung der Mühle des Schlosses durch die Bauern, obschon ohne Bannrecht, und Konfiskation des Getreides oder Auflage einer Buße für die, welche es nicht thaten; Erzwingung des Ankaufes des verdorbenen Getreides des Seigneurs rc., das waren die Vergehen, welche die „Großen Tage“ zu strafen hatten.

einander gesprengt, und dann beginnt das Henken und Rädern der aufständischen Bauern, das Niederbrennen ihrer Häuser, das Verwüsten ihrer Felder. Die Pacifikation ist vollendet und es herrscht wieder Ruhe für etwa ein halb Jahrhundert. —

Nach dem furchtbaren Bauernaufstand, der Jacquerie von 1358, gab es bis ins 16. Jahrhundert hinein keine irgendwie bedeutenderen Unruhen. Erst wieder mit dem großen Bauernkrieg in Deutschland, der auch nach Lothringen hinüberspielte, begann eine neue Reihe von Bauernrevolten, meist durch den unerträglichen Druck der Steuerlast hervorgerufen. So war es die Salzsteuer, die verhaßteste aller Steuern, die die haßerfüllte Phantasie der Bauern nur als Drachen personifiziren konnte, welche im Jahre 1548 einen bedeutenden Aufstand in der Provinz Guyenne veranlaßte. Die Zahl der Aufständischen war im Nu auf 50000 angeschwollen; Banden von Bauern durchzogen die Provinz; mehrere Städte, unter ihnen Bordeaux, wurden erobert oder schlossen sich der Bewegung freiwillig an. Der Connetable von Montmorency, der den Auftrag erhalten, die Empörung zu dämpfen, zeigte sich in seiner ganzen Größe. Bordeaux wurde zurückerobert und dezimirt, die Bauern zu Hunderten gehenkt, kurz die gewöhnliche, äußerst einfache Radikalkur angewandt: man zerschmetterte die Empörer und erstickte ihre Klagen über die unerträgliche Steuerlast in ihrem Blute. Vierzig Jahre später, zu Ende der Religionskriege, als sich der Kampf zwischen den beiden Parteien in einen allgemeinen Beute- und Plünderungszug derselben in Frankreich aufgelöst hatte, folgt Bauernrevolte auf Revolte. 1586 erhoben sich die „Gautiers“ in der unteren Normandie „aus dem natürlichen Motiv, ihre Güter, Weiber und Kinder gegen den Brigandage und die Brutalität der Soldateska zu vertheidigen.“ Es gelang, diese gegen die Edelleute gerichtete Bewegung für die Liga zu gewinnen. Durch Verrath fiel der stärkste Haufen der Gautiers in einen Hinterhalt, den ihm der Herzog von Montpensier gelegt hatte, und wurde vernichtet. Nicht besser ging es den aufständischen Landleuten der Bretagne, die sich gleichfalls zur Vertheidigung ihres Landes vereinigt hatten. Sie massakrirten alle Edelleute, die ihnen in die Hände fielen, Royalisten und Ligueurs, Calvinisten wie Katholiken. „Diese Wuth,“ sagt ein Geschichtschreiber dieses Aufstandes, Morice, „war allen Bauern der Nieder-Bretagne gemein und ihr Plan war weniger, den Häretikern den Krieg zu machen, als den Adel auszurotten. Dies war ihr fester Entschluß; und wenn sie siegreich von Carhais zurückgekehrt wären, würden sie sich auf die Häuser der Adligen geworfen und alle Edelleute, die ihnen begegnet wären, getödtet haben. Es ist nur dies nöthig, sagten sie, um in die ganze Welt die Gleichheit zurückzubringen, die sich unter den Menschen finden sollte.“*) Von größerem Umfang und längerer Dauer war der Aufstand der „Croquants,“ der während dreier Jahre, von 1593—1595, die Provinzen Poitou, Saintonge, Limousin, Marche, Périgord, Quercy in Aufruhr gegen König und Adel brachte.

---

*) Bonnemère, Histoire ꝛc., I., S. 519.

Die Aufständischen erließen eine Proklamation, in der sie alle Gutgesinnten aufforderten, „mit ihnen zusammen den verderblichen Plänen ihrer und des Königs Feinde entgegenzutreten, nämlich den Klauen der Subsidienerfinder, Diebe, Steuerempfänger und Steuerkommis, ihrer Helfer und Anhänger . . .“ Die Worte „Aux croquants,“ nach denen dann die Bauern selbst die Croquants genannt wurden, gaben überall das Signal zum Ueberfall und zur Ermordung aller Steuererheber, Edelleute, Soldaten, dieses das Volk bis aufs Blut peinigenden Triumvirats. Der Kampf zog sich lange hin. Seine Bedeutung ist sehr klar ausgesprochen in den folgenden Sätzen der Proklamation, die der Adel seinerseits erließ: „daß die Bauern, indem sie versuchten, sich der Unterwerfung zu entziehen, in die sie Gott befohlen, sich gegen jedes göttliche und menschliche Recht erhoben. Sie beabsichtigen die Religion dadurch umzustürzen, daß sie die für den Dienst Gottes seit Beginn der Welt angeordneten Zehnten nicht mehr zahlten — und beabsichtigten, die Monarchie umzustürzen und eine Demokratie nach dem Beispiele der Schweizer einzurichten. . . .“ Dies Ziel der Selbständigkeit der Provinzen spielt noch in anderen Aufständen eine Rolle. Wir werden später sehen, daß die Bauern sich mit den äußeren Feinden des Königs, wie Spanien und Holland, in Verbindung setzen, und daß die Erinnerung an die einstige Verbindung der Bretagne und der anderen Provinzen des Nordwestens mit England den Gedanken bei den dortigen Bauern wachruft, sich unter den Schutz dieses Landes zu stellen. Es gelang den königlichen Truppen, den Aufstand der „Croquants“ im Limousin und Saintonge niederzuwerfen: im Perigord wurde von dem 40 000 Mann starken Bauernheer ein so nachdrücklicher Widerstand geleistet, daß die Regierung vorzog, mit demselben einen Vertrag abzuschließen und die Rückstände der Taille, die ja doch uneintreibbar waren, den Bauern in Gnaden zu erlassen. Vierzig Jahre lang herrschte nun Ruhe in diesen Provinzen, bis in den Jahren 1636 und 1637 sich wieder genügend Brennstoff angesammelt hatte, um das glimmende Feuer zur hellen Flamme ausbrechen zu machen. Diesmal fanden die aufständischen Bauern der Provinzen Saintonge, Guyenne, Angoumois und Poitou eine Zeit lang die Unterstützung der Spanier. Als aber die Insurrektion sich auf die Städte auszudehnen begann, schickte Richelieu seine Soldaten unter dem Herzog von Lavalette, der die von den Spaniern im Stich gelassenen Bauern überfiel und nach verzweifeltem Widerstand aufrieb. „Die Führer wurden gehängt, und diese Brut ganz und gar ausgerottet.“*) Das war 1636; aber schon im folgenden Jahre überreichten die Stände der Normandie dem König eine Denkschrift, in der sie die furchtbare Lage der Provinz schilderten: das Land von den Soldaten und den Agenten des Fiskus verwüstet, die Gefängnisse mit den Opfern der Gabelle angefüllt, die Dörfer verlassen, die Landleute in den Wäldern flüchtig und Briganten geworden. Auch das Parlament und die städtischen Behörden von Rouen ergriffen die Partei der Bauern gegen die Steuererheber, und so erhoben sich

---

*) Bonnemère, Histoire ꝛc., II., S. 30.

denn von allen Seiten, von den Behörden und der Bourgeoisie der Städte unterstützt, noch einmal die verzweifelnden Bauern und forderten in Plakaten „zur Vertheidigung und zur Befreiung des von Parteigängern und Steuererhebern unterdrückten Vaterlandes auf." Sie gaben ihrem Führer den Namen Jean-va-nu-pieds (Jakob Barfuß), organisirten ihre Streitkräfte und schickten sich an, die Eroberung der Provinzstädte zu unternehmen. Richelieu entschloß sich nun zur energischen Pacifikation des Landes. Er löste zunächst das Parlament von Rouen auf, das ihm zu opponiren gewagt hatte, setzte den Generallieutenant der Provinz, der Sympathien für die Sache der Bauern gezeigt hatte, ebenso wie den Maire und Rath von Rouen ab, und schickte 4000 fremde Soldaten, die dem Mitleid weniger zugänglich schienen,*) in die Provinz. Die „Blüthe des Adels" schloß sich diesem Mord-, Raub- und Plünderungszuge in großer Zahl an. Das Ende war das gewöhnliche aller dieser Bauernaufstände. „Die Gefangenen wurden gehängt und die Kanaille auseinandergejagt," sagt Montglat in seinen Mémoiren.**)

Wir treten in das Zeitalter Ludwigs XIV. ein und durchlaufen schnell die Geschichte des französischen Bauern während der Regierung Colbert's, um dann ausführlicher den furchtbaren Verfall während der letzten dreißig Jahre des „Königs Sonne" darzustellen. Selbst heute noch ist die von Martin und Clément so schlagend widerlegte Fabel von der Feindschaft oder Gleichgültigkeit Colbert's gegenüber dem Ackerbau nicht gänzlich aufgegeben worden, während doch schon ein Blick in seine Korrespondenz mit den Intendanten hinreichen sollte, von dem Gegentheil zu überzeugen.***) Thatsächlich müssen die ersten zehn Jahre Colbert'scher Verwaltung als die eines rapiden, fast unvergleichlichen Aufschwunges des Ackerbaues und der ländlichen Produktion überhaupt bezeichnet werden, der in großer Ausdehnung der planvollen Thätigkeit des Ministers zugeschrieben werden muß. Er begann dieselbe mit einer weitgehenden Unterdrückung der Steuerbefreiungen. Durch das Reglement über die Tailles von 1663 und das Edikt vom September 1664 wurden alle die Adelsbriefe, die nach 1634 ertheilt worden waren, revocirt und damit das Land „von diesem Ungeziefer, das es fortwährend verzehrt" — so nannte er die adels- und steuerfreiheitssüchtige Bourgeoisie — gereinigt.†) So weit wie möglich suchte er die Härten bei der

*) „Damit sie für das Mitleid weniger zugänglich wären." Sismondi, Histoire des Français, XXIII., S. 396.

**) Leymarie, Histoire des paysans en France, II., S. 632 ff.

***) Auch Philippson in seinem „Zeitalter Ludwig's XIV." wärmt diese alte Fabel wieder auf.

†) Uebrigens hinderte dies nicht, daß später, als die Finanznoth immer größer wurde, wieder periodisch die Adelsbriefe zuerst verkauft und dann für ungültig erklärt wurden. Es ist dies ein alter Finanzstreich der französischen Könige, der aber ganz besonders häufig, ebenso wie die Umschmelzung der Münzen, wiederholte Ablösung einer und derselben Steuer &c., von dem „stolzen König Sonne" angewandt wurde. Auch auf diese erlauchte Person kann man das Wort anwenden, daß es kaum einen Paragraphen der allerdings nur für gewöhnliche Sterbliche, nicht aber für Sonnenkönige bestimmten Strafgesetzbücher gegeben, den er nicht in flagranter Weise übertreten hätte.

Erhebung der Taille zu lindern, ohne allerdings den Versuch zu machen, den ganzen Erhebungsmodus derselben von Grund aus umzugestalten. Von größerer Bedeutung war die Befreiung der bäuerlichen Kommunen von den sie erdrückenden Schulden, ihre Wiedereinsetzung in die ihnen widerrechtlich und mit Gewalt seitens der Edelleute geraubten Gemeindeländereien und -weiden, der Schutz der Viehzucht durch das Verbot, das Vieh des Bauern für Steuerrückstände zu pfänden und zu verkaufen. Mit unerbittlicher Energie trat Colbert den Diebstählen öffentlicher Fonds, sowie anderen Ausschreitungen der Gutsherren entgegen. Ueberhaupt beweist eine ganze Reihe von Erlassen, Denkschriften, Versuchen, was für ein zielbewußter Gegner der Feudalität, insbesondere auch ihrer Herrschaft auf dem flachen Lande, er war. So annullirte er die Schenkungen von Gütern an Klöster, in deren Händen sich ein stetig wachsender Grundbesitz ansammelte; ließ ein neues Gesetzbuch entwerfen, in dem unter anderem die totale Aufhebung aller persönlichen wie reellen Hörigkeit und die zwangsweise Ablösung der gutsherrlichen Renten als Rechtssätze ausgesprochen waren und schuf ein neues Hypothekenrecht mit dem leitenden Gedanken, den Grundbesitz aus den Fesseln der Feudalität zu lösen und ihm Waarencharakter zu ertheilen. Seine Fürsorge für den bäuerlichen Grundbesitz tritt ebenso klar in einer strengen Reglementirung der Jagd und in den die „Colombiers" betreffenden Edikten hervor. Die reichen Roturiers hatten sich nämlich in der Provence das Recht angemaßt, wie die adligen Herren Taubenzucht zu treiben, und die zahllosen Taubenschwärme waren zu einer furchtbaren Landplage ausgeartet, die besonders wieder den Bauer traf. Colbert trat diesem Treiben aufs Energischste entgegen, aber nicht aus dem Grunde — das beweist sein langer Briefwechsel mit dem Intendanten der Provinz —, weil die Roturiers sich die Vorrechte des Adels angemaßt hätten, sondern weil unter dieser Großherrenlaune das Gemeinwohl, insbesondere die Bauernschaft, außerordentlich viel zu leiden hatte. Ein entschiedener Erfolg war die Frucht dieser vielseitigen Thätigkeit. Trotz einiger schlechten Jahre nahm der Wohlstand der Bauern rasch zu. Gegen Ende der sechziger Jahre war der Viehstand so an Zahl gewachsen, daß die nicht unbedeutenden Importe vom Auslande vollständig aufgehört hatten und ein kleiner Export an ihre Stelle getreten war. Und der beste Beweis: die Bauern beginnen langsam einen Theil der während der Fronde von ihnen verlorenen Ländereien wieder zurückzukaufen.*) So war die Lage des Bauernstandes am Ende der ersten zehn Jahre Colbert'scher Verwaltung, während welcher derselbe als unumschränkter Herr die Verwaltung Frankreichs leitete. In der Hauptsache ist seine Thätigkeit für die Bauernschaft durch zwei Gründe bestimmt. Einmal galt es, aus Rücksichten der Finanzpolitik das wichtigste Steuerobjekt des Königthums, den Bauer, auch steuerfähig zu machen, die Henne, welche die goldenen Eier legte, auch zu erhalten; eine ganze Zahl seiner Erlasse dient diesem

---

*) Ueber die Colbert'sche Verwaltung siehe Martin, Histoire de France, XIII., S. 79; Doniol, Histoire &c., S. 399 ff., und besonders die Werke von Clément.

Zwecke. Colbert war aber zugleich der Geschäftsführer der sich entwickelnden modernen Industrie, der Vertreter der neuen Klasse von Unternehmern, Großkaufleuten u. s. f., die im schärfsten Gegensatze zum alten Adel stand. In dem Kampfe, den er in ihrem Interesse gegen den letzteren und gegen das feudale Gesellschaftssystem führte, sah er in dem von den Lasten der Hörigkeit befreiten Bauern, dem alten Feind der Seigneurs, einen wichtigen und festen Stützpunkt. Gegen Anfang der siebziger Jahre begann aber der Kampf zwischen Colbert und Louvois um die Alleinherrschaft, aus dem der letztere als Sieger hervorgehen sollte. Dieser verstand es, Ludwig XIV. durch kluge Benutzung seines Cäsarenwahnsinns in die Bahn einer Kriegspolitik zu lenken, durch die das mühselige Werk Colbert's zerstört, aber Louvois' Allmacht begründet ward. Damit setzte langsam der von Colbert bis zu seinem Tode rastlos bekämpfte, unter seinen unfähigen Nachfolgern dann rapide hereinbrechende totale Ruin Frankreichs ein. Schon 1673 sah sich Colbert gezwungen, zu einer Erhöhung der Taille, der Salzsteuern, der Zölle, kurz, aller fiskalischen Leistungen seine Zuflucht zu nehmen und im folgenden Jahre dasselbe Spiel zu wiederholen. Die Taille, an deren Herabsetzung er so lange gearbeitet hatte,*) wuchs in diesen beiden Jahren von 33 auf 41 Millionen, und die Finanznoth zwang zur Wiedereinführung der schon von Mazarin geschaffenen, dann unterdrückten Steuer der Stempelgebühren. Kein Wunder, daß dieser so schnell wachsende Steuerdruck schon 1675 zu einem furchtbaren Aufstande in der Bretagne führte, in dem sich nicht nur die Bauern, sondern auch die Bourgeoisie verschiedener Städte gegen die Regierung erhoben. Schlag auf Schlag waren hier die Stempelsteuern wieder eingeführt, obwohl die Stände dieselben das Jahr vorher durch ein doppeltes „don gratuit“ (freiwilliges Geschenk) abgelöst hatten, die Steuern auf Tabak und Salz erhöht und die alten feudalen „lods et ventes“ (die Abgaben bei Besitzveränderungen) wieder eingeführt worden. Im Zusammenhang damit wurden alle Leistungen, die nach dem Gewohnheitsrecht auf dem Bauer lasteten, aufs strengste erhoben und auf jede Art und Weise eingetrieben. Den alten stets wiederkehrenden Leiden entsprach der alte Schlachtruf der Aufständischen. Das Joch des Adels und der Steuern abzuschütteln und sich von den Leistungen, die von ihm erhoben worden, zu befreien, war das natürliche Ziel der Bewegung.

In einem „Code paisant“ (Bauern-Kodex) wurde die Befreiung der Arbeit und die Konsolidirung der Pachten gefordert. Das Poitou, das Bordelais, selbst die Dauphiné schlossen sich dem Aufstand an. Wie vor mehr als hundert Jahren, so

---

*) Sie sank von 42 028 096 Livres im Jahre 1661 auf 33 645 797 Livres im Jahre 1671 und stieg auch während der Kriege gegen Holland nie über 40 Millionen. Noch 1683 schreibt Colbert in seinem Memoire über die Finanzen, abgedruckt bei Forbonnais, I., S. 564: „Wenn seine Majestät sich entschlösse, ihre Ausgaben zu vermindern, und früge, worin man ihrem Volke Hülfe gewähren könnte, würde meine Ansicht sein: 1. die Tailles zu vermindern und sie in drei oder vier Jahren auf 25 Millionen herabzubringen ...“ Zitirt bei Bonnemère. Histoire x., II., S. 104.

war auch jetzt Bordeaux ein Zentrum desselben, von dem aus man Verhandlungen mit den Holländern zwecks Hülfeleistung anknüpfte. Ludwig XIV., durch seine auswärtigen Kriege anderweitig in Anspruch genommen, sah sich zu Verhandlungen, ja zum Erlaß einer Amnestie gezwungen, die aber, da man ihm mit Recht mißtraute, ohne Erfolg vorüberging. Dem Aufstand fehlte es jedoch ebensosehr an innerer Kraft wie an einem Ziele, denn trotz der Verhandlungen mit auswärtigen Mächten kann die Selbständigkeit der Provinzen nicht als solches bezeichnet werden. So konnte denn der König durch das Warten, zu dem er gezwungen war, nur gewinnen. Sobald ihm der auswärtige Krieg es möglich machte, größere Truppenmassen zu entbehren, schickte er dieselben in die aufständischen Provinzen und vernichtete in kurzer Zeit die aufständischen Haufen. Dem Siege der Truppen folgten die nur zu bekannten Szenen.

Mit dem Tode Colbert's beginnt die Periode, die Voltaire so kurz und treffend mit dem einen Satze charakterisirt hat: „Man starb vor Hunger beim Schall des Te Deum!" „Man," das war die große Masse des „peuple menu" (gemeinen Volkes), der Bauer in erster Linie. Er hatte auf seiner Via dolorosa in den letzten 25 Jahren der glorreichen Regierung Ludwig's XIV. die grausamste Station, die der Agonie des Kreuzigungstodes erreicht. Nach dem Frieden von Nymwegen hatte Colbert noch vier Jahre lang vergeblich gegen die unaufhaltsame Verringerung der Einnahmen und die ebenso unaufhaltsame Steigerung der Ausgaben gekämpft; der König wies jede Mahnung zur Sparsamkeit mit den Worten zurück: Meine Ausgaben sind alle nothwendig! Seine Nachfolger gaben die von ihm befolgte Politik nach und nach vollständig auf. Die schlechtesten Finanzpraktiken, Schaffung und Verkauf neuer Aemter und Adelsbriefe, Münzverschlechterungen u. s. f. folgten einander als die einzigen Mittel rathloser Finanzminister. Schon 1685, wo man die Taille um $^{1}/_{11}$ erhöht und eine Unzahl neuer, die Steuerfreiheit nach sich ziehender Aemter geschaffen hatte, kehrte die Landbevölkerung zur Bandenbettelei, wie in den Zeiten der Fronde und Fouquets, zurück. Die schweren Verluste, die die bigotte religiöse Politik und die Auswanderung der Hugenotten, der Repräsentanten des französischen Gewerbefleißes, dem Wohlstand des Landes schlugen, wirkten mit voller Wucht auf den Ackerbau zurück. Dazu kam, daß mit dem wachsenden Alter des Königs der Adel mehr und mehr die ihm theilweise verloren gegangene Herrschaft zurückeroberte und seine durch alten Brauch geheiligte Bauernpolitik, die auf dem Satz beruhte, daß man den Bauer vernichten (écraser) müsse, um ihn gelehrig und unterwürfig zu halten, wieder zur leitenden wurde. Es war von jeher die tiefinnerlichste Ueberzeugung Ludwig's XIV. gewesen, daß die arbeitenden Klassen, insbesondere die bäuerlichen, von Gott dazu bestimmt seien, den anderen Klassen, das heißt dem Adel und Klerus als Leibeigene zu dienen. Die absolute Monarchie, die in dem Kampfe gegen den Feudalismus sich stets auf die aufstrebenden Klassen des Bürgerthums gestützt hatte, deren glänzendste Zeit unter Ludwig XIV. gleichfalls dieser von Colbert zähe verfolgten Politik gedankt war, hat ihre Vergangenheit vergessen: anstatt den Kampf gegen die Privilegien fortzusetzen, schafft sie mit verschwenderischer Hand unzählige neue, verstärkt sie die Macht der beiden Klassen, deren zügellose Erpressung ihren Untergang zum guten Theile heraufbringen wird, und handhabt sie in ihrem Ausbeutungsinteresse die ganze ungeheure Maschinerie eines modernen zentralisirten Staates. Diese kleine Zahl von Leuten, deren Reichthum auf Kosten des ganzen Landes unaufhörlich wächst, vollendet den Ruin des Ackerbaus durch den Luxus, in dem sie die den Bauern abgepreßten Summen sinnlos verpraßt, ohne je daran zu denken, einen Theil derselben in Meliorationen anzulegen.*) Erpressung und Elend erzeugen sich gegenseitig. Man bemüht sich arm zu erscheinen, um nicht die Beute habsüchtiger Steuerpächter zu werden, und um arm erscheinen zu können, beschränkte man sich auf die zur elendesten Subsistenz nothwendige Arbeit.**) Andererseits treibt das entweder erheuchelte oder reelle Elend die Steuerpächter dazu, bei der Eintreibung der verschiedenen Steuern jedes Mittel der Erpressung anzuwenden, um die nöthigen Summen irgendwie aus der Armuth der Bauern herauszuquetschen. So wurde denn der Ackerbauer auf jede Weise, auf die sinnloseste, sofern sie nur für den Augenblick Ertrag brachte, von Grund aus ruinirt: war er Eigenthümer, traf ihn der Ruin direkt; war er Pächter, ließen ihn die stetig wachsenden Steuern am Ende seiner Pacht ohne Profit; wär er Halbpächter, machten sie sein Naturaleinkommen schwinden; war er Tagarbeiter, ruinirte ihn der Mangel an Arbeit. Wie sinnlos die Finanzpolitik gegenüber dem Bauernstand war, dafür nur einige Beispiele. Um aus den Stempelsteuern mehr Geld zu ziehen, verbot man, die Pachten auf mehr als neun Jahre abzuschließen, d. h. man verbot den Pächtern, sich auf ihrer Pacht festzusetzen und durch Ameliorationen den Reinertrag zu steigern.***) Dagegen hob man das Colbert'sche Verbot, das Vieh und die Ackerwerkzeuge für Steuerrückstände zu subhastiren, wieder auf und überlieferte den Bauer an Händen und Füßen gebunden den Steuereintreibern, die seine Hütte einrissen, um das Holz und Eisen zu verkaufen. Unter dem Vor-

---

*) Ueber diesen Absentismus und seine Folgen siehe Du Cellier, Histoire &c., S. 254 ff.: Die Ländereien sahen niemals die auf ihnen erhobenen Renten zu sich zurückkehren.

**) Vauban, Projet d'une dixme royale 1707, S. 30: „Der Stärkste unterdrückt stets den Schwächeren; und die Dinge sind so weit gediehen, daß Derjenige, der sich des von ihm besessenen Talentes, eine Kunst oder ein Gewerbe auszuüben, bedienen könnte, das ihn und seine Familie in Stand setzen würde, etwas besser zu leben, es vorzieht zu verbleiben wie er ist, ohne etwas zu thun, und daß Derjenige, der ein oder zwei Kühe und einige Hammel und Schafe mehr sich halten könnte, mit denen er im Stande wäre, seine Pachtung oder sein Land zu verbessern, gezwungen ist, dies zu unterlassen, um nicht von der Taille im folgenden Jahre erdrückt zu werden, wie er es ohne Zweifel werden würde, wenn er etwas verdiente und man sähe, daß seine Ernte reicher als gewöhnlich ist. Aus diesem Grunde lebt er und seine Familie nicht nur sehr ärmlich und geht fast ganz nackt, d. h. verzehrt nur sehr wenig, sondern er läßt sogar das Stückchen Land, das er hat, zu Grunde gehen, indem er es nur zur Hälfte bearbeitet, aus Furcht, daß man, wenn es den Ertrag liefert, den es wohl gedüngt und kultivirt liefern könnte, die Gelegenheit benutzen würde, ihn in doppelter Höhe zur Taille zu veranlagen."

***) Forbonnais, II., S. 63.

wande, daß die Landgeistlichen bei der Führung der Zivilregister die gesetzlichen Vorschriften nicht genau inne hielten, schuf man neue Aemter mit der Aufgabe, Register über die Taufen, Ehen und Begräbnisse zu führen, und stattete dieselben mit den nöthigen Sporteln aus. Für weniger als 400000 Livres verkaufte man sie dann an eine Gesellschaft, so daß „man im ganzen Königreiche die Gefälle-erheber ihre profanen Hände sogar an die heiligen Sakramente legen sah." Im Perigord und Querci tauften infolgedessen die Bauern, um der Steuer zu entgehen, ihre Kinder selbst und heiratheten ohne jede Formalität. Verfolgt von der die Steuer ausbeutenden Kompagnie, leisteten sie Widerstand und eine Revolte brach los. Banden von Bauern durchzogen das Land, zwangen mehrere Edelleute, sich an ihre Spitze zu stellen, und eroberten im Sturme die Stadt Cahors. Der Staatsrath blieb den Klagen der Steuerbeamten gegenüber taub und weigerte sich, einzuschreiten, obschon er die Pachtsumme erhalten hatte; nahm aber auch das Edikt nicht zurück.*)

Wiederum sieht sich der Bauer, um seine Steuern und Schulden zu bezahlen, gezwungen, seinen Grundbesitz herzugeben, und sinkt in den Zustand des Lohnarbeiters oder Halbpächters zurück. In den Schriften Vauban's und Boisguillebert's erscheint er nur als manoeuvre oder métayer, deren Arbeit von großen Pachtunternehmern ausgebeutet wird. Beide erwähnen noch als die Folge dieser Enteignung des Bauern die außerordentliche Abnahme der kultivirten Oberfläche und des Ertrages.**)

Diese Finanzpolitik war unmittelbar veranlaßt durch die ungeheuren Anforderungen, die die unaufhörlichen Kriege an die Staatskasse stellten. Von 1689 bis 1697 der Koalitionskrieg, von 1701--1714 der spanische Erbfolgekrieg, zugleich mit diesem 1702—1705 der Krieg gegen die Kamisarden, der mit der furchtbaren Verwüstung des Languedoc endigte. 1692 und 1693 waren außerordentlich schlechte Ernten, dafür wurde 1695 die Kopfsteuer eingeführt. In den Jahren 1693 und 1694 wüthete eine furchtbare Hungersnoth in der Generalität von Alençon, so daß die Bevölkerung ganz bedeutend abnahm. Seit 1691 befand sich das Limousin in furchtbarer Noth; das Getreide, die Weinstöcke, die Kastanienbäume waren erfroren; die Einwohner verkauften ihr Vieh und ihre Möbel, um nicht zu verhungern. Im Januar 1692 zählte der Intendant dieser Provinz mehr als 70000 Personen, die zum Bettel gezwungen waren. Da die Hungersnoth andauerte, starb im folgenden Jahre fast ein Drittel der Bevölkerung: 1694 lebten die Landleute vielerorts von einem Brote, das aus gemahlenen Weintraubenkernen und Farrnwurzeln bestand. 1698 war Flandern auf ein Zehntel seiner ursprünglichen Bevölkerung reduzirt, wovon der fünfte Theil von Almosen lebte.***) 1709 begann der Einmarsch der Verbündeten nach Frankreich und

*) Bailly, Histoire financière de la France. Paris 1830, II., S. 10 u. 11.

**) Vgl. Doniol, Histoire 2c., S. 428—434.

***) Nach Berichten des Intendanten an den General-Kontroleur; siehe Levasseur, La population française, I., S. 196 ff.

damit die Plünderung der Provinzen durch Feind und Freund. Die französische Armee ohne Sold lebte von Plünderung und Kontrebande. In Banden von 2—300 durchzogen die Soldaten die Normandie, Picardie, Anjou, Orleanais, und verkauften öffentlich das Salz, das sie aus den königlichen Salzmagazinen geraubt hatten.*) Strenge Winter, lange Trockenheit, Ueberschwemmungen, alle Plagen vereinigen sich in den letzten Jahren der Regierungszeit Ludwig's XIV. Der Winter von 1709 war besonders strenge. Die Provence verlor ihre Orangen- und Olivenbäume; der Weinstock ging überall zu Grunde; die Wintersaaten erfroren. Der verzweifelnde Bauer säete Gerste, obschon ihn die Polizei daran zu hindern versuchte und rettete das Land vor einer entsetzlichen Hungersnoth durch sein Gerstenbrot. An vielen Orten zerrieb man die Aronswurzel, Quecken, Steckrüben und Asphodel und backte daraus eine Art Brot; an anderen aß der Bauer, nachdem man ihm das Bischen, das er geerntet, verkauft hatte, um damit seine Steuern zu bezahlen, das Gras, das ihm die schon längst verzehrten Thiere nicht mehr streitig machen konnten.**) Nach dem Winter kam die Hungersnoth, nach Winter und Hungersnoth die Ueberschwemmungen, die besonders im Thale der Loire die Noth auf eine schwindelnde Höhe trieben; und voll machte das Maß der Noth noch der von der Finanz mit Unterstützung der Staatsmaschinerie betriebene Kornwucher. Ganz Frankreich starb vor Hunger; große Länderstriche lagen wüst, große Farmen standen leer, so daß durch Ordonnanzen vom 11. Juni 1709, Januar und Oktober 1713, 16. Januar 1714 und 6. Dezember 1717 es jedem Bauern erlaubt wurde, zu seinem ganzen und ausschließlichen Vortheile die in Folge des Todes, der Flucht oder des Ruins der alten Besitzer unbebaut gelassenen Ländereien zu verwerthen.***)

Wir sind so glücklich, eine große Zahl von Schilderungen der Lage Frankreichs überhaupt und besonders des französischen Bauernstandes zu Ende des 17. und zu Beginn des 18. Jahrhunderts zu besitzen, aus deren reichem Schatze wir einige herausgreifen wollen, um damit unsere kurze Geschichte des französischen Bauers abzuschließen. Außer den Büchern unabhängiger Schriftsteller, die aber wie Vauban und Boisguillebert durchaus keine Feinde der Monarchie sind, heben wir noch die von den Intendanten auf Veranlassung des Herzogs von Bourgogne gelieferten Berichte über die Provinzen des Reiches hervor, die, trotzdem sie sicher nicht in grau und grau gemalt, sondern eher etwas schönfärberisch gehalten sind, ein furchtbares Bild enthüllen.†)

„Ich habe sehr wohl bemerkt," sagt Vauban, „daß in der letzten Zeit fast

*) Bailly, Histoire rc., II., S. 23.

**) Bonnemère, Histoire rc., II., S. 144.

***) Bonnemère, Histoire rc., II., S. 151.

†) Der Graf von Boulainvilliers hat die Berichte der Intendanten in dem Werke: État de la France. Extraits des mémoires dressez par les Intendants du Royaume par l'ordre du roi Louis XIV. verarbeitet. Ich habe die Londoner Ausgabe von 1727 bis 1728 benutzt.

ein Zehntel des Volks an den Bettelstab gebracht ist und thatsächlich bettelt; daß von den übrigen neun Zehnteln fünf nicht im Stande sind, jenes mit Almosen zu unterstützen, da sie sich beinahe in derselben Lage befinden; daß von den vier anderen Theilen, die noch übrig bleiben, es dreien sehr schlecht geht, und daß sie mit Schulden und Prozessen überhäuft sind."*) Es ist natürlich das gemeine Volk (le menu peuple), das am meisten ruinirt und elend ist, obschon es durch seine Zahl und die wirklichen Dienste, die es leistet, der wichtigste Theil der Bevölkerung ist! Es trägt alle Lasten und hat immer am meisten gelitten und leidet noch am meisten.**) Vauban giebt uns auch einige bestimmte Zahlen über ein Arbeiterbudget, die wohl der Erwähnung werth sind. Er rechnet die Arbeitszeit des Jahres auf 180 Tage und den Tagelohn eines ländlichen Arbeiters auf 9 sols., angeblich zu hoch, da 8 sols. der Wahrheit näher kommen würden. Um eine Familie von vier Köpfen zu erhalten, würde der Arbeiter auf Getreide 60 Liv. zu verwenden haben, so daß nach Abzug dieses Betrages, sowie von 14 Liv. 16 sols. Steuern ihm noch 15 Liv. 4 sols. zur Bestreitung von Miethe und Reparaturen, Wäsche, Hausgeräth und dergl. überbleiben. Wenn er also keine Kuh, Ziege, kein Schwein und Geflügel hielte, seine Frau und er selbst nicht noch durch Weben und andere industrielle Arbeit etwas hinzuverdienten, würde er auf jeden Speck, auf Butter und Oel zu verzichten haben. Aber auch im günstigeren Fall wäre seine Existenz ohne die Kultur eines kleinen Stückchen Landes kaum möglich.***) Eine ähnliche Schilderung von der verzweifelten Lage Frankreichs, insbesondere auch seines Bauernstandes, entwarf schon 1690 Jurieu in seinem Buch „Les soupirs de la France esclave qui aspire après la liberté." (Amsterdam.) „Das Königreich hat so abgenommen, daß man darin ein Viertel oder ein Drittel weniger Einwohner findet, als fünfzig Jahre früher. Mit Ausnahme von Paris, wohin Jedermann wie in ein Asyl sich flüchtet, und das deshalb alle Tage zunimmt, haben die Städte die Hälfte ihrer Reichthümer und ihrer Einwohner verloren. . . . Der Bauer lebt auf die miserabelste Weise von der Welt; sie sind daher auch dunkel und braun von der Sonne gebrannt wie die Sklaven Afrikas, und Alles, was man bei ihnen findet, spricht die Sprache des Elends."†) Drei Jahre später erhält Ludwig XIV. einen anonymen, dem Erzbischof von Cambrai, Fénélon, zugeschriebenen Brief, in dem, natürlich ohne Erfolg, dem König ein wahres Bild des Zustandes seines Volkes gegeben wurde. „Euer Volk stirbt vor Hunger; die Kultur der Ländereien ist fast aufgegeben; die Städte und das Land entvölkern sich. . . . Ganz Frankreich ist nur ein ungeheures, verödetes Hospital ohne Lebensmittel; das Volk, das Euch (den König) so sehr geliebt hat, beginnt die Freundschaft, das Zutrauen, ja die Achtung Euch

---

*) Vauban, Projet ꝛc., S. 4.

**) Vauban, Projet ꝛc., S. 18.

***) Vauban, Projet ꝛc., S. 97.

†) Les soupirs de la France esclave qui aspire après la liberté, Amsterdam 1690, S. 23.

gegenüber zu verlieren. Die Volksbewegungen, die seit Langem unbekannt waren, beginnen häufig zu werden. . . . Ihr seid jetzt in die bejammernswerthe, äußerste Lage gebracht worden, entweder die Empörung unbestraft oder euer Volk massakriren zu lassen, das ihr zur Verzweiflung gebracht habt und . . . das alle Tage an Hungerkrankheiten dahinstirbt." So ungehört diese Worte verhallen, so wenig können die Berichte der Intendanten den vom Cäsarenwahnsinn besessenen König von neuen Kriegen abhalten. Es wäre ein Leichtes, aus diesen in Boulainvilliers' Folianten uns erhaltenen Berichten solche Schilderungen des bäuerlichen Elends hier zusammenzubringen, doch mögen einige Auszüge für uns genügen.*) „Der Bauer, fahl, schwarz und fast immer schmutzig, arbeitsam und haushälterisch, lebt von Gerste mit Weizen und Roggen gemischt oder von Buchweizen. Er trinkt Wasser, selbst die Weinbauern mischen ihren Wein mit Wasser. Er schläft mit seinem Vieh zusammen, um dessen Wärme zu benutzen." „Der Mangel an Nahrung ruinirt die Rasse; denn das Elend der Landleute ist so groß, daß die Kinder kränklich, schwach und kurzlebig auf die Welt kommen, da die Nahrungsmittel fehlen, die einen guten Nachwuchs sichern." „Es giebt nichts dem Wilde Aehnlicheres als dies Landvolk. Oft findet man Schaaren von ihm mitten in beackertem Lande und stets weit ab von den Wegen im Kreis sitzen; sobald man sich aber ihnen nähert, zerstreut sich die Bande sofort." Den treffendsten Ausdruck für dies scheue, thierähnliche Wesen des Bauern hat La Bruyère in seinen Caractères gefunden. „Man sieht," heißt es da, „wilde Thiere, männliche und weibliche, über das Land hin verbreitet, schwarz, fahl und ganz von der Sonne verbrannt; an die Erde geheftet, die sie mit einer unbesieglichen Hartnäckigkeit bearbeiten; sie haben etwas wie eine artikulirte Stimme und wenn sie sich auf ihren Füßen erheben, zeigen sie ein menschliches Gesicht — und in der That, es sind Menschen; des Nachts ziehen sie sich in Höhlen zurück, wo sie von schwarzem Brot, Wasser und Wurzeln leben; sie ersparen den anderen Menschen die Mühe, zu säen, zu arbeiten und zu sammeln, um zu leben, und verdienen also nicht des Brotes, das sie gesäet haben, zu entbehren."**)

II. Die Landgeistlichkeit.

Ich habe schon an anderer Stelle die tiefe Kluft erwähnt, die sich allmälig zwischen dem Bauernstande und den übrigen Theilen der Bevölkerung herausbildete und von Jahrhundert zu Jahrhundert vertiefte. Die einzige Klasse, welche eine Art Verbindung zwischen den beiden herstellte, die Landgeistlichkeit, war zur Ohnmacht verdammt worden und war, anstatt die intellektuelle und moralische Hebung

*) Längere Auszüge findet man bei Bonnemère, Histoire &c., II., S. 120—127; Bonnemère, La France sous Louis XIV., II., S. 272—294; Martin, Histoire de France, XIV., Buch 89, u. a. m.

**) La Bruyère, Les caractères de Théophraste, Paris 1688 ch. de l'homme.

des Bauern zu bewirken, selbst auf sein Niveau herab — und damit in dieselbe Isolirtheit versunken. Die Zeit der Regentschaft Anna's von Oesterreich und der Fronde war auch für sie von der verhängnißvollsten Wirkung geworden. Aus ihren Wohnstätten vertrieben, verwandelten sich die Geistlichen (curés) in Vagabonden, die bettelnd und plündernd durchs Land zogen und, um nicht auf den Landstraßen Hungers zu sterben, Spionendienste bei allen Parteien verrichteten und alle in gleicher Weise verriethen. Alle Erlasse der kirchlichen Behörden fruchteten nichts. Die Achtung vor dem Priesterstande schwand in einer solchen Weise, daß es bei einem Geistlichen vom Stande für eine Beleidigung galt, ihn prêtre zu nennen. Trunk und Unzucht waren die Lieblingsbeschäftigungen der niederen Geistlichkeit, deren Verkommenheit eine ganz ungeheure war.*) Diese Entwickelung hatte nichts Außerordentliches an sich, sie war die natürliche Folge einer schon seit lange betriebenen Kirchenpolitik, deren wesentlicher Zug die Herrschaft des Adels war. Seitdem man für die höheren geistlichen Würden die adlige Geburt zur Bedingung gemacht und damit in den Klerus die Scheidung zwischen Ausbeutern und Ausgebeuteten, zwischen Privilegirten und Unterdrückten hineingetragen hatte, waren die Dörfer das Erbtheil der Geistlichen niederer, meist bäuerlicher Abstammung geworden. In den meisten Fällen gehörten die Einkünfte der Pfarrstelle irgend einem geistlichen Würdenträger, der seinen Landgeistlichen einen Theil derselben, der eben hinreichte, sie vor dem Verhungern zu schützen, unter dem Namen portion congrue überließ. Unterdrückt, ausgebeutet, schlecht bezahlt, im Umgang mit den Bauern verroht und verkommen, waren die Landgeistlichen die unterwürfigen Sklaven ihrer Bischöfe, in deren Taschen die ungeheuren Reichthümer**) des Kirchenbesitzes flossen. „Die Priester (prêtres) sind die Sklaven ihrer Bischöfe. Es giebt nichts so Elendes, so Verworfenes und so Niedergetretenes, wie die niedere Geistlichkeit. Während der Bischof ein Grand-Seigneur ist und einen skandalösen Aufwand in Hunden, Pferden, Möbeln, Dienern, Tafelluxus, Equipagen macht, haben die Geistlichen seiner Diöcese nicht, wovon sie sich eine Soutane kaufen sollen. Die Bischöfe behandeln ihre Priester wie Stallknechte." ***) Diese Knechtschaft der niederen Geistlichen vollendete ein Erlaß Ludwig's XVI., der sie für „destituables par leurs Evêques ad nutum" erklärte, das heißt ein Bischof versetzt, verjagt, verbannt einen Geistlichen, wenn es ihm gefällt, ohne einen anderen Grund als seinen Willen und seine Laune — car tel est notre plaisir.†)

Kein Wunder, daß Landgeistliche, wie der, von dem uns Fléchier erzählt,

---

*) Bonnemère, La France rc., II., 2—4; siehe auch Mémoires de Fléchier sur les Grand-Jours d'Auvergne en 1665, Paris 1856, S. 84, 111—114.

**) Der Klerus besaß zur Zeit Ludwig's XIV. ungefähr ein Fünftel des Grundbesitzes in Frankreich und ein jährliches Einkommen von 130 Millionen Livres, das sich aus Zehnten, Almosen, Kultusabgaben, Dispensgeldern, Stiftungen zusammensetzte.

***) Les soupirs de la France rc., S. 48.

†) Les soupirs rc., S. 49.

sehr selten waren. Dieser gute Geistliche aus der Auvergne hatte in seinen Predigten den König und seine Minister angegriffen. „Er hatte sehr ernsthaft seinen Pfarrkindern gesagt, Frankreich sei schlecht regiert; es sei ein tyrannisches Königreich; er habe in einem alten Buche, welches über die römische Republik berichte, so schöne Sachen gelesen, daß er es für das Beste hielte, unabhängig zu leben, ohne Steuer zu bezahlen; das Volk sei niemals mehr gepeinigt worden, und mehrere andere, außerordentlich erbauliche Sachen, die ihm, wie seinen rohen Zuhörern, angenehmer erschienen als das Evangelium. Dies kleine Volk fand die Predigt an dem Tage sehr vernünftig und hielt den Gedanken, zu leben, ohne Steuern zu zahlen, für eine große Wahrheit, und Alle waren der Ansicht, daß der Geistliche an dem Tage so gut gepredigt, daß er sich selbst übertroffen hätte."*) Fléchier fügt noch hinzu, daß der „bon curé" auch noch Gottlosigkeiten und Blasphemien ausgestoßen, kurz Himmel und Erde angegriffen hätte, wofür er dann gebührend mit einem Jahr Verbannung bestraft worden sei. So kühn in seinen Aeußerungen war der Landpfarrer nicht, mit dessen Kommunismus wir uns jetzt ausführlicher zu beschäftigen haben, obschon er den Auvergnaten ohne Zweifel an Kühnheit des Gedankens übertroffen haben wird.

Drittes Kapitel.

Jean Meslier.

Jean Meslier oder Mellier wurde am 15. Juni 1664**) zu Mazerny in der Champagne als der Sohn eines Webers oder Zeugmachers geboren. Ein Geistlicher der Nachbarschaft unterrichtete ihn in den Humaniora und ermöglichte ihm den Eintritt in das Seminar zu Châlons-sur-Marne, wo er neben seinen geistlichen Studien sich mit der Philosophie Descartes' beschäftigte. 1692 wurde er Geistlicher zu Étrépigny im Departement der Ardennen, und hier hat er bis zu seinem Tode, pflichtgemäß seine amtlichen Obliegenheiten erfüllend, gelebt. Sein stilles und einförmiges Leben wurde nur durch ein Zerwürfniß mit dem Edelmann seines Dorfes gestört. Dieser, ein Herr von Clairy, hatte nämlich eines Tages einige Bauern mißhandelt, und Meslier, dessen ganzes Leben dem Dienste dieser von allen Seiten geplagten, elenden Menschenkinder gewidmet war, hatte empört den edlen Herrn am Sonntage im Kirchengebete weggelassen. Der Edelmann klagte beim Erzbischof von Rheims, Kardinal von Mailly; der Erzbischof verlangte Abbitte von Meslier und Gebet für den Edelmann. Der folgende Sonntag kam. Meslier bestieg die Kanzel und betete angelegentlich für den Herrn von Clairy. „Das ist das Schicksal der armen Landpfarrer!" so rief er aus. „Die Erzbischöfe, große Herren, wie sie sind, verachten uns und kümmern

*) Mémoires de Fléchier sur les Grand-Jours en 1665, S. 194 und 95.

**) Nach Voltaire 1678.

sich nicht um uns. Sie haben nur Ohren für den Adel. Laßt uns also für den Herrn des Dorfes beten. Laßt uns Gott um seine Bekehrung bitten, daß er ihn nicht mehr in die Sünde fallen lasse, die Armen zu mißhandeln und die Waisen zu berauben." Eine neue Beschwerde und ein neuer Verweis waren die Folge dieses sonderbaren Kirchengebetes. Der Streit zwischen Pfarrer und Edelmann scheint sich in die Länge gezogen zu haben, und der Verdruß über die Mißhandlung durch seine Vorgesetzten habe — so erzählte man sich später im Kirchspiel — Meslier zum Hungertode getrieben (1729.*)

So still und ruhig dieses Leben, nur durch diesen Streit für Gerechtigkeit unterbrochen, seinen Beichtkindern erschienen sein muß, so schwer und elend war es für den, der es zu leben hatte. Er war ein Atheist — und es war seine Aufgabe und sein Beruf, die Herrlichkeit und Göttlichkeit der katholischen Religion und Kirche zu verkünden; er war ein Kommunist, der die gesammte Ordnung des französischen Staates mit Königthum, Adel und Geistlichkeit aufs Furchtbarste haßte — und er war gezwungen, für diese jeden Sonntag zu einem Gott, an den er nicht glaubte, zu beten und seine Gemeinde anzuhalten, sich dieser Ordnung, die sie knechtete und elend machte, freudig zu unterwerfen. Kühn genug, in seinen Gedanken mit Allem, was damals als heilig galt, zu brechen, aber nicht kühn genug, die Wahrheit aller Welt zu verkünden, nicht stark genug, um ihretwillen Verfolgungen zu erleiden,**) zog er es vor, diesen qualvollen Konflikt durch sein Leben hinzuschleppen und die Menschen zu fliehen, um seine Gedanken und Gefühle nicht zu verrathen. In rührenden Worten rechtfertigt er seinen Pfarrkindern gegenüber diese lebenslange Heuchelei damit, daß ihn in seiner Jugend seine Eltern für den geistlichen Stand bestimmt hätten, um ihm so ein angenehmes, friedliches und ehrenvolles Leben zu sichern, daß er aber niemals danach gestrebt, durch frommen Wucher mit gottesdienstlichen Verrichtungen sich zu bereichern, sondern stets bemüht gewesen sei, was er durch seine Predigten Unheilvolles zu thun gezwungen, durch gute Werke wieder gut zu machen. Ein furchtbarer, durch Zinseszins gemehrter Flammenschatz des Hasses leuchtet uns aber aus seinen Worten entgegen, wenn er daran denkt, wie er

*) Nach Anderen 1733. — Während der Herrschaft des Konvents beantragte Anacharsis Cloots, der überspannte „Redner des Menschengeschlechtes," Meslier, den er den „Unerschrockenen, Edlen, Musterhaften" nannte, ein Denkmal zu errichten. Der Konvent verwies den Antrag an das Comité für öffentlichen Unterricht zurück: „Der National-Konvent schickt an sein Comité des öffentlichen Unterrichts den von einem seiner Mitglieder gemachten Vorschlag zurück, Jean Meslier, dem Geistlichen von Étrépigny in der Champagne, dem ersten Priester, der den Muth und guten Glauben gehabt hat, die religiösen Irrthümer abzuschwören, ein Denkmal zu errichten."

**) Le Testament de Jean Meslier, I., S. 25: „Ich bin es wohl zufrieden, meine lieben Freunde (das sind seine Bauern), so friedlich, wie ich gelebt habe, zu sterben, und da ich Euch niemals Gelegenheit gegeben habe, mir Uebles zu wünschen oder euch zu freuen, wenn mir solches zustieße, so glaube ich auch nicht, daß ihr es vorziehen würdet, mich deshalb verfolgt und tyrannisirt zu sehen: deshalb habe ich mich entschlossen, Stillschweigen zu bewahren."

seinen Bauern thörichte Irrthümer und leeren Aberglauben gepredigt, die er verabscheute, haßte, verdammte, wie er götzendienerische Messen gefeiert und ihnen lächerliche Sakramente gereicht hat, die er in seinem Herzen tausend und tausend mal verfluchte.*) Was er aber im Leben nicht zu sagen gewagt hat, das soll wenigstens nach seinem Tode seiner Gemeinde und aller Welt verkündet werden! So hatte er denn während seines Lebens seine Denkschrift zum Zeugniß der Wahrheit aufgesetzt, in der er, was sein Herz und seinen Geist während seines Lebens bewegt hatte, niederlegte, um es als werthvolles Erbtheil seiner Gemeinde zu hinterlassen.

Drei von ihm mit großer Sorgfalt angefertigte Kopien dieser Denkschrift mit der Aufschrift „Mein Testament" fand man nach seinem Tode vor, zwei in seiner Wohnung, eine in der Kanzlei von Sainte-Ménéhould, und sehr bald zirkulirten mehrere hundert Abschriften dieser verbotenen, aber um so gieriger gelesenen Waare in der Champagne. Der Ruf des Werkes drang sogar nach Paris, und schon 1735 wurde Voltaire auf dasselbe aufmerksam gemacht. Indeß erst 1762 machte er einen Auszug aus dieser „zu langen, zu schwerfälligen und zu empörenden Schrift, der kurz Alles enthält, was lesenswerth ist", d. h. in dem er alles, was Meslier gegen den Gottesglauben und die sozialen Zustände seiner Zeit gesagt, den Kernpunkt des ganzen Werkes, sorgfältig unterdrückt hatte. Wie hätte auch der Deist Voltaire, der Verfasser des „Siècle de Louis XIV.", der feine Höfling und leichtfertige Spötter diese Sturmfluthen von Haß gegen Gott und Königthum befreien können. Welchen Eindruck aber das Buch auf ihn gemacht hat, sieht man aus einem Brief an d'Alembert vom Februar 1762: „Man hat in Holland das Testament von Jean Meslier gedruckt; es ist nur ein kurzer Auszug aus dem Buche dieses Pfarrers. Ich habe geschaudert vor Entsetzen, da ich es las. Das Zeugniß eines Pfarrers, der im Sterben Verzeihung von Gott dafür erbittet, daß er das Christenthum gelehrt hat, kann ein starkes Gewicht in die Wagschale der Freigeister werfen. Ich werde Ihnen ein Exemplar von diesem Testament des Antichrist senden, da Sie es ja widerlegen wollen. Es ist mit einer plumpen Einfalt geschrieben, die unglücklicher Weise der Redlichkeit gleich sieht."**) So ist denn das Buch über 100 Jahre der Welt nur in diesem Auszuge bekannt gewesen und erst 1864 hat R. Charles, der es vollständig herausgab, Meslier von der unglücklichen und unwürdigen Rolle befreit, zu der ihn Voltaire verdammt hatte.***)

---

*) Siehe seine Rechtfertigung im Testament, I., S. 21—25.

**) Brief an d'Alembert, Februar 1762. Le Testament etc., I., LIV.

***) Le Testament de Jean Meslier ... par Rudolph Charles, Amsterdam 1864, 3 Bde., die Ausgabe, nach der ich zitire. Das Buch trug ursprünglich den Titel: „Aufzeichnungen der Gedanken und Gefühle des J. M...., Priesters, Pfarrers zu Etrepigny und But, über eine Anzahl von Mißbräuchen und Irrthümern im Betragen und der Regierung der Menschen, in denen man klare und evidente Beweise von der Eitelkeit und Falschheit aller Gottheiten und aller Religionen der Welt findet, geschrieben, um als eine Denkschrift für seine Pfarrkinder nach seinem Tode zu dienen und um ihnen und allen Ihresgleichen ein Zeugniß der Wahrheit zu sein.

Dies Testament ist mit dem Herzblut des Verfassers geschrieben. Durch drei Bände wälzt sich die Fluth des ein Leben lang aufgestauten Hasses und der geschärften Erbitterung in ungeheuren Perioden wild und trübe schäumend dahin.*) Von überall her holt der Scharfsinn eines kühnen, vor keiner Konsequenz zurückschreckenden Geistes die Felsblöcke der Kritik, um sie gegen die Burg des Gottesglaubens und die Veste des Staates zu schleudern, — und krachend sinken deren Thürme und Wälle in Schutt und Trümmer. Dann sehen wir auf dem gereinigten Grund ein neues Reich des Glücks für die Menschheit erstehen, in dessen Schilderung sich die ganze Güte und Milde dieser von Geschick und Menschen mißhandelten Natur zeigt, so daß wir den wilden Stürmer kaum wiedererkennen. —

„Ich habe", so schreibt er auf dem Umschlage der für seine Gemeinde bestimmten Kopie seines Testaments, „ich habe die Irrthümer, die Mißbräuche, die Eitelkeiten, Thorheiten und Schlechtigkeiten der Menschen erkannt; ich habe sie gehaßt und verabscheut."**) Gegen die Irrthümer, Eitelkeiten und Mißbräuche der Menschen ist also sein Werk gerichtet, und daher gilt denn auch sein Angriff in letzter Linie dem Gesellschaftssystem, das die Tyrannei der Fürsten und die Unterjochung der Völker bedeutet. Religion und Kirche werden von ihm, obschon sich der größte Theil seines Werkes mit ihnen beschäftigt, nur deshalb angegriffen, weil sie die Hauptmittel sind, die Völker in Dummheit und Gehorsam zu erhalten. Religion und Politik sollten eigentlich einander entgegengesetzt und feindlich in Prinzipien und Maximen sein. Die Milde und Frömmigkeit der Religion sollten die Härten und Ungerechtigkeiten einer tyrannischen Regierung verdammen; andererseits sollte die Klugheit einer weisen Politik die Mißbräuche, Irrthümer und Betrügereien einer schlechten Religion unterdrücken — aber was sein sollte, ist deshalb noch nicht; nur zu oft ist das, was nicht sein sollte. Religion und Politik verstehen sich vortrefflich, wenn sie einmal eine Allianz miteinander eingegangen sind und Freundschaft geschlossen haben. Wie zwei Beutelschneider arbeiten sie einander in die Hände, stützen und vertheidigen sie sich gegenseitig. Die Religion unterstützt die Regierung, so schlecht diese auch sei; zum Lohne dafür unterstützt die Regierung die Religion, so thöricht und leer auch ihre Lehren sein mögen. Die Priester, die Diener der Religion, empfehlen bei Strafe des Fluchs und ewiger Verdammniß den Gehorsam gegen die Obrigkeiten, Fürsten und Souveräne, da sie von Gott zur Regierung des Volkes eingesetzt seien; die Fürsten sichern die Würde der Priester, geben ihnen gute Stellen und gute Einkünfte und erhalten sie in den leeren und mißbräuchlichen Funktionen ihres falschen Amtes, indem sie das Volk zwingen, Alles, was sie selbst thun und den Anderen zu glauben und zu thun befehlen, als heilig und geheiligt zu betrachten.***)

---

*) Voltaire nennt Meslier's Stil „den Stil eines Droschkenpferdes." Brief an Helvetius, 1. Mai 1763.

**) Le Testament 2c., I., XXXIX.

***) Le Testament 2c., I., S. 14—15.

Nach einer Kritik der Religionen überhaupt und insbesondere der Dogmatik der christlichen Religion, deren Wesen er in einem gemeinen und verächtlichen Fanatismus erblickt und deren Stifter für ihn nichts anderes ist als ein „gemeiner und verächtlicher Mensch ohne Geist, ohne Talente, ohne Wissen, kurz, nur ein Narr, ein Unsinniger, ein elender Fanatiker und ein unglücklicher Galgenstrick (pendard)",*) wendet Meslier sich zu einer Kritik der christlichen Moral, die ihn dann zu der des französischen Staates und der Gesellschaft hinüberleitet.**)

Drei Irrthümer sind es, die Meslier in der christlichen Moral entdeckt: die gänzliche Verdammniß des Fleisches; die Ansicht, daß die Vollendung der Tugend und das größte Gut des Menschen in der Lust an Schmerzen und Leiden bestehe; den Satz, welcher der Gewalt mit Gewalt zu begegnen verbietet und die Feinde zu lieben befiehlt. Diese Moralsätze des Christenthums seien geradezu verhängnißvoll für das Geschick der Völker geworden, hätten die Erhaltung und Fortpflanzung des Menschengeschlechtes in ihrer Wurzel bedroht und sogar die Tyrannei der Könige und Großen der Welt zum Schaden der Völker autorisirt, die unter dem Joche ihrer harten und grausamen Knechtschaft elend und unglücklich sind.

Wohin man blickt, sagt er, zeigt sich ein ungeheures Mißverhältniß in den Zuständen und Lebensbedingungen der Menschen. Die Einen erscheinen nur geboren zu sein, um tyrannisch über die Anderen zu herrschen und immer Vergnügen und Genüsse im Leben zu haben: die Anderen nur, um elende, unglückliche, gemeine Sklaven zu sein und ihr Leben lang in Schmerz und Noth zu seufzen. Weil dieses Mißverhältniß weder durch das Verdienst der einen Klasse, noch das Unverdienst der anderen begründet ist, muß es von Grund aus ungerecht und unseres Hasses werth sein. Diese eine Klasse, der aller Reichthum, alle Güter, alle Lust und alle Muße eignet, umfaßt den König und die Prinzen, Adel und Geistlichkeit, und alle die reichen und überflüssigen Nichtsthuer, die sammt ihren Dienern nur von den Früchten der mühseligen Arbeiten der anderen Klasse leben. Diese andere Klasse aber, erdrückt von der Last der Sorgen und des Elends, der Mühe und der Arbeit, das ist das arme Volk, der französische Bauer. Von ihm hat man mit Recht gesagt, daß es nichts so Gemeines und Verworfenes giebt, nichts so Armes und Verächtliches als ihn, der nur für Adel und Geistlichkeit schafft und mit all seiner Arbeit kaum ein Stück Brot für sich gewinnt.***) Bis herab zum kleinsten Edelmann schindet und plagt Alles den Bauer. Wie Ungeziefer den Leib Derer, die damit behaftet sind, unaufhörlich beunruhigt, auffrißt und zernagt, so thun alle diese Leute nichts Anderes, als das arme Volk beunruhigen, quälen,

---

*) Le Testament 2c., II., S. 66—67.

**) Diese Kritik der Religion durch Meslier hat Strauß in seinem Buch über Voltaire, zweite Beilage: „Der Pfarrer Meslier und sein Testament," ausführlicher auf Seite 409—423 dargestellt.

***) Le Testament 2c., II., S. 250.

zernagen und auffressen. Auf dieses drücken nicht blos die Könige und Fürsten, seine Tyrannen, sondern außerdem noch der ganze Adel, die ganze Klerisei, die ganze Möncherei sammt allen Rechtsvertretern, allen Blutsaugern von der Finanz- und Steuerpacht und allem müssigen und unnützen Volk, das es auf Erden giebt.*) „Man redet euch," so ruft er aus, „meine lieben Freunde, vom Teufel vor; man jagt euch mit dem bloßen Namen eines Teufels Schrecken ein, indem man euch glauben macht, die Teufel seien nicht nur die größten Feinde eures Glücks, sondern auch das Häßlichste und Abscheulichste, was man sich denken könne. Aber die Maler irren sich, wenn sie in ihren Bildern die Teufel uns wie gräßliche und entsetzliche Ungeheuer vormalen; sie täuschen sich und täuschen euch wie eure Prediger, wenn die Einen in ihren Bildern, die Anderen in ihren Predigten euch die Teufel so häßlich, so garstig, so mißgestaltet vorstellen. Sie sollten sie euch vielmehr vorstellen, wie alle die schönen Frauen und Fräulein, die ihr so wohl gekleidet, so wohl frisirt und gepudert, so bisamduftend und so strahlend von Gold, Silber und Edelsteinen seht. Die Teufel, die eure Pfarrer und eure Maler euch unter so häßlichen und unerfreulichen Gestalten vorstellen, sind nur eingebildete Teufel, die nur Kindern und Unwissenden Furcht einjagen und Denen, die sie fürchten, nur eingebildete Uebel verursachen können. Jene anderen Teufel und Teufelinnen dagegen, die Herren und Damen, von denen ich rede, die sind nicht eingebildet, sie sind sichtbar und wirklich vorhanden, wie die Uebel, die sie den armen Völkern zufügen, nur gar zu wirklich und fühlbar sind."**)

Worauf aber, fragt nun Meslier, gründet sich das Recht der Könige und des Adels, allen Reichthum und alle Macht für sich in Anspruch zu nehmen und das arme Volk als seine Sklaven zu behandeln, da doch alle Menschen von Natur gleich sind, von Natur dieselbe Geburt und denselben Ursprung haben und die Natur keine Adligen hervorbringt? Er antwortet darauf mit den folgenden Worten: „Wenn wir den Ursprung des Adels und der königlichen Größe betrachten, die Genealogie der Fürsten und Potentaten verfolgen und bis an die Quelle zurückgehen, werden wir finden, daß die ersten Ahnen dieser Leute, die so viel Lärm und Wesens von ihrem Adel machen, blutdürstige und grausame Leute, Unterdrücker, Tyrannen, Schufte, Verletzer des öffentlichen Friedens, Diebe, Verwandtenmörder waren, kurz, daß der älteste Adel nur Schufterei, unterstützt von Gewalt und Ruchlosigkeit, begleitet von Würde war."***) Diese auf so unrechtmäßige Weise erworbene Gewalt wurde dann durch die Jahrhunderte fortgeerbt und mit dem Mantel der Gerechtigkeit, Ehre und Tugend zugedeckt. Es wäre nun die schreiendste und verhaßteste Ungerechtigkeit, auf solchem Fundament ein so seltsames Mißverhältniß zwischen den verschiedenen Klassen der Menschheit zu begründen, das den Einen alle Macht, Lüste und Reichthümer giebt, die Anderen in die vollendetste Abhängigkeit von ihnen setzt und thatsächlich zu ihren Sklaven

*) Le Testament &c., II., S. 223.

**) Le Testament &c., II., S. 180, 181. Uebersetzung von Strauß.

***) Le Testament &c., II., S. 175.

macht. Der Stolz und Hochmuth der Großen aber ist so gewachsen, daß sie sich für eine vom Volke verschiedene, bessere und reinere Rasse, für ganz und gar andere Wesen halten, zu deren Vergnügen und Dienst das Erstere von den Göttern in die Welt gesetzt ist. Das Glück, ihnen zu dienen, ist ihrer Ansicht nach schon eine hinreichend große Belohnung für die, die ihnen zu dienen gezwungen sind.

Als würdiger Gefährte stellt sich dem Adel die absolute Monarchie zur Seite, unter deren Tyrannei ganz Europa seufzt. Ihr Stolz und ihre Unverschämtheit ist so hoch geschwollen, daß sie bereits als einzigen Grund ihrer Handlungen, ihrer Gesetze und Erlasse nur ihren Willen, ihr Belieben anführt: car tel est notre plaisir; sic volo, sic jubeo, stat pro ratione voluntas.*) Schmeichler haben unseren Königen eingeredet, daß sie Herren über Leib und Gut ihrer Unterthanen sind. So opfern sie denn auch Alles ihrem Ruhm und ihrem Ehrgeiz, ihrer Habsucht und ihrer Rache. Unter den lächerlichsten und erlogensten Vorwänden bürden sie ihren Unterthanen alle Arten von Tailles, Subsidien und anderen Steuern auf; unter ebenso lächerlichen und erlogenen Vorwänden vermehren, verdoppeln, verdreifachen sie dieselben. Fast kein Tag geht ohne neue Lasten, neue Edikte, neue Ordonnanzen hin, und wehe, wenn die Bauern nicht sofort gehorchen, weil sie nicht im Stande sind, so schnell die exorbitanten Summen aufzutreiben, die man von ihnen verlangt; dann schickt man ihnen Gendarmen, Soldaten oder ander dergleichen Gelichter, die sie so lange zu unterhalten und zu besolden gezwungen sind, bis sie ihre Rückstände bezahlt haben. Denn die Maxime der Fürsten und ihrer Premierminister ist, das Volk zu entkräften, bettelarm und elend zu machen, damit es unterwürfiger und unfähig bleibt, jemals etwas gegen ihre Autorität zu unternehmen. Deshalb geben sie auch dem Heere, den Financiers und Steuerpächtern, deren Diebstähle, Schuftereien, Unterschlagungen, Brutalität und Arroganz alles erdenkliche Maß überschreiten, die Erlaubniß, auf Kosten des Volkes sich zu bereichern, und suchen sie im Volke selbst Streit und Zwietracht zu säen. Um dieses Ziel zu erreichen, konnten sie kein besseres Mittel erfinnen, als die Taille, deren Vertheilung auf die einzelnen Zahler alle Einwohner der Dörfer unaufhörlich in Streit und Verfolgungen, in Haß und Feindschaft gegen einander verwickelt, so daß sie sich gegenseitig mit der größten Bereitwilligkeit umbringen würden,**) deren Beitreibung den Steuerbeamten die schönste Gelegenheit gewährt, nach Herzenslust zu plündern und zu erpressen. Auf alle Art von Waaren haben die Könige ihre Zölle und Steuern gelegt, um aus Allem, was gekauft und verkauft wird, ihre Profite zu ziehen. Sie legen sie auf Weine und Fleisch, auf Branntweine, Biere und Oele, auf Wolle, Gewebe und Spitzen, auf Pfeffer und Salz, auf Papier, Tabak und alle Arten Getreide; sie lassen sich Eingangs- und Ausgangsgebühren, Kontrol-

---

*) Le Testament &c., II., S. 239.

**) Le Testament &c., II., S. 243.

gebühren und Insinuationsabgaben, Gebühren für die Ehen, Taufen und Beerdigungen bezahlen; sie lassen sich für Amortisationen, Servitutskontrakte, für die Benutzung der Wälder und Hölzer, für die Wasserläufe bezahlen, und wenig fehlt, daß sie sich nicht auch für den Lauf der Winde und Wolken bezahlen ließen. Wer in den Ländern der Könige Handel treiben will, muß das Zeichen des apokalyptischen Thieres, die Steuer- und Erlaubnißscheine des Königs, die Zertifikate seiner Leute, Quittungen, Zollfreischeine, Passirscheine, Pässe und Seepässe besitzen, will er sich nicht der Gefahr aussetzen, von den Wächtern und Beamten des „königlichen Thieres" arretirt und ruinirt, zu Geldstrafen, Gefängniß, Galeeren, ja zum Tode verurtheilt zu werden.*) Ebenso scharf wie gegen das Uebermaß von Steuern wendet sich Meslier dann gegen die Art und Weise, wie dieselben, insbesondere die Salzsteuer und Taille, erhoben werden, wobei er sich eng an das damals außerordentlich bekannte Buch L'Espion Turc anschließt. Vauban's und Boisguillebert's Schriften scheint er merkwürdiger Weise nicht gekannt zu haben. Wie alle oppositionellen Schriftsteller erblickt auch er eine Hauptursache des Ruins Frankreichs in der Verpachtung der Steuer an die Steuerpächter. 30—40000 Steuerbeamte sind mit der Beitreibung der Steuern beschäftigt, aber von den 80 Millionen, die sie von dem Volke erpressen, fließen kaum 30 in den Schatz des Königs. Ausführlicher behandelt Meslier dann die Geschichte der Salzsteuer und der Tailles, die wir hier füglich übergehen können.**) Das so erpreßte Geld wird dann in wahnwitzigsten Festen und Schwelgereien vergeudet, während die Völker Hungers sterben.

Wenn der König nach Ruhm dürstet oder Ländergier unter den nichtigsten Vorwänden ihn zum Kampf mit seinen Nachbarn treibt, immer ist es das arme Volk, das mit seinem Gut und Blut die Neigungen und Launen seiner Fürsten zu befriedigen hat. Denn aus der Jugend des armen Landvolkes werden die Heere gebildet, in die man sie wider ihren Willen mit Gewalt hineinpreßt, und das arme Landvolk selbst hat sie dann mit seinem Geld und Gut zu unterhalten und ist außerdem noch im Kriege in erster Linie den Insulten und Gewaltthätigkeiten einer verrohten und unverschämten Soldateska ausgesetzt. Ob es der französische oder der ausländische Bauer ist, der unter der Kriegsfurie zu leiden hat, ist für unseren Pfarrer einerlei. „Patriotismus" ist ein Gefühl, das er nicht kennt, und wenn er etwas verflucht, so ist es das französische Königthum mit seinem Kriegsruhm und seiner Tyrannei. Nirgends haben die Könige ihre Absolutheit zu schwindelnderer Höhe getrieben, nirgends haben sie ihre Völker so arm, so zu Sklaven und Elenden gemacht, wie in Frankreich, und alle die französischen Herrscher wiederum, die so viele Menschen getödtet haben, so viele Thränen der Wittwen und Waisen haben fließen lassen, so viele Städte und Provinzen geplündert und verödet haben, werden bei Weitem übertroffen von Ludwig XIV., zubenannt

*) Le Testament ꝛc., II, S. 245 u. 246.

**) Le Testament ꝛc., II., S. 252—256.

der Große, wahrlich nicht um seiner großen und löblichen Handlungen willen — denn er hat keine, deren er sich rühmen könnte — sondern seiner großen Ungerechtigkeiten, Räubereien und Usurpationen, seiner großen Verwüstungen und Menschenschlächtereien willen, die er zu Lande und Wasser vollbracht hat.*) Meslier ist einer der bittersten Feinde des Königthums, speziell der absoluten Monarchie, und hat für ihre Vertheidiger nur Verachtung und Haß. Ein ganzes Kapitel widmet er der Darstellung „der tyrannischen Regierung der letzten Könige von Frankreich,“ die er zum größten Theil einer außerordentlich interessanten Schrift: „Salut de l'Europe en l'an 1694,“ entnimmt,**) und sucht darin zu beweisen, in wie hohem Grade diese Fürsten die in ihre Hände gelegte Gewalt mißbraucht haben. Das Ziel aller Regierungshandlungen sollte das Wohlergehen des Volkes sein, und den Fürsten und Königen, die die unerträglichste Tyrannei über ihre Völker gebracht haben, ist ihre Macht und Autorität nur gegeben, um die Völker weise in Gerechtigkeit zu regieren und den Frieden zu erhalten. Die Völker sind nicht für die Fürsten, sondern die Fürsten für die Völker gemacht — es hat Völker gegeben, bevor es Fürsten gab — und die Pflicht eines Fürsten ist es, dem Volke Ruhe durch seine Arbeit und Sicherheit durch seine Gefahren zu verschaffen, zu wachen, daß seine Unterthanen in Sicherheit schlafen, kurz, seine Persönlichkeit dem Vaterlande zu opfern. Der gute Fürst liebt seine Unterthanen, wie der Vater seine Kinder, der Tyrann aber behandelt sie wie Sklaven; der gute Fürst opfert sich für das Heil seines Volkes, der Tyrann alle Völker seinem Stolz, seinem Ehrgeiz und seiner Rache; der gute Fürst unterwirft sich dem Gesetz, der Tyrann will, daß Alles ihm erlaubt sei; der gute Fürst will lieber das Leben eines seiner Unterthanen retten, als Tausende seiner Feinde tödten — doch der König Ludwig XIV. war nicht dieser Ansicht, er hätte lieber Tausende seiner Unterthanen geopfert, als einem seiner Feinde verziehen. L'Etat c'est moi war sein Prinzip, und ihm gefielen die Worte der Schmeichler, daß er allein Herr im ganzen Königreiche sei, daß er allein die Macht hätte, Krieg zu erklären und Frieden zu schließen, nach Belieben Tailles zu erheben und Zölle aufzulegen, Gesetze, Edikte, Ordonnanzen zu erlassen, ganz wie es ihm beliebe. Die Schmeichler haben ihm auch die brutale Politik gelehrt, daß man ein Volk Hungers sterben lassen muß, um es in Unterwürfigkeit zu erhalten,***) und daß Reformen nicht in seinem Interesse sind. Sobald das Volk in Ueberfluß lebe, werde es stolz und

*) Le Testament 2c., II., S. 247.

**) Le Testament 2c., II., S. 256—270. Es liegt nicht im Rahmen unserer Darstellung, auf die genannte Schrift einzugehen. Ihr Gedankeninhalt zeigt eine außerordentliche Uebereinstimmung mit der schon oben zitirten Schrift „Les soupirs de la France“ 2c.

***) Vgl. dazu noch Bonnemère, La France sous Louis XIV., II., S. 241. In dem L'esprit du cardinal Mazarin, Köln 1695, S. 293, sagt die Maintenon zu Mazarin, der ihr als Geist erschienen ist: „Sie wissen sehr gut, daß Sie zu Ihrer Zeit die Maxime beobachteten, die Völker nieder- und in Armuth zu halten, aus Furcht, daß sie im Wohlstand sich widersetzen würden: es ist sicher, daß das Elend sie in Unterwürfigkeit hält und ihnen den Muth nimmt.“

ungelehrig und sei immer zur Revolte bereit. Wohlleben des Volkes und Ansehen der königlichen Gewalt schlößen sich aus, und da die letztere für das Volk nothwendig sei, so würde man ihm selbst das größte Unrecht thun, falls man es in eine gute Lage bringen würde. Mit solcher Sophistik wird das Ohr des Königs angefüllt. Niemand wagt ihm zu widersprechen oder sein Benehmen zu tadeln. Ein Jeder preist die Laster der Könige als Tugenden, und das Wenige, was sie an Talent und Tugend besitzen, als die außerordentlichsten, seltensten, heroischsten Tugenden. Richter und Magistrate sind zu feige, gegen ihre Laster und Ungerechtigkeiten aufzutreten: wohl verfolgen und bestrafen sie aufs Strengste die kleinen Verbrecher, lassen sie die kleinen Diebe und Mörder hängen und rädern, aber sie wagen es nicht, irgend etwas den großen und mächtigen Dieben zu sagen, diesen großen und mächtigen Mördern und Brandstiftern, die die ganze Erde verwüsten, Alles in Brand setzen und Tausende und Millionen von Menschen hinmorden lassen.*)

Der deutlichste Beweis aber der allgemeinen Korruption ist es, daß sogar die Geistlichkeit alle Prärogative ihres geistlichen Amtes gebraucht, um die Gewaltthätigkeiten der Regierung zu rechtfertigen, und in schimpflichster und verbrecherischster Selbstprostitution alle Subtilität des Geistes anwendet, um ihre Usurpationen zu Ansehen zu bringen und deren Uebereinstimmung mit allen göttlichen und menschlichen Gesetzen nachzuweisen. Sie, deren Beruf die christliche Religion ist; sie, die als die geistlichen Lenker des Volkes und Verkünder christlicher Liebe ihre Stimmen gegen die Ungerechtigkeit der Großen erheben und die eifrigsten Vertheidiger des Volkes und seiner Rechte gegen die Bedrückung und Grausamkeit seiner Henker sein sollten; sie, die Päpste und Bischöfe und Doktoren und Priester und Verkünder des Evangeliums, sind die größten Schmeichler der Könige und Prinzen, die feigsten Verräther des Volkes und die größten Sünder gegen die Pflichten ihres Amtes. Gegen die geringsten Fehler und Laster des armen Volkes donnern sie von ihren Kanzeln, bei den verabscheuungswürdigsten Lastern und Ausschweifungen der Könige und Großen sind sie „stumme Hunde".**) Sie lehren, daß die Macht der Fürsten von Gott stammt und daß, wer sich diesen widersetzt, gegen Gott sündigt und die ewige Verdammniß erwirbt. Sie beten täglich für das Wohlergehen der Könige und lassen die Völker dahinsterben. Sie beten für den Sieg ihrer Heere und die Niederlage ihrer Feinde. Bleiben die Siege trotzdem aus, so ist die Sünde des Volkes schuld an diesem Zorne Gottes; folgt aber der Sieg ihren Fahnen, so preisen sie in Tempeln und Kirchen die Gnade, die Gott seinem Gesalbten erwiesen und danken dem Herrn in prächtigen Freude- und Lobgesängen für die siegreichen Schlächtereien, Plünderungen und Verwüstungen, mit denen jene die Länder beglückt haben. Das sind die falschen Propheten, die zu Tausenden vom Schweiße des französischen Bauern sich mästen, die das Gelübde der Armuth abgelegt haben und in prächtigen

*) Le Testament 2c., II., S. 271, 277, 281 u. 282.

**) Le Testament 2c., II., S. 284.

Schlössern die Genüsse dieses Lebens schlürfen, die zur Arbeit und einem ehrlichen Leben zu faul, von Bettelei und Erpressung leben. Gerade dieses faule und nichtsnutzige Gesindel ist am besten mit allen Gütern dieser Welt versehen. Die Pfarrer dagegen, die mit der geistlichen Leitung der Seelen und der Sorge beauftragt sind, die Bauern ebenso in guten Sitten wie in dem leeren Aberglauben ihrer Religion zu unterrichten, die also in einer gewissen Art und Weise für das Gemeinwohl arbeiten und damit ein Recht auf Unterhalt erwerben, sind schlecht bezahlt und leben nicht viel besser als die Bauern selbst.

Die Mönche geben vor, in der Abtödtung des Fleisches und Geistes und in fortwährenden Bußübungen zu leben, hören aber doch nicht auf, angenehm in der Welt zu leben und Reichthümer, Güter und Annehmlichkeiten des Lebens zu besitzen. Ihre Klöster sind wie Herrenhäuser oder Fürstenpaläste; ihre Gärten wie irdische Paradiese, wo die schönsten Blumen und Früchte gedeihen; ihre Küchen sind mit Allem in Ueberfluß versehen, was die Gelüste des Magens zu befriedigen vermag, Fisch wie Fleisch, je nach den Einrichtungen ihrer Orden. Sie haben überall bedeutende Pachtgüter, die ihnen große Revenuen einbringen, ohne daß sie sich die geringste Mühe zu geben hätten, sie durch die Arbeit ihrer Hände zu erwerben; in den meisten Kirchspielen erheben sie reichliche Zehnten und genießen oft alle Rechte eines Seigneurs, so daß sie das Glück haben, reichlich, ohne Mühe und Arbeit da zu ernten, wo sie nicht gesät haben, und da zu sammeln, wo sie nichts ausgestreut haben. Sie sind daher thatsächlich reich, ohne etwas zu thun, und befinden sich in der Lage, gut und nach Behagen in einer süßen und frommen Faulheit zu leben.*) So hat z. B. ein kleiner Benediktinermönch die Auswahl zwischen 15 000 oder nach Anderen sogar 37 000 Klöstern, alle wie fürstliche Paläste gebaut, in die er sich zurückziehen kann, um dort im Schooße des Reichthums seinem Gelübde der Armuth nachzuleben. Alle diese Faullenzer aber leben von der Arbeit Anderer und fallen der Gesellschaft zur Last, da sie selbst keine nützliche Arbeit verrichten. Eine schreiende Ungerechtigkeit ist es, diesem faulen und unnützen Volke die Nahrung zu geben, welche die guten Arbeiter allein haben müßten, und deren Händen zu entreißen, was sie im Schweiße ihres Angesichtes produziren, um es so vielen unnützen Mönchen zu geben. Und was von diesen gilt, trifft in noch viel höherem Grade auf die Bettelmönche**) zu, die dem Publikum noch mehr zur Last sind. Denn obschon sie scheinbar nichts besitzen, besitzen sie thatsächlich Alles, und noch dazu mit geringerer Sorge, Arbeit, Mühe und Anstrengung als die Klostermönche. Sie sind die Herren aller

---

*) Le Testament &c., I., S. 188.

**) Gegen die Mitte des 17. Jahrhunderts nimmt die Zahl der Mönchs- und Nonnenklöster ebenso zu, wie die Zahl der Bettelmönche. Es ist dies ein untrügliches Zeichen für das steigende Elend. Die Arbeit ernährt nicht mehr und so greift man zum Bettel, aber zum legalen, geachteten: man wird Bettelmönch. Meslier giebt im Testament, II., S. 193, die Zahl der Bettelmönche nach der Schätzung des Bischofs du Bellay auf 1 200 000 an. Ohne Zweifel übertrieben!

Gewissen und aller Börsen in den Städten und brauchen nur zu bitten, um zu haben; sie sind kleine Götter: sie sagen und es geschieht. Während aber der Staat mit strengen Gesetzen die arbeitsfähigen Bettler bestraft, schickt die Kirche ein ganzes Heer solcher arbeitsscheuen Schufte aus, für die es ehrenvoll ist, vom Bettel zu leben. Denn es ist eine große Albernheit, zu sagen, daß sie durch ihre Gebete, Messen und Opfer den Zorn Gottes abwenden und die Segnungen des Himmels, die, wie man sagt, das größte Gut für die Menschen sind, auf die Völker herabbeten und deshalb einen guten und ehrbaren Unterhalt verdienten. Eine einzige Stunde tüchtiger Arbeit ist mehr werth, als alle die Messen, Gebete und Predigten aller Pfaffen und Prediger. Der gute Landarbeiter schafft mit seinem Pfluge mehr Nahrung, als er für sich gebraucht; die Gewerbe der kleinsten und geringsten Handwerker sind für den Staat nützlich und nothwendig, selbst die Flötenspieler und Fiedler haben ihr Verdienst, da sie die Menschen ergötzen; aber das Gewerbe der Priester und besonders der Mönche ist nur eine Profession voll Irrthümer, Aberglauben, Betrügereien und Gauklereien und weit entfernt davon, nützlich und nothwendig zu sein, vielmehr schädlich und verderblich. Wozu dienen denn alle diese Priester und Pfaffen, diese Aebte und Priore, diese Kanonici und Kaplane, alle diese frommen und lächerlichen Maskeraden von Mönchen und Nonnen in der Welt, da sie doch der Gesellschaft keinen wirklichen Dienst erweisen und nicht die geringsten Funktionen in den Kirchspielen verrichten? „Ich begreife nicht", sagt ein Türke, den Meslier zitirt, wohl der Espion Turc, „aus welchen Gründen der Politik man wohl eine Pflanzschule geistlicher Blutsauger kultivirt, die zu nichts anderem dienen, als das Blut der Nation bis auf den letzten Tropfen auszusaugen."*) Unser Pfarrer ist ebenfalls nicht im Stande dies zu begreifen und so sagt er denn, man könnte sich nur dem Wunsche jenes Mannes anschließen, der da geäußert hätte: „Ich wünschte, daß alle Großen und Edlen der Erde mit den Gedärmen der Pfaffen aufgehängt und erdrosselt würden." Der Ausdruck wäre zwar plump und roh aber frei und naiv, kurz aber deutlich, und drücke in wenig Worten Alles aus, was diese Art von Leuten verdiene!

Aber mit dem Königthum, dem Adel und der Geistlichkeit ist die Zahl Derer noch nicht erschöpft, deren einzige Aufgabe es ist, ihre weniger starken Nebenmenschen niederzutreten, zu peinigen und aus ihnen so viel wie möglich herauszupressen. Dazu müssen noch alle Die gerechnet werden, die man gewöhnlich Diener des Rechts nennt, die aber vielmehr Diener des Unrechts sind: die Gerichtsdiener, Prokuratoren, Advokaten, Aktuare, Notare, Räthe u. s. f., die Unzahl von Bureaubeamten, Zoll- und Steuererhebern, das Gewimmel der Schurken, Kanaillen und Schufte von Tabaks- und Salzsteuerbeamten, die alle am Ruin des Volkes sich vergnügen und unter dem Vorwande, dem König zu dienen, alle Schwachen und Wehrlosen berauben und bestehlen, ruiniren und bedrücken.**)

*) Le Testament 2c., II., S. 201.

**) Le Testament 2c., II., S. 210.

Die Gewalt der Starken in Verbindung mit dem Trug der Pfaffen hat die Ungleichheit in der Menschheit dadurch geschaffen, daß sie die Güter und Reichthümer der Welt in ihren Sonderbesitz nahmen, um sie für sich zu genießen, ein Jeder, wie es ihm gut dünkt. Dieser Mißbrauch, der fast allgemein in der ganzen Welt herrscht, ist von den unheilvollsten Wirkungen für die Menschheit geworden. Ein Jeder strebt so viel wie möglich zu haben. Die unersättliche Habgier, die Wurzel alles Uebels, erblickt, gewissermaßen durch eine offene Thür, die Erfüllung aller ihrer Wünsche und treibt den Menschen hinein in den Kampf um das Eigenthum, damit er so viel als möglich davon zur Befriedigung seiner Bedürfnisse und Genüsse für sich erwerbe. Die Stärksten und Schlauesten, die oft zugleich die Schlechtesten und Unwürdigsten sind, gehen als Sieger aus diesem Kampfe hervor. So scheidet denn diese Einrichtung des Privateigenthums die Menschen in die Klassen der Reichen und Armen. Die einen wohlgekleidet, die anderen in Lumpen; die einen in prächtigen Palästen, die anderen in schmutzigen Hütten; die einen in allen Genüssen der Erde schwelgend, die anderen vor Hunger sterbend; die einen ein Leben voll Freude, die anderen voll Elend und Kummer lebend, die einen mit Ehren überhäuft, die anderen verachtet und gemieden; die einen durchs Leben dahinfaulenzend, die anderen für ein erbärmliches Stück Brot Blut schwitzend; die einen im Paradiese, die anderen in der Hölle — und oft nur eine schmale Straße, die Dicke einer trennenden Mauer zwischen Himmel und Hölle — das sind die Reichen und die Armen; das ist das Glück, das der Besitz den Einen, das Elend, das die Armuth den Anderen als Pathengeschenk in die Wiege gelegt hat. Woher anders stammen aber alle diese Reichthümer, durch deren Besitz es dem Reichen möglich wird, die Erde zu einem Paradies für sich zu gestalten, wenn nicht aus der Arbeit des armen Volkes? Seine Industrie schafft all' den Glanz und Schimmer, der die Höfe erfüllt, seine Hände schaffen die Größe und Macht seiner Unterdrücker. Was sie ihm erpreßt haben, das macht sie so stolz und übermüthig und liefert ihnen neue Mittel zur Unterdrückung. Aus dieser Scheidung der Menschen in die beiden Klassen der Besitzenden und Nichtbesitzenden entstehen mit Nothwendigkeit der Haß und Neid unter ihnen, die Aufstände und Kriege mit ihrem ganzen ungeheuren Gefolge von Leiden und Lastern. Das ganze Leben wird zum fortgesetzten Kampfe um das Eigenthum. Die Besitzenden leben in fortwährender Unruhe und Sorge um ihr Hab und Gut, für das sie in unendlichen, sie oft ruinirenden Prozessen zu kämpfen haben. Die aber, die nichts, nicht einmal das Nothwendige besitzen, werden gezwungen, alle möglichen schlechten Mittel zu gebrauchen, um ihren Lebensunterhalt zu erringen. So entstehen die Betrügereien, Schustereien, Ungerechtigkeiten, Räubereien, Diebstähle, Todtschläge und Morde, die eine Unzahl von Uebeln über die Menschen bringen.*)

Hier tritt nun die merkwürdige Doppelstellung, die Meslier in seiner Kritik

*) Le Testament &c., II., S. 216.

des damaligen Gesellschaftssystems einnimmt, aufs klarste zu Tage. Er lebte in der Uebergangszeit, in der sich das moderne kapitalistische Wirthschaftssystem und der moderne Staat aus dem feudalen in Frankreich herausringen. Alles, was stabil gewesen, geräth in's Schwanken. Die neuen Bildungen erscheinen neben den alten und erzeugten mit ihrer Existenz neue Uebel zu den alten überlieferten Mißbräuchen hinzu. Daher ist auch die Kritik Meslier's eine schwankende, doppelte, gegen den alten Feudalstaat, wie gegen das neue, siegreich sich die Herrschaft erkämpfende kapitalistische System gerichtet, die bei aller Verschiedenheit beide das gemeinsam haben, daß sie auf der Versklavung des Volkes sich aufbauen. Neben der Kritik der feudal-bevorrechtigten Stände des Adels und der Geistlichkeit finden wir die nicht minder scharfe Kritik des privaten Eigenthums und der Klasseneintheilung der modernen Gesellschaft in Besitzende und Nichtbesitzende. So zeigt sein Werk ein doppeltes Gesicht: kapitalistische Kritik des Feudalismus und sozialistische Kritik des Kapitalismus. Voltaire hatte die letztere sorgfältig aus seinem Auszuge ausgemerzt.

Doch mit der Kritik des französischen Staates und der christlichen Religion ist Meslier's Werk noch nicht vollendet. Es gilt noch die Kritik des Gottesbegriffes selbst, der Seele und ihrer Unsterblichkeit durchzuführen, um nach Vernichtung alles Wahns von einem, den Guten lohnenden, den Schlechten strafenden Gott, den in Phantasien überirdischen Glückes sich verlierenden menschlichen Geist auf dieser Erde festzuhalten, auf ihr allein ihm die Stätte seiner Wirksamkeit anzuweisen. Vor seinem Denken zerfällt die Person eines Gottes als wesenlose Schöpfung, mit ihr die Immaterialität der Seele, das Leben nach dem Tode und die jenseitige Vergeltung. Die Priester gaukeln dem Volke zwar vor, daß sie es zum Himmel führen und ihm dort ewige Glückseligkeit verschaffen wollen, hindern es aber gerade dadurch, in Ruhe sein wirkliches Glück auf der Erde zu genießen. Unter dem Vorwande, es in einer anderen Welt vor den eingebildeten Strafen einer Hölle zu bewahren, die es nicht giebt, lassen sie es in diesem Leben, dem einzigen, das es anzusprechen hat, die Qualen einer wirklichen Hölle erdulden. Tausende und Abertausende guter und gerechter Menschen giebt es, die nie eine Belohnung ihrer Tugenden und guten Werke erhalten, und andererseits Tausende und Abertausende elender und verabscheuungswürdiger Verbrecher, die niemals für ihre Schandthaten bestraft werden. Denn es giebt keinen Gott, der irdisches Leid mit himmlischem Glücke belohnt. Will also das Volk noch länger auf alles Glück verzichten?

„Ich wollte," so ruft Meslier aus, „meine Stimme schallte von einem Ende des Königreichs zum anderen, wie von einem Ende der Welt zum anderen. Ich würde aus allen Kräften schreien: Ihr seid Thoren, o Menschen! Ihr seid Thoren, Euch so gängeln zu lassen und so blind an eine Unzahl von Dummheiten zu glauben! Ich würde ihnen ihre Irrthümer zeigen, und ihre Leiter als Betrüger und Menschenschinder entlarven! . . . Ich würde ihnen ihre Feigheit zum Vorwurf machen, daß sie so lange die Tyrannen leben lassen und das hassenswerthe Joch ihrer tyrannischen Regierung nicht abschütteln."*) Und hier verliert sich nun unser Pfarrer in eine Spekulation über den Tyrannenmord, die uns mit einem Schlage aus dem Beginne des 18. Jahrhunderts — denn in diese Zeit müssen wir die Abfassung des Testaments setzen — in die Zeit der Religionskriege, mit ihren tyrannenmörderischen Maximen und Thaten zurückversetzt. Wir würden uns nicht wundern, unserem Pfarrer in den Zeiten der Liga zu begegnen, in die er mit der mächtigen Energie und Maßlosigkeit seiner Worte, Gedanken und Gefühle viel eher hineinpaßt, als in jene fin de siècle-Periode der Regierung Ludwig's XIV. mit ihren kraftlosen degenerirten Marionetten, deren Opposition in einem weinerlichen Gegreine erstirbt.

Ein Schriftsteller des Alterthums, so beginnt unser Landpfarrer seinen mächtigen Aufruf an die Völker zum Kampf gegen ihre Unterdrücker,**) hat einmal gesagt, daß es nichts so Seltenes gäbe, als einen alten Tyrannen; und der Grund davon war, daß damals die Menschen noch nicht feige genug waren, Tyrannen lange leben und regieren zu lassen. Jetzt aber haben sich die Menschen, ohne es selbst gewahr zu werden, an die Knechtschaft so gewöhnt, daß ihnen ihre Sklaverei fast zu einem natürlichen Zustande geworden ist, und mit dem Sklavensinn der Menschen ist der Hochmuth und Uebermuth der Tyrannen „aus dem Uebermaß ihres Glückes und dem Ueberfluß ihres Fettes gewachsen." Schon lange ist das Geschlecht der Tyrannenmörder, der würdigen und edlen Vertheidiger der Freiheit entschlafen. Es giebt keine Jacques Clément und Ravaillacs mehr, die einst den Muth hatten, diese verabscheuungswürdigen Ungeheuer und Feinde des Menschengeschlechts zu erschlagen, keine Prediger und Schriftsteller mehr, die kühn genug wären, ihre Laster, Ungerechtigkeiten und schlechte Regierung zu tadeln und zu brandmarken und das Volk zum Aufstand gegen sie zu entflammen. Zur Schande des Jahrhunderts sei es gesagt, daß es nur noch feige und miserable Sklaven, erbärmliche Schmeichler und gemeine Vollführer der schlechten Pläne und Erlasse der Tyrannen giebt. Richter und Beamte des Königreiches, die Intendanten und Gouverneure der Provinzen, die Führer der Heere, alle Offiziere und Soldaten suchen ihre Ehre darin, die Befehle des Königs auszuführen, was immer dieselben auch enthalten mögen, und würden sich nicht scheuen, ihr eigenes Vaterland in Brand zu stecken, wenn die Laune des Tyrannen es einmal verlangte. Von all diesen Leuten ist keine Rettung für das Volk zu erwarten, sie alle haben vielmehr ein Bündniß geschlossen, das Volk unter ihrem tyrannischen Gesetzesjoche festzuhalten, gemeinsam, wie ein Rudel ausgehungerter Wölfe es niederzuhetzen und als Beute zu verschlingen. Die Rettung des Volkes liegt in seinen eigenen Händen; seine Befreiung hängt nur von ihm ab, da es alle Mittel und Kräfte besitzt, sich zu befreien und seine Tyrannen zu seinen Sklaven zu machen. Denn alle ihre Größe, ihre Reichthümer, ihre Kräfte und ihre Macht kommen

*) Le Testament 2c., III., S. 372.

**) Le Testament 2c., III., S. 373 ff.

ihnen nur aus dem Volke. Seine Kinder dienen ihnen im Krieg, wie in den meisten Aemtern. Mit seinen eigenen Kräften werfen sie es nieder und halten es in Knechtschaft und mit seinen eigenen Kräften würden sie die Städte und Provinzen eine nach der anderen vernichten, falls wirklich einige von diesen es unternehmen würden, ihnen Widerstand zu leisten und ihr Joch abzuschütteln. Wenn aber alle Völker und alle Städte und Provinzen sich vereinigen und verschwören, vom gemeinsamen Feind sich gemeinsam zu befreien, so würden die Tyrannen sehr bald besiegt und vertilgt sein.

So fordert Meslier denn alle Völker zur Einigung und zum Kampf gegen ihre Unterdrücker auf. „Unissez-vous donc, peuples" — „Proletarier aller Länder, vereinigt euch!" — vereinigt euch, wenn ihr das Herz habt, euch von all eurem gemeinsamen Elend zu befreien! Ermuthigt einander zu einem so edlen und wichtigen Unternehmen! Beginnt zuerst damit, heimlich eure Gedanken und Wünsche einander mitzutheilen! Verbreitet überall auf's Geschickteste Flugschriften, die aller Welt die Leerheit der Irrthümer und des Aberglaubens der Religionen klar machen und überall das tyrannische Regiment der Könige und Fürsten der Erde verhaßt machen! Helft einander in dieser so gerechten und nothwendigen Sache, bei der es sich um das gemeinsame Glück aller Völker handelt. Vereint wird es den Völkern gelingen, die Throne ihrer Unterdrücker umzuwerfen, die Herrschaft des Adels und der Reichen zu vernichten. Alle Streitigkeiten und Feindseligkeiten gegeneinander müssen die Völker unterdrücken, allen Haß und allen Unwillen gegen die gemeinsamen Feinde, gegen die übermüthige, überstolze Rasse von Menschen wenden, die sie elend machen und ihnen die besten Früchte ihrer Arbeiten rauben. Wenn dann die hochmüthigen Tyrannen mit ihren Intendanten, Gouverneuren, Steuerempfängern und Beamten, der stolze Adel, die prächtigen Prälaten, Bischöfe, Abbés, Mönche, und all die anderen reichen Herren und Damen, die nur von der Arbeit des armen Volkes leben, verjagt, die Völker befreit sind und das unterdrückende Gesellschaftssystem zerschlagen ist, so gilt es, das neue Gemeinwesen zu schaffen.

Wir wollen nun versuchen, von diesem neuen Gemeinwesen nach einigen Andeutungen Meslier's ein Bild zu entwerfen. Selbstverständlich liegt der Schwerpunkt des Meslier'schen Buches nach der Seite der Kritik, in der er an vielen Stellen geradezu Vortreffliches leistet, während der konstruktive Theil nur sehr dürftig ausgefallen ist. Die ganze Anlage des Buches, wie sein Zweck brachten es mit sich, die Kritik der Konstruktion gegenüber in den Vordergrund zu stellen. Er wollte die Menschen über ihre Vorurtheile und Thorheiten, über die Ungerechtigkeiten der bestehenden Gesellschaft belehren; da mußte er denn auch in der Hauptsache kritisch vorgehen und sich darauf beschränken, an einzelnen Stellen Andeutungen zu geben, wie er sich eine bessere Gesellschaftsform dächte, und die Hauptzüge einer solchen, die Gütergemeinschaft mit der für Alle gleichen Arbeitspflicht, die Föderation der Gemeinden, die gesellschaftliche Erziehung der Kinder, die neue Eheform u. s. f. nur zu skizziren. Aber noch ein anderer Grund kommt hinzu, seine Kürze nach dieser Richtung hin zu rechtfertigen. Meslier schrieb für Bauern, in erster Linie die französischen Bauern, die Bauern seines Kirchspiels, und wenn er diesen die Gütergemeinschaft als Idealform der Gesellschaft hinstellte, so sah er sich der Nothwendigkeit überhoben, diese bis in ihre Einzelheiten, wie sie sich vielleicht in seinem Kopfe darstellte, zu entwickeln. Gütergemeinschaft kannte der französische Bauer aus seinen Hausgemeinschaften, den Communautés agricoles, zur Genüge — auch in der Champagne, wo Meslier's Dorf lag und wo er den größten Theil seines Lebens zubrachte, gab es noch unter Ludwig XIV., bis tief ins 18. Jahrhundert hinein solche Hausgemeinschaften in großer Zahl — ihr Mechanismus war ihm durchaus vertraut, wozu hätte also Meslier noch ausführlicher auf diese eingehen sollen? Das Ziel war ein bekanntes für den Bauer, es war nur die Ausdehnung einer bereits vorhandenen Einrichtung auf ganz Frankreich. Um die Mittel und Wege, dahin zu gelangen, handelte es sich also für Meslier, und diese konnte er zunächst nur in der Belehrung und Erziehung des unterdrückten Bauernstandes sehen, „den man gemäß den Sätzen einer erleuchteten Politik in die tiefste Unwissenheit und Furcht vor Gott und den ewigen Strafen verstrickt hatte, um ihn besser im Zaume zu halten.“*) Außerdem ist auch Meslier seinem ganzen Wesen und geistigen Horizont nach so durchaus Bauer, daß die Industrie und die durch ihre Entwickelung bereits bewirkte oder doch sich bereits vollziehende Revolution der gesammten Verhältnisse vollständig seinem Blick entgehen konnten und daß Probleme, welche die großen Städte, wie Paris und Lyon z. B. bieten, für ihn ebensowenig vorhanden sind.

Das Grundprinzip seiner neuen Gesellschaft ist der Satz, daß alle Menschen von Natur und zwar nicht nur juristisch, sondern in erster Linie sozial gleich sind. Ein jeder Bürger hat ein Recht darauf, zu leben, seine natürliche Freiheit und seinen Antheil an den Gütern dieser Welt zu genießen; aber dies Recht auf eine ausreichende Existenz ist an die Bedingung nützlicher Arbeit für das Gemeinwesen gebunden. Der Mißbrauch des privaten Eigenthums ist abgeschafft; alle Güter und Reichthümer der Erde sind Gemeineigenthum. Die Bewohner einer Stadt, eines Marktfleckens, eines Dorfes, schließen sich zu einer großen Familie zusammen, „indem sie sich als Brüder und Schwestern, als Kinder desselben Vaters und derselben Mutter betrachten und deshalb friedlich und gemeinschaftlich zusammen leben, dieselbe Nahrung haben, in gleicher Weise gut gekleidet sind, gut wohnen, gut schlafen und mit gutem Schuhwerk versehen sind.“**) Unter Leitung der Weisesten und Besten der Gemeinde leisten sie Alle, ein Jeder in seiner Profession, nützliche und ehrbare Arbeit, um ihre Bedürfnisse zu befriedigen. Denn obschon alle gleich sind, so bedarf doch die Gesellschaft, weil es eben eine menschliche Gesellschaft ist, um ihre Zwecke, die Aufrechterhaltung der Ordnung und die Versorgung der Glieder mit dem nothwendigen Lebensunterhalt, zu erfüllen, einer

*) Le Testament ꝛc., III., S. 391.
**) Le Testament ꝛc., II., S. 211.

bestimmten Gliederung und Unterordnung der Menschen untereinander. Diese soll aber eine durchaus gerechte und wohl proportionirte sein und weder die Einen zu sehr erheben, noch die Anderen zu sehr erniedrigen. Es ist nicht die Aufgabe junger Kinder, Thoren und Tollhälse, noch lasterhafter und schlechter Menschen, wie der Zufall der Geburt sie heutzutage zur Regierung bestimmt, sondern die Aufgabe der Weisesten, die Anderen zu leiten, zu regieren und gute Gesetze zu geben, deren Ziel stets die Beförderung und Erhaltung des öffentlichen Wohles sein muß. — Wenn ein Jeder ehrbare und nützliche Arbeit verrichtet und die Güter der Erde und die Früchte der Arbeit und des Fleißes der Bürger weise verwaltet werden, so werden Alle hinreichend und genug haben, um zufrieden und glücklich zu leben. Denn die Erde produzirt die zum Unterhalte der Menschen nothwendigen Dinge fast immer in hinreichender Menge, oft aber im Ueberfluß. Keine Sorge für sich und seine Kinder würde den Menschen in einer solchen, geregelten Gemeinschaft bewegen. Betrug und Täuschung werden verschwinden: Kein Prozeß wird um die Güter gefochten werden müssen, um die dann Niemand mehr den Anderen beneidet, kein Mord und kein Diebstahl wird den Frieden der Gemeinde stören.

Die Gemeinden würden also friedlich ihr Land in Gemeinsamkeit planmäßig bebauen und gemeinsam die Früchte verzehren, die sie auf ihrem Gebiete durch ihre Arbeit erzielt haben. Alle diese Dorf- und Stadtgemeinden schließen untereinander Frieden und ewiges Bündniß ab, um sich gegenseitig zu helfen und in ihren Bedürfnissen zu unterstützen, denn ohne das könnte das Gemeinwohl nicht existiren.

In diesem neuen föderativen Gemeinwesen wird es keine neue Religion geben, da der Glaube an Götter und ihre Idole die Menschen nur wieder unglücklich machen und, wenn mit der Abschaffung der Gütergemeinschaft verbunden, in die alte Sklaverei zurückwerfen würde. Nur eine Sittenlehre soll gelten, deren Prinzipien die Gerechtigkeit und Brüderlichkeit sind. Sie wird den Menschen den Adel der Gesinnung geben, indem sie für das Wohl und die Freiheit der Gesammtheit zu arbeiten lehrt. Da aber nur das Licht der natürlichen Vernunft, nicht Bigotterie die Menschen zur Vollendung in Wissenschaft, Kunst und Moral bringen kann, Unwissenheit aber und Mangel an Erziehung die Menschen lasterhaft und schlecht macht, so legt Meslier den größten Werth auf die Erziehung der Kinder. Während jetzt viele derselben unter der Armuth und Verkommenheit ihrer Eltern zu leiden haben, oder als Waisen schutzlos, ohne Erziehung und Unterricht aufwachsen und oft jämmerlich ihr Brot von Thür zu Thür erbetteln müssen, übernimmt in Meslier's Staat die Gemeinschaft die Aufziehung und den Unterricht der Kinder. Alle werden den gleichen Unterricht, sowohl in der Sittenlehre wie den Wissenschaften erhalten und so zu brauchbaren Mitgliedern der Gemeinschaft erzogen werden. — Auch die Regelung des Verhältnisses der beiden Geschlechter unterliegt einer vollständigen Umwälzung. An die Stelle der unauflöslichen, katholischen Ehe, die er auf das Schärfste angreift und deren Uebelstände für Gatten und Kinder im Falle einer unglücklichen Ehe er **auf das** Scharfsinnigste darlegt, tritt die freie Verbindung der beiden vollständ**ig gleich**berechtigten Geschlechter nur nach Neigung. Da nur diese eine **glückliche Ehe** garantirt, so kann die Verbindung sofort gelöst werden, wenn sie **geschwunden** ist und eine neue Neigung die Gatten zu neuer Ehe treibt.

Dieser Pfarrer in dem kleinen Ardennen-Dörfchen ist eine **wunderbare** Persönlichkeit. Er empört sich, daß die cartesische Schule den Thieren die **Empfin**dung abspricht und sie als bloße Maschinen betrachtet, und beklagt es, **daß es** keine Tyrannenmörder mehr gäbe. Er provozirt einen Streit mit dem **Edelmann** seines Dorfes, weil dieser einen Bauer geprügelt, und erträgt geduldig ein **Leben,** das nichts weiter war als eine große Mißhandlung aller seiner Gedanken **und** Gefühle. Selbst empfundenes Leid — Meslier hatte eine harte Jugend **hinter** sich — und mitempfundenes Elend haben mit der ganzen Gewalt ihrer **Unmittel**barkeit eine zarte Natur getroffen, die es nicht verstehen kann, wie ein **Gott der** Güte die große Mehrheit der Menschen so unglücklich hat machen können. **Die** Ungerechtigkeit des Gesellschaftssystems, in dem er lebte, ergriff einen freien **und** kühnen Geist, warf ihn aus dem Gleichgewicht heraus und zerstörte eine Ergeben**heit**, in die ihn die Erziehung zum geistlichen Stande zu fesseln drohte. So **ward** sein Priestergewand für Meslier zum Nessuskleid, das wie höllisches Feuer **auf** seiner offenen, wahrheitsliebenden Natur brannte und ihre Milde und Güte in furchtbaren Haß und Bitterkeit verkehrte. Sein Mitleid mit Denen, die er **unter** fast untragbarer Last durchs Leben dahin keuchen sah, hat ihn Töne des **Hasses** gegen alle Unterdrücker und Ausbeuter finden lassen, die in ihrer dämonischen Gewalt noch die jetzigen Leser ergreifen. Heine sagt einmal von Kant, „hätten die braven Königsberger Spießbürger gewußt, welche zerstörenden, weltzermalmenden Gedanken das Gehirn jenes Mannes umwälzte, den sie so freundlich zu grüßen pflegten, sie würden vor ihm eine weit grauenhaftere Scheu empfunden haben, als vor einem Scharfrichter." Was ist Kant gegen unseren Pfarrer? Der Teufel selbst hätte seinen Beichtkindern nicht grauenhafter und fürchterlicher erscheinen können, als dieser Priester, der nicht nur Gott und die ganze himmlische Besatzung, sondern auch Könige und Prinzen, Adel und Geistlichkeit mitleidslos über die Klinge springen ließ.

Viertes Kapitel.

Die Industrie im 16. und 17. Jahrhundert.

In ganz andere Kreise und zugleich auf eine viel höhere Warte führt uns der erste große französische Utopist, Vairasse d'Allais. Aus den engen, beschränkten Verhältnissen eines Kleinbauern und armen Landpastors werden wir in zwei Zentren moderner Industrie und modernen Handels, London und Paris, geführt, aus der Stille des Landlebens in das rastlose Getriebe der Städte und in die kühnen, halb abenteuerlichen, halb geschäftsklug berechneten Fahrten des Großhandels versetzt. Für Meslier scheint die Industrie noch nicht, wenigstens nicht selbständig zu existiren; er bekämpft das neue kapitalistische Wirthschaftssystem nur in seiner Anwendung auf den Ackerbau, in der Großpacht und der Verwandlung des Kleinbauern in den bäuerlichen Tagelöhner; Vairasse ist dagegen ein Sohn des unter Colbert mächtig sich entwickelnden Industrialismus, dessen Probleme ihn in erster Linie beschäftigen. Seine hugenottische Abkunft — in den Händen der Calvinisten lag der wichtigste Theil französischen Handels und französischer Industrie —, seine Reisen in England und Holland, von denen besonders das letztere eines der gewerbthätigsten Länder der damaligen Zeit war, sein Aufenthalt in Paris zur Zeit des Colbert'schen Ministeriums, Alles vereinigte sich, um ihm eine genaue Kenntniß der Industrie und eine richtige Einsicht in ihre Bedeutung zu verschaffen, während seine ausgedehnten geographischen, historischen und politischen Studien ihm die Kenntniß realer und idealer kommunistischer Gemeinwesen, wie der Peruaner und des Idealstaates Mores, vermittelten, seinen Gesichtskreis erweiterten und ihm die Waffe einer Kritik lieferten, die er mit dem größten Erfolge zu handhaben wußte. Wir werden weiter unten im Einzelnen die einzelnen Momente, die zu seiner Bildung beigetragen haben, verfolgen und aufzeigen, worin die Originalität und der Fortschritt in seiner Utopie beruht, hier haben wir jetzt ausführlicher auf den einen wichtigsten Faktor derselben einzugehen und eine allerdings nur begrenzte Darstellung der französischen Industrie zu geben, um damit nachzuweisen, wie ein solches Buch, wie das Vairasse'sche, überhaupt entstehen konnte. Zu diesem Zwecke ist es nothwendig, die Geschichte der Industrie mit dem Beginn des 16. Jahrhunderts aufzunehmen.

Drei große Gruppen von Kriegen erfüllen das 16. Jahrhundert in der französischen Geschichte: die Kriege Karl's VIII. und Ludwig's XII. in Italien, die Kriege Franz I. gegen Karl V., und die Religionskriege. Während aber die letzteren Ackerbau, Industrie und Handel aufs Gründlichste zerstörten, sind die beiden ersteren von dem günstigsten Einfluß auf die Entwickelung der französischen Industrie gewesen. Die Franzosen, noch zu Ende des 15. Jahrhunderts ein halb barbarisches Volk, machten die direkte Bekanntschaft der höchst entwickelten, industriellsten Nation Europas, Italiens. Zu Beginn des 16. Jahrhunderts hatten die italienischen Staaten ohne Zweifel den Gipfel ihrer industriellen Blüthe erreicht. Venedig war berühmt durch seine Seiden- und Tuchmanufaktur, seine Spinnereien, Färbereien, seine Lederfabrikation; seine Spitzen waren unübertroffen. Seine Zuckerraffinerien, seine Seifen-, Glas- und Spiegelindustrie, seine Druckereien versorgten die ganze Welt mit ihren Produkten und erregten überall Staunen und Bewunderung. Florenz war nicht weniger industriell; seine Tuchindustrie beschäftigte allein 30 000 Arbeiter. Es genügt, noch Genuas und Mailands Namen zu nennen. Mit der Industrie und dem Handel war auch der ganze Apparat kapitalistischer Wirthschaft entstanden: das Bankwesen besonders in Florenz, in Venedig die Ausbildung zirkulirenden Papiergeldes, statistischer Bureaus u. s. w.

Es ist natürlich, daß die direkte Berührung der Franzosen mit so hoch entwickelten Zuständen von den bedeutendsten Wirkungen für sie sein mußte. Karl VIII. schleppte eine ganze Kolonie von Architekten, Bildhauern, Malern und Handwerkern von Neapel mit sich nach Frankreich fort. Seine Begleiter hatten in Neapel und Umgebung die große Seidenmanufaktur kennen gelernt und beschlossen, dieselbe nach Frankreich zu verpflanzen. Es ist interessant, über diese Thatsache das Zeugniß Olivier de Serres' zu hören, der ein Jahrhundert später außerordentlich viel für die Einbürgerung der Seidenkultur in Frankreich gethan hat. „Einige Edelleute," so erzählt er in seinem berühmten „Théâtre d'agriculture," „aus dem Gefolge Karl's VIII., die im Königreich Neapel den Reichthum an Seide bemerkt, hatten die Neigung mit sich nach Frankreich genommen, ihre Häuser mit solchen Waaren zu versehen. Nachdem also die italienischen Kriege beendigt waren, ließen sie von Neapel Maulbeerbäume holen, die sie in der Provence anpflanzten, wobei der geringe Unterschied in den Klimaten der beiden Länder das Unternehmen erleichterte." *)

Viel weiter als Karl VIII. gingen Ludwig XII. und sein Minister, der Kardinal d'Amboise, und besonders Franz I. in ihren Bemühungen, die Industrien Italiens in Frankreich heimisch zu machen, und daß sie in ihrer Thätigkeit nicht erfolglos geblieben sind, dafür sind die Berichte der venetianischen Gesandten am französischen Hofe der beste Beweis. Nicht ohne eine gewisse Eifersucht erzählen sie von dem raschen Aufblühen der französischen Industrie und der Konkurrenz, die dieselbe ihren heimathlichen Manufakturen zu machen drohte.**) In der Nieder-Normandie und Picardie war die Wollindustrie zu Hause. Aus der besseren französischen Wolle wurden gewöhnliche Tuche hergestellt, während die feinere englische und spanische Wolle zu feinerer Waare verarbeitet wurde. Sehr bedeutend und blühend war die Leinwandindustrie. Spinnereien von Leinen gab es in Laval, Cambrai, Reims und dem Beauvoisis. Leinwandtuche wurden nach England, Spanien und Italien exportirt. Große Fortschritte hatten die Seidenindustrie in der Touraine — in Tours wurde auf 8000 Stühlen italienische und spanische Seide verwoben (1546) — das Goldschmiede-, Juwelier- und das Messerschmiedegewerbe gemacht. Alles in Allem hatte Frankreich die industrielle Laufbahn mit großem Erfolge und großer Energie betreten, als die langen Kriege Franz I. und Heinrich II. gegen das Haus Habsburg zunächst eine Unterbrechung dieser Entwickelung bewirkten, dann die aus fiskalischen Rücksichten fortwährend wiederholte Steigerung der Ein- und Ausfuhrsteuern jeden Handel unmöglich machte und damit auch die Industrie ruinirte. Vollendet wurde dann der Ruin durch die Religionskriege. Erst mit der Pacifikation Frankreichs durch Heinrich IV. beginnt die Periode einer neuen industriellen Blüthe. Unterstützt

*) Théâtre d'agriculture, Buch V, Kap. XV.

**) Siehe diese Berichte in der Collection des Documents inédits sur l'histoire de la France. Sie erstrecken sich über die Jahre 1528—1560, in welche die erste Blüthe der französischen Industrie fällt.

von Olivier de Serres und Barthélemy de Laffemas machte sich der König mit aller Energie an die Wiederbelebung der Manufakturen und lieh seinen Schutz und seine Unterstützung zunächst und hauptsächlich der Luxusindustrie, ohne doch diejenigen nützlicher Gebrauchsgegenstände zu vergessen. Olivier de Serres, der in seinem Théâtre d'agriculture das erste Handbuch der Agrikultur lieferte, beschäftigte sich besonders mit der Seidenindustrie und widmete ein Kapitel seines Handbuches einer Darstellung der besten Mittel, die Kultur der Seide in Frankreich zu akklimatisiren.*) Von größerer Bedeutung in industrieller Hinsicht war die Thätigkeit Barthélemy de Laffemas'. 1598 überreichte er Heinrich IV. eine in der Form eines königlichen Ediktes abgefaßte Denkschrift, in der er ein ganzes Programm industrieller Politik entwickelte. Er begann mit dem Nachweis, daß Paris, Lyon, Tours bereits in früheren Jahren gezeigt hätten, daß sie im Stande seien, die Seide so gut wie die berühmtesten Städte Italiens zu bearbeiten und zu färben; daß die Picardie, Champagne, Bayonne ebenso gute Leinwand wie Flandern produziren könnten, daß die Spitzen des Languedocs ebenso fein wie die der Niederlande und daß die Schleiertücher von Reims und Amiens besser seien, als irgend andere. Es sei lächerlich, die Rohstoffe, wie Leinen, Hanf, Wolle ans Ausland zu verkaufen, um sie dann von demselben als fertige Stoffe zurückzuerhalten. Würde Frankreich die Bearbeitung selbst unternehmen, so würde es damit zugleich die Zahl der Armen, die infolge von Arbeitslosigkeit arm sind, ganz bedeutend vermindern. Frankreich sei also sehr wohl im Stande, ein industrielles Land zu werden, und habe sogar das größte Interesse daran, ein solches zu werden. Zur Erreichung dieses Zieles schlug Laffemas zunächst vor, den Import fremder Manufakturprodukte, mit Ausnahme guter Bücher und Kunstwerke, sowie den Export aller Rohstoffe und Halbfabrikate zu verbieten. Andererseits bezeichnete er als durchaus nothwendig die Aufhebung aller inneren Zollgrenzen und die Ersetzung aller Steuern, mit denen der Handel belastet war, durch eine einzige, die in der Höhe von einem Sou auf das Livre im Voraus von allem im Königreich verkauften Getreide und den anderen Waaren erhoben werden sollte. Die Schaffung des Amtes eines Generalkontroleurs und Einrichtung einer permanenten Handelskammer mit der Aufgabe, die Bedürfnisse des Handels zu erforschen und seine Gesetzgebung und Polizei wo nöthig zu verbessern, bringen die Reihe seiner wichtigsten Vorschläge zum Abschluß.**)

So suchte Laffemas mit einem Male die unendliche Verschiedenheit und Differentiation, mit der der Feudalismus ganz Frankreich in eine Unzahl gesonderter Territorien durch Zoll- und andere Grenzen gespalten hatte, von seinem Boden wegzufegen und über das ganze Land eine Einförmigkeit zu errichten, deren der

*) La cueillète de la soye, im Théâtre d'agriculture, Bd. V, Kap. XV, ed. Paris 1805, II., S. 111.

**) Siehe Laffemas' Denkschrift (sowie die Verhandlungen der Handelskammer) in der Collection des Documents inédits sur l'histoire de la France. Mélanges historiques tom. IV., S. XV—XXXIII.

moderne Handel ebenso bedarf, wie die moderne Industrie. Aufgenommen ward dieser Gedanke dann von Colbert, aber auch von ihm nur theilweise realisirt, bis endlich die französische Revolution die Namen der alten Provinzen abschaffte, das Land in so und so viele Departements eintheilte und mit der administrativen die kommerzielle Einheit herstellte. Heinrich IV. führte von Laffemas' Vorschlägen nur den letzten, die Einrichtung einer Handelskammer, durch Lettres patentes vom 20. Juli 1602 aus. Diese Kommission wandte ihre Aufmerksamkeit in erster Linie der Seidenindustrie — die Anfänge der großen Industrie von Lyon datiren aus dieser Zeit — dann aber auch der Wollindustrie, der Manufaktur von Leinwand in den Vorstädten von Rouen und anderen Gewerben zu. Auch die Fabrikation von Teppichen und Gobelins, von Kristall und Spiegeln verdankte ihre Begründung Heinrich IV., der venetianische Arbeiter durch hohe Lohnanerbietungen und andere Vortheile bestach, heimlich aus Venedig nach Frankreich schaffen ließ und sie naturalisirte, um sie vor der Rache ihrer Heimathstadt zu schützen. Thatsächlich erlebte die französische Industrie während der Regierungszeit Heinrich's IV. eine vollständige Wiedergeburt; aber die Regentschaft Maria's von Medici machte ihrer Entwickelung wieder schnell ein Ende. Richelieu war zu sehr mit der großen Politik, dem Kampfe gegen das Haus Habsburg beschäftigt, als daß er seine Aufmerksamkeit der Industrie hätte zuwenden können; und die Zeit der Fronde war die Zeit des totalen Ruins Frankreichs — wo hätte man da Industrien finden können! Erst in den letzten Jahren Mazarin's, unter der Finanzministerschaft Fouquet's beginnt das erschöpfte Land wieder aufzuleben, und Colbert ist es dann, der den Uebergang der neu erwachenden Lebenskraft und Energie in die Bahn der industriellen Thätigkeit fördert. Wie Heinrich IV. vor ihm, beginnt er mit der Neubegründung der Luxusindustrien, um dann nach und nach auch die nützlichen in den Bereich seiner Hülfe zu ziehen. So schuf er die „Manufacture royale des meubles de couronne," deren Leitung er Le Brun übertrug, und vereinigte zu diesem Zwecke in dem Hôtel des Gobelins Maler, Bildhauer, Goldschmiede, Kunsttischler, kurz, die geschicktesten Arbeiter aller Gewerbe zur Herstellung von meubles, d. h. aller der Dinge, die zur Möblirung und Dekorirung von Palästen dienten. Ferner schuf er zwei neue Teppichfabriken, von denen allerdings die eine in Beauvais an den zu hohen Preisen zu Grunde ging. Es war aber besonders Lyon, das unter Colbert's Verwaltung einen rapiden Aufschwung nahm. Die Seidenindustrie war ursprünglich von Ludwig XI. in Lyon im Kampfe gegen die Bewohner der Stadt gegründet, dann aber 1469 von ihm nach Tours übergesiedelt worden,*) wo sie sehr bald eine hohe Blüthe erreichte. Die Anlage der großen Plantagen von Maulbeerbäumen durch Heinrich IV. und Olivier de Serres verschob aber allmälig den Schwerpunkt von Tours wieder nach Lyon, wozu schon die Ansiedlung zahlreicher mailändischer Seidenweberfamilien

---

*) Siehe Vital de Valour, Etienne Turquet et les origines de la fabrique lyonnaise, Lyon 1868.

daselbst durch Franz I. das ihre beigetragen hatte, und bereits zu Anfang des 17. Jahrhunderts verdrängte Lyon durch seine kunstreichen und schönen Fabrikate alle Konkurrenzerzeugnisse. Durch die Unterstützung Colbert's gelang es der Stadt, sich das Monopol auf dem europäischen Markte zu erwerben. In Verbindung mit Charrier, dem damaligen Provost der Kaufleute, gründete Colbert Fabriken für Seidenstoffe, Seidensammet, Brokate, Seidenstrümpfe u. s. f. und züchtete durch **Lettres patentes**, Privilegien, Geldgeschenke, Verbot der Importe, kurz mit allen erdenkbaren Mitteln, die Industrie treibhausmäßig mit dem Erfolge, daß Lyon 1685 gegen 13000 Stühle zählte, deren Zahl 20 Jahre später in Folge der Verjagung der Hugenotten und der fortgesetzten Kriege auf 2000 sank und erst wieder im Jahre 1753 die alte Höhe erreichte.

Wie in der Seidenindustrie, so auch in den anderen. Durch den heimlichen Import fremder Arbeiter, wobei man ganz die Praktiken früherer Könige, besonders Heinrich IV. befolgte, verpflanzte Colbert ausländische Industrien nach Frankreich, so z. B. die Spitzen- und Spiegelindustrie Venedigs. 1665 wurde die erste Spiegelmanufaktur in der Vorstadt St. Antoine von Paris gegründet, bald nachher eine andere zu Nevers; Reims wurde der Sitz der neuen Spitzenindustrie. Aber Colbert beschränkte sich nicht auf die Luxusindustrien; er importirte die Tuchmanufaktur aus England und besonders aus Flandern, mit deren Produkten die französischen Fabrikanten, was Güte und Schönheit anging, nicht konkurriren konnten. Seit der Etablirung von Robais' durch Colbert in Abbeville, wo sehr bald 1692 Arbeiter und Arbeiterinnen in drei Etablissements beschäftigt waren, datirt die Weberei feiner Tuche in Frankreich. Die alten Tuchmanufakturen von Sedan, Louviers, Elboeuf wurden umgestaltet und auf die Höhe der damaligen Technik gebracht. Zur Unterstützung der Tuchmanufaktur verbot Colbert 1666 den Import aller englischen Wolltuche und traf durch den Tarif von 1667 die Importe von Spanien, Flandern u. s. w. mit hohen Zöllen. Eine statistische Untersuchung vom Jahre 1669 erwies, daß unter dem Schutze der Tarife 34200 Stühle in Betrieb waren, die 671000 Stücke Tuche producirten und 60000 Arbeiter beschäftigten. Die Industrie gestrickter Strümpfe wurde ebenfalls durch Colbert gefördert. Einem Kaufmanne Camuset übertrug er das Privileg zur Ausbeutung; die Maires der Städte und Dörfer hatten ihm geeignete Werkstätten zu liefern, und die arbeitslosen Männer, Frauen und Kinder von zehn Jahren wurden gezwungen, darin zu arbeiten. Eine Unzahl anderer Industrien, auf die hier nicht die Stelle ist weiter einzugehen, wurde in ähnlicher Weise unterstützt. Die Denkschriften, in denen die Intendanten über die Zustände ihrer Generalitäten gegen Ende des Colbert'schen Ministeriums berichten, gewähren ein gutes Bild von der industriellen Thätigkeit Frankreichs.*) Niemals war die französische Industrie so blühend gewesen, wie damals, und Frankreich

---

*) Längere Auszüge bei Levasseur, **Histoire des classes ouvrières en France jusqu'à la Révolution**, Paris 1859, II., S. 259—277.

war ohne Zweifel auf dem besten Wege, eines der gewerbthätigsten Länder Europas zu werden; aber nach dem Tode Colbert's verfallen die neuen Manufakturen infolge der unsinnigen Kriegs- und Kirchenpolitik Ludwig's XIV. fast ebenso rasch, wie sie aufgeblüht waren. Thatsächlich hatte sich der größere Theil der Industrie infolge der von der Regierung befolgten Politik in den Händen der Hugenotten konzentrirt. Seitdem Richelieu ihre politische Selbständigkeit vernichtet und zugleich durch das Gnadenedikt von Nimes allen ihren Rebellionen ein Ende gemacht hatte, war es mit ihrem Staat im Staate zu Ende. Man hatte ihnen zwar Religionsfreiheit gewährt — Mazarin befolgte auch hierin ganz die Politik Richelieu's und wußte die Hugenotten so für das Königthum zu gewinnen, daß er sie seine „treue Heerde" (troupeau fidèle) nennen konnte — aber sie von allen Hof- und den meisten staatlichen Aemtern, wie den gewerblichen Korporationen ausgeschlossen. Da sie auch im Heere nicht gern gesehen waren und natürlich nur sehr langsam avancirten — ein Beispiel dafür ist unser Bairasse — so blieben ihnen im Wesentlichen nur der Ackerbau, Industrie und Handel als die einzigen Beschäftigungen, denen sie sich zuwenden konnten, übrig. Im Besitz einer höheren Intelligenz als der Durchschnitt der katholischen Bevölkerung, durch ihre Religion schon in nähere Verbindung mit den besonders gewerbfleißigen protestantischen Ländern, wie Holland, England, auch die Schweiz, gebracht, fiel es ihnen nicht schwer, sich der neu entstehenden Manufacturen in Frankreich fast ausschließlich zu bemächtigen. Der größte Theil des Seehandels von Bordeaux und La Rochelle lag in ihren Händen, ebenso wie sie in Sedan, Abbeville, Louviers, Elboeuf, Reims, in der Auvergne, in Tours und Lyon durch den Besitz der Kapitalien und ausgedehnter Beziehungen in der Tuch-, Seide-, Leinwand- und Papiermanufaktur die leitende Stelle einnahmen. Colbert, dieser Geschäftsführer des modernen Industrialismus, hatte sie stets in Schutz genommen und, so viel er konnte, die Verfolgungen, die ihnen von der bigotten Umgebung eines beschränkten Königs drohten, hintertrieben. Zwei Jahre nach seinem Tode wurde das Edikt von Nantes widerrufen, und die Auswanderung der Hugenotten begann. Mit sich fort nahmen sie ihre Talente, ihre geistige Ueberlegenheit, den reichen Schatz der Erfahrung, den sie in allen Branchen der Industrie in den langen Jahren fleißiger Thätigkeit aufgehäuft hatten, und ganz bedeutende Kapitalien, und als Missionäre französischer Industrie trugen sie dieselbe in die meisten Länder Europas, die ihnen ein gastliches Heim gewährten.*) Kurz nach Erlaß des Ediktes und der Auswanderung der Hugenotten konstatirte der Intendant der Touraine, daß in Tours die Seidenindustrie, die früher 40 000 Arbeiter, einschließlich Frauen und Kinder, beschäftigt hatte, jetzt nur noch 4000 beschäftige, daß die Zahl der Stühle in der Stoffweberei von 8000 auf 1200, in der Bandweberei von 3000 auf 60 gesunken sei. Aehnlich waren die Verluste Lyons, die Zahl der Stühle fiel von 13 000 auf 4000. —

---

*) Ch. Gourand, Histoire de la politique commerciale, Paris 1854, S. 282 ff.

Das 17. Jahrhundert hatte in Frankreich die große Manufaktur entstehen und sich entwickeln sehen. Es ist klar, daß dieselbe nicht ohne Einfluß auf die Verhältnisse der in ihr beschäftigten Personen sein konnte; aber Alles in Allem ist die Umgestaltung derselben bei Weitem keine so durchgreifende und allgemeine gewesen, wie man anzunehmen geneigt sein könnte. Man darf nicht vergessen, daß alle Textilstoffe durch die Hand vorbereitet, gesponnen und gewebt wurden, und daß eine große Zahl von Stühlen, besonders für gewöhnlichere Stoffe in den Wohnungen der ländlichen Arbeiter und auf den kleinen Pachthöfen in Betrieb waren, die Verbindung von Landarbeit und Hausindustrie außerordentlich verbreitet war. Die von Heinrich IV. eingeführten Industrien der Seide, Teppiche, Spitzen entwickelten sich zunächst nicht in den Städten, sondern auf dem Lande, wohin sie vor der Eifersucht und Feindschaft der städtischen Korporationen sich flüchteten. Diese auf dem Lande betriebenen Hausindustrien von den Chikanen und Lasten zu befreien, womit die Korporationen der benachbarten Städte sie verfolgten, galt Colbert denn auch als seine erste und nothwendigste Aufgabe. Durch den Impuls, den er der Spinnerei und Weberei von Wolle, Leinen und Hanf gab, wurde zunächst die alte Ordnung der Dinge in keiner Weise gestört, sondern nur das Quantum der von der Hausindustrie zu leistenden Arbeit vermehrt. Das Resultat dieser industriellen Entwickelung war also anfänglich nur eine Ausdehnung häuslicher Industrie, und weit davon entfernt, eine Verödung des Landes und ein Anschwellen der Städte im Gefolge zu haben, wirkte sie vielmehr belebend auf die ländliche Bevölkerung ein. Trotzdem aber hatten bereits die Colbert'schen industriellen Gründungen die Tendenz, bis zu einem gewissen Grade die Arbeit in der Manufaktur an die Stelle individueller Arbeit in der einzelnen Werkstatt zu setzen. Es ist interessant, diesen Kampf zwischen Hausbetrieb und Manufaktur in einer neu geschaffenen Industrie, der der feinen Spitzen, zu verfolgen. Ursprünglich wurden die feinen Spitzen nur in Venedig gefertigt. Nachdem es Colbert gelungen war, sich des Fabrikationsgeheimnisses zu bemächtigen, war er bestrebt, diese neue Spitze, der er den Namen „point de France" gab, zum Gegenstande einer nationalen Industrie zu machen. Er gründete daher eine Gesellschaft mit dem exklusiven Privileg, diese Spitze zu produziren und dem Recht, Betriebe in allen Provinzen des Königreiches anzulegen. Solche entstanden also in Reims, dem Bourbonnais, der Auvergne und der Normandie. Die Manufaktur in Reims zählte z. B. gleich zu Beginn 58 Arbeiterinnen, am Ende des ersten Jahres 120; die in Bourges 140 Arbeiterinnen. Colbert befolgte bei der Gründung der Gesellschaft die doppelte Absicht, Frankreich von der Produktion des Auslandes unabhängig zu machen und auf dem platten Land Industrie zu verbreiten. Da er aber den Unternehmern ein exklusives Privileg gegeben, also die Fabrikation jeder anderen Spitze untersagt hatte, so waren die Arbeiterinnen, die früher Spitzen anderer Art gemacht hatten, zu neuer Lehrlingschaft verurtheilt. Die Unternehmer fanden es außerdem auch bequemer, nur solche Arbeiterinnen zu beschäftigen, die zur Arbeit in die von ihnen gegründeten Werkstätten kamen. Darüber kam es nun, da eine große Zahl von Arbeiterinnen an das Haus gefesselt war, zu einem Kampfe zwischen diesen und den Unternehmern. Von 900 Mädchen, die in Bourges die Technik dieser Spitzenfabrikation erlernt hatten, blieben nur 140 in den Werkstätten, während die Anderen zu Hause für Konkurrenten arbeiteten. In Alençon kam es geradezu zu einer Revolte. Schon seit langer Zeit produzirte man in Stadt und Umgebung eine bestimmte Art gewöhnlicher Spitze, und ca. 8000 Personen, Frauen und Kinder, lebten von dieser Industrie. Als man ihnen durch die Einführung des neuen Musters sowie durch den Zwang, in den Werkstätten zu arbeiten, ihre Arbeit nehmen wollte, brach ein Aufstand los und der Agent Colbert's wäre fast von den aufständischen Weibern getödtet worden. Ein Vermittlungsvorschlag der Arbeiterinnen wurde abgelehnt; aber trotz der Entfaltung der Machtmittel der Behörde gelang es nicht, von den 8000 Arbeiterinnen mehr als 250 für die neue Fabrikationsweise und die Ateliers zu gewinnen.

Außer nach dieser Richtung der Vereinigung größerer Arbeitermassen in einem Betriebe können wir den Einfluß der neuen Produktionsweise noch nach zwei Seiten hin verfolgen: der Schöpfung einer neuen Klasse von Unternehmern und einer neuen Klasse von Arbeitern. Innerhalb der Zunft konnte sich die Manufaktur, deren ein sie auszeichnender Zug eben der Großbetrieb ist, nicht entwickeln; hier wäre sie auf allen Seiten eingeengt und eingeschnürt gewesen. Nur außerhalb derselben war es ihr möglich, den hinreichenden Spielraum für ihr Wachsthum und die nothwendige Bewegungsfreiheit für ihre Glieder zu finden. So entstand denn eine neue Klasse von Meistern, die sich aus den Eigenthümern und Direktoren der Manufakturen, reichen Geschäftstreibenden rekrutirte, welche zu keiner der alten Korporationen gehörten und auch keine neue bildeten. Sie standen direkt unter dem Schutze des Königs und genossen in den meisten Fällen außerordentliche Privilegien, und nur durch die Hülfe der königlichen Geld- und Machtunterstützung und der ihnen gewährten Monopole war es ihnen möglich, den Kampf mit den eifersüchtigen, ihnen besonders feindlichen Korporationen aufzunehmen. Monopol mußte gegen Monopol gestellt werden. Diese neue Klasse von Monopolisten ist es dann gewesen, die die rechtlichen Privilegien der alten Monopolistenklasse durch die Entwickelung der in ihren Händen befindlichen alles revolutionirenden Großindustrie vernichtete, um sie später durch die von ihr geeigneten ökonomischen Monopole zu ersetzen. Der Titel „Manufacture royale", den Colbert seinen Schöpfungen gab, war der mächtige Schutzbrief, der sie den Prozessen und Inspektionen der Korporationen entrückte und sie, indem er sie direkt dem Königthum unterstellte, nur dessen Inspektoren unterwarf; wer par privilège du roi arbeitete, konnte den Angriffen der Zunftmeister ein Schnippchen schlagen. Wohl war auch er nicht frei von Reglements, aber die Reglements wurden nicht nur von der Krone gegeben, sondern auch ihre Ausführung von ihr überwacht, und ihre Beamten hatten kein Interesse daran, wie die Beamten der Zünfte ihren konkurrirenden Mitmeistern gegenüber, durch Chikanen den Unternehmer in seinem Betriebe zu schädigen. Was die Colbert'schen Reglements zu erzwingen suchten, war die Güte der Waaren, sowohl im Interesse der Konsumenten, wie auch der aufstrebenden Industrie selbst; daher das Vorschreiben der neuesten und besten Produktionsprozesse, daher die oft bis ins Einzelne gehenden Bestimmungen, z. B. über die Breite der Tuche, Länge der Stücke u. s. w., daher auch die harten Strafen für die betrügerischen Unternehmer, daher auch das Prinzip, daß keine Manufaktur, kein industrielles Etablissement ohne königliche Autorisation eingerichtet werden darf. —

An der Gesetzgebung über die Arbeiter in den Manufakturen wurde nichts von Colbert geändert. Das Personal, das sie brauchte, fand die Manufaktur im Wesentlichen schon von dem Korporationssystem für sie vorbereitet vor: es waren die Arbeiter, denen es unmöglich gewesen war, Meister in einer Zunft zu werden, und die als freie Arbeiter besonders in den Dörfern oder kleinen Städten und in den Vorstädten der Großstädte ihr Gewerbe ausübten. Diese von den Korporationen abgestoßenen Arbeitskräfte zog die Manufaktur an sich, reihte sie in ihre Cadres ein, und schuf unter ihnen eine neue Klasse privilegirter Arbeiter.*) Die Stellung mancher von ihnen war nämlich eine so vortheilhafte, daß sich unter ihnen die Tendenz entwickeln konnte, das Monopol ihrer Stellung in ihrer Familie zu bewahren und ihren Kindern zu überliefern. In den Spiegel-, Teppich- und Papiermanufakturen bildeten sich unter ihnen wahrhafte Korporationen, die von den Behörden absichtlich ignorirt wurden. Man mußte Sohn oder Neffe sein, um einen Platz in dieser Compagnonnage zu finden, deren Aufrechthaltung die Reglements der Manufakturen begünstigten, indem sie den ältesten Arbeitern Pensionen zusicherten und ihren Familien Arbeit gaben. Da ferner in fast allen Privilegbriefen wohl Preismaxima für die Waaren, dafür aber auch die weitgehendsten Garantien gegen eine Preiserniedrigung gegeben waren, und aus diesen und anderen Gründen die Konkurrenz unter den Unternehmern gleich null oder sehr gering war, so war es auch möglich, daß in dieser ersten Zeit der Entwickelung der Industrie ihre Arbeiter fast konstante Löhne erhielten. Die Arbeiter in den Manufakturen brauchten keine offizielle Lehrlingszeit durchzumachen und bedurften ebensowenig irgend eines Meisterbriefes, sei es eines zünftlerischen oder eines königlichen, um ihr Gewerbe in den Fabriken auszuüben. War also nach dieser Seite hin ihre Stellung eine außerordentlich freie, so unterstanden sie dafür während der Arbeitszeit in den Werkstätten und selbst noch außerhalb derselben einer sehr strengen Aufsicht. Jedem Versuch, sich den von ihnen eingegangenen Kontrakten auf irgend eine Weise zu entziehen, trat sofort die Polizei mit der ganzen Fülle der ihr zu Gebote stehenden Macht entgegen. Jede Auflehnung gegen die Betriebsdisziplin wurde von den Polizeirichtern, denen die Manufakturarbeiter direkt unterstanden, als Verbrechen gegen die öffentliche Sicherheit geahndet.

*) Vgl. Du Cellier, Histoire 2c., S. 252 ff.

Die Betriebsordnungen waren außerordentlich rigoros und unterwarfen auch das Leben des Arbeiters außerhalb der Manufaktur einer Anzahl von Vorschriften. Die Arbeitsordnung in der Manufaktur von Goldstoffen zu Saint Maur, in der mehrere hundert Personen beschäftigt waren, ist ein gutes Beispiel einer solchen.*) Mit Anbruch des Tages begann die Arbeit; die Arbeiter wuschen sich die Hände, schlugen das Kreuz, sprachen das Morgengebet und machten sich ans Werk. Während der Arbeit war jede Blasphemie, jeder Spaß, ja es war sogar verboten, Geschichten zu erzählen, da diese die Arbeiter hätten zerstreuen können. Die Weber unterbrachen ihre Arbeit fast nie; was sie brauchten, wurde ihnen von Gehülfen zugetragen, die auf gemeinsame Kosten der Arbeiter den Arbeitsraum rein zu halten und im Winter zu heizen hatten. In einen anderen Websaal zu gehen, war den Arbeitern ebensowenig erlaubt, wie in ihrem eigenen umherzugehen. Die geringste Entwendung von Rohstoff oder Werkzeugen wurde als Diebstahl schwer bestraft. Zum Mittagessen gab es eine einstündige Pause; Frühstück und Vesper wurden innerhalb der Manufaktur eingenommen, für jede Mahlzeit gab es eine halbe Stunde Pause. Der Arbeiter mußte jeden Sonnabend seinem Wirth zahlen, anderenfalls hatte dieser das Recht, seine Möbel und Kleider in Beschlag zu nehmen. Ferner hatte jeder Arbeiter einen Eid abzulegen, daß er das Fabrikatsgeheimniß, soweit er es überhaupt erfuhr, treulich wahren wolle, sich zu einem guten Verhalten innerhalb wie außerhalb der Manufaktur zu verpflichten, an Feiertagen zur Messe zu gehen, nur anständige Vergnügungen aufzusuchen — alle Ausschweifungen und Zechgelage, die besonders in der Compagnonnage eine so große Rolle spielten, waren aufs Strengste verboten — und vor 10 Uhr zu Hause zu sein. —

So ungefähr stellt sich dem Forscher der Zustand der französischen Industrie unter Colbert dar. Ein rastloses Leben und Treiben voll Energie durchpulst den Körper Frankreichs während der mehr als zwanzigjährigen Regierung dieses außerordentlichen Mannes. Die moderne Manufaktur hält ihren siegreichen Einzug in Frankreich und äußert sich hier wie überall sofort in ihren beiden charakteristischen Zügen, große Arbeitermassen in großen Betrieben zusammenzuballen, die Produktionsprozesse räumlich in ihre Theilprozesse auseinanderzulegen, und andererseits selbständige Produktionsprozesse in Theilprozesse eines neuen sie in sich vereinigenden Produktionsprozesses zu verwandeln. Ein Beispiel wird genügen. Die von Van Robais gegründete Manufaktur umfaßte 1692 Arbeiter; es gab in ihr verschiedene Werkstätten für die Tischlerei, Messerschmiede, Wäscherei, Färberei, Kettenscheererei u. s. w.; in den Werkstätten für Weberei waren die verschiedensten Arbeiter, wie Weber, Einträger, Wollsortirer, Schlemper, Plätterinnen, Spulerinnen, Stickerinnen u. s. w. beschäftigt. Es sind diese beiden Züge mehr nur angedeutet, als schon ausgeführt, welche Vairasse, dem wir uns jetzt zuzu-

*) Abdruck bei Levasseur, Histoire des classes ouvrières en France jusqu'à la Révolution, II., S. 520.

wenden haben, mit genialem Blicke auffaßte. Er führte diese Tendenzen der Manufaktur bis in ihre Konsequenzen durch und gründete darauf sein kommunistisches Gesellschaftssystem. Darin liegt auch der Fortschritt begründet, den er nach so manchen Seiten hin Thomas More gegenüber darstellt. —

Fünftes Kapitel.

Vairasse.

Ueber das Leben des Denis Vairasse d'Allais — dies ist sein vollständiger Name — ist uns außerordentlich wenig bekannt. Nach der Ansicht einiger Schriftsteller war er bürgerlicher Herkunft und nannte sich d'Allais nach dem Städtchen Allais in dem Languedoc, wo die katholische und protestantische Glaubensrichtung fast in gleicher Stärke vertreten und daher auch die religiösen Leidenschaften am exaltirtesten waren; nach anderen stammte er aus einer adligen Familie dieser Provinz. Sechzehn Jahre alt, trat Vairasse in die französische Armee ein und betheiligte sich an einem Feldzuge in Piemont, gab aber bald nachher die militärische Laufbahn auf und wandte sich dem Studium der Rechte zu. Doktor geworden, begab er sich nach England, „um in die Intriguen des Londoner Hofes einzudringen und die Maximen der Regierung dieses Landes zu erforschen." 1665 war er auf dem „Admiral von England," den der Herzog von York im Seekriege gegen die Holländer kommandirte, mußte aber einige Zeit nachher England verlassen, da er in den Verdacht gekommen war, als Komplice eines englischen Ministers (Lord Clarendon, 1667?) an dessen Intriguen theilgenommen zu haben. Er kehrte nach Paris zurück und machte 1672 den Feldzug gegen die Holländer mit. Da er aber mehr und mehr die Feindschaft der Regierung gegen die reformirte Partei, der er angehörte, sich entwickeln sah und die Aussichtslosigkeit seiner Beförderung erkannte, quittirte er den Kriegsdienst zum zweiten Male und versuchte in Paris durch englischen und französischen Sprachunterricht sich eine Existenz zu verschaffen. Eine Frucht seiner Studien auf diesem Gebiet ist die „Grammaire méthodique, contenant les principes de cet art et les règles les plus necessaires de la langue française dans un ordre clair et naturel, 1681, 12°," die von dem Abbé de la Roque im Journal des Savants sehr gerühmt wurde, sowie „A short and methodical Introduction to the French tongue, composed for the particular use and benefit of the English by D. V. d'Allais, a teacher of the French and English tongues in Paris 1683, 12°." Während des Winters pflegte Vairasse auch Vorlesungen über Geschichte und Geographie abzuhalten, die von Männern der Wissenschaft sehr zahlreich besucht wurden.*) Ueber das Datum seines Todes

*) Die Biographie nach einem Memoire, das Thomasius in seinen „Freymüthige, jedoch vernunfft- und gesetzmäßige Gedanken über allerhand, fürnehmlich aber Neue Bücher, durch alle zwölff Monat des 1689. Jahres," Halle 1690, S. 963 ff., benutzt hat. Vgl. noch

ist nichts bekannt. — 1675 erschien der erste Theil des Hauptwerkes von Vairasse, der „Geschichte der Sevaramben,“ ein Buch, dem wir in der französischen Literatur die Stelle einräumen müssen, die in der englischen Thomas More's Utopia behauptet. Dieser erste Theil war von Vairasse zunächst englisch verfaßt und in London veröffentlicht worden. Das vollständige Werk erschien in den Jahren 1677—79 in Französisch zu Paris und erlebte sehr schnell Uebersetzungen ins Holländische, Deutsche und Italienische. In Frankreich selbst erschien eine ganze Reihe von Ausgaben, ein Beweis für die Beliebtheit des Buches in der damaligen Zeit.*)

In der der eigentlichen Erzählung vorausgeschickten Einleitung beklagt sich Vairasse darüber, daß die Entdeckungsreisen nicht nach wissenschaftlichen Grundsätzen unternommen würden, und fordert die Fürsten auf, einen Theil ihres Reichthums dazu zu verwenden. Besonders hätten sich die Holländer nur von Gewinnsucht bei ihren Reisen leiten lassen. Trotz der vielen Fahrten, die sie nach Ostindien gemacht, wäre das Innere der Sundainseln, besonders Borneos, noch durchaus unbekannt. Auch die Küsten des dritten Kontinents wären öfters gelegentlich berührt, aber niemals genauer erforscht und beschrieben worden. Dieser Unkenntniß wolle Vairasse nun durch eine ausführliche Darstellung dieses dritten Erdtheils abhelfen.

Die weitere Einkleidung der Utopie ist eine außerordentlich kunstvolle. Vairasse erzählt, daß er von einem Arzte eine größere Zahl von Papieren, die in verschiedenen Sprachen geschrieben waren, erhalten und dieselben dann zu dem vorliegenden Buche redigirt habe. Dem Arzte selbst waren die Papiere wieder von einem Kapitän Siden anvertraut, der in denselben über seinen Aufenthalt in dem Wunderlande Sevarambien, einem Theile des australischen Kontinents, berichtet.

Prosper Marchand, Dictionnaire historique, S. 10—20; Biographie Universelle I., S. 490. — Le Clerc, Biblioth. Choisie, vol. XXV, S. 402, Amsterdam 1712, schreibt das Buch einem „Provençal Veiras“ zu, der ein besonderer Bekannter des verstorbenen Locke gewesen sei, und widerlegt Heumann, der es in seinem Buche De libris anonymis et pseudonymis schediasma aus dem Englischen übersetzt sein läßt und einem d'Allais zuschreibt. Auf Le Clerc beruft sich dann Stolle, „Anleitung zur Historie der Gelahrtheit“, Jena 1727, S. 778; er nennt Vairasse's Buch „ein gelehrtes und mit großem Fleiße verfertigtes Werk“.

*) Der erste Theil erschien unter dem Titel: The History of Sevarites or Sevarambi, a Nation inhabiting Part of the third Continent commonly called Terrae Australes Incognitae, with an Account of their admirable Government, Religion, Customs and Language written by one Capitain Siden, a Worthy Person. Who together with many others, was cast upon those Coasts and lived many Years in that Country. London. Printed for Henry Brome, at the Gun at the West End of St. Pauls Church Yard 1675. Der zweite Theil, more wonderful and delightful than the first 1679, stammt nicht von Vairasse und ist ein ganz unsäglich albernes Machwerk. Der Titel der ersten französischen Ausgabe lautet: Histoire des Sévarambes, Peuples qui habitent une Partie de troisième Continent ordinairement appellée Terre Australe, contenant un Compte exacte du Gouvernement, des Moeurs, de la Religion et du Langage de cette Nation, jusques aujourd'hui inconnue

Nun erst beginnt der eigentliche Roman, die Memoiren des Kapitäns Siden. Auf einer Seereise nach Ostindien wird dieser mit einem holländischen Schiffe durch Sturm an die Küste des australischen, ihm unbekannten Kontinents geworfen. Es gelingt der Mannschaft, wie den Passagieren, sich zu retten. Erst nachdem sich die kleine Kolonie auf dem Lande häuslich eingerichtet und schon längere Zeit dort verweilt hatte, kommen sie in Berührung mit den Bewohnern des Landes, den Sevaramben, die sie freundlich aufnehmen. Der Darstellung des Staates und der Gesellschaftsordnung dieses Volkes ist nun das Buch gewidmet.

Der Kontinent war ursprünglich von zwei verschiedenen Völkerschaften, den Prestaramben und den Strukaramben, bewohnt, deren Gesellschaftsordnung und Sitten fast dieselben waren: sie lebten in größeren Familiengemeinschaften, von denen eine jede eine besondere Regierung hatte. Die Gemeinschaft (communauté) wählte nämlich von Zeit zu Zeit einen Führer, der die Produktion zu überwachen und zu leiten hatte. In Verbindung mit dem Rathe der Aeltesten disponirte er über die Güter und Personen der Familienangehörigen. Beide Völker lebten hauptsächlich von Ackerbau, in zweiter Linie von Jagd und Fischfang. Die Leitung der Geschäfte der ganzen Nation lag in den Händen eines großen Rathes, der aus den Deputirten der Familiengemeinschaften sich zusammensetzte. Zwecks der Vertheidigung gegen die Nachbarvölker wurde jährlich ein Oberanführer gewählt, dem eine jede Familie ein bestimmtes Kontingent von Bewaffneten zuschickte. Nur in den Ehegebräuchen unterschieden sich die beiden Völker. Während die Prestaramben strenge Monogamie hatten, war bei den Strukaramben noch eine ursprünglichere Eheform in Kraft. „Sie machten sich kein Gewissen daraus, ihre Töchter und Schwestern zu heirathen, da sie es für ehrenvoller hielten, sich mit einer Person ihres Blutes zu verbinden, als mit

aux Peuples de l'Europe: Traduite de l'Anglois. I[e] partie à Paris chez Claude Barbin en 1677, 12°. IIe partie à Paris chez l'Auteur, au bas de la Rue du Four, proche le petit Marché, Fauxbourg St. Germain, en 1678 et 1679, en trois volumes, 12°. Sie ist dem Monsieur Riquet, Baron de Bonrepas, gewidmet. Die holländische Uebersetzung erschien 1683 in 4° bei Thimoteus van Horn, Amsterdam: Historie der Sevarambes Volkeren die een gedeelte van het derde vaste Landt bewonen, gemeenlyk Zuidland genaemd; sechs Jahre später die deutsche: Geographisches Kleinod, aus zweyen sehr ungemeinen Edelgesteinen bestehend: darunter der erste: Eine Historie der neuaufgefundenen Völker, Sevarambes genannt, welche einen Theil des dritten festen Landes, so man sonsten das Südland nennet, bewohnen; darinnen eine gantz neue und eigentliche Erzählung von der Regierung, Sitten, Gottesdienst und Sprache dieser denen Europäischen Völckern biß anhero noch unbekannten Nation enthalten ꝛc. Sultzbach, gedruckt bei Abraham Liechtenthaler 1689; eine Neuauflage zu Nürnberg bei Johann Friedrich Rüdigern 1717. Ferner die Uebersetzung durch J. G. Müller in zwei Theilen. Itzehoe 1783. 8°. Die italienische Uebersetzung stammt aus dem Jahre 1728, Venedig; von französischen Ausgaben erwähne ich noch die von 1682, 5 vols in 12°, Brüssel; die von 1702, 2 vols in 12°, Amsterdam; die in einem Bande in 12°, ebenfalls Amsterdam; die von 1716, 2 vols in 12°, Amsterdam; die von 1734, Amsterdam; endlich die in der Sammlung der Voyages imaginaires etc., Bd. V, nach der ich zitire.

einer fremden. Trotzdem verheiratheten sie sich mit den Töchtern ihrer Nachbarn; die Jünglinge aber verließen die Familie, zu der sie gehörten, niemals. Wenn Jemand eine Frau heirathete, so war er nicht der einzige Besitzer. Ein jeder Mann der Familie konnte sich mit ihr verbinden, wenn er wollte. Wenn aber sich eine Frau mit einem Fremden oder ein Mann mit einer Fremden prostituirte, so galt dies als ein großes Verbrechen, das mit dem Tode bestraft wurde."

Dies die Zustände der beiden Völker, als Sevaris, ein Perser, der ganz Europa und Asien bereist hatte, von Matrosen, die der Sturm an ihre Küste verschlagen, die Existenz derselben erfährt, sich zu einer Fahrt nach diesem Lande entschließt und dort mit zwei Schiffen erscheint. Wie es ihm gelingt, sich zum Herrscher über die beiden Völker aufzuschwingen, können wir hier füglich übergehen. Im Besitze der Herrschaft widmet er seine ganzen hervorragenden Geisteskräfte der Aufgabe, die gut veranlagten, aber ungebildeten Naturvölker in eine Staats- und Gesellschaftsform zu fassen, die mit der größten Kulturhöhe die größte Summe des Glückes für Alle verbindet. Aus welchen Erwägungen er nun an die bereits bestehenden Einrichtungen, besonders die Gütergemeinschaft, anknüpfend, die von uns später zu beschreibende Staatsform gewählt hat, dies hier ausführlicher darzustellen, ist von dem größten Interesse. Durch eine scharfe Kritik der Staats- und Gesellschaftsordnung im damaligen Frankreich gewinnt nämlich Vairasse das Fundament für den zu begründenden Sevarambenstaat. Die Hauptgedanken, mit denen die Sozialisten des 18. Jahrhunderts, wie Morelly und Mably, das Eigenthum bekämpfen, finden wir hier vorweggenommen und in anziehender, gewandter Form dargestellt.

Sevaris oder, wie ihn seine neuen Unterthanen nennen, Sevarias und sein früherer Hofmeister, Giovanni, begannen ihr Werk mit einer Prüfung der ihnen bekannten Regierungsformen. Das eine und zugleich von dem letzteren und den mit Sevarias übergesiedelten Persern begünstigte System schlug in Uebereinstimmung mit fast allen Nationen des Kontinents vor, das Volk in sieben*) unterschiedene Klassen einzutheilen und die Ländereien zum Eigenthum unter die Privaten zu vertheilen. Von den sieben Klassen, von denen eine jede bestimmten Rang und besondere Kleidung hat, sollte die erste aus den Tagelöhnern und Landarbeitern, die zweite aus den niedrigen Handwerkern, wie Maurer, Tischler, Weber u. s. f., die dritte aus den geschickteren Handwerkern, wie Maler, Goldarbeiter rc., die vierte aus den Kaufleuten, die fünfte aus den reichen Bourgeois und den Angehörigen liberaler Berufe, die sechste aus dem niedrigen, die siebente endlich aus dem hohen Adel gebildet werden. Daß der Priesterstand keine Klasse für sich bildet, ist entschieden auffällig, findet aber seine Erklärung in den später von Vairasse darüber entwickelten Ideen. Von dem zu vertheilenden Landbesitze sollte ein guter Theil für den gewöhnlichen Bedarf des Staates reservirt werden;

*) Fénélon läßt ebenfalls in seinem Telemach, Bd. XII, den Mentor die Bewohner von Salente in sieben, auch durch die Kleidung unterschiedene Klassen eintheilen.

nur in außerordentlichen Fällen sollte jede Klasse gemäß ihrem Range und ihren Mitteln steuern, ohne daß irgend eine von ihnen ein Privileg oder eine Ausnahme genösse.*) Als ungerecht und jeder Vernunft widersprechend erschien es, daß die einen Mitglieder wohl den Schutz der Gesetze und die Vortheile der Gesellschaft genießen, aber nichts zum Unterhalte des Staates beitragen sollten, während der andere Theil der Staatsangehörigen mit Steuern und Lasten überladen sei. Nur für die Domäne des Fürsten solle Steuerfreiheit gelten, alle Unterthanen aber zu den öffentlichen Lasten gemäß ihrem Range und ihrem Vermögen in einem gerechten Verhältnisse beitragen. Außerdem sollte ein Jeder, der das 20. Lebensjahr überschritten hatte, zur Zahlung einer sehr mäßigen Kopfsteuer verpflichtet sein. Mit einer bestimmten Summe sollten ferner Diejenigen, die das Besitzmaximum ihrer Klasse erreicht hätten und in eine höhere Klasse versetzt sein wollten, die Erlaubniß dazu erkaufen. Hier wird die feudale Stände-Eintheilung durch den Besitz durchbrochen, der das Aufsteigen in eine höhere Klasse ermöglicht.

Dies war das eine Projekt einer Staats- und Gesellschaftsordnung, das sich in erster Linie durch die Thatsache dem Gesetzgeber zur Annahme empfahl, daß es in den wesentlichen Zügen in den meisten europäischen Staaten in Kraft war, nur durch ein gerechteres Steuersystem sich von diesen unterschied. Trotzdem konnte sich Sevarias nicht zur Annahme desselben entschließen. Die inneren Streitigkeiten, die Kriege und andere unzählige Mißstände bewiesen ihm, daß das System in seiner Basis fehlerhaft sein müsse, und veranlaßten ihn zu einer eindringenden Untersuchung ihrer Ursachen. Diese erkannte er in dem Hochmuth, dem Geiz und dem Müssiggang.

1. Die Natur hat uns Alle gleich gemacht; sie kennt keinen Unterschied zwischen einem Adligen und einem Roturier. Denselben Schwächen unterworfen, treten wir, die Einen wie die Anderen, in das Leben ein; weder Reichthum noch Adel können das Leben der Fürsten und Unterthanen auch nur um einen Tag verlängern. Die schönste Unterscheidung, die es unter den Menschen geben kann, ist allein die, die aus den Vorzügen der Tugend entspringt. Wo es aber in den Staaten erblichen Adel giebt, werden Hochmuth und Ehrgeiz durch die Vortheile vornehmer Geburt genährt. Der Adel glaubt, daß er allein zur Herrschaft geboren sei und fordert, daß die anderen Menschen sich ihm gegenüber in Unterwerfung bescheiden. Um also die daraus entspringenden Uebel zu tilgen, schaffte Sevarias alle Ungleichheit der Geburt ab. Er erkannte nur noch den Unterschied des Alters, sowie den zwischen Volk und Beamten an.

2. Da ferner Reichthümer, überhaupt der Besitz von Gütern die andere Ursache der Unterschiede in der bürgerlichen Gesellschaft sind, Habgier, Neid, Erpressungen und eine Unzahl anderer Uebel aus der Institution des Privateigen-

*) Die Kritik des bestehenden französischen und Vorschläge zu einem rationellen Steuersystem kehren in einer großen Zahl von Reisebeschreibungen, die den Leser in erdichtete Länder führen, wieder. Man vgl. z. B. des Abbé Desfontaines Le nouveau Gulliver in Voyages imaginaires 2c., Bd. XV, S. 87 ff.

thums entstehen müssen, so verbannte Sevarias dasselbe ganz und gar aus dem Plane seines neuen Staatswesens. Alles Land und alle Reichthümer sollten dem Staate gehören, dem das einzige Verfügungsrecht darüber gebührt; seine Angehörigen können nur das besitzen, was ihnen die Beamten zutheilen.*) Mit der Einrichtung des Privateigenthums, so war die Ueberzeugung Sevarias', werden zugleich die schlechten und verderblichen Leidenschaften der Menschen sowie die Steuern, die Zölle, die Hungersnoth und die Armuth verschwinden. Alle Sevaramben werden reich sein, obschon sie nichts für sich besitzen; ein Jeder von ihnen wird so glücklich sein, wie der reichste Monarch der Welt. Alle Bedürfnisse eines Jeden werden befriedigt sein; niemals wird den Bürger die Sorge um Nahrung, Kleidung, Wohnung für sich, Weib und Kind quälen, da der Staat ohne Steuern und Zölle für Alle sorgen wird.

3. Damit aber die drohenden Gefahren des Müssigganges vermieden werden, ist jedes Gesellschaftsmitglied zu nützlicher und mäßiger Arbeit verpflichtet. Der Tag zerfällt in drei Theile, von denen der eine für die Arbeit, ein anderer für das Vergnügen, der dritte für die Ruhe bestimmt ist. Von dem allgemeinen Arbeitszwang sind nur die Greise, Kranken oder sonst zur Arbeit Untauglichen befreit. Durch die mäßige Arbeit wird Körper und Geist geübt, ohne daß den Einen unmäßige Arbeitsüberlastung, den Anderen Sorgen und Kummer schädigen und zerstören. Die Unterhaltungen und Ergötzungen, die der Arbeit folgen, erfrischen Körper und Geist, während die Ruhe beiden die verbrauchten Kräfte zurückgiebt. —

So schloß sich also Sevarias in seinem Entwurfe in dem wesentlichen Zuge der Gütergemeinschaft der bereits bei den Eingeborenen bestehenden Gesellschaftsordnung an und entwickelte dieselbe in dieser Richtung nur weiter. Er vermied es auch, wie viele Gesetzgeber vor ihm, eine Weiterentwickelung der Gesetzgebung zu verbieten, sofern dieselbe nur von dem Naturrechte und den fundamentalen Einrichtungen des Staates, in denen dasselbe zum Ausdruck gekommen ist, ausgehe und in Uebereinstimmung damit bleibe. —

Wenden wir uns nun zu einer Darstellung des Produktionsprozesses im Einzelnen. Die Grundlage desselben ist die zur Ausübung eines bestimmten Produktionszweiges gebildete Genossenschaft, die Vereinigung einer größeren Zahl

*) Es ist interessant, die Ansicht Prosper Marchand's über die Gütergemeinschaft in seinem Dictionnaire historique, S. 14, Anm. 59, anzuführen. — „Diese Gleichheit der Geburt und diese Gemeinschaft der Güter," sagt er, „sind einigen Leuten nur deshalb bizarr und unpraktisch erschienen, weil sie nur die Sitten ihres Landes und ihres Jahrhunderts kennen, und, in diese Sitten vergeckt, sich einbilden, daß man auf keine andere Weise leben könne. Etwas Lektüre würde sie weniger bestimmt haben entscheiden lassen und sie lehren, daß jene zwei bei verschiedenen Völkern des Alterthums bestehende Gebräuche waren, die sich sehr wohl dabei befanden und sehr gute Gründe dafür angaben." Als Beispiele zitirt er die ersten Bewohner Italiens, die Lacedämonier, die alten Deutschen, und er behauptet sogar, daß ohne Zweifel die alten Völker alle diese Einrichtung gehabt hatten, wofür ein Beweis sei, daß viele neu entdeckte Völker noch in Gütergemeinschaft lebten. Das war 1758!

von Männern und Weibern in einem großen Gebäude, der Osmasie.*) Die Osmasie ist ein Gebäude-Quadrat von 50 geometrischen Schritten und 4 Stockwerken Höhe, das mehr als 1000 Personen Unterkunft zu gewähren vermag. Im Innern befindet sich ein großer Hof, der mit Anlagen und Springbrunnen geschmückt ist. Innen wie außen laufen rings um die Osmasien breite von eisernen Pfeilern getragene Balkone, unter denen man vor Sonne und Regen geschützt gehen kann.**) Alle diese Balkone tragen reiche Blumenvasen. Jede Stadt des Landes besteht aus mehreren Osmasien, die Hauptstadt Sevarinde aus 267. An der Spitze der verschiedenen Industriezweige stehen Präfekten, die für die Sammlung der Rohstoffe und ihre Vertheilung an die industriellen Osmasien zu sorgen haben. Z. B. „es giebt Osmasien, die Baumwolle, Leinen, Hanf, Seide produziren. Die Leiter der betreffenden Industriezweige lassen nun die Rohstoffe aufspeichern und schicken dieselben dann zur Verarbeitung in die Städte, wo man Tuche, Garn u. s. w. aus ihnen fabrizirt. Von den Städten werden die Produkte dann überall dahin geschickt, wo man ihrer bedarf.“ Eine jede Osmasie hat ihre Beamten, ferner Sklaven für die schmutzigen Arbeiten und Magazine. In diese führt sie zunächst von der von ihr erzeugten Produktenmasse den Theil ab, dessen sie selbst bedarf; der Ueberschuß fließt in die großen öffentlichen Magazine, die sich im ganzen Lande zerstreut finden und die also die gesammte überschüssige Produktion der Osmasien aufnehmen, von wo aus sie dann wieder sowohl zur Bedarfsbefriedigung wie zu Produktionszwecken vertheilt wird. Innerhalb der Osmasien steigt die Vertheilung dann zu den einzelnen Individuen herab. Es giebt Osmasien für alle Zweige der menschlichen Thätigkeit, für das Bauwesen wie für das Schauspielwesen, für die Kindererziehung wie für den Ackerbau.

Am besten wird Vairasse's Auffassung des Produktionsprozesses durch seine Worte selbst gekennzeichnet. „Wenn man die Art anderer Nationen zu leben betrachtet,“ heißt es da, „so wird man finden, daß man im Grunde überall Magazine hat, daß die Städte von dem Lande, das Land von den Städten die Produkte zieht; daß die Einen mit ihren Händen, die Anderen mit ihren Köpfen arbeiten; daß die Einen geboren werden, um zu gehorchen und die Anderen, um zu befehlen; daß man Schulen hat für die Erziehung der Jugend und Meister für den Unterricht in den Gewerben; daß von den Gewerben einige zum Leben nothwendig sind, andere einen bequemeren Unterhalt ermöglichen und andere nur für

*) Weshalb Kleinwächter in seinem Buch „Die Staatsromane“ stets von Osmamien spricht, aber die Vertreter derselben Osmasionten nennt, weiß ich nicht. Beiläufig wäre dieser Beitrag zur Geschichte des Sozialismus und Kommunismus besser ungeschrieben geblieben. Trotz der schulmeisterlichen Ueberlegenheit, mit der Kleinwächter den alten Mohl behandelt, bringt er so gut wie garnichts Neues. Seine Darstellung wimmelt dafür von Flüchtigkeiten, die dem Herrn nicht hätten begegnen können, wenn er sich im Interesse seiner Leser begnügt hätte, Mohl einfach abzuschreiben.

**) Vgl. Boissel, Les services publiques.

das Vergnügen wirken. Die Dinge sind im Grunde dieselben; aber die Art sie zu vertheilen, ist verschieden. Wir haben unter uns Leute, die in Gütern und Reichthümern ersticken, andere, die Alles entbehren. Wir haben einige, die ihr Leben in Trägheit und Vergnügen hinbringen, andere, die fortwährend sich plagen, um einen erbärmlichen Lebensunterhalt zu gewinnen. Wir haben einige, die zu hohen Würden erhoben, und in keiner Weise würdig noch fähig sind, die Aemter, die sie bekleiden, zu verwalten, und wir haben Leute, die große Verdienste haben, aber in Ermangelung der Glücksgüter jämmerlich im Schmutze verkommen und zu ewiger Niedrigkeit verdammt sind.

„Bei den Sevaramben dagegen ist Niemand arm; Niemand entbehrt der zum Leben nothwendigen und nützlichen Dinge, und Jeder hat Theil an den öffentlichen Vergnügungen und Vorstellungen, ohne daß er, um diese genießen zu können, es nöthig hätte, Seele und Leib durch eine harte und übermäßige Arbeit zu quälen. Die mäßige Arbeitszeit von täglich 8 Stunden verschafft ihm alle diese Vortheile, ihm, seiner Familie und seinen Kindern, auch wenn er deren tausend hätte. Niemand sorgt sich darum ab, daß er die Taille oder die Zölle bezahlen könne, oder daß er Reichthümer für seine Kinder, für die Mitgift der Töchter oder den Kauf von Erbschaften aufhäufe. Sie sind von allen diesen Sorgen frei und reich von der Wiege an; und wenn sie auch nicht Alle zu öffentlichen Ehrenstellen gelangen können, so haben sie wenigstens die Genugthuung, nur diejenigen im Besitz derselben zu sehen, die ihr Verdienst und die Achtung ihrer Mitbürger dazu erhoben hat. Sie sind alle adlig und alle bürgerlich; Keiner kann einem Anderen die Niedrigkeit seiner Geburt vorwerfen oder sich mit dem Glanze der seinen rühmen. Niemand empfindet mehr die Unlust, Andere in Müssiggang leben zu sehen, während er arbeitet, um ihren Hochmuth und Stolz zu nähren; kurz, wenn man das Glück dieses Volkes betrachtet, so wird man finden, daß es so vollendet ist, als es in dieser Welt sein kann, und daß alle anderen Nationen im Verhältniß zu diesem Volke sehr unglücklich sind.“ —*)

Nothwendiger Weise geht die Kritik der ältesten Sozialisten von der Unsinnigkeit und Ungerechtigkeit der Vertheilung aus, gegen die allein sie ihre Angriffe richten können. Von diesem Punkte aus werden sie dann nothwendiger Weise zu einer kommunistischen Produktion geführt, als der einzigen, die im Stande ist, diese gerechte Vertheilung zu garantiren. In der eben zitirten Stelle spricht dies Vairasse sehr klar aus, indem er als den wesentlichen Unterschied zwischen der Gesellschaft der Sevaramben und der der europäischen Völker nicht die total verschiedene Produktion anführt, sondern die Vertheilung, die bei jenen den Grundsätzen des natürlichen Rechtes und der natürlichen Moral angepaßt ist. Doch drängt sich schon Vairasse an zwei Punkten der Gedanke auf, daß ein kommunistisch organisirtes Gesellschaftswesen jedem anderen auf dem Gebiete der Produktion überlegen ist. So wenn er einen Osmasionten sagen läßt, daß den Sevaramben

*) Hist. des Sev., S. 273 ff.

kein Werk unmöglich ist, da der Staat Alles besitzt und weder Gold noch Silber zur Durchführung großer Unternehmungen bedarf,*) oder wenn er ausführt, daß es in Sevarambien keine technischen Geheimnisse giebt, vielmehr jede Erfindung sofort der Gesammtheit zu Gute kommt.**) Derjenige, der zum ersten Mal in ausführlichster und genialster Weise das Sinnlose und Anarchische der bürgerlichen Produktion aufgezeigt und die Ueberlegenheit der sozialistischen bewiesen hat, ist Charles Fourier; die Entwickelungsreihe schließt dann mit den modernen Sozialisten, die nachweisen, daß die kapitalistische Produktion mit Nothwendigkeit die sozialistische und mit ihr auch die übereinstimmende Vertheilung aus sich heraus erzeugt.

Ein allen Sozialisten gemeinsamer, durchaus moderner Gedanke ist die Forderung einer unbeschränkten Arbeitspflicht, die auch in Sevarambien in aller Strenge für beide Geschlechter gilt, und von der nicht einmal die Fremden, sobald sie längere Zeit im Lande verweilen, ausgenommen sind. Nur die Kranken, dann die schwangeren und stillenden Frauen, sowie alle über 60 Jahre alten Personen sind von der Arbeit befreit. Da aber die Arbeit bei den Sevaramben so in Ehren steht, ziehen es selbst diese vor, leichte Arbeiten kürzere Zeit zu verrichten, als ganz unthätig zu sein. Die achtstündige Arbeitszeit ist für Alle aufs Genaueste geregelt und verschiebt sich ihr Beginn mit den Jahreszeiten.

Geld giebt es selbstverständlich nicht; trotzdem ist man in Sevarambien weit von jener bizarren Furcht vor den Edelmetallen entfernt, die More in seiner Utopie veranlaßte, seinen Utopiern goldene Nachttöpfe unter die Betten zu stellen und ihre Knechte und Ehrlosen mit goldenen oder silbernen Ketten zu beladen. Gold und Silber werden von den Sevaramben dazu gebraucht, wozu sie sich ihrer Natur nach besonders eignen, zu Schmuckgegenständen.

Sehr deutlich spiegelt sich in den Schriften der beiden Utopisten, More's und Vairasse's, der gewaltige Fortschritt wieder, den die kapitalistische Produktionsweise aus dem Stadium der einfachen Kooperation in das des Manufakturbetriebes in den mehr als anderthalb Jahrhunderten gemacht hat. Zu More's Zeiten herrschte noch das Handwerk; bei den Utopiern finden wir daher den mit Ausnahme der Mahlzeiten gesonderten Haushalt und gesonderten Handwerksbetrieb; bei Vairasse haben wir die Vereinigung großer, dasselbe Gewerbe ausübender Menschenmengen in einem gewaltigen Gebäude, der Osmasie. Während bei More der Einzelhaushalt der patriarchalischen Familie bestehen bleibt, fällt dieser bei Vairasse. In den Osmasien, in denen mehr als tausend Personen beiderlei Geschlechts sich vereinigt finden, die ferner auch über das Land zerstreut, nicht blos in Städten zusammengedrängt liegen, ist für den Einzelhaushalt so wenig eine Stelle, daß Vairasse seiner nicht mit einem Worte gedenkt. Das Leben der Sevaramben spielt sich in der Oeffentlichkeit ab. Zwei der täglichen drei Mahlzeiten sind gemeinsam,

---

*) Hist. des Sev., S. 133.

**) ib., S. 170.

das Frühstück und das Mittagessen; das Abendessen kann für sich im engeren Kreise der Familie oder im weiteren der Freunde eingenommen werden. Die Zubereitung der Speisen geschieht aber nur in der gemeinschaftlichen Küche der Osmasie. Damit ist denn die Frau durchaus von der Führung jedes Haushaltes emanzipirt und ihre Gleichstellung mit dem Manne, die auch in der gleichen Militärpflicht für beide Geschlechter zum Ausdruck kommt, mit der einen Ausnahme vollendet, daß die Frauen nicht Beamte werden können. Es ist diese zwar nirgends direkt ausgesprochen, aber die Thatsache allein, daß den Beamten in Vielweiberei zu leben erlaubt ist, scheint uns mit hinreichender Klarheit für diese Auffassung zu sprechen.

Von der Erkenntniß der großen Bedeutung durchdrungen, die die Erziehung der Jugend für die Existenz des Staates hat, hatte bereits Sevarias, der Gründer des Sevarambischen Staates, ihr von Anfang an seine Aufmerksamkeit zugewandt. Er richtete deshalb öffentliche Schulen ein, um in ihnen alle Kinder ohne Unterschied durch auserwählte und geschickte, von Liebe oder Abneigung nicht voreingenommene Lehrer unterrichten und zum Haß des Lasters und zur Liebe der Tugend führen zu lassen. Damit aber die Eltern keine Gegeneinflüsse bei der Erziehung ausüben könnten, verlangte er von ihnen, nachdem sie ihren Kindern in den ersten Lebensjahren die ersten elterlichen Sorgen erwiesen und ihre elterliche Zärtlichkeit bezeugt hätten, den Verzicht auf ihre elterliche Autorität und deren Uebertragung auf den Staat und die Beamten, die politischen Väter des Vaterlandes. Haben nämlich die Kinder ihr siebentes Jahr erreicht, so werden sie im Tempel der Sonne der Gottheit geweiht und erhalten den Namen „Kinder des Staates." Nach Beendigung dieser Festlichkeit werden sie in die öffentlichen Schulen geschickt, wo sie vier Jahre lang im Lesen, Schreiben, Tanzen und Waffengebrauch unterrichtet werden. Daran schließt sich ein dreijähriger Unterricht in der Landwirthschaft in den auf dem Lande gelegenen Osmasien. Nach dem vollendeten 14. Lebensjahre erlernen sie die Prinzipien der Grammatik und haben sich für ein bestimmtes Gewerbe zu entscheiden. Wenn eine Probezeit sie als dafür geeignet erwiesen hat, erhalten sie von den Meistern desselben die sorgfältigste Anleitung; anderenfalls aber läßt man ihnen die Wahl zwischen Maurer und Tagarbeiter. Nur diejenigen Kinder, welche eine außerordentliche Begabung zeigen, werden für die Künste und Wissenschaften bestimmt. Sie sind von körperlichen Arbeiten befreit und werden in besonderen Schulen erzogen. Aus ihrer Zahl werden diejenigen gewählt, die von den Sevaramben zu den auswärtigen Völkerschaften der anderen Kontinente geschickt werden, um die Sprachen derselben und ihre Fortschritte in den Wissenschaften und Künsten sich anzueignen. Die Mädchen werden in derselben Weise wie die Knaben erzogen, aber in besonderen Osmasien. Sie erlernen die Gewerbe, die ihrem Geschlechte angemessener sind und nicht so viel körperliche Anstrengung erfordern.

Nach Vollendung des neunzehnten Lebensjahres ist es den Knaben, nach Vollendung des sechzehnten den Mädchen erlaubt, an Liebe und Hochzeit zu denken. Die Jugend sieht sich auf Bällen, auf der Jagd, auf militärischen Revuen, bei öffentlichen Festen, und kann alle diese Gelegenheiten zum Liebeln, zu Liebes-Erklärungen und -Werbungen benutzen. „In den Versammlungen der Mädchen und Jünglinge spielt die Liebe ihre große Rolle.“ Hier ergeht sich nun der galante Franzose in liebenswürdigen und belebten, heiteren und geistreichen Schilderungen dieses Liebestreibens des jungen Volkes der Sevaramben. Die Liebe, rein und frei von allen Rücksichten kalter Vernunftüberlegung, nicht bestimmt durch Reichthum, Adel, hohe Stellung u. s. w., ist es allein, die die Verbindungen bestimmt; sie ist es, die mit ihrem leuchtenden und wärmenden Feuer, erregt durch Poesie und Musik, die achtzehn Monate, welche die Liebeswerbung dauert, verschönert. Am Ende dieser Zeit erfolgt die Versprechung und dann die öffentliche Hochzeit an einem der vier jährlichen Termine.

Die Ehe ist monogamisch; nur den Beamten ist eine größere Zahl von Frauen gestattet, um den Mädchen, die keinen Freier finden, durch die Wahl eines Beamten die Möglichkeit einer Ehe zu verschaffen. Bleibt eine Ehe fünf Jahre kinderlos, so darf der Mann sich wieder verheirathen oder eine Sklavin als Konkubine nehmen. Es ist die größte Ehre für eine Frau, möglichst viele Kinder aufzuziehen. Daß die Folge davon eine rapide Vermehrung der Bevölkerung sein und sehr bald Uebervölkerung eintreten müsse, kann sich Vairasse nicht verhehlen. Seine Sevarambier werden aber einem solchen Ereigniß durch Ausdehnung ihres Gebietes und Gründung von Kolonien vorbeugen. Damit ist für Vairasse, wie auch für More, das Bevölkerungsproblem erledigt. Die Thatsache, daß noch unbebautes Land in Hülle und Fülle für die Menschen vorhanden ist, genügt Beiden. Sie denken garnicht daran, sich darüber den Kopf zu zerbrechen, was geschehen müsse, wenn alles unbebaute Land einmal in Kultur genommen sein wird.

„Die Regierung Sevarambiens ist monarchisch, despotisch und heliokratisch, d. h. die höchste Gewalt und Autorität ruht in einem Monarchen, welcher einziger Herr und Eigenthümer aller Güter der Nation ist, — und dieser König und absolute Herrscher ist die Sonne (zugleich der Gott dieses Staates). Wenn man aber die Staatsverwaltung von dem Standpunkt der Menschen aus betrachtet, so wird man finden, daß dieser Staat eine despotische Wahlmonarchie ist, gemischt mit Aristokratie und Demokratie.“ Der Vizekönig, der Repräsentant der Sonne, des Gott-Monarchen, wird durch das Loos aus vier vom großen Rath bezeichneten Mitgliedern desselben gewählt — dies der aristokratische Bestandtheil. Durch direkte Wahl des Volkes werden die Vorsteher der Osmasien, die sogenannten Osmasionten gewählt, die den allgemeinen Rath bilden — dies der demokratische Bestandtheil. Je acht Osmasien werden durch einen Brosmasionten im gewöhnlichen Rath (conseil ordinaire) vertreten. Aus den Brosmasionten gehen der Anciennität nach die 24 Senatoren hervor, die den großen Staatsrath bilden und den Vizekönig in allen Geschäften unterstützen. Sie heißen Sevarobasten und werden am Besten mit den heutigen Ministern verglichen. Je ein Sevarobast hat die Leitung des Heerwesens, des Bauwesens, des Lebensmittelwesens, der Opfer, des Schulwesens, des Schauspielwesens u. s. w. Die Gouverneure der Provinzen und größeren Städte werden aus den Brosmasionten gewählt, denen aber wie auch den Senatoren noch ein spezieller Rath zur Seite steht. Außer diesen wichtigsten Aemtern giebt es noch eine Reihe von untergeordneten Aemtern, von denen das eines Erziehers der Kinder das geachtetste ist. —

Eine ganze Reihe von Vorzügen sind mit der Magistratur verbunden. Die Beamten haben zunächst das Recht, mehrere Frauen zu besitzen und eine Anzahl von Sklaven zu ihrer Bedienung zu haben. Außerdem erhalten sie bessere Wohnung, Nahrung und Kleidung als die Privaten. —

Die Macht des Vizekönigs, des Repräsentanten der Sonne, ist souverän und wird am besten durch die Worte bezeichnet, mit denen Sevarias, der Gründer des Reiches, die Huldigung des Volkes für seinen durch das Loos bestimmten Nachfolger verlangt. „Er stellte ihnen vor Allem vor, daß die größte Pflicht der Unterthanen in der Achtung, dem Gehorsam und der Treue bestände, die sie der souveränen Autorität erweisen müßten; daß, obwohl ihre Stimmen und ihre Einwilligung zur Errichtung derselben nothwendig wären, sie dennoch nicht glauben sollten, daß ihr Wille die Hauptursache davon sei; daß die Vorsehung viel größeren Antheil an der Einsetzung der Fürsten hätte, als die Ordonnanzen der Beamten, und daß man sie hienieden als die lebendigen Bilder der Gottheit betrachten müsse; daß, selbst wenn sie ihrer Pflicht nicht recht nachkämen, die Unterthanen sich deshalb doch nicht von ihnen entfernen dürften; daß der Himmel oft die ungerechten Handlungen der Souveräne autorisire, um die Völker zu bestrafen, wenn sie durch ihre Fehler und Vergehen die Wirkungen seines Gerichts auf sich gezogen hätten; daß sie seine Züchtigungen ohne Murren und ohne auf rebellische Rathschläge zu horchen, hinnehmen sollten; daß Rebellion nicht nur das verabscheuungswürdigste aller Verbrechen, sondern auch die größte Thorheit sei, da sie, anstatt Denen, die sich mit ihr einlassen, die Freiheit zu verschaffen, diese gewöhnlich nur in eine noch härtere Knechtschaft stürze, nach welcher Seite sich auch der Sieg neige; daß es nicht nur die Pflicht der Unterthanen sei, sich der gesetzmäßigen Autorität zu unterwerfen, sondern auch ihr solidestes Interesse."*) Wie reimt sich aber mit dieser Proklamirung des Gottesgnadenthums der Könige, wie es selbst Ludwig XIV. nicht absoluter hätte vertreten können, die Existenz eines Verfahrens gegen schlechte Fürsten? Wenn nämlich der Vizekönig sich gegen die fundamentalen Gesetze des Staates vergeht oder überhaupt ein gottloses und tyrannisches Regiment führt, so wird man zunächst versuchen, ihn zur Vernunft zurückzuführen; bleiben aber alle Versuche erfolglos, so entscheidet der allgemeine Rath die Einsetzung eines Vormundes für den Vizekönig, d. h. es wird die Fiktion gemacht, daß der König seinen Verstand verloren hat. Der als Wahnsinniger behandelte König wird so lange in seinem Palast gefangen gehalten, bis er sich bekehrt. Dieser Widerspruch zieht sich durch das

*) Hist. des Sev., S. 251.

ganze Buch hindurch; einem ähnlichen werden wir bei der Behandlung der Religion begegnen. So stellt z. B. Vairasse einen Vergleich zwischen dem Vizekönig und den Königen anderer Länder an, der natürlich ganz und gar zu Gunsten des Ersteren ausfällt, was die Fülle und Sicherheit seiner Macht angeht. „Er ist absoluter Herr aller Güter der Nation; keiner seiner Unterthanen kann ihm den geschuldeten Gehorsam verweigern oder irgend ein Privileg vorschützen. Er giebt und nimmt, wenn es ihm gefällt; er führt Krieg und schließt Frieden, wenn er es für passend hält. Alle Welt gehorcht ihm und Keiner würde es wagen, seinem Willen zu widerstehen. Er ist keinen Rebellionen und Volkserhebungen ausgesetzt; Niemand bezweifelt seine Autorität. . . . Denn wer würde es wagen, sich gegen die Sonne und ihre Diener zu erheben?“ *) Wenige Seiten später aber heißt es, daß die Sevaramben an den Gehorsam gegen die Gesetze gewohnt sind und sich ihnen um so lieber unterwerfen, je mehr sie sie der Prüfung durch ihre Vernunft unterwerfen und dabei finden, daß sie gerecht und vernünftig sind. In geradezu lächerlichem Gegensatze zu dieser Allmachtstheorie der Vizekönige steht auch ihre wirkliche Thätigkeit. Alles, was uns Vairasse von ihren Regierungsleistungen zu erzählen weiß, beschränkt sich auf die Ausführung von Bauten, Straßen, Aquädukten u. s. w. Dem einzigen Versuche, den Duumistas, der vierte Vizekönig, machte, Eroberungspolitik zu treiben, trat der Rath aufs Energischste entgegen und setzte ein für alle Mal als Grundsatz der äußeren Politik fest, keine Eroberungskriege zu führen, vielmehr in Fällen, wo die Bevölkerung zu groß für das Territorium geworden ist, das nöthige Land von den Nachbarn zu kaufen. Der Einfluß des Raths geht so weit, daß Nichts ohne ihn von dem Vizekönig unternommen werden kann.**) Damit ist die Fürstenallmacht direkt negirt. Wie sind nun diese einander diametral entgegengesetzten Auseinandersetzungen Vairasse's zu verstehen?

Vairasse befolgt hier eben auch in politischen Fragen ein Verfahren, wie es bei den Schriftstellern früherer Jahrhunderte, soweit sie ketzerische Ansichten vertraten, sehr beliebt war. Man stellt die beiden entgegengesetzten Ansichten, die herrschende und die neue einander gegenüber, stützt sie anscheinend unparteiisch mit Gründen und überläßt dann dem Leser zwischen den Zeilen die wahren Ansichten des Verfassers zu lesen; ja viele Schriftsteller ängstlicherer Natur gehen so weit, im Dialog mit dem Neuerer persönlich die alten, anerkannten Regeln und Ideen scheinbar siegreich zu vertheidigen. So werden wir denn auch wohl nicht fehlgehen, wenn wir in dem absoluten Vizekönig, dem Repräsentanten der Sonne, dessen Macht allmächtig scheint, der thatsächlich aber gänzlich vom Rathe der Minister abhängig ist, eine versteckte Satire auf den König „Sonne,“ Ludwig XIV., sehen,***) der sich nicht weniger absolut dünkte, und nicht weniger in

*) Hist. des Sev., S. 275, 76.

**) ib., S. 354.

***) Prosper Marchand, Dictionnaire historique, La Haye 1758, S. 16, sagt: Einige hätten in dem Buche Vairasse's „nur einen amüsanten Roman, Andere guten Glaubens

den Händen seines Generalkontroleurs und seiner Intendanten war. Die außerordentliche Beliebtheit des Buches, besonders auch die Neuauflagen desselben in den letzten zwanzig Jahren der Regierungszeit Ludwig's XIV., in denen sich die Opposition gegen diesen und sein System zu rühren beginnt, sprechen sicherlich für eine solche Deutung.

Ebenso einfach, wie die innere Politik, gestaltet sich die Rechtspflege. „Da sie nichts im Eigenthum haben, giebt es bei ihnen keine Zivilprozesse."*) So bleibt also nur die Kriminalgerichtsbarkeit übrig, welche in den Händen der Osmasionten für solche Fälle liegt, die in ihrer Jurisdiktion, d. h. in der Osmasie begangen sind. Dem Osmasionten stehen zwei Gehülfen zur Seite, und drei Greise, die der Angeklagte sich wählen kann. Im Falle die Parteien verschiedenen Osmasien angehören, kommt der Prozeß vor einen Brosmasionten u. s. f. Vairasse unterscheidet nicht weniger als vier verschiedene Gerichtshöfe, deren Funktionen wir hier nicht auseinanderzusetzen brauchen. Auf Todesstrafe kann nicht erkannt werden, dagegen giebt es Gefängnißstrafe, die durch harte Arbeit und körperliche Züchtigung verschärft werden kann. Prompt, sagt Vairasse, werden die Prozesse erledigt, da man weder Profit oder anderen Gewinn darin findet, sie in die Länge zu ziehen! Vairasse ist in der That nicht mehr fern von der Erkenntniß Morelly's, Mably's und der anderen Sozialisten, daß das Privateigenthum die Basis des bestehenden Gesellschaftssystems mit seiner Profitjagd, all' seinen Fehlern ist.

So wenig ausführlich uns der Verfasser der Utopie den Produktionsprozeß schildert, so genau und eingehend stellt er die Religion der Sevaramben dar, die eine Mischung von Deismus und ursprünglicher Verehrung der Sonne ist.**) Es sind die von Vairasse ausgesprochenen religiösen Ansichten, besonders aber die Erzählung von dem Religionsstifter und Schwindler Strukaras, die unserem Autor

---

die Erzählung einer neuen Entdeckung, noch Andere, die tiefer eingedrungen wären, hätten darin ein gefährliches Werk zu entdecken geglaubt, das unter dem Schleier der Erdichtung direkt die Religion und die Regierung angriffe."

*) Hist. des Sev., S. 318.

**) Prosper Marchand, Dict. hist., S. 15, Anmerk. 67, bemerkt hierzu: „Uebrigens stimmen die beiden ersten Artikel der Religion der Sevaramben so überein mit dem, was man von der Religion der Peruaner erzählt, daß Sevarias sehr wohl nur eine Kopie des Manco Capac, ersten Inkas von Peru und Gründer dieses Reiches, sein könnte. Nachdem dieser Prinz die Indianer vereinigt, zivilisirt und überzeugt hatte, daß er der Sohn der Sonne sei, lehrte er sie innerlich und als höchsten, aber unbekannten Gott Pachacamas, d. h. die Seele oder die Stütze des Universums, und äußerlich als einen untergeordneten, aber sichtbaren und bekannten Gott, die Sonne, seinen Vater, anbeten." Marchand verweist deshalb auf Garcilasso de la Vega, Histoire des Yncas, Liv. II, chap. I, II, III, S. 109—130. Es wäre überhaupt interessant, einmal die Einflüsse, die der peruanische Inkastaat auf die Verfasser politischer Werke gehabt hat, ausführlicher aufzuzeigen. Daß dieselben sehr bedeutend waren, unterliegt meines Erachtens keinem Zweifel; wir treffen sie bei allen Nationen wieder. So auch z. B. in der Utopie des James Burgh: An Account of the first settlement, laws, form of government and police of the Cessares, London 1764, S. 34—37.

die durchaus unmotivirte Anklage auf Atheismus von Seiten verschiedener Autoren zugezogen haben. Da hier aber nicht die Stelle ist, auf die religiösen Streitigkeiten der damaligen Zeit, den Jansenismus und Calvinismus in ihrem Verhältniß zum Ultramontanismus einzugehen, müssen wir uns mit der Behauptung begnügen, daß die von Vairasse vertretene Ansicht ein reiner, nur auf vernünftiger Erkenntniß beruhender Deismus ist.*)

Eine Bekehrung der Sevaramben zum Christenthum war unmöglich, „weil sie sich so sehr auf die menschliche Vernunft verlassen, daß sie Alles, was uns (den Christen) der Glaube lehrt, verspotten, wenn es nicht durch die Vernunft unterstützt ist. . . . Sie verspotten die Wunder und sagen, daß es für diese nur natürliche Ursachen geben könne, obschon die Wirkungen, die aus ihnen hervorgehen, für uns erstaunliche wären und von uns als Wunder betrachtet würden; daß aber vom Standpunkt der Natur alles in einer geregelten Ordnung sich vollziehe, gemäß den Anlagen (dispositions), die sich in den natürlichen Dingen finden."**) Mit dem Deismus verbindet sich eine ganz außerordentliche Toleranz, die so weit geht, daß zu bestimmten Zeiten des Jahres in den Schulen große religiöse Disputationen abgehalten werden, wobei Jeder vollständig frei seine Ansichten entwickeln kann. Auch bei der Wahl zu den Staatsämtern spielen die religiösen Ansichten einer Person gar keine Rolle, sondern nur ihr Charakter und ihre Rechtschaffenheit. Dies geht so weit, daß nicht einmal die Geistlichen von der Bekleidung eines zivilen Amtes allein deshalb ausgeschlossen sind, weil sie eben Geistliche sind.***) Gewiß ist dies die Konsequenz des Satzes von der Scheidung des Staates von der Kirche, daß der Geistliche ebenso gut Privatmann ist, wie jeder Andere auch. Aber in dem Staate Sevarambien muß sich hier ein Gegensatz und Widerspruch entwickeln, da es ja in ihm eine staatliche Religion giebt, die allein vom Staate nicht nur anerkannt, sondern auch unterhalten wird.†) Die Priester sind also schon Beamte und diese noch mit zivilen Aemtern bekleiden, heißt eine Häufung von Aemtern vornehmen, die sonst nicht vorhanden ist. Nun gestattet aber auch Vairasse seinen Priestern selbst eigene

*) Vgl. Morhoff, Polyhistor I, cap. VIII, S. 75: Toto vero hoc libro nihil aliud ille (Vairasse) agit quam ut ostendat unam esse religionem naturae rerum conformem, quae Deum supremum, atque eius quasi vices in orbe hoc inferiore repraesentantem solem veneretur. Quare data occasione adversus trinitatem et Christianismum disputat . . . Illud vero ingenium hominis prodit, quod stratagemata sacerdotum gentis eius quam Stroukaros vocat, ad miraculorum, quae in Pentateucho habentur, formam confinxerit: quo manifeste patet illum historiae sacrae illudere. Dieser Angriff auf das Christenthum beweist natürlich in den Augen der Orthodoxen seinen Atheismus. Thomasius hat ihn in der oben zitirten Schrift, „Freymüthige Gedanken", S. 968—1005, gegen diese Beschuldigung des Atheismus in Schutz genommen. Vairasse war Deist.

**) Hist. des Sev., S. 395.

***) ib., S. 379: Er (der Priester) ist deshalb nicht weniger ein Mitglied des Staates und nimmt nicht weniger als die anderen an der Regierung und bürgerlichen Gesellschaft Theil.

†) Hist. des Sev., S. 378: Es giebt nur einen äußerlichen Kult, der erlaubt ist.

Ansichten (opinions particulières) über die Religion zu haben, wofern sie nur äußerlich die Pflichten ihres Amtes erfüllen und als ehrbare, anständige Menschen leben. Damit sinkt aber der ganze Sonnenkult zu einer lächerlichen Farce herab — wollte Vairasse zeigen, daß jede geoffenbarte Religion im Laufe der Zeit durch die Entwickelung des Sektarianismus zur Farce werden und mit sich selbst in inneren Widerspruch gerathen muß? Was er an Gründen für das friedliche Zusammenleben der Sevaramben trotz der Glaubensverschiedenheiten anführt, daß nämlich die Staatsreligion mehr Philosophie und menschliches Raisonnement, als Offenbarung und Glauben enthielte und daher mit größerem Gleichmuth traktirt würde, spricht wohl für eine Bejahung dieser Frage und zeichnet seine Stellung als die eines jeder Offenbarung feindlich gesinnten Denkers.*)

Die Stärke des Vairasse'schen Buches liegt überhaupt weniger auf ökonomischem, als moralphilosophischem Gebiet. Seinen schönen Ideen über Religion und Toleranz stellt sich ebenbürtig die geistreiche Darstellung des Einflusses an die Seite, den die kommunistische Gesellschaftsordnung auf die Charakter-, Geistes- und Körperentwickelung der Angehörigen einer solchen ausübt. Die beiden hervorstechenden Charaktereigenschaften der Sevaramben sind die Wahrheitsliebe, mit der sich eine außerordentliche Offenheit der Gefühle verbindet, und ein edler Ehrgeiz, wohlzuthun und sich Achtung zu erwerben, in den eine kluge Erziehung die ursprüngliche Leidenschaftlichkeit ihres Temperaments verwandelt hat. Der ständige Verkehr von Bürgern und Bürgerinnen untereinander, bei der Arbeit, wie bei der Ruhe, bei den Festen, wie im alltäglichen Leben, hat eine feine Freiheit der Sitte bei ihnen hervorgebracht, in der sich schamhafte Bescheidenheit und offenes Sichgeben in Worten und Gefühlen aufs Glücklichste vereinen. „Sie versuchen, sich die Liebe und Achtung eines Jeden zu erwerben, weil nur dies das Mittel ist, zu Ehrenstellen zu gelangen; weshalb man auch unter denen, die sich um Aemter bewerben, einen ehrenvollen Wetteifer sieht, der sie veranlaßt, sorgfältig alle ihre Handlungen zu beobachten, aus Furcht, ihren Ruf zu schädigen. Klatschereien und Verleumdungen werden strenge bestraft, und wenn wirklich Jemand einen Mitbürger anklagen sollte, ohne seine Anklage beweisen zu können, so wird er nicht nur mit Infamie gekennzeichnet, sondern auch streng von den Gesetzen bestraft."**) Die Wahrheit zu sprechen wird daher auch die Kinder von Jugend auf gelehrt, und da weder Armuth, noch Hoffnung auf Gewinn, weder das Verlangen, ihren Vorgesetzten zu gefallen, noch die Furcht, ihnen zu mißfallen, sie treibt, so ist es nicht zu verwundern, daß sich bei ihnen keine oder nur wenig Lügner finden. Die beiden einzigen Laster, zu denen sie am meisten von Natur zuneigen, sind die Liebe und die Rache; aber die erste hat eine kluge Gesetzgebung in das Bett früher Ehe geleitet, der anderen weiß eine kluge Erziehung dadurch

*) Auch More schreibt seinen Utopiern einen staatlichen Kult zu, der aber, da alle in der Verehrung des göttlichen Wesens übereinkommen, in nichts den Gebräuchen widerspricht, die jeder Sekte eigenthümlich sind und von ihren Angehörigen in ihren Häusern ausgeübt werden.

**) Hist. des Sev., S. 290, 91.

vorzubeugen, daß sie zu heftigen Stolz durch frühen Verkehr mit Gleichalterigen in Schranken zu bannen weiß.

Ein schöner Geist in schöner Hülle gilt auch für die Sevaramben. „Sie sind stark und erfreuen sich einer guten Gesundheit, wovon ihre Geburt, ihre Lebensart und ihre Heiterkeit die Ursache sind.“*) Ihre Geburt, weil ihre Väter und Mütter, welche allein die Liebe zusammengeführt hat, sich viel mehr lieben, als die, welche sich aus anderen Gründen heirathen. Daß Kinder der Liebe, nicht gezeugt in träger, widerwillig geübter und ekelhaft empfundener Ehebettumarmung, besser sind, ist eine alte volksthümliche Anschauung. Daher auch dieser Gedanke bei vielen Utopisten das Ehesystem modelt; die Campanella'sche Zuchtwahl, die keine Rücksicht auf die Liebe der Individuen nimmt, ist eine einzige Ausnahme. Ihre Lebensart, weil sie in Nüchternheit leben, ohne Hunger und Durst zu leiden; weil sie von Ausschweifungen sich fern halten und alle körperliche Arbeit leisten, ohne überarbeitet zu werden. Ihre Zerstreuungen und ihre Heiterkeit, denn sie haben weder Sorgen, noch Habgier, von denen „die Seelen Derjenigen verzehrt werden, die gezwungen sind, täglich für ihre augenblicklichen oder zukünftigen Bedürfnisse zu sorgen.“**) Sie entbehren nichts, und ihre größte Sorge ist, mit Mäßigung die rechten Freuden des Lebens zu genießen. „Alles aber, was zur Gesundheit der Sevaramben beiträgt, thut dies nicht weniger zu der Schönheit beider Geschlechter; denn, wenn man auch dort nicht die feinen und zarten Schönheiten unserer Zeit, die mehr Wachspuppen gleichen, findet, so sieht man dafür Männer und Frauen mit schönen und regelmäßigen Zügen, zarter und glatter Haut, starken und wohlgerundeten Körpern, lichtem und lebhaftem Teint, und mit einer männlichen, gesundheitsstrotzenden Haltung, die man bei uns selten findet.“***)

So interessant und nutzvoll es wäre, einen eingehenderen Vergleich zwischen dem Engländer More und dem Franzosen Vairasse zu veranstalten und zu zeigen, weshalb in diesen beiden so durchaus verschieden veranlagten Geistern sich auf den von scharfer Kritik behauenen Quadern so verschiedene Idealbauten erheben mußten, so müssen wir uns leider bei den diesem Abrisse eng gesteckten Grenzen mit den kurzen Andeutungen begnügen, die wir an einigen Stellen einzuflechten vermochten.

---

*) Hist. des Sev., S. 292.

**) ib., S. 293.

***) Hist. des Sev., S. 294.

Sechstes Kapitel.

Die Staatsromane und Reisebeschreibungen des 17. und 18. Jahrhunderts.

Wie des More's Utopia, so hat auch Vairasse's Geschichte der Sevaramben unzählige Nachahmungen in Frankreich hervorgerufen.*) Eine Zeitlang sah man sich geradezu überschwemmt mit Beschreibungen von weisen und tugendhaften Völkern, welche die verschiedensten, aber meist außerordentlich fruchtbaren und von der Natur begünstigten Gegenden der Welt bewohnten. Den meisten dieser Nachahmer fehlt aber in erster Linie die schöpferische Phantasie, die Vairasse in so hohem Maße auszeichnet und sein Buch weniger als die Schilderung eines erdichteten Idealstaates, denn als die eines wirklich existirenden Landes erscheinen läßt; andererseits haben sie die tiefe Tendenz desselben nicht zu begreifen vermocht. Das Beiwerk, die Reisebeschreibung, ward ihnen zur Hauptsache, die im Laufe der Zeit immer mehr an Umfang gewinnt und der gegenüber die Schilderung des Idealstaates als Nebensache verschwindet. Abenteuer häuft sich auf Abenteuer; Schiffbruch auf Schiffbruch, bis der Held oder die Helden, denen es von dem Dichter bestimmt ist, das irdische Paradies zu besuchen, glücklich dorthin gelangt sind. Aber auch hier ist ihnen oft keine Ruhe gegönnt. Sie durchreisen das Ideelland von einem Ende zum anderen und besteigen dann wieder ein Schiff, einen Aerostaten, einen Riesenvogel, oder welch Fahrzeug sonst dem Wandervolke als Transportmittel dient, um in ihre Heimath zurückzukehren und ihren erstaunten Landsleuten die Wundermären von dem fernen Lande zu erzählen, wo sie dann der Autor gehört hat, oder wiederum, moderne Odysseus', lange Jahre umherzuirren von Land zu Land, in Elend und Noth zu versinken, aus dem sie dann eine mitleidige Seele, entweder der jeweilige Herausgeber des Buches oder ein Freund von ihm findet, die Rechnung des Gastwirths, bei dem sie hausen, oder die Heimreise für sie bezahlt, und zum Danke dafür das Manuskript ihrer Abenteuer noch kurz vor ihrem Tode — denn meist sterben sie, ehe sie in ihre Heimath zurückkehren — erhält. Die schöne Mitte, die Vairasse in seiner Einleitung einzuhalten gewußt hat, suchen wir vergeblich bei seinen Nachahmern. Neben den Abenteuerjägern, für die Einleitung und Schluß die Hauptsache sind, die Schilderung des Idealstaates nur eine Episode ist, steht eine andere Klasse von Schriftstellern, für die die poetische Einkleidung nur ein lästiges Hinderniß ist und die sie daher auf ein bis zwei Seiten beschränken, ohne sich doch gänzlich von der hergebrachten Form losmachen zu können. Zeigen also alle diese Reisebeschreibungen in der Anlage eine überraschende Gleichförmigkeit, so ist andererseits die reichhaltige Verschiedenheit des Inhaltes nicht weniger überraschend. Wir werden in Staaten geführt, in denen jede Staatsverfassung von der absoluten Monarchie bis zur

*) Vgl. Voyages imaginaires, X., Einleitung S. 6—8.

vollständigsten Anarchie, und jede Mischung solcher Staatsformen von der aristokrato-demokratischen Monarchie zu der monarcho-aristokratischen Republik, oft noch mit der Zufügung theokratischer Elemente, in Geltung ist; wir machen die Bekanntschaft von gelben, schwarzen und weißen Menschen, von Riesen, Zwergen und gewöhnlichen Menschenkindern, von Thier-Menschen und Menschen-Thieren; wir durchwandern das dunkle Innere Afrikas, wir landen an fernen Küsten der Südsee, wir steigen ins Innere unserer Erde hinab und werden in die Räume des Weltalls vom Mond zu einem Planeten, von Planet zu Planet getragen — kurz, was immer die Kombination ausschweifendster menschlicher Phantasie zu erzeugen vermag, hier hat es Gestalt, oft häßliche, plumpe, gemeine, oft bizarre, oft aber auch schöne und harmonisch bewegte Gestalt, gewonnen.*) Es ist klar, daß aus dem ganzen Wuste dieser Erzeugnisse zweier Jahrhunderte nur diejenigen Schriften für uns in Betracht kommen, in denen einmal der ernste Versuch einer Kritik der bestehenden Staats- und Gesellschaftsordnung gemacht wird und andererseits eine kommunistische Eigenthumsform als die Grundlage des geschilderten Idealstaates erscheint.

I. La Terre Australe.

Da tritt uns denn zunächst das Buch „La terre australe connue"**) entgegen, das ein Jahr nach der englischen Ausgabe der Vairasse'schen Schrift, aber noch vor der französischen erschienen ist, also ohne Zweifel auf Selbständigkeit Anspruch hat. Die einleitende Reisebeschreibung ist ebenso abenteuerlich, wie der Gedanke eines androgynen Volkes, das den fünften noch unbekannten Erdtheil bewohnen soll, aber schon Bayle machte darauf aufmerksam, daß in dem Buche mehr zu suchen sei, als es den Anschein hätte. Er hebt die Behauptung desselben hervor, daß die Australier nicht von Adam abstammen, sondern von einem Androgynen, der nicht wie jener aus dem Unschuldsstande gefallen

---

*) Eine Sammlung solcher Reisebeschreibungen ist das Werk: Voyages imaginaires, Paris 1787—89. 36 vols. und drei Supplementbände.

**) Der volle Titel lautet: La terre australe connue: c'est-à-dire la description de ce pays inconnu jusqu' ici, de ses moeurs et de ses coûtumes, par Mr. Sadeur, avec les aventures qui le conduisirent en ce continent, et les particularitez du sejour qu'il y fit durant trente-cinq ans et plus, et de son retour. Reduites et mises en lumière par les soins et la conduite de G. de F. à Vannes par Jacques Vernevil, rue St. Gilles 1676. Als Autor nennt Bayle einen Gabriel Foigni, Cordelier in einem Kloster Lothringens, oder einen bretonischen Edelmann „grand admirateur de Lucrèce." Bayle, Dictionnaire Historique, ed. tertia. Rotterdam 1720, III., S. 2509. Das Büchlein war ziemlich beliebt; wir erwähnen noch die Umarbeitung durch F. Raguenet: Les aventures de Jaques Sadeur dans la decouverte et le voyage de la terre australe à Paris 1692; ferner die Ausgaben: Paris 1693, 12°; Paris 1705, 8°; Amsterdam 1732, 12°; eine englische Uebersetzung, London 1693, 12°.

sei. Der Autor, der durch Aufstellung eines präadamitischen Systems einen Angriff auf die kirchliche Lehre habe machen wollen, habe diese abenteuerliche Einkleidung nur gewählt, um die Wachsamkeit der Zensoren zu täuschen.*) So nehmen denn auch den größten Raum des Buches religiöse Untersuchungen ein, auf die hier einzugehen nicht der Platz ist; für uns liegt der Schwerpunkt in dem fünften Kapitel „de la constitution des Australiens et de leurs coûtumes“ und dem siebenten „des sentiments des Australiens sur cette vie.“ Die Australier sind ein androgynes Volk, das im Zustande vollster Unschuld lebt und daher auch den Gebrauch jeder Kleidung perhorrescirt. Sie bedürfen keiner Regierung und wissen nicht, was das Mein und das Dein bedeutet;**) Alles ist ihnen mit so vollständiger Aufrichtigkeit gemeinsam, daß Mann und Frau bei den Europäern in keiner vollständigeren Gemeinschaft leben können. Wir haben hier ein Volk vor uns, das nach den Prinzipien eines kommunistischen Anarchismus lebt. Die Begründung der Anarchie giebt ein australischer Greis in den Gesprächen, die er mit Jacques oder vielmehr Nikolas Sadeur, dem an der australischen Küste schiffbrüchig gewordenen Europäer, führt, in folgender Weise. Dieser hatte ihm den Einwurf gemacht, daß eine Menge nicht ohne Ordnung sein könne, um nicht in Unordnung zu sein; daß aber jede Ordnung nothwendigerweise einen Obersten voraussetze, dem die Anderen sich zu unterwerfen gezwungen seien. Dagegen wendet sich nun der Australier mit folgender Gedankenentwickelung. Es gehört zu der Natur des Menschen, daß er frei geboren wird; nur durch Verzicht auf seine Menschnatur kann der Mensch sich einem anderen unterwerfen, aber dann sinkt er eben durch seine Unterwerfung zum Thiere herab. Da das Ziel immer etwas Höheres, Edleres sein muß als die wirkende Ursache, so kann auch der Mensch nicht für den Dienst (service) eines anderen Menschen geboren sein. Sein Wesen besteht in der Freiheit und diese ihm entreißen, heißt ihn zwingen wollen, ohne sein Wesen zu existiren. Selbst wenn man den Menschen bindet und gefangen hält, kann er wohl seine äußerliche Bewegungsfreiheit verlieren, aber niemals seine innere Freiheit. Ein Australier, den diese Prinzipien leiten, thut daher sehr oft, warum ihn seine Nebenmenschen bitten, aber er handelt nie, weil man es ihm befiehlt. Das Wort „Befehl“ ist ihm verhaßt; er thut nur, was ihm seine Vernunft zu thun befiehlt; denn seine Vernunft ist sein Gesetz, seine Regel, seine einzige Führerin.***) Damit ist das Individualprinzip in seiner ganzen Schärfe konstatirt, und konsequenter Weise giebt es bei diesem australischen Volke keine Regierung und keine Beamte. Auch die Landesvertheidigung gegen die Angriffe feindlicher Nachbarn wird ohne Befehl irgend eines Führers oder irgend einer

---

*) Bayle, Diction. Histor., III., S. 2509, Anm. G. Er erwähnt noch, daß viele Autoren ähnliche Verkleidungen gewählt haben, unter Anderen auch der Autor der „Geschichte der Sevaramben“. — Vgl. die Lehre der Harmonisten in Amerika.

**) Sie wissen nicht, was Mein und Dein bedeutet. La terre australe, ed. 1676, S. 80.

***) La terre australe, S. 107—108.

Behörde von den Bewohnern nur nach freier Uebereinkunft und Verabredung geführt. Der Schwierigkeit der Regelung des Produktionsprozesses eines zahlreichen Volkes nur nach dem freien Willen der Einzelnen und ohne Majoritätsgewalt ist der Verfasser auf die einfachste Weise aus dem Wege gegangen: es giebt überhaupt keinen Produktionsprozeß. Die üppige Freigebigkeit der Natur, die Gunst des Klimas, sowie die Bedürfnißlosigkeit der Bewohner machen einen solchen gänzlich überflüssig. Ein Jeder hat auf die Früchte des Bodens ein gleiches Anrecht und da sie in Ueberfluß vorhanden sind und ohne Arbeit gewonnen werden, kann es nie zu Streitigkeiten kommen. Ebenso einfach löst sich die Frage der Bevölkerungszunahme bei diesem androgynen Volke; auch hier wird das Problem gelöst, indem man es von vornherein seines problematischen Charakters entkleidet. Die Fortpflanzung des Volkes wird durch das einfache Gesetz geregelt, daß jeder Australier wenigstens ein Kind der Gemeinschaft zu liefern hat,*) und da die Australier allen geschlechtlichen Empfindungen abgeneigt gegenüberstehen, bleibt es stets bei dem einen Kinde. Wunderbarer Weise wird es von dem Verfasser des Buches nicht bemerkt, daß durch dieses Gesetz das Prinzip der unbeschränkten Freiheit des Individuums durchbrochen wird.

Ermöglicht wird das Zusammenleben dieser freien Individuen durch die für Alle gleiche Erziehung, deren Hauptaufgabe darin besteht, in ihnen das Gefühl vollständiger Gleichheit von frühester Kindheit an zu erwecken. In der ungleichen Erziehung, wie sie in den europäischen Ländern besteht, ist eine nothwendige Ursache aller Streitigkeiten und Unordnungen zu suchen. Denn Derjenige, der weniger weiß, wird stets unter Demjenigen stehen, der mehr weiß, und sich um so unglücklicher fühlen, als die Geburt Alle gleich geschaffen hat und ein Jeder sich dessen bewußt ist. Bei den Australiern aber suchen gerade in Folge der gleichen Erziehung Alle ihre Ehre darin, in jeder Hinsicht gleich zu sein; ihr Ruhm besteht darin, als dieselben zu erscheinen und auf gleiche Weise gebildet zu sein.**)

II. Jacques Massé.

Auch in dem Buche, das uns von den „Reisen und Abenteuern Jacques Massé's"***) erzählt, steht das religiöse Moment im Vordergrunde. Die Religion des darin geschilderten Idealvolkes ist ein reiner Deismus. „Ich glaube," heißt es in seinem Glaubensbekenntnisse, „an eine eingeborene Substanz, einen univer-

*) Hier eine andere Probe von der Flüchtigkeit, mit der Kleinwächter gearbeitet hat. Er sagt in seinem Buch „Die Staatsromane," S. 24: Jeder Australier hat die Verpflichtung, dem Staate alljährlich (!) ein Kind zu liefern, während es thatsächlich heißt: Sie sind verpflichtet, wenigstens ein Kind dem Heb zu liefern. S. 79, ed. 1676, und ebenso in der Ausgabe von 1692!

**) La terre australe, S. 99.

***) Voyages et aventures de Jacques Massé. Bordeaux 1710.

falen, unendlich weisen, guten und gerechten Geist, ein unabhängiges und unveränderliches Wesen, das Himmel und Erde gemacht hat."*) Trotzdem aber wird keine Unsterblichkeit der Seele anerkannt. An scharfen Angriffen sowohl auf das Christenthum, wie besonders auf die es vertretende Kirche fehlt es nicht, und mit ihnen verbindet sich, wie bei Meslier, die ätzende Kritik der Kriegspolitik der europäischen Fürsten, welche aus den nichtssagendsten Gründen, aus Ehrgeiz oder Laune, die Kriege provoziren, der Betrügereien der Könige und Priester, welch letztere das leichtgläubige Volk durch Predigten von dem Gottesgnadenthum seiner Herrscher und der Gottwohlgefälligkeit ihrer Kriege gegen Ungläubige und Ketzer in Knechtschaft und Unterdrückung festhalten, der Dummheit des Volkes, das thöricht genug ist, sich widerstandslos zum Gemetzel und zur Vernichtung seiner eigenen Gattung führen zu lassen.**)

Ob der Produktionsprozeß des Idealvolkes ein kommunistischer ist, darüber erfahren wir nichts direkt; trotzdem aber an einer Stelle des Buches von einem direkten Waarenaustausch, an einer anderen von einem Kupfergelde geredet wird, scheint doch, der ganzen Anlage des Landes, seiner Dörfer und Städte nach zu urtheilen, eine Art kommunistischer Wirthschaft zu herrschen. Das Land ist in gleichmäßige, quadratförmige Kantone getheilt, die auf allen Seiten von Kanälen umgeben sind. In jedem Kanton giebt es einen Richter und einen Priester. Die Richter je eines Gouvernements, das aus zehn Kantonen besteht, halten von Zeit zu Zeit Versammlungen ab, in denen sie die Gerichtsbarkeit ausüben und die allgemeine Polizei regeln. Außerdem giebt es noch eine „Assemblée illustre,“ die sich aus den von je 10 Gouverneuren gewählten Deputirten zusammensetzt und der der König präsidirt. Was dieser und die Assemblée eigentlich thun sollen, bleibt unklar. Die Thätigkeit des Königs in dieser Geschichte besteht darin, daß er den zugereisten Europäern beim Uhrenmachen zusieht und von Zeit zu Zeit eine Schöne des Landes heirathet. Ueberhaupt tritt im Buche die Darstellung der gesellschaftlichen Verhältnisse des Idealvolkes sehr zurück gegenüber den zahllosen Abenteuern, die die beiden Helden auf ihrem Hinwege zu jenem und ihrer Rückkehr zu bestehen haben.

III. Die Republik der Philosophen.

Aus der Abenteuerwelt Sadeur's und Massé's führt uns ein nachgelassenes Werk Fontenelle's in nüchterne Verhältnisse zurück. In seiner „Republik der Philosophen oder Geschichte der Ajaoier"***) hat uns der berühmte Philosoph und Schriftsteller den Entwurf eines kommunistischen Staates hinterlassen, dem

*) Voyages 2c., S. 157.

**) Voyages 2c., S. 219, 220.

***) La Republique des Philosophes ou Histoire des Ajaoiens. Ouvrage posthume de M. de Fontenelle. Genf 1768.

man leider nur zu oft es ansieht, daß ihn die Hand des Autors nicht zum Abschlusse gebracht hat. Diesem Umstande haben wir wohl in erster Linie die offenbaren, geradezu krassen Widersprüche zuzuschreiben, denen wir später, im Laufe unserer Darstellung, begegnen werden. Die Anlage des Werkes zeigt eine ganz außerordentliche Uebereinstimmung mit der „Geschichte der Sevaramben" von Vairasse. Hier, wie dort, sind es Holländer, die durch Stürme an die Küste eines ihnen unbekannten Landes getrieben und von den hoch kultivirten Bewohnern aufs Freundlichste aufgenommen werden. Bis in die kleinsten Einzelheiten erstreckt sich die Uebereinstimmung. Bei beiden Schriftstellern werden z. B. die Schiffbrüchigen zunächst in einem großen Hause außerhalb der Stadt untergebracht und haben, bevor sie die Hauptstadt betreten, die durch die Landessitte bestimmte Kleidung für Fremde anzulegen. Aber der trockene Ton des Fontenelle'schen Buches steht in unangenehmem Gegensatze zu der lebendigen, bewegten Schilderung Vairasse's. Ebensowenig kann in der Auffassung des gesellschaftlichen Lebens und in der Darstellung seiner kommunistischen Produktion, sowie der durch sie bedingten Distribution und dem Verhältniß der beiden Geschlechter ein Fortschritt über Vairasse hinaus konstatirt werden. Nur die Religion der Ajaoier ist eine weiter entwickelte, und zwar ist in Uebereinstimmung mit der Entwickelung der religiösen Anschauungen des 18. Jahrhunderts eine Art atheistischer Naturverehrung an die Stelle des Deismus, wie wir ihn bei den vorhergehenden Utopisten finden, getreten.

Bei den Ajaoiern giebt es keinen Kultus, weder heilige Bücher, noch Tempel, noch Altäre, noch Priester. Zwei Prinzipien, die ihren Ursprung in der reinen, gesunden Vernunft und der Natur selbst haben, die ferner von unbestreitbarer Evidenz und Sicherheit sind, gelten ihnen als Regel für alle ihre Gefühle und Ansichten, das erste:

Was nicht ist, kann auch keinem Dinge Existenz verleihen — und das zweite:

Behandle deine Nebenmenschen, wie du selbst behandelt zu werden wünschen würdest.

Aus dem ersten dieser Prinzipien leiten die Ajaoier ihre Ansichten über die Religion ab. Sie betrachten allein die Natur als ihre gute Mutter, die ewig in ihrer Existenz allen Geschöpfen das Leben verleiht, in der Alles in nothwendiger Ordnung geschieht. Der Glaube an ein höchstes, unsichtbares Wesen, dessen Existenz man niemals a priori beweisen könne, erscheint ihnen thöricht. Wozu, so fragen sie, soll man den langen Umweg von diesem unbekannten Gott durch die Natur zu dem Menschen machen? Es giebt nur die Natur, und sie hat, wie Alles, auch den Menschen geschaffen. Unpersönlich aber, wie sie ist, kann sie überhaupt nicht als Gott gefaßt werden, und durch Gebete dies unpersönlich Seiende bewegen und rühren zu wollen, ist absurd. Die Gesetze der Natur sind unveränderlich, ihre Kreisläufe vollziehen sich ewig in derselben Ordnung und nichts kann dieselben in andere Bahnen lenken. Da es also nichts außerhalb der Natur giebt und in ihr alles Bewegung ist, so folgt mit Nothwendigkeit daraus, daß die menschliche Seele vergänglich ist, wie alles andere Existirende, daß sie keine

Substanz ist. Die Vernunft, die als das Unterscheidungszeichen des Menschen von den Thieren gilt, wird von den Ajaoiern ebenso sehr als ein Erbtheil der übrigen Lebewesen angesehen, wie der Menschen. Der Unterschied zwischen beiden ist nur ein gradweiser und kein qualitativer. Die Seele ist nur ein Theil der feinen und sehr beweglichen Materie, die in allen Körpern mehr oder weniger vorhanden ist und in der ganzen Natur herrscht.

Bei diesen philosophischen Ansichten kann es natürlich keine Religion und auch kein Priesterthum mehr geben. Die Familienväter unterrichten am Abend ihre Angehörigen über die Pflichten eines guten Bürgers — das ist der Gottesdienst der Ajaoier. Und trotzdem existirt ihr Staat und befindet sich in einem gesunderen Zustand, ist von reinerer Sittlichkeit erfüllt, als irgend ein anderer, in dem eine Staatskirche mit einem prunkvollen Kultus und einer zahlreichen Priesterschaft die Lehren einer der vielen Religionen verkündet.

Die Insel Ajao ist in sechs Distrikte eingetheilt, von denen jeder eine Hauptstadt besitzt und gewissermaßen eine Republik für sich bildet. Ajao, der größte dieser Distrikte, ist in sechs Dreiecke eingetheilt, die ebenso viele Quartiere bilden. Ein jedes Quartier umfaßt sechs- bis achthundert Häuser (lange Gebäude mit einem Stockwerk und flachen mit Gold oder Leder gedeckten Dächern), in deren jedem zwanzig Familien ein Unterkommen finden. Die Basis der ganzen Staatsverfassung ist, wie bei More, die Familie, die aus dem Familienvater, Minch genannt, nebst seinen zwei Frauen und Kindern besteht. Je zwanzig Familienväter, die zusammen ein Haus bewohnen, wählen zusammen zwei Minchists, welche die Aufsicht über das ganze Haus haben. Ihre Amtsdauer beträgt zwei Jahre, und einer von ihnen wird jedes Jahr neu gewählt. Die vierzig Minchists von je zwanzig einander benachbart liegenden Häusern wählen zwei Minchiskoa. Diese achtzig Vorsteher eines Stadtviertels haben ein eigenes Versammlungshaus, wo sie die Geschäfte erledigen. Sie wählen aus den Bürgern, die schon Minchiskoa gewesen sind, zwei Minchiskoa-Adoë, die den Stadtrath bilden. Je vier der ältesten und weisesten ehemaligen Minchiskoa-Adoë werden von den Stadträthen der sechs Städte gewählt und aus ihnen setzt sich der souveräne Rath des Landes zusammen, der jedes Mal auf sechs Jahre gewählt wird. Wiederwahl zu den Aemtern ist selten, da die Absicht der Verfassung dahin geht, möglichst alle Bürger zu den Ehrenstellen gelangen zu lassen, um so den Ehrgeiz der Bürger anzustacheln und sie durch die Hoffnung auf die Ehrenstellen, die nur das Verdienst verleiht, zu einem tadellosen und tugendhaften Leben anzuhalten. In den Händen dieser vier Klassen von Beamten liegt die ganze Regierung, Polizei, Justiz, sowie die Leitung der Produktion und Distribution. Das wichtigste Amt ist das der Minchiskoa-Adoë, die sich mit der Regierung eines ganzen Distriktes zu befassen haben. Sie führen ein genaues Register über die Geburten und Sterbefälle der Bürger; einen genauen Kataster über die sämmtlichen Ländereien ihres Distriktes und alle dazu gehörigen Dörfer, in dem die Bestellung der Felder und das proportionelle Verhältniß der verschiedenen Kulturen gebucht wird; ferner ein

Register über alle Die, welche in den Gewerben und Künsten beschäftigt sind, und über den Ertrag ihrer Produktion, da nach demselben die Zahl Derer, die die betreffenden Professionen zu erlernen haben, geregelt werden muß. Die Minchiskoa-Adoë sorgen außerdem noch für die Ausgleichung der Ueberschüsse der Dörfer und den Transport der Produkte in die Stadt, sowie für die Ausgleichung der Produktion der einzelnen Distrikte untereinander. Sie inspiciren ferner die öffentlichen Gebäude, wie Schulen, Hospitäler, die Wohnungen der Sklaven, ohne die nun einmal, wie es scheint, nach dem Vorgang von More und dann auch Vairasse's, keine Utopie jener Zeit bestehen kann, und die öffentlichen Magazine, halten Assisen, auf denen sie die Klagen und Beschwerden der Privatleute entgegennehmen — kurz, führen Alles in Allem ein sehr arbeitsames, geplagtes Leben. Die eigentliche Gerichtsbarkeit liegt in den Händen der Minchiskoa, deren Strafgewalt eine sehr ausgedehnte ist und bis zur Erkennung von Sklaverei geht. Trotz der Behauptung des Verfassers, daß das Amt eines Adoë-Rezi, eines Mitgliedes des Obersten Rathes, ein sehr mühseliges und dornenreiches ist, da dieser die Verwaltung und Regierung der sechs Städte und ihrer Distrikte zu überwachen hat, müssen wir bekennen, daß uns seine Thätigkeit nicht sehr angreifend erscheint. Der oberste Rath hat das Kriegswesen, das Finanz- und Steuerwesen, das Wege-, Straßen- und Bauwesen unter sich, und die Produktionsausgleiche zwischen den einzelnen Distrikten anzuordnen, falls die Ernte — was übrigens sehr selten — nicht überall gleich reich sein sollte. An der Spitze des Staatsrathes steht kein Präsident, und seine Sitzungen werden, ganz wie bei den modernen Anarchisten, ohne einen Vorsitzenden abgehalten.

So ausführlich uns der Autor über die Verfassung des Staates der Ajaoier unterrichtet hat, so kurz ist er bei der Darstellung des Produktionsprozesses dieses von der Natur so außerordentlich begünstigten Landes. Es ist eben nichts leichter als schematisch den Aufbau einer Verfassung zu entwerfen, so und so viele Beamtenklassen einzurichten und unter sie die in dem Heimathslande des Schriftstellers bestehenden Aemter zu vertheilen, und dieser Theil ihrer Aufgabe ist denn auch selbst von den unbedeutendsten Utopisten nicht ganz ohne Geschick gelöst worden. Aber das Verdienst dieser Leistung ist nur gering; der wahre Prüfstein des Werthes einer Utopie ist die Darstellung des Produktionsprozesses. Hat der Verfasser die Tendenzen der sich entwickelnden Großindustrie begriffen, hat er die in ihrem Schoße entstehenden Keime sozialistischer Produktion beobachtet und aufgefaßt, sie in seinem Gehirn wie in einem Treibhaus ihrer natürlichen Entwickelung vorauseilend zur Reife und in seiner Schilderung eines Idealstaates zur Darstellung gebracht? — das sind die Fragen, mit denen man an die Leistungen der Utopisten herantreten muß, nach ihnen hat man ihren Werth für die Geschichte des Sozialismus in erster Linie zu beurtheilen. Legen wir diesen Maßstab an unser Buch die „Republik der Philosophen" an, so werden wir finden, daß es gegenüber Vairasse auch nicht den geringsten Fortschritt, nein, einen bedeutenden Rückschritt bedeutet. In der Darstellung des Produktionsprozesses zeigt das Buch einen so totalen Mangel an Verständniß für ein kommunistisches Gemeinwesen, solche Widersprüche krassester Art, daß wir allerdings geneigt sind, die Verantwortlichkeit für dieselben nicht seinem Verfasser Fontenelle, sondern dem unbekannten Herausgeber zuzuschreiben.

„Das Mein und Dein ist auf der Insel Ajao unbekannt: indeß ist nicht Alles absolut in Gemeinschaft. Niemand besitzt Land als Privateigenthum. Es gehört alles dem Staate, der es bebauen läßt und die Produkte unter die Familien vertheilt.“*) Die Hauptrolle in der Produktion spielt natürlich der Ackerbau. Er wird von den jungen verheiratheten Paaren betrieben, die gleich nach der Verheirathung die Stadt verlassen und in den Dörfern die ihnen von den Minchiskoa-Aboë angewiesenen Wohnungen beziehen. Diese Dörfer haben ihrerseits eine Art Selbstregierung; sie wählen Minchists und Minchiskoas so gut wie die Häuser und Distrikte der Städte; aber alle diese Beamte hängen von den Minchiskoa-Aboë der Städte ab und sind verpflichtet, ihnen monatlich über Alles Bericht zu erstatten. In jeder Stadt und in jedem Dorfe giebt es Getreidespeicher und Magazine. Aus den Dörfern werden die für den Bedarf der Städte nothwendigen Getreidemengen und anderen Früchte in diese abgeführt. Die Nahrungsmittel, die in großen Markthallen in der Stadt aufgesammelt sind, werden hier unter die Quartiere derselben vertheilt. Die Minchiskoa vertheilen die betreffenden Quoten auf die Häuser, die Minchists auf die Familien. Diese Vertheilung findet alle 4 Tage statt. Ein ähnlicher Modus gilt bei der Bekleidung des Volkes. Auch hier sorgen die Minchiskoa-Aboë für die Anfertigung einer hinreichenden Quantität von Stoffen, die nach den Bedürfnissen der Bevölkerung von den Minchiskoa oder Minchists unter sie vertheilt werden. Die Anfertigung der Kleider liegt in den Händen der Frauen; Schneider giebt es in Ajao nicht.**) „Die übrigen Dinge aber von geringerer Wichtigkeit — ich lasse die Stelle in ihrer ganzen Ausdehnung folgen, um den krassen Widerspruch zu zeigen — wie Möbel, Schuhe, Küchenutensilien, Hüte, kauft man im Wege des Tausches. Dieser Gebrauch bewirkt, daß ein Jeder seiner Profession obliegt, um keinen Mangel zu leiden. Ganz abgesehen davon, daß es sich oft ereignet, daß man sich ein Vergnügen daraus macht, einander in der gegenseitigen Befriedigung der Bedürfnisse zuvorzukommen, wie es den Leuten zu thun geziemt, die alle Brüder sind und eine gemeinsame Mutter anerkennen, der sie ihre ganze Existenz verdanken, so daß z. B. die Bewohner desselben Hauses, auch wenn sie zu verschiedenen Gewerben gehören, sobald sie Jemanden irgend eines Dinges ermangeln sehen, von selbst kommen, es ihm anzubieten, indem sie sich in Wahrheit das Recht vorbehalten, ihn bei Gelegenheit um etwas Anderes zu bitten;

---

*) La République rc., S. 70.

**) Von der Anfertigung der Kleider nach Bedarf durch die Beamten, wie Kleinwächter, „Die Staatsromane,“ S. 68, behauptet, ist gar keine Rede. Es handelt sich um die Anfertigung von Stoffen, nicht Kleidern, an der betreffenden Stelle. Vgl. La République, S. 73, ferner S. 78, wo es wie bei More heißt: Eine jede Frau macht alle Kleider ihrer Familie.

ebenso häufig wird es sich ereignen, daß ein Privatmann, der einen Gegenstand, den er nöthig hat, bei einem Anderen vorfindet, der nichts bedarf, was jener ihm im Tausch als Ersatz geben könnte, doch stets denselben erhalten wird. Mit einem Worte, man macht sich ein wahres Vergnügen daraus, sich gegenseitig zu verpflichten, und diese Gesinnung herrscht bei allen Bewohnern der Insel."*) In noch größerem Widerspruch zu Allem, was in den vorhergehenden Kapiteln nicht nur über die Produktion, sondern auch die geographische Eintheilung des Landes gesagt ist, steht der sich an das Vorausgegangene anschließende Passus über die Bergwerke Ajaos. Wie aller Grund und Boden gehören diese dem Staate, und jeder Ajaoier geht wenigstens einmal in seinem Leben dorthin, um die Wunder der Natur daselbst zu betrachten und davon soviel er braucht mit sich fortzunehmen, wobei es der Wortlaut der Stelle unklar läßt, ob von den Naturwundern oder wovon sonst. Die Bewohner dieses Distrikts Kaluki, der ein hier plötzlich entstandener siebenter Distrikt zu sein scheint — denn nach S. 33 und anderen Stellen giebt es nur sechs Distrikte — bearbeiten hauptsächlich die Metalle, da wenig ackerbaufähiges Land sich dort findet. Sie tauschen diese Metalle gegen die Waaren um, die ihnen die Reisenden von anderen Distrikten mitbringen, ganz abgesehen davon, daß sie alle sieben Monat eine bestimmte Quantität in die Magazine der fünf anderen Städte liefern.**) Es wäre verlorene Mühe, zu versuchen, den Rattenkönig von Widersprüchen, der in dieser und der vorhergehenden Stelle enthalten ist, aufzulösen; andererseits würde es aber im höchsten Grade ungerecht sein, dem Verfasser des Buches, sei dieser nun Fontenelle oder wer sonst immer, eine solche Schwachköpfigkeit zuzutrauen, daß ihm bei der Abfassung desselben diese mehr als plumpen Widersprüche entgangen seien. Streichen wir also diese Seiten, deren geschraubter Stil auch mit dem einfachen Satzgefüge der andern Theile nicht zusammenstimmt, und bringen damit Einheit in das allerdings nur arme Bild, das uns der Autor von der Produktion der Ajaoier zu entwerfen sich begnügt hat.

Jeder Ajaoier hat sich mit dem zwanzigsten Jahre zu verheirathen, und zwar mit zwei Frauen. Ein weises Gesetz! fügt der Verfasser, der überhaupt vor den Frauen eine gewisse mit Furcht gemischte Scheu gehabt zu haben scheint, hinzu, denn zwischen beiden Frauen wird sich stets ein reger Wettstreit um die Liebe des Gemahls entspinnen, und sie werden daher Alles vermeiden, was ihm Kummer, Unruhe, Sorgen bereiten könnte, die so gewöhnlich in den Ländern sind, wo die eine Frau oft mehr Herrin im Hause ist, als der arme Gemahl, dessen Leben nur ein Gewebe von Kummer oder vielmehr eine wahre Hölle ist.***) Das der Eheschließung vorausgehende Liebeswerben sowie die Zeremonien derselben können wir hier füglich übergehen, da die wesentlichen Züge in ihrer Darstellung der Autor

*) La République etc., S. 74, 75.

**) La République etc., S. 75, 76.

***) La République etc., S. 112, wo also trotz Kleinwächter ein Grund für die Zweifrauen-Ehe angegeben ist.

Vairasse entlehnt hat. Die Prüfung des Mädchens, ob sie auch keine entstellenden Gebrechen verheimlicht hat, erfolgt nach dem Vorbilde der More'schen Utopie, aber mit einer kleinen Variante, die für das raffinirte achtzehnte Jahrhundert charakteristisch ist. More, naiv, zeigt die zukünftigen Gatten einander vor der Ehe in völliger Nacktheit; unserm Autor ist dieser Vorgang zu nackt! Die vorsorgliche Mutter zieht nämlich der Tochter unter ihr Oberkleid eine Art Hemd von dünnster Gaze an. Wenn nun die Tochter zur Verlobung geführt worden und die Fragen des Zeremoniells erledigt sind, ziehen sich die Beamten, die bei diesem Akte fungirt haben, sowie der Vater der Tochter einen Augenblick zurück, und indem nun die Mutter der Tochter das Oberkleid abnimmt, läßt sie ihren zukünftigen Schwiegersohn durch die Gaze alle die Schönheiten sehen, die die Natur auf den Körper ihrer Tochter gehäuft hat.*) Die Kinder, die diesen Ehen entspringen, werden, ein jedes Geschlecht für sich, in großen Schulen erzogen, deren es zwei in jeder der sechs Städte des Landes giebt. Sie treten in dieselben nach Vollendung des fünften Lebensjahres ein, von wo ab der Staat ihre ganze Erziehung übernimmt. Der ganze Plan bietet nichts Neues. Wir finden auch hier wieder die Verbindung von technischer Arbeit mit geistiger und körperlicher Ausbildung, die ein ständiger Zug im Erziehungs-Programm der Utopisten geworden und von da aus in die Programme der sozialistischen Parteien übergegangen ist. Diejenigen Schüler, die das erforderliche Alter erreicht haben, gehen von der Schule am Tage in die Stadt, um bei den Meistern, gewöhnlich ihren Vätern, ein Handwerk zu erlernen, und kehren Abends wieder in die Schule zurück. Die Mädchen werden in derselben Weise erzogen, nur daß sie von ihrem fünfzehnten oder sechzehnten Jahre an mit der größten Sorgfalt zu zukünftigen Familienmüttern herangebildet und daher besonders darin unterrichtet werden, einen Haushalt zu führen, dessen Sorge den Frauen allein obliegt. Alles zielt bei ihrer Erziehung darauf hin, in ihnen diejenigen Seiten ihres Wesens zu kultiviren, die geeignet sind, sie einem zukünftigen Gatten liebwerth und angenehm zu machen. Es ist daher auch ganz überflüssig für sie, schreiben zu lernen, da sie außerdem ja in keiner Weise an der Regierung und Verwaltung theilnehmen können.

Diese ganze Kultur der Ajaoier baut sich auf der Sklaverei der Ureinwohner, deren Loos kein angenehmes ist, als Basis auf. Durch Eroberung haben sich nämlich die einwandernden Ajaoier der Insel bemächtigt und dabei den größten Theil der Urbevölkerung umgebracht; nur einer kleinen Zahl derselben schenkten sie das Leben, um sie in Zukunft als Sklaven zu benutzen. Diese, wie ihre Nachkommen, sind Eigenthum des Staates. Um ihrem zu starken Anwachsen vorzubeugen, wurde Anfangs der Ueberschuß der Kinder getödtet, später an die Küste von China exportirt und dort ausgesetzt. Die Sklaven leben in eigenen Sklavenzwingern, wo sie eine Stunde nach Sonnenuntergang eingeschlossen werden; jeder Verkehr mit den Sklaven anderer Quartiere ist strengstens verboten. Diese

*) La République 2c., S. 114.

ganze inhumane Sklavenwirthschaft, bei deren Schilderung dem Verfasser wohl Sparta und seine Heloten zugleich mit der Negersklaverei als Vorbild vorgeschwebt haben, steht in keinem Zusammenhang mit den übrigen Einrichtungen des Staates, da die Ajaoier durchaus nicht das Leben träger, schmarotzender Sklavenhalter führen, die alle Arbeit ihren zahlreichen Staatssklaven aufbürden, sondern selbst fleißige Arbeiter, sowohl im Ackerbau wie im Handwerk sind.

IV. Restif's La découverte australe und Lettre d'un singe.

Von Fontenelle zu Restif!*) Von der trockenen Nüchternheit zur ausschweifendsten Phantasie — das ist der Sprung, den wir jetzt zu machen haben, um die letzte der utopistischen Reisebeschreibungen und zugleich den letzten der kommunistischen Staatsromane des 18. Jahrhunderts der Kette schon beschriebener als letztes Glied anzuhängen. Ein völlig tolles Buch nennt Mohl**) Restif's Buch: La découverte australe; als vierbändigen Blödsinn mit einem Körnchen Ernst im letzten Bande bezeichnet es Kleinwächter***) und der Verfasser der Schlaraffia politica †) wiederholt natürlich dieses Urtheil ohne Weiteres. Nur in einem Punkte wird unser Autor nach dem Vorgange Mohl's auch von den anderen beiden Kritikern anerkannt, nämlich darin, daß er eine Art Uebergangszustand für nothwendig hält, um Europäer aus dem auf dem Privateigenthum und der Konkurrenz beruhenden heutigen Gesellschaftssystem in ein kommunistisches überzuführen. Hätten sich aber die Herren die Mühe genommen, sich etwas eindringlicher mit Restif zu beschäftigen, so würden sie gefunden haben, daß es ihm mit dem Kommunismus bitter ernst war, so ernst, daß er selbst in seinen Romanen es nicht unterlassen kann, eine Kritik der bestehenden Gesellschaft zu schreiben und als einziges Heilmittel aller Schäden und Laster, als das einzige Rettungsmittel für die kranke Gesellschaft den Kommunismus zu empfehlen, und würden es nicht nöthig gehabt haben, sich über die Absichten des Verfassers den Kopf zu zerbrechen, da er uns selbst ausführlich über den Plan seines Buches unterrichtet hat. In seiner berühmten Autobiographie „Monsieur Nikolas“ giebt er uns nämlich genauen Aufschluß über die mit der Abfassung des Buches verfolgten

---

*) Restif, Nicolas Edme (de la Bretonne), wurde zu Sacy (Bourgogne) am 23. Oktober 1734 geboren. Er verlebte seine erste Jugendzeit in dem Dorfe seiner Geburt, wo sein Vater Ackerbauer war, kam dann nach Auxerre zu einem Buchdrucker in die Lehre und ging von dort nach Paris, wo er anfangs als Schriftsetzer, später als Schriftsteller ein äußerst thätiges, wechselvolles Leben verbrachte. Er starb zu Paris am 3. Februar 1806. Wir werden später ausführlich auf diesen, in des Wortes verwegenster Bedeutung außerordentlichen, vergessenen Menschen zurückzukommen haben.

**) Mohl, Die Geschichte und Literatur der Staatswissenschaften, Erlangen 1855, I., S. 198.

***) Kleinwächter, Die Staatsromane, S. 24.

†) Schlaraffia politica, Leipzig 1892, S. 212.

Zwecke. „Man weiß, daß die „Découverte australe“*) ein physischer Roman ist, mit Ausnahme der Geschichte Viktorins. . . . Die Basis des physischen Systems beruht auf der Idee, daß es anfänglich nur ein Thier gegeben hat, daß ferner dies einzige Wesen niemals mehr als eine Gattung gebildet haben würde, wenn die Erde überall denselben Boden und dieselbe Temperatur gehabt hätte. Da aber alle Punkte des Erdbodens ein wenig verschieden waren und die Erdkugel an allen Stellen ihrer Oberfläche belebte und vegetirende Wesen produzirte, so folgte mit Nothwendigkeit daraus, daß die belebten Wesen hinsichtlich ihres physischen Baues und ihrer moralischen Anlage unendlich verschieden, aber dies in einer fast unmerklichen Abstufung vom einen zum anderen sein mußten. Bei der ersten Bildung der Lebewesen, nachdem nämlich unser Planet als ein Komet aus der erzeugenden Sonne hervorgegangen war, bildeten die im Zustand des Aufwallens und beinahe Aufkochens befindlichen Keime Lebewesen, die aus verschiedenen Gattungen gemischt waren, wie Nachtmenschen ꝛc. . . . Alle Lebewesen vermischten sich zum Zweck der Zeugung: aber allmälig bildeten sich die Gattungen heraus. . . . Der moralische Theil war viel leichter zu behandeln, indem ich den verschiedenen Völkern Lehre, Sitten und Gebräuche gab, wie sie meine Philosophie mir vorstellte. Man kann dies in den Lehren der angeblichen Megapatagonier sehen, deren Ideen vollständig der Natur konform sind.“**)

Die Einkleidung des moralischen Romans, der Geschichte Victorins, erscheint uns außerordentlich abenteuerlich, war aber einer Zeit durchaus congenial, in der die Luftschifffahrt ihre ersten Versuche anstellte und die Perspektiven die sie eröffnete, anfingen, die Köpfe vieler Leute schwindeln zu machen. Restif's phantastischer Geist bemächtigte sich mit Leidenschaft des Gedankens, den Menschen als Beherrscher des Luftozeans zu sehen, und er hat an demselben mit Zähigkeit festgehalten.***) In dem Roman ist es die Liebe, diese „Alles überwindende Göttin,“ deren Dienst Restif sein ganzes Leben gewidmet hatte, die einen Bauernjüngling zu der Erfindung des Fliegens treibt. Mittelst der von ihm erfundenen, mächtigen Flugmaschine richtet er auf einem unzugänglichen Plateau eine kleine Ansiedlung ein, bringt dorthin eine Reihe von Personen, darunter auch einen Priester, das nöthige Vieh und andere Gegenstände, und entführt endlich,

---

*) Der volle Titel des Buches ist: La Découverte australe par un homme volant ou le Dédale français; nouvelle très philosophique, suivie de la Lettre d'un Singe etc. Imprimé à Leipsick: et se trouve à Paris. Auf dem in einigen Exemplaren befindlichen falschen ersten Titelblatt ist als Jahreszahl 1781 angegeben. Siehe die ausführliche Bibliographie bei Jacob, Bibliographie et Iconographie de tous les ouvrages de Restif de la Bretonne, Paris 1875, S. 198—207.

**) Monsieur Nicolas ou le Cœur-humain dévoilée, publié par lui même, Bd. VIII, S. 4719—22.

***) Verschiedene Bücher, in denen der Gedanke menschlichen Fliegens ausgesprochen ist, sowie praktische Versuche haben wohl auf Restif eingewirkt. In erster Linie ist das Buch des Père Galien, L'Art de naviger dans les airs, 1755, wieder aufgelegt 1757, zu nennen. 1772 konstruirte der Abbé Desforges ein fliegendes Fahrzeug, das in den Journalen der damaligen

nachdem er so Alles für den Empfang seiner Herrin in Stand gesetzt hat, die Gebieterin seines Herzens selbst, die Tochter seines Seigneurs. Unter seiner Leitung führt die kleine, schnell sich vergrößernde Kolonie ein äußerst glückliches Leben. „Was für eine reizende Republik", ruft der entzückte Dichter aus, „und ist es also nöthig, daß die Menschen nur in kleiner Zahl sich zusammenfinden, um glücklich zu sein? Es gab keine Laster dort und man sah alle Tugenden herrschen.... Alle Personen lebten ebensosehr in den anderen, wie in sich.... Es gab kein Sonderinteresse, keine Laster. Laster wären dort eine Thorheit gewesen, und niemals ist der Mensch lasterhaft, es sei denn, daß das soziale System, unter dem er lebt, hinreichend schlecht ist, so daß das Laster ein Vortheil ist.... Jede Gesellschaft, die hinreichend beschränkt ist, so daß die Individuen dort alle gleich sind, sich alle kennen, alle einander nöthig haben, ist nothwendiger Weise glücklich und tugendhaft: da liegt der Knoten. Ich weiß nicht, ob ihn schon ein Moralist gefunden hat." *) Als nun die Bevölkerung für das Plateau zu groß wird, tragen Victorin und seine Söhne, die gleichfalls das Fliegen erlernt haben, die Bewohner, bag and baggage, nach einer der Inseln der Südsee. Von hier aus unternimmt die fliegende Familie eine Reihe von Ausflügen, die Restif Gelegenheit zu seinen physischen Auseinandersetzungen giebt. Auf einer dieser Entdeckungsfahrten kommt Victorin auch in das Land der Patagonier und von ihnen geführt, in das der Megapatagonier, deren Staat der so lange gesuchte Idealstaat**) ist.

Die Moral der Megapatagonier ist eine durchaus eudämonistische. Ihr ganzes Beitreben geht dahin, alle unangenehmen Sensationen zu vermeiden, dagegen alle jene aufzunehmen, welche legitimer Weise Wohlempfinden bewirken, ohne indeß die Organe des Körpers zu sehr zu verweichlichen und abzustumpfen. Daher gilt bei ihnen auch der Grundsatz, daß der Zweck der Gesellschaft das Lustmaximum der in ihr lebenden Individuen ist. So besteht also ihre Moral darin, auf dem kürzesten und von Hindernissen freiesten Wege die zur Glückseligkeit führenden Mittel zu ergreifen. Was aber derselben die außerordentliche Festigkeit, die sie besitzt, verleiht, ist der Umstand, daß sie nicht wie in

---

Zeit beschrieben wurde. Sicher nachzuweisen ist der Einfluß des Romans „Les hommes volants par Pierre Wilkins," Paris 1763, 6 vols. Dies Buch enthält eine Reihe von Zeichnungen, in denen die fliegenden Menschen in verschiedenen Stadien ihres Fluges dargestellt sind. Restif geht aber weiter wie das Wilkins'sche Buch. Während in diesem die fliegenden Menschen mit einer Flughaut geboren werden, sind es bei Restif gewöhnliche Sterbliche, die mittelst eines Apparates sich in die Luft erheben. Der Erwähnung werth ist es noch, daß der Restif'sche Mechanismus sich aus einem Fortbewegungsapparat, der die Flügel der Vögel nachahmt, und einem Fallschirm zusammensetzt. — Die falschen Konjekturen über das Datum und die Art der Entstehung der „Découverte australe" in der „Schlaraffia politica" hätte sich der Verfasser erspart, falls er die von ihm zitirten Werke Tissandier's, La navigation aërienne rc., auch wirklich eingesehen hätte.

*) La Découverte rc., I., S. 140, 141.

**) La Découverte rc., III., S. 480 ff.

Europa der Phantasie des Einzelnen überlassen ist. Durch die Gleichheit und Gemeinschaft wird ihr Wirken ein gleichförmiges und öffentliches. Die Gleichheit durchschneidet die Wurzel aller Laster. Ein kurzes Gesetz enthält die Hauptregeln ihrer gesellschaftlichen Moral:

1. Sei gerecht gegen deinen Bruder, d. h. fordere nichts von ihm oder thue ihm nichts an, was du selbst nicht geben oder was du selbst nicht leiden willst.
2. Sei gerecht gegen die Thiere und benimm dich so gegen sie, wie du wünschen würdest von einem höheren Wesen behandelt zu werden.
3. Alles sei unter Gleichen gemeinsam.
4. Ein Jeder arbeite für das gemeinsame Wohl.
5. Ein Jeder nehme daran in gleicher Weise theil.

Dies sind die wenigen Gesetze, die da, wo die Gleichheit herrscht, vollständig ausreichen; nur ein Volk von Unterdrückern und Sklaven braucht eine große Zahl von Gesetzen, um die Ungerechtigkeit und Ungleichheit, die Tyrannei einer kleinen Minderheit zu rechtfertigen und aufrecht zu erhalten.

Bei den Megapatagoniern kann Niemand sich etwas exklusiv aneignen, Allen gehört Alles. Die Jugend arbeitet und führt ein nützliches und thätiges Leben, das Alter ruht sich aus und ist nur mehr mit der Leitung der Geschäfte betraut. Da also alle Welt arbeitet, so ist die Mühe für den Einzelnen gering. Im Gegentheil, die Arbeit ist nur ein Vergnügen, da die einzelnen Individuen nicht bis zur völligen Erschöpfung zu arbeiten haben, sondern durch dieselbe nur ihre Glieder üben und geschmeidig machen. So trägt hier auch die rein körperliche Arbeit zur Entwickelung des Geistes bei, anstatt ihm zu schaden, wie bei den Europäern, wo infolge der herrschenden Ungleichheit ein Jeder unglücklich sein muß: der Eine, weil er mit Arbeit überlastet ist; der Andere, weil er jede Beschäftigung entbehrt. Bei diesen müssen alle große Dummköpfe sein, denn die Arbeiter sind verthiert und die Nichtsthuer durch bizarre und extravagante Leidenschaften abgestumpft. In Megapatagonien dagegen können sich die Anlagen eines Jeden in richtigen Verhältnissen entwickeln.

Der Tag ist in zwei Theile getheilt: zwölf Stunden Schlaf oder Ruhe und zwölf Stunden öffentlicher Thätigkeit; in den ersten zwölf gehören die Menschen sich und ihrer Familie, während der zweiten Hälfte des Tages von Morgens sechs Uhr bis Abends sechs Uhr der Oeffentlichkeit. Die Arbeit dauert vier Stunden; dann vereinigt sich Alles in großen Speisesälen für die Mahlzeit, die von anderen Bürgern bereitet worden. Darauf tritt eine einundeinhalbstündige Ruhezeit ein, die bei dem warmen Klima eine Nothwendigkeit ist. Den verschiedensten gemeinschaftlichen Vergnügungen ist der Nachmittag bis zur Abendmahlzeit gewidmet, nach deren Beendigung ein Jeder mit Frau und Kindern sich zurückzieht und im engen Kreise der Familie die übrigen Stunden des Tages genießt. Die Arbeiten werden unter die Bürger nach ihren Anlagen von den Quartiervorstehern vertheilt, und auch die Philosophen haben ihre vier Stunden

Handarbeit zu verrichten, ehe sie sich ihren privaten Studien überlassen können. Ein besonderer Zug, der, so viel wir wissen, Restif's Eigenthum ist, dann später von Fourier aufgenommen wurde und in seinem System eine außerordentliche Rolle spielt, ist der Brauch, die Arbeit durch häufigen Wechsel anziehend zu machen. „Niemand ist stets zu derselben Arbeit gezwungen, man ermahnt vielmehr die Bürger zum Wechsel und nur die, welche es durchaus verlangen, thun dieselbe Arbeit." Die schwereren Gewerbe, die außerhalb der Häuser zu verrichten sind und größere Kraft erfordern, sind Sache der Männer; die leichteren innerhalb der Häuser Sache der Frauen. So wird also den Megapatagoniern die Arbeit eine Freude, ein Spiel, und die Spiele sind ihnen Belehrung.

Der Geschlechtsverkehr ist in Megapatagonien im Allgemeinen in sehr freier Weise geregelt, ein Umstand, dem von Restif die Abwesenheit jedes Ehebruches zugeschrieben wird. Alle zwei Jahre können die Ehen gelöst werden, da die Frauen während des zweiten Jahres das eventuell geborene Kind zu stillen haben und also während desselben zu neuer Heirath nicht geeignet sind. Die Männer aber haben das Recht, schon während der Zeit, da ihre Frau stillt, eines der überzähligen Mädchen des Landes zu heirathen. Alle nicht verheiratheten, sowie die schwangeren und die stillenden Frauen leben in geräumigen Häusern, von dem Reste der Bürger getrennt. Die Kinder kommen, sobald sie entwöhnt sind, in die Hände der staatlichen Erzieher, die aus den hervorragendsten Personen beiderlei Geschlechtes gewählt werden. Der Stand der Erzieher ist von allen der höchstgeehrte; ihnen dient ein Jeder, und sie haben die Ehrenplätze bei öffentlichen Festen. Die jungen Männer werden verheirathet, sobald sie mannbar geworden sind. Bei den Mädchen beginnt die Heirathsfähigkeit mit dem 25. Lebensjahre, denn die Megapatagonier sind ein Riesenvolk, dessen Männer erst mit 50 Jahren erwachsen sind und bis zu 220 Jahren alt werden. In der Stellung des Weibes kommt Restif's krankhaft überreizte Galanterie zum Ausdruck. Das Weib gilt ihm als das zweite Geschlecht, das dem Manne untergeordnet ist, allerdings nicht als Sklavin, wie das bei anderen Völkern der Fall. Von Kindheit an lernt das Mädchen, daß es für den Mann, der Mann für das Vaterland gemacht ist; durch Tänze und graziöse Spiele bildet es seine Schönheit aus, kurz, Alles ist darauf berechnet, es zu einem vollendeten Gegenstand der Lust für den Mann zu machen. Ueber diese niedrige Auffassung von der Bedeutung der Frau ist Restif, der den größten Theil seines Lebens im Umgange mit den Töchtern der Lust, ob nun dem höchsten Adel oder der Hefe des Volkes entsprossen, verbracht hatte, eigentlich niemals hinausgekommen.

Die fliegenden Menschen, die diese Einrichtungen der Megapatagonier höchlichst bewundern, beschließen, sie auch auf ihrer Insel einzuführen. Victorin aber sah ein, daß dies bei dem außerordentlichen Gegensatze zwischen den europäischen und megapatagonischen Ansichten nicht ohne Weiteres möglich sei, und rieth daher seinen Enkeln — er selbst hatte sich, reich an Jahren, schon von der Regierung zurückgezogen — allmälig die alten Gesetze zu verbessern, sie dem Ideale zu nähern und Schritt für Schritt die alte Staats- und Gesellschaftsform in die neue, kommunistische überzuführen. Zu diesem Zwecke wurde denn eine Reihe von Gesetzen erlassen, von denen die wichtigsten hier folgen mögen:

1. Alle Güter werden in Gemeinschaft gesetzt. Die Arbeiten werden gleichmäßig vertheilt. Aber die Angehörigen der lebenden Generation sollen bei ihren bisher betriebenen Gewerben bleiben, die in Zukunft alle für gleich ehrenvoll gelten.
3. Die Kinder werden, ohne Rücksicht auf Geburt und Rang der Eltern, in den Künsten und Handwerken erzogen, die ihrer Anlage angemessen sind.
4. Um die Gütergemeinschaft und Vermögensgleichheit schneller durchzuführen, soll Alles, was von den Privatleuten gekauft wird, auf Kosten der Gemeinschaft gekauft werden, und die Waaren den Produzenten nicht nach dem Werthe der Arbeit, sondern nach dem Verhältnisse des reellen Bedürfnisses des Arbeiters bezahlt werden.
6. Die Arbeitszeit wird auf sechs Stunden festgesetzt.
7. Alle Schulden und sonstigen Zahlungsverpflichtungen hören auf, doch soll ein Jeder das von ihm besessene Haus behalten, um darin mit Weib und Kind zu leben.
11. Der Beamte wird nur noch der Mund des Gesetzes sein; die Zivilprozesse werden fast alle durch die vorausgehenden Gesetze abgeschafft und die kriminellen aufs äußerste beschränkt werden, da die Habgier die Ursache aller Verbrechen des Menschen ist.

Als Anhang zu der „Découverte australe“ hat uns Restif den „Brief eines Affen an die Angehörigen seiner Gattung“*) gegeben, in dem er mit kecker Ironie die gewöhnlich gebrauchte Art der Einkleidung umkehrt. Es ist diesmal kein Europäer, der durch den Zufall eines Sturmes an die Küste fremder Völker getrieben wurde und uns nun erzählt, was er dort erlebt hat, sondern ein Affe, der Bastard eines Pavians und einer Negerin, der nach Europa, speziell nach Frankreich kommt und von da aus seinen Genossen nicht von einem Idealstaate, sondern von einer Hölle auf Erden zu berichten hat. Die Kritik, die dieser Affe an den Einrichtungen des französischen Staates und der Gesellschaft ausübt, ist von einer außerordentlichen Bitterkeit und gewinnt noch dadurch an Schärfe, daß es gerade ein Affe ist, der mit dem kritischen Messer sezirt. Cäsar von Malakka — dies der Name des gelehrten Bastards — preist seinen Stammesgenossen mit überschwänglichem Lobe den Naturzustand an, in dem sie ein glückliches Leben führen, und stellt ihm das entsetzliche Elend gegenüber, in dem die Kulturmenschen sich befinden. Die Menschen fügen einander mehr Uebel zu, als sie je allen Thierarten zusammengenommen zugefügt haben, und gebrauchen ihre Vernunft nur um Alles auszusinnen, was geeignet ist, sie selbst unglücklich zu machen. So haben sie denn zunächst festgesetzt, daß sie nicht alle in der That gleich seien,

*) Lettre d'un singe aux êtres de son espèce im III. Bd. der Découverte.

sondern daß es unter ihnen, Angehörigen derselben Gattung, Allesbesitzer und Habenichtse gäbe. Worauf sich dieser Unterschied gründet? Ich weiß es nicht, ruft der Pavian pathetisch aus; der Gipfel der Absurdität wird aber damit erreicht, daß ihre Religion sie lehrt, daß alle Menschen Brüder sind, daß sie alle von demselben Menschen abstammen, und daß dieselbe sie, um ihnen jeden Vorwand für die Ungleichheit zu nehmen, auch noch in anderer Weise verbrüdert und gewissermaßen zu einer Familie vereinigt hat. Denn sie befiehlt ihnen die Milde, gegenseitige Freundschaft und Theilung der Güter und verbietet den Stärkeren, sich über ihre Brüder zu erheben, und den Schwächeren, Jemanden als Herrn oder Vater anzuerkennen. Trotzdem aber haben die Menschen, Brüder ihren Brüdern gegenüber, diese barbarische und monströse Ungleichheit bewahrt. Geschaffen aber wird sie durch den Reichthum, den Mehrbesitz an Subsistenzmitteln, der seinerseits seinen Ursprung in der Habsucht, diesem Laster der Seele, hat. „Ihr," schreibt Cäsar seinen Mitaffen, „würdet aus Verachtung lachen oder aus Entrüstung aufschreien, wenn Ihr die Gründe hörtet, mit denen die Menschen die Nothwendigkeit der Ungleichheit unter sich aufrecht zu halten und zu beweisen bemüht sind. Die Reichen klatschen dieser Ordnung Beifall, durch die alle Arbeiten, selbst die gemeinsten, ohne Klagen verrichtet werden; wer würde denn sonst diese oder jene unangenehme Arbeit verrichten, so fragen sie lächelnd, ohne die Intendanten und Prokuratoren zu sehen, die eines Tages ihre oder ihrer Enkel Herren sein werden." Nichts ist unbegreiflicher, als dieser Gegensatz zwischen Gesetz und Religion. Die letztere verbietet die Rache, Prozesse, exklusives Eigenthum, und befiehlt sogar, die Feinde zu lieben; ersteres autorisirt Prozesse, gebietet Angriffe, heiligt das exklusive Eigenthum. Sie haben Gesetze, die ihren bettelarmen Bruder zum Tode verurtheilen, wenn er, um sein Leben zu retten, demjenigen, der zu viel hat, etwas nimmt. Wie viel kostet nicht der Reichthum dem Menschengeschlechte an Mühen des Geistes und Körpers, an Grausamkeiten, an Blut! Sie tödten sich selbst mit Arbeit; die Sorgen quälen und verschlingen sie; sie klagen und verlieren durch ihre Prozesse mehr, als das Objekt werth ist, um das sie sich streiten. Kurz, das Gesetz des Eigenthums, dieses der Religion feindliche Gesetz, ist die Quelle alles Elends der Menschen; es hat den Menschen, den König der Natur, sehr oft selbst unter den Affen herabgedrückt. Der Mensch hat die unglaubliche Dummheit gemacht, sich dies Gesetz zu geben, das fortwährend und für alle Zeit das Elend und die Degradation der großen Masse bewirken muß, ohne die Großen und Reichen wirklich glücklich zu machen. Herrschte aber die Gemeinsamkeit der Güter und die brüderliche Liebe, diese große Einigung der Herzen und Gefühle, die die Religion vorschreibt und befiehlt, so würden Alle ein Glück genießen, von dem nur die Thiere da eine Idee haben, wohin der Mensch noch nicht gedrungen ist. So sind diese Menschen, die Ihr Affen für glücklich haltet und als vollkommene Wesen bewundert: sie lauern einander auf, sie nehmen einander gefangen, sie legen einander in Ketten; sie werfen einander in Gefängnisse, wohin das himmlische Licht nicht zu dringen vermag; sie geißeln und verstümmeln einander; sie zeichnen einander mit glühenden Eisen; sie hängen, rädern, verbrennen, enthaupten einander; sie foltern, zerstückeln und pfählen einander; sie öffnen einander die Bäuche; sie schlagen einander mit Keulen todt, reißen einander die Augen aus und rösten einander an der Sonne — und warum dies alles? weil die Einen von ihnen sich aller Dinge bemächtigt und dadurch die Anderen gezwungen haben, ihnen mit Gewalt oder List einen Theil davon zu entreißen."

Es giebt unter den Menschen Arme, die entweder Verbrecher sind -- und dann hängt und rädert man sie — oder dazu zu schwach und zu feige sind und dann das Bettler- oder sonst ein Handwerk betreiben. „Seit meine Vernunft entwickelt ist, habe ich mich nicht daran gewöhnen können, Arme unter den Menschen zu sehen!" Was ist ein Armer? Ein habeloses Wesen, das unendlich weit unter den Insekten, Vögeln, Ratten und Mäusen steht; ein isolirtes Wesen, das kein Recht auf irgend etwas in der Welt hat, das der sozialen Reichthümer beraubt ist und die der Natur nicht mehr zur Verfügung hat, welche es ursprünglich opferte, um die ersten zu erwerben. So weit ist das mit Vernunft begabte Herrscherwesen gekommen! Gemeiner geworden, als das letzte der Thiere, hat das stolze Geschöpf nicht mehr die Freiheit, seine Nahrung in einem von Fischen wimmelnden Flusse zu erfischen oder sie auf dem Lande und in den Wäldern zu suchen. Inmitten der Reichthümer, in denen seine Nächsten ersticken, schmachtet es in Hunger und Elend dahin! Es kann nicht, es wagt nicht, seine Hand nach den Weintrauben auszustrecken, um seine vertrocknete Zunge zu erfrischen, die Früchte der Bäume zu pflücken, um nicht Hungers zu sterben. So verschmachtet dies grausame und gefräßige Geschöpf. Aber noch mehr! Die Menschen haben Gesetze gemacht, welche Luft und Freiheit diesen Unglücklichen, die nichts besitzen, nur deshalb entziehen, weil sie eben arm sind. „Ich glaubte nun — und damit begiebt sich unser Pavian auf das Gebiet des Staatsrechtes — als ich die Armen sah, die keinen Vortheil von der sozialen Ordnung haben, daß man ihnen wenigstens die natürliche Freiheit zurückgeben, daß der soziale Kontrakt auch zu gelten aufhören würde, sobald er für einen der Kontrahenten nicht mehr vortheilhaft wäre. Mögen also die Reichen, die allen Reichthum besitzen, immerhin in Gesellschaft leben; wozu aber braucht der Arme die Gesellschaft, die ihn zu Grunde richtet — er verzichtet auf sie. — Aber ich täuschte mich! Die Menschen verlangen, daß der Arme in der Gesellschaft, die ihn aller Güter beraubt, bleibe; sie verlangen sogar, daß er sie liebt und hochschätzt und sich in unerträglicher Arbeit zu Tode schanzt — wenn er es nicht thut, sperren sie ihn ein. Ein jeder Reiche hat ein geheiligtes Recht auf die Dienste und die Achtung der Armen, und da kein Gesetzgeber den Umfang dieses Rechtes bestimmt hat, ist jener stets an der Arbeit, es so weit als möglich auszudehnen, Dienst über Dienst zu fordern und den Armen zu quälen, zu schinden, zu erniedrigen und zu mißhandeln."

Dieser kurze Auszug aus dem Briefe des Affen, bei dem wir uns auf diejenigen Stellen beschränkt haben, die sich mit dem Eigenthumsbegriffe beschäftigen, läßt, wie wir hoffen, zur Genüge erkennen, mit welcher Lebendigkeit und Schärfe Restif die damalige Gesellschaft angreift. Die Mißhandlungen und die Sklaverei der Neger; die Thorheit einer Jurisprudenz, die anstatt die Vergehen und Verbrechen durch Verminderung der Gelegenheiten zu ihnen in ihrer Wurzel anzugreifen, diese noch zu vermehren bestrebt ist; der Gegensatz zwischen Gesetz und Religion; die gesellschaftlichen Vorurtheile in Sitte und Mode; die unbegreifliche Thorheit und Schandthat der Kriege; der Frevel an der Zeugung: kurz, es giebt kaum eine Einrichtung der Gesellschaft und des Staates, die er nicht seiner Satire und Kritik unterwirft und als sinnlos, gemeinschädlich aufweist. Der Angelpunkt, um den eine wahrhafte Gesellschaftsordnung sich bewegen muß, ist die mit der Gütergemeinschaft (communauté) verbundene Gleichheit und Brüderlichkeit! „Die Absicht dieses Briefes, so schreibt er selbst, geht noch weiter; er sucht den Reichen, die allein ihn lesen werden, klar zu machen, daß der Besitz ihrer Güter ungerecht ist, wenn sie dieselben mißbrauchen; daß sie nur ein prekäres und konventionelles Recht, aber kein natürliches auf dieselben haben; was, fügt er naiv hinzu, nur dazu dienen kann, sie menschlich und gerecht zu machen.“ *)

V. Fénélon's Telemach.

Restif hat uns mit seinen Schriften schon bis in die zweite Hälfte des 18. Jahrhunderts geführt; wir müssen aber, um die erste Periode der Geschichte des französischen Sozialismus zu Ende zu bringen, noch einmal zum Ende des 17. Jahrhunderts zurückkehren und mit einigen Worten Fénélon's und seines berühmten Werkes, des Telemach, gedenken. Wir hatten schon früher Gelegenheit, zu erwähnen, daß Fénélon **) trotz oder vielleicht gerade wegen seiner hochadligen Abkunft in einer gewissen Opposition zu der Politik Ludwig's XIV. und seines Hofes stand und auch wegen dieser Opposition von Paris nach Cambrai verbannt wurde. Fénélon war vorher Erzieher des Herzogs von Bourgogne gewesen, und

*) Note zu „La Découverte australe,“ Bd. IV, S. 183.

**) Fénélon, geboren 1651 auf Schloß Fénélon in der Provinz Perigord, gestorben 1715, stammte aus einer hochadligen Familie und wurde früh für den geistlichen Stand bestimmt. 1675 wurde er ordinirt und errang sich bald einen großen Ruf als Kanzelredner. Als Erzieher des Herzogs von Bourgogne, des Enkels Ludwig's XIV., komponirte er für diesen seine Fabeln, Les aventures de Aristonous, Les dialogues des morts und den Telemach. Das Ziel seiner Erziehung war, seinen Zögling zu einem roi philosophe heranzubilden. Unversöhnlicher Gegner der Protestanten, lobte er den Widerruf des Ediktes von Nantes; Grand Seigneur, hielt er es für richtig, die unteren Klassen in ihrer Armuth und Abhängigkeit festzuhalten, übte aber andererseits eine außerordentliche Wohlthätigkeit in seiner Diözese Cambrai. Er war ein Gegner der absoluten Monarchie, der er ein durch eine mächtige Aristokratie und Generalstände gezügeltes Königthum entgegenstellte. Fénélon's Politik ist durchaus unoriginal, seine Opposition gegen Ludwig XIV. war schwächlich und unbedeutend. Seine weichliche, gefühlsreiche Natur machte die Verbindung von überschwänglicher Liebe und Mildthätigkeit mit Härte, ja Grausamkeit gegen Andersgläubige möglich. — Sein Telemach erschien zuerst 1698 wider seinen Willen, seitdem in unzähligen Auflagen und Uebersetzungen.

für diesen war auch ursprünglich der „Telemach" bestimmt, durch den eine neue Art idealer Reisebeschreibungen inaugurirt wurde. Das Buch entwickelt in ausführlicher Weise die Existenz, Aufgabe und Pflichten eines Monarchen und kommt für uns nur insoweit in Betracht, als es im Rahmen der Reiseabenteuer Telemach's, des Sohnes des Odysseus, der auf der Suche nach seinem Vater begriffen ist, die Schilderung zweier Gemeinwesen, Bétique und Salente, giebt, von denen das eine auf dem Gemeinbesitz von Grund und Boden beruht, das andere eine Klasseneintheilung und eine Güterverteilung besitzt, die innerhalb der verschiedenen Klassen der Stärke der Familien proportional ist.

Die Bewohner Bétiques sind fast alle Ackerbauer oder Hirten; Handwerker finden sich fast garnicht unter ihnen, und alle Künste gelten als nutzlos, verweichlichend und sittenverderberisch. Da sie der Ansicht sind, daß mit der Vermehrung der Bedürfnisse und der Mittel, sie zu befriedigen, der Neid und Haß, der Ehrgeiz und die Habgier unter den Menschen entstehen müssen, verabscheuen sie die Verfeinerung der Kultur und finden in der liebenswürdigen Einfachheit und Einfalt die Garantie ihres Glücks. Sie leben Alle zusammen, ohne den Grund und Boden zu theilen; jede Familie wird von ihrem Aeltesten regiert, der ihr wahrer König ist. Alle Güter sind ihnen gemeinsam; die Früchte der Bäume und Erde, die Milch der Heerden sind in so reichlicher Fülle vorhanden, daß sie bei ihrer Mäßigkeit und Bedürfnißlosigkeit nicht nöthig haben, sie zu theilen. Ohne Sonderinteressen, die der Eine gegen den Anderen geltend machen könnte, lieben sie einander mit einer brüderlichen Liebe, die nichts stört. Der Verzicht auf eitle Reichthümer und leere Freuden bewahrt diesen Frieden, diese Einheit und Freiheit. Sie sind Alle frei und gleich. Es giebt bei ihnen keine andere Auszeichnung als die der Erfahrung des Alters geschuldete. Betrug, Gewalt, Meineid, Prozesse, Kriege lassen niemals ihre grausame und verhaßte Stimme in diesem von den Göttern geliebten Lande erschallen.*)

Weniger einfach und idyllisch sind die Zustände in Salente. Die Prachtliebe und der Ehrgeiz des Königs Idomeneus haben das Land an den Rand des Ruins gebracht, und Mentor, der Freund und Berather Telemach's, übernimmt es, dem Lande eine neue Verfassung zu geben und seine Entwickelung auf eine feste und rationelle Basis zu gründen. Deshalb theilt er die Bevölkerung in sieben Klassen ein und regelt für eine jede die Art der Wohnung, der Kleidung, der Möbel und der Nahrung, sowie die Größe des Besitzes für jede Familie. Jede Familie in jeder Klasse soll nicht mehr Grund und Boden besitzen, als absolut nothwendig ist, um die Personen, aus denen sie sich zusammensetzt, zu ernähren, damit es durch dieses Gesetz dem Adel unmöglich werde, sich auf Kosten der Armen zu bereichern. Auf diese Weise wird ein Jeder Grund und Boden besitzen, aber stets nur wenig. Von einem Gemeinbesitz ist in Salente durchaus keine Rede; es giebt dort so gut, wie in Frankreich, Handel, verschiedene Klassen

*) Les aventures de Télémaque, Buch VIII.

und ein unbeschränktes Königthum, dessen Vorzug vor dem französischen allein darin besteht, daß der zeitweilige Besitzer vernünftig genug ist, dem Rathe eines philosophisch gebildeten Staatsmannes zu folgen.

In beiden Verfassungen, in der von Salente wie in der von Bétique findet der reaktionäre Gedanke Fénélon's, im Interesse der Moral und des Glückes der Menschen die Entwickelung der Künste und Industrie aufzuhalten, klaren Ausdruck. Dem beobachtenden Auge Fénélon's scheinen sie beide mit den Lastern der Habsucht und des Ehrgeizes, der grausamen Herrschaft des Egoismus untrennbar verbunden; ja, er steht nicht an, in ihnen die Ursache dieser Laster und des Elends der Gesellschaft zu erblicken. Er kennt daher auch kein anderes Mittel als die Rückkehr zum Naturstande, den er allerdings nicht, wie ein halbes Jahrhundert nach ihm Rousseau, in dem einsamen Schweifen des selbstherrlichen Individuums im Urwalde erblickt, sondern in einem unschuldigen Hirten- und Ackerbauleben. Dieser Gedanke der Rückkehr zur Natur fand später einen erkünstelten und unwahren Ausdruck in dem Schäfertreiben der höheren Klassen und in der Schäferliteratur des 18. Jahrhunderts, und wird uns in seiner entwickelungsfeindlichen und in der Uebertreibung asketischen Gestalt bei einer ganzen Reihe von sozialistischen Schriftstellern noch begegnen. Es ist daher sehr interessant, zu hören, wie ein französischer, total vergessener Kommunist, der fast ein Jahrhundert später lebte, über die Idealschilderungen des Telemach urtheilt. „Seine (Fénélon's) schöne Seele malt sich in den Gesetzen, die er Salente von Idomeneus geben läßt; aber sie zeigt sich in ihrer ganzen Schönheit, wenn er in den Mund Adoam's die Schilderung der Sitten in Bétique legt. Man fühlt nur, daß es für ihn, der von der heißesten Liebe zur Menschheit und dem gerechtesten Urtheil geleitet einer der eifrigsten und aufrichtigsten Nacheiferer Jesu Christi gewesen ist, ein Unglück war, daß die von ihm eingenommene Stellung es ihm unmöglich machte, den wahren Ursprung der Laster des Menschen zu finden.... Man sieht auch, was für außerordentliche und vergebliche Anstrengungen er macht, um in Salente die heterogensten, entgegengesetztesten Elemente, die Sklaverei und das Glück des Menschen, miteinander zu versöhnen.... Man begreift dann, daß er den Ideen eine ganz entgegengesetzte Richtung gegeben haben würde, statt eine fast unübersteigbare Grenzlinie zwischen den sieben verschiedenen Klassen zu ziehen, und, was die glücklichen und friedlichen Bewohner von Bétique angeht, so würde der gute Fénélon nicht aus ihnen ein kleines Völkchen gemacht haben, das der Gnade seiner mächtigen Nachbarn völlig überlassen ist. Er würde es ferner nach den ersten Schritten in der Entwickelung der Künste nicht haben stationär werden lassen, während alle Nationen, die es umgeben, sich entwickeln konnten und damit einen unwiderstehlichen Einfluß auf dasselbe gewinnen und ihm alle die Laster, die das Unglück der Menschen erzeugen, mittheilen mußten.“ *)

---

*) La philosophie du Ruvarebohni, II., S. 116, 118.

VI. Ramsay's Les Voyages de Cyrus.

Von den unzähligen Nachahmungen, die Fénélon's Telemach gefunden hat, von all den antiken Helden, die die französischen Autoren in allen Theilen der Welt umherreisen ließen, wollen wir nur noch zweier mit einigen Worten gedenken: es sind die Reisen des Cyrus von Ramsay*) und der Télèphe von Pechméja.**) In dem ersteren Buch interessirt uns nur die Gegenüberstellung von Athen und Sparta und die sich daran anschließende Kritik der Gütergemeinschaft. Ueber die Verfassung Lykurg's spricht Ramsay ein vernichtendes Urtheil aus: Menschen, die wie die Lacedämonier, nur für den Krieg erzogen werden, die keine andere Arbeit, kein anderes Studium, keinen anderen Beruf kennen, als den, sich im Menschenmord geschickt zu machen, müssen als die Feinde aller Gesellschaft betrachtet werden.***) Ihnen gegenüber preist er dann mit enthusiastischem Lobe Athen, die Stadt des Privateigenthums, und daher auch die Schöpferin der Kultur, der Kunst, kurz, alles dessen, was das Leben lebenswerth macht. Ohne Zweifel hat Ramsay auf die Utopisten und die von ihnen gepriesene Gleichheit und Gütergemeinschaft mit seiner dem Solon selbst in den Mund gelegten Darstellung der Geschichte der solonischen Verfassung angespielt. Die erste und größte Quelle der Uebel, unter denen Solon das athenische Volk leidend fand, war der Exzeß der Autorität des Volkes, die Herrschaft oberflächlicher Talente, die unter dem Vorwande, daß alle Menschen gleich geboren werden, die Stände zu vereinen suchten und eine chimärische Gleichheit nur deshalb predigten, um selbst zu herrschen. Der erste Schritt, den Solon daher unternahm, war, daß er alle die strenge bestrafen ließ, welche diese thörichten Gleichheitslehren im Volke verbreiteten. Er bewies dann, daß die natürliche Gleichheit nur eine auf poetische Fabeln gegründete Chimäre und seit dem Ende des goldenen Zeitalters die Ungleichheit nothwendig geworden sei, daß endlich das patriarchalische Regiment das Vorbild für alle Regierungen sein müsse. Kurz, der Ramsay'sche Solon beginnt seine Thätigkeit gerade mit der Widerlegung alles dessen, was sonst die utopistischen Gesetzgeber als untrügliche Wahrheiten vorauszusetzen pflegen. Andererseits erkennt er doch als die zweite Ursache der Noth Athens die außerordentliche Ungleichheit des Besitzes an, welche auf Wenige exzessiven Reichthum gehäuft und die große Mehrzahl in tiefe Armuth geworfen hatte, aber er sah in der Gütergemeinschaft der Spartaner kein Heilmittel. Da er am Privateigenthum festhielt, waren seine einzigen Hülfsmittel ein weitgehender

---

*) Ramsay, André Michel de, geboren 1686 zu Ayr in Schottland, gestorben 1743 zu Saint-Germain-en-Laye. 1709 wurde er durch Fénélon's Schriften zum katholischen Glauben bekehrt und dessen begeisterter Anhänger, auch auf dem Gebiete der Politik, wie sein Essai philosophique sur le Gouvernement civil, London 1721, sowie sein Buch „Les voyages de Cyrus," Paris 1727, 2 Bde., beweisen.

**) Télèphe par Pechméja, London und Paris 1784.

***) Ramsay, Les Voyages &c., I., S. 165.

Schuldenerlaß, eine Vereinfachung der unzähligen Gesetze, die stets ein Zeichen der Korruption das Leben des athenischen Bürgers auf allen Seiten beschränkten, und die Verbesserung der Kindererziehung.

VII. Pechméja's Télèphe.

Dagegen greift Pechméja*) in seinem „Télèphe" das Privateigenthum und das Erbrecht in sehr scharfer Form an. Er ist ein Lobredner der Gesetzgebung des Minos, „der die Güter gleich vertheilte und die süße Freiheit schuf," und preist in überschwänglichen Worten das Glück Kretas, das Minos' Gesetze angenommen hat. Während Telephos, so heißt hier der Halbgottsohn, der seine Lehr- und Wanderjahre durchzumachen hat, in Kleinasien ein reiches Land gänzlich im Besitze weniger reicher Bürger sah, die seine Früchte verschlangen, sich mit seinen Blumen schmückten und ohne Mitleid und Gewissensbisse es mit dem Schweiße der Armuth bewässerten, sieht er sich auf Kreta in ein irdisches Paradies versetzt. Hier giebt es kein Privateigenthum und keine Erbschaft. Den Eltern wurde nicht mehr gestattet, ihren noch nicht existirenden Kindern ungeheuere Vermögen zu sichern, mit denen sie verhaßte Rechte auf die Arbeiten der geplünderten Menge erwarben. Man sah nicht mehr ganze Generationen bei der Geburt zur Verachtung und Knechtschaft verdammt, eine kleine Zahl Bürger bereits in der Wiege für die angeblichen Verdienste ihrer Väter belohnt und im Voraus schon für die Dienste bezahlt, die sie selbst vielleicht einst dem Staate leisten würden. Eine niedere Abkunft, ein nützliches und mühsames Gewerbe wurden nicht mehr als ein Verbrechen betrachtet, das mit Schande und Verachtung zu bestrafen sei, und nicht mehr forderte der triumphirende Müssiggang Huldigungen und Ehren.**)

* * *

---

*) Jean Pechméja, geboren 1741 zu Villefrance (Rouergne), gestorben 1785 zu Saint-Germain-en-Laye. Er bewarb sich um den Preis für die beste Lobrede auf Colbert 1773, welchen aber Necker erhielt. Ein Freund Raynal's, arbeitete er an dessen „Histoire philosophique du commorce des Européens dans les deux Indes" mit. 1784 erschien sein „Télèphe," der einen großen Erfolg errang, aber bald in Vergessenheit gerieth. Im selben Jahre erschien eine deutsche Uebersetzung des Buches (Huber, Leipzig 1784), sowie eine englische; eine französische zweite Auflage 1795.

**) Mit einem Worte wäre hier auch noch des Buches Sylvain Maréchal's, des bekannten Atheisten und Babouvisten, „Voyages de Pythagore" (Paris 1799, 6 Bde.) zu gedenken. Da aber der Schwerpunkt des Werkes in einem im V. und VI. Bande enthaltenen Gesetzentwurfe liegt, der ohne Zusammenhang mit den Reisen des Pythagoras in den verschiedenen Ländern der alten Welt steht, so ist es in einem anderen Zusammenhange zu behandeln. Noch viel weniger dürfen der Roman Morelly's „La Basiliade" und das gleichfalls in der Einkleidung einer Reisebeschreibung verfaßte Buch „La Philosophie du Ruvarebohni" aus ihrem Zusammenhang mit der geistigen Bewegung in der Mitte, bez. am Ende des 18. Jahrhunderts gelöst werden, will man sich nicht ein Verständniß derselben von vornherein abschneiden.

Die erste Periode des Sozialismus in Frankreich liegt hinter uns; sie umfaßt das 17. und das erste Fünftel des 18. Jahrhunderts. Wir haben an den größten französischen Utopiker Vairasse zugleich die Darstellung einiger Staatsromane des 18. Jahrhunderts anschließen können, da dieselben ohne Zweifel unter seinem Einfluße entstanden sind und in ihrem Gedankeninhalt kaum etwas Neues bieten. Mit dem Tode Ludwig's XIV. und dem totalen Bankerott seiner inneren und äußeren Politik beginnt eine neue Zeit. „Was kann uns retten, wenn wir aus diesem Kriege (dem spanischen Erbfolgekriege) ohne eine gänzliche Demüthigung hervorgehen?“ ruft Fénélon aus. Nun, das Königthum, der Adel, der Bauer, sie Alle werden durch den spanischen Erbfolgekrieg bankerott; die einzige Klasse, welche die Stürme des Krieges ohne totalen Ruin überstand, deren Lebensfähigkeit und Kraft zur Entwickelung nicht nur erhalten blieb, sondern sich noch verstärkte, von der anders, als Fénélon gedacht, die Rettung kommen sollte, diese Klasse ist die Bourgeoisie, deren glänzendstes Jahrhundert beginnt. Es ist nicht wunderbar, daß ihre Denker und Vorkämpfer ihre Augen nach dem Lande der Bourgeoisie, England, richten, daß sie von dorther ihre Waffen in dem Kampfe gegen das Ancien Régime zunächst entlehnen, bis sie fähig sind, sich eigene, schärfere selbst zu schmieden. In ähnlicher Weise sind die Sozialisten des 18. Jahrhunderts, die Morelly, Mably, Restif, Babeuf u. s. f. alle in dem Gedankenkreise der Bourgeoisie des 18. Jahrhunderts aufgewachsen; aus ihrer Philosophie, Politik, Oekonomie ziehen sie Konsequenzen, welche die „natürliche Ordnung“ (ordre naturel) der Bourgeoisie verneinen, als „unnatürlich“ beweisen. Der Gesellschaftsordnung, welche die Bourgeoisie als ihr natürliches und daher unveränderliches Ideal, eben weil Ausdruck ihrer Klasseninteressen, in unzähligen Schriften verkündigt und vertheidigt, tritt die neue Gesellschaftsordnung der Sozialisten, zunächst mit demselben Anspruche, die einzig naturgemäße zu sein, gegenüber; daß die eine die nothwendige, vorbereitende Phase für die andere sei, dieser Gedanke schließt dann, als der reifste, die Entwickelung des Sozialismus im 18. Jahrhundert ab.

C. Hugo.

Anhang.

Die religiösen kommunistischen Gemeinden in Nordamerika.

Nordamerika ist das Land kommunistischer Gemeinden, die auf seinem fruchtbaren Boden zahlreich und schnell wie Pilze aufgeschossen und in der Mehrzahl ebenso schnell wie diese auch wieder vergangen sind. Schon so früh wie Anfang des 18. Jahrhunderts begegnen wir einer solchen Gemeinde, und die letzten Jahrzehnte unseres Jahrhunderts haben wiederum die Gründung einer ganzen Anzahl derselben gesehen. Bei näherer Prüfung zerfallen die kommunistischen Gemeinden in zwei große Klassen, von denen die eine alle die umfaßt, welche nach Ursprung ihrer Lehren und Abstammung ihrer Angehörigen als spezifisch ausländische, die andere jene, welche als national-amerikanisch bezeichnet werden müssen. Diese letztere Klasse, zu der neben anderen auch die Gemeinden der Perfektionisten von Oneida gerechnet werden müssen, kann nur im engsten Zusammenhang mit der politischen und besonders religiösen Geschichte der Vereinigten Staaten in der ersten Hälfte des 19. Jahrhunderts richtig begriffen werden und scheidet daher aus unserer Skizze aus.

Von der ersten Klasse der ausländischen kommunistischen Gemeinden müssen wir die durchaus zur Geschichte des modernen Sozialismus gehörigen gleichfalls ausscheiden, so daß also für unsere Behandlung nur die folgenden kommunistischen Gemeinden übrig bleiben: Ephrata, die Kolonie der Shakers, die Kolonie der Rappisten Zoar, die Kolonie Snowbergers, die Aurora- und Bethel-Gemeinden, Amana, die Bishop-Hill-Gemeinde. Dieselben finden aber um so eher hier im ersten Band ihre Stelle, als sie im Wesentlichen Fortsetzer verschiedener in den Zeiten der Reformation entstandener Sekten, wie z. B. die Gemeinde Ephrata die der Wiedertäufer, sind und mit ihrem wesentlich religiösen Gedankenkreis jener Zeit näher stehen, als dem Ende des 18. und dem Beginn des 19. Jahrhunderts, in denen sie entstanden sind.

Der Kommunismus dieser verschiedenen Gemeinden ist ein mehr oder weniger weit ausgedehnter. Während bei den Shakers, den Harmonisten, den Amanagemeinden, der Bishop-Hill-Gemeinde der Kommunismus der Konsumtions- mit dem der Produktionsmittel Hand in Hand ging, führten bei den Zoariten und in den Aurora- und Bethel-Gemeinden die auf Zweiehe begründeten Familien, bestehend aus Vater, Mutter und Kindern, ihren getrennten Haushalt. Bei diesen ist also nur die Produktion eine kommunistische. Ebenso verschieden sind die Gründe, denen wir die Einführung des Kommunismus in den Gemeinden zuzuschreiben haben. In engster Verbindung mit den religiösen Ansichten steht dieselbe bei den Shakers, den Harmonisten und in der Bishop-Hill-Gemeinde; sie alle begründen den Kommunismus durch das Beispiel der urchristlichen Gemeinden, deren Lehre sie zu erneuern suchen. Vorwiegend ökonomischen Motiven entspringt dagegen der Kommunismus bei den Separatisten und den Amanagemeinden; sie finden in ihm ein Mittel, die mehr oder weniger Besitzenden und die armen Mitglieder ihrer Sekten zwecks Ausübung ihrer Religion zusammenzuhalten. Beide Sekten beginnen mit dem privaten Eigenthum, um im Kommunismus zu enden.

---

1. Ephrata.

Der Gründer dieser Gemeinde war Conrad Beissel, der dieselbe mit sechs anderen Mitgliedern der Tunker (Täufer) oder deutschen Baptisten in's Leben rief, die zu Beginn des 18. Jahrhunderts, um den Verfolgungen in Deutschland zu entgehen, nach Pennsylvanien eingewandert waren. Beissel*) stiftete 1728 den Zweig der Baptisten des siebten Tages (Seventh Day German Baptists) und gründete die Kolonie Ephrata im Jahre 1733. In ihrer Blüthezeit zählte dieselbe zirka 300 Mitglieder. „Die Bibel war ihr Führer; sie hatten alle Dinge gemeinsam, lebten im strengsten Cölibat, wuchsen an Zahl und wurden reich. Beissel stand an der Spitze des Ganzen; er war die Sonne, von der alle Anderen die Strahlen des Lebens und der Beseelung empfingen. Er erreichte ein hohes Alter; aber es ging ihm wie anderen Menschen; seine Sonne stand nicht sein Leben lang im Zenith, sondern senkte sich am Abend. Ihre Strahlen hatten nicht mehr die Kraft, wie in jüngeren Tagen die Tausende von Mitgliedern zu erwärmen; er, das Haupt, wurde alt und leblos und die Mitglieder fingen an ihn zu verlassen. Er bezeichnete einen tüchtigen, liebenswürdigen Mann zu seinem Nachfolger; aber er konnte die Auswanderung nicht aufhalten. Ihr Eigenthum ist jetzt in den Händen von weltlichen Verwaltern und liefert ein Einkommen von 1200 Dollars per Jahr. Es giebt vielleicht dort zwölf bis fünfzehn alte Mitglieder. Einige der alten Gebäude stehen noch. Dies war die erste kommunistische Gemeinde in Amerika.“ So schrieb A. Jacobi im Jahre 1858.**) Es ist mir nicht möglich gewesen, irgend weitere Nachrichten über diese Kolonie zu erhalten. — Ein Ableger von Ephrata scheint die von Samuel Snowberger 1820 zu Snowhill in Pennsylvania gegründete Kolonie zu sein. Die

*) J. Conrad Beissel wurde 1690 zu Eberbach (Pfalz) geboren und starb in Ephrata, Lancaster County, Pennsylvania 1768. Gegen 1720 ließ er sich in Pennsylvania nieder. Vgl. Appleton, Cyclopædia of American Biography, New York 1887. Bd. I, s. u. Beissel.

**) Vgl. J. H. Noyes, History of American Socialisms, Philadelphia 1870, S. 133. Encyclopaedia Americana, Bd. II, S. 715.

Anhänger dieses Mannes glauben an die Bibel, wie sie in den Schriften von Beissel erklärt ist. Sie lebten in guten Verhältnissen und zählten 1858 ungefähr 30 Mitglieder.*) Dieser Zweig der baptistischen Sekte ist jetzt vollständig verschwunden.

II. Die Shakers.

Die „Tausendjährige Kirche oder die vereinigte Gesellschaft der Gläubigen, gewöhnlich Shakers genannt," erhielt ihre eigentliche Organisation im September 1787 zu New Lebanon, einem Dorfe in Columbia County, New York, drei Jahre nach dem Tode der Stifterin ihrer Sekte, Ann Lee. Diese stammte von englischen Eltern ab; sie wurde als eines von acht Kindern am 29. Februar 1736 zu Manchester geboren, wo ihr Vater Schmied war. 23 Jahre alt, schloß sich Ann Lee einer Gesellschaft von Quäkern an, die infolge der eigenthümlichen Bewegungen, von denen ihre religiösen Manifestationen begleitet waren, den Namen „Shaking Quakers" erhielten. Die Sekte hatte viele Verfolgungen auszustehen; verschiedene ihrer Angehörigen wurden in die Gefängnisse geworfen, und unter ihnen befand sich auch Ann Lee, die im Kerker (1770) durch eine besondere Offenbarung ihren neuen Beruf erhielt. Drei Jahre später wurde sie durch eine neue Offenbarung aufgefordert, nach Amerika auszuwandern. Mit acht Anhängern folgte sie diesem Rufe, verließ Liverpool 1774, landete in New York und siedelte sich in Nieskeyuna, sieben Meilen von Albany an. Aber erst 1780 begann sich ihre Lehre in Massachusetts und Connecticut zu verbreiten und die Zahl ihrer Anhänger zu wachsen. Ann Lee war seitdem bis an ihr Lebensende als Predigerin ihres Evangeliums thätig. Nur langsam entwickelte sich die Sekte. In den Jahren von 1787—1792 wurden elf neue Gesellschaften gegründet, alle in New York, Massachusetts, New Hampshire, Maine und Connecticut; erst nach 1805 gelang es, auch einige in Ohio und Kentucky einzurichten. Alle noch jetzt bestehenden 18 (Ely: 17**) Gesellschaften wurden vor 1830 gegründet. Jede der Gesellschaften umfaßt mehrere Familien, die thatsächlich für alle Zwecke selbständige Körperschaften sind. In diesen 58 Familien (Ely: ca. 70) leben nach Nordhoff's***) Angaben 2415 (Ely: 4000) Personen, die zusammen fast 100000 Acres Grund und Boden besitzen.

Ihre theologischen Theorien, wie sie zuerst von Ann Lee verkündigt und dann von ihren Nachfolgern ausgearbeitet wurden, sind äußerst phantastischer Natur. Gott ist nach ihrer Ansicht eine duale Persönlichkeit, die beide Ge-

*) Ebenfalls nach Jacobi's Nachrichten bei Noyes &c., S. 136.

**) Ely, The Labor Movement in America, London 1890, S. 12.

***) Nordhoff, The Communistic Societies of the United States, London 1875, S. 117, dessen Buch die Hauptquelle ist; daneben sind von Wichtigkeit außer dem schon erwähnten Werk von H. Noyes, die County Histories der verschiedenen Amerikanischen Staaten; R. T. Ely, The Labor Movement in America, London 1890, S. 7—33; Hinds, American Communities, Oneida 1878.

schlechter, das männliche wie das weibliche, enthält. Adam, der ja von Gott nach seinem Bilde geschaffen wurde, war gleichfalls eine duale Persönlichkeit. Christus ist einer der höchsten Geister, der zuerst in der Person Jesu das männliche Element in Gott, dann in der Person von Ann Lee das weibliche Element repräsentirte. Wie die Shakers behaupten, sind sie allein zu den Prinzipien der pentekostalen Kirche zurückgekehrt, von der alle anderen abgefallen sind, und ihre wichtigsten praktischen Prinzipien sehen sie in der Gütergemeinschaft, dem Cölibat, der Lehre vom Nichtwiderstand (non resistance), in einer besonderen und bestimmten Regierung und endlich in der von ihnen jedoch noch nicht erreichten Macht über die physischen Krankheiten. Ehe und Eigenthum betrachten sie nicht als Verbrechen, aber als Einrichtungen einer niedrigeren Gesellschaftsordnung, die sie in ihrer Kirche als der inneren oder evangelischen Ordnung bereits überwunden haben. Sie sind Spiritualisten und glauben an Kommunikation mit Geistern, an Geisterbesessenheit u. s. f. Nur der ist ein wahrer Diener Gottes, der ein flecken- und sündenloses Leben führt, und alle ihre Mitglieder sollten ein solches erreichen.

Eine Shakerfamilie besteht aus 30—90 Mitgliedern, Männern, Frauen und den Kindern, die von ihnen als Lehrlinge aufgenommen worden sind. Alle leben zusammen in einem großen Hause, dessen obere Stockwerke in Zimmer für 4—8 Personen getheilt sind. Eine große Halle trennt die Schlafräume der Männer von denen der Frauen. Im ersten Stockwerke befinden sich die Küche, die Vorrathsräume und der gemeinsame Speiseraum. Rings um das Familienhaus gruppiren sich die Wirthschaftsgebäude: die Werkstätte der Schwestern, wo die Anfertigung der Gewänder, Korbmachen und andere weibliche Industrien betrieben werden; die Werkstätte für die Brüder; die Wäscherei, die Ställe, die Maschinenhäuser, Sägemühlen u. s. f., je nach den Industrien, welche die Gemeinde noch neben dem Ackerbau betreibt. Ackerbau und Gartenkultur sind ihre Hauptbeschäftigungen; doch sind auch einige kleine Manufakturen in Betrieb, wie Besen-, Korb-, Stuhlfabrikation, Fabrikation von Wasch- und Mangelmaschinen, Spinnrädern, Holzstäben u. s. f. Ihr Hauptziel besteht darin, so weit als möglich ihre eigenen Bedürfnisse selbst zu befriedigen. Sie fertigen daher alles Zeug und Schuhwerk an, das sie brauchen, und fabrizirten früher auch die Wollentuche, die sie verwendeten. Alle Zimmer- und Tischlerarbeit verrichten sie selbst und so weit wie möglich sorgen sie auch für die Lebensmittel, die sie brauchen. Sehr berühmt sind ihre Sämereien, mit denen sie ihre Nachbarn versorgen, ihre Viehzucht und die ökonomische Anlage ihrer Scheuern. Ihre Ueberschüsse legen sie in Grund und Boden an, und viele Gemeinden besitzen großen Grundbesitz außer den von ihnen selbst bearbeiteten, innerhalb der Grenzen der Kolonie belegenen Aeckern. Das Land, das sie nicht selbst bestellen können, lassen sie von gemietheten Arbeitern bebauen, für die sie bequeme Wohnhäuser bauen. Da sie sehr freigebig und freundlich gegen ihre Angestellten sind, gilt es für sehr vortheilhaft, in ihren Diensten zu stehen.

Die Regierung der Shaker-Gesellschaften ist theils geistlich, theils weltlich. Das sichtbare Haupt der Kirche Christi besteht aus einem Ministerium, das gewöhnlich aus zwei Männern und ebenso vielen Frauen gebildet ist; ein Mitglied desselben gilt als der leitende Aelteste der Gesellschaft. Dieser ernennt auch die Nachfolger. „Alle, die zu dem wichtigen Werke des Ministeriums berufen sind, nämlich die Kirche Christi zu führen und zu leiten, müssen von tadellosem Charakter sein, treu, ehrbar und offen, bekleidet mit dem Geiste der Milde und Demuth, begabt mit Weisheit und Verstand und von großer Erfahrung in den göttlichen Dingen. Als treue Gesandte Christi sind sie durch die Offenbarung Gottes mit Weisheit und Ansehen ausgestattet worden, um seine Kirche auf Erden in ihrer geistlichen Reise zu leiten, zu lehren und zu führen, und zu berathen in anderen wichtigen Angelegenheiten, ob nun geistlich oder weltlich."*) Das Ministerium hat daher das Recht, Geistliche, Aelteste und Diakone zu ernennen und mit den Aeltesten zusammen den Schwestern und Brüdern, die sie dafür geeignet halten, Vertrauensämter zuzuweisen. Diese Anstellungen werden den Mitgliedern der betreffenden Kirche mitgetheilt, um die Billigung derselben zu erhalten. Eine jede Gesellschaft hat zwei Geistliche, welchen der Unterricht und die Erziehung der Neophyten obliegt, und die ferner in die Wildniß der Welt hinauszugehen haben, um dort das Evangelium der Shakers zu predigen, falls es wünschenswerth erscheint. Jede Familie hat dann ihrerseits zwei Aelteste, je einen Mann und eine Frau, die sie in geistlichen Dingen unterrichten, ermahnen und leiten. Diakone und Diakonissen haben für den Unterhalt und die Bequemlichkeit der Familie zu sorgen, die verschiedenen Industriezweige, in denen die Mitglieder beschäftigt sind, zu reguliren und die Geschäfte mit den Leuten außerhalb der Gemeinde abzuschließen. Unter den Diakonen stehen die Vorarbeiter beiderlei Geschlechts. Die Shakergemeinden sind also durchaus nicht demokratisch konstituirt. Das Ministerium an der Spitze einer Gesellschaft erhält sich durch Cooptation, erwählt und bestimmt alle anderen, ihm untergeordneten Beamten, und ist nur moralisch, sonst in keiner Weise, den Mitgliedern verantwortlich. Da alle Mitglieder in gleicher Weise gehalten sind, ihren Fähigkeiten entsprechend, dem gemeinsamen Interesse zu dienen, so haben auch alle mit ihrer Hände Arbeit in irgend einer nützlichen Beschäftigung für das allgemeine Wohl der Gesellschaft oder Familie, zu der sie gehören, thätig zu sein. Geistliche, Aelteste, Diakone, kurz Alle, ohne Ausnahme, haben in den Stunden, wo sie nicht von ihren Berufsgeschäften in Anspruch genommen sind, ein manuelles Gewerbe zu treiben, und selbst die vier Häupter der Shaker-Kirche sind dieser Regel unterworfen.

Es erübrigt noch, mit wenigen Worten der Tageseintheilung in den Shakergemeinden, die in allen religiösen Gemeinden fast dieselbe ist, zu gedenken. Die Shakerfamilie steht früh auf, im Sommer um halb fünf, im Winter um fünf

---

*) Vgl. Nordhoff, The communistic societies &c., S. 138.

Uhr. Das Frühstück findet um sechs bezw. halb sieben, das Mittagessen um zwölf, das Abendessen um sechs Uhr statt, und um neun bezw. halb zehn ist Alles im Bett und sind die Lichter und Feuer ausgelöscht. Nach dem Frühstück beginnt die Arbeit unter der Leitung der von den Diakonen bestimmten Vorarbeiter. Die Frauen nehmen, mit Ausnahme einiger ganz leichten Arbeiten, nicht an der Feldarbeit theil; dafür halten sie das Haus, die Schlafräume u. s. w., in Ordnung und die Kleider der Männer in Stand, sorgen für die Küche und Wäsche. Die Shakers arbeiten nicht hart — auch dies ist ein charakteristischer Zug, dem wir in den meisten Gemeinden begegnen werden —, da sie kein Interesse daran haben, schnell reich zu werden und gefunden haben, daß für die Befriedigung ihrer gemäßigten Bedürfnisse keine Ueberlastung ihrer Mitglieder mit Arbeit nöthig ist. Ihrer Ansicht nach soll die Arbeit zu einem Vergnügen gemacht werden, und sie kann dies, wo Alle in gleicher Weise am Gemeinwohl interessirt sind. Die Abende sind harmlosen Unterhaltungen, soweit ihre religiösen Lehren sie gestatten, gewidmet.

III. Die Harmonisten.

Der Stifter der Harmonistensekte war Georg Rapp, der am 1. Nov. 1757 zu Iptingen (Württemberg) geboren wurde. Rapp, armer Leute Kind, besuchte die Volksschule seines Dorfes, erlernte das Leineweberhandwerk, ging einige Jahre auf Wanderschaft und ließ sich gegen 1780 wieder in seinem Heimathsdorfe nieder. Von Haus aus zu Reflexion geneigt und von religiösen Bedenken gequält, wurde er eifriger Leser der Bibel und unzufrieden mit dem versteinerten, leblosen Zustand, in dem sich die württembergische Landeskirche befand. Die evangelische Bevölkerung Württembergs, besonders aber die ländliche, befand sich damals in weitgehender religiöser Unruhe. Pietistische und chiliastische Ideen waren tief in dieselbe eingedrungen und erzeugten sektirerische und separatistische Neigungen. Auch Rapp hatte sich zu einem Separatisten entwickelt und gewann, „von stattlicher, kräftiger Gestalt, mit prodigiösem Blick und natürlicher Beredsamkeit, mit unverkennbarem Herrschertalent begabt,“ sehr bald einen großen Einfluß unter seinen Dorfgenossen und Nachbarn, der durch die von der Landeskirche betriebene Verfolgung nur noch verstärkt wurde. Sein Anhang wuchs sehr schnell, eine Gemeinde bildete sich heraus, deren Mitglieder sich unter seine Aufsicht stellten. Um nun den unaufhörlichen Chikanirungen durch die Landeskirche zu entgehen und das Ideal einer wahren christlichen Gemeinde, wie es Rapp vorschwebte, zu verwirklichen, entschloß er sich, mit seinen Anhängern nach Amerika auszuwandern, wo sie sicher waren, Freiheit für die Ausübung ihres Gottesdienstes zu finden. 1803 führte er seinen Plan aus, zunächst nur von seinem Sohne und zwei anderen Schülern begleitet, und landete noch im selben Jahre in Baltimore. Nach längerem Suchen in Maryland, Pennsylvania und Ohio fand er in der Nähe von Pittsburg ein geeignetes Terrain von etwa 5000 Acres unkultivirten Landes. Unterdessen hatte sein Adoptivsohn F. Reichert-Rapp, der die Leitung der Gemeinde in Württemberg übernommen hatte, die nothwendigen Vorbereitungen für die Auswanderung der großen Masse der Anhänger vollendet, so daß, als die Nachricht von dem Kauf des Landes eingetroffen war, bereits am 4. Juli 1804 ein Theil der Auswanderer in Baltimore, und im September ein anderer in Philadelphia gelandet werden konnte. Die Mehrheit der 600 Rappisten bestand aus Bauern und Handwerkern; fast Keiner hatte eine bessere Erziehung genossen und einer höheren sozialen Schicht angehört; Einige hatten ein nicht unbedeutendes Vermögen mitgebracht, und nur Wenige waren ohne jeden Besitz. In dem Gesellschaftsvertrag, der am 15. Februar 1805 abgeschlossen wurde, gelang es Rapp, durchzusetzen, daß seine Anhänger ihr gesammtes Vermögen, zirka 20 000 Dollars, in eine gemeinschaftliche Kasse warfen; die Beiträge der einzelnen Mitglieder wurden in ein Buch eingetragen, das später, 1818, verbrannt wurde, „um größere Harmonie und Gleichheit zwischen den alten und den neu hinzugekommenen Mitgliedern herzustellen.“ So entstand also die Harmony-Gesellschaft mit vollständiger Güter- und Arbeitsgemeinschaft, angeblich ein Abbild der ersten Christengemeinde. Dem schwäbischen Fleiß gelang es in kurzer Zeit, die Wildniß, die sie vorfanden, in eine blühende Kolonie zu verwandeln. In den beiden ersten Jahren wurden 550 Acres kultivirt, eine Kirche, ein Schulhaus, verschiedene Werkstätten, Scheunen, eine Sägemühle, eine Brennerei und bald nachher auch eine Wollmanufaktur eingerichtet, so daß die Gemeinde im Stande war, alle ihre Bedürfnisse zu befriedigen. Die ganze Leitung der Arbeiten lag in den Händen Rapp's und seines Adoptivsohnes Reichert, beide Männer von großem Organisationstalent.

Bis zum Jahre 1807 lebten die Harmonisten in Familien und hegten in Betreff der Ehe und der Beziehungen der beiden Geschlechter keine eigenthümlichen Ansichten. In diesem Jahre aber durchdrang eine tiefe religiöse Bewegung die Gemeinde, deren bemerkenswerthestes Resultat der Entschluß der meisten Mitglieder war, in engerer Uebereinstimmung mit dem Geiste der Lehren Jesu Christi zu leben und daher zunächst das Leben in ehelicher Gemeinschaft aufzugeben. Wunderbarer Weise ging dieser Entschluß, auf die Ehe zu verzichten, von den jüngeren Mitgliedern aus, und wurde anfangs in keiner Weise von Rapp begünstigt, obwohl er einer Stärkung der asketischen Richtung nicht feindlich gegenüberstand. Ein Theil der jüngeren Mitglieder, der dem Cölibat keinen Geschmack abzugewinnen vermochte, verließ die Kolonie; die Zurückgebliebenen gaben nunmehr jeden ehelichen Verkehr auf. Keine Ehe wurde mehr in Harmony geschlossen und keine Kinder wurden daselbst geboren. „Ueberzeugt,“ schrieb ein Mitglied 1862, „von der Wahrheit und Heiligkeit unseres Vorsatzes, nahmen wir freiwillig und einstimmig das Cölibat an, nur aus religiösen Motiven, um unsere Liebe gänzlich den Lüsten des Fleisches zu entziehen, was wir mit der Hülfe Gottes und viel Gebet und geistlichem Kampf nun fünfzig Jahre lang erfolgreich durchgesetzt haben.“ *) Jede

*) Nordhoff, The communistic societies ꝛc., S. 73.

Aufsicht über den Verkehr der beiden Geschlechter wurde als thöricht zurückgewiesen, denn, so fügten sie zur Begründung hinzu, Leute, die man zu bewachen hätte, sollten besser von vornherein aufgegeben werden.

Da die Lage der Ansiedelung in Pennsylvanien sich als ungünstig herausstellte, so verkaufte die Gemeinde im Jahre 1814 ihren Besitz für 100 000 Dollars und wanderte im folgenden Jahre in das Wabash-Thal in Posey County, Indiana, aus. Schnell entstand dort eine neue Stadt mit größeren Fabriken und besseren Häusern, die sich sehr bald zu einem bedeutenden Geschäftszentrum für eine weitere Umgebung entwickelte. Hier empfing auch die Gemeinde, deren Mitgliederzahl durch Krankheiten ziemlich abgenommen hatte, eine neue Verstärkung von zirka 130 Personen aus Württemberg. 1824 verlegte sie ihren Wohnsitz ein zweites Mal. Sie verkaufte New Harmony mit 20 000 Acres Land an Robert Owen, der hier dann sein großes sozialistisches Kolonisations-Experiment machte. Die Gemeinde kehrte nach Pennsylvanien zurück und ließ sich etwa sechs Stunden von ihrer ursprünglichen Ansiedelung, Alt Harmony, nieder. Die neue Stadt erhielt den Namen Economy. In den nächsten Jahren, die diesem Umzuge folgten, scheint die Gemeinde den Höhepunkt ihrer Blüthe erreicht zu haben. Die Nähe von Pittsburg und billige Verbindung damit zu Wasser beförderte die Entwickelung der Industrie. Baumwoll- und Wollmanufakturen entstanden, eine Getreide- und eine Sägemühle wurden eingerichtet, Fruchtgärten und Weinberge angepflanzt und sogar die Kultur der Seide mit großem Erfolge unternommen. Nach jeder Richtung hin war die Gemeinde eine Musterwirthschaft, deren finanzielle Erfolge sehr bedeutende waren. Aber noch eine Krisis hatte die Gemeinde zu überstehen, ehe sie endgültig in den Hafen der Ruhe einlaufen konnte. Im Jahre 1831 erschien ein Abenteurer, Bernhard Müller, der sich Graf Maximilian de Leon nannte, mit einem Haufen von zirka sechzig Anhängern in der Kolonie und erhielt auf seine Erklärung, in religiösen Dingen ein Anhänger der Harmonisten zu sein, hier freundliche Aufnahme. Alsbald begann er in geschicktester Weise seine Intriguen gegen die bestehende Führung und Einrichtung der Kolonie; verkündigte die seltsamsten religiösen Doktrinen, predigte Ehe und heiteren Lebensgenuß und arbeitete im Ganzen so erfolgreich, daß er eine große Zahl unter den Harmonisten für sich gewann. Nach langen Kämpfen kam es zu einer Abstimmung, in der sich 500 für „Vater Rapp" und 250 für den angeblichen Grafen erklärten, und zu einem Uebereinkommen, nach dem sich die Gemeinde gegen Verzicht auf alle Anrechte an das gemeinsame Eigenthum von Seiten der Minorität zu einer Zahlung von 105 000 Dollars an diese innerhalb eines Jahres verpflichtete. Das war im März 1832. Leon und seine Anhänger verließen die Gemeinde und gründeten in Philippsburg, zehn Meilen von Economy, eine neue Kolonie, die aber, nachdem sie die große Summe, die sie von den Harmonisten erhalten, schnell verschwendet hatte, sich bald wieder auflöste. Seitdem sind irgend welche innere Streitigkeiten von Bedeutung nicht wieder vorgekommen. Im Laufe der Jahrzehnte hat die Gemeinde, welche keinen genügenden Zufluß mehr erhielt, an

Mitgliederzahl ganz bedeutend abgenommen.*) Das in der Zeit ihrer Blüthe sehr bedeutende industrielle Leben ist verschwunden; die Kolonie hat sich aus einer Gemeinschaft arbeitender Bauern und Handwerker in eine Gemeinschaft reicher Kapitalisten verwandelt, die Aktien von Kohlenbergwerken, Sägemühlen, Petroleumquellen, großen Fabriken besitzen und ein einfaches, ruhiges, andachtsvolles Leben führen.

Die Konstitution der Gemeinde war während ihres ganzen Bestehens der schon erwähnte Gesellschaftsvertrag vom Jahre 1805, der nur 1836 eine kleine Aenderung erfuhr. Darnach lag bei Lebzeiten Rapp's das gesammte Eigenthum, sowie die ökonomische und religiöse Leitung der Kolonie in dessen Händen, ohne irgend welche Beschränkung oder Bedingung. Nach Rapp's Tode ging die Leitung über auf zwei Trustees und sieben Aelteste.

Ihre religiöse Lehre enthält eine Reihe von Punkten, die mit den Dogmen der Shakers übereinstimmen. Wie diese glauben sie, daß Gott ein duales Wesen sei und auch Adam, als nach Gottes Bilde geschaffen, beide Geschlechter besessen habe. Wäre Adam es zufrieden gewesen, in seinem ursprünglichen Zustand zu bleiben, so würde er sich ohne die Hülfe eines Weibes vermehrt und die Erde mit seines Gleichen erfüllt haben.**) So aber fiel er in Unzufriedenheit und Gott trennte das weibliche Element von ihm. Darin bestand nach ihrer Ansicht der Sündenfall und daher glauben sie auch, daß der Zustand des Cölibats ein Gott besonders wohlgefälliger ist. Von Christus glauben sie, daß auch er von dualer Natur sei. Ein wichtiger Punkt ihrer Lehre ist die baldige Wiederkehr Christi und der nahe bevorstehende Anfang des tausendjährigen Reiches, dessen Segnungen zwar allen Menschen, aber erst nach einer mehr oder minder langen Reinigung zu Gute kommen sollen. Ihr Kommunismus ist durchaus religiöser Natur, sie finden ihn in den Reden Jesu Christi gepredigt und führen als ihr Vorbild die frühesten Christengemeinden an.

Ueber ihre Lebenshaltung haben wir noch zu bemerken, daß sie von der der Shakers nur in dem Punkte abweicht, daß die aus 4—8 Personen beiderlei Geschlechtes bestehenden Gruppen oder Familien besondere Häuser bewohnen und auch einen eigenen Haushalt führen. Die Gruppe ist die Einheit der Gemeinde, während bei den Shakers dies die aus 30—90 Personen bestehende Familie ist. Die Lebensweise der Harmonisten ist, mit der einzigen Ausnahme des Cölibats, ganz und gar nicht asketisch.

IV. Zoar.

Wie die Harmonisten von Economy, stammen auch die Bewohner der kommunistischen Gemeinde Zoar in Tuscarawas County, Ohio, aus Württemberg

*) Nach Ely, l. c., S. 16, betrug dieselbe 1890 nicht mehr als 40.

**) Vgl. J. Sadeur, La terre australe connue, wo dieser Gedanke die Grundlage eines Staatsromanes bildet.

und sind wie diese Separatisten der Württembergischen Landeskirche. Ihre Ansichten sind in 12 Artikeln niedergelegt, die, wie es scheint, noch in Württemberg verfaßt wurden und ihr Verhalten rechtfertigen sollten. So verwerfen diese Separatisten alle Ceremonien, die sie für nutzlos und schädlich halten, und bezeichnen sie als den Hauptgrund für die Lösung jeder Verbindung mit der Landeskirche. Jeden Verkehr der beiden Geschlechter erklären sie für sündhaft, sobald er nicht die Fortpflanzung der Gattung zum Ziel hat. Vollständiges Cölibat ist besser als Ehe. Sie weigerten sich ferner, ihre Kinder in die Schule zu schicken, wo andere Prinzipien, als die von ihnen anerkannten, gelehrt wurden, und ihre Jünglinge Soldaten werden zu lassen, da kein Christ seinen Feind tödten dürfe. Dagegen erklärten sie eine Regierung zum Schutze der Guten und Ehrbaren und zur Bestrafung der Uebelthäter für durchaus nothwendig und sich auch zu dem gebührenden Gehorsam bereit. Besonders die Weigerung, ihre Kinder in die Schule zu schicken und Soldaten zu werden, brachte über sie die Verfolgung der weltlichen und geistlichen Behörden, die mit den gewöhnlichen Strafen die verlorene Heerde in den Stall der allein seligmachenden Autorität, kirchlicher wie weltlicher, zurückzuführen suchten. Nach zehn- bis zwölfjähriger Verfolgung erhielten die Separatisten endlich die Erlaubniß, in einem Theile von Württemberg sich anzusiedeln, wurden aber von da nach einigen Jahren wieder verjagt. Am Ende ihrer Hülfsmittel, sahen sie keinen anderen Ausweg als die Auswanderung nach Amerika. Unterstützt wurden sie bei diesem damals noch außerordentlich schwierigen Unternehmen von einigen englischen Quäkern, die ihnen mit nicht unbedeutenden Geldmitteln halfen. Im August 1817 kamen sie in Philadelphia an und kauften, berathen von ihren Freunden, den Quäkern, einen günstig gelegenen Landstrich von 5600 Acres. Joseph Bäumeler, den sie zu ihrem Führer gewählt hatten, bereitete mit einem Vortrupp während des Winters die Uebersiedelung vor, die dann im folgenden Frühjahre stattfand. Da eine große Zahl der Mitglieder sehr arm war, sahen sich diese gezwungen, bei den benachbarten Farmern in Lohn zu treten, um nur den Unterhalt für ihre Familien zu erwerben. Denn bisher war der Gemeinde nicht der Gedanke gekommen, eine kommunistische Gesellschaft zu bilden. Eine jede Familie lebte für sich, und auch das erworbene Land sollte unter dieselben vertheilt und von ihnen bezahlt werden. Da sie aber eine große Zahl alter Leute und viele Arme unter sich zählten, denen es nicht möglich war, das nöthige Geld für den Landantheil zu verdienen, so war die Gefahr vorhanden, daß die ganze Unternehmung auseinanderlief, falls sie nicht auf eine andere Basis gestellt werde. Dies wurde auch von den führenden Männern erkannt. April 1819 kam es zu einer Vereinbarung unter den Mitgliedern der Gemeinde, und die Gemeinschaft der Güter wurde von ungefähr 225 Personen als das Grundprinzip der zu begründenden Kolonie anerkannt. Nur durch die Gütergemeinschaft wurde es möglich, die Gläubigen, welche ihre Armuth bereits über die Nachbarschaft ihres Landbesitzes zerstreut hatte, zusammenzuhalten. „Wir hätten niemals unser Land bezahlen können, wenn wir nicht eine kommunistische Gemeinde gebildet hätten," erzählten die älteren Separatisten Nordhoff bei seinem Besuche.*) Hier war also die Gütergemeinschaft nicht aus religiösen, sondern rein wirthschaftlichen Gründen eingeführt worden, wenn auch das durch sie ermöglichte Zusammenleben der Mitglieder von religiösen Motiven bedingt war. Anfangs war die Ehe bei ihnen verboten, und erst 1828 oder 1830 wurde dieses Gesetz von ihnen aufgehoben. Ihr Führer J. Bäumeler selbst verschmähte es nicht, in den Ehestand zu treten. Die endgültige Konstitution der Kolonie wurde im Jahre 1832 vollendet und ist seither unverändert in Kraft geblieben.

Die Verfassung theilt die Mitglieder in zwei Klassen: Novizen, die eine einjährige Probezeit durchzumachen haben, und volle Mitglieder. Die Ersteren geben bei ihrem Eintritt ihr Eigenthumsrecht nicht auf, deponiren aber gegen Quittung alles Geld, das sie besitzen, bei der Gemeinschaft. Sie verpflichten sich, den Regeln, Satzungen und den Anordnungen der Leiter zu gehorchen, allen Fleiß und alle Geschicklichkeit auf Förderung des Interesses der Gemeinde zu verwenden und ihre Kinder unter die ausschließliche Vormundschaft und Aufsicht der Leiter zu stellen. Dafür erhalten sie von der Gemeinde den vollen Lebensunterhalt wie alle anderen Mitglieder geliefert. Nach Ablauf des Jahres kann der Novize, falls sich kein Einspruch gegen ihn erhebt, nach Unterzeichnung eines hinsichtlich der Eigenthumsverhältnisse scharf formulirten Kontraktes und der Verfassung zum vollen Mitgliede ernannt werden. — Die Verfassung regelt ferner die Verwaltung der Kolonie. Alle Beamten werden von den gesammten Mitgliedern, Männern und Frauen, durch einfache Majorität gewählt. Die Gesellschaft wählt jährlich einen Trustee und ein Mitglied des ständigen Comités, alle vier Jahre einen Kassirer und einen Agenten, falls eine Vakanz eintritt. Die drei Trustees werden auf drei Jahre gewählt, aber eine wiederholte Wiederwahl ist nicht ausgeschlossen. Sie haben unbeschränktes Verfügungsrecht über den Besitz der Gemeinde, sind aber verpflichtet, allen Angehörigen einen ausreichenden Lebensunterhalt zu verschaffen und nach allen Richtungen hin das Interesse der Gesellschaft zu wahren. Sie stellen die Leiter für die verschiedenen Industriezweige an und weisen einem Jeden seine Arbeit zu. In schwierigen Fällen haben sie das aus fünf Personen bestehende ständige Comité zu befragen. Der Agent vermittelt den Verkehr der Gesellschaft mit der Außenwelt und besorgt alle Käufe und Verkäufe. In den Händen des Kassirers liegt das gesammte Geldwesen der Gemeinde; die Trustees und der Agent haben alle Summen, die sie empfangen, an diesen abzuleiten. Er führt auch die Bücher und giebt alljährlich eine Bilanz an die Trustees. Diese verhältnißmäßig komplizirte Verwaltungsmaschinerie scheint in den Jahren ihres Bestehens durchaus zufriedenstellend gearbeitet zu haben. Auf jeden Fall hat diese Gemeinde so wenig wie die der Harmonisten je unter Betrügereien ihrer Beamten zu leiden gehabt.

*) Nordhoff, The communistic societies rc., S. 101.

Es ist außerordentlich interessant, zu verfolgen, wie diese Separatisten, die durchaus sich aus der Schicht der arbeitenden Klasse, aus Bauern und Handwerkern rekrutiren und also von jeder Theorie unberührt sind, durch ökonomische Thatsachen zur Annahme der Gütergemeinschaft, und durch die Gütergemeinschaft zu einer Reihe von anderen Einrichtungen getrieben werden, die bei den gleichzeitigen Utopisten des Sozialismus nothwendige Bestandtheile der neuen Gesellschaftsform sind. Da ist zunächst das Verhältniß zwischen Ehe und Gütergemeinschaft, auf das wir in unserem Rückblicke noch ausführlicher zurückzukommen haben werden. Anfangs standen die Separatisten jeder Ehe feindlich gegenüber, sie predigten wie die Shakers und Harmonisten das Cölibat und erlaubten erst gegen 1830, wahrscheinlich aus den Zweckmäßigkeitsgründen der Fortpflanzung und Erhaltung der Kolonie, die Ehe. Sie haben aber stets die Ansicht bewahrt, daß Alles in Allem genommen die Ehe mit dem Leben in einer kommunistischen Gemeinde nicht harmonirt und daher, weil sie keinen anderen Ausweg wußten, das Cölibat empfohlen. Die Einführung der Ehe muß nicht nothwendigerweise den Untergang der Gemeinde nach sich ziehen, aber sie bereitet mehr Unruhe und Störungen im Leben einer solchen, als ein zölibatärer Zustand. Mit der Einführung der Ehe entstand natürlich auch das andere Problem der Kindererziehung. Anfangs wurde das Gesetz angenommen, daß die Kinder bis zum dritten Jahre in der Sorge und Obhut ihrer Eltern bleiben sollten, um dann in großen Häusern, die Geschlechter getrennt, untergebracht und hier von bestimmten Mitgliedern der Gemeinde erzogen zu werden, so daß sie also vom dritten Jahre an niemals mehr der Kontrole ihrer Eltern unterstanden. Dies Erziehungssystem blieb bis zum Jahre 1845 in Kraft und wurde dann, unbekannt aus welchen Gründen, aufgegeben. Jetzt lebt die Jugend im Elternhause bis zum 21. Jahre oder bis zu ihrer Verheirathung und besucht bis zum 15. Jahre die Schule der Gemeinde. Die Haushaltung der einzelnen Familien ist eine durchaus getrennte, selbst wenn mehrere in einem Hause wohnen.

Der Zustand der Kolonie ist ein außerordentlich blühender. Sie bestand 1890 aus zirka 400 Mitgliedern; ihr Vermögen hatte einen Werth von zirka sechs Millionen Mark. Mit großem Erfolge haben die armen Landleute aus Württemberg den Kampf um's Dasein geführt und gesiegt, und ihr Erfolg ist ein um so bemerkenswertherer, als sie nicht das Glück hatten, wie die Harmonisten, so außerordentlich begabte Führer, wie Rapp und sein Sohn, an ihrer Spitze zu sehen. Zoar ist ein Kollektiverfolg.

V. Die Aurora- und die Bethel-Gemeinde.

Die Aurora-Gemeinde in der Nähe von Portland (Oregon) ist eine Tochterkolonie der auf denselben Prinzipien beruhenden Gemeinde Bethel (Shelby County, Missouri) und beide verdanken ihre Entstehung einem Dr. Keil, der auch jetzt noch an ihrer Spitze steht. Keil, ein geborener Preuße, lebte einige Zeit in

New York, dann in Pittsburg, wo er sich für einen Arzt ausgab und magnetische Kuren machte, auch Besitzer eines wundervollen, mit Menschenblut geschriebenen Rezeptbuches zu sein vorgab. Er schloß sich dann den Methodisten an, verbrannte sein Buch, verließ die Methodisten wieder und gründete eine eigene Sekte. Es gelang ihm, eine Zahl von deutschen Bauern um sich zu sammeln, die ihn als ein göttliches Wesen zu verehren hatten. Als sich ihm ein Theil der Anhänger des Schwindlers Leon anschloß, die seinerzeit Economy verlassen hatten, gestaltete sich in Keil's religiös-fanatischem Hirne der Plan, eine kommunistische Gemeinde zu gründen. In Shelby County (Missouri) wurde ein geeigneter Platz für die Ansiedelung gefunden, und hier entstand dann allmälig die Kolonie Bethel. Anfänglich wurden 2560 Acres Land gekauft und dieser Besitz allmälig auf 4000 Acres vermehrt. Eine Brennerei, Getreidemühle, Sägemühle, Wollspinnerei &c. wurden nach und nach gebaut und eine kleine blühende Stadt gruppirte sich um die alte Ansiedelung. Aber der unruhige Geist Keil's trieb zu weiteren Experimenten. 1855 machte sich also Keil mit zehn bis zwölf Familien, ungefähr achtzig Personen, auf den Weg nach der Pacific-Küste und im Juni 1856 siedelte er sich nach einem Aufenthalte in der Shoalwater-Bay in Aurora, in Oregon, an. Durch einige Zuzüge von Außen und von Bethel verstärkt, ist diese Gemeinde allmälig bis auf 400 Mitglieder gewachsen. Sie besitzt 18000 Acres Land, die über mehrere Grafschaften zerstreut liegen, eine Sägemühle, Gerberei, Tischlerei, Schmiede, Schneider-, Schuhmacher-, Tischlerwerkstätten, eine Getreidemühle, Krempelmaschinen, einige Wollenwebstühle, Fruchttrockenhäuser, einen Kaufladen für die Farmer der Nachbarschaft u. s. f. Besonders berühmt ist die Gemeinde durch ihre ausgedehnten Fruchtgärten, deren Produkte in frischem oder getrocknetem Zustande auf den Markt gebracht werden.

Die Verfassung und Glaubensartikel der Gemeinde sind von außerordentlicher Einfachheit und lassen sich daher in wenigen Worten resumiren. Jede Regierung soll die väterliche Regierung Gottes nachahmen und daher auch väterlich sein. Die Gesellschaften müssen deshalb nach dem Vorbilde der Familie geformt werden und sollen alle ihre Interessen und ihr Eigenthum gemeinsam sein, d. h. alle ihre Mitglieder arbeiten eifrig für das allgemeine Wohl und den allgemeinen Unterhalt und erhalten von der Gemeinschaft, was sie zum Leben brauchen. Eine weiter gehende Gemeinschaft aber als die des Besitzes und der Arbeit wird weder von der Religion noch von der Harmonie der Natur gelehrt. Das besondere Familienleben muß daher aufs Strengste bewahrt werden. Die Ehe und die Erhaltung der Familienbeziehungen werden von den Anhängern Keil's als religiöse Pflichten aufgefaßt. Die Kinder leben deshalb auch in den Familien und erhalten von der Gemeinde nur freien Schulunterricht, der wie in Zoar durch keine Ferien unterbrochen wird.

Das Verwaltungssystem ist so einfach als möglich. Keil ist Präsident und Autokrat; ihm zur Seite stehen vier ältere Mitglieder als Rathgeber, die er aber sich selbst ausgewählt hat. Nur besonders wichtige Angelegenheiten, bei denen es sich um die Existenz und das Wohlsein der ganzen Gemeinde handelt, werden von der Gemeinde diskutirt und nichts darin ohne ihre Zustimmung unternommen. Ursprünglich und bis 1872 stand das Eigenthum der gesammten Gemeinde auf Keil's Namen. In diesem Jahre aber wurde der ganze Besitz unter die Familien aufgetheilt und jedem Familienhaupte eine Besitzurkunde gegeben, ohne daß indeß durch diese Formalität irgend eine Aenderung in dem kommunistischen Betriebe eingetreten wäre. Aehnlich sind die Verhältnisse in der Mutterkolonie Bethel. Auch hier war ursprünglich der ganze Besitz gemeinsam, aber schon 1847, drei Jahre nach der Gründung, verlangten unzufriedene Mitglieder eine Theilung derselben. Man kam ihrem Wunsche nach. Aller Besitz wurde vertheilt und auf jedes Mitglied wurde sein Antheil übertragen. Ein hinreichender Theil des Gewinnes der drei Jahre, sowie die Fabriken und Mühlen wurden für den Unterhalt der Alten und Kranken reservirt. Die Unzufriedenen verkauften nun ihre Antheile und zogen fort, während der Rest wie bisher in Gütergemeinschaft weiterlebte.

Von jedem Mitgliede wird erwartet, daß es für das allgemeine Wohl arbeitet; aber sie haben keinen Arbeitszwang und keine bestimmte Arbeitszeit. Eine jede Werkstätte hat ihren Vorsteher, „der wie es scheint durch natürliche Zuchtwahl diesen Posten erhält.“ Sie befolgen streng das Prinzip, daß Keiner stets mit derselben Arbeit beschäftigt ist. Wenn zum Beispiel Ziegel gebraucht werden, in den Schusterwerkstätten dagegen nichts zu thun ist, werden diese geschlossen und alle Schuster betreiben dann die Ziegelei. Während des Frühjahrs und Sommers ist ein sehr großer Theil der Bevölkerung mit dem Ackerbau beschäftigt. Nach dem Herbst ziehen diese in die Stadt und sind während des Winters in den Sägemühlen und den anderen Werkstätten und Fabriken beschäftigt. Für ihre Unterkunft sind in der Stadt große Wohnhäuser gebaut, in denen die verheiratheten Familien untergebracht werden. Gelegentlich beschäftigt auch die Gemeinde Arbeiter gegen Lohn. Wer in die Gesellschaft aufgenommen werden will, wird zuerst gegen Lohn beschäftigt und kann dann, wenn er mit dem Leben in ihr zufrieden ist und die Mitglieder nichts gegen ihn einzuwenden haben, in dieselbe aufgenommen werden. Alles Vermögen, das der Neuaufzunehmende besitzt, muß er in die Gesellschaftskasse abführen, da er zunächst die Ueberzeugung gewinnen muß, „daß alle selbstische Eigenthumsanhäufung schlecht und gegen Gottes Gebot und die natürlichen Gesetze ist.“

Wie Alle für das Gemeinwohl arbeiten, so erhalten sie auch Alles, was sie brauchen, von den gemeinsamen Läden, und zwar einfach nach ihren Bedürfnissen, die ganz von selbst vernunftgemäße sind. Bücher werden daher in der Gemeinde nur über die Käufe und Verkäufe mit der Außenwelt geführt. Jede Familie bewohnt entweder ein Haus für sich oder eine Reihe von Zimmern in einem der großen Gemeindehäuser. Sie hat ihren Garten, hält Hühner, zieht jedes Jahr eine Anzahl von Ferkeln groß, die sie nach der Anzahl der Familienmitglieder von der Gemeinde erhält. Gemüse kann Jeder, so viel er braucht, aus dem großen Gemeindegarten holen. Trotzdem ist der Gebrauch des Geldes nicht ganz aus der Kolonie verschwunden, und es scheint, als ob ganz wie in den alten Ackerbaugesellschaften Frankreichs den Mitgliedern der Besitz eines kleinen Peculiums gestattet sei. Wenigstens berichtet Nordhoff, daß Einige durch Verkauf selbstgezüchteten Honigs und überflüssigen Obstes sich Geld zum Kauf von Tabak und von Schmuckgegenständen für ihre Töchter verschafften.

Das religiöse Leben beschränkt sich auf den sonntäglichen Gottesdienst, und geistiges Leben ist nach Nordhoff's Schilderungen überhaupt nicht vorhanden. Die Bevölkerung Auroras wie Bethels besteht in der Hauptsache aus Landleuten, deren geistige Entwickelung an und für sich nicht sehr bedeutend ist und unter dem Einfluß eines beschränkten, höherer Bildung feindlichen Fanatikers, wie Keil es war, zum Stillstand verdammt sein mußte. Andererseits müssen die sittlichen Erfolge der Kolonie sehr hoch geschätzt werden. Seit ihrer Gründung hat es keinen Verbrecher unter ihren Mitgliedern gegeben; kein Prozeß weder der Mitglieder untereinander, noch mit den Nachbarn umher hat den Frieden ihres Lebens gestört. Man findet weder Wahnsinnige, noch Blinde, Taube oder Stumme, noch Krüppel irgend welcher Art. Dies ist ein unzweifelhafter Beweis für die sozialistische Behauptung, daß ein von den Sorgen des Daseinskampfes befreites Gesellschaftswesen auch in weiter Ausdehnung von Verbrechen und Vergehen, wie von geistigen und körperlichen Krankheiten frei sein wird, mit denen die unaufgehaltene Entwickelung des Kapitalismus die heutigen Kulturvölker in so verschwenderischem Maße beschenkt.

Die ältere, aber kleinere Gemeinde Bethel besitzt jetzt zirka 4000 Acres gutes Land und besteht aus ungefähr 25 Familien mit mehr als 200 Mitgliedern. Sie besitzt eine Säge- und Getreidemühle, eine Gerberei, einige Webstühle und Werkstätten für Tischler, Schmiede, Küfer, Schneider, Schuhmacher und Hutmacher, alle nur von kleinem Maßstabe, aber groß genug, um nicht nur die Gemeinde, sondern auch die benachbarten Farmen mit ihren Produkten zu versehen. Geleitet wird das Gemeinwesen von sechs Trustees, die von den Mitgliedern gewählt werden und ihre Aemter so lange bekleiden, als sie sich nichts zu Schulden kommen lassen. Ihre größte Mitgliederzahl hatte die Gesellschaft 1855 erreicht, sie schmolz aber infolge der Auswanderung nach Oregon von 650 auf 250 in den Jahren 1854—1863 zusammen. Nur Wenige schließen sich der Gemeinde an, die in der Hauptsache durch ihren eigenen Nachwuchs erhalten wird. Wer die Gesellschaft verlassen will, erhält eine Geldsumme, die nach der Dauer des Aufenthaltes eine verschiedene ist. Das Leben in Bethel ist dasselbe wie in Aurora, wie überhaupt die beiden Gemeinden fast die gleiche Einrichtung besitzen. Das Charakteristische derselben ist die Schwäche des Bandes, welches ihre Mitglieder umschlingt. Sie wären ohne Schwierigkeit im Stande, jeden Augenblick die Gemeinschaft aufzulösen und individuell zu wirthschaften, und trotzdem leben sie seit 50 Jahren in Gütergemeinschaft. Ihr religiöser Glaube ist sehr einfach, fast ohne jede Spur eines Fanatismus, und scheint doch stark genug zu sein, sie zusammenzuhalten. In der Institution der Ehe, in der Kindererziehung weichen sie durchaus nicht von den Sitten ihrer Nachbarn ab, ihre Lebenshaltung ist gleichfalls die gewöhnliche der bürgerlichen Familie und trotzdem sind sie bei der kommunistischen Produktion geblieben. Es scheint jetzt mehr als irgend etwas Anderes die beharrende Kraft der Gewohnheit sie zusammenzubinden, denn wir werden wohl nicht fehlgehen, wenn wir die Begründung der Kolonie anfänglich vorhandenem religiösem Fanatismus zuschreiben, der allerdings im Laufe der Jahre verflogen ist.

VI. Amana.

Die wahren Inspirationsgemeinden, wie sie sich selbst nennen, bilden eine kommunistische Gemeinde in Iowa. Sie hatten im Jahre 1880 1633 (Ely 1890: gegen 1800) Mitglieder und besitzen gegen 25 000 Acres Land. Die Basis ihrer Organisation ist eine religiöse; sie sind Pietisten und glauben, daß Gott von Zeit zu Zeit bestimmte Menschen inspirirt, daher auch ihr Name Inspirationisten. Die Sekte stammt aus Deutschland und zwar aus Süddeutschland, wo ihre Anfänge bis in den Beginn des 18. Jahrhunderts zurückreichen; ihre Geschichte während des 18. Jahrhunderts können wir hier füglich übergehen. Im Jahre 1816 begann die Inspiration, die nach ihrer Ansicht von Zeit zu Zeit ausstirbt, wieder zu neuem Leben zu erwachen, und fand in Michael Kreufert aus Straßburg, in Philipp Moerschel und Christian Metz und endlich noch 1818 in Barbara Heynemann, einer „armen, ganz ungelehrten Dienstmagd im Elsaß," geeignete Werkzeuge. Die Gemeinden waren in ganz Deutschland zerstreut und wurden nur durch die inspirirten Werkzeuge zusammengehalten, welche predigend und ermahnend von der einen zur anderen zogen. Unter der Führung von Christian Metz und einigen Anderen gelang es, in den Jahren von 1825—1839 eine größere Zahl der Gläubigen in Armenburg zusammenzubringen, wo dieselben in Manufakturen beschäftigt waren. Aber ihre Weigerung Eide abzulegen und ihre Kinder in die von den Geistlichen der Landeskirche geleiteten Schulen zu schicken, brachte die Verfolgung der Regierung und Geistlichkeit über sie. Im Jahre 1842 erhielt endlich Christian Metz die Offenbarung, alle Gläubigen zu sammeln und weit fort von dem Lande ihrer Heimath und Verfolgung zu führen. So segelte er denn September 1842 mit vier Genossen nach Amerika und fand seinen Weg nach Baltimore, wo er 5000 Acres Land kaufte, wozu später ein fast ebenso großer Besitz hinzukam. 350 Gläubige unternahmen im ersten Jahre, 217 im Jahre 1844 die Auswanderung. Ihre Zahl wuchs noch in den folgenden Jahren, so daß schließlich über 1000 Leute in den verschiedenen Dorfschaften angesiedelt waren. Die Inspirationisten waren in Deutschland keine Kommunisten und hatten auch Anfangs, als sie auswanderten, nicht die Absicht, in Gütergemeinschaft zu leben. Auch hier waren es ökonomische Probleme, die zu dieser führten. Es befanden sich nämlich unter den Ansiedlern eine große Zahl von Handwerkern und Fabrikarbeitern, die nicht an ein bäuerliches Leben gewöhnt waren und auch keine Neigung dazu hatten. Um nun einer Zersplitterung vorzubeugen, sah sich die Kolonie veranlaßt, Werkstätten und Fabriken für die ihr angehörigen industriellen Arbeiter einzurichten, und da die Führer erkannten, daß dies ohne Gütergemeinschaft nicht möglich sein würde, so erließen sie auf dem Wege der Inspiration an die Gläubigen den Befehl, allen ihren Besitz in eine gemeinschaftliche Kasse zu legen und von nun an in Gütergemeinschaft zu leben. 1854 wurde der Gemeinde durch Inspiration der Befehl, nach dem Westen zu ziehen. Wegen der Billigkeit des Landes wählten sie Jowa als ihre zukünftige Heimat und schickten 1855 eine Vorhut voraus, um Land zu kaufen und die neue Ansiedelung vorzubereiten. Es ist ein Beweis für ihre Geschäftstüchtigkeit, daß sie im Stande waren, ihren alten Besitz in der Nähe von Buffalo ohne Verlust zu verkaufen. Der Umzug von Eben-Ezer nach Amana nahm zehn volle Jahre in Anspruch. Im Jahre 1859 verwandelten sie ihre Kolonie in eine gesetzlich registrirte Korporation, als deren Hauptzweck in der Inkorporationsurkunde die Beförderung des weltlichen und geistlichen Wohles und Glückes ihrer Mitglieder bezeichnet wurde. Die gesetzgebende Abtheilung der Gesellschaft soll aus dreizehn Trustees bestehen, die jährlich gewählt werden, die ausführende Abtheilung aus einem Direktor, Vicedirektor und Sekretär, die von den Trustees aus ihrer Mitte für ein Jahr ernannt werden sollen.*)

Die jetzige Ansiedelung der Inspirationisten in Amana besteht aus sieben Dörfern, bei deren Anlage auf die bequeme Kultivirung des Bodens Rücksicht genommen wurde. Eine kurze Beschreibung derselben und ihrer Industrien wird genügen, um ein Bild von dem Blühen der Kolonie zu geben.

Ost-Amana: Die Bevölkerung beträgt 120 Einwohner.**) Schneider- und Tischlerwerkstätten; große Ställe, in denen Schafe gezogen werden.

Amana: Das älteste und größte Dorf, umfaßt 550 Einwohner und enthält einen großen Laden, ein Hotel, eine Schule, ein Versammlungshaus, eine große Zahl massiver Wohnhäuser. Die große Wollmanufaktur wird in einer massiven mit allen Maschinen moderner Technik ausgestatteten Fabrik betrieben und liefert bessere Wollwaaren. Jährlich werden 150 000 Pfund Wolle verbraucht. Die Kalikodruckfabriken färben und drucken täglich 800—1000 Yards. Außerdem giebt es in Amana eine große Getreidemühle, Ziegelfabrik, Seifenfabrik, Sägemühle, Maschinen-, Schneider- und andere Werkstätten. Geleitet wird Amana von 16 Aeltesten.

Mittel-Amana: hat 380 Einwohner und enthält eine große Wollmanufaktur, Stärkefabrik, Maschinen- und Schmiedewerkstätten, einen Laden, eine Druckerei, eine Schule und ein Versammlungshaus.

*) Vgl. die „Articles of Incorporation" in „The History of Jowa County," 1881, S. 767.

**) Die Zahlen nach dem Census von 1880; Nordhoff's Zahlen sind älter.

Hoch-Amana: hat 730 Einwohner und enthält einen Laden, eine Sägemühle, Maschinen- und Schmiedewerkstätte und andere Industrien.

West-Amana: hat 170 Einwohner, einen Laden und eine Getreidemühle.

Süd-Amana: hat eine Bevölkerung von 200 Einwohnern, besitzt eine Eisenbahnstation und eine Post, einen Korn-Elevator, ein Depot, eine Sägemühle, ein Hotel, eine Schmiedewerkstätte u. s. w. Getreide und Vieh wird hier verladen.

Homestead: hat 210 Einwohner, ein Depot, Hotel, eine Poststation, einen Korn-Elevator, ein Versammlungs- und Schulhaus, ein Holzlager und ein großes Waarenhaus. Es ist der Hauptladeort für die Kolonie.

Außer den genannten Industrien wird natürlich von allen Dörfern auch der Ackerbau und die Viehzucht betrieben. 1880 war ihr Viehbestand: Großvieh 1256, Pferde 206, Schafe 3190, Schweine 1088. An Kapital war in den Industrien ungefähr 85 000 Dollars angelegt und ein Waarenlager im Werthe von 35 000 Dollars vorhanden. Das bewegliche Eigenthum der Kolonie wurde 1880 auf 214 000 Doll., ihr Grund und Boden und Gebäude auf 215 000 Doll. geschätzt.

Die Dörfer bestehen meist aus einer lang sich hinziehenden Hauptstraße, zu deren beiden Seiten die für je eine Familie bestimmten Häuser sich erheben, während die Scheunen, Fabriken, Mühlen und Werkstätten abseits liegen. Die Wohnhäuser sind solide gebaut und ein jedes hat einen hinreichend großen Garten. In unregelmäßigen Abständen stehen größere Häuser, in denen gekocht und gemeinsam gegessen wird. In Amana giebt es 15 solcher Speisehäuser, die von den jungen Frauen und Mädchen unter Aufsicht der Matronen bewirthschaftet werden. Während des Essens sitzen die Geschlechter und Kinder getrennt. Denjenigen, welche durch Krankheit oder kleine Kinder zu Hause festgehalten werden, wird das Essen zugetragen. Das Essen ist gut und reichlich. Außer den drei Hauptmahlzeiten giebt es ein zweites Frühstück und ein Vesperbrot.

Die allgemeine Leitung der Kolonie liegt in den Händen von 13 Trustees, die spezielle Leitung der Geschäfte der einzelnen Dörfer in denen von Aeltesten und Vorstehern. Jedes Dorf hat seine eigenen Bücher und führt seine Geschäfte; aber alle Abrechnungen werden am Ende des Jahres nach Amana geschickt, wo sie von den Trustees inspizirt und Bilanzen über den Gewinn und Verlust der einzelnen Dörfer, sowie den der ganzen Kolonie aufgestellt werden. Die Aeltesten sind ein zahlreicher Körper, in den die frömmsten Mitglieder ohne Rücksicht auf Alter durch Inspiration gewählt werden. Vier oder fünf von ihnen in jedem Dorf bilden eine Art Rath, der sich jeden Morgen versammelt, die Berichte der Vormänner entgegennimmt und über die Ausführung der Geschäfte beschließt. Die Vormänner, die von den Trustees bestellt werden, treffen sich jeden Abend und arrangiren die Arbeiten für den folgenden Tag. Die Frauen haben gar keinen Antheil an der Leitung der Geschäfte.

Für die Vertheilung der Kleidungsstücke und anderen Gebrauchsgegenstände haben sie ein einfaches Buchungssystem eingeführt. Für jedes Mitglied der

Gemeinde ist eine bestimmte Summe ausgesetzt, die für Männer 40—100 Dollars, je nach deren Arbeit, für Frauen 25—30 Dollars, und für jedes Kind 5—10 Dollars beträgt, und wird ihm in seinem Rechnungsbuche als Guthaben zugeschrieben. Alle entnommenen Waaren, die nur in den Läden der Kolonie gekauft werden können, werden ihm zum Kostenpreise angerechnet und in seinem Buche gegengebucht. Was ein Jeder erspart, wird ihm für das folgende Jahr zu Gute geschrieben oder er kann es verschenken, wenn er es vorzieht, dies zu thun.

Die Kolonisten sind außerordentlich vorsichtig in der Aufnahme neuer Mitglieder, da sie zu Zeiten geradezu mit Schreiben um Aufnahme überschüttet werden und als religiöse Gemeinde eine solche ganz und gar von dem religiösen Glauben der Bittsteller abhängig machen. Die meisten neuen Mitglieder erhalten sie von Deutschland, nachdem sie dieselben vorher einer genauen Prüfung über ihre Motive, ihre religiösen Ansichten u. s. f. unterworfen haben und auch durch Inspiration über ihr Wesen und ihren Charakter unterrichtet sind. Gewöhnlich hat ein Neophyte eine Probezeit von zwei Jahren durchzumachen und einen Kontrakt zu unterzeichnen, worin er sich verpflichtet, gewissenhaft zu arbeiten, sich nach den Regeln der Gesellschaft zu benehmen und keinen Lohn für seine Leistungen zu verlangen. Wenn er nach tadellosem Verlaufe dieser Probezeit als volles Mitglied aufgenommen wird, hat er seinen Besitz in die gemeinsame Kasse abzuführen und die Verfassung zu unterzeichnen.

Auch bei den Inspirationisten steht die Ehe in keiner Achtung, obschon sie gestattet und die Mehrzahl der Kolonisten verheirathet ist. Die Trennung der beiden Geschlechter voneinander wird mit aller Strenge durchgeführt. Bei den Mahlzeiten, den religiösen Handlungen, in der Schule sitzt jedes Geschlecht für sich, und das weibliche pflegt den Raum für sich vor dem männlichen zu verlassen. Dies geht so weit, daß sogar den Kindern nicht gestattet ist, mit Kindern des anderen Geschlechtes zu spielen, und daß das heranwachsende Völkchen der Jünglinge und Mädchen an Sonntagen seine Spaziergänge nach verschiedenen Richtungen zu nehmen hat, um sich nicht zu begegnen; daß sie bei der Arbeit getrennt sind, ist selbstverständlich. Wenn daher ein junges Pärchen, das immer noch Auswege genug gefunden, sich zu verlieben und die Liebe zu erklären, in den Stand der Ehe tritt, so sinken Beide durch diesen Akt von der Höhe religiöser Frömmigkeit, die sie vielleicht bis dahin erreicht hatten, herab in die Klasse der Kinder, deren Grad von Frömmigkeit als der geringste gilt. Die Gläubigen werden nämlich nach ihrer Frömmigkeit und der Tiefe ihrer Spiritualität in drei Klassen eingetheilt, und durch den Akt der Ehe sinkt selbst das Mitglied der ersten Klasse in die tiefste, die Klasse der Kinder zurück. Die Stellung der Frau kann bei ihnen natürlich keine hohe sein. „Fliehe vor der Gesellschaft der Frauen so viel wie möglich, wie vor einem sehr gefährlichen Magnet und vor magischem Feuer," lautet eine der einundzwanzig „Regeln für das tägliche Leben."

Die Kinder gehen in die Schule vom 6. bis zum 13. Lebensjahre, doch sitzen die Geschlechter nicht in getrennten Schulräumen. Die Schule beginnt um sieben Uhr und dauert bis halb zehn Uhr; von halb zehn bis elf Uhr ist Handarbeitsunterricht für Knaben wie für Mädchen. Von ein bis drei Uhr ist wieder Unterricht und von drei bis halb fünf wird wieder gestrickt oder genäht. Der Unterricht ist äußerst elementar; Bibel und Katechismus nehmen einen großen Platz darin ein. In der Kolonie sind 7 Schulen, an denen 12 Lehrer ununterbrochen — Ferien giebt es nicht — unterrichten. Das Durchschnittsgehalt der Lehrer beträgt 20 Dollar monatlich. Die Zahl der Schüler in den Listen beträgt 427, und der tägliche Durchschnittsbesuch 343. Der Werth der Schulhäuser wird auf 7100 Dollars geschätzt.

Das religiöse Leben ist ein außerordentlich reges, und die religiösen Handlungen nehmen einen großen Theil der Zeit der Mitglieder in Anspruch.

VII. Die Bishop Hill Gemeinde.

Auch die Gründer dieser Gemeinde sind Bauern, die ihres Glaubens wegen zunächst aus der Kirche ihres Landes ausschieden und dann durch Verfolgungen zur Auswanderung gezwungen wurden. Ihr Heimathland ist aber in diesem Falle nicht Deutschland, sondern Schweden. Diese pietistische Sekte entstand in Schweden gegen das Jahr 1830; 1843 war ihr Hauptprediger Eric Janson, ein Mann von großer Energie, der es als die Pflicht der Gläubigen verkündigte, nach dem Vorbilde der ersten christlichen Gemeinden in vollständiger Gleichheit und Gütergemeinschaft ein demüthiges und frommes Leben zu führen. Die Weigerung der Gläubigen, die Kirchen zu besuchen, sowie ihr Predigen der Gütergemeinschaft erregte die Aufmerksamkeit der Regierung, die ihre Versammlungen zu verbieten und die Mitglieder mit Geld- und Gefängnißstrafe zu bedrohen anfing. In dieser Bedrängniß entschlossen sich die Separatisten zur Auswanderung. Sie schickten im Jahre 1845 eines ihrer Mitglieder, Olaf Olson, nach Amerika, der in Illinois ein günstig gelegenes Terrain fand. 1846 wanderte dann ein Theil der Gemeinde aus und kam im Oktober desselben Jahres in Bishop Hill an. Andere folgten und im Jahre 1848 bestand die Kolonie aus zirka 800 Mitgliedern. Da sie den größten Theil ihrer Mittel auf der Reise verzehrt hatten, so konnten sie während des ersten Jahres nur 40 Acres Land kaufen und verlebten die ersten 18 Monate in äußerster Armuth. Ein leinenes Zelt war ihre Kirche während dieser Zeit, und sie bearbeiteten das Land benachbarter Farmer auf Antheile, um ihren Lebensunterhalt zu erwerben. Fieber und andere Krankheiten vergrößerten ihr Elend. Gegen 1848 hatten sie zweihundert Acres Land erworben, aber 1400 Dollars Schulden gemacht; im folgenden Jahre bauten sie ein langes, massives Gebäude, das ihnen als Küche und Speisehalle diente. Olaf Janson, der Bruder ihres Führers, war unterdessen nach Schweden zurückgekehrt, um ausstehende Geldbeträge der Mitglieder einzukassiren, und kehrte 1850 mit einigen Tausend Dollars zurück, durch die es ihnen möglich wurde, mehr Land zu kaufen. Drei Jahre später erhielt die

Gesellschaft eine Inkorporationsakte, durch die es ihr gestattet wurde, Land im Namen von Trustees zu besitzen und Geschäfte als eine Gesellschaft zu machen, während bisher ihr ganzer Besitz auf den Namen einiger Mitglieder stand. Nur sehr langsam entwickelte sich die Kolonie. Ein Kontrakt, den Unterbau einer Eisenbahn zu bauen, verschaffte ihnen ein gut Theil baares Geld, das sie in Maschinen und sonstigen Verbesserungen anlegten. Allmälig entstanden ein Stadthaus, ein Hotel, eine große Speisehalle mit sich daranschließender Bäckerei und Küche. Im Jahre 1859 hatte die Gemeinde ihren Höhepunkt erreicht. Sie besaß nunmehr 10000 Acres Land, alle schön eingezäunt und vortrefflich bestellt. Durch die in ihren Läden und Fabriken hergestellten Waaren, die sie an die benachbarten Farmer verkauften, erwarben sie nicht unbedeutende Summen. Ihr Vieh war berühmt in der Grafschaft.

Die Familien lebten getrennt, aber alle aßen zusammen. Ihre Organisation scheint eine außerordentlich lose gewesen zu sein. Sie hatten keinen Präsidenten, die Leitung der Geschäfte lag in den Händen von Trustees, die in unregelmäßigen Zwischenräumen über den Stand der Gesellschaft berichteten. Ihr religiöses Leben war sehr einfach und näherte sich mehr den Zuständen in der Aurora und Bethelgemeinde, als der Kompliziertheit des Kultus, wie wir ihn bei den Shakers und den Inspirationisten von Amana finden. Sonntags war zweimaliger Gottesdienst und bei gutem Wetter an allen Wochentagen eine Versammlung. Sie waren gegen alle weltlichen Vergnügungen eingenommen, die ihnen als unvereinbar mit einem echt religiösen Lebenswandel galten.

So kam es, daß gegen das Jahr 1859 ein Geist der Unzufriedenheit unter den jungen Leuten, die in der Gemeinde aufgewachsen waren, entstand. Sie waren mißvergnügt, fanden das Leben in der Gemeinde langweilig und öde, hatten kein Interesse an den religiösen Ansichten der Aelteren und waren bereit, die Gesellschaft aufzulösen. Jetzt wurde der Mangel an Organisation verhängnißvoll. Einer energischen, festen Verwaltung wäre es möglich gewesen, die Unzufriedenen auszuscheiden oder die Gründe der Unzufriedenheit abzustellen. Wie die Gemeinde organisirt war, fehlte es an einer solchen Macht. Den jüngeren Leuten gelang es, einige der älteren Mitglieder auf ihre Seite zu ziehen, und so bildeten sich denn zwei Parteien. Nach langen Verhandlungen entschloß man sich im Frühjahr 1860 zur Auftheilung des Vermögens. Die Olson-Partei, welche zwei Drittel der Mitgliederzahl umschloß, beabsichtigte die Gemeinschaft fortzusetzen, während die Janson-Partei ihren Antheil auftheilen wollte. Ein ganzes Jahr lang lebten die beiden Parteien noch in Bishop Hill zusammen und in derselben Zeit zerfiel die Olson-Partei in drei Theile. 1862 wurde endlich alles Eigenthum aufgetheilt und die Kolonie hörte auf zu existiren. Nun hatte sich aber unter den Trustees früherer Jahre ein spekulativer Kopf gefunden, dem es gelungen war, in kürzester Zeit die Kolonie mit einer Schuldenlast von über 100000 Dollars zu belasten. Bei dem Aufbruch der Kolonie wurde daher die Einsetzung eines Massenverwalters im Interesse der Gläubiger angeordnet.

Ein Theil des Besitzes wurde zur Deckung der Schulden bei Seite gesetzt, alles Andere zu gleichen Theilen vertheilt. Da aber der erstere Theil sich als nicht ausreichend herausstellte, so wurde die Farm eines jeden Mitgliedes mit einem Theile der Schuld belastet. Infolge schlechter Verwaltung und Nichtzahlung von Zinsen seit dem Beginne der Desorganisation der Kolonie wuchs die Schuld, und noch dreizehn Jahre nach der endgiltigen Theilung schwebte eine Reihe von Prozessen gegen die Kolonie und die Trustees derselben. Nordhoff fand die Kolonie Bishop Hill im Verfall. Der größte Theil der Häuser war noch bewohnt, aber die größeren Gebäude gingen schnell zu Grunde, da Niemand sich um ihre Reparatur bekümmerte. Die meisten der früheren Kommunisten lebten zufrieden auf ihren kleinen Farmen.

Alles in Allem beweist diese Kolonie, was durch eine kommunistische Organisation erreicht werden kann, und die Bedeutung, welche eine Organisation mit einer zentralen Autorität für die kommunistischen Gemeinden hat.

VIII. Rückblick.

Unser kurzer Ueberblick hat uns gezeigt, daß mit der einzigen Ausnahme der Bishop Hill Gemeinde der Erfolg aller dieser kommunistischen Kolonien ein großer gewesen ist, und dieser Erfolg muß um so bedeutender erscheinen, wenn wir ihn mit dem meist kläglichen Fehlschlagen der mit größeren Geldmitteln und größerer Intelligenz der Mitglieder unternommenen Experimente Owen's und der Fourieristen vergleichen. Ein genaueres Forschen nach den Gründen dieser Erfolge führt uns auf drei Bedingungen desselben: eine besondere und gleiche soziale Stellung der Mitglieder (Bauern und Handwerker), ferner einen in allen Gemeinden schwächer oder stärker vorhandenen religiösen und endlich einen der Familie feindlichen Faktor.

Alle diese Kolonien bedürfen zu ihrem Gedeihen eines großen Fonds von Enthusiasmus, der angesichts der sozialen Lage der Elemente, aus denen sie sich rekrutiren, nur in religiöser Form auftreten kann. Nicht ohne Grund spielt daher in vielen Kolonien die religiöse Inspiration eine so bedeutende Rolle. Ein unüberwindlicher Glaube an die Bibel, wie sie durch das inspirirte Medium, oft der Führer der Gemeinde, ausgelegt wird, ist in vielen Gemeinden die Basis ihrer ganzen Existenz. Der Geist (spirit) leitet die Gesellschaft in geistlichen und weltlichen Dingen, und die Mitglieder sind niemals enttäuscht worden, wenn sie seinen Rathschlägen für ihre Wohlfahrt gefolgt sind, erzählen die Inspirationisten Amanas. Noyes bezeichnet diese eigenthümliche religiöse Stimmung sehr gut mit afflatus und hebt ebenso richtig hervor, daß keine der von uns erwähnten Gemeinden ohne diesen afflatus gewesen ist. Persönliche Führerschaft ist dabei natürlicher Weise von größter Wichtigkeit gewesen, da eben der religiöse afflatus persönliche Media erfordert. Andererseits aber muß derselbe das vorwiegende, die ganze Gemeinde stetig und andauernd durchdringende Element sein. Denn da die Person der Führer vergänglich ist, in den Fällen, wo diese überwiegt, die Gefahr besteht, daß mit dem Tode desselben der afflatus verschwindet und der Verfall der Kolonie beginnt. Ein Beweis dafür ist z. B. die Kolonie Zoar, wo die heranwachsende Generation nicht von dem religiösen Ernste, der die älteren Mitglieder auszeichnete, erfüllt ist, wo der religiöse afflatus mehr und mehr dahinschwindet. Die unmittelbare Folge ist dann das Eindringen egoistischer Motive, weltlicher Neigungen u. s. f., die natürlich die Kolonie in ihrem Fundamente untergraben. Religion nicht als eine Lehre mit einer besonders ausgearbeiteten Dogmatik, sondern als ein direkt an das Gefühl appellirender afflatus, dessen Erhaltung die erste Aufgabe der Gemeinde ist, ist also das wirkende Agens in der Zusammenhaltung und Unterordnung der Mitglieder. Derselbe muß, wie wir sehen, stark genug sein, um über jede persönliche Führerschaft in seinen Medien zu dominiren und, wenn ein Führer stirbt, einen neuen zu finden und zu gebrauchen, und zugleich die andere, ebenso wichtige Bedingung erfüllen, nämlich auch noch stark genug sein, den Familismus zu überwinden und den Kommunismus zum häuslichen Zentrum zu machen.

Die mehr oder weniger völlige Auflösung der monogamen Ehe finden wir als charakteristischen Zug aller religiösen Kolonien, wie der folgende Ueberblick über die Eheverhältnisse in ihnen aufs Schlagendste beweist:

1. Die Kommunisten von Ephrata lebten im striktesten Cölibat.
2. Die Rappisten leben im Cölibat seit 1807.
3. Die Zoariten lebten zuerst im Cölibat; dann wurde, um die Selbsterhaltung der Kolonie zu ermöglichen, die Ehe gestattet. Es wird aber von ihnen anerkannt, daß Ehe und Kommunismus sich ausschließen.
4. Die Snowbergers lebten im striktesten Cölibat.
5. Die Inspirationisten von Amana gestatten die Ehe; aber der eheliche Stand gilt nicht als verdienstlich und der gesellschaftliche Verkehr der beiden Geschlechter ist aufs Aeußerste beschränkt. Nach Noyes waren sie eine Zeitlang praktische Malthusianer; als sie von Deutschland auswanderten, beschlossen sie, daß für eine bestimmte Anzahl von Jahren kein Anwachsen der Kinderzahl stattfinden solle.
6. Die Mitglieder der Bishop Hill Gemeinde glaubten, daß ein Leben im Cölbat geeigneter sei, den inneren Menschen zu entwickeln; aber die Ehe war nicht bei ihnen verboten.

Bei allen Gemeinden, mit Ausnahme von Aurora und Bethel, haben wir also das Vorhandensein einer gewissen Feindschaft gegen die Ehe und die Erkenntniß zu konstatiren, daß die Ehe, die ihnen nur als monogamische denkbar, und der Kommunismus, der ihnen die unumgängliche Bedingung für die christliche, brüderliche Gleichheit ist, sich eigentlich ausschließen. Aus diesem Dilemma aber wußten sie keinen anderen Ausweg als die völlige Aufgabe der ersteren, verbunden mit der Unterdrückung jedes geschlechtlichen, und der äußersten Beschränkung jedes geselligen Verkehrs zwischen den beiden Geschlechtern, oder, wie in Zoar und Amana, Duldung der Ehe zwecks Fortpflanzung, verbunden mit der Unterordnung derselben unter das kommunistische Prinzip. Am erfolgreichsten als kommunistische Kolonien waren die Shakers und Rappisten, welche beide die Ehe vollständig ausschließen, so daß man wohl mit einer gewissen Berechtigung das Vorhandensein einer Beziehung zwischen dem Erfolg einer kommunistischen Gemeinde dieser Art und der Stärke des Antifamilismus behaupten kann. Die Blüthe einer solchen Kolonie geht Hand in Hand mit einer weitgehenden Kontrole über die sexuellen Beziehungen ihrer Mitglieder durch die Gemeinschaft. Damit ist jedoch nicht behauptet, daß die Shaker'sche Lösung des Problems von der Unterwerfung des Familismus unter den Kommunismus die für diese Kolonien einzig mögliche und richtige sei. Die Oneida-Gemeinde zum Beispiel, die mit wissenschaftlichem Ernst an diese Frage herangetreten ist und die von ihr gefundene wissenschaftliche Lösung derselben mit großem Erfolge in die Praxis umgesetzt hat, behauptete, daß ihre Kontrole über die sexuellen Beziehungen eine bei Weitem größere sei, als die der Shakers, insofern sie die aus dem Fortpflanzungstrieb entstehenden Gefühle und Leidenschaften dem Kommunismus dienstbar mache, anstatt den Konflikt zwischen beiden durch Unterdrückung der ersteren aufzuheben.*)

So sehr die religiösen Gemeinden durch zahlreiche Experimente bewiesen haben, daß es für sie ohne Ueberarbeit leicht war, nicht nur sich den Lebensunterhalt zu erwerben, sondern auch Reichthümer zu sammeln, so wenig können sie in Bezug auf ihre Mitgliederzahl auf einen ähnlichen Erfolg hinweisen. Beissel's Ephrata war schon 1858 von mehreren Hunderten auf 12—15 Mitglieder zusammengeschmolzen; die Rappisten zählten in ihrer besten Zeit 800—1000 Mitglieder, von denen jetzt nur noch 40 alte Leute übrig sind. Nur die Shakers — von der Amana-Gemeinde sehen wir hier ab — haben es verstanden, ihre Stärke ziemlich zu behaupten, obschon von Wachsthum bei ihnen schon lange keine Rede ist. Zu einem vollständigen Erfolge einer Kolonie ist aber außer der Selbsterhaltung auch die Selbstfortpflanzung nothwendig, die natürlich durch eine asketische Behandlung der geschlechtlichen Beziehungen nicht erreicht werden kann. Die Adoption fremder Kinder ist dafür nur ein dürftiger und unsicherer Ersatz. Das Ideal einer kommunistischen Gemeinde, eine „vollkommene Pflanzstätte menschlicher Wesen“ zu sein, hat keine der religiösen Gemeinden erreicht, aber auch — das muß man hinzufügen, um ihnen gerecht zu werden — keine zu erreichen versucht.

Noch eines Punktes müssen wir erwähnen, der unseres Erachtens den beiden bereits erwähnten Agentien des religiösen **afflatus** und des Antifamilismus als von gleicher Bedeutung an die Seite gestellt werden muß, das ist die Gleichheit der die Gemeinden gründenden Mitglieder hinsichtlich ihrer intellektuellen Ausbildung, sozialen Stellung und in manchen Fällen Stammesabkunft und ihre Angehörigkeit

*) Ueber die „stirpiculture“ der Oneida-Gemeinde, die übrigens 1881 als kommunistische Gemeinde zu existiren aufhörte, müssen wir auf die Schriften ihres Gründers J. H. Noyes verweisen.

zu der arbeitenden Klasse. Bauern und Handwerker waren die beiden Klassen, aus denen sich die Sekten rekrutirten; ein großer Theil von ihnen stammte aus Dörfern und kleinen Städten Süddeutschlands, wo der Gegensatz zwischen beiden Klassen noch nicht in seiner modernen Schärfe existirte. Alle ihre Mitglieder aber waren an Handarbeit gewöhnt, ihre Lebenshaltung war eine äußerst bescheidene, meist ärmliche, ihr geistiger Gesichtskreis ein außerordentlich enger und beschränkter. Diese Leute wurden thatsächlich durch das Leben in einer kommunistischen Gemeinde auf eine höhere Stufe gehoben, als die sie bisher einnahmen. Die Häuser, die sie jetzt bewohnten, waren größer und gesünder; die Nahrung, die sie genossen, war reichlicher und besser; im fortgesetzten Verkehr mit ihren Genossen und durch die Theilnahme an der Leitung und Anordnung der Geschäfte der Kolonie erweiterte sich ihr Gesichtskreis, der Wechsel in ihrer Beschäftigung, bedingt durch die gemeindliche Kooperation selbst, entwickelte ihre Anlagen, kurz, die Sektirer gaben durchaus nichts auf, als sie sich in ihren kommunistischen Gemeinden zusammenschlossen, sie gewannen vielmehr nach allen Seiten hin. Ohne Zweifel hat auch die Gleichheit der Nationalität mit der dadurch bedingten Gleichheit der Lebensgewohnheiten und Anschauungen das Ihre zu dem harmonischen Zusammenarbeiten der Mitglieder in den einzelnen Gemeinden gethan. Die Bishop Hill Gemeinde bestand aus Schweden, die der Shakers ursprünglich aus Engländern, dann gänzlich aus Amerikanern; die Amana- und anderen Gemeinden kommen aus dem südlichen Deutschland; alle waren bereits durch religiöse Verfolgungen in der Heimath zusammengeschweißt worden. Interessant ist dabei die Thatsache, daß die Gründer der meisten kommunistischen Gemeinden Deutsche sind. Nordhoff's Anmerkung dazu ist der Erwähnung werth. „Es scheint mir," sagt er, „daß die Vortheile kommunistischer Gemeinden, nämlich Sicherheit des Unterhaltes für die Familien, Ueberfluß an Nahrung und Unabhängigkeit von einem Herrn, den Deutschen theurer als irgend einer anderen Nation sind und sie daher in kommunistischen Experimenten harmonischer zusammenwirken. Ich glaubte zu Amana und sonst in den deutschen kommunistischen Gemeinden eine Befriedigung in ihrem Leben, einen Stolz auf die Gleichheit, welche das kommunistische System sichert, und auch eine bewußte Hingabe des Individuums an das Gemeinwohl zu bemerken, die nicht so klar und befriedigend von den Mitgliedern anderer Nationen gefühlt wurden." *) Ob in der That der deutsche Charakter dem Kommunismus kongenialer ist, wollen wir dahingestellt sein lassen.

Im Jahre 1874 — neuere Daten waren mir leider nicht zur Hand — lebten ungefähr 5000 Personen in kommunistischen Gemeinden, die zerstreut über 13 Staaten fast 180 000 Acres Land und ein Vermögen von 12 Mill. Dollars besitzen — das ist ihr pekuniärer Erfolg. Die ganze Masse dieses Besitzes war durch ehrliche Arbeit fleißiger Hände geschaffen, ohne daß die Arbeiter dabei je das Bestreben, Reichthümer zu erwerben, leitete. Und noch mehr, dieser Erfolg

*) Nordhoff, The communistic societies rc., S. 411.

wurde errungen, ohne daß sie auf irgend einen Komfort verzichteten, den sie sich nach dem Stande ihres Vermögens hätten verschaffen können. Im Gegentheil, ihre Lebenshaltung war stets eine bessere, als diejenige der ihnen benachbarten Farmer, ganz abgesehen davon, daß die Geselligkeit der Zahl ihnen viele Anregungen gab, auf die der einzeln hausende Bauer verzichten muß, und mit diesem allein kann man diese kommunistischen Gemeinden vergleichen, wenn man überhaupt einen Vergleich anstellen will. Man hat das Leben in ihnen als langweilig und abwechselungslos geschildert, ohne daß man dabei sich des großen Fehlers bewußt wurde, das Leben in einer Großstadt und meist noch das Leben der bevorzugten Klassen einer solchen mit dem des einfachen Bauern in einem oft von jedem Verkehr abgelegenen Platze zu vergleichen, und hat es als einen Beweis ihrer Erfolglosigkeit angeführt, daß ihre eigene Jugend nur schwer in den Kolonien festgehalten werden könne. Thatsächlich kann es uns nicht wundern, daß der Zug nach der Stadt, welcher das ganze Leben der heutigen Gesellschaft in so unglückseliger Weise beherrscht, auch bei der Jugend der Kommunisten wirksam ist; aber andererseits muß doch wieder hervorgehoben werden, daß er es in außerordentlich viel schwächerer Weise ist. Im Allgemeinen gelingt es den Gemeinden sehr gut, ihre Jugend bei sich zu halten; in Amana, der größten Kolonie, kennt man diese Schwierigkeit überhaupt nicht, und allein die Bishop Hill Gemeinde ist zum Theil an der Unzufriedenheit der Jugend mit dem kommunistischen Leben zu Grunde gegangen. Mit Recht hebt Nordhoff hervor, daß bei einem richtig angestellten Vergleich alle Vortheile auf Seite der Gemeinden sind. „Wenn ich," sagt er an einer Stelle, „das Leben in einer blühenden und zufriedenen Gemeinde mit dem Leben der gewöhnlichen Farmer oder Handwerker auf dem Lande oder noch mehr mit dem Leben der Arbeiter und ihrer Familien in unseren großen Städten vergleiche, so muß ich gestehen, daß das kommunistische Leben so viel freier von Sorge und Gefahr, so viel leichter nach vielen Richtungen hin und jedenfalls, was die materielle Seite angeht, so viel besser ist, daß ich aufrichtig wünsche, es möchte eine weitere Entwickelung in den Vereinigten Staaten haben."*) Durch die Verbindung von Industrie und Ackerbau und den dadurch ermöglichten und planmäßig beförderten Wechsel in der Beschäftigung gewinnt das Leben des Einzelnen an Inhalt und Vielseitigkeit, wie dies in der heutigen kapitalistischen Gesellschaft durchaus unmöglich ist. Seine Anlagen finden Entwickelung, und neue Thätigkeiten bilden sich heraus. Es ist z. B. geradezu überraschend, welch' hoher Grad von mechanischem Genie und Direktionstalent in den kommunistischen Gemeinden vorhanden ist. Der sie Alle leitende Gedanke, so weit als angängig für die Befriedigung ihrer Bedürfnisse selbst zu sorgen, hat natürlich sehr viel dazu beigetragen, diese beiden Züge bei ihnen ans Licht zu bringen und zu verschärfen.

Die gemeinsame Basis aller kommunistischen Kolonien ist der Ackerbau, zu dem dann ergänzend und erweiternd eine Reihe von Industrien hinzutritt.

*) Nordhoff, The communistic societies &c., S. 417.

Säge- und Getreidemühlen, Wollenmanufakturen, Konservirung von Früchten, Besen- und Korbmacherei, Fabriken von Waschmaschinen, Fellen u. s. w.; Ziegel-, Seifenfabriken u. s. w. — das sind die wichtigsten Industrien, die in ihnen betrieben werden und ihr gut Theil zum Wohlstande derselben beitragen. Und wie die Kommunisten als Ackerbauer, Gärtner, Viehzüchter allen ihnen benachbarten Farmern überlegen sind, ihre Wirthschaft als Vorbild dient und ihr Ruf oft weit über die engen Grenzen der Grafschaft hinausgeht, so gilt auch dasselbe von ihren industriellen Produkten. Die Güte und Ehrlichkeit ihrer Waaren läßt sie stets einen Markt finden in einem Lande, wo mehr als in irgend einem anderen die kapitalistische Produktion ihre betrügerischen Seiten entfaltet.

Diese außerordentliche Ehrlichkeit, die jedes Theilchen der kommunistischen Gemeinden durchdringt, die in ihrer patriarchalischen Demokratie, der Einfachheit der Verwaltung, dem Mangel an Buchführung, der Scheu vor Schulden, dem Geschäftsverkehr mit den Nachbarn, in der Einfachheit und Reinlichkeit ihrer Kleidung, in der konsistenten kunstlosen Art ihrer Mahlzeiten, kurz, in jeder Seite ihres Lebens zu Tage tritt, ist der charakteristische auszeichnende Zug aller dieser Gemeinden, der uns mit manchem seltsamen, asketischen, Kunst und Wissenschaft feindlichen zu versöhnen geeignet ist. Das Problem eines guten, hülfreichen, erbaulichen Lebens ist von den sektirerischen Kommunisten ohne Zweifel gelöst worden. Laster, Vergehen und Verbrechen giebt es bei ihnen nicht; in ihrer ganzen Geschichte wird man kein Beispiel dafür finden, und ebensowenig wird man Idioten oder anderen Geisteskranken bei ihnen begegnen. „Ein gesunder Geist in gesundem Körper,“ und „Gesunder Geist und Körper in gesunden Verhältnissen,“ in diese beiden Sprüche könnte man die ganze Summe der Lehren, die uns die kommunistischen Gemeinden geben, zusammendrängen. Hören wir zum Schluß, wie ein alter Zoarist die Frage nach ihren Vortheilen beantwortete: „Die Vortheile sind groß und zahlreich. Alle Unterscheidungen zwischen Arm und Reich sind abgeschafft. Die Mitglieder haben keine andere Sorge, als die um ihre geistliche Erziehung (spiritual culture). Der Kommunismus sorgt für die Kranken, die Schwachen, die Unglücklichen alle in gleicher Weise, was ihr Leben verhältnißmäßig leicht und angenehm macht. In Fällen von Verlust durch Feuer oder Fluth oder aus anderen Ursachen wird die Last, welche den Einzelnen ruiniren würde, leicht von den Vielen getragen. Christliche Nachsicht und wahre Liebe gegeneinander, die Basis wahren Christenthums, kann im Kommunismus leichter gepflegt und ausgeübt werden, als in der isolirten Gesellschaft. Endlich ist eine kommunistische Gemeinde der beste Platz, um Selbstsucht, Eigensinn, schlechte Gewohnheiten und Laster im Allgemeinen aufzugeben, denn wir sind der konstanten Aufsicht und dem Tadel Anderer ausgesetzt, der, wenn in rechter Weise angenommen, von größtem Werthe für die Vorbereitung für jene große Gemeinde im Himmel sein wird.“ *)

---

*) Hinds, American Communities, S. 38.

Anhänger wie Feinde des Kommunismus haben zu verschiedenen Zeiten die Erfahrungen der kommunistischen Gemeinden, eine jede Partei in ihrem Sinne, zu verwerthen gesucht. Allerdings haben die Feinde in erster Linie die zahlreichen mißlungenen Experimente der Fourieristen und Owenisten ins Feld geführt, aber auch die religiösen kommunistischen Gemeinden zur Begründung der Behauptung benutzt, daß nur in klösterlicher Form der Kommunismus verwirklicht werden könne. Sie hätten aus demselben Grunde hinzufügen können, daß nur Bauern und unkultivirte Handwerker für ein kommunistisches Gemeinwesen taugten, das Märchen vom antikollektivistischen Bauernschädel dann aber allerdings aufgeben müssen. Alle religiösen kommunistischen Gemeinden fliehen die moderne Gesellschaft, viele von ihnen sind mehrere Male, wenn der Strom derselben und ihres Lebens sie zu umspülen begann, vor demselben weiter hinaus in die Oede der Natur geflohen; der moderne Sozialismus ist dagegen der Fortsetzer der modernen Gesellschaft, ohne die er nicht denkbar ist. Die religiösen kommunistischen Gemeinden rekrutiren sich aus den rückständigen Schichten der Gesellschaft, Kleinbauern und Handwerkern; der moderne Sozialismus ist nur möglich durch die entwickeltste Produktionstechnik. Die Reihe dieser Antithesen ließe sich ins Unendliche fortsetzen. Kurz, der religiöse und der moderne Kommunismus sind durchaus verschiedener Natur, und es ist geradezu lächerlich, von den Bedingungen des einen auf die des anderen zu schließen.

C. Hugo.